# CIVILIZAÇÃO
*Uma Nova História do Mundo Ocidental*

Do autor:

*Do povo para o povo*

ROGER OSBORNE

# CIVILIZAÇÃO
*Uma Nova História do Mundo Ocidental*

*Tradução:*
Pedro Jorgensen

Rio de Janeiro | 2016

Copyright © Roger Osborne 2006

Título original: *Civilization*

Capa: Estúdio Insólito
Editoração: FA Studio

Texto revisado segundo o novo
Acordo Ortográfico da Língua Portuguesa

2016
Impresso no Brasil
*Printed in Brazil*

Cip-Brasil. Catalogação na publicação
Sindicato Nacional dos Editores de Livros, RJ

O89c   Osborne, Roger
Civilização: uma nova história do mundo ocidental / Roger Osborne; tradução Pedro Jorgensen. — 1. ed. — Rio de Janeiro: Difel, 2016.
il.; 23 cm.

Tradução de: Civilization
ISBN 978-85-7432-140-0

1. História moderna. 2. Civilização comparada. 3. Oriente e Ocidente. I. Título.

16-34969

CDD: 909.08
CDU: 94(8)

Todos os direitos reservados pela:
EDITORA BERTRAND BRASIL LTDA.
Rua Argentina, 171 — 2º andar — São Cristóvão
20921-380 — Rio de Janeiro — RJ
Tel.: (0xx21) 2585-2070 — Fax: (0xx21) 2585-2087

Não é permitida a reprodução total ou parcial desta obra, por quaisquer meios, sem a prévia autorização por escrito da Editora.

Atendimento e venda direta ao leitor:
mdireto@record.com.br ou (0xx21) 2585-2002

# SUMÁRIO

Ilustrações   7

Lista de Mapas   10

Prólogo   11

CAPÍTULO 1: No Começo
*A Pré-História e as Sociedades Ágrafas*   31

CAPÍTULO 2: Uma Torrente de Palavras
*Mudança e Costume na Grécia Clássica*   59

CAPÍTULO 3: O Nascimento da Abstração
*Platão, Aristóteles e o Espírito Racional*   86

CAPÍTULO 4: A Civilização Universal
*Roma e os Bárbaros*   108

CAPÍTULO 5: O Cristianismo segundo Santo Agostinho
*De Seita Rebelde a Religião Universal*   127

CAPITULO 6: Religião como Civilização
*A Criação da Cristandade Ocidental*   149

CAPÍTULO 7: Um Outro Modo de Vida
*A Cidade Medieval e a Vida Comunal*   178

CAPÍTULO 8: Arte como Civilização
*Riqueza, Poder e Inovação na Renascença Italiana*   196

CAPÍTULO 9: Em Busca da Vida Cristã
*A Reforma Europeia como um Novo Começo* 230

CAPÍTULO 10: Reis, Exércitos e Nações
*A Ascensão do Estado Militarista* 254

CAPÍTULO 11: Nós e Eles
*Colonização e Escravidão* 275

CAPÍTULO 12: O Indivíduo Racional
*Teoria e Prática da Construção da Sociedade* 301

CAPÍTULO 13: Iluminismo e Revolução
*Política e Razão na França e Estados Unidos da América* 325

CAPÍTULO 14: Industrialização e Nacionalismo
*O Domínio Britânico e a Ideologia da Liberdade* 362

CAPÍTULO 15: Das Colônias Rurais ao Continente Industrial
*A Construção dos Estados Unidos da América* 392

CAPÍTULO 16: Rumo ao Abismo
*Tecnologia, Ideologia e Apocalipse* 421

CAPÍTULO 17: O Fim da Civilização
*Depressão, Extremismo e Genocídio na Europa, América e Ásia* 453

CAPÍTULO 18: O Mundo do Pós-Guerra
*Da Coesão Social ao Mercado Global* 480

Agradecimentos, referências e leituras adicionais 521

Índice 535

# ILUSTRAÇÕES

Círculo de pedra em Avebury, Wiltshire, c. 1800 a.C. (*The Ancient Art and Architecture Collection*).

Menires de Callanish, ilha de Lewis, Hébridas (*The Ancient Art and Architecture Collection*).

Silbury Hill, Wiltshire (*The Ancient Art and Architecture Collection*).

Templo de Ceres, Pesto, Itália, século VI a.C. (*Bridgeman Art Library*).

O Panteão e obelisco egípcio em Roma, século II d.C. (*Alinari/Bridgeman Art Gallery*).

Portais da fachada oeste da catedral de Notre-Dame, Reims, iniciada em 1231 e concluída em 1430 (*Bridgeman Art Library*).

O "Olho do Bispo", catedral de Lincoln, Inglaterra, século XIV (*Bridgeman Art Library*).

Basílica de St. Denis, Paris: vista das colunas e abóbadas da galeria (*Peter Willi/Bridgeman Art Library*).

Pintura rupestre: um cavalo e uma vaca, c.17000 a.C., cavernas de Lascaux, Dordonha, França (*Bridgeman Art Library*).

Pinturas rupestres pré-históricas: cavalos na Sala Negra, gruta de Niaux, Ariege, Midi-Pyrénées, França (*Index/Bridgeman Art Library*).

Batalha dos Lápitas e Centauros, lado sul do Partenon, 447-32 a.C. (*Museu Britânico/Bridgeman Art Library*).

Livro de Kells: MS 58 fol. 104r, página de maiúsculas com iniciais zoomórficas, por Scribe D. Irish (vellum), sem data (© *The Board of Trinity College, Dublin, Irlanda/Bridgeman Art Library*).

Entalhe viking de cabeça de animal em trenó achado junto ao navio Oseberg, século IX (*Viking Ship Museum, Oslo/Bridgeman Art Library*).

Detalhe da fachada da Igreja de San Pietro, representando cenas de "Le Roman de Lenart", século XII, Spoleto, Umbria, Itália (*Bridgeman Art Library*).

Palácio Ducal, Praça de São Marcos, Veneza, iniciada em *c.*1340 (*Giraudon/ Bridgeman Art Library*).

Praça central České Budějovice, Boêmia (*Martin Jones/www.arcaid.co.uk*).

Palácio Strozzi, Florença, iniciado em 1489 por Benedetto da Maiano e continuado por Cronaca (*Guido Mannuci; Bridgeman Art Library*).

Palácio Cattedralle di San Callisto, Roma (*Bridgeman Art Library*).

Pátio do Palácio Pitti, Florença, século XV (*Alinari/Bridgeman Art Library*).

Igreja da Trindade, Broadway e Wall Street, Nova York (*Leonard McCombe/ Time Life Pictures/Getty Images*).

Estátua de bronze de Poseidon, *c.* 460-450 a.C. (*Museu Arqueológico Nacional, Atenas/Brigdeman Art Library*).

Vênus de Milo, período helenístico, *c.* 100 a.C. (*Louvre, Paris/Peter Willi/ Brigdeman Art Library*).

Discóbolo, cópia em mármore de original em bronze, segundo Míron (fl. *c.* 450 a.C.) (*Museu e Galerias do Vaticano/Alinari/Brigdeman Art Library*).

Busto de Péricles, século V a.C. (*Museu e Galerias do Vaticano/Alinari/ Brigdeman Art Library*).

Imperador Augusto com cetro e raio, Herculano, século I (*Museu Arqueológico Nacional, Nápoles/Alinari/Brigdeman Art Library*).

Estátua de Hércules e Caco por Baccio Bandinelli, 1534, Piazza della Signoria, Florença (*Alinari/Brigdeman Art Library*).

São Clemente, têmpera bizantina sobre madeira, século XIV ou XV (*Igreja de Sveti Kliment, Ohrid, Macedônia, Grécia/Lauros Giraudon/Brigdeman Art Library*).

São Miguel, têmpera bizantina sobre madeira, século XIV (*Museu Bizantino, Atenas/Brigdeman Art Library*).

*Madona e Menino*, com São Jerônimo e São Francisco, de Mirabello Cavalori (1510/20-72) (*Galleria degli Uffizi, Florença/Brigdeman Art Library*).

Detalhe do *O Juízo Final*, de Fra Angelico (*c.* 1387-1455) (*Museo di San Marco dell'Angelico, Florença/Brigdeman Art Library*).

ILUSTRAÇÕES

*A Coroação da Virgem*, atribuído a Bicci di Lorenzo (1375-1452) (*Santa Maria Assunta, Pescia/Brigdeman Art Library*).

*O Calvário*, de Giovanni Bellini, *c.* 1465-70 (*Louvre, Paris/Giraudon/ Brigdeman Art Library*).

*Lamentação sobre o Cristo Morto*, de Fra Angelico, 1436-41 (*Museo di San Marco dell'Angelico, Florença/Brigdeman Art Library*).

Chefe apache Gerônimo, fotografado na prisão em 1898 (*F. A. Rinehart/ Hulton Archive/Getty Images*).

Jovem americana nativa carregando a irmã, 1973 (*Keystone/Getty Images*).

Jovem em pé, à porta de uma loja assinalada "Só para brancos", *c.* 1950 (*Hulton Archive/Getty Images*).

Jesse Owens largando na final dos 200m rasos dos Jogos Olímpicos de Berlim, 1936 (*akg-images*).

Perseguição aos judeus: depois da Noite dos Cristais, mulheres judias têm a cabeça raspada e são obrigadas a portar cartazes com a inscrição "Eu fui expulsa da comunidade nacional", Linz, novembro de 1938 (*akg-images*).

Colaboradores franceses são levados pelas ruas para serem sentenciados após a libertação de Paris, agosto de 1944 (*akg-images*).

Gustav Mahler em 1892 (*akg-images*).

Igor Stravinsky, *c.* 1925 (*akg-images*).

Pablo Picasso em 1896, aos 15 anos de idade (*akg-images*).

Bessie Smith, *c.* 1935 (*Three Lions/Getty Images*).

Aretha Franklin em sua primeira sessão de gravação, 1961 (*Frank Driggs/ Getty Images*).

Harold Pinter (*akg-images/Ullsteinbild*).

Tennessee Williams, *c.*1950 (*akg-images*).

Huddy "Leadbelly" Ledbetter, *c.* 1935 (*Hulton Archive/Getty Images*).

# LISTA DE MAPAS

Litorais e zonas vegetadas da Europa Ocidental na máxima glaciação, c. 16000 a.C.   36

Litorais e florestas da Europa Ocidental, c. 6000 a.C.   37

A geografia física da Europa Ocidental   40

A Grécia e o Império Persa   62

O mundo helenístico   104

As províncias do Império Romano   112

A Europa continental no século VIII   166

O império de Carlos Magno e sua divisão   167

O crescimento de York   180-1

Itália setentrional em 1200 e 1490   224-25

A divisão religiosa da Europa depois da Reforma   248

Habitantes da parte sul da América do Norte antes da chegada dos europeus   290

O Império Britânico   364

A expansão de Berlim   385

A expansão dos EUA para o Oeste   393

Movimentos migratórios no século XIX   395

O Império Alemão em 1871   435

A Itália depois da unificação   437

A Europa entre a Primeira e Segunda Guerras Mundiais   465

A Guerra Fria   485

# PRÓLOGO

No PRONUNCIAMENTO de 21 de setembro de 2001 sobre a resposta dos Estados Unidos ao ataque contra o World Trade Center, o presidente George W. Bush declarou: "Esta é uma luta da civilização." Em 5 de dezembro de 2001, ele disse: "Eu não vou mudar, porque estamos lutando pela civilização." Quase dois anos depois, falando sobre os continuados ataques às tropas norte-americanas no Iraque, o presidente afirmou: "Temos de escolher entre a civilização e o caos." Outros líderes ocidentais já haviam lançado mão do mesmo argumento: em 12 de setembro de 2001, Gerhard Schröder, chanceler da Alemanha, descreveu os ataques da véspera como "uma declaração de guerra contra todo o mundo civilizado", e em 8 de outubro o líder do Partido Conservador britânico disse que a Al-Qaeda estava "empenhada na destruição da civilização".

Os acontecimentos de 11 de setembro de 2001 chocaram o mundo. Mas não foi só: atraíram também a nossa atenção para aquilo que estava sendo atacado — não apenas as vidas de trabalhadores inocentes, não somente edifícios de vidro e aço, mas algo menos tangível e mais difícil de definir. Diante de tão grave situação, nossos líderes políticos precisavam invocar algo grandioso e nobre, algo suficientemente forte e duradouro que se opusesse à enormidade do crime cometido. Era necessário contrapor às forças do terror algo que materializasse os valores e as tradições da nossa sociedade, seu modo de ser e sua história. O conceito que carrega esse significado é "civilização". A civilização se tornou, pois, e continuou sendo, a entidade que queremos proteger e o conceito pelo qual acreditamos que devemos lutar.

Durante a maior parte dos últimos cinquenta anos o conceito de civilização descansou, sossegado, como uma vaga ideia, em algum recôndito de nossas mentes. Mas os acontecimentos de 11 de setembro de 2001 e suas sequelas o trouxeram, subitamente, ao primeiro plano. Eventos catastróficos tendem a atrair as atenções. Ao invocarem a civilização num momento tão trágico e perigoso, nossos líderes políticos mobilizaram uma crença latente, mas poderosa, expondo o lugar crucial que ocupa na ideia que fazemos de nós mesmos. Nossa civilização é um reflexo do que somos e daquilo que prezamos, ainda que não estejamos acostumados a pensar no que ela de fato significa para nós. Trazida, agora, de volta à luz, a ideia de civilização há de ser submetida a um exame mais acurado: se a guerra *contra* o terror é uma guerra *pela* civilização, precisamos ter uma noção mais clara do que seja a civilização.

Os capítulos seguintes contêm um estudo da civilização ocidental baseado no reexame dos acontecimentos e legados da nossa história. Antes, porém, de embarcarmos nessa história, este breve prólogo estabelecerá nosso entendimento passado e presente do conceito de civilização, as razões pelas quais precisamos reavaliá-lo e os argumentos em favor de sua abordagem histórica. Para descobrir o que realmente significa civilização, precisamos entender, para começar, que civilização e civilização ocidental são conceitos inteiramente diferentes. Embora os líderes políticos gostem de fingir que não é bem assim, é evidente que os valores professados pelos ocidentais são muito diferentes daqueles que se cultivam em outras partes do mundo — na verdade, a própria noção de "valores" pode ser vista como uma invenção ocidental. A civilização a que se apelou em resposta ao 11 de setembro de 2001 não foi a asteca, nem a chinesa, tampouco a polinésia, mas a *ocidental*. Aquela que precisamos entender é, portanto, a nossa, não as dos outros.

Encanta-nos acreditar que a civilização ocidental é algo que herdamos da Grécia clássica, da Roma imperial e da Igreja Cristã por via da Renascença, da revolução científica e do Iluminismo, e cujo espírito está materializado em edifícios harmoniosos — templos jônicos, catedrais góticas, arranha-céus *art déco* —, assim como no teatro de Sófocles e Shakespeare, nos romances de Cervantes e Tolstoi, nas obras de Galileu e Einstein e numa vasta coleção de pinturas maravilhosas. Para nós, civilização não é *Hamlet*, não é *O Monte Santa Vitória*, não é o Edifício Chrysler, tampouco Shakespeare, Cézanne e William van Allen, mas algo relacionado ao espírito que os inspirou e à sociedade que propiciou a manifestação desse espírito. É algo difícil de especificar, embora acreditemos que exista uma relação tal entre os ícones culturais do Ocidente e os valores da sociedade que, juntos, corporificam a civilização ocidental.

\* \* \*

# PRÓLOGO

Quando o líder do mundo ocidental diz que nossa civilização sempre representou "abertura, tolerância, liberdade e justiça", movemos a cabeça em assentimento, mas, ao mesmo tempo, identificamos uma dificuldade potencial. A abrangência que torna o conceito de civilização útil aos líderes políticos é, obviamente, seletiva; eles querem que pensemos em civilização como tolerância, liberdade de expressão e democracia, mas não como pobreza, colapso da família, desigualdade, criminalidade e drogadicção. Se entendermos por civilização simplesmente tudo o que é bom, não hesitaremos em sair por aí a travar guerras em seu favor, bastando que estejamos preparados para distinguir nossos valores teóricos dos reais impactos da sociedade ocidental sobre sua própria história.

Aqui temos de fazer uma escolha. Considerada a civilização em termos puramente conceituais, podemos atribuir-lhe todas as virtudes e ao seu oposto, por conseguinte, todos os defeitos. Quando, porém, falamos em defender a nossa civilização, referimo-nos tanto ao nosso modo de vida atual quanto aos valores que herdamos e apreciamos. A civilização não consiste meramente de uma coleção de conceitos virtuosos, mas também dos efeitos históricos gerados por esses conceitos. Sabemos perfeitamente que a história do mundo ocidental contém uma quantidade quase intolerável de sofrimento, miséria, injustiça e crueldade para conosco mesmos e para com os outros. Estariam, pois, a guerra, a tortura, a escravidão e o genocídio incluídos no nosso conceito de civilização? Se, por outro lado, os excluíssemos de nossa definição, não estaríamos nos equivocando a respeito do real significado do nosso passado? A busca de uma verdadeira compreensão da civilização implica que nos perguntemos se as glórias e catástrofes passadas que, juntas, fizeram as páginas da nossa história formam uma conjunção necessária. Será verdade que liberdade sempre significou liberdade para explorar os outros? Teria estado a tolerância sempre associada à exclusão e à oportunidade ao egoísmo e à cobiça? Para encontrarmos o significado da civilização, precisamos, antes de tudo, desenredar os fios da nossa história.

O TERMO *civilização* surgiu na França do século XVIII, mas a ideia ocidental de sociedade civilizada vem da Grécia e Roma antigas. Durante o período clássico, os gregos começaram a se ver como não apenas diferentes, mas superiores a todos os outros povos. Quando, no século V a.C., Heródoto se referia aos "bárbaros", esse era apenas um termo genérico para designar os não gregos. Na época de Aristóteles, cerca de um século depois, os bárbaros e as nações bárbaras já eram definidos por atitudes — o modo de tratar os escravos, a economia baseada no escambo — vistas com reserva pelos gregos civilizados. Os costumes e as práticas culturais tornavam os bárbaros inferiores aos gregos, vistos por si mesmos e, mais tarde, pelos europeus como sinônimos de civilização.

Civilização deriva de *civis*, palavra latina que significa cidadão. Embora os romanos usassem, em lugar de civilização, a palavra *cultura* para descrever a sua vida espiritual, intelectual, social e artística, ser cidadão era participar dessa cultura. Tal como os gregos que, sob uma série de aspectos, tomaram como modelo, os romanos se consideravam singularmente cultos. Os conceitos de cultura e civilização se tornaram, pois, retrospectivamente sinônimos. Cercados por bárbaros, os romanos também se viram impelidos a levar aos outros a civilização. Como escreveu Virgílio: "Romanos, é vosso dever governar imperialmente as nações (...) impor o império da paz, poupar os humildes e esmagar os orgulhosos."

A definição de civilização foi recuperada no Ocidente pelos eruditos cristãos dos séculos VII e VIII, como Gregório de Tours e Bede, cujas narrativas dos séculos precedentes mostram o cristianismo seriamente ameaçado antes de triunfar, finalmente, sobre os pagãos. A organização da Igreja, sua cultura e sua aliança com Carlos Magno e quejandos propiciaram que a cristandade latina se tornasse um equivalente assumido da civilização ocidental.

O redespertar do interesse pelo mundo clássico antes e durante a Renascença reacendeu a ideia de uma civilização caracteristicamente europeia com existência anterior e paralela ao cristianismo. Os europeus ocidentais outorgaram a si próprios uma tradição nobre ao adotar a ancestralidade cultural de Sófocles, Platão, Virgílio e Sêneca, além de São Pedro e São Paulo. A descoberta de um Novo Mundo do outro lado do Atlântico e de uma miríade de povos aparentemente primitivos em todas as partes do mundo incentivou os europeus do século XVI a se identificarem ainda mais fortemente com os antigos gregos e romanos — povos civilizados cercados de bárbaros.

No século XVIII, época em que se cunhou a palavra *civilização*, os intelectuais europeus experimentavam um momento de otimismo a respeito da bondade essencial do mundo, da graça de Deus e da capacidade do pensamento racional de classificar todo o conhecimento e resolver os problemas da humanidade. A noção de comportamento civilizado se firmou à medida que a *politesse* de inspiração francesa convertia proprietários de terras, mercadores e comerciantes (anteriormente dados ao mau hábito de morar e comer com seus trabalhadores) em uma elite portadora de maneiras corretas, quando não refinadas. A cultura cavalheiresca do século XVIII teve o aspecto de uma bem-vinda reedição do espírito de Atenas e Roma, e o otimismo do Iluminismo francês, acabrunhado com a guilhotina e o morticínio das guerras napoleônicas, floresceu novamente nos clubes de cavalheiros britânicos do século XIX. Durante a Era do Progresso e a expansão do Império Britânico, Macaulay, Carlyle e Buckle mostraram que as maravilhas da Grécia e Roma antigas, de Veneza e de Florença tinham uma natureza comum compartilhada com os prodígios da Grã-Bretanha industrial. O historiador vitoriano Henry Thomas Buckle arguiu, em 1857, que a civilização podia ser entendida como uma grande cadeia histórica cujo primeiro elo, a civilização do antigo Egito, "guarda um notável contraste com a barbárie dos demais povos da África". Do Egito, os elos da cadeia levavam à Grécia, depois a Roma, à Renascença, à Reforma, ao Iluminismo e, finalmente, às glórias da sociedade britânica de então. Os membros desse cortejo sagrado eram considerados civilizados; os estranhos, desavindos como bárbaros. O mundo civilizado da época de Buckle não apenas se definia por si próprio, como se dava a missão de "subjugar, converter e civilizar" o resto da humanidade, assim justificando a colonização europeia do mundo como uma salutar combinação de evangelismo e superioridade moral. A fronteira entre o civilizado e o não civilizado era fácil de traçar, embora fosse necessária certa destreza manual para lidar com os marajás mongóis e os imperadores chineses e japoneses: a civilização era branca e cristã; tudo o mais era barbárie.

O conceito de civilização ocidental como uma cadeia histórica contínua (ainda que ocasionalmente interrompida) foi reforçado pelo renovado interesse pelos mundos clássico e renascentista. Os cavalheiros eruditos da Grã-Bretanha, França, Holanda e Alemanha dos séculos XVIII e XIX percorreram o continente e viajaram ao sul para desenterrar pessoalmente as maravilhas do passado. Vastas quantidades de cerâmica, estatuária, pedra talhada, pinturas e mosaicos foram recolhidas, e inúmeros museus, construídos nas cidades do Norte da Europa para acomodar as descobertas trazidas do Egito, Grécia, Roma e Florença. Europeus eminentes passaram a encomendar imagens pintadas ou esculpidas de si mesmos usando togas e lauréis romanos, suas casas imitavam os templos gregos, seus clubes e regimentos passaram a adotar lemas latinos. Luminares da filosofia política resgataram palavras gregas, como *democracia*, e J.S. Mill chegou a declarar que "a Batalha de Maratona foi mais importante do que a de Hastings para a história da Inglaterra". A construção da cadeia histórica desembocou no batismo das inovações da arte italiana do século XV como Renascimento, ou Renascença, da cultura europeia, descrição confirmada pela obra magistral de Jacob Burckhardt, de 1869, *A Cultura do Renascimento na Itália*. Com a espetacular expansão da colonização europeia na década de 1890, parecia provável que o mundo inteiro, em pouco tempo, sentiria os benefícios da civilização ocidental.

Essa confortadora concepção de civilização sofreu um forte abalo na Grande Guerra de 1914-18, quando a morte de 10 milhões de soldados e a mutilação e cegueira de incontáveis outros a desmascararam como uma grande ilusão. Conflito entre grupos de nações civilizadas ou entre nações civilizadas (França, Grã-Bretanha, Estados Unidos) e outras que, subitamente, deixaram de sê-lo (Alemanha e Áustria), a guerra de 1914-18 foi, sem sombra de dúvida, tanto quanto os trens a vapor e o *David* de Michelangelo, um produto da civilização ocidental.

Como pode a civilização chegar a tal ponto? Como foi possível essa quantidade de mortes desnecessárias? A resposta mais convincente a essas interrogações não proveio de historiadores e filósofos, mas de uma fonte totalmente inesperada. Sigmund Freud, cuja visão da psicologia humana começava a se difundir por toda a Europa, tinha uma mensagem alarmante e pessimista para a humanidade. Ele disse a propósito da Primeira Guerra Mundial: "Não se trata de que chegamos tão baixo, mas de que nunca chegamos tão alto quanto imaginávamos."

Os seres humanos, disse Freud, são vítimas dos instintos ignóbeis e brutais herdados de animais e humanos primitivos. A civilização domestica a selvageria animal que mora dentro de todos nós, mas não nos pode livrar dos nossos instintos, que de tempos em tempos rompem a fina camada de verniz e nos levam a cometer atos de extraordinária violência. A explicação de Freud para a carnificina da Grande Guerra forjou a relação entre a psicologia individual e a natureza da civilização e fez da psicanálise o método dominante de seus estudos. A fronteira da civilização já não era um círculo ao redor da Europa Ocidental e Estados Unidos, tampouco um espaço histórico ao redor dos antigos Egito e Grécia e Roma, mas algo que residia dentro de nós. Tornamo-nos, de uma hora para outra, ao mesmo tempo, civilizados e bárbaros.

As teorias de Freud derrubaram a concepção decimonônica da civilização como uma força benigna e demoliram a noção de progresso humano. Embora controversas e tidas como novidade, suas ideias eram, na verdade, um retorno ao pessimismo radical de Santo Agostinho, o pai da teologia cristã no século V. A doutrina católica afirma que nascemos com os pecados herdados de Adão e Eva. Eles são lavados no batismo, mas a qualquer momento estamos prestes a pecar. As palavras de Santo Agostinho "Levantem-se as barreiras criadas pelas leis e a obscena capacidade que tem o homem de fazer o mal e se entregar à indulgência se manifestará com toda força" poderiam ter sido escritas por Freud, cujas ideias agostinianas sobre a civilização mudaram o foco da sociedade para o indivíduo. Desde então, a mente do indivíduo humano tem sido o foco principal das nossas indagações acerca das questões capitais da guerra, da crueldade, do progresso, do ódio, da criatividade e da destruição.

Historiadores mais convencionais tentaram explicar as convulsões europeias mapeando a ascensão e queda das civilizações mundiais. *A Decadência do Ocidente*, de Oswald Spengler, publicado em 1918, e a primeira parte de *Um Estudo da História*, de Arnold Toynbee, 1934, inspiravam-se ambos na crença decimonônica de que a história era guiada por leis universais e a tarefa do historiador era mostrar que essas leis se aplicavam a todas as civilizações.

O começo do século XX foi marcado pela chegada de uma nova força bárbara a enfrentar a civilização ocidental — a cultura de massas. Nas décadas de 1920 e 1930, os intelectuais europeus falavam e escreviam, desesperados, sobre o fim da civilização imposto pelas massas urbanas e seus execráveis gostos e hábitos culturais. A civilização só poderia ser preservada por uma pequena elite que produzisse e apreciasse obras de arte além do alcance da maioria. A civilização se tornou, aos olhos de alguns, território exclusivo de uma minoria.

Era de esperar que a Segunda Guerra Mundial, o Holocausto e o Terror stalinista tivessem liquidado, de uma vez por todas, qualquer ideia de progresso humano e dos efeitos benéficos da civilização. Na verdade, justo o contrário aconteceu. Os horrores do nazismo, embora nos tenham levado a questionar a nossa humanidade, deram um novo ímpeto à crença de que os humanos podiam e deviam encontrar o caminho para um mundo melhor.

Encorajados pela derrota do nazismo e ávidos por acreditar num mundo de coisas boas, durante uma ou duas décadas os ocidentais retornaram às velhas receitas. Cuidando de evitar afirmações banais de progresso, os historiadores da cultura podiam uma vez mais compartilhar o seu deleite com a "grandeza" dos artistas e filósofos e a beleza das pinturas, afrescos e palácios sem terem necessidade de se perguntar a que preço haviam sido comprados. Ao dar à sua série televisiva de 1969 sobre a arte europeia o título *Civilização*, Kenneth Clark assumiu como seus verdadeiros produtos os grandes artistas e seus magníficos artefatos, desviando deliberadamente a atenção da guerra e do genocídio.

O significado da civilização para a cultura hoje dominante no mundo ocidental resta ambíguo em meio a todas essas mudanças. Os autores da Constituição dos Estados Unidos foram homens do Iluminismo totalmente impregnados da tradição clássica, ao passo que os colonizadores europeus usaram a ideia de "missão civilizatória" para justificar a tomada do continente americano e a destruição de sua população nativa. Contudo, os Estados Unidos da América foram fundados em oposição aos valores europeus estabelecidos, tornando-se, particularmente depois das migrações em massa de fins do século XIX, uma sociedade de tipo distinto. A civilização elitista e nostálgica de que falavam os europeus era, sob vários aspectos, uma afronta aos ideais norte-americanos, de natureza populista e progressista. Além disso, a cultura de massas e as formas de arte popular tão ridicularizadas pelos intelectuais europeus nos séculos XIX e XX foram, afinal de contas, criações fundamentalmente norte-americanas. Foi só depois da Segunda Guerra Mundial, quando os Estados Unidos assumiram a liderança política do mundo ocidental, que surgiu a possibilidade de resolução dessas contradições. A civilização se tornou um conceito mais democrático e menos elitista (giro reforçado pelo apreço dos líderes nazistas pela "alta cultura"), portador de um significado ao mesmo tempo vago e inclusivo — a sociedade inteira, não mais as formas de arte da elite, era agora a base da civilização ocidental. Essa abrangência um tanto ampla nos traz de volta ao lugar onde começamos. Retoma-se um conceito que, embora pareça ter perdido parte de sua clareza, conserva, nitidamente, uma extraordinária força política emocional.

AS DUAS IDEIAS dominantes de civilização — a "grande tradição" do século XIX e a domesticação freudiana, com reverberações da teologia cristã, da fera interior — permaneceram conosco no início do novo século. A imagem de um fio dourado civilizacional emitindo um brilho de luz em meio às sombras da barbárie provou ser, para os historiadores, um símbolo poderoso e duradouro. Em 1999, Christian Meier escreveu que o Estreito de Salamina, onde os atenienses derrotaram a frota persa, foi "o buraco da agulha pelo qual teve de passar a história mundial"; Kenneth Clark se referiu ao período em que o cristianismo "sobreviveu agarrado a lugares como Skellig Michael, um pico rochoso a 30km da costa irlandesa", como a civilização atravessando "o esmalte dos nossos dentes". Em momentos como esse, o fio dourado se esticou de maneira alarmante, mas não se rompeu. Nossa ligação com a grande tradição foi assim tanto preservada quanto exemplificada.

Também os historiadores invocaram as teorias de Freud para explicar comportamentos brutais como manifestações da fera interior que rompe, de tempos em tempos, a frágil barreira da civilização. Numa recente discussão sobre a Revolução Russa de 1917 e a guerra civil subsequente, Orlando Figes escreveu: "Era como se toda a violência dos anos precedentes tivesse removido o fino verniz de civilização que cobria as relações humanas, deixando expostos os instintos zoológicos primitivos do homem. As pessoas começaram a gostar do cheiro de sangue."

Mas não foram só os historiadores que fizeram uso da noção de fera interior. Artistas, cineastas e, particularmente, escritores de novelas policiais são enamorados da visão freudiana de uma humanidade brutal sob controle das forças civilizatórias. Como comentou P.D. James, os escritores de novelas policiais "demonstram o quão frágeis são as pontes que construímos sobre o abismo do caos social e psicológico".

Nas últimas décadas, esses conceitos e as crenças que os sustentam parecem cada vez mais incertos. Nossas maneiras de estudar o passado mudaram radicalmente, e os modos tradicionais de aprender a história, tão brilhantemente satirizados, já em 1930, por Sellar e Yeatman em seu *1066 and All That*, deram lugar a uma abordagem muito mais variada e rica do passado. Nós hoje consumimos história com crescente entusiasmo em livros, filmes, televisão e rádio, mas não queremos que nos digam sumariamente que Napoleão foi bom para a França, porém ruim para a Europa, que Stalin era um monstro e que Elizabeth I foi uma "grande" rainha. Queremos receber informação, narrativas, documentos e testemunhos do passado para então formar as nossas próprias ideias. Sabemos que os acontecimentos nunca são vistos com olhos inocentes e que o preconceito do historiador é a influência dominante na forma como a história é contada. Os historiadores responderam abandonando sua pretensão à imparcialidade e à objetividade; em vez de nos dar somente os resultados, eles agora nos mostram como trabalham e compartilham seus métodos, dificuldades, incertezas e entusiasmos. Num tal ambiente, a renovação da tradição dos "grandes homens" por Kenneth Clark perdeu credibilidade. O que em 1969 tinha o aspecto de uma ousada inovação parece hoje o último suspiro de uma elite aristocrática.

Se abordagens novas e mais transparentes de temas tradicionais se tornaram populares, o mesmo se deu com o estudo do obscuro e do absolutamente peculiar. A história do bacalhau, do comércio de especiarias, da obsessão holandesa pela tulipa, da busca do método de medição da longitude, do consumo de peixe na antiga Atenas e milhares de outras vêm encontrando públicos entusiásticos. Hoje consumimos avidamente histórias de culturas exteriores à grande tradição: Índia, China, América nativa, Polinésia e Austrália aborígine.

Desenvolvemos também um gosto pela arqueologia do passado histórico e pré-histórico que nos coloca em contato com a rica cultura dos nossos ancestrais até então desconsiderada. O estudo de objetos, como o DNA mitocondrial, os padrões climáticos e vegetativos da Antiguidade, os isótopos preservados na dentição humana e as anomalias geofísicas, revelaram novos e fascinantes aspectos da nossa história.

Quando pedimos aos historiadores que nos mostrem as provas materiais do seu trabalho e nossa ânsia de conhecimento do passado nos leva a tantos atalhos da história, o fio dourado começa a ganhar o aspecto de um rio de tempo com uma miríade de afluentes, córregos, remansos e súbitas corredeiras ou, quem sabe, se assemelhe mais a uma imensa rede de pesca, enrolada até formar uma esfera conectada em todas as direções. A noção de que a civilização europeia, ou antes, de que a própria existência da civilização dependeu da permanência de uma tradição particular estritamente definida começa, em face da multiplicidade do passado, a nos parecer um tanto absurda.

Uma resposta tem sido escrever e falar em civilizações no plural. Autores como Fernand Braudel (*A History of Civilizations*) e Felipe Fernández-Armesto (*Civilizations*) escreveram histórias de diferentes civilizações, evitando a tradicional obsessão pelos padrões subjacentes; livros como *Worlds*

# PRÓLOGO

*Together, Worlds Apart*, de Robert Tignor *et al.*, de 2002, se dirigem a um número crescente de cursos universitários norte-americanos de História Mundial que evitam deliberadamente os preconceitos do eurocentrismo. *O Choque de Civilizações e a Recomposição da Ordem Mundial* (1996), de Samuel Hutingdon, descreve um mundo com várias civilizações distintas e potencialmente poderosas. Em *Europe: A History*, também publicado em 1996, Norman Davies nos mostra como, passada apenas uma década do colapso da Cortina de Ferro, as histórias da Europa Oriental e Ocidental podem e devem ser unificadas.

O desvanecimento da velha crença na superioridade moral e intelectual dos europeus ganhou um reforço intelectual com o surgimento do que podemos chamar de história ambiental. O cientista e historiador norte-americano Jared Diamond defendeu convincentemente que a geografia, a topografia, o clima, as correntes oceânicas e os litorais afetaram o desenvolvimento das distintas sociedades — não num sentido vago, mas em aspectos passíveis de investigação e mensuração. Sua pesquisa levou à conclusão de que os europeus se beneficiaram de uma localização que lhes propiciou desenvolver tecnologias com as quais puderam conquistar o mundo.

SE A IDEIA DA "grande tradição" foi posta de lado, o que dizer da retomada, por Freud, da crença agostiniana de que a civilização domestica a fera interior da psique humana? O uso, por Freud, do comportamento do homem primitivo em apoio às suas teorias se revelou uma faca de dois gumes — profícuo no curto prazo, mas vulnerável à investigação sistemática, a qual demonstrou que a maior parte da antropologia eclética de Freud estava mal orientada. A promoção freudiana do inconsciente sofreu não porque o conceito estivesse errado, mas porque ele usou sua ideia do conteúdo do inconsciente para explicar todos os aspectos da vida humana. E embora a psicanálise tenha se mostrado popular entre pessoas moderadamente neuróticas e até aparentemente normais, embora bem de vida, a sua incapacidade de curar problemas mentais sérios prejudicou inevitavelmente a credibilidade das teorias freudianas da mente.

Se, no entanto, colocamos em dúvida as ideias de Freud a respeito da civilização, como explicar a brutalidade das guerras do século XX que ele parecia ter explicado com tanto sucesso? Embora a teoria da "fera interior" tenha auferido considerável prestígio com a carnificina da Primeira Guerra

Mundial, uma nova abordagem da psicologia da guerra foi desenvolvida por historiadores recentes. John Keegan afirmou que, entre a derrota de Napoleão em 1815 e a eclosão da Primeira Guerra em 1914, a Europa foi tomando progressivamente o aspecto de um vasto acampamento militar. Não havia nenhuma razão geopolítica para isso, dado que em 1815 a Europa tinha em perspectiva um longo período de relativa paz. Cerca de um século depois, no entanto, "(...) às vésperas da Primeira Guerra quase todos os europeus aptos ao serviço traziam entre seus documentos uma carteira de identidade militar mostrando-lhe quando e onde se apresentar em caso de mobilização geral (...) no começo de julho de 1914 havia cerca de 4 milhões de europeus fardados; no fim de agosto eram 20 milhões e dezenas de milhares já haviam sido mortos".

A cultura militar que vicejava paralelamente à sociedade civil se tornara imensamente poderosa e a guerra surgia como uma resposta automática às dificuldades políticas. Quando, finalmente, as grandes potências foram às vias de fato em 1914, a disponibilidade de milhões de homens equipados com armas pessoais e de artilharia feitas com aço de alta qualidade significava inevitavelmente a destruição em massa de vidas humanas. Keegan mostrou também que o *ethos* do combate glorioso, da morte digna na batalha e da ânsia de destruir o inimigo faz parte de uma ideia peculiarmente ocidental da guerra — um conflito tão sangrento não teria surgido em outras culturas. Do ponto de vista dos historiadores, as guerras mundiais não foram um retorno da humanidade europeia a um estado primitivo de barbarismo, mas provieram de uma cultura deliberadamente cultivada e promovida durante todo o século anterior.

Esses novos modos de ver a história refletem o nosso entendimento modificado do mundo. Todavia, não apenas eludem a questão "O que é civilização?", como a tornam cada vez mais difícil de responder. A nossa nova visão de mundo nos apresenta algumas sérias dificuldades. Passamos a acreditar, por exemplo, que as sociedades ditas primitivas têm o direito de continuar existindo tal como são. Que dizer, então, de uma civilização que as destruiu rotineiramente com base em justificavas morais, religiosas e históricas? Se a nossa civilização contém a nossa história e é também a expressão dos nossos valores permanentes, o que nos resta quando esses se nos afiguram tão obviamente em conflito?

Podemos começar a responder a tais perguntas examinando em que nós, a geração atual, somos diferentes de nossos antepassados e por que temos uma visão de mundo tão diferente. Já vimos como a civilização era vista e algumas razões da queda dessas visões. Quais são, então, as características particulares do presente a influenciar a visão que temos da nossa civilização?

Nas décadas de 1930 e 1940 era perfeitamente claro o que representavam a sociedade ocidental e a civilização ocidentais. Para um socialista como para um conservador, a civilização era tudo o que Hitler, Mussolini e o Japão imperial estavam tentando destruir, e sua tarefa era, indiscutivelmente, preservar-se. A crença no deus cristão deu lugar à crença no progresso até ser substituída pela urgente necessidade de derrotar o fascismo. Os que lutaram "do lado errado" também o viram claramente quando a guerra terminou. A tarefa imediata dos anos do pós-guerra não era reconstruir a sociedade preexistente — era criar um novo começo. Não obstante, a guerra cobrou daqueles que a viveram um imenso preço em energia emocional e cultural. Depois de um breve flerte com o radicalismo, o Ocidente se aquietou na década de 1950 como uma sociedade política e culturalmente conservadora, ávida por agarrar-se àquilo que já possuía, estática e temente a mudanças.

Os anos 1960 foram, em parte, uma reação contra a atrofia da sociedade subsequente à Segunda Guerra Mundial. A geração que viveu a guerra se sentia aliviada por haver sobrevivido e tido a chance de construir um mundo próspero e pacífico, mas seus filhos e filhas que chegavam à idade adulta queriam algo mais. O anterior sentimento de que fora necessário lutar para preservar a civilização se transformou na nova crença de que fora precisamente a sociedade existente, com suas hierarquias, sua rigidez, seu respeito pela autoridade, sua mentalidade de "o doutor é quem sabe", a responsável pela queda da Europa no turbilhão do conflito. Em Nuremberg, diante de um mundo que se perguntava como foi que cidadãos de um país civilizado como a Alemanha puderam cometer tais horrores, o tedioso bordão era: "Eu só estava cumprindo ordens." Essa frase cruciante se tornou o inverso do lema da nova geração — de agora em diante, ninguém mais devia dar nem obedecer ordens. A Europa se livrava do militarismo que assombrara o continente durante mais de 150 anos.

É difícil apreciar retrospectivamente a fé incondicional que, no imediato pós-guerra, a maioria das pessoas depositava nos pilares da sociedade e o palpável sentimento de choque pessoal e coletivo à medida que, uma após outra, as instituições eram desmascaradas como hipócritas, egoístas e corruptas. Na Grã-Bretanha, a crise de Suez, os casos Profumo, Poulsen e Talidomida, a questão dos direitos civis dos católicos do Ulster e, para culminar, uma série de erros judiciais liquidaram as ilusões e assestaram golpes terríveis em nossa venturosa visão da ordem estabelecida.

Nos Estados Unidos, a desilusão foi igualmente profunda e potencialmente mais perturbadora. A Guerra do Vietnã levava a brutalidade fútil do governo para dentro dos lares enquanto o movimento pelos direitos civis expunha ao mundo o segredinho sujo dos Estados Unidos: a segregação legalizada e a desumanização da sua população negra. My Lai, o assassinato de Martin Luther King, o fuzilamento de manifestantes pacíficos na Universidade de Ken State, as imagens de manifestantes negros sendo agredidos por policiais brancos no Alabama e outras tantas mazelas repugnaram a geração que chegava à idade adulta. Na França, Alemanha e Itália os efeitos foram os mesmos, ao passo que a repressão russa da Primavera de Praga, em 1968, destruiu os últimos vestígios de admiração pela alternativa soviética à sociedade ocidental.

Enquanto a geração do pós-guerra se nauseava com a visão da velha ordem tentando calar o mundo, a anterior com certeza se consternava com as traquinagens de seus filhos — o desdém pelas lutas dos mais velhos, a alegre profanação de seus ícones e a suposição fácil de que a riqueza caía do céu. Um dos objetos cênicos mais importantes da peça *What the Butler Saw*, de Joe Orton, que lotou os teatros londrinos em 1969, era um jarro contendo o pênis conservado de Winston Churchill. Tal iconoclasmo se estendia a tudo que fosse antigo e venerável em se tratando de arte, cultura, educação, edifícios públicos, políticos, generais etc. Era como se os pecados do passado fossem tão grandes que só a faxina em regra e a fumigação da sociedade pudessem redimi-los. Era preciso jogar tudo fora para fazer outra vez.

Essa revolução social coincidiu com o súbito aumento da riqueza, particularmente na Europa Ocidental (os Estados Unidos haviam experimentado esse efeito na década de 1950). O desdém pela autoridade e o desejo de gratificação instantânea foram acicatados pela imensa quantidade de coisas novas e baratas subitamente disponíveis a todos — discos, automóveis, roupas, rádios transistores, máquinas fotográficas, telefones, revistas coloridas, jornais e, acima de tudo, a televisão.

A tecnologia dos anos 1960 não apenas proporcionou um conjunto de experiências melhor, mais colorido e mais interessante, como foi também um meio de evasão de uma sociedade comunal, harmônica e colaborativa. A família já não precisava se reunir à noite, ao redor da lareira, para "criar a sua própria diversão" ou ouvir a pequena Annie assassinando canções ao piano. Com o aquecimento central e as vitrolas e rádios portáteis, cada cômodo da casa podia agora ser usado como um centro de entretenimento privado. De gélidos dormitórios em que só se entrava quando já era noite, os quartos dos adolescentes foram transformados em cálidos refúgios repletos de dispositivos de música, fotografia e emoções provenientes do mundo inteiro. A comunhão familiar foi trocada pela busca da gratificação individual e das novidades da experiência coletiva a distância. Mais tecnologia gerava mais produção e maior poder de compra, tornando as coisas cada vez mais baratas e descartáveis.

Em meados da década, o ardente desejo de ganhar e gastar dinheiro começou a arrefecer na mente de uma parte da juventude recém-liberada. A contracultura gerada em oposição à Guerra do Vietnã começou a virar as costas ao consumismo e ao individualismo e a buscar um novo tipo de comunhão e espiritualidade. Esse movimento, tantas vezes tomado como a encarnação do espírito dos anos 1960, foi na realidade uma tentativa de retorno a uma época que o materialismo imperante vinha destruindo. Como se viu, a contracultura não tinha muita chance contra os batalhões do mundo comercial e as alegrias mais imediatas de comprar e possuir. O apelo do movimento *hippie* por uma nova espiritualidade em face do consumismo desenfreado caiu em ouvidos moucos. Nós escolhemos comprar e é o que temos feito desde então. Em nossa análise, nós nos pusemos a gastar não a despeito das mudanças ocorridas na década de 1960, mas por causa delas.

Essa combinação de consumismo, prosperidade material e desconfiança na autoridade estabelecida nos trouxe uma relação problemática com o nosso passado. É como se tivéssemos ganhado de presente as chaves da caixa-forte junto com o conhecimento de onde proveio o butim. Queremos desfrutar a nossa riqueza, mas também saber como foi construído o nosso mundo — e nos perturbamos com as respostas. Relatos da exploração assassina do restante da humanidade, do esmagamento de outras culturas, do genocídio de nativos por cobiça de suas terras — tudo isso foi absorvido por uma geração cuja desconfiança da ordem estabelecida a preparou para o pior. E o processo continua, inalterável. O genocídio dos *quebecois* nativos, o financiamento da revolução industrial britânica por meio do tráfico de escravos, a tortura dos prisioneiros argelinos pelo exército francês, os maus-tratos de iraquianos na prisão de Abu Ghraib — a cada semana uma nova revelação se soma ao que já sabemos, confirmando as nossas piores suspeitas. Às vezes parecemos ter alcançado um estágio de autoflagelação compulsiva em que nos regozijamos com a chegada de más notícias que reforçam nossa convicção dos males causados ao mundo pela civilização ocidental. Nosso passado guarda histórias individuais de bondade e salvação que, no entanto, só servem para reforçar o vazio moral do mundo em que essas histórias se passam. Na verdade, todo ato heroico engendra a suspeita de motivações ocultas — logo confirmadas por entusiásticas pesquisas. Kennedy era um sedutor; Churchill, um valentão; Newton, um egocêntrico insuportável; Jefferson, um adúltero; Hardy, um trapaceiro; Larkin, um pervertido. A lista é interminável. Até mesmo o cândido Albert Schweitzer foi acusado de rejeitar os medicamentos modernos e a não menos impoluta Madre Teresa de fazer mais mal do que bem aos pobres e enfermos de Calcutá.

Mas o que mais influenciou, talvez, a mudança da nossa ideia de civilização foi a crescente desilusão com a mais poderosa de todas as crenças ocidentais — a ideia de progresso. Nos últimos sessenta anos, os países do Ocidente estiveram em paz uns com os outros e seus cidadãos se tornaram cada vez mais prósperos. Os desenvolvimentos científicos e tecnológicos proporcionaram facilidades de comunicação, comodidades diversas e a expectativa de uma vida mais longa e livre de doenças debilitantes. A legislação incentivou e refletiu uma crescente tolerância para com a diversidade de raças, gêneros e modos de vida. Mas, ao mesmo tempo que essas conveniências tornaram a nossa vida tecnicamente mais confortável, começamos também a entender melhor a natureza ilusória dos nossos ganhos. A degradação do ambiente natural, a destruição da família e das redes comunitárias, o surgimento de novas doenças, como a Aids, a obesidade e as doenças mentais cada vez mais disseminadas entre os jovens, o aumento persistente da drogadicção, a crescente disparidade entre ricos e pobres no Ocidente e entre o Ocidente e o resto do mundo, as incertezas da economia globalizada, tudo isso são claros alertas de que o termo *progresso* deve ser bastante relativizado. Certos aspectos da prosperidade econômica afetam de maneira ainda mais insidiosa a nossa vida cotidiana. Nas últimas décadas, a economia e a gestão de negócios têm sido aplicadas a todas as áreas da vida. Os governos, as escolas, as universidades, a política habitacional e os hospitais não são os únicos a se sujeitar a uma espécie de tecnogestão (e ao jargão incompreensível que a acompanha); nós mesmos somos continuamente exortados a pensar em nossas vidas como um investimento a longo prazo. Devemos empenhar dinheiro e esforços em nossa educação para ganhar cada vez mais no futuro (e contribuir mais para a economia nacional) e trabalhar sem nunca perder de vista a necessidade de poupar para a velhice. Foram necessárias décadas de prosperidade econômica para que percebêssemos os custos da sua eficiência. Hoje, o que vislumbramos para os nossos filhos é uma vida inteira de trabalho incessante sem as compensações da vida comunitária e da relação com o mundo natural que pudemos, em nosso tempo, desfrutar.

Os ataques de 11 de setembro de 2001 e seus desdobramentos impuseram renovadas pressões sobre a ideia confortável de que a vida dos cidadãos ocidentais podia melhorar indefinidamente. O perigo de novos ataques, as restrições às liberdades civis, as alegações em prol da tortura, a imensa superioridade militar de um país sobre todos os outros, o flerte com o uso prático de armas nucleares e as fissuras entre os países ocidentais e no interior deles em torno de questões como a "guerra preemptiva" têm gerado preocupações com a aparente fragilidade das instituições que se supõe serem os esteios dos valores ocidentais. Quem conhece a história dos valores democráticos há de lembrar o quão facilmente eles se desintegraram, nas décadas de 1920 e 1930, na imensa maioria dos países. Estamos começando a nos perguntar se a paz e a prosperidade das seis décadas que nos separam de 1945 são o produto da aplicação resoluta dos valores liberais ou apenas uma indulgência propiciada pela prosperidade contínua. Estaria o esmaecimento da lembrança da Segunda Guerra Mundial propiciando o ressurgimento da guerra como instrumento de política?

Onde, então, nessa nova visão do mundo, haveremos de colocar a arte, joia da coroa da nossa civilização? O que pensar quando já não cremos na confortante certeza de Kenneth Clark de que a "grande" arte é a manifestação suprema da civilização? Teria a predominância e ubiquidade das formas de arte popular, como a música *pop*, o cinema e a televisão, tornado redundante a chamada "grande arte"? Se a pintura, a escultura e a literatura parecem sempre inclinadas a criticar, ridicularizar e dar as costas aos valores predominantes da sociedade, em que sentido poderiam ser, se é que já foram um dia, a celebração da civilização?

\* \* \*

TEMOS, POIS, ALGUNS PROBLEMAS difíceis a resolver para podermos dizer que compreendemos o que a nossa civilização realmente significa para nós. O descompasso entre valores e acontecimentos; a crença persistente no progresso *versus* as catástrofes da guerra mecanizada e da degradação ambiental; o crescente desdém pela autoridade estabelecida em face da crença numa nobre tradição; o apreço por outras culturas às turras com o desejo de levar nossos valores liberais ao mundo inteiro; a concepção da arte como crítica vital da sociedade em face da visão histórica das belas-artes como o pináculo da nossa civilização — todas essas contradições tornam perigosa e parcial a palavra ou o conceito de *civilização*. Não obstante, como eu já disse no começo, *civilização* é a palavra que representa aquilo que mais valorizamos em nossa sociedade. Não podemos simplesmente rejeitá-la como se essas contradições a esvaziassem de significado. O que precisamos é de um esforço para compreendê-la. Penso que isso só pode ser feito examinando-se a totalidade da história ocidental com o espírito do presente: conectando valores e acontecimentos, contextualizando ideias que hoje damos por pacíficas, integrando a história cultural, filosófica, social e política e criticando, com um saudável ceticismo, a herança cultural e a autoridade venerável. Antes, porém, de mergulharmos nessa história, quero dizer algumas coisas sobre a maneira como olhamos o passado.

A história, investigação e interpretação do passado baseada em evidências, é também um conceito peculiar ao Ocidente — na verdade, a invenção da história é um dos primeiros temas com que teremos de lidar. Como já vimos, a história depende dos pontos de vista do historiador e do próprio público leitor, cujos interesses influenciam os rumos da pesquisa e do consumo. Todavia, a despeito da recente expansão dos campos de interesse e das abordagens, a história é ainda escrita pelos vencedores. Quem dispõe de recursos educacionais, financeiros e sociais para publicar um livro, artigo ou tese acadêmica, ou para comandar uma série na TV, é porque obteve sucesso na sociedade ocidental, e seu ponto de vista deverá refletir esse benefício. A história do Ocidente escrita por um viciado em drogas condenado a quarenta anos de prisão na Califórnia depois de roubar, pela terceira vez, uma barra de chocolate ou por um lavrador que nunca saiu da sua aldeia na Galícia seria bastante diferente daquelas com as quais estamos acostumados. Tal documento nunca será produzido, tampouco é nosso desejo que exista, mas devemos estar cientes da sua ausência.

O mesmo se aplica à oportunidade da história. Wordsworth disse que a poesia "tem origem na emoção tranquilamente rememorada". A história, também, é escrita depois do fragor da batalha. Nós tampouco temos histórias da civilização ocidental escritas em Oradour-sur-Glane, em Auschwitz-1944 nem no campo de trabalhos forçados de Kolyma. Como seria uma história cujo ponto de referência — o presente — fosse o portal do inferno? Nunca saberemos. Embora tenhamos relatos pessoais dos sobreviventes, a história não é escrita nesses momentos nem nesses lugares.

A história é também, como disse Harold Wilson a propósito da política, "a arte do possível". Tudo o que é escrito ou dito pelos historiadores depende, em última instância, de provas materiais e, principalmente, de registros escritos. Sociedades e culturas que não tinham língua escrita estão virtualmente fora do nosso alcance. Períodos notáveis e muitos aspectos da civilização ocidental são para nós páginas em branco, seja porque as atividades de nossos ancestrais não foram registradas ou porque os documentos não sobreviveram. (A grande tarefa da história europeia recente e atual é, como já indiquei, recuperar essas épocas omitidas a partir de material arqueológico e outros não escritos.) Inversamente, à medida que nos aproximamos do presente é tal a abundância de material escrito que o historiador corre o risco de ser esmagado pelas evidências.

Já se sugeriu que a observação de pássaros é popular na Europa porque a quantidade de espécies é suficientemente pequena para açular o interesse dos moderadamente dedicados e suficientemente grande para instigar os obsessivos enquanto viverem. Algo parecido se dá com a seleção dos temas históricos. Somos infinitamente fascinados pelo período que vai do século XVI ao XVIII, período que se segue à disseminação, por toda a Europa e além, da prensa de tipos móveis. Documentos oficiais, cartas pessoais e registros municipais dessa época, além de panfletos políticos e jornais, existem ainda por descobrir. Boa parte dessa documentação é conhecida, mas sempre há a chance de se topar com algo importante num livro-caixa ou carta não inspecionada. No século XIX, o romance da caça a essas gemas ocultas se desvanece; a industrialização da mídia impressa e dos bens manufaturados em geral implica tal quantidade de objetos que o historiador passa de descobridor a selecionador. Antes do século XV, a documentação é basicamente limitada a assuntos oficiais e muito mais difícil de obter; o modo de vida das pessoas comuns tem de ser deduzido do material existente por meio de engenhosas interpolações, e a chance de novas descobertas é quase nenhuma.

A história é seletiva em relação ao ponto de vista, formação e posição social do historiador, ao momento em que é escrita, à disponibilidade de documentos, à conexão com os grandes temas do passado e à possibilidade de novas revelações e descobertas. Se não há muito que possamos fazer para mudar o curso da nossa jornada através do passado, devemos ao menos estar conscientes das forças invisíveis que guiam os nossos passos.

## CAPÍTULO I

# NO COMEÇO
## *A Pré-História e as Sociedades Ágrafas*

Os HUMANOS modernos chegaram às terras ocidentais há cerca de 40 mil anos. Nessa fronteira entre o tempo geológico e a pré-história humana, a Europa passou por uma sucessão de períodos glaciais que afetou profundamente a sua paisagem e o seu hábitat. Os humanos chegaram não quando o gelo acabou, mas durante uma fase interglaciar; a história dos primeiros povos do Ocidente é a da adaptação humana a um mundo em contínua transformação. Os primeiros humanos modernos vieram do Nordeste da África e do Oriente Próximo, onde deixaram vestígios datados de cerca de 90 mil anos. Eles provavelmente viveram lado a lado com os homens de Neandertal durante um curto período antes que esses desaparecessem há cerca de 40 mil anos, deixando como última espécie humana sobrevivente o *Homo sapiens*.

A Europa era, então como agora, um conjunto de regiões vegetadas. Dos lençóis de gelo do Norte (e ao redor dos Alpes) se seguia rumo ao sul um vasto cinturão de tundra e estepes com florestas que chegavam às bordas do Mediterrâneo. O nível do mar ficava 120 metros abaixo do atual, deixando imensas planícies costeiras ao sul do Mar do Norte e na França ocidental, parte de um contínuo territorial que ia até a Grã-Bretanha e a Irlanda e mais além. Embora os invernos fossem rigorosos na tundra e nas estepes, esses amplos espaços abrigavam imensas manadas de animais de pasto, particularmente renas, mas também bisões, cavalos selvagens, auroques e, nos tempos mais antigos, mamutes e outros mamíferos da Era do Gelo.

É provável que os primeiros humanos "arcaicos" da Europa se alimentassem de animais achados mortos, mas os humanos de Neandertal e modernos desenvolveram métodos para matar grandes mamíferos. Caçar é uma tarefa que não se deve subestimar — o animal humano (um frágil macaco sem garras) não é capaz de matar nem mesmo o mais sedentário dos animais de pastoreio sem o uso de ferramentas e certo grau de organização. O influxo de humanos modernos trouxe consigo a proliferação de ferramentas de pedra laminada — raspadores, talhadeiras, pontas de lança, facas, furadores — em cuja fabricação os primeiros europeus exibiram consumada criatividade e engenho prático. Existem exemplares, datados de nada menos do que 33 mil anos atrás, de ossos e marfins talhados, serrados, moídos e polidos com extraordinária destreza.

O frio rigoroso significava que os humanos, tal como suas caças, eram migrantes sazonais que se deslocavam para o norte no verão e retornavam ao sul no inverno. No começo eram provavelmente caçadores oportunistas, mas logo desenvolveram outros métodos mais nitidamente confiáveis que, por sua vez, influenciaram a organização social dos grupos humanos. Há 30 mil anos os caçadores-coletores já eram atraídos pelas principais rotas migratórias de animais de pasto. Vézère e o vale do Dordonha, por exemplo, ficavam na rota migratória das renas entre as pastagens estivais do maciço Central e os hábitats invernais da planície atlântica. Vestígios de ossos encontrados em cada um desses sítios provêm quase sempre de um mesmo animal, geralmente renas, indicando a exploração sistemática de uma só espécie. As comunidades humanas se tornaram maiores — dezenas e até centenas de indivíduos viveram em Laugerie Haute e Laussel, no Sul da França, e em Dolní Vestonice, Willendorf e Kostenski, na Europa Central e Oriental. Tal expansão foi possível porque as comunidades eram sedentárias — em vez de seguirem as manadas, podiam esperar a sua chegada —, mudança que permitiu o assentamento de colônias em cavernas, mas também em campo aberto, com casas sólidas, feitas de ossos, pedras e estacas de madeira. Embora a Europa fosse ainda amplamente despovoada, as densidades populacionais e os assentamentos aumentaram significativamente nas regiões onde havia boa provisão de animais.

EM 12 DE SETEMBRO DE 1940, quatro adolescentes franceses encontraram numa caverna de Lascaux, no Sul do país, a famosa "galeria pintada". As paredes mais altas da câmara e boa parte da abóbada são inteiramente cobertas de pinturas naturalistas de auroques, cavalos, búfalos, íbices e outros animais; outras espécies aparecem nos entalhes e pinturas das galerias mais profundas, todas datadas de cerca de 17 mil anos. O complexo de cavernas de Altamira, no Norte da Espanha, cujas escavações começaram em 1879, já havia revelado instrumentos e outros artefatos, assim como pinturas, criados por humanos que o habitaram entre 18 mil e 14 mil anos atrás.

Embora a sua beleza e sofisticação sejam reconhecidas por todos, as descobertas de Lascaux e Altamira suscitaram um longo e inconclusivo debate sobre a função da arte nas sociedades pré-históricas. As imagens estão localizadas no fundo dos sistemas de cavernas, representam quase exclusivamente animais caçados (representações humanas são raras e em geral não naturalistas) e, o que é mais curioso, pintadas umas no alto das outras. Só se pode especular que essas imagens faziam parte de um ritual e que a representação de um bisão, por exemplo, fosse uma tentativa de se ligar ao animal ou adquirir poder sobre ele por meios espirituais. Podem-se rejeitar essas ideias como demasiado funcionais, mas é preciso ter em mente que todos os humanos eram, até recentemente, totalmente incorporados ao mundo natural — um meio perigoso e mágico que lhes dava comida e sustento.

A ocorrência de atividade artística tão cedo na história humana está presumivelmente ligada a alguma pequena diferença, porém significativa, entre os humanos e os outros animais, ao passo que seu tema expressa o grau de ligação entre uns e outros. Todas as espécies animais são únicas; as mutações genéticas que produziram os humanos apenas deram ao mundo um membro a mais da família dos macacos. Esse macaco, em particular, parece ter a faculdade da consciência, que lhe permite pensar, planejar e conceber de um modo que o distingue dos demais (combinado ao inconsciente, ao cérebro e à anatomia básica que o faz compartilhar características primatas, como afeição, cobiça, desejo sexual, intercurso social, companheirismo e violência). Aqui temos de nos mover com cuidado, pois estudos recentes têm mostrado que primatas e outros animais não apenas se comunicam por meio da linguagem, como fazem muitas outras coisas (como a fraude e o uso de drogas) que desde muito eram tidas como exclusividade dos humanos. Singularmente humano, até onde sabemos, é o ímpeto de representar o mundo que nos cerca em pinturas e desenhos. É razoável supor que isso esteja ligado à consciência, presumivelmente como um subproduto seu. A capacidade de conceitualizar, planejar e antecipar deu aos humanos uma clara vantagem na confecção de ferramentas, na organização da caça e coleta de alimentos e na construção de abrigos — que, juntos, puseram ao seu alcance um leque alimentar e habitacional imensamente mais amplo do que o dos macacos, seus primos. Mas, como sabemos por experiência própria, essa mesma consciência levou os humanos a buscar e demandar significados do mundo que os cerca. A capacidade que tem esse macaco sem garras de fabricar as flechas que o habilitam a matar renas é parte do mesmo equipamento mental que o faz se indagar, por exemplo, se as fases da lua têm relação com o tempo, a caça abundante e a doença. Ao passo que a maioria dos animais parece lidar com os caprichos do mundo de um modo pragmático e perceptivo, a consciência humana se rebela contra a ausência de significado. Os humanos construíram símbolos, inventaram histórias e criaram rituais carregados de significado que os ajudaram a entender as variações do tempo e as mudanças da fortuna, da saúde, da caçada e da colheita. A arte, a cultura, a religião e, mais tarde, a ciência fazem parte desse processo que tem estado conosco, ao que parece, desde o começo.

A OCUPAÇÃO DE CAVERNAS como as de Lascaux e Altamira chegou ao fim à época em que se iniciava uma rápida mudança no clima europeu. O auge da última glaciação foi há 18 mil anos. Entre 13 mil e 10 mil anos, o rápido aquecimento do clima começou a exercer um notável efeito sobre a paisagem europeia e sua pequena população humana, transição que marca o fim do período hoje conhecido como paleolítico e o início do mesolítico. Entre 10 mil e 8 mil anos atrás, densas florestas se espalharam por boa parte do continente, o nível do mar se elevou, inundando as planícies costeiras, cortando as pontes terrestres e empurrando a tundra aberta ainda mais para o norte. A população humana foi para o norte também, acompanhando não o recuo do gelo, mas a expansão da floresta. Com a diminuição das fontes de alimentos, a população do Sul da Europa (até então a região mais ocupada) caiu vertiginosamente. A rena foi substituída na dieta humana por espécies florestais, como o cervo e o javali, ao passo que o mamute e o cervo gigante se extinguiram. O tamanho dos grupos humanos diminuiu. Vestígios encontrados mostram também uma menor preocupação com a qualidade dos artefatos e com o naturalismo na arte. No fabrico de ferramentas, agora mais abundantes e variadas, o marfim foi substituído pela madeira, ossos e chifres. Pontas de flechas de pedra lascada (algumas encravadas em animais), machados, enxós, raspadores e furadores do período mesolítico são achados arqueológicos comuns, mas foram também encontrados alviões de chifres e armadilhas de vime para peixes. Tudo isso indica que os humanos se esforçaram para viver nas densas florestas do Sul, ao passo que o Norte da Europa e a franja atlântica se tornavam regiões favoráveis ao assentamento, com cursos d'água interiores e costeiros servindo de fontes de alimentos e meio de transporte. Em Tybrind Vig, um sítio submerso no litoral da Dinamarca, encontraram-se anzóis e fragmentos de corda e "tecido" feitos com fios de fibras vegetais, junto com uma pá de remo decorada. Vasos de cerâmica (que se supunha terem sido introduzidos por agricultores neolíticos posteriores) estavam também em uso na Escandinávia há cerca de 5.600 anos, assim como cabanas com buracos para estacas e pisos de madeira feitos de toras de bétula e pinheiro entremeadas de folhas de cortiça. Star Carr, um sítio mesolítico próximo à costa oriental de Yorkshire, foi quase certamente um posto avançado de verão da cultura mesolítica da Escandinávia. Nesse assentamento lacustre se encontraram ornatos para cabeça feitos de chifre, uma pá de remo de madeira, arpões de chifre e pontas de flecha farpadas. Seus ocupantes de verão tinham ao seu dispor cerca de 520 quilômetros quadrados de floresta e se alimentavam de cervos, corças, javalis, peixes, patos e outras aves aquáticas (estima-se que cerca de 3 mil cervos viviam em sua área de caça).

Esses europeus setentrionais se adaptaram à vida na orla de uma floresta que se movia ainda mais para o norte, mas seu ambiente continuou a mudar. Estudos dos depósitos de turfa em Star Carr mostraram que há cerca de 11 mil anos salgueiros e álamos começaram a invadir as lagunas, drenando pouco a pouco suas águas refluentes. Os habitantes retiravam as árvores e arbustos da beira da laguna por meio do fogo, mas foram vencidos pela mudança da vegetação, uma vez que, por volta de 10.500 anos atrás, o intenso crescimento de aveleiras transformou o lago em pântano e Star Carr foi abandonada. Adaptar-se significou migrar.

As habitações mais bem preservadas da Europa mesolítica são as de Lepenski Vir, no Danúbio, ocupada entre 7.750 e 6.250 anos atrás. Nesse assentamento pesqueiro, os caçadores estabeleceram um modo de vida sedentário. Seus habitáculos, com plantas trapezoidais de mais de trinta metros quadrados, eram construídos sobre terraços cortados às margens do rio. Eles faziam esculturas de humanos com cabeça de peixe e enterravam seus mortos com a cabeça virada no sentido da correnteza, com a finalidade, acredita-se, de que o rio levasse seus espíritos. O rio encarnava também a

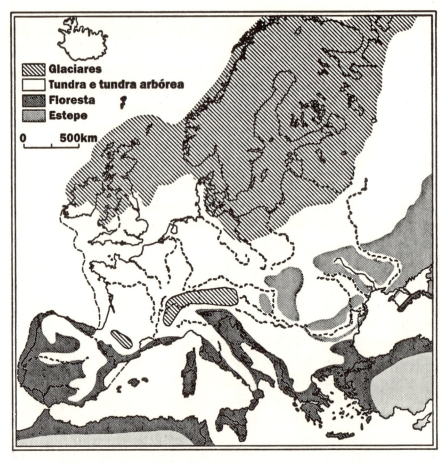

*Na glaciação máxima, há cerca de 200 mil anos, a Europa Ocidental era predominantemente uma vasta região de tundra aberta que incluía os atuais mares do Oeste da França e a parte sul do Mar do Norte.*

renovação, uma vez que, na primavera, esturjões brancos com mais de nove metros de comprimento, tidos como representação dos mortos redivivos, nadavam rio acima para a desova.

Os grupos humanos se adaptaram às florestas em expansão, habitando planícies fluviais, sítios litorâneos, margens de lagos e a tundra setentrional remanescente, mas, com o tempo, aprenderam maneiras inventivas de conviver com elas. Com o inusitado sistema de montanhas, vales, colinas ondulantes e platôs comprimidos num espaço relativamente pequeno, a topografia da Europa propiciou o estabelecimento sazonal dos grupos humanos, como foi o caso de Star Carr. Já não se tratava do povo 100%

# NO COMEÇO

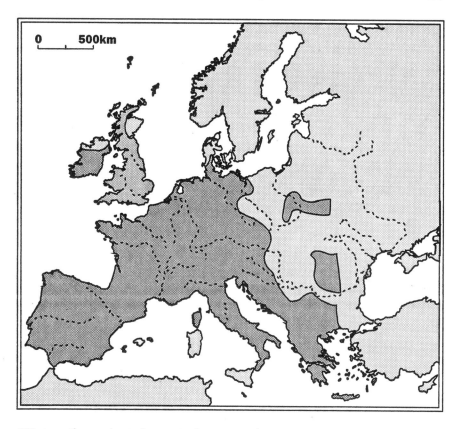

*Há oito mil anos, depois de um rápido aumento de temperatura, a mesma área foi dominada por uma densa floresta à qual os nossos ancestrais tiveram de se adaptar.*

nômade dos primeiros tempos, mas de grupos que se deslocavam das terras baixas que habitavam no inverno, quando a ausência da densa vegetação rasteira facilitava os movimentos da caçada, para as terras altas que ocupavam no verão. A Europa do mesolítico tardio (há 6 mil anos) tinha assentamentos menos numerosos, porém maiores, cada um com seu conjunto de satélites ou postos avançados. À medida que os europeus aprendiam a explorar as variações do ambiente, o tamanho da população se recuperou do declínio imposto pelas densas florestas do período pós-glacial.

A mudança dos padrões de assentamento ocorrida há cerca de 6.500 anos coincidiu com a das práticas de sepultamento, que passaram de locais individuais a coletivos. O maior cemitério mesolítico da Europa Ocidental, localizado em Carbeço da Arruda, Portugal, tem mais de 170 túmulos; outras necrópoles encontradas têm mais de cem túmulos, um indicativo de sociedades sedentárias e maior interesse pelo destino dos mortos. Os cemitérios do mesolítico tardio constituem novas pistas sobre as mudanças na sociedade humana — vestígios de assentamentos maiores (Skateholm e Vedbaek, por exemplo) apresentam uma gama notavelmente mais ampla de doenças, como artrite e cáries principalmente, mas também hiperosteose e raquitismo, do que os de grupos mais móveis (Grotta dell'Uzzo, Arene Candide), que apresentam indícios de cáries, mas não muito mais. Ao que parece, grandes assentamentos permanentes implicavam maior exposição a doenças parasitárias e infecciosas.

Os túmulos mesolíticos continham ornamentos feitos com partes de animais, como brincos de dentes, mas também efígies de animais e humanos, arpões, pentes, lanças e machados — cerca de quatrocentos artigos foram achados em alguns túmulos. O uso de imagens simbólicas que incluem figuras humanas, marcantes na execução e no efeito, foi uma notável mudança em relação à arte paleolítica, em que predominava a representação natural de animais. As figuras mesolíticas já não são naturalistas e é notável o uso da linha e da forma para transmitir movimento e dramaticidade.

Muitos dos sítios mesolíticos mais desenvolvidos da Europa foram encontrados em sua franja atlântica — na faixa costeira que vai de Portugal à Bretanha, nas Ilhas Britânicas e no Sul da Escandinávia —, levando a especulações sobre a existência de uma cultura atlântica distinta. A variedade e o volume das fontes de alimentos eram, com certeza, imensos e foram plenamente explorados. Em sítios mesolíticos da ilha de Risga, litoral de Argyll, Escócia, encontraram-se vestígios de todo tipo de conchas, mas também de cascarras, cações, arraias, congros, tainhas, hadoques, pargos, alcas, gaivotas, gansos, cormorões, tordas-mergulhadeiras e *gillemots*, além de focas-comuns e focas-cinzentas. Milhões de conchas descartadas foram encontradas em Ertebølle, Dinamarca, um sítio que foi provavelmente ocupado durante setecentos ou oitocentos anos.

Embora os primeiros barcos marinhos não se tenham preservado, a presença de peixes que se alimentam no fundo do mar, como bacalhaus, hadoques e arraias, deixa claro que barcos feitos de peles esticadas sobre estruturas de madeira (similares aos tradicionais coracles da Irlanda ocidental) eram usados no mesolítico. Barcos fluviais feitos com troncos únicos ou pranchas de carvalho atadas com fibras de teixo e salgueiro foram encontrados em North Ferriby e Humber. Os primeiros cemitérios organizados da Europa Ocidental ficavam também próximos à costa atlântica, favorecendo a hipótese de que uma cultura marítima distinta teria existido nessa região onde o alimento era abundante.

O FIM DO PERÍODO MESOLÍTICO na Europa é marcado pelo advento da agricultura — o efeito da chamada *Revolução Neolítica*. Durante 30 mil dos últimos 36 mil anos, a Europa Central, Ocidental e Setentrional foi habitada exclusivamente por caçadores-coletores. Nesse período, o ambiente natural do continente — o clima, a vegetação, até mesmo a forma e extensão do território — mudou radicalmente. A sobrevivência da população humana dependeu de sua capacidade de adaptar-se a esse mundo em transformação. Em contraste, nos últimos 6 mil anos foram poucas as mudanças naturais, ao passo que o ambiente foi drasticamente alterado pela intervenção humana.

Há cerca de 9 mil anos, as práticas da domesticação de animais e da agricultura começaram a surgir no Sudeste europeu. Durante os 3.500 anos seguintes, tais práticas se estenderam para o norte e o oeste, cruzando o continente, chegando à Europa Central e Ocidental há 7.500 anos e aos seus extremos cerca de 2 mil anos depois. Mas a disseminação da agricultura foi um processo intermitente, bastante revelador das complexidades subjacentes à sociedade europeia existente.

Os caçadores-coletores europeus aprenderam a explorar as variações de pequena escala em seu hábitat, mas a geografia da Europa como um todo teve também um papel capital em sua história humana. Uma vasta planície de terras baixas se estende do Atlântico aos Urais, cortada por rios que correm para o norte e para o sul, proporcionando fronteiras naturais e facilidades de transporte. As cadeias montanhosas são altas o bastante para servirem de baluartes defensivos, mas nenhuma é tão extensa que não possa ser atravessada por humanos. A costa europeia, com sua imensa quantidade de baías abrigadas, estuários, angras e ilhas costeiras (mais de 10 mil) e distâncias relativamente pequenas entre desembarcadouros seguros favorece o deslocamento por mar e o comércio, além de propiciar o crescimento de comunidades independentes voltadas para o mar, mas também protegidas de ataques por terra. Itália, Grécia, Escandinávia, Portugal, Espanha, França, Grã-Bretanha e Irlanda possuem uma miríade de ilhas e vales quase inexpugnáveis por terra e de fácil acesso por mar.

# CIVILIZAÇÃO

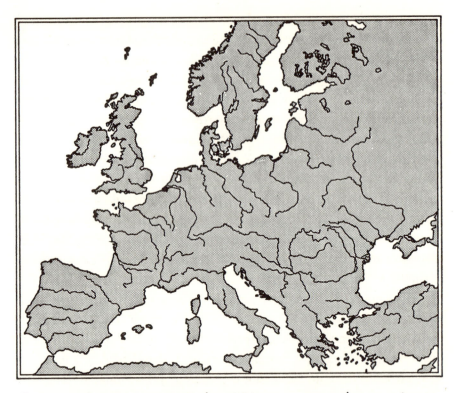

*Os mapas modernos mostram aspectos do território com os mares em branco, porém, para nossos ancestrais, os mares e rios do ocidente serviam como autoestradas, proteção e inesgotável fonte de alimentos.*

É quase certo que a agricultura foi trazida para a Europa por pequenos grupos imigrantes vindos por terra desde o sudeste ou seguindo a costa do Mediterrâneo para o oeste e depois o norte. Não se tratava de caçadores nativos que aprenderam novas técnicas, mas de forasteiros que traziam sua própria cultura, seus animais domésticos e seus cultivos. As variedades de trigo, cevada e painço cultivadas na Europa durante milhares de anos eram oriundas do Oriente Próximo, assim como as raças de ovinos e caprinos domesticados. Nas regiões densamente florestadas da Europa Central e Ocidental, os imigrantes, tendo encontrado poucos grupos de caçadores, puderam (depois de limparem o terreno queimando arbustos e derrubando árvores) alimentar animais e cultivar vegetais no fértil solo loesse das planícies aluviais dos rios Danúbio, Vístula, Oder, Elba, Reno, Garonne e Ródano e sua miríade de afluentes. Os agricultores construíram grandes *longhouses* com quinze a trinta metros de comprimento por seis a sete metros de largura, às vezes dispostas em grupos e quase sempre privadas de qualquer estacada defensiva. Os primeiros assentamentos agrícolas eram agrupados, como os do vale Merzbach, perto de Colônia, Alemanha. Esses povos trouxeram também a cerâmica conhecida como campaniforme (a do tipo linear veio pela Europa Central; a estampada, pelo Mediterrâneo ocidental); embora tenha sido também encontrada em sítios de caçadores-coletores, a cerâmica era muito mais comumente utilizada pelos agricultores.

A disseminação da agricultura foi comparativamente rápida na Europa Central (há 7.500-7.000 anos), mas quando os agricultores chegaram ao norte e noroeste se deu uma interessante mudança. Em primeiro lugar, na franja setentrional da Europa, eles encontraram solos de areia e cascalho impróprios para o cultivo — os habitantes da zona costeira que vai da Holanda à Polônia continuaram dedicados à caça e à pesca por cerca de quase mil anos. Em segundo lugar, na franja atlântica, eles toparam com um grupo já assentado e desenvolvido de comunidades de caçadores-pescadores que não tinham necessidade urgente de técnicas agrícolas. A reunião, por via da imigração ou da difusão cultural, dos povos agricultores com a cultura atlântica preexistente parece ter sido responsável por um assombroso fenômeno que não tem paralelo na história europeia.

POR TODA A PAISAGEM da Europa Ocidental e no norte assoma um conjunto vasto e profundamente misterioso de monumentos de pedra cuja escala, variedade e cuidadosa construção desafiam o nosso entendimento do mundo ocupado e criado por nossos ancestrais. Nem os caçadores-pescadores nativos nem os pastores adventícios jamais haviam produzido nada do gênero e com tais dimensões e tampouco aparecem em qualquer outro lugar do continente europeu — esses monumentos são o produto de uma cultura singularmente ocidental-europeia. Por volta de 6.800 anos atrás começaram a surgir, no litoral ibérico e na Grã-Bretanha, tumbas megalíticas em forma de portal, geralmente acompanhadas de imensas pedras eretas às vezes decoradas com entalhes. São monumentos concebidos para uso contínuo, com túmulos dispostos ao longo de um corredor central. Entre 6.500 e 5.500 anos atrás, ao mesmo tempo que a agricultura se estendia para oeste, monumentos megalíticos eram construídos nos litorais atlânticos da Grã-Bretanha e da Irlanda. Um longo sítio funerário aparece em Wessex. Os mais notáveis exemplos de túmulos megalíticos são os de

Newgrange e Knowth, na Irlanda, os círculos de pedra de Callanish, na Ilha de Lewis, os túmulos de Maes Howe, as casas de pedra de Skara Brae e os menires de Howe, Brogdar e Stenness, Ilha de Orkney, Escócia, todos erguidos entre 6 mil e 4 mil anos atrás.

A quantidade de trabalho e engenho envolvidos na construção desses monumentos foi prodigiosa. O Grande Menir de Locmariaquer, na Bretanha, França, é uma pedra vertical que pesa 348 toneladas e teria demandado o emprego de 2 mil homens para arrastá-la desde a sua origem, ao passo que o túmulo megalítico de Newgrange, em Meath, Irlanda, é coberto por 200 mil toneladas de cascalho e terra. No alto da pedra superior sobre a entrada de Newgrange há uma pequena abertura feita de tal modo que, ao alvorecer do solstício de inverno de 5 mil anos atrás, um raio de sol se projetava sobre o corredor e iluminava uma espiral tripla esculpida na parede da câmara mortuária principal. A câmara de Maes Howe (*c.* 4.800 anos de idade) é feita de lajes de pedra ajustadas com extraordinária precisão, encimadas por um teto em mísulas e tal como Newgrange se alinha com o sol no solstício de inverno.

Depois de Orkney, Escócia, a região inglesa de Wessex também passou por uma época de construção de monumentos. São cinco complexos (Avebury é o mais conhecido) erguidos ao redor de um monumento central. Vários sítios mortuários de grande tamanho e a enorme Silbury Hill foram construídos por volta dessa época. A primeira construção em Stonehenge data de cerca de 5 mil anos. Cerca de mil anos depois foram erguidos os doleritos azulados trazidos de Gales ocidental. Os trilíticos foram então acrescentados e as pedras redispostas em círculo, ou ferradura, completando Stonehenge como centro de um conjunto ritual que ia da costa do Canal até os Chilterns, inigualado na Europa pré-histórica. O transporte das pedras desde Gales ocidental e os entalhes nos acessos, em forma de espiral, quadrado e asna, revelam fortes conexões entre grupos distintos, separados por consideráveis distâncias. A presença de cerâmica estriada em lugares tão afastados quanto Orkney e Wessex demonstra a dimensão da rede cultural dessa sociedade, ao passo que os lugares em si mesmos mostram que, para os nossos ancestrais, o extremo norte e o noroeste da Europa não eram uma região remota, mas um território com rica e sofisticada cultura própria.

A sofisticação da sociedade neolítica é confirmada por indícios de comércio a longa distância. Uma coleção de machados de pedra encontrados nos montes Peninos, Norte da Inglaterra, contém amostras oriundas de "fábricas" de machados estabelecidas no Norte da Irlanda, em Gales do Norte, na Cúmbria, na fronteira da Escócia, no sudoeste da Inglaterra, nas Midlands, em East Anglia e, possivelmente, em Sussex. Na encosta do Pico de Stickle, Cúmbria, jazem 450 toneladas de lascas, detritos da fabricação de 45-75 mil cabeças de machados.

Os monumentos neolíticos da franja atlântica foram um elemento central na vida de nossos ancestrais. Seu processo de construção e sua permanência tiveram seguramente uma grande importância. Se seus componentes astronômicos demonstram uma cultura sofisticada e contínua, os monumentos em si mesmos constituem a afirmação de um profundo vínculo com o território e com os mortos. Embora a sua construção tenha cessado há cerca de 4.400 anos, esses grandes cômoros e monumentos foram durante milênios um aspecto dominante da paisagem que muito provavelmente conservou, geração após geração, algum significado espiritual para os descendentes daqueles que os construíram.

A INTRODUÇÃO DA AGRICULTURA na Europa foi rapidamente seguida de uma importante inovação tecnológica — a fundição. Valendo-se das técnicas de aquecimento intenso indispensáveis ao cozimento da cerâmica, é provável que a fundição tenha se desenvolvido independentemente no Oriente Próximo, no Sudeste da Europa e na Península Ibérica no período compreendido entre 7 mil e 6 mil anos atrás. Os metais fundidos, principalmente o cobre e o ouro, foram inicialmente usados em decoração e ornamentação. Um cemitério de 6 mil anos de idade encontrado em Varna, no litoral búlgaro do mar Negro, continha seis quilos de ouro e peso ainda maior em cobre; em Almeria, Espanha, encontrou-se cobre datado de 6.500 anos.

Embora a metalurgia possa ter tido origem independente, há cerca de 5.000 anos o desenvolvimento das sociedades urbanas mesopotâmicas começou a afetar a Europa por meio da demanda de bens e da difusão de técnicas. Moldes de duas peças e ligas de cobre-arsênico, veículos providos de rodas, arados leves e ovinos lanígeros, cavalos domesticados e casas de madeira relativamente sólidas chegaram à Europa nesse mesmo período. Diferentes regiões os acolheram segundo suas necessidades, mas depois de 3000 a.C. a Europa já exibia uma cultura mais unificada, dedutível das práticas fúnebres comuns. Técnicas de derrubada e queimada propiciaram a substituição da horticultura de pequena escala. A extração de pederneiras para o fabrico de machados aperfeiçoou o desmatamento.

O desmatamento, o cultivo em larga escala e o arrebanhamento de animais domésticos intensificaram e aceleraram a mudança da paisagem por força da ação humana. Seus efeitos locais foram às vezes profundos e duradouros. O descampado de North York Moors, no Nordeste da Inglaterra (poucos quilômetros ao norte de Star Carr), foi antes do advento da agricultura uma floresta mista. Os antigos agricultores iniciaram a derrubada e queimada de árvores com a finalidade de abrir clareiras para o plantio e o encurralamento de veados selvagens e animais domesticados. O resultado, ao longo de alguns séculos, foi privar o solo fino e frágil de seus nutrientes e sua base estrutural. Cerca de quinhentos quilômetros quadrados de terras inutilizadas para o cultivo, a relva e a cobertura arbórea original foram abandonadas pelos humanos e se tornaram, e assim são até hoje, um vasto urzal pantanoso que só serviu para preservar suas centenas de túmulos neolíticos. (Ironicamente, a prática que arruinou a terra para o cultivo forjou um sertão cuja beleza é hoje altamente valorizada.) A transformação da Europa num continente de agricultura intensiva absorveu os construtores de megálitos e monumentos. A antiga cultura monumental só se manteve no Oeste da Grã-Bretanha e na Irlanda. Todavia, o quadro do Ocidente apresentava importantes diferenças com relação ao da Europa Central.

A arqueologia contemporânea enfatiza que é preciso considerar a adoção da agricultura pelos caçadores e coletores nativos como uma série de escolhas sobre como obter alimentos. Essas escolhas foram particularmente complexas em regiões como a costa atlântica. O que era mais produtivo: sair ao mar em busca do peixe; apanhá-lo com armadilhas; coletar produtos vegetais no litoral; desflorestar para plantar milho; entrar na floresta à caça de veados e javalis ou domesticar animais? As respostas teriam sido diferentes em outras épocas e lugares e não fluiriam inexoravelmente para a adoção da agricultura. Já se disse também que a agricultura foi, em muitos casos, desvantajosa, pois que implicou a troca de uma vida de alternância entre a caçada e o descanso por outra de labuta incessante que favorecia o agrupamento, mas só beneficiava os que detinham o poder sobre essas comunidades ampliadas, o que talvez fosse menos verdadeiro para os agricultores do Oeste da Europa, onde o tamanho reduzido dos grupos propiciava maior grau de controle sobre a própria produção. Não obstante, à medida que a caça se fez menos abundante, diminuíram também as opções disponíveis, de modo que há 5 mil anos a Europa tinha deixado de ser uma região de caçadores para se tornar, fundamentalmente, uma região agrícola.

O APARECIMENTO DA FUNDIÇÃO do bronze há cerca de 4 mil anos tornou mais comum a metalurgia. Os metalurgistas europeus aprenderam, provavelmente por meio de contatos com o Oriente Próximo, a técnica básica de combinar o cobre dos montes Harz com o estanho da Boêmia, mas desenvolveram métodos próprios, altamente sofisticados, de transformar o bronze em adagas, taças ornamentais, joias e machados que combinavam beleza e praticidade. Grandes depósitos de objetos altamente sofisticados de bronze e ouro foram encontrados em fantásticos cemitérios da Alemanha central, durante séculos o maior centro produtor de bronze da Europa e motor de uma rede de comércio que abrangia todo o continente. Importavam-se minérios de estanho e cobre da Cornualha, Gales do norte, Irlanda, Bretanha e Península Ibérica e se trocavam os artefatos de bronze por âmbar, peles e produtos de couro da Escandinávia e do Ocidente. Os povos da Europa Central comerciavam também diretamente com o Mediterrâneo oriental.

O uso crescente da agricultura intensiva, a difusão do bronze e outros metais e a abertura de rotas de comércio de longa distância indicam uma cultura unificada sob controle de um poder central. Parece, no entanto, que os pequenos grupos sub-regionais perceberam que fazer alianças lhes proporcionava segurança numa situação em que nenhum deles era forte o bastante para impor aos demais a sua vontade. A difusão da cultura *beaker* (assim chamada devido à cerâmica campaniforme encontrada em seus túmulos) por toda a Europa levou à suposição de que algum tipo de migração em massa, ou conquista, teria ocorrido há cerca de 5.000 anos. Hoje, porém, os arqueólogos acreditam que as redes de comércio da Europa eram suficientemente desenvolvidas para propiciar a difusão das técnicas de cerâmica e de práticas funerárias novas e exóticas, não raro adotadas pelas elites como forma de se distinguir do restante de seu grupo. O surgimento de elites enriquecidas transparece, na Idade do Bronze tardia, nas espetaculares tumbas individuais de Wessex (que se tornara o cômpito da Inglaterra), Bretanha, Irlanda, oeste da Península Ibérica e Alemanha central.

HÁ 3 MIL ANOS A EUROPA era um mosaico de pequenos assentamentos. O trabalho abrangia a agricultura em campo aberto — animais e cultivos

— e o artesanato, metalurgia inclusive. As redes de comércio eram extensas e sólidas — barcos do Mediterrâneo oriental transportavam marfim da África, âmbar do Báltico, vidro da Fenícia, cobre da Península Ibérica e estanho da Cornualha (trazido ao Mediterrâneo por um sistema formado pelos rios Loire, Garonne, Reno e Danúbio). Os laços entre a Europa e as culturas urbanas do Oriente Próximo e Mediterrâneo oriental eram ainda inconstantes, mas o colapso das civilizações minoica e miceniana há cerca de 3.300 anos (ver Capítulo 2) fizeram do Mediterrâneo oriental e ocidental um completo sistema de comércio que iria por sua vez afetar o Oeste da Europa.

O movimento de pessoas, culturas e tecnologias que se seguiu ao colapso de Micenas e à derrubada do Império Hitita é um novelo difícil de desenredar. Algumas teorias sugerem que um grande número de pessoas migrou da Anatólia para o oeste, parte tomando o rumo do Egeu para construir uma nova cultura helênica sobre as ruínas da civilização miceniana, parte seguindo em frente, até se encontrar com a cultura céltica da Europa Central. À luz do que já dissemos sobre a cultura *beaker*, essas teorias devem ser vistas com circunspecção. O que podemos dizer com segurança é que há 3.300 anos novas tecnologias e práticas culturais começaram a se espalhar por uma ampla área da Europa continental.

A produção de bronze obteve um grande impulso, ao passo que os moldes descartáveis de argila facilitaram enormemente o processo de modelagem e o método da cera perdida lhe deu requintes de detalhamento — como a carruagem solar encontrada em Trundholm, Dinamarca. As culturas de trigo e cevada ganharam a companhia das ervilhas e lentilhas, e surgiram novos itens, como a fava, o painço, o linho e a papoula (utilizada na produção de óleo). O mel e o iogurte (este como forma de conservação do leite) foram introduzidos e muito difundidos. Diferentes grupos e regiões se especializaram em outras espécies de animais domesticados — bois, porcos e cabras. Os cavalos se tornaram muito mais comuns e as armaduras de bronze e, mais tarde, ferro passaram a ser vistas como símbolos de *status*.

A mudança que mais chamou a atenção dos arqueólogos foi a introdução, há cerca de 3.300 anos, da cremação dos mortos e do uso de urnas para a deposição das cinzas. A cultura dita *urnfield* se espalhou depressa por toda a Europa, provavelmente uma vez mais por uma mescla de migração limitada e difusão cultural. A cultura *urnfield* da Idade do Bronze tardia

## NO COMEÇO

parece estar intimamente ligada ao surgimento de um povo, uma cultura em qualquer caso, a que damos o nome de celta. A sobrevivência da cultura celta até os tempos históricos (e de seus vestígios até nossa época) nos proporciona um vínculo fantástico com o passado pré-histórico, embora hoje se tenha como provável que os próprios celtas, os ocidentais em particular, sejam descendentes e herdeiros de uma cultura ainda mais antiga.

A história dos celtas destaca o antigo problema da migração e da difusão. Teriam os celtas vindo para o oeste desde o Cáucaso e se espalhado pelo continente antes de serem empurrados para o extremo oeste por outros grupos de imigrantes? Ou teriam certas práticas culturais sido absorvidas pelas sociedades existentes? Essa última explicação tem ganhado força nos anos recentes, abrindo a fascinante possibilidade de que uma cultura e um povo europeu ocidental (mesmo tendo absorvido uma série de influências) já existiam desde o mesolítico e mesmo antes. A nossa cultura é uma mescla histórica cujas origens podem ser, todavia, muito mais antigas do que estamos habituados a considerar.

Entre 3 mil e 2.700 anos atrás, a fundição do ferro e o comércio de objetos desse metal se tornaram comuns em toda a Europa — foi o começo da Idade do Ferro. A cultura e as inovações celtas estavam então firmemente estabelecidas no Sul da Alemanha. Há 2.450 anos (o começo do período conhecido como La Tène) os celtas comerciavam com as colônias gregas do Mediterrâneo ocidental e com os etruscos, da Itália. A cultura celta se disseminou a partir do Sul da Alemanha e da Boêmia, e sua arte já começava a exibir seu característico estilo fluido e curvilíneo. Artesãos de toda a Europa Central e mais além começavam a mostrar extraordinária técnica, originalidade e capacidade de inovação na metalurgia do ferro.

No século IV a.C. (ou seja, há 2.400-2.300 anos), comunidades celtas cruzaram os Alpes em migração definitiva para o vale do Pó, a Macedônia, mais a leste, e a Grécia, ao sul, chegando a alcançar a Ásia Menor. Ao mesmo tempo, a cultura celta se espalhava para oeste até a costa do Atlântico, mas parece duvidoso que também isso se devesse à migração do povo celta. Os achados arqueológicos indicam que os celtas do Ocidente viviam agrupados com os da Europa Central. Mas na Bretanha e Grã-Bretanha, por exemplo, a continuidade das tradições locais foi muito mais dominante do que as importações da cultura La Tène. Parece que a cultura celta do extremo ocidental da Europa era uma variante distinta da cultura continental e talvez sequer usasse a mesma língua. Os celtas do Ocidente eram mais provavelmente descendentes do povo atlântico do mesolítico e de mais atrás do que dos migrantes da Idade do Ferro; ao contemplarmos a cultura celta podemos estar vendo fragmentos de costumes originários do paleolítico.

A sociedade celta era essencialmente agrícola. Os primeiros assentamentos compreendiam uma ou mais *longhouses*, cada uma ocupada por uma família estendida e seus animais, com espaço também para o trabalho com o couro, a madeira e o metal, tudo sob o mesmo teto. Com o passar do tempo, a *longhouse* foi substituída por residências unifamiliares dotadas de construções separadas para os animais, o armazenamento dos grãos e o artesanato. No século I a.C. as casas tinham cômodos separados para cozinhar e dormir. À medida que a experiência era transmitida de uma geração para a seguinte a agricultura ia se tornando mais intensiva. A especialização do trabalho aumentou para que indivíduos e famílias pudessem transacionar seus bens e serviços. A população cresceu com o aumento da produtividade agrícola e o início da divisão da terra com limites físicos formais. As aldeias, onde o comércio e a comunidade podiam prosperar e a terra ser consensualmente partilhada, se tornaram mais comuns e os sistemas de campos agrícolas da Europa cada vez mais firmemente estabelecidos.

Havia também assentamentos fortificados. Alguns eram usados como refúgio, outros como lugares de residência permanente e uma menor quantidade reservada, quiçá, para certos grupos de elite. As colinas fortificadas que aparecem em certa faixa do centro-norte e Oeste da Europa, incluindo o Sul da Grã-Bretanha e o Norte da França, foram quase todas abandonadas depois de mais ou menos 400 a.C., ainda que algumas tenham sido habitadas até o século I a.C. Vários sítios datados entre 200 e 50 a.C. revelam aldeias artesãs com manufatura intensa e em larga escala de tecidos, pregos de ferro, artefatos de vidro, osso e cerâmica, broches metálicos e moedas. Todavia, os mais notáveis dentre os sítios celtas são os *oppida* — grandes assentamentos em recintos defensivos com área de vinte a trinta hectares, mas que podiam chegar a ter seiscentos hectares; um deles, localizado em Heidengraben, nos montes Jura, tinha 1.500 hectares. (A Paris medieval ocupava, no ano 1210, 250 hectares.) No interior do *oppidum*, as casas tinham suas próprias cercas e davam para ruas.

A cultura celta da Europa continental foi severamente afetada pela conquista romana e pela adoção da cultura germânica. Todavia, no extremo ocidental da Europa ela permaneceu (adotada e transformada pelos povos nativos) intacta até a era da história escrita e, em alguns aspectos pelo menos, os nossos dias. A Irlanda, em especial, reteve fortes costumes celtas mesmo com a adoção do cristianismo. Por conseguinte, os relatos históricos da sociedade irlandesa nos dizem alguma coisa a respeito da cultura pré-histórica do Ocidente europeu. A sociedade era, no essencial, mais ou menos dividida em grupos sociais hierarquizados, unidos por complexas redes de parentesco. No alto da hierarquia ficava a família ampliada da qual se escolhiam os monarcas. O costume de se adotarem os bem-dotados e talentosos (também seguido pela elite romana) implicava que a "família real" incluía muitos indivíduos estranhos à sua linhagem. Permitir que filhos adotivos se candidatassem à sucessão, sem se observar o princípio da primogenitura, era uma maneira inteligente de assegurar a alta qualidade da liderança. Não raro eram as mulheres as líderes das famílias, às vezes selecionadas como governantes — Maeve, da Irlanda; Cartimandua, dos brigantes; e Boadiceia, dos icenos. Abaixo dos monarcas na hierarquia social estavam os chefes de clãs, similares em *status* à classe dos druidas, bardos e artesãos, e artistas de talento. A maioria da população era constituída de plebeus\* — pequenos agricultores e artesãos —, muitas vezes descritos como "homens livres", cujos direitos e obrigações eram claramente estabelecidos pela lei consuetudinária.

O direito consuetudinário, na prática o conjunto de regras que regulavam a vida coletiva e seu governo, aparece em todas as sociedades. Muitos costumes europeus datam provavelmente do início da era neolítica, senão antes. Em algumas partes da Europa (Irlanda, Gales e Inglaterra, em especial) esses costumes sobreviveram como direito consuetudinário, em outras foram consolidados como um conjunto formal de regras constitucionais. O fundamento principal do direito consuetudinário era a noção de que o indivíduo devia ser considerado no contexto da sociedade ou, mais especificamente, da intrincada rede constituída pela família ampliada. Quando se cometia um crime, era a família (no sentido mais amplo de grupo ligado por laços de parentesco) que fazia a reparação. Por conseguinte, cabia à família guiar seus membros em obediência às leis consuetudinárias e estabelecer suas punições. Os membros da família compartilhavam direitos e responsabilidades, pagavam as penalidades uns dos outros, assim como

---

\* *Commoners*, no original. (N.T.)

lhes reclamavam as heranças e venciam ou caíam juntos. As disputas entre grupos familiares eram em geral resolvidas conforme o costume e as situações de conflito, cuidadosamente administradas, sempre de acordo com o costume. Dois grupos de homens se punham frente a frente num campo; os chefes ou campeões avançavam, se insultavam e se enfrentavam em combate individual. Ao final, as forças se dispersavam ou se engalfinhavam numa refrega generalizada. Além de satisfazer as queixas de ambas as partes, essa diligente coreografia servia também para manter em níveis mínimos a violência destrutiva, coisa muito diversa, como veremos, do método grego e romano de fazer a guerra.

A vibrante mitologia dos celtas ocidentais e as lendas de seus reis sobreviveram até os tempos históricos, mas a tradição druídica do segredo tornou um tanto opacos os seus rituais e sistemas de crenças. Sabemos, no entanto, que era firme a crença na vida após a morte e que a viagem ao submundo — em meio a paisagens fabulosas e estranhas aventuras — era um dos grandes temas das lendas celtas. O conteúdo dessas lendas guarda estreita relação com a fluidez da arte celta, repleta de ambiguidades e paradoxos, como animais que se transformam entre volutas de desenho intrincado a ponto de confundir os olhos do observador. Na literatura celta abundam os enigmas: pessoas e deuses circulam com tal facilidade entre os mundos natural e sobrenatural que parece não existir barreira entre as duas esferas. Para os celtas, o mundo era um lugar absolutamente encantado.

O lugar para onde se ia depois de morrer era chamado de *Tir inna beo*, "o mundo dos vivos": um paraíso onde não existiam a velhice e a doença, a música provinha da terra, e a comida e a bebida apareciam nos recipientes como por encanto. Esse mundo estava em toda parte — no mar, dentro da terra, nas cavernas, florestas e lagos. Os deuses celtas habitavam lugares que evocam a experiência espiritual — bosques e florestas sagradas, lagos escondidos, fontes, rios e nascentes. Oferendas foram recuperadas de sacrários em Sequana (a nascente do Sena), Llyn Cerrig Bach, em Anglesey, na fonte de Carrawburgh, perto da Muralha de Adriano, que foi santuário da deusa celta Coventina, e no poço de Segais, nascente do rio Boyne, Irlanda. O escritor romano Estrabão conta que os romanos pilharam magníficos tesouros em lugares sagrados, e Lucano afirma que César mandou derrubar uma floresta sagrada nas imediações de Marselha.

Cada comunidade celta tinha, provavelmente, os seus próprios deuses (conhecem-se mais de quatrocentos nomes de deuses celtas), todos com notáveis atributos. Ocasionalmente um único deus representava tudo o que era sagrado. Alguns animais eram sagrados, como o touro (às vezes mostrado com três chifres), o cervo, o javali, o cavalo, a lebre e o ganso. A cabeça humana, presença constante nos mitos e entalhes celtas, tinha um profundo significado espiritual. Nós associamos tudo isso aos celtas. Mas se a cultura céltica ocidental é, como parece, contínua desde a Idade do Bronze e as culturas monumentalistas que a precederam, portanto desde os primeiros povos que habitaram o Ocidente, então essas crenças são o legado de dezenas de milhares de anos de cultura.

A CULTURA CÉLTICA LA TÈNE que se espalhou pelo Oeste da Europa não penetrou a faixa costeira que hoje abarca o Norte da Holanda, a Alemanha, a Dinamarca e a Polônia. A cultura dos povos nativos desse território intimamente ligado ao ambiente aquático se manteve, ao que parece, resistente à influência externa. Para os autores romanos posteriores, esses eram os povos germânicos. Em 320 a.C., o viajante grego Piteu, que circunavegou a Grã-Bretanha, distinguiu os "germanoi" do Norte e Centro da Europa dos "keltoi" do Oeste, mostrando que a cultura dos primeiros já havia suplantado a dos segundos no coração do continente. Era a cultura dos povos germânicos, não a dos celtas (e gregos e romanos), que iria dominar a história ulterior da Europa.

Os povos germânicos do Oeste compreendiam os anglos, os saxões, os francos, os frísios e os alamanos; a sua língua deu origem ao inglês, alemão e holandês. Um grupo oriental que compreendia os ostrogodos, visigodos, vândalos e burgúndios foi dar em diferentes partes da Europa Ocidental, mas suas línguas não sobreviveram. Um grupo do Norte foi o ancestral dos povos escandinavos de hoje e seus idiomas. A história desses povos, difícil de traçar, nos coloca uma vez mais frente às complexidades dos processos de migração e difusão cultural. Acredita-se que em 300 a.C. as tribos góticas haviam migrado para o território que se estende do Danúbio ao Don — as tradicionais terras de pasto e caça dos povos nômades do Oriente —, ao passo que os povos germânicos ocidentais haviam migrado para o sul espalhando-se pela Alemanha central dos dias de hoje (os alamanos) e para o oeste até os países baixos (os francos).

A maior parte das nossas ideias sobre os povos germânicos provém dos escritos de seus adversários romanos — embora alguns, como Tácito, tenham louvado esses bárbaros para tecer considerações políticas sobre as fraquezas da própria Roma. Tácito escreveu *Germania* no ano 98 d.C., quando Roma governava as províncias da Germânia Inferior e Superior, na margem ocidental do Reno, e se mostrou impressionado com a prática das assembleias regulares: "Questões de menor importância só os chefes discutem; grandes questões, toda a comunidade. Mesmo quando a decisão cabe à plebe, o assunto é tratado de antemão pelos chefes (...) Se uma proposta desagrada ao povo, ele grita em discordância; se agrada, ele bate as lanças (...), a Assembleia é competente também para discutir acusações criminais, especialmente quando está em jogo a pena capital (...). A mesma Assembleia elege, dentre outros representantes, os magistrados que ministram a justiça nos distritos e aldeias." Tácito aprova também a tradição de hospitalidade da Germânia: "É considerado ofensa recusar acolhida a quem quer que seja. O anfitrião recebe o visitante com a melhor refeição que seus meios lhe permitem." Júlio César observou que os chefes e magistrados germânicos alocavam terras aos agricultores pelo prazo de um ano para não haver acumulação de riqueza, vista como uma ameaça à coesão da sociedade.

Os achados arqueológicos de um sítio conhecido como Fedderson Wierde, vestígios de uma aldeia saxã que existiu entre os anos 50 a.C. e 450 d.C., nos dão um vislumbre da vida germânica. Aveia e centeio eram cultivados em campos de inundação sazonal com práticas de fertilização e rotação de culturas. Os povos germânicos tinham conhecimento das cidades romanas e dos *oppida* celtas, mas preferiam viver em pequenas aldeias — assentamentos de cem a quinhentos habitantes com pelo menos um lugar de reunião ou salão comunal.

Os germânicos não erguiam templos para os seus deuses por achar absurda a ideia de confiná-los dentro de construções; tal como os celtas, eles consideravam sagrados certos bosques onde a presença de Wodan, líder dos deuses, podia ser mais claramente sentida. As intrincadas histórias dos deuses germânicos e nórdicos com suas incursões ao mundo da humanidade e suas mudanças de forma e substância chegaram até nossos dias. E o mais interessante, à luz do que se deu mais tarde, é que essas histórias fazem parte de um drama mais amplo que começa com a criação do mundo natural e termina com Gotterdämmerung, ou Ragnarok, o crepúsculo dos ídolos, batalha final em que deuses e heróis são massacrados.

A cultura germânica tardia floresceu em boa parte da Europa, em especial depois da dissolução do Império Romano do Ocidente. A cultura franca de boa parte da Europa Ocidental e a cultura anglo-saxá da Inglaterra tiveram raízes na Alemanha, mas a transformação da Inglaterra de cultura celta em cultura saxã ocidental é um bom exemplo de como o mito e a história se confundem. Gerações de escolares têm aprendido que ondas de invasores da Jutlândia e da Saxônia ocidental se derramaram sobre o Leste e o Sul da Grã-Bretanha durante a retirada dos romanos, que os habitantes celtas das terras baixas foram então forçados a retornar aos extremos oeste e norte — Cornualha, Gales e Escócia — e que a Inglaterra (terra dos anglos) foi ocupada por um povo que se tornou conhecido como anglo--saxão. Essa história essencialmente inverídica foi quase que inteiramente criada no século VII (isto é, trezentos anos depois) por Bede. Parece provável que a versão, contida em sua *História Eclesiástica da Inglaterra*, de um orgulhoso povo pagão assentado na Inglaterra e convertido ao cristianismo teve a finalidade de promover a ideia da Inglaterra como um reino único. Não apenas a invasão em massa do Sul e Leste da Grã-Bretanha pelos anglos e saxões jamais aconteceu como pairam dúvidas sobre se a Grã-Bretanha teve algum dia habitantes anglo-saxões. Aldeias do período anglo-saxão da Grã-Bretanha descobertas em sítios datados da Idade do Bronze — em West Heslerton, Yorkshire e em Lakenheath e West Stow, Suffolk — mostram continuidade de costumes, não mudança radical. No cemitério anglo-saxão de West Heslerton, situado entre os cômoros funerários da Idade do Bronze, mais de 80% dos duzentos vestígios humanos descobertos eram de pessoas de ascendência celta, ou britânica antiga, e nenhuma delas teve morte violenta ou ferimentos significativos. Essa parece ter sido uma comunidade pacífica e estável de cerca de cem pessoas que se sustentavam razoavelmente bem com o que havia nas terras circundantes.

Já se pensou que os recém-chegados à Grã-Bretanha foram atraídos pelos sítios antigos, não romanos, mas são fortes os indícios de assentamento contínuo nesses sítios durante todo o período de ocupação e retirada romana. Os arqueólogos hoje acreditam que o povo do Sul da Grã-Bretanha conservou a estrutura da sua sociedade durante a ocupação e, a partir do século V, adotou a cultura de um número relativamente pequeno de imigrantes e adventícios germânicos, resultando daí uma combinação das culturas britânica e germânica — a língua, por exemplo, germânica no vocabulário e céltica na construção. Processo similar talvez tenha acontecido na região dos Países Baixos e no Norte da França, onde os francos, povo de origem germânica ocidental, se espalhou pelos antigos territórios celtas da Gália.

O aspecto físico mais importante das culturas ágrafas do Oeste da Europa, e também o mais facilmente omitido pelos modernos humanos ligados à terra, talvez seja a sua íntima ligação com a água. Ao olhar um mapa da Europa Ocidental, experimente se concentrar não nas terras, mas naquilo que as separa. Para os povos do Ocidente, o mar, rios e lagos eram as estradas, e as praias, baixios e lagunas, as fontes de alimento. Litorais, deltas e estuários eram vistos dos barcos, não do alto dos penhascos ou das margens dos rios.

Os ocidentais eram carpinteiros altamente qualificados, capazes de construir casas tão resistentes às intempéries quanto qualquer *villa* romana e barcos jamais aperfeiçoados. Navios enterrados, como o de Nydam, no Sul da Dinamarca, datado do ano 320 d.C., têm projetos tão bem desenvolvidos e executados quanto os barcos vikings de mil anos depois. O famoso barco enterrado de Sutton Hoo, Suffolk, era capaz de alcançar o assentamento fluvial de York ou o litoral sul da Inglaterra em algo como um dia de viagem e a costa da França em dois dias. As estradas romanas são relíquias famosas da história da Europa, mas, para os povos nativos, tanto antes quanto depois da ocupação romana, elas foram uma opção vastamente inferior ao Reno, Maas, Scheldt, Sena, Loire, Garonne, Ródano, Douro, Tagus, Guadalquivir, Tâmisa, Trent, Humber e mil outros rios menores, assim como às águas costeiras do Báltico, do Mar do Norte e do Atlântico.

Grandes barcos enterrados, como o de Sutton Hoo, que continha mais de 250 peças de joalheria de fino artesanato datadas por volta do ano 625, mostram a centralidade do mar. A joalheria de Sutton Hoo exibe as mesmas formas cambiantes encontradas na arte céltica, nos broches, joias e entalhes saxões e em iluminuras — os evangelhos de Lindisfarne (ornados cerca de um século depois do último enterro de Sutton Hoo) contêm uma combinação de imagens célticas e anglo-saxãs apostas a um texto cristão em latim. *Beowulf*, a mais conhecida relíquia da cultura oral anglo-saxã, é um eco direto de Sutton Hoo, uma vez que começa com um funeral em que o corpo do rei é deixado à deriva num navio repleto de tesouros e termina com o enterro das cinzas de Beowulf num promontório sobranceiro ao mar. Esses eram povos navegantes, ligados por uma cultura milenar que precedeu e sobreviveu às incursões de Roma.

# NO COMEÇO

\* \* \*

A ARQUEOLOGIA e a antropologia (o estudo da humanidade como espécie) se tornaram disciplinas autênticas no fim do século XIX, época em que os europeus acreditavam piamente no progresso da humanidade com eles próprios e sua sociedade na vanguarda. A história da humanidade foi moldada a uma mentalidade para a qual a distância da Europa Ocidental era o mesmo que distância no tempo histórico, de modo tal que os povos da Tasmânia, África do Sul, Alasca e Patagônia eram remanescentes dos primórdios da humanidade — o equivalente aos ancestrais dos europeus. O progresso podia ser traçado num mapa como se fosse uma linha do tempo. Os ilustradores científicos do começo do século XX inventaram a imagem do homem das cavernas com clava de madeira e tanga de pele animal, nenhum dos quais fora ou foi jamais descoberto pelos arqueólogos. Como a divisão dos períodos arqueológicos foi originalmente baseada em achados de ferramentas, os aperfeiçoamentos tecnológicos se tornaram o guia óbvio do aperfeiçoamento geral, ou progresso, dos antigos europeus no transcurso do tempo. Foi necessário o meticuloso trabalho de milhares de arqueólogos e antropólogos para derrubar essa pura ficção e construir uma visão mais complexa, nuançada e — por que razão não dizer — interessante do nosso passado ancestral.

Os distintos hábitats europeus permitiram que os caçadores-coletores se adaptassem a condições inconstantes. Tornou-se claro que os sistemas de assentamento dos primeiros hominídeos de Neandertal e paleolíticos eram infinitamente mais complexos do que se pensava havia somente 50 anos. A gama de ambientes habitados pelos primeiros europeus minou severamente a noção de progresso tecnológico; em seu lugar, os arqueólogos, que buscam indícios de atitudes de sobrevivência estudando variações nos materiais preservados, sugerem que devemos pensar em povos diferentes, adaptando-se a condições ambientais e sociais em transformação. Um grupo de povos se adaptou de maneira distinta de outro não por ser atrasado, mas por serem diferentes as exigências da sua situação, o que fica claro quando estudamos os mesmos grupos de povos atuando em condições variadas — grupos nômades atuando em regiões climáticas diferentes usavam diferentes "caixas de ferramentas" para diferentes tarefas em diferentes lugares. Hoje está claro que não se pode datar um artefato pela sua aparência, nem o "adiantamento" de um grupo pela natureza de suas ferramentas — o que torna o progresso tecnológico no decorrer do tempo um conceito questionável.

Mudanças nos arranjos sociais e tipos de artefatos também são tradicionalmente vistas como indicadores de progresso. Mas aqui também os indícios apontam para uma complexa série de variações e aperfeiçoamentos não tanto progressivos quanto inesperados. Os caçadores europeus perceberam que era vantajoso se assentar nas rotas migratórias de suas caças; mas a resultante dependência de uma única espécie e de um padrão migratório estável era potencialmente catastrófica caso faltasse essa única fonte de alimento — principalmente quanto se tinha um grande assentamento para sustentar. Para grupos menores de caçadores-coletores, tal perigo inexistia. Assentamentos grandes e sedentários eram também mais suscetíveis a doenças — uma barganha involuntária entre uma vida saudável, mas fisicamente dura, de movimentação contínua e outra, menos árdua, porém mais sujeita a doenças e escassez repentina de alimentos. A própria noção de territórios a defender e atacar se tornou mais forte nas comunidades sedentárias do que nas migratórias.

A arte produzida pelos primeiros europeus também desafia as nossas noções de progresso linear. Seria a arte naturalista do Baixo Paleolítico em algum sentido melhor ou mais sofisticada do que a arte simbólica do mesolítico? Teriam a vitalidade e o movimento surgido à custa do realismo? Nesse caso, foi um passo adiante ou um retrocesso? Essas perguntas mostram que uma relação muito mais profícua com o passado (incluindo a história da arte) nos aguarda, bastando que estejamos preparados para renunciar às ideias de progresso que aprendemos desde pequenos.

ESTE CAPÍTULO abarcou as épocas dos caçadores-coletores, dos construtores megalíticos e dos agricultores do Ocidente até a conquista romana e mais além. O que esses povos têm em comum é a ausência de linguagem escrita e, como parece cada vez mais provável, a presença de continuidade histórica. Essa continuidade é obscurecida pelas maneiras diversas como os povos do Ocidente absorveram, adaptaram e encetaram uma ampla gama de mudanças culturais, tão extraordinárias em aparência que, durante muito tempo, acreditamos terem sido causadas por migrações, conquistas ou instigação de grupos adventícios mais avançados. Mais do que a interrupção e o progresso, as interpretações recentes enfatizam a continuidade e a mudança. Uma cultura ocidental diversa e em constante transformação existiu na Pré-História e sobreviveu até os tempos históricos.

Ao mencionar a falta de linguagem escrita nessa cultura, estamos fazendo um dos julgamentos de valor mais importantes, e menos notados, da história. O advento da escrita alfabética teve um enorme impacto sobre todos os aspectos da vida ocidental. Irei examiná-lo no capítulo seguinte, mas não sem antes considerar a perda implícita no desaparecimento de uma cultura oral, da qual a arte da contação de histórias é somente uma pequena parte. Também os aspectos comunais, locais, interpessoais, instintivos, extemporâneos e impressionistas da vida se degradaram em favor da individualização, do distanciamento, da reflexão e da organização. O direito consuetudinário deu lugar a regras escritas e a experiência à abstração. A tensão entre essas duas maneiras de viver se tornou, como veremos, um aspecto central da vida do Ocidente.

A história dos povos da Europa Ocidental que ficaram à margem da história escrita nos proporciona algumas ideias interessantes sobre a prática da própria história. Nossa propensão a fazer do passado um confortante prelúdio ao presente se torna tanto mais evidente quanto menos o passado é conhecido. O entusiasmo pela arqueologia combinado com um punhado de crônicas e histórias de valor duvidoso permitiu que nossos predecessores construíssem uma narrativa plausível. Os povos do Oeste e do Norte não escreveram documentos, e seus monumentos, além de não se prestarem à exibição em museus, permanecem um mistério para as nossas mentes modernas. Nossos ancestrais começaram por deixá-los de fora da história séria e depois fizeram deles uma alternativa romântica à cultura europeia dominante. O primitivo homem das cavernas da Idade da Pedra, o sábio druida, o agricultor avançado, o pagão ignorante, assim como as histórias de invasões e migrações (mapeadas com simples penadas), foram, cada um à sua maneira, concebidos para se encaixar numa visão particular do mundo. Mais do que guiada pela ideologia política da época em que é concebida, a história é sempre uma simplificação radical do passado — e os 30 mil anos da pré-história europeia são particularmente vulneráveis à nossa necessidade de classificar, moldar, conceptualizar e explicar. A radical ausência de vozes, nomes e rostos humanos individuais dá aos nossos ancestrais o aspecto de membros anônimos de uma subespécie que cumpre o seu destino sob o comando das forças da história. Todavia, a adaptação dos primeiros europeus ao ambiente natural e social em radical transformação deveria nos mostrar que não estamos falando de um processo zoológico inevitável e de fácil entendimento, mas das escolhas complexas, contraditórias, inconscientes e cegas envolvidas nessas adaptações, bem como de suas imprevistas e incognoscíveis consequências.

Ao analisarmos o passado, reduzimos a complexidade. Sob o risco de obter explicações em lugar de entendimento, dividimos o passado pré-histórico em períodos para nos munir de um modelo mental. O desenvolvimento tecnológico verificado entre as Idades da Pedra, do Bronze e do Ferro parece um progresso inevitável; a passagem dos funerais de individuais a coletivos e de volta a individuais parece indicar uma relação variável com a terra e a propriedade; a presença de artefatos comuns em todo o continente mostra uma cultura comum, trazida, quem sabe, pela imigração; um documento antigo, mesmo que escrito séculos mais tarde, é um guia útil para os acontecimentos históricos. Os arqueólogos e historiadores aprenderam a ser cautelosos com essas coisas e a enfatizar a complexidade e a contingência. Devemos, no entanto, ter presente que novas técnicas e novos indícios são, e sempre serão, tão vulneráveis à classificação quanto foi, no século XIX, o homem das cavernas da Idade da Pedra. A despeito do nosso engenho técnico, jamais seremos capazes de explicar a construção das assombrosas estruturas de Maes Howe, Newgrange, Callanish, Stonehenge e Silbury Hill, e qualquer entendimento que delas tenhamos será sempre baseado na nossa visão de mundo atual. O que devemos, então, "fazer" com esses vestígios do passado? Para que servem e que influência podem ter em nossas vidas? Talvez extraiamos o máximo desses gigantes da criação humana quando nos esquecermos de seu lugar em algum esquema grandioso e olharmos para eles com humildade.

O passado é lugar de descobertas, mas também cenário das histórias que contamos. Nosso anseio de narrativa, desenvolvimento e completude nos provê de um passado que, embora muitas vezes complexo e contraditório, precisa ser compreensível. À medida que, por meio de novas técnicas e descobertas, se torna parte da nossa história, o passado pré-histórico passa a ser também parte da nossa civilização, ligando-se ao presente por meio da geografia, da cultura e da conexão com o mundo natural. Eis aqui, no entanto, o paradoxo que a história reiteradamente nos apresenta: estaremos pondo ordem num passado que não a tinha em absoluto? Será que o estamos perscrutando em busca de certezas no presente? Será a crença num desenvolvimento ordenado do mundo mais confortante do que a realidade de um futuro imprevisível?

# CAPÍTULO 2

# UMA TORRENTE DE PALAVRAS
*Mudança e Costume na Grécia Clássica*

SE O CAPÍTULO anterior falou de uma história desprovida de evidências escritas, este que se inicia trata de uma parte da história europeia em que essas evidências abundam. A preservação quase milagrosa de tantos documentos (além de edifícios, esculturas e artefatos) da Grécia antiga muda completamente a natureza de nossa investigação do passado. As esperanças, desejos e motivações dos europeus já não são meras conjeturas, dado que seus mitos, crenças religiosas, leis, sistemas de governo, descobertas e argumentos estão todos à nossa disposição mediante o simples ato de ler.

Mais do que meramente preservar a sua história para as futuras gerações, o uso de uma língua escrita alfabética ajudou a Grécia antiga a dar à luz assombrosas mudanças na arte, na arquitetura, na política e na ideia que a humanidade fazia sobre si mesma, sua história e seu mundo. Historiadores e filósofos passaram séculos tentando explicar o súbito aparecimento de tão vasto leque de inovações culturais em um único lugar. Seriam os gregos mais inteligentes, sensíveis e artísticos do que todos seus precursores e sucessores? Teriam eles uma rara inclinação para a beleza, a contemplação e o pensamento racional? Essas perguntas absurdas (levadas a sério até poucas décadas atrás) deram lugar à análise de fatores históricos, sociais e geográficos; um elemento que tem recebido mais atenção é o impacto da escrita alfabética. Boa parte da história da Grécia antiga, que atingiu seu clímax na Atenas do século V e começo do IV a.C., pode ser vista como o esforço de uma sociedade rural baseada em costumes ancestrais para se ajustar à prosperidade, à urbanização e à palavra escrita.

Fomos ensinados a ver a Grécia clássica como um salto à frente, da escuridão da vida tribal para a luz do pensamento racional, da democracia e da sensibilidade estética. Vimos, porém, no último capítulo que não se deve considerar essa existência dita tribal como uma vida coletiva em total ignorância: a sociedade pré-histórica "bárbara" foi construída com costumes que distribuíram poder, coibiram eficazmente o crime e a guerra, adaptaram-se com sucesso a condições em contínua transformação e foram capazes de produzir arte e artefatos culturais além da nossa compreensão. Se quisermos entender o nosso passado, teremos de encarar a relação entre essas distintas culturas europeias de um modo menos preconceituoso e mais produtivo.

TRABALHANDO na ilha de Creta entre 1899 e 1907, o arqueólogo britânico Arthur Evans fez espantosas descobertas sobre uma civilização até então desconhecida. Durante os mais de mil anos transcorridos entre 2500 e 1400 a.C., a cidade cretense de Cnossos foi o centro de uma sociedade que desenvolveu uma escrita sofisticada, fez uso de avançadas técnicas de trabalho em bronze e cobre e construiu majestosos palácios para seus reis. A civilização minoica (de Minos, rei de Creta) foi destruída em meados do segundo milênio a.C., possivelmente enfraquecida por uma erupção vulcânica e logo atacada por invasores. Por volta de 1200 a.C., desmoronaram também a cidade continental de Micenas, sucessora da cultura minoica, e o Império Hitita, que dominava a Anatólia e o Oriente Próximo. As causas e consequências desse colapso são pouco conhecidas, mas já se sugeriu que refugiados da Anatólia se dirigiram para o oeste, obrigando aqueles que viviam nas imediações da foz do Danúbio a sair rumo ao sul e o leste até a península e ilhas gregas. Os quinhentos anos seguintes à queda de Micenas (período chamado Idade das Trevas da cultura grega) deixaram poucas evidências arqueológicas, além de outras, mas parece que os vales e as estreitas planícies litorâneas ao redor do Egeu se tornaram habitados pelo povo grego ou helênico. Os próprios gregos acreditavam ser descendentes de duas tribos de imigrantes — os jônios e os dórios — e muitas de suas lendas parecem derivar dos grandes cataclismos dos séculos XIII e XII a.C. (a queda de Troia é tradicionalmente datada de 1184 a.C.).

O domínio cultural, econômico, político e militar da região era exercido havia milhares de anos por poderes estabelecidos a leste do Mediterrâneo — Mesopotâmia e Anatólia. O Império Assírio, sucessor do hitita, se estendia do golfo Pérsico ao Mediterrâneo, incluindo, durante um curto período, o delta do Nilo. No século VII a.C., a Assíria foi atacada. Uma tribo conhecida como medos capturou Babilônia em 625 a.C. e tomou Nínive, a capital assíria, em 612 a.c. Os medos dominaram a parte setentrional do Império Assírio, ao passo que, no sul, a bacia do Tigre-Eufrates veio a ser dominada pelos persas, originários do planalto iraniano. Ciro, o Grande Rei da Pérsia, derrotou os medos em 550 a.C., criando um império que ia das margens do Indo à costa oriental do Mediterrâneo.

Sucessivos impérios haviam construído seu poder com base na produção agrícola do Crescente Fértil. Mas a passagem dos primeiros assentamentos agrícolas nas montanhas para as vastas planícies da Mesopotâmia envolveu muitos riscos. Não apenas a exploração do solo fértil exigia métodos sofisticados de irrigação e cultivo, como a falta de matérias-primas impunha o estabelecimento de redes comerciais extensas e, portanto, vulneráveis. Além disso, o terreno aberto obrigava a construção de cidades com muralhas defensivas. Ao contrário de boa parte da Europa, onde os pequenos assentamentos foram a resposta à topografia variada, o desenvolvimento de uma sociedade urbana na Mesopotâmia resultou dos perigos do espaço aberto.

Para o povo helênico espalhado ao redor do mar Egeu, tais desenvolvimentos tiveram dois aspectos importantes. Primeiro, as potências imperiais do leste eram vastos cadinhos de culturas e tradições provenientes de um amplo leque histórico e geográfico. Influências culturais de origem tão longínqua quanto a Índia e a China, a estepe quirguiz, a Ásia Central, o Hindu Kush, o planalto iraniano, o Cáucaso, o sul da Mesopotâmia, a Síria e a Palestina, a Anatólia, a Lídia e o Egito foram todas absorvidas pelos impérios babilônio, hitita, assírio e persa e estavam todas à disposição do povo helênico. Segundo, a região do Egeu era irrelevante nas lutas de poder pelo Crescente Fértil, razão pela qual foi deixada em paz. Os gregos puderam cuidar de seus assuntos sem serem molestados.

Seus negócios eram a pesca, a agricultura, os ofícios e o comércio, a favor dos quais jogavam a geografia e a história. Os bens eram trazidos dos impérios orientais à costa do Mediterrâneo e levados por mercadores aos seus destinos. Esse comércio era dominado pelos sírios e fenícios do Levante, assentados na rota de comércio mais direta, mas com a extensão dos impérios até a Anatólia, no norte, os egeus ganharam importância. O mundo grego se baseava no mar — Sócrates descreveu apropriadamente os gregos como "sapos acocorados ao redor de uma lagoa" —, com assentamentos localizados nos abruptos vales dos rios que atravessam o interior da

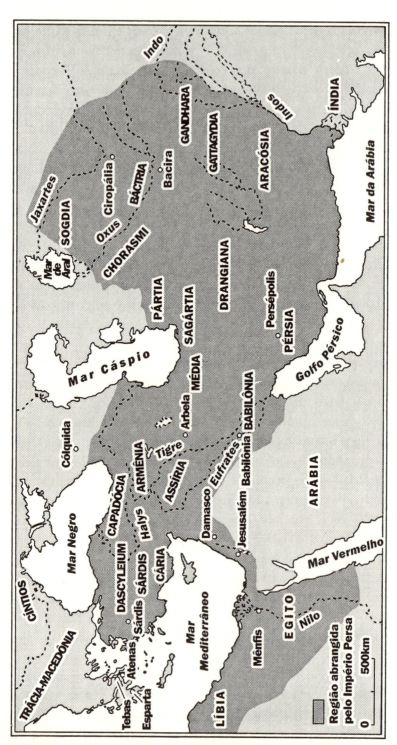

*Em 500 a.C., a Grécia se situava na borda ocidental do vasto Império Persa.*

península e das ilhas. As montanhas eram difíceis de atravessar, mas a viagem marítima entre os assentamentos era simples. O resultado foi uma profusão de pequenas comunidades independentes que compartilhavam a língua e a cultura, mas permaneciam fisicamente separadas e independentes. A oeste da Grécia ficavam o mar Jônico, o Sul da Itália e, além da Sicília, a abertura para o Mediterrâneo ocidental. No século VIII a.C., os gregos começaram a estabelecer colônias no Mediterrâneo, espalhando-se para o oeste até a Itália, Sicília, França e Espanha atuais. O Sul da Itália era tão salpicado de colônias gregas que os romanos o chamavam de Magna Grécia. Os mesmos mitos, deuses, rituais e poemas eram conhecidos em cidades tão distantes quanto Mileto, na costa da Ásia Menor, e Sagunto, na Espanha meridional. Opiniões e ideias sobre todos os assuntos eram livremente discutidas e transmitidas por todo o mundo helênico sem interferência de qualquer autoridade central. Não obstante, a história das relações entre as cidades gregas independentes registra um chorrilho de guerras em que traições, massacres e escravização eram lugares-comuns.

Aquela dentre todas as cidades do mundo helênico sobre a qual mais sabemos é Atenas, pela simples razão de que os escritos de seus cidadãos e de historiadores pósteros foram preservados (um sinal da alta conta em que eram tidos). No século VII a.C., a região da Ática, cujo principal assentamento era Atenas, deu início ao processo de sua conversão de malcosturada coleção de assentamentos pesqueiros e agrícolas em entidade política centralizada. Os historiadores sugerem que antes do século VII havia pouca competição pelo poder político porque a sociedade grega era uma mera relação de afinidade entre aldeias e famílias unidas para proteger e promover seus interesses comuns e, nessa medida, leais umas às outras.

No oitavo e sétimo séculos a.C., o crescente comércio com o Oriente e a descoberta da prata do monte Laurium fomentaram a prosperidade do mundo helênico e de Atenas. Cresceu o número de habitantes dos assentamentos, e as sociedades começaram a se dividir entre um pequeno núcleo abastado e uma maioria de agricultores, pescadores e artesãos comuns. A prosperidade demandou também a organização mais formal da sociedade como vistas à alocação dos recursos, à proteção dos bens e à resolução das disputas. Com a transformação dos assentamentos em cidades-Estado, a vida urbana do Oriente começou a se estabelecer nos vales da Grécia.

Nas comunidades e cidades-Estado de todo o mundo helênico, certas famílias e indivíduos logravam mobilizar apoio suficiente para arrogar-se o poder político. Foi assim que em vários lugares surgiram os reis, ou tiranos, e em outros as oligarquias, grupos de famílias que dividiam o poder entre si. Heródoto relata que, em 632 a.C., um indivíduo chamado Cílon tentou tomar o poder em Atenas: "Esse homem, que se espaventava como candidato a tirano de Atenas, juntou um grupo de amigos e tentou tomar a Acrópole." Apesar de fracassada, a tentativa mostra que Atenas se tornara um entidade política a tal ponto coerente que o exercício do poder centralizado era, ao menos teoricamente, possível. Na prática, Atenas era um Estado grande demais para ser tomado por um único candidato a governante; em vez disso, tornou-se uma oligarquia governada por um conselho de famílias ricas conhecido como areópago.

Cerca de 250 anos depois, Aristóteles comentaria que, no período 650-600 a.C., graves tensões sociais se abateram sobre Atenas e outras cidades-Estado gregas. O principal motivo de queixas era a escravidão por dívidas, mas a verdadeira causa foi a crescente desigualdade de riqueza e poder. Toda dívida tinha como garantia a pessoa do devedor e até crianças podiam ser tomadas em pagamento, o que levou a uma situação em que, como escreveu Aristóteles, "a maioria era escrava da minoria". Em comunidades rurais baseadas nas redes de parentesco e no costume, a escravidão por dívida talvez funcionasse como forma de controle social; na Atenas do sétimo século a.C., ela passou a ter desastrosas consequências. O endividamento ficou fora de controle porque as famílias poderosas começaram a anexar as terras comuns e, a partir daí, extrair rendas dos agricultores ou expulsá-los. Endividados, os agricultores caíam na escravidão. E, quando levadas ao areópago, suas queixas eram sumariamente rejeitadas pelos proprietários ricos.

Em 600 a.C., Atenas estava à beira da guerra civil. A tensão entre "o povo e os governantes do Estado" (que eram também as famílias mais ricas) atingira o ponto de ruptura. Muitos cidadãos haviam literalmente se tornado escravos em seu próprio país ou se exilado. Mas a maior ameaça para o grupo dirigente era a situação dos agricultores. Embora individualmente incapazes de resistir à opressão do grupo dominante, os agricultores áticos não eram totalmente destituídos de poder. Dado que as aldeias abasteciam os homens que lutavam no exército e marinha atenienses, mesmo cada família tendo a sua própria guarda armada, os agricultores eram numericamente mais fortes.

Para evitarem um conflito sangrento, ambas as partes concordaram em outorgar a responsabilidade de resolver os problemas da cidade-Estado, ou *polis*, a um único homem, Sólon, que não era nobre nem agricultor — Aristóteles o descreve como "de classe média em riqueza e posição". E por que o fizeram? Parece que Atenas estava em situação difícil — os governantes pilhavam seu próprio povo, mas não podiam obter o controle absoluto dada a quantidade de facções em suas próprias fileiras, ao passo que o povo, em especial os agricultores, exigia mudanças que nenhum membro do grupo dirigente estava disposto a conceder. Atenas se convertia em uma sociedade urbana, com um risco crescente de governo autoritário, mas os agricultores eram poderosos o suficiente para impor a manutenção da antiga prática do poder compartilhado.

Sólon buscava o que para os gregos era a *eunomia*, ou "boa ordem", uma noção central não somente na governança das cidades, como no ordenamento da vida, no comportamento cotidiano e nos processos do mundo natural. Na governança, como em muitas outras esferas, havia um modo certo de fazer as coisas. O desafio de Sólon não era encontrar um modelo de sociedade ideal, tampouco negociar uma solução entre as partes, mas descobrir como as coisas deveriam ser. Uma vez revelada e difundida, essa ordem seria inevitavelmente do consenso geral. Sólon não precisaria impor a *eunomia* aos seus compatriotas atenienses; a boa ordem social se dava por si mesma e sua implementação não demandaria esforço.

Longe de episódicas, as reformas de Sólon foram o começo de uma mudança filosófica. Os agricultores não queriam promessas vãs, mas a devolução de suas terras e o fim da escravidão por dívidas. Sólon não podia voltar no tempo para atendê-los, mas podia introduzir um conjunto de leis destinadas a recriar a harmonia que ele acreditava já ter existido. Apesar de todas as suas implicações práticas, a "boa ordem" era, no entanto, um conceito abstrato somente acessível pela via da contemplação, não da experiência; embora seus efeitos fossem sentidos no mundo real, só existia como ideia, ou ideal, desmaterializada. A invenção de tais ideais, característicos da Atenas clássica, pode estar ligada à introdução da escrita alfabética, trazida ao mundo grego pelos fenícios entre 800 e 750 a.C.

A escrita foi originalmente usada em memoriais feitos com placas de pedra e em cartas escritas em pedaços de cerâmica e tabuinhas de cera. A taça de Nestor, do Sul da Itália, e a Ânfora de Dipylon ateniense, datados de cerca de 740-730 a.C., trazem copiosas inscrições. As pessoas escreviam mensagens aos deuses em fragmentos de cerâmica e os guardavam em relicários, mostrando que a escrita tinha uma força simbólica e mágica transcendente ao seu valor prosaico. Para os gregos, como para nós, as diferentes formas de escrita eram portadoras de sutilezas próprias e diferentes significados.

A lei escrita foi um desenvolvimento particularmente interessante — as leis de Sólon (*c.* 600 a.C.) o foram, provavelmente, em madeira. Já se disse que as leis foram inscritas para se tornarem incorruptíveis, mas sabemos que as leis escritas eram uma parte pequena e controversa do sistema legal grego. Tal como em outras sociedades, o comportamento dos cidadãos atenienses era balizado por regras consuetudinárias. Algumas leis teriam sido escritas precisamente por serem não consuetudinárias, isto é, não universalmente aceitas. E, o mais importante, a execução da justiça, antes objeto de negociação entre as partes interessadas, provinha agora da interpretação de um conjunto de regras incorpóreas — um importante estágio no desenvolvimento do Estado impessoal e do pensamento abstrato.

Sólon culpava os oligarcas pela maior parte dos problemas de Atenas. Dos ricos, ele escreveu: "Satisfazei o seu orgulho com moderação, pois não toleraremos excessos e nem tudo será como desejais." Ele derrogou a escravidão por dívidas, chamou de volta a Atenas todos os que haviam deixado a cidade para escapar de seus efeitos e cancelou os débitos pendentes. As terras confiscadas pelo não pagamento de dívidas foram devolvidas aos agricultores. Resolvida, porém, a questão imediata, Sólon entendeu ser necessário buscar a *eunomia*. Para tanto, redigiu uma nova Constituição que dividia a população da pólis em quatro classes segundo o patrimônio, cabendo a cada uma ocupar certos cargos oficiais — arcontes e tesoureiros provinham da classe mais alta; magistrados, carcereiros, bailios e congêneres, das demais. Os cidadãos de classe baixa tinham o direito de participar nas assembleias populares e de serem escolhidos como jurados.

À divisão horizontal por *status* social e nível de riqueza se acrescia uma divisão vertical por ordem ou *phyle*. No sistema de Sólon, as quatro *phylae* propunham candidatos aos diversos cargos, preenchidos por sorteio para quebrar o facciosismo da oligarquia. Sólon estabeleceu também um conselho de quatrocentos membros, sendo cem por *phyle*, para dar voz política à classe média. A assembleia popular abarcava o conjunto da cidadania (isto é, dos homens livres) da pólis. Aos tribunais foram dados novos papéis, como supervisionar os funcionários e dirimir as disputas entre cidadãos.

À parte a ousadia, o aspecto mais notável das medidas de Sólon foi ter obtido a anuência de todas as partes, o que não impediu, porém, o desenvolvimento de uma estrutura política centralizada que tornava Atenas vulnerável ao assalto do poder. Foi assim que anos depois, em 546 a.C., um homem chamado Pisístrato logrou, após três tentativas, assumir o controle da cidade. Governou por vinte anos, durante os quais manteve a Constituição, tomou a si os principais cargos, instituiu obras públicas e não exorbitou nos impostos, entendendo que os agricultores, assim satisfeitos, permaneceriam fora da cidade e o deixariam conduzir o governo.

Quando Pisístrato morreu, em 527 a.C., seus dois filhos, Hípias e Hiparco, ambos muito temidos, assumiram o poder. Hiparco foi assassinado, mas Hípias governou por dezessete anos mais. Segundo Aristóteles, para vingar a morte do irmão, Hípias "matou e exilou muita gente, tornando-se alvo de desconfiança e ódio geral". Os exilados acabaram convencendo Cleômenes, soberano de Esparta, a ajudá-los a libertar Atenas. Hípias e seus seguidores foram expulsos da cidade em 510 a.C.

Apesar de suas aparentes virtudes, as leis de Sólon não haviam protegido o povo contra seu mau uso. O esqueleto da Constituição de Sólon ainda existia quando os tiranos foram depostos, mas os atenienses precisavam encontrar uma forma de impedir um novo assalto ao poder. Clístenes, chefe de uma das mais poderosas famílias de Atenas, exilado durante o reinado de Hípias, propôs em seu retorno um conjunto de reformas políticas baseadas numa radical reorganização da sociedade ateniense. Interessado, como Sólon, em conter a centralização do poder, Clístenes concluiu que só poderia realizá-lo com a recriação do poder descentralizado que existira nas pequenas comunidades consuetudinárias.

O cerne da reforma de Clístenes, reconhecida por Aristóteles como a inovação mais importante do pensamento político grego, foi a dissolução das quatro ordens ou *phylae*, dominadas pelas famílias mais ricas, em favor de um novo sistema de dez *phylae*. De um só golpe, Clístenes cortava pela raiz o poder das famílias. O domínio das antigas *phylae* atenienses era geograficamente estruturado, facilitando aos tiranos o assalto ao poder com apoio de sequazes de uma região particular — a própria cidade, os assentamentos litorâneos ou as aldeias do interior. O novo sistema contornava tal perigo constituindo cada *phyle* como um conjunto de aldeias pertencentes aos três elementos da *polis* — cada *phyle* tinha uma base na cidade de Atenas, outra no interior montanhoso e uma terceira no litoral. Uma vez que os habitantes das diferentes partes da pólis eram obrigados a conviver e cooperar, o domínio de uma família sobre uma *phyle* se tornava quase impossível. Cada *phyle* devia distribuir equitativamente entre as suas *demes*, unidades do tamanho de aldeias, os cinquenta assentos a que tinha direito no conselho dos 500. Os conselheiros, eleitos ou escolhidos por sorteio, tinham mandato de um ano e só podiam ser reconduzidos depois que todos os cidadãos elegíveis da *deme* tivessem cumprido o seu mandato. Cada *phyle* elegia um *strategoi*, ou general, de num total de dez. Tal como os ocupantes de cargos técnicos — engenheiros, construtores de navios —, os *strategoi* eram reelegíveis por um número ilimitado de vezes.

Considerando o valor que se costuma atribuir à democracia grega, é surpreendente que Clístenes seja tão pouco conhecido. Suas abrangentes e detalhadas reformas, alicerces da "idade de ouro" da sociedade ateniense, o século V a.C., não foram, no entanto, um salto no escuro. Tendo observado outros sistemas de governo durante seu exílio, Clístenes tinha perfeita consciência dos resultados que pretendia obter. Movido pelo propósito consciente de impedir que o poder se concentrasse em poucas mãos, Clístenes o realizou criando, inconscientemente, uma estrutura igualitária tribal dentro de um estado hierárquico semiurbano. As *phylae* que haviam existido antes de Clístenes eram redes sociais fluidas, um híbrido de clãs de parentesco e associações de vizinhança — em outras palavras, elementos de uma sociedade rural consuetudinária. Dado, porém, que em Atenas elas haviam servido a homens ambiciosos como vias de acesso ao poder, era imperioso destruí-las e reconstruí-las de tal modo que suas funções consuetudinárias fossem preservadas. Para poderem funcionar, as sociedades têm de distribuir poder ou aceitar sua concentração em troca de benefícios, como proteção ou prosperidade. O povo ateniense desejava restabelecer a ampla distribuição de poder da sociedade consuetudinária; para tanto, Clístenes teve de construir — ou reconstruir — artificialmente aquilo que os humanos haviam feito durante milhares de anos.

O SISTEMA de Clístenes vigorou, com breves interrupções, durante todo o quinto século a.C. — a era da Grécia clássica. Em meados desse século Péricles revisou a Constituição, privando o areópago, o conselho dos nobres, de seus poderes e fazendo da assembleia popular a base de todo o poder. Todavia, por volta de 440 a.C., a riqueza e o poderio militar crescentes de Atenas, a maior cidade do mundo helênico, começaram a criar a situação que a Grécia tanto se empenhara em evitar — o domínio de um Estado sobre todos os demais.

Como que para provar que nenhum sistema é perfeito, por instância de Péricles a assembleia popular de Atenas aprovou em 433 a.c. o início de uma desastrosa guerra contra Esparta, recusou em seguida várias propostas de paz e, após um breve interregno, optou por retomá-las. Essas democráticas decisões não apenas decretaram o fim abrupto da independência de Atenas, como incentivaram uma selvagem guerra civil pan-helênica que, como escreveu Tucídides, causou "uma generalizada degradação do caráter em todo o mundo grego (...) a sociedade se dividiu em dois campos ideologicamente hostis que se viam com suspeita".

Com todos os seus defeitos, a democracia ateniense é tida hoje como o sistema ideal de governo não apenas para as pequenas cidades da Antiguidade mediterrânea, mas para sociedades de todos os tipos e tamanhos, em qualquer parte do mundo. Como foi que isso se deu? Tudo começou com a promoção, pelos próprios atenienses, da ideia de que sua cidade era singularmente livre. Em seu célebre discurso de 431 a.C. em homenagem aos mortos na Guerra do Peloponeso, Péricles disse aos atenienses que os ancestrais lhes haviam "legado, por sua coragem e virtudes, um país livre". Segundo Péricles, os atenienses eram singularmente tolerantes com seus vizinhos, observadores das leis, amantes da beleza, mas não da extravagância, bravos, cada um "na condição de dono e senhor de sua pessoa, exercida com excepcional decoro e versatilidade". Nenhum outro povo, da Grécia ou de qualquer outro lugar, tinha tais qualidades, oriundas, ao que parece, do exercício da vida democrática.

Péricles discursou nos primeiros estágios da guerra; seu objetivo era reagrupar suas tropas, alardeando uma irresistível combinação de democracia, liberdade individual, bravura, virtude cívica, urbanidade e apreciação estética — por pouco não disse que Atenas lutava pela própria civilização. Magnífica peça de propaganda, seu discurso tinha, seguramente, bons motivos para comparar as qualidades de Atenas com as de Esparta, por exemplo. E a Guerra do Peloponeso se tornou, de fato, uma guerra ideológica entre oligarcas e democratas que envolveu a totalidade do mundo helênico. Convém, no entanto, que não nos deixemos levar por extrapolações excessivas. A democracia deu a Atenas e outras cidades gregas certas vantagens sobre suas vizinhas, mas não transformou seus cidadãos em pessoas singularmente virtuosas e tolerantes (havia censura política em Atenas e seus cidadãos não apenas condenaram Sócrates à morte, como votaram pela execução de heróis militares). Para o futuro, o mais importante foi ter sido Péricles o primeiro político notável a sustentar que dado método de governo é *por princípio* superior aos demais. Seu chamado aos atenienses para lutar por seus valores numa guerra de motivações puramente estratégicas viria a exercer grande influência sobre futuros líderes ocidentais.

EMBORA SE POSSA ver a democracia como resposta prática à sociedade em transformação, quase todas as formas gregas de ver o mundo ao seu redor passavam por rápidas mudanças. A influência da escrita alfabética, embora difícil de apreciar diretamente, parece ter sido um fator crucial. A transição da cultura oral para a escrita é mais bem ilustrada por duas grandes inovações da Grécia clássica — a história e a tragédia.

Desde tempos imemoriais se contaram histórias sobre a origem do mundo, o nascimento da humanidade e as aventuras dos deuses e heróis. Tais narrativas, nascidas do impulso de entender o lugar da humanidade no mundo, não eram literalmente verdadeiras, mas preenchiam uma função mais importante do que simplesmente descrever os acontecimentos reais. Deuses, semideuses e heróis eram trazidos à vida porque, no transcurso do tempo, a verdade empírica dá lugar à verdade moral — os acontecimentos reais se tornam menos importantes do que o valor simbólico que adquirem para a posteridade. Quase todos os sistemas de crenças situam a existência humana dentro de uma narrativa maior da criação, crescimento, declínio e morte. Os mitos, assim como outras formas de arte, fazem a ponte entre a busca humana de significado e a falta de significado essencial do mundo. A escrita da história, na moderna acepção da palavra, proveio do mesmo impulso; com o tempo, a história documental substituiu as narrativas míticas como forma de entendimento do passado.

Heródoto, o Pai da História, e Tucídides, autor da história da Guerra do Peloponeso, foram os fundadores da história escrita. Para eles, as ações e acontecimentos humanos não deviam ser entendidos como atos dos deuses. Suas obras não se ocupam dos humores de Zeus, da sabedoria de Atena nem dos ciúmes de Hera; ao contrário, sua intenção era preservar os feitos dos homens e mulheres, registrar os eventos importantes e apresentar as verdadeiras razões (tal como as viam) dos acontecimentos e conflitos registrados. Esse passo decisivo foi marcado pelo advento da guerra e pela passagem da cultura oral à escrita.

Heródoto deu início à sua obra em algum momento da década de 450 a.C. Até então, parece que os gregos do período clássico não haviam tido desejo de esmiuçar o passado. A história não era algo que se estendesse para trás ou para a frente como uma estrada sem fim, mas uma entidade viva e dinâmica que impregnava cada partícula do presente, coisa que os antigos gregos tinham em comum com quase todas as culturas, exceto a nossa — a nossa visão do passado é que é peculiar. O surgimento de uma nova concepção do passado proveio de um conjunto de acontecimentos cataclísmicos que sacudiram a Grécia, tornando o presente e o passado recente tão ou mais dramáticos do que tudo o que os deuses haviam intentado ou Homero descrito.

Em 500 a.C. o Império Persa abarcava um vasto território, estendendo-se pela parte mais rica do mundo eurasiano a partir de sua base no vale do Tigre. Localizada na periferia desse mundo, a Grécia era de pouco interesse para os persas — de acordo com Aristágoras, a costa do Egeu ficava a uma jornada terrestre de três meses de Susa, a capital persa. Não obstante, o aumento do poderio persa trouxe à sua atenção as rotas de comércio do Ocidente. Pouco antes de 500 a.C., os persas derrotaram os soberanos da Lídia e tomaram o controle da rota marítima que unia o mar Negro ao Egeu, passando a considerar as cidades gregas da sua costa oriental ou jônica parte de seu império. Rebeladas, essas cidades travaram uma guerra de seis anos contra as forças persas, até serem derrotadas e ocupadas em 494 a.C.

As demais cidades gregas testemunharam, aflitas, o desmoronamento da rebelião jônica e a condução de seus compatriotas ao cativeiro. Os persas, por seu turno, se mostraram surpresos e impressionados com a prosperidade e competência militar jônica e o equipamento de seus exércitos e frotas. Apesar de remoto, o Egeu era, sem dúvida, uma parte interessante do mundo, convencendo Dario, o rei persa, de que tinha muito a ganhar com a incorporação da totalidade da península grega ao seu império.

Em 491 a.C., Dario enviou emissários a todas as cidades gregas independentes para receber presentes de terra e água em sinal de submissão. Dentre as que se recusaram estavam Atenas, Eritria e Esparta. No ano seguinte, uma frota persa de seiscentos barcos, levando 90 mil homens, cruzou o Egeu desde Jônia. Os persas encontraram férrea resistência em Eritreia, na costa ocidental da ilha de Euboea, mas tomaram a cidade depois de um assédio de seis dias. De lá, já podiam avistar o continente e o território de Atenas.

De Eritreia a frota persa saiu para desembarcar perto de um lugar chamado Maratona, na costa leste da península de Ática, a quarenta quilômetros de Atenas. A assembleia ateniense pediu ajuda a Esparta, mesmo sabendo ser improvável que essa chegasse a tempo. (A lenda do mensageiro de Maratona talvez se baseie na viagem de Fidípides, um mensageiro especialmente treinado que percorreu os mais de 250 quilômetros que separavam Atenas de Esparta). Em vez de tentar se defender de um cerco aos muros da cidade, o conselho de Atenas decidiu enviar um exército de 9 mil homens a Maratona para enfrentar o inimigo e retardá-lo. Percebendo o perigo de uma luta em campo aberto, a infantaria ateniense tentou atrair a cavalaria persa para os apertados desfiladeiros ao redor de Maratona. Os persas, no entanto, cobertos pela noite, recuaram a maior parte de sua cavalaria de volta aos navios. Temendo que a cavalaria persa estivesse sendo levada costa abaixo para se aproximar da cidade desprotegida, os dez *strategoi* gregos, liderados por Milcíades, decidiram atacar imediatamente e se retirar em seguida para a cidade. O ataque foi devastadoramente exitoso: o exército persa foi empurrado de volta aos seus navios com imensas perdas, a cavalaria não pôde desembarcar e a frota persa teve de fugir.

Foi imensa a importância da vitória de Maratona — uma vitória ateniense, conquistada sem a ajuda de Esparta e, mais que tudo, por um exército de cidadãos. Maratona deu aos atenienses uma nova geração de heróis, já não mais figuras lendárias de um tempo além da memória humana, mas amigos, vizinhos, maridos, pais, filhos e tios dos habitantes da pólis. Provenientes de todos os ramos de atividade em cada aldeia e distrito de Atenas e seu território circundante, esses eram pessoas reais a serem celebradas ao lado de Aquiles, Heitor e Odisseu.

Os atenienses apreciaram a ajuda dos deuses e só atacaram depois de oferecer sacrifícios e ler os sinais. Não obstante, todos sabiam que a decisão de enviar um exército e depois atacar se baseara numa discussão franca do conselho e no acordo entre os generais. Maratona fomentou o espírito comunal do povo ateniense; quando Milcíades demandou honrarias por sua liderança, a assembleia recusou, afirmando que a vitória fora obtida por todos os soldados, nenhum dos quais deveria ser mais honrado do que outros.

Maratona encerrou a luta, mas não o interesse persa pelo mundo grego. Dez anos depois de Maratona — período em que se viram às voltas com uma rebelião no Egito e a morte de Dario — os persas retornaram à Grécia com um exército de 100 mil homens comandados por Xerxes, filho e sucessor do Grande Rei. Enquanto o exército cruzava a Trácia e a

Macedônia e marchava para o sul rumo a Atenas e Esparta, Xerxes reunia uma imensa frota em Éfeso, na costa jônica. Um contingente espartano foi enviado ao norte para deter o exército persa no desfiladeiro das Termópilas enquanto uma força naval grega se batia com a imensa frota persa ao largo de Artemísia. A batalha das Termópilas atrasou os persas (um objetivo vital para os espartanos, que construíam febrilmente uma muralha defensiva em Corinto para impedir a entrada do exército invasor na península do Peloponeso), mas não os deteve; eles avançaram para o sul. Parecia que os gregos estavam à beira da catástrofe; Atenas estava aberta ao ataque por terra e a frota persa ameaçava contornar quaisquer muralhas defensivas e atacar Esparta e o Peloponeso pelo mar.

O território e a cidade de Atenas foram evacuados e os refugiados levados, em sua maioria, para a ilha de Salamina. Liderados pelo espartano Euribíades, os comandantes da frota aliada grega discutiam que ação tomar quando receberam a notícia de que Xerxes havia incendiado a cidade. Alguns propunham navegar para oeste até o istmo de Corinto, de modo a impedir a entrada dos persas no Peloponeso, mas o ateniense Temístocles convenceu Euribíades a atacar a frota persa no pequeno estreito entre Salamis e o continente.

No fim de setembro de 480 a frota persa, agora transportando a maior parte de seu exército, entrou no estreito de Salamis, onde os gregos a esperavam. Os conveses dos navios eram usados como plataforma de combate, abarrotados de homens e prontos para serem reposicionados com o uso dos remos — a técnica de combate mais eficaz era abalroar o barco inimigo para tirá-lo da batalha. Os barcos gregos eram mais adequados ao abalroamento, e suas tripulações, as mais experimentadas na guerra naval. As baixas foram pesadas de ambos os lados, mas as perdas persas foram tais que eles não tiveram como sustentar uma campanha militar em território hostil; Salamina foi o fim de sua campanha. Xerxes, que assistiu à batalha do alto de uma colina, voltou para casa imediatamente, temendo que a notícia da derrota provocasse uma rebelião em Susa. As tropas que lhe restaram retornaram por terra, passando o inverno na Tessália. No verão seguinte, derrotadas pelos aliados gregos na batalha terrestre de Plateia, as forças persas se retiraram da península.

Não obstante a Grécia ter sido devastada pela guerra, seus êxitos alteraram a geografia estratégica do mundo eurasiano. A vitória foi um sintoma de algo mais profundo do que a superioridade das táticas militares — não a superioridade moral ou intelectual dos gregos (europeus) sobre os persas (asiáticos), como ensinaram nossos ancestrais, mas o deslocamento do poder econômico do Crescente Fértil para o Mediterrâneo. O clima quente, o afluxo de populações oriundas do Leste, as descobertas de minerais, a adaptação das práticas agrícolas, a exploração do próprio Mediterrâneo como uma vasta via comercial — tudo isso contribuiu para a prosperidade e o poder econômico crescentes dos povos que viviam ao longo de suas costas. Atenas e seus aliados não se podiam comparar em força e riqueza ao Império Persa, mas sua vitória foi um sinal de que o Mediterrâneo era capaz de fazer face às potências da Mesopotâmia, Anatólia e Levante em igualdade de condições.

A SEGUNDA GUERRA persa terminou em 479 a.C., cerca de vinte anos antes que o historiador Heródoto desse início à sua obra. Heródoto nasceu por volta do ano 484 a.C., em Halicarnasso, cidade jônica submetida aos persas. Pouco se sabe sobre sua vida, mas se tem como certo que viajou pelo Mediterrâneo e como provável que sua criação no lado oriental do Egeu lhe tenha dado uma visão favorável dos persas e outros povos não gregos. Parece que começou a escrever e ditar suas obras na década de 450 a.C., prosseguindo até sua morte, em 420 a.C. Foram tempos turbulentos, assombrados pela escalada e posterior eclosão da guerra entre Atenas e Esparta, que arrastou a Grécia inteira; em deliberado contraste, a obra de Heródoto cobre uma época em que os gregos estavam unidos. Por não ter nenhum modelo, Heródoto seguiu o próprio instinto: seu *Histórias*, que contém fábulas e folclore, além de registros de viagens e fofocas da alta sociedade, o distingue como um grande contador de casos — uma qualidade útil quando diante do público. Não obstante, é como historiador que Heródoto é conhecido; ele foi o primeiro a nos dizer em que consiste a história.

É inquestionável o impacto das guerras persas sobre Heródoto. As primeiras palavras de *Histórias* são: "Esta é a investigação de Heródoto de Halicarnasso, produzida para evitar que os vestígios das ações praticadas pelos homens se apaguem com o tempo e que as grandiosas e admiráveis proezas dos gregos e dos bárbaros [por "bárbaros", leia-se persas, embora em geral o termo queira dizer "não gregos"] restem inglórias; e também para, acima de tudo, expor os motivos que levaram os dois povos a se guerrearem." Esse início é extraordinariamente revelador. Primeiro, Heródoto não pretendeu relatar feitos do passado mítico envolvendo semideuses e heróis, mas registrar os acontecimentos ocorridos durante a sua vida, envolvendo os pais e avôs das pessoas que o cercavam. Segundo, ele quis "acima de tudo expor os motivos que levaram os dois povos a se guerrearem". Nas histórias consuetas do passado não há o "porquê". A sorte, ou destino, do indivíduo era selada por meio de sua relação com os deuses e não havia dúvida sobre as razões — independentemente de quão complexas e sutis — de tal ou qual acontecimento ou de um indivíduo ter morrido dessa ou daquela forma. Era a vontade dos deuses.

Heródoto começa sua pesquisa das motivações da guerra relatando uma série de raptos de filhas de reis por fenícios, cretenses e gregos, cada um vingando o anterior, culminando no rapto de Helena por Páris e a guerra de Troia resultante. "Tais foram os acontecimentos na visão dos persas", escreve Heródoto. "Para eles, foi a captura de Troia que os tornou inimigos dos gregos." Os fenícios divergem, dizendo que o primeiro de todos os raptos, o de Io, não foi na verdade um rapto: Io teria se apaixonado pelo capitão do navio e fugido para escapar da fúria repressiva de seus pais. Nenhuma dessas explicações convence Heródoto, que prefere, como ele mesmo diz, confiar em seu próprio conhecimento.

A partir daí, poderíamos esperar que Heródoto nos brindasse com uma análise racional baseada em indícios. Ledo engano. Ele se propõe a descobrir por que os gregos e os bárbaros vieram a se guerrear, mas sem jamais ir direto ao assunto. Em vez disso, conta histórias — maravilhosas, fascinantes, divertidas e informativas. Nas poucas páginas iniciais do primeiro livro, por exemplo, Heródoto fala da guerra entre Creso, rei da Lídia, e os persas, mas logo se sente compelido a quebrar a narrativa para falar de Periandro, um personagem menor do conflito: "Os coríntios falam de um fato extraordinário ocorrido durante a sua vida, confirmado pelos lésbios." Ele conta, então, a espantosa história de Árion, o músico, que saltou de um barco coríntio e retornou à Grécia agarrado ao dorso de um golfinho. Essa, como tantas das *Histórias* de Heródoto, não tem qualquer propósito. Mas, ao longo de sua narrativa, ele nos fornece um relato detalhado do nascimento do Império Persa, da revolta jônica e da vida de Dario, assim como das guerras entre gregos e persas.

Essa mistura de contação de casos, registros de viagem, fofocas e história autêntica pode parecer desconcertante à nossa mente moderna, mas mostra Heródoto como um homem de seu tempo. Sua tarefa era atrair público com histórias divertidas, mas também com relatos das grandes guerras em que seus avôs haviam lutado e das suas viagens por terras estrangeiras. Poderia tê-lo feito de memória, mas era prática cada vez mais comum dos artistas — poetas, dramaturgos e contadores de histórias — fazer o registro escrito de seu trabalho. De simples pró-memórias, quem sabe, as obras escritas passaram a ser destinadas à leitura coletiva e individual. Heródoto é, por conseguinte, uma ponte entre as culturas oral e escrita, posição que se torna mais clara quando o comparamos com Tucídides, seu contemporâneo mais jovem.

TUCÍDIDES ESCREVEU sobre um único tema: a longa guerra que selou o fim da supremacia de Atenas, da qual foi testemunha e partícipe. Única fonte remanescente sobre a Guerra do Peloponeso, sua obra foi a primeira história escrita para ser lida, em vez de recitada. Ela só foi, no entanto, publicada pouco depois da morte de seu autor, em 400 a.C., quando a época de ouro de Atenas estava em seu ocaso.

Para começar, o próprio conflito. A Guerra do Peloponeso, que opôs Atenas e Esparta (e arrastou a maior parte das cidades gregas), começou em 431 a.C. e durou 27 anos, com um precário interregno de paz entre os anos 421 e 414. Ela eclodiu quando os soberanos de Corcira (Corfu) pediram ajuda a Atenas em sua disputa com Corinto. Corinto e Esparta interpretaram a interferência de Atenas como uma tentativa de estender ao Jônico e Adriático o seu poder dominante no mar Egeu. Seguiu-se um traumático conflito de dez anos, encerrado em 421 a.C. Em 414, porém, Atenas reabriu as hostilidades com o envio de uma frota expedicionária para tomar as cidades gregas da Sicília.

Embora algumas vozes (dentre as quais a de Nícias, comandante da esquadra) se tenham erguido contra a expedição, a assembleia de Atenas votou a favor da retomada da guerra. O carismático Alcibíades pediu aos seus concidadãos "um esforço para elevar essa cidade a cumes nunca alcançados". A expedição fracassou, os soldados capturados na Sicília acabaram vendidos como escravos, e a esquadra, base e símbolo do poder de Atenas, foi abandonada. Os espartanos retornaram à guerra aliados aos gregos sicilianos, seguindo-se uma década de fluxos e refluxos até 404 a.C., quando, sob seu novo líder, Lisandro, e com apoio persa, capturaram a nova esquadra ateniense em Aegospotami. Atenas se viu forçada a uma humilhante rendição.

No conflito, as cidades gregas se aliaram a um ou outro dos grandes contendores de acordo ora com lealdades antigas, ora com estratégias recentes. Mas houve também, segundo Tucídides, um componente ideológico causador de guerras civis em quase todas elas. Insufladas pela disponibilidade de forças externas, disputas internas se converteram em conflitos violentos — "os líderes democráticos se aliavam aos atenienses e os oligarcas aos espartanos". Na ilha de Corfu, cinquenta pessoas foram reunidas num templo, sumariamente julgadas e condenadas à pena capital. Para escapar à execução, elas mataram umas às outras ou se enforcaram. Mas a violência não cessou: "E, como costuma acontecer em tais situações, os indivíduos chegaram a extremos e mais além. Houve pais que mataram os próprios filhos; houve pessoas arrastadas aos templos e massacradas em seus altares; houve até quem fosse emparedado no templo de Dionísio e lá deixado para morrer." Uma semana durou a carnificina, registrada por Tucídides em todos os seus detalhes inglórios.

Tucídides também relata que, em pelo menos três ocasiões, os atenienses receberam propostas de paz razoáveis, todas recusadas depois de livre discussão em assembleia. Não houve nada de inevitável nessas decisões. Atenas não precisava ir à guerra para se proteger e poderia tê-la cessado conservando seu poder e prestígio. Para seus cidadãos, no entanto, Atenas era demasiado grandiosa para contemplar a derrota ou uma paz equitativa. Igualmente importante era a história da própria guerra — depois de tantos mortos, a cidade não podia aceitar uma paz que meramente restaurasse a situação anterior. Incapaz de resolver tal dilema, Atenas teve de escolher entre a vitória gloriosa e a derrota total.

TUCÍDIDES FOI O PRIMEIRO historiador no sentido moderno da palavra. Não tinha paciência para explicações que invocassem o sobrenatural nem interesse — ao contrário de Heródoto — por anedotas não relacionadas ao seu tema. Tampouco invocava a tradição como base para o entendimento do passado. Rejeitou, por exemplo, a lenda ancestral dos pretendentes de Helena — segundo a qual aqueles que pediam sua mão e eram recusados aceitavam apoiar o marido escolhido — e escreveu que os heróis se juntaram a Agamênon porque ele tinha o maior exército da Grécia e detestava que lhe dissessem não. Fez questão de dizer aos seus leitores que não se contentaria em apresentar um panorama geral nem daria crédito a fofocas: "(...) Adotei como princípio não pôr no papel a primeira história que chegasse aos meus ouvidos, nem me deixar guiar por minhas primeiras impressões; ou bem eu presenciei os acontecimentos aqui descritos ou bem os tomei de testemunhas oculares cujos relatos verifiquei tão minuciosamente quanto possível."

Os atenienses instruídos já não tinham tanto interesse pelas forças sobrenaturais que controlavam o mundo nem pelas artes do destino — queriam informações confiáveis e, como diz Tucídides, "consideradas úteis por aqueles que buscam um claro entendimento dos acontecimentos passados". A história baseada em fatos foi produto das Guerras Persas e do Peloponeso, mas também da disseminação da escrita alfabética. Tucídides pôde deixar de lado o estilo anedótico de Heródoto porque não tinha necessidade de se apresentar diante do público. A cultura oral de Atenas persistia, mas Tucídides tinha em mente outro tipo de público, como mostra esta retumbante afirmação: "Meu trabalho não é uma composição feita para cair no gosto do público atual, mas algo destinado a durar para sempre."

Os gregos tinham consciência de que a escrita tornava permanentes os pensamentos, ideias e narrativas, ensejando uma imortalidade divinal que apelava tanto aos relatores como aos agentes da história. Se os grandes acontecimentos trouxeram a história escrita, seu registro impregnou as motivações de seus artífices. Os atenienses se afeiçoaram à prática de falar ao mundo de sua grandeza e da imortalidade de seus feitos. Assegurar um lugar na história se tornou uma motivação a mais nos assuntos humanos; a posteridade, mais do que o presente, passou a ser o território de caça dos grandes homens.

Escrever permitiu e incentivou, ademais, o esforço consciente de explicar — tanto Heródoto quanto Tucídides fizeram questão de dizer que a explicação (o *porquê* dos acontecimentos) era seu objetivo, alcançado por meio de uma rede ou cadeia de causas e efeitos. Os atenienses atacaram a Sicília para ajudar seus aliados, mas também porque desconheciam o seu tamanho e porque foram convencidos por Alcibíades — uma concepção inteiramente diversa da tradicional visão do passado. Na *Ilíada*, por exemplo, os aqueus assediam Troia para resgatar Helena, mas também para cumprir um chorrilho de profecias — Aquiles morrerá sob as muralhas de uma cidade estrangeira, Troia cairá se Páris retornar e assim por diante. Como toda boa história, tais narrativas míticas não se propunham a explicar os eventos passados nelas descritos, mas a levar ao ouvinte o entendimento do presente. As histórias em geral têm tramas e narrativas porque a consciência humana anseia pelo significado aparente que trazem ao mundo; as grandes histórias transcendem, porém, a forma que ocupam — usam a trama para veicular coisas que, embora específicas de seu contexto, contêm problemas de relevância universal. A *Ilíada*, a *Orestíada*, *Beowulf*, *Hamlet* e *Ana Karenina* não são exaustivamente relidas e reencenadas pela mera força de suas narrativas, mas porque suas narrativas veiculam ideias universais.

Por intermédio da obra de Heródoto e Tucídides, a visão mítica do passado, domínio exclusivo de uma cultura oral, deu lugar à história e à literatura, instrumentos gêmeos de uma cultura literária. O objetivo de Tucídides foi apresentar o passado como uma estrutura de fatos objetivos tal que futuros leitores pudessem saber exatamente o que aconteceu. Como todos os historiadores que o seguiram, Tucídides estava, porém, obrigado tanto a ser seletivo na escolha dos materiais como a consolidá-los numa narrativa coerente. Ao abandonar o enfoque instintivo e errático de Heródoto em benefício do foco e da precisão, ele deu à história o seu propósito. Não obstante, tirar de cena os deuses não bastou para fazer do registro do passado a cadeia racional de causas e efeitos pretendida. A mudança da cultura oral para escrita apenas substituiu um tipo de interpretação por outro.

SE A ALVORADA da história tem uma óbvia conexão com o advento da escrita, a ligação entre o nascimento do teatro trágico e os primórdios da cultura letrada é menos direta. Não obstante, tanto o nascimento como a morte da tragédia só eram possíveis numa cultura em transição da língua falada para escrita.

Reza a tradição que, no ano 534 a.C., o organizador de um festival ateniense de poesia, de nome Téspis, determinou que um membro do coro desse um passo à frente para recitar um verso. Ao adotar a personalidade de um dos personagens do poema, esse corista criou o fundamento do teatro dramático — um ator representando um personagem. Cinquenta anos depois, em 484 a.C., Ésquilo ganhou seu primeiro concurso dramático, dando início à era do teatro trágico grego. Das centenas de peças escritas e encenadas no século seguinte, pouco mais de trinta tragédias completas sobreviveram. Embora só tenhamos uma pequena parte do que foi produzido e o teatro grego que chegou até nós seja obra, essencialmente, de quatro homens somente — os tragedistas Ésquilo, Sófocles e Eurípides e o comediógrafo Aristófanes —, essas peças constituem uma fonte de incalculável valor em qualquer empreitada para entender um mundo que, sem elas, está além do nosso alcance. O teatro grego descreve um mundo em vias de extinção. Muito além do drama comovente, seus temas são, para nós, o último suspiro de uma época e o prenúncio de outra.

Mais do que forma de arte, nas culturas orais a contação de histórias é evento comunal, instrução moral, lição de história, celebração e promoção do entendimento comum. As histórias são contadas em versos por ser essa uma forma que propicia à voz humana atribuir significado e ao público reter passagens específicas e o sentido do conjunto. A contação de histórias deu origem à poesia épica em uma ampla gama de culturas — celta, nórdica, assíria, persa, polinésia, amazônica e grega. Épicos orais que sobreviveram até a era da escrita, como as lendas de Boewulf e Gilgamesh, o *Mabinogion* e a *Ilíada*, demonstram o poder e a sutileza dessa forma. Festivais em que os poetas falavam dos grandes feitos dos deuses do Olimpo, da fundação das cidades e da raça dos heróis fizeram parte da vida cultural grega desde épocas remotas. Algumas dessas celebrações se converteram em festivais de canções entoadas ou recitadas em uníssono por coros de cidadãos. Poemas e canções faziam parte também de cerimônias religiosas envolvendo sacrifícios e súplicas, além de jogos, concursos de luta e exibições de animais.

No quinto século a.C., a sociedade grega se tornou mais afluente e seus festivais mais grandiosos. À parte os dias festivos menores, havia em Atenas dois grandes festivais anuais: a lenaia e a dionísia, este o mais espetacular de todos os festivais gregos, em honra a Dioniso, deus da colheita, do vinho, da embriaguez e da fertilidade. A dionísia trazia o campo para a cidade e reunia a população da pólis de Atenas para celebrar a fertilidade da terra, o poderio da cidade e a destreza de seus poetas e atletas. Os festivais eram organizados com vistas à máxima participação — em qualquer dionísia pelo menos mil homens e meninos de todas as partes da pólis tomavam parte dos cantos e mais de trezentas pessoas contribuíam como atores. Não havia, entre o público, quem não conhecesse pelo menos um artista.

O sentido da participação em massa era aguçado pelo tamanho das plateias. O Teatro de Dioniso, na encosta sul da Acrópole, tinha 17 mil lugares, todos com visão perfeita do palco. Os temas das canções e peças teatrais — uma combinação de lendas conhecidas com acontecimentos recentes, como guerras, pestes e desastres naturais — eram concebidos para atrair e capturar o público.

Festivais em que a diversão se mesclava à celebração religiosa; tradição de declamação poética; espírito de participação e um público ávido por mergulhar no drama — tudo isso coexistia no interior de uma cultura estritamente oral. Mas o surgimento do teatro dramático como derivação da declamação poética requeria um ingrediente a mais: o desenvolvimento da escrita. O teatro dramático é uma combinação de cultura oral e escrita. As palavras escritas são cuidadosamente buriladas pelo dramaturgo e logo recitadas pelos atores como se fossem espontâneas. Poetas como Píndaro faziam, é certo, versões escritas de suas obras, e com base nelas construíam suas apresentações, mas o teatro dependia de um texto consensual. O declamador era a chave da poesia épica; interpretar e florear histórias, a alma do seu ofício. Escrever, por outro lado, não apenas permitia ao dramaturgo ser ele próprio a força criativa, como propiciava o trato inovador das histórias tradicionais que jaziam na raiz de todos os dramas gregos. O nascimento da tragédia precisou da escrita tanto quanto da poesia épica.

A mais famosa das tragédias gregas é *Édipo Rei*, de Sófocles, apresentada pela primeira vez por volta de 430 a.C. Atendo-se à tradição do drama grego, *Édipo* reconta uma história tradicional cujo tema subjacente é, como em outras tragédias, o conflito entre a vontade e o destino. O público de Sófocles sabia que a casa de Édipo era amaldiçoada e também que seus progenitores haviam sido informados de que ele mataria seu pai e se casaria com sua mãe; a tarefa do dramaturgo era usar essa história ancestral e perturbadora para refletir profundamente a realidade contemporânea.

Édipo é apresentado na peça como governante inteligente e sábio, além de homem de ação. Ele afirma a necessidade de pensar racionalmente e de encarar com equanimidade o que quer que a vida lhe reserve — o que faz dele, nesse aspecto, o modelo do ateniense do quinto século. Na verdade, Sófocles o transplantou da Tebas ancestral para a Atenas contemporânea. Na época em que a peça foi encenada, Atenas vivia o ápice de sua força e prestígio. A construção do Partenon e de outros edifícios públicos fazia dela a mais bela cidade da Grécia, e os atenienses começavam a ver sua prosperidade como recompensa por suas liberdades políticas e seu enfoque inteligente e racional da vida — atitude que afetava a sua relação com os deuses. Se cinquenta anos antes era universal a crença na onipotência e onipresença dos deuses olímpicos, em 430 a.C. os gregos instruídos tendiam a concordar com Protágoras que "o homem é a medida de todas as coisas". Não obstante, mesmo que alguns (personagens de *Édipo Rei*, inclusive) negassem o poder dos deuses, os atenienses em geral não duvidavam do papel central do destino na vida humana. Mesmo começando a perder a fé em Zeus, Hera e Apolo, eles não se consideravam livres para construir seus próprios destinos.

Como poderia tal paradoxo ser resolvido? Como poderiam os homens ter o controle de suas vidas por meio de pensamentos e decisões racionais e, ao mesmo tempo, estar sujeitos às forças do destino? Sófocles abordou essa questão com um tratamento espantosamente radical da tradicional história de Édipo. Quando a peça se abre, a profecia do oráculo ao pai de Édipo já aconteceu, mas dado que ninguém, muito menos o próprio, sabe disso, ninguém sofre. Édipo já está casado com sua mãe, Jocasta, numa bem-aventurada ignorância da profecia; Jocasta, que a conhece, a expulsou de sua mente dizendo que não acredita nessas coisas.

A tragédia da peça não reside na realização da profecia, mas na descoberta, por Édipo, da verdade sobre a sua vida. Sua busca incansável da verdade é continuamente desencorajada por terceiros, particularmente aqueles que ou bem sabem da verdade ou bem a temem. Mas Édipo não se deixa convencer, dizendo: "Preciso saber de tudo, tenho de conhecer a verdade" e "Estou a ponto de ouvir horrores, sim, mas tenho de ouvi-los!". Quando descobre a verdade, sua esposa e mãe, Jocasta, se mata e ele fura os próprios olhos com um alfinete de seu vestido. Tendo cegado a si próprio para não ver nunca mais um rosto humano, Édipo deixa a cidade de Tebas em busca de um lugar onde não ouça nenhuma voz. Tudo isso acontece não por causa da profecia, mas do desejo de Édipo de saber a verdade e da maneira racional, inteligente e deliberada com que chegou até ela.

Nossa errônea interpretação moderna considera Édipo uma espécie de monstro, um *actor-out* de forças psicológicas universais. Ao retratá-lo, porém, como homem razoável e inteligente, Sófocles sinalizou aos seus concidadãos atenienses os perigos que via à frente. A crença numa humanidade artífice racional do próprio destino era, para Sófocles, uma ilusão arrogante e perigosa. A mais brilhante realização da literatura grega é um libelo contra o que acreditamos ser o espírito de sua época. A tragédia de *Édipo Rei* provém da ilusão de que o enfoque racional da vida permite ao homem controlar o destino; Sófocles mostra que a racionalidade, ao contrário, o conduz até ele.

Não resta dúvida de que a linguagem escrita deu a Sófocles a capacidade de imaginar e realizar a estrutura revolucionária de *Édipo Rei*.

Seu desenvolvimento, no entanto, mais do que apenas propiciar aos dramaturgos uma ferramenta essencial, gerou novas maneiras de pensar. O teatro trágico foi a última sequela da tradição da poesia épica. A mudança tecnológica que a converteu de forma oral em forma combinada oral-escrita foi também o seu canto de cisne. O *Édipo* de Sófocles foi um grito de angústia, um alerta contra a ascensão do racionalismo. Uma vez ele instalado, os homens deixariam de acreditar no monumental antagonismo entre a vontade e o destino. A crença de que a razão permitiria aos humanos assumir o controle de sua fortuna privou o teatro trágico de seu lugar no coração da cultura grega.

O desenvolvimento da escrita foi crucial nesse processo. A vida de um homem, se registrada, em vez de tentativa tragicômica de lidar com o destino poderia ganhar o aspecto de uma história significativa. O homem poderia começar a parecer o artífice de sua própria vida. Sendo assim, o comportamento já não estaria ligado à fortuna ou destino, mas a escolhas livremente feitas. E o modo como se deveriam fazer tais escolhas deixou de ser tema de tragédias para se tornar objeto de um novo campo da atividade humana — a filosofia da moral.

SE A TRAGÉDIA, nas mãos de Sófocles, é claramente ambígua a respeito da crença cada vez mais forte no racionalismo, é comum alegarem-se outras manifestações artísticas da Grécia clássica como prova de sua aceitação. A estrutura do Partenon, o renascimento da escultura e pintura naturalistas e a representação da forma humana costumam ser citados como indicadores da sede de racionalismo dos artistas da Grécia clássica, visão que foi estimulada pelo contexto e condições em que muitas das obras de arte gregas foram descobertas pelos modernos europeus ocidentais. Pitorescas e silenciosas ruínas sem a cor, o alarido e a espiritualidade dos verdadeiros templos, esculturas despojadas de seus revestimentos, cópias ordinárias que só reverberam a forma, jamais o conteúdo de seus originais — tudo isso, filtrado pelo espírito racionalista do Iluminismo, levou a um entendimento equivocado da arte grega. Quando, no entanto, as esculturas do Partenon chegaram a Londres em 1808, trazidas por lorde Elgin, um artista inglês assim descreveu a imagem de Teseu: "Toda forma se alterava conforme a ação ou o repouso (...) os dois lados de suas costas diferiam, um retesado desde a omoplata puxada à frente, outro comprimido desde a omoplata empurrada até bem junto da coluna vertebral, e ele apoiado sobre o cotovelo, sentado, o ventre sem sinal das vísceras, encaixadas dentro da pélve (...)." Até hoje quem vê os frisos é imediatamente tomado pela mesma impressão de movimento e força, capturados na pedra. Os artistas gregos incorporaram inconscientemente as tradições de naturalismo e movimento examinadas no Capítulo 1, mas o resultado teve menos que ver com a racionalidade do que com a representação dos humanos como verdadeiros animais, dotados de musculatura, ossos, articulações e tendões. Os racionalistas talvez preferissem homens representados como sublimes pensadores; os artistas (ao menos os melhores deles), porém, responderam como Sófocles, lembrando aos humanos a sua natureza animal.

A ATENAS CLÁSSICA durou das reformas de Clístenes, por volta de 500 a.C., à derrota de Aegospotami, em 404 a.C. A época de ouro foi curta porque Atenas, como toda a Grécia, experimentava uma rápida transição. Uma sociedade igualitária baseada na cultura oral e em leis consuetudinárias foi confrontada com a prosperidade crescente e a introdução da escrita alfabética, portadora de mudanças profundas na visão da humanidade sobre si mesma. Podem-se ver claramente os efeitos da transição para a cultura escrita na morte dos mitos, no nascimento da história fundamentada e no crescente interesse pelo racionalismo. O nascimento e a morte da tragédia, em particular, mostram que a escrita deu à luz uma forma de arte tanto quanto as mudanças que a liquidariam.

Os vestígios da Atenas clássica — arquitetura, escultura, escritos, mitos, teatro — são, para dizê-lo resumidamente, deslumbrantes. Ao seu lado, o legado da Europa Ocidental da Idade do Bronze parece tosco e limitado. Nem por isso devemos, no entanto, crer que a Europa Ocidental tudo deve à Grécia clássica. Como mostramos no Capítulo 1, as sociedades se adaptam às mudanças que lhes são impostas. As liberdades tão apreciadas pelos gregos foram, e continuaram a ser, um aspecto capital da vida do ocidente europeu do mesolítico até o baixo medievo — somente interrompido pela conquista romana. As sociedades agrícolas se baseavam no trabalho cooperativo de pequenos grupos que detinham a posse comum da terra. A sociedade do ocidente europeu era amplamente organizada sobre a base das famílias estendidas, cujos líderes se reuniam em conselhos ou assembleias — mistos de reunião pública, legislativo, parlamento e tribunal de justiça; algumas assembleias tinham até mesmo o poder de eleger reis. Foi essa participação que os gregos tanto quiseram preservar.

Essas sociedades não eram modos de vida perfeitos, mas adaptações a circunstâncias particulares e também vulneráveis a mudanças repentinas, conquistas e destruição. Não eram, no entanto, os bandos de selvagens ignorantes e escravizados que durante tanto tempo nos foram impingidos, e que sem as incursões gregas e romanas estariam ainda vivendo em meio à escuridão e à violência. Devemos lembrar que a mesma conexão com o mundo natural que os artistas gregos se sentiam compelidos a exibir já ocupava o centro da vida europeia desde a era paleolítica. Longe de pretender irradiar os costumes incorporados à sua sociedade, os atenienses se encontravam desesperadamente dilacerados entre o desejo de preservá-los e a necessidade de se adaptar às mudanças.

A mudança que mais influenciaria a sociedade ocidental foi algo já abordado por nós. A ideia de que a discussão e deliberação racionais eram um caminho mais seguro para o entendimento do mundo do que a experiência, o oráculo, a prática consuetudinária e o intercâmbio de mitos heróicos foi assumida com crescente convicção por grupos de atenienses ilustrados. Essa tendência alicerçou não apenas a filosofia, mas toda a visão de mundo ocidental.

# CAPÍTULO 3

# O NASCIMENTO DA ABSTRAÇÃO
*Platão, Aristóteles e o Espírito Racional*

NO SÉCULO V a.C., o mundo grego e especialmente Atenas viveram o desenrolar de complexos processos. Se é certo que o nascimento e a morte do teatro trágico e a substituição da mitologia pela história foram consequências do uso da escrita alfabética, essa relação nada teve de banal. O símbolo do teatro trágico é uma advertência aflita e aterrorizada em face do alçamento da humanidade acima de sua relação consuetudinária com os mundos natural e sobrenatural cujo instrumento, nas mãos de Tucídides, foi a história. Sucede que, enquanto os historiadores tentavam explicar racionalmente as ações humanas, outros sábios aplicavam o mesmo modo de pensar a outros campos.

Ainda no sexto século a.C. os gregos haviam começado a se perguntar de que era feito, como era organizado e por que mudava o mundo, perguntas dramáticas e reveladoras provenientes da mesma busca por uma ordem natural que orientara as ações de Sólon e Clístenes. Outras tentativas explícitas de ligar a ordem do mundo natural ao modo como os homens viviam ou deveriam viver foram feitas, mas da obra desses pensadores só restaram fragmentos, constituídos muitas vezes de paradoxos, enigmas e versos. Em contraste, grande parte da obra de Platão e Aristóteles, que ensinaram em Atenas nas décadas que se seguiram a 400 a.C., chegou até nós. Um novo Império Grego, que se alimentou do poderio acumulado pelo Mediterrâneo para dominar os antigos territórios da Mesopotâmia, Anatólia e além, se encarregou de preservar e difundir, nos séculos subsequentes, as obras do período clássico e seus novos modos de pensar sobre o mundo.

Uma observação fortuita contida nas *Histórias* de Heródoto a propósito da guerra persistente que opusera os estados jônios da Lídia e da Média

O NASCIMENTO DA ABSTRAÇÃO     87

nos sugere o começo daquilo que chamamos de filosofia natural: "Então, depois de cinco anos de guerra inconclusiva, houve uma batalha durante a qual os exércitos foram surpreendidos pela súbita chegada da noite. Essa inopinada mudança da claridade para a escuridão fora vaticinada aos jônicos por Tales de Mileto para a data em que efetivamente ocorreu." A data do eclipse foi posteriormente calculada como 28 de maio de 585 a.C. Sua previsão seria, pois, indício de um sofisticado grau de conhecimento astronômico. Os historiadores da ciência acreditam que Tales não teria sido capaz de prever o eclipse, mas a narrativa de Heródoto mostra que tal façanha pode ser ao menos cogitada.

Vários filósofos naturais provieram da Jônia do sexto século a.C. — Tales, Anaximandro e Anaxímenes da cidade de Mileto, Heráclito de Éfeso e Pitágoras da ilha de Samos. Todos esses sábios se perguntavam sobre a natureza essencial do Universo — suas origens, suas partes constituintes e a base de sua composição —, questões que deviam circular também pelo mundo persa. No começo do século V, homens como Parmênides e Zeno apresentaram interpretações próprias do Universo em cidades gregas do Sul da Itália (Pitágoras se estabelecera na região no sexto século a.C.). Empédocles, que viveu na primeira metade do século V a.C., era de Agrigento, Sicília; Anaxágoras, da Ásia Menor, e Demócrito, de Abdera, Norte da Grécia. Parece que por todo o mundo grego os homens vinham refletindo sobre o mundo físico, ora como manifestação de alguma ordem natural, ora como resultado da combinação de elementos incorruptíveis, ora como sombra corrompida de um universo perfeito fora do alcance dos nossos sentidos — vale dizer, já não mais como mera criação dos deuses.

A ideia de que o Universo existe como ordem física aberta à exploração humana pela via do pensamento racional foi um passo extraordinário. Fragmentos da obra escrita de Tales e Anaximandro são a primeira evidência de tal passo, mas é discutível se a aura de inovadores que os cinge resulta de sabermos pouco sobre o que se pensava antes que a escrita alfabética começasse a preservar o pensamento ou da influência da própria escrita sobre o modo de pensar. Já se disse, é verdade, que a escrita produziu sobre a contemplação do mundo natural o mesmo efeito que causou ao estudo do passado.

Muitos dos primeiros filósofos naturais participavam ativamente do governo de suas cidades. O modo como as cidades gregas eram planejadas e governadas exibia, em consonância com as leis atenienses de Sólon, a crença na "boa ordem" ou *eunomia* na condução dos assuntos humanos. Os primeiros filósofos começaram a aplicar essa busca de ordem ao mundo natural poucas décadas depois da adaptação do alfabeto fenício ao idioma grego. O desenvolvimento da língua escrita nos dá fortes indícios da maneira como surgiram tais ideias. A palavra grega para ordem é *kosmos*, que designa também mundo e universo; o mundo real é a ordem subjacente ao mundo que a mente racional é capaz de desvelar.

Pelos fragmentos que nos chegaram, sabemos que a composição do mundo estava no centro de uma grande controvérsia. Tales achava que a Terra repousava sobre a água, substância de que tudo, em última instância, era feito e que a alma estava "fundida ao Universo" — crença que liga os primeiros pensadores gregos às tradições do Oriente. Ele dizia também ter feito importantes descobertas geométricas, como a técnica da triangulação para medir distâncias. Anaximandro achava que a Terra era um cilindro, que os animais haviam surgido da umidade, e os humanos, de outros animais — peixes, talvez. Heráclito propôs que tudo está sempre em estado de fluxo ("ninguém se banha duas vezes no mesmo rio"), Parmênides, que não existem nem tempo nem movimento, e Pitágoras, para quem os números eram a base do entendimento do Universo, que tudo retorna. Esses homens fizeram afirmações sobre a origem da matéria, os fósseis, o arco-íris e todo tipo de fenômenos naturais.

A busca por uma ordem subjacente à sociedade se tornou mais premente com as mudanças ocorridas no fim do século V. O declínio da crença nos deuses onipotentes, bem como da força das leis consuetudinárias, fez com que surgissem problemas agudos, como a aparente contradição entre a boa ordem e a liberdade, o conflito entre os princípios jurídicos e os caprichos dos tribunais, o poder da maioria de engambelar a minoria etc. Tais mudanças eram mais agudamente sentidas em Atenas, onde a última década do século V a.C. foi um período de notável turbulência.

Concluída a longa guerra em 404 a.C., com a derrota ateniense, coríntios e tebanos queriam que Atenas fosse arrasada. Os próprios atenienses não esperavam outro resultado que não a deportação e a destruição de sua cidade, mas o líder espartano Lisandro decidiu que Atenas seria poupada pelo tanto que contribuíra, no passado, para a proteção da Grécia. Em vista do tratamento geralmente dispensado por Atenas às cidades inimigas, os termos da rendição foram surpreendentemente brandos. Os muros da cidade seriam demolidos, assim como suas defesas ao redor do porto do

# O NASCIMENTO DA ABSTRAÇÃO 89

Pireu, sua esquadra seria reduzida a doze navios, e a cidade perderia o direito a uma política externa independente. Todos os exilados tiveram permissão para retornar. Dizia-se que os atenienses cantavam enquanto punham abaixo os muros da cidade porque o fim da guerra os livrara de um imenso ônus. Não obstante o fim de seu domínio político, eles acreditavam que aquele era o início de uma época de paz e harmonia entre as cidades gregas.

Mas como iria ser governada a nova Atenas? Lisandro apoiou o governo da oligarquia, conhecida como os Trinta Tiranos, mas esses aristocratas aterrorizaram a cidade assassinando cerca de 1.500 rivais políticos. Seguiu-se uma guerra civil. Um exército reunido por Trasíbulo derrotou as forças dos Trinta, mas a oligarquia conservou o controle da cidade e ampliou o terror. Fez-se uma lista de 3 mil cidadãos favorecidos; os excluídos sabiam estar sujeitos a perseguições e até à morte. Uma vez mais, Esparta foi chamada a intervir e dessa vez o próprio rei, Pausânias, supervisionou a restauração da democracia. Em 400 a.C., Atenas voltou a ser uma democracia, em paz com seus vizinhos pela primeira vez em trinta anos.

Dentre os filósofos que sabemos ativos nessa época estavam Diógenes de Apolônia, Leucipo, Demócrito de Abdera e Sócrates, o ateniense, os dois últimos essenciais para o nosso entendimento de como veio a se desenvolver o pensamento ocidental. Pouco sabemos, no entanto, a respeito de Demócrito, ao contrário de Sócrates, cuja vida e obra chegaram em detalhes até nós. É com ele, pois, que começamos.

Nascido por volta de 469 a.C., Sócrates serviu com honra na guerra contra Esparta. Tornou-se figura conhecida nas ruas e na assembleia de Atenas fazendo perguntas incômodas e cortantes, atendo-se obstinadamente à lei e em geral exibindo total falta de respeito pela autoridade autodesignada. Mesmo não tendo ele próprio escrito nada, temos por certo que sua hipnótica retórica era capaz de inspirar imensa lealdade e simpatia em seu grupo de seguidores. Vestia-se com simplicidade, mas amava um bom banquete com muito vinho e boa conversa, infundindo em seus admiradores o seu enfoque da vida e das questões que ela suscita — fundamentalmente, um ceticismo profundo e inquisitivo e a prática do pensamento racional e da discussão como fontes de conhecimento. Sócrates desejava ardentemente que os humanos adquirissem conhecimento por acreditar que ele era fonte de virtude, e o mal, fruto da ignorância. Dizia que quem faz o bem está livre do mal porque o único verdadeiro mal a que o indivíduo está sujeito é aquele que ataca a alma. A vida justa não faz mal à alma.

Sócrates não estava só na busca da verdade; sob esse aspecto, ele foi um produto acabado de seu tempo e lugar. Nas últimas duas décadas do Século V a.C., os eruditos de Atenas e outras cidades começaram a se cansar das limitações dos antigos mitos. A tragédia parecia ter esgotado as respostas que essas lendas tinham a oferecer, tornando necessárias novas formas de pensamento capazes de lidar com as questões suscitadas por uma sociedade em transformação.

Dentre os que suscitavam tais questões estavam os sofistas. Percebendo que o sucesso em sua sociedade demandava habilidades de argumentação e oratória, esses instruídos atenienses se ofereciam às classes abastadas como professores de discussão e retórica de seus filhos. A sofística era muito mais do que a moderna conotação negativa do termo permite supor. O aperfeiçoamento da técnica da discussão não era uma questão de efeito; para se impor num debate, o orador precisava ser capaz de mostrar as inconsistências lógicas dos argumentos de seus oponentes, de identificar as qualidades e defeitos de suas alegações, de apurar e clarificar o próprio raciocínio para não ser subjugado e de buscar provas que sustentassem suas próprias asserções. Sócrates era usuário convicto das ferramentas da atividade sofística. Segundo a tradição, ele diferia dos sofistas em sua perspectiva moral: enquanto esses ensinavam retórica por dinheiro, ele andava descalço e discutia pelo prazer de argumentar; enquanto esses usavam profissionalmente seus conhecimentos, ele alegava uma profunda ignorância.

Sócrates era cético, mas não era cínico. Por acreditar na identidade de conhecimento e virtude moral, ele entendia serem moralmente justas as leis a que os atenienses haviam chegado por meio do debate racional. A discussão fundamentada e exaustiva ensejara um conjunto de leis cuja autoridade moral jazia em suas origens. Na prática, porém, as coisas não eram tão simples. Os tribunais de Atenas condenavam com base no voto de jurados. Não havia polícia para impor a lei e colher provas; só havia os tribunais, perante os quais as partes apresentavam suas alegações. Em alguns casos, a assembleia popular funcionava como tribunal, com poder de vida e morte sobre os eleitos e designados para servir à cidade. Ainda que pareça preferível à justiça tirânica, esse sistema tinha seus problemas. Os jurados e membros da assembleia eram cidadãos responsáveis, mas não peritos em leis. Eles ouviam o que era dito, formavam opinião sobre quem tinha razão e votavam de acordo — sujeitos, pois, a inconsistências lógicas e aos efeitos da persuasão (donde os professores de retórica). Na assembleia popular, as inconsistências eram ampliadas pelo clima tenso e recriminatório da guerra. Quando as coisas iam bem, os atenienses se uniam; mas, quando a guerra contra Esparta deu errado, eles não hesitaram em culpar seus líderes e generais.

Para um pensador racional, esse sistema era insatisfatório e inconsistente. Sócrates, em especial, era de opinião que a sociedade e os indivíduos só poderiam cumprir suas funções se compreendessem os conceitos subjacentes às suas decisões, razão pela qual submeteu os conceitos de "verdade" e "justiça" — aplicados por atenienses como Sólon e Ésquilo e usados pelos sofistas em seus debates nos tribunais e na assembleia — a uma análise racional que ultrapassava os limites do conhecimento prosaico dos demais filósofos. Mais do que mero armamento retórico, a verdade, a justiça e a virtude eram para Sócrates os objetivos supremos da vida humana; a virtude, em especial, estava além e acima do prazer, da camaradagem, da beleza e até da própria vida.

Assim nasceu a moral — a ideia de que existe uma virtude especial a que todos devemos aspirar. Sócrates acreditava ser possível obter a virtude por meio da discussão racional e da aquisição do conhecimento; outros, por meio da contemplação espiritual; outros, ainda, por meio da ação política, das forças da história e do progresso científico. Quaisquer que fossem os caminhos para alcançá-la, a ideia da moral humana foi a dádiva de Sócrates ao mundo: uma invenção, nascida num tempo e lugar particular, não um fenômeno "natural"; talvez o conceito que distingue a nossa sociedade ocidental de todas as outras que já existiram.

Sócrates perguntava: "O que é justiça?"; "O que é verdade?"; "O que é virtude?", mas não dava respostas. Dizia que era possível descobrir-se o verdadeiro significado desses conceitos por meio da reflexão e da discussão racional. A consequência dessa atitude foi o estabelecimento tanto da crença de que tais coisas existiam de fato, independentemente da época, lugar e circunstância, quanto da ideia de que só eram acessíveis aos que se dedicassem à discussão racional. Com a intenção, quem sabe, de resgatar as ideias de verdade e justiça das cavilações dos sofistas, Sócrates acabou promovendo o conceito de moral e fazendo dele uma exclusividade dos ilustrados.

A democracia foi restabelecida em Atenas em 403 a.C. Quatro anos mais tarde, Sócrates, aos 70 anos de idade, foi levado ante a assembleia sob a dupla acusação de impiedade e corrupção de jovens. A primeira foi usada para colocar a assembleia contra ele; a segunda se baseava em sua amizade com jovens pupilos de má reputação por suas ligações com a oligarquia dos Trinta Tiranos. Eles foram anistiados e Sócrates, de certo modo, serviu de bode expiatório dos seus crimes. Depois de ouvir a acusação e a defesa, a assembleia de 501 cidadãos o julgou culpado por 280 votos a 221. Seus acusadores pediram a pena capital. Cabia a Sócrates pedir uma pena mais branda e defendê-la, mas ele se recusou a fazê-lo. Seus apoiadores se ofereceram para pagar uma multa, mas a oferta foi recusada pelo tribunal. Sócrates foi condenado à morte. Seu discurso final aos 501 cidadãos que decidiram pela sua morte foi impenitente e sarcástico: "Eu lhes digo, senhores, que a maior dificuldade não é fugir da morte; a verdadeira dificuldade é fugir do mal, que tem pés muito mais ligeiros." Suas últimas palavras ao tribunal foram: "Já é hora de nos retirarmos, eu para morrer e vocês para viver. Entre mim e vocês quem está melhor? Isso é o que ninguém sabe, só Deus." Decidido a não esperar a execução, Sócrates tomou veneno.

A OBRA DE SÓCRATES foi tão eficazmente preservada e desenvolvida por seu discípulo Platão que suas ideias parecem ser a culminação da época clássica de Atenas. Nas mãos de Sócrates, o uso implacável da razão e do conhecimento parece fazer grandes promessas. Defeitos morais, atitudes nocivas, juízos errôneos e o próprio mal poderiam todos, teoricamente, ser corrigidos e até eliminados pelo esforço intelectual. Embora essa sedutora visão se ajuste à visão moderna do mundo clássico, a crença de Sócrates na supremacia da racionalidade como caminho para a verdade e a virtude é, tanto quanto as cópias das estátuas de mármore e as ruínas pitorescas, uma sombra pálida e distorcida da cultura grega. Demócrito (c. 460-385 a.C.), um contemporâneo de Sócrates que viveu a maior parte da vida na cidade de Abdera, Norte da Grécia, foi o autor de uma grande quantidade de obras de física, cosmologia, geologia, medicina, ética e política, todas perdidas — só nos restaram cerca de trezentos fragmentos, alguns deles paráfrases de sua obra feitas por compiladores posteriores. Sabemos, porém, que Demócrito foi uma figura importante na Grécia, cuja obra exibe um modo de pensar sobre o mundo inteiramente distinto daquele promovido por Sócrates.

## O NASCIMENTO DA ABSTRAÇÃO

Enquanto Sócrates defendia que todo conhecimento verdadeiro é conhecimento da verdade, Demócrito escrevia: "O homem deve reconhecer como uma regra que está muito afastado da verdade." Esse ceticismo para com a verdade absoluta ou para com qualquer absoluto permeava todo o seu pensamento. Ele não participava da ideia socrática de que os homens seriam virtuosos se tivessem conhecimento, tampouco acreditava que se pudesse construir uma sociedade que o propiciasse: "Não há nenhum mecanismo no presente estado da sociedade que impeça os malfeitos das autoridades, por mais virtuosas que sejam". Em outras palavras, as pessoas podiam as mesmo tempo ser boas e fazer coisas ruins. Demócrito também escreveu: "A pobreza numa democracia é preferível à dita prosperidade entre ditadores, tanto quanto a liberdade à escravidão." Para ele, "a boa administração da pólis é a maior fonte de sucesso; tudo depende disso." Essa administração exigia trabalho árduo por parte das autoridades e generosidade por parte das lideranças cívicas: "Quando aqueles que estão no poder se dispõem a arranjar recursos para os pobres, prestar-lhes serviços e tratá-los com generosidade, o resultado é a compaixão, o fim do isolamento, a formação da camaradagem, a assistência mútua e a concórdia entre os cidadãos (...)."

Demócrito via o processo político como uma questão prática a demandar não construtos teóricos, mas trabalho incessante, revisão constante, ajuda e generosidade mútuas. Nenhum sistema poderia garanti-lo, embora na pólis grega a democracia fosse certamente preferível à ditadura. Mas também em sua concepção do mundo natural e do comportamento humano, Demócrito considerava que a busca por absolutos era ilusória: "Não sabemos verdadeiramente nada sobre coisa alguma; em cada um de nós as opiniões são recombinações dos elementos da alma." Essa tradição provinha da maneira como as cidades gregas haviam respondido praticamente às ameaças de tirania, enriquecimento e invasão; contudo, a sua ênfase no relativismo, no pragmatismo e na experiência acabaria eclipsada pela figura proeminente de Platão.

O JULGAMENTO, condenação e consequente suicídio de Sócrates foram registrados por seu mais talentoso discípulo, Platão, cuja obra fez do mestre uma figura de importância universal. Platão nasceu em Atenas por volta de 427 a.C., no seio de uma família aristocrática. Os trinta primeiros anos de sua vida abarcam o período ao mesmo tempo mais turbulento, excitante e deprimente da história da cidade. Atenas estava em guerra contra Esparta, conflito que foi o pano de fundo das constantes mudanças ocorridas em sua cena política. Platão serviu no exército ateniense em 408 a.C. e sua família era intimamente ligada à oligarquia dos Trinta Tiranos que subiu ao poder depois da derrota de Atenas, em 404 a.C. — seu tio-avô Crítias e seu tio Cármides foram ambos membros do regime.

Para Platão, então com 30 anos de idade, a morte de Sócrates foi uma amarga experiência. Como muitos outros aristocratas atenienses, ele ficara desolado com as bufonarias da assembleia na época da guerra e atribuíra a derrota à dissolução e incompetência da cidade em face da autodisciplina e profissionalismo militar dos espartanos. A condenação de seu mentor por um tribunal de cidadãos há de ter reforçado o seu sentimento de antagonismo em relação ao governo do povo. Platão deixou Atenas imediatamente após a morte de Sócrates e retornou em 338 a.C. para fundar a Academia — uma espécie de escola avançada que serviu de protótipo para a universidade moderna —, onde escreveu uma série de obras que remanesceram, quase na íntegra, até nossos dias.

As obras de Platão têm, em geral, a forma de conversações entre duas ou mais pessoas. Em quase todos os casos, um dos protagonistas é Sócrates e o outro, um sofista conhecido. Os primeiros trabalhos de Platão tratam do julgamento e morte de Sócrates, cujas ideias estariam — acredita-se — fielmente representadas nos diálogos. Daí em diante, Platão, ganhando confiança, começa, talvez, a avançar as suas próprias ideias e argumentos, embora ainda usando como veículo um personagem chamado Sócrates.

No transcurso de cada diálogo, Sócrates faz perguntas simples, porém capciosas, como "o que é justiça?", "o que é oratória?" e "as leis são outorgadas pelos deuses ou construídas pelos homens?" e assim por diante, até confundir o infeliz oponente. Tais diálogos permitem também a Platão — o que é muito importante — expor suas opiniões acerca de uma variedade de temas sob o disfarce do debate racional. O método investigativo de Platão, herdado dos sofistas e de Sócrates, era desgastar o oponente com perguntas encadeadas que expusessem a inconsistência e falta de lógica de suas eventuais opiniões. A completude intelectual da obra de Platão, o brilhantismo e absoluta clareza de seu texto e o fato de os diálogos terem sobrevivido intactos fazem dele, mais do que o pensador supremo de sua época, o fundador da filosofia ocidental.

Basta, porém, de método platônico. Quais eram as suas ideias? Em vez de perguntar, a exemplo de filósofos naturais como Anaximandro e Heráclito, "de que são feitas as coisas?", Platão percebera que nossa experiência real do mundo conduz à pergunta ainda mais fundamental: "O que são essas coisas?" Em outras palavras, nosso modo de apreender o mundo não consiste em mero conhecimento de seus atributos físicos, mas em compreensão intelectual. E o que é a compreensão conceitual do mundo? Que entendimento temos do mundo à nossa volta? A resposta de Platão a essa pergunta, a Teoria da Formas, é a sua ideia mais influente e duradoura. Ao nomear animais particulares, como "gatos" e "cães", ou vegetais particulares, como "árvores" e "samambaias", ou ainda objetos particulares, como "mesas" e "cadeiras", nós os estamos classificando. Podemos fazê-lo sem esforço e instintivamente por perceber que há, dentro de cada categoria, outros objetos que compartilham suas características. A análise de uma categoria particular, digamos "cão", nos permite arrolar um conjunto de características que nos dizem o que é a "caninez". Até aí, tudo bem. Mas por que criamos essas categorias particulares? Por que, por exemplo, agrupamos gatos brancos e cães brancos num grupo chamado "branco" e gatos castanhos e cachorros castanhos em um grupo chamado "castanho"? Como é que, desde pequenos, reconhecemos um cão sem precisar de uma lista de características que nos diga que o animal satisfaz os requisitos mínimos da "caninez"? Platão acreditava que era por termos dentro de nossas mentes a forma ideal do cão (e do gato, da árvore, da mesa) a informar a nossa razão.

Para além de nossas mentes, tais formas existiriam em outro mundo, um mundo ideal fora do alcance dos nossos sentidos, porém acessível às nossas mentes pela via do pensamento racional. O mundo real acessível aos nossos sentidos seria, portanto, uma sombra corrompida do ideal. Numa famosa passagem de *A República*, Platão compara o mundo dos sentidos à vida numa caverna. Isolados da luz, tudo o que os habitantes da caverna veem são sombras do que acontece do lado de fora, sob o sol fulgurante do mundo ideal, projetadas na parede. Essa surpreendente imagem mostra a desconfiança que Platão tem dos sentidos e sua crença na mente racional como o caminho do entendimento do mundo verdadeiro, ideal.

Platão acreditava existir uma ordem natural subjacente a todas as coisas, quer fossem físicas ou morais. A natureza revolucionária das obras dos filósofos naturais gregos que haviam buscado respostas universais para perguntas acerca do mundo físico reside em seu empenho em descobrir regras, causas ou ingredientes aplicáveis *a todas as épocas e lugares*. Platão tomou esse modo de pensar "universalista" e o aplicou tanto ao entendimento conceitual como às questões da justiça, da virtude, da política e do governo. Sua obra foi concebida para descobrir ideais que existissem libertos do mundo, mas fossem aplicáveis a qualquer coisa, independentemente de tempo, lugar, costume e experiência. A obra mais importante de Platão, *A República*, começa com a pergunta "O que é justiça?" e conduz, por meio da Teoria das Formas, à descrição da sociedade ideal. A estrutura da sociedade é detalhadamente desenvolvida em termos de governança, jurisprudência, casamento, vida familiar, educação e treinamento militar — tudo deduzido da discussão racional.

Quem o lê pela primeira vez conhecendo um pouco da reputação da Grécia antiga e de seus grandes filósofos há de esperar que a sociedade ideal de Platão seja aberta e democrática, com livre troca de ideias e informação e uma florescente cultura artística e poética. Na verdade, dá-se o oposto. A república de Platão é governada por uma oligarquia de filósofos selecionada na classe dos Governantes, a vida familiar é abolida nas classes superiores (Governantes e Auxiliares) em favor da procriação eugênica, e a poesia, o teatro e as artes representativas são proibidos. Dado que a verdade provém do conhecimento, as pinturas e histórias que se pretendem descrições verazes não são permissíveis. *A República* mostra como seu próprio método de discussão racional abstrata levou Platão a propor uma sociedade ideal predeterminada oposta à pólis cambiante e pragmática de Demócrito e da cidade livre e aberta louvada cinquenta anos antes por Péricles.

Um devastador ataque à obra política de Platão foi desferido em 1945 pelo filósofo Karl Popper, então refugiado da Áustria de Hitler, em seu livro *A Sociedade Aberta e seus Inimigos*. Popper diz que a introdução do idealismo na política e a busca de uma sociedade ideal foram precedentes desastrosos que conduziram diretamente ao totalitarismo. Qualquer sociedade predeterminada será, por definição, hostil à crítica e à mudança, e sua preservação a tornará mais importante do que o bem-estar de seus membros. Popper considerava a obra de Platão um ataque contra a sociedade aberta de Atenas e uma traição àqueles que a haviam criado. Ele menciona Demócrito e Péricles, mas o caráter aberto de Atenas se deve muito mais aos seus próprios cidadãos, que tornaram necessárias as reformas de Sólon e Clístenes.

# O NASCIMENTO DA ABSTRAÇÃO 97

Ainda que o racionalismo abstrato tenha, aparentemente, levado Platão a projetar uma sociedade ideal, devemos questionar a objetividade da sua obra. Não bastasse Platão ser filho de uma família aristocrática pesadamente implicada no terror de 404 a.c., Sócrates, para ele uma autêntica figura parental, foi condenado à morte por democratas. Se em Demócrito a ordem e a liberdade podiam coexistir, Platão pôs de lado a liberdade em favor do controle. Isso, combinado à sua crença no legado de Sócrates, o levou a propor uma sociedade em que os poetas não poderiam escrever por receio de ofender a autoridade, em que governar seria um direito restrito aos filósofos e em que a futura classe dominante seria gerada por encomenda e devidamente treinada para o seu augusto papel.

Platão mostrou que o caminho para a verdade era isolar conceitos fundamentais, como conhecimento e justiça, despojá-los de variações locais e impurezas da prática cotidiana e abstrair a sua essência "ideal" subjacente. Tal processo não requeria a pesquisa de métodos de justiça alternativos, tampouco havia necessidade de ir até o mundo lá fora para ver como cada pessoa obtinha e aplicava o seu conhecimento. Tudo se resumia a substituir a corrupção e desordem do mundo por um mundo ideal situado mais além — o que só poderia ser feito por homens sábios apartados do mundo e exclusivamente dedicados à reflexão e à discussão racional dessas grandes questões. Desde então, a filosofia ocidental tem seguido o mesmo caminho: separar o que é universal, constante e invariável do clamor do mundo real na convicção de que a abstração é o caminho para a clareza de pensamento e, daí, para um melhor entendimento das atribulações humanas.

A ETÉREA CONCEPÇÃO PLATÔNICA do caminho para a verdade foi adotada e polida por um pupilo seu, Aristóteles. Filho do médico do rei Felipe da Macedônia, Aristóteles nasceu em Estagira, Norte da Grécia, em 384 a.C. e foi mandado a Atenas para receber educação. Aos 17 anos entrou para a Academia de Platão, onde permaneceu por duas décadas, até a morte do mestre, em 347 a.C. Passou os doze anos seguintes em viagens, aí incluída uma curta temporada como tutor de Alexandre, filho de Felipe. De volta a Atenas em 335 a.C., criou a sua própria escola, o Liceu, onde ensinou por 12 anos. Foi obrigado a deixar a cidade em 323 a.C., um ano antes de morrer.

Em contraste com o século anterior, o período da vida de Aristóteles é notavelmente pouco documentado. As décadas que separam o fim da Guerra do Peloponeso, em 404 a.C., da impressionante epopeia imperial de Felipe e Alexandre são cobertas por uma única história completa, a notoriamente pouco confiável *Helênica*, de Xenofonte. Os historiadores acreditam que no século IV a.C. as cidades-Estado da Grécia central e meridional se guerrearam de um modo tal que nenhuma delas foi capaz de defender adequadamente suas fronteiras. Tebas se tornou o Estado dominante, invadindo com sucesso o território de Esparta, ao passo que Corinto e Atenas se envolveram em grandes conflitos cujo resultado foi tê-las enfraquecido a ponto de não poder resistir à nova potência do Norte. Felipe da Macedônia se tornou senhor do continente grego ao derrotar os atenienses em Queroneia, em 338 a.C., e foi sucedido por seu filho Alexandre em 336.

Não obstante Aristóteles, o macedônio, ter sido seguidor de Platão, suas diferenças alimentaram séculos de discussões filosóficas. Aristóteles argumentava contra algumas das ideias centrais de Platão, mas o seguia no exame racional como caminho para a descoberta da verdade sobre o mundo e a humanidade. Acreditava, como seu mestre, numa espécie de essência que habitava cada objeto no mundo, mas não em sua existência independente — vale dizer que a "caninez" e a "gaticidade" existissem fora dos cães e gatos. Ainda que a ideia de essência fosse, para ele, aplicável a objetos estáticos, o mundo, como haviam assinalado filósofos anteriores, parecia-lhe repleto de desenvolvimento e movimento. Cada objeto continha não apenas uma essência estática, mas a essência daquilo que poderia vir a ser, que chamava de fim natural ou *telos*. Uma bolota de carvalho continha a essência do carvalho, e uma criança, a essência do adulto. A bolota e a criança cresciam movidas por causas naturais que os faziam passar do potencial que traziam dentro de si à sua realização como carvalho ou adulto humano. Assim, também o movimento envolvia o cumprimento ou realização do potencial subjacente aos objetos.

A realização de seu fim natural, ou *telos*, é um princípio unificador da concepção de Aristóteles acerca de vários objetos. O objetivo da vida virtuosa era a realização de seu *telos*, consistente em cumprir atividades benfazejas, como a contemplação intelectual e as boas ações. Na política, a cidade-Estado, ou *pólis*, ao mesmo tempo que era a realização do potencial associativo dos homens bons, tinha o potencial de realizar seu objetivo, que era propiciar uma sociedade em que todo cidadão pudesse ter bem-estar.

O outro princípio fundamental de Aristóteles, relacionado à realização do *telos*, era a existência de causas. Certos objetos eram potencialmente móveis, mas precisavam ser acionados por forças externas — as causas de seu movimento. Aristóteles acreditava que tais causas de movimento existiam mesmo quando invisíveis, como era o caso das plantas e animais. Todo movimento e todo crescimento tinham de ter uma causa e cada causa era gerada por outro movimento que tinha a sua própria causa. Com uma longa série de deduções, Aristóteles conseguiu mostrar que todas as causas podiam ser rastreadas, por via de uma cadeia de consequências, a uma Causa Primeira ou Força Inicial. Essa Causa Primeira é o iniciador, ou criador, do Universo.

NA ÉPOCA da morte de Aristóteles, em 322 a.C., o mundo grego fora transformado pela espantosa trajetória de seu ex-pupilo Alexandre da Macedônia. Em apenas 15 anos, a Eurásia — o conjunto de territórios outrora controlados por sumérios, hititas, babilônios, assírios, egípcios e persas — foi conquistada por Alexandre e incorporada a um novo e vasto Império Grego. O mundo helenístico criado por Alexandre e seus sucessores preservou a cultura da Grécia clássica, aplicando, porém, suas lições a uma situação de dimensões físicas, sociais e políticas totalmente modificadas. Com a mudança do âmbito da investigação intelectual grega da cidade-Estado para o império mundial, o particular se tornou universal. O problema teórico e prático de como ser um bom cidadão da pólis deu lugar a indagações sobre a universalidade da moral e da justiça. Os escritos de Platão e Aristóteles, com sua ênfase nos fenômenos universais, passaram a ser venerados. A sedutora mensagem platônica de que a razão tinha o poder de alcançar a verdade e transformar a condição humana superou a aceitação da subjetividade e contingência da existência humana postulada por Demócrito.

Quando Felipe subiu ao trono, em 356 a.C., a Macedônia era um Estado pequeno e relativamente pobre do Norte da Grécia, na borda do mundo helênico. Trinta anos depois, seu filho Alexandre era o soberano de um império que se estendia da Itália à Índia e do Egito ao mar Cáspio — conquista realizada por um exército de não mais de 30 mil homens. Os livros didáticos nos dizem que a maior ambição de Felipe era derrotar o Império Persa — tarefa amplamente consumada por seu filho Alexandre. De onde, porém, veio esse impulso?

As fronteiras setentrionais da Macedônia eram constituídas de valiosas pradarias vulneráveis às incursões das tribos nômades que transitavam entre as estepes do Cáucaso e a planície húngara. Ao construir um exército para proteger seu território, Felipe obteve um suprimento contínuo de cavalos e pastos. Com exército e cavalaria, tornou-se um aliado cobiçado e foi logo arrastado ao conflito entre as cidades de Tebas e Fócida, findo o qual se viu de posse de mais territórios. Ao se tornar, em tão pouco tempo, líder de uma organização dos Estados do Nordeste da Grécia, Felipe passou a ser visto como ameaça por Atenas e Tebas, que lhe declararam guerra. A vitória lhe deu o controle de praticamente toda a Grécia.

Durante séculos a Grécia fora uma coleção de cidades-Estado independentes que viviam às turras entre guerras e alianças. Sob Felipe, a maioria delas se tornou subitamente parte de uma única entidade — uma monarquia ao velho estilo. A era da pólis acabara, substituída por um reino e um império. Por que, então, Felipe tomou o Império Persa? Para libertar, talvez, as cidades gregas que ainda pagavam tributo à Pérsia; ou para eliminar de uma vez por todas a ameaça de uma invasão persa. Está claro, de todo modo, que Felipe era um rei-soldado cujo poder lhe fora conquistado por seu exército. Uma vez no controle da Grécia, não havia, para ele como para seu exército altamente motivado, experimentado e endurecido pela batalha, outro lugar aonde ir. Talvez fosse impossível parar, voltar para a Macedônia e mandar as tropas de volta para suas casas, campos e plantações. Talvez ele tenha percebido que seu recém-conquistado poderio o tornava um provável alvo da Pérsia. Para Felipe e seu filho Alexandre, o objetivo final não era a boa sociedade, a pólis bem governada ou uma segura confederação de Estados aguerridos, mas um império que controlasse o mundo. A única maneira de realizá-lo era derrubar o Império Persa e colocar o seu próprio império no lugar.

Quando Felipe da Macedônia morreu, em 336 a.C., seu filho Alexandre, de 19 anos de idade, tornou-se rei da Macedônia e líder da federação grega. O caminho do reinado de Alexandre já estava traçado: seus exércitos estavam na Ásia Menor em marcha para Issus e um confronto com Dario III. Durante os doze anos seguintes, Alexandre permaneceu à testa de um exército que atravessou mais de uma vez o Império Persa, conquistando e capturando a Síria, Fenícia, Egito, Babilônia, Susa e Persépolis. Em três ocasiões distintas derrotou Dario em batalha, tornando-se soberano de todos os territórios que seu exército pôde alcançar.

Em geral, vemos Alexandre como uma figura glamorosa e romântica, talvez o maior soldado que já existiu. Já se disse, no entanto, que ele é o exemplo pioneiro de uma cultura guerreira distintivamente ocidental. O tradicional guerreiro montado das estepes da Ásia empregava ataques indiretos seguidos de evasão, mísseis, retiradas táticas e vigor físico para desgastar o inimigo, em vez de tentar destruí-lo em batalhas campais. Ao se mudar para as planícies e estabelecer sociedades agrícolas e urbanas, esses povos conservaram o método da guerra indireta, combinada à diplomacia e à aculturação dos inimigos. O comedimento militar era a filosofia das sociedades asiáticas, dos chineses aos árabes islâmicos, passando pelos persas.

As tropas de Alexandre, ao contrário, acreditavam na honra em batalha e lutavam não por um pedaço de terra, mas por uma causa. Tal crença se baseava no sentimento de superioridade em relação aos inimigos, fundamentado na crença de serem homens singularmente livres. Na batalha, a infantaria grega se mantinha firme e lutava até a morte. E morria com honra, dado que o resultado da luta importava mais do que a sobrevivência; a morte virtuosa era bem-vinda, não temida. Dario e seus exércitos simplesmente não entendiam a volúpia de Alexandre pela batalha. No confronto final, o séquito de Dario matou seu próprio líder e deixou o cadáver para Alexandre na esperança de satisfazê-lo — o que, de fato, não aconteceu. Os persas iam à guerra com cautela para obter benefícios; os gregos iam exultantes em busca de honra: não sabiam parar de lutar.

Alexandre conquistou o coração do território persa, avançou para nordeste até Samarcanda e Bucara, depois virou a sudeste sobre o Hindu Kush e seguiu pelo platô afegão até cruzar o Indo e marchar adiante através do Punjab. Sua meta era avançar sua linha de defesa para leste, a fim de eliminar quaisquer ameaças por parte dos povos da Ásia Central e meridional. Mas o que ele perseguia era uma ilusão. Seguindo o costume de milhares de anos, os povos das estepes e do platô da Ásia Central recuaram em face do perigo para retornar depois que os gregos tivessem passado. Alexandre não podia construir um muro ao redor de metade do mundo e deixar a outra metade de fora.

Em 325 a.C., Alexandre deixou a Índia e marchou de volta à Pérsia, morrendo em Babilônia dois anos depois, provavelmente de tifo. Tinha apenas 33 anos de idade. Embora a sua fútil investida para o leste tivesse um propósito estratégico, Alexandre e suas tropas pouco sabiam além da vida militar. Continuavam lutando porque não conheciam outra forma de viver. As tropas acabaram se rebelando e pedindo autorização para voltar para casa, mas só quando já haviam atingido o fim da Terra.

Depois da morte de Alexandre, sua família, generais, governadores e cortesãos entraram em luta pelo território que haviam conquistado. Por volta de 280 a.C., a extensão de cada um de seus reinos ficou mais ou menos estabelecida com a fundação das três grandes dinastias helenísticas.* Os selêucidas controlavam a vasta região que ia da Síria ao Indo, inclusive Babilônia; os Ptolomeus governavam como reis do Egito e os Antigônidas dominavam a Macedônia, cujo território abrangia boa parte, mas não a totalidade, da Grécia continental. Alguns territórios menores continuaram como reinos independentes dentro da vasta região. O mundo helênico, por exemplo, não fora totalmente tomado pelos macedônios, propiciando que vários Estados do "antigo" mundo grego continuassem independentes. Contudo, ainda que várias dessas cidades se mantivessem fiéis às suas instituições democráticas e governos participativos, o mundo ao seu redor havia mudado; nenhuma delas podia fazer política externa sem o consentimento de seu grande e poderoso vizinho.

As antigas cidades gregas haviam mudado também internamente. Uma das mais importantes inovações de Alexandre foi a introdução de uma moeda única em todo o seu império, o que não apenas estimulou o comércio em um vasto território, como deu às cidades do Mediterrâneo acesso direto aos campos de trigo do Egito e do Levante. O transporte de grãos através do Mediterrâneo se tornou o principal motor da prosperidade grega. Essa nova forma de comércio baseada no dinheiro produziu, no entanto, a polarização da sociedade. Se os ricos tinham facilidade para acumular, os pobres enfrentavam sérias dificuldades para penetrar no mundo dos negócios. Riqueza e pobreza já haviam existido, é claro, mas com o brutal aumento das diferenças se rompeu a cadeia da participação política, serviço militar, educação disseminada e identidade cívica que impulsionara a democracia do século V.

Não obstante, pequenas cidades-Estado sobreviveram e prosperaram na Grécia do terceiro e segundo séculos a.C., organizadas em federações.

---

* O império criado por Alexandre é conhecido como o mundo "helenístico" para distingui-lo do mundo helênico, que o precedeu, construído às margens do mar Egeu.

O NASCIMENTO DA ABSTRAÇÃO  103

As ligas etólia e aqueia se tornaram potências regionais do Sul da Grécia. Nessas cidades, todos os homens livres em idade de serviço militar se reuniam duas vezes por ano em assembleia primária, elegiam para um mandato de um ano um magistrado-chefe que servia como general dos exércitos federados e enviavam representantes para um conselho geral e um comitê, o *apokletoi*, encarregado de supervisionar os assuntos cotidianos da liga. Escrevendo por volta de 150 a.C., disse o historiador Políbio: "Não pode haver sistema e princípio político mais favoráveis à igualdade, à livre expressão, em resumo, à autêntica democracia do que aqueles vigentes entre os aqueus (...) a Liga atingiu rapidamente a meta que se fixara, ajudada por dois poderosos fatores: igualdade e humanidade" (citado em Walbank). A franca cooperação das ligas poderia ter prosperado, e o federalismo se disseminado como modelo de governo baseado nos melhores aspectos da pólis e do império, não fosse o crescimento do poder de Roma.

A constituição interna dos reinos orientais do mundo helenístico era totalmente distinta. Alexandre quis que os gregos se associassem às classes dirigentes do antigo Império Persa para formar uma nova elite política e cultural, mas seus sucessores formaram grupos dirigentes exclusivamente gregos. Enquanto os soldados macedônios e gregos lançavam raízes nesse admirável mundo novo, aqueles que emigraram em massa de seus territórios descobriram que, qualquer que fosse sua origem, eram socialmente superiores aos nativos persas, mesopotâmios, egípcios e fenícios em cujas cidades se fixaram. A cultura grega se tornou a norma social, e o idioma grego, a língua franca de uma imensa parte do mundo. (A maioria dos europeus tem até hoje não mais que uma vaga ideia da geografia dessa região. As cidades gregas mais ocidentais, no litoral da Espanha, ficavam a 2.400 quilômetros de Atenas e 4.800 quilômetros mais dos assentamentos orientais no rio Oxus. A distância total entre os extremos do mundo helenístico chegava, portanto, a cerca de 7.200 quilômetros, a mesma que separa Edimburgo de Katmandu.)

O mundo helenístico foi um modelo para futuras entidades culturais, particularmente na Europa. Uma bem-definida classe dominante trouxe sua cultura no rastro das conquistas e fez dela o motivo condutor de sua civilização. No mundo helenístico, para ser civilizado era preciso estar impregnado da cultura grega, a dos conquistadores. Os gregos pagavam para ter seus filhos educados na poesia de Homero e Eurípides, além da música, educação física e aritmética. O ginásio se transformou em escola secundária para dar instrução adicional a meninos mais velhos que já tinham educação

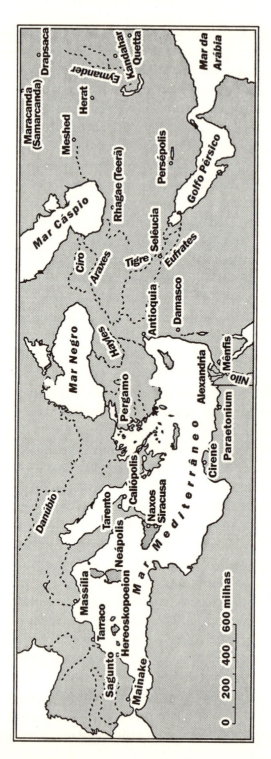

*Em 250 a.C., o mundo grego abarcava os reinos helenísticos do Leste e as antigas cidades e colônias gregas do Oeste, estendendo-se da costa do Atlântico ao Hindu Kush.*

elementar. Eruditos viajavam entre as cidades para ensinar e aprender uns com os outros. O ensino e o aprendizado do grego disseminaram as ideias, impulsos e textos do período clássico em um milhar de vilas e cidades de todo o mundo. Secundária como potência militar, Atenas era respeitada como pátria da filosofia e do insigne triunvirato formado por Sócrates, Platão e Aristóteles. Outras cidades do Leste também se tornaram famosos centros de saber. Se Pérgamo, na Ásia Menor, e Alexandria, a capital ptolomaica famosa por sua biblioteca e museu, eram autênticos ímãs de eruditos, muitos eminentes filósofos helenísticos saíram de um vasto âmbito geográfico que incluía Samos, Atenas, Rodes, Síria, Ásia Menor, Sicília e Tessália.

O mundo helenístico preservou e disseminou a cultura da Grécia clássica. Essa cultura, como já vimos, era, no entanto, em si mesma, contraditória. Além disso, as novas gerações de pensadores gregos se viram em situação diferente de seus ilustres antecessores. Sócrates e Platão haviam refletido sobre como o indivíduo virtuoso deveria conduzir a própria vida, como uma cidade deveria ser governada e como um homem poderia se tornar um bom cidadão. As cidades que os helenísticos habitavam eram, todavia, apenas nominalmente autogovernadas; a visão da pólis e dos indivíduos humanos como entidades idênticas e autônomas já não se sustentava. O indivíduo agora existia num mundo cujas fronteiras haviam se perdido no horizonte.

A consequência dessa mudança física e política foi um novo foco sobre a vida do indivíduo dentro de uma cultura universal. A crença de Platão e Aristóteles na razão como caminho do conhecimento abstrato se tornou, e continuou sendo, o ponto de referência de todo pensador sério, mas as circunstâncias fizeram mudar sua aplicação. A filosofia foi polarizada entre aqueles, como os seguidores de Epicuro, que viam o indivíduo isoladamente e aqueles, como os estoicos, mais interessados no papel social dos humanos e na humanidade universal. O mundo helenístico assistiu também ao desenvolvimento de uma escola de pensamento conhecida como neoplatonismo, que reinterpretou a representação platônica das formas ideais como filosofia mística ou religiosa. Para os neoplatônicos, os ideais de virtude, justiça e verdade se fundiam no Um — a fonte divina de tudo — e a verdade provinha tanto da revelação como da razão. Séculos mais tarde, essas três filosofias iriam abastecer diferentes variantes da teologia cristã (ver Capítulo 5).

O saber helenístico não era restrito aos filósofos. Movida pelo interesse dos engenheiros, arquitetos e médicos da época no lado teórico de seu trabalho, a ciência começou a flexionar seus músculos como entidade distinta da filosofia. *Os Elementos*, de Euclides, publicado por volta de 300 a.C., resumia todo o conhecimento matemático anterior e apresentava as demonstrações matemáticas como derivações de sistemas particulares de axiomas. Arquimedes, que viveu na cidade grega de Siracusa, Sicília, no terceiro século a.C., trabalhou com geometria, ótica, astronomia, engenharia e hidrostática. Arquimedes, quase um cientista prático, usou seu conhecimento teórico para conceber alavancas, polias, irrigadores e máquinas destinadas a repelir sitiantes. Apolônio, Eratóstenes, Hiparco e vários outros fizeram importantes inovações em matemática, geometria e astronomia.

Apesar do interesse teórico pelo mundo natural, a abordagem helenística das questões práticas era muito diferente da nossa. Os nobres gregos evitavam o trabalho braçal e obtinham status na sociedade por meio de obras escritas e do ensino de pupilos ricos e influentes. Quase todos os cientistas dessa época eram mais observadores que experimentadores. A intervenção prática no mundo para extrair dele os seus segredos teria de esperar mais dezessete séculos.

ENQUANTO a cultura grega se estendia pelas vastidões da Eurásia, duas outras potências se erguiam no Ocidente. No terceiro século a.C., a cidade fenícia de Cartago tinha poder suficiente para controlar o Mediterrâneo ocidental, e Roma começava, mais exatamente no ano 281, o seu envolvimento nos assuntos gregos com uma guerra contra o rei Pirro, do Épiro. Em 229 a.C., as tropas romanas cruzaram pela primeira vez o Adriático até o continente grego; em 217, Agelau disse a uma reunião de delegados de diferentes cidades gregas: "Se permitirmos que as nuvens que ora assomam no Ocidente se assentem sobre a Grécia, o poder de fazer a paz ou a guerra e todos esses jogos que jogamos uns contra os outros [serão], eu temo, bruscamente interrompidos" (citado em Walbank). Agelau foi ignorado e os romanos vieram. Eles se retiraram da Grécia em 194 a.C., mas em 148 a.C. uma virada política converteu a Macedônia em província de Roma. Em 146 a.C., a afirmação do poder de Roma sobre o Mediterrâneo, oriental e ocidental, passou da diplomacia à violência com a destruição das cidades de Cartago e Corinto. Ao longo do século seguinte, os romanos avançaram para leste, tomando a totalidade do mundo helenístico, à exceção do

Egito, cuja última rainha, Cleópatra, tentou salvar a independência de seu reino seduzindo primeiro Júlio César e, depois, Marco Antônio, soberano da parte oriental do império. Seus esforços acabaram quando Otávio derrotou Antônio e as forças egípcias em Actium, no ano 31 a.C. A morte de Cleópatra em 30 a.C. marca o fim formal do mundo helenístico. A cultura helenística não desapareceu com a chegada dos romanos. Ao contrário, o Império Romano se tornou o veículo da perpetuação da cultura grega, ou greco-romana, e de sua transmissão à Europa Central e Ocidental. Durante sete séculos depois de Cleópatra, a parte oriental do Império Romano continuou sendo área cultural grega, ao menos para a elite dominante. Quando, no século VIII, os exércitos árabes varreram o Oriente Próximo, os eruditos islâmicos encontraram textos gregos do quarto e quinto séculos a.C. ainda intactos e já traduzidos para o aramaico e o persa. As obras de Platão e Aristóteles se tornaram parte do cânone do mundo árabe, cujos eruditos fariam a reintrodução da cultura da Grécia clássica na Europa Ocidental do século XII. O legado da Grécia clássica nunca se extinguiu, acabando por ser redescoberto na Europa renascentista; ele sobreviveu aos mundos helenístico, romano, bizantino e árabe. De Alexandria, Bizâncio, Córdoba e Granada, o legado e as inovações ocorridas na antiga Atenas foram pouco a pouco transmitidos aos povos da Europa Ocidental e Setentrional.

EM NOSSA MEMÓRIA histórica, a Grécia clássica é um lugar de extraordinárias inovações e realizações. Em poucas gerações, a ciência, a filosofia, a democracia, o teatro, a mitologia, a poesia épica, a arquitetura e a escultura vieram à luz ou ganharam vida nova, sempre conectados, de alguma forma, à nova crença na racionalidade e na autonomia dos homens para determinar seus destinos. Olhando mais de perto, percebemos, porém, que essas conexões são muitas vezes contraditórias. A obra de Platão e Aristóteles é vista como suma e culminação do pensamento clássico grego, mas a afirmação platônica da racionalidade abstrata como o caminho para a verdade e a justiça era controversa e, sob muitos aspectos, extremada. Platão, convém lembrar, é posterior aos fatos. A democracia, a tragédia e a arte gregas não foram criadas por racionalistas abstratos, mas por pragmáticos realistas que lidaram com a transformação de sua sociedade com coragem, determinação e imaginação. Não obstante, foi a obra de Platão que sobreviveu e foi a sua visão que veio a dominar os supostos culturais da civilização ocidental.

# CAPÍTULO 4

# A CIVILIZAÇÃO UNIVERSAL
## *Roma e os Bárbaros*

Os MUNDOS grego e helenístico descritos nos capítulos anteriores tocaram muito de leve as sociedades da Idade do Ferro da Europa Central, Setentrional e Ocidental; entre eles só havia uma pequena quantidade de comércio e limitados intercâmbios de tecnologia. Foi o Império Romano que, a partir do século II a.C., levou a cultura e a civilização do Mediterrâneo oriental ao Norte e Oeste europeu. A influência da dominação romana na Europa foi, e continua sendo, imensa; não obstante, apesar do nosso interesse pelo mundo clássico, raramente discutimos a influência de Roma sobre a Europa Ocidental em seu contexto histórico. A adoção tardia da Grécia e Roma como nossos ancestrais obscureceu a história do que de fato aconteceu quando Roma veio à Ibéria, Gália, Germânia ocidental e Ilhas Britânicas. No entanto, o encontro dessas diferentes culturas — a mediterrânea, a germânica e a céltica ocidental — pela via do comércio, da conquista, da ocupação e da retirada foi crucial para o desenvolvimento da civilização ocidental.

ROMA FOI UMA potência mediterrânea. A República foi fundada por volta de 510 a.C., depois que a cidade se libertou da dominação etrusca. À medida que expandia seu território na Itália central, Roma, como outras tantas cidades no passado e desde então, era atraída a novos conflitos externos. Uma vez os povos da Itália central conquistados, absorvidos ou convertidos em aliados, Roma experimentou situações de competição e conflito com outras grandes potências mediterrâneas — Cartago a oeste e os reinos da Macedônia, Épiro e as pequenas potências helenísticas a leste. O período de mais rápida expansão de Roma foi de 250 a 140 a.C., durante o qual Cartago, Macedônia e outras potências gregas foram derrotadas, e seus territórios, anexados. Em 150 a.c., Roma era senhora do mundo Mediterrâneo, independentemente de suas conquistas posteriores.

Para os povos da Europa Central e Ocidental, a expansão de Roma significou a substituição de seus vários vizinhos e parceiros comerciais por uma única potência militar e econômica. As cidades gregas que salpicavam as costas meridionais da Espanha, França e Itália, as terras cartaginesas do Norte da África e Ibéria ocidental e os territórios etruscos do Norte da Itália foram todos absorvidos no Império Romano; de 140 a.c. em diante, foi Roma que controlou o comércio entre o Mediterrâneo e o norte. O auge da conquista mediterrânea coincidiu com a rebelião liderada pelos irmãos Graco, que resultou num longo período de conflito interno em Roma e deteve novas conquistas no Ocidente durante quase um século; a pausa no processo de conquista não impediu, porém, o desenvolvimento do comércio entre os romanos e os "bárbaros" ocidentais.

Uma vez Roma no controle do litoral mediterrâneo da Gália, no segundo século a.c., imensas quantidades de vinho e outros artigos passaram a ser transportadas da Itália para baldeação em Masília (Marselha) e Narbo (Narbone). Graças à virtual indestrutibilidade e à característica proveniência de seus vasos, ou ânforas, o comércio do vinho pôde ser extensivamente mapeado. Grandes quantidades de ânforas do século II a.c. foram encontradas por todo o sul da Gália, ao longo das rotas fluviais Ródano–Reno e Garonne–Aude, ao longo do Sena, na costa da Bretanha e no Sul da Inglaterra, mais especificamente nas imediações de Solent e ao norte do estuário do Tâmisa. Os mercadores romanos levavam vinho e artigos suntuários a um vasto território que alcançava o sul das Ilhas Britânicas e traziam metais, peles, couros, lãs, mel, cereais e, da península Ibérica, azeite.

Outro importante artigo de importação eram os escravos. A tomada e a posse de escravos eram um antigo aspecto do mundo mediterrâneo, mas os desenvolvimentos no coração do império geraram vigoroso aumento da demanda. Para sabermos como isso se deu, precisamos entender o processo de construção dos exércitos e alianças de Roma e como isso, por sua vez, levou a uma contínua necessidade de conquista.

Entre 500 e 250 a.C., os romanos passaram a dominar o centro da península italiana — uma região agrícola fértil e densamente habitada — por meio de uma combinação de conquistas e alianças. As populações dos

Estados súditos podiam se tornar cidadãos plenos de Roma, cidadãos sem direito de sufrágio (*sine suffragio*) ou meros aliados. Todos, porém, passavam a pertencer à confederação romana e todos forneciam homens ao exército romano. Com as imensas reservas de efetivo militar proporcionadas pelo conglomerado de Estados sob seu controle, o império rapidamente se tornou autopropulsado — novas conquistas rendiam mais tropas, que rendiam maior capacidade de conquista. Em 264 a.C., Roma tinha 150 tratados com cidades e comunidades vencidas ou aliadas que se comprometiam a fornecer soldados ao exército romano. As guerras se tornaram um modo eficaz de vincular os aliados à comunidade romana e podiam ser travadas com relativamente pouco risco para a própria Roma.

A conquista militar e a expansão podiam ser vantajosas para Roma, mas por que os aliados a seguiam? Os tratados de Roma garantiam aos aliados uma parte de todos os ganhos de guerra, incluindo terras e despojos transportáveis — os italianos recebiam concessões de terra na Gália, Espanha e outros lugares. O expansionismo de Roma e seus aliados já foi assimilado ao de um bando criminoso — enquanto o bando segue roubando, todo mundo leva uma parte do ganho; parado, o bando se esfacela. Em troca de contribuírem com as conquistas de Roma, seus aliados tinham proteção e expectativas de espólios de guerra.

Esse sistema autoalimentado propiciou que Roma derrotasse Cartago e as potências helenísticas do Leste, mas começou a provocar tensões. A prolongada ausência dos agricultores — cidadãos proprietários de terras na Itália eram obrigados a servir no exército numa série infindável de campanhas ultramarinas — levou à incorporação de pequenas fazendas a latifúndios, onde, devido à escassez de homens, o trabalho era feito por escravos — as estimativas para a época de Augusto variam de 1 milhão para uma população total de 4 milhões a 2 milhões num total de 6 milhões. No primeiro século a.C., a produção agrícola italiana era altamente lucrativa e os agricultores e comerciantes demandavam mais escravos e mercados — as terras bárbaras eram a reserva ideal de ambos. Diodoro Sículo assim explicou a conexão entre o mercado de escravos e o comércio de vinhos: "Muitos mercadores italianos consideram a voracidade de vinho dos galeses como seu tesouro. (...) Vendem-no por um preço incrivelmente alto: por uma ânfora de vinho, recebem um escravo — um serviçal em troca de uma bebida."

O comércio entre os romanos e o ocidente europeu era forte o bastante para que os mercadores romanos fixassem residência em alguns dos maiores *oppida* na Gália, onde se podiam trocar lã, cereais e escravos por tecidos, vinhos e artigos de luxo. Contudo, as relações aparentemente cômodas entre Roma e seus vizinhos ocidentais seriam radicalmente modificadas pelas ambições de Júlio César e pelo fascínio exercido por riquezas maiores do que aquelas que o mero comércio podia criar. Como resultado do conflito civil italiano conhecido como as Guerras Sociais, em 88 a.C., Roma se dividiu em facções organizadas ao redor de dois poderosos generais — Caio Mário e Sulla. Primeiro um e depois o outro tomaram o controle de Roma infligindo vinganças brutais aos séquitos oponentes. Sulla, o vitorioso final, mandou executar 6 mil homens enquanto fazia um discurso no Senado. As instituições da República foram postas de lado enquanto o ditador (seu título oficial) incentivava delações e assassinatos por vingança desde que cometidos em seu nome. Num arrepiante eco dos Trinta Tiranos de Atenas, Sulla divulgou listas de inimigos do Estado prometendo recompensas aos que os assassinassem.

Assim como outros romanos proeminentes, Júlio César se exilou durante o regime de Sulla, retornando a Roma somente em 78 a.C. Em 60 a.C., formou um triunvirato de governo com Pompeu e Crasso. Todavia, num império cada vez mais dominado por comandantes militares, César precisava do controle das legiões. Tratou, pois, de convencer o Senado romano de que as tribos germânicas da margem ocidental do Reno e os helvéticos da Suíça estavam se movendo para oeste e que a Gália cairia sob domínio bárbaro a menos que Roma assumisse o seu controle. Acreditando que o perigo proclamado era um conveniente pretexto de César para adquirir mais poder, muitos romanos se mostraram céticos na ocasião. Mas, em 59 a.C., o Senado lhe deu o controle da Gália Cisalpina e da Ilíria e no ano seguinte ordenou a invasão da Gália.

A conquista romana da Gália demandou sete anos de luta renhida, durante os quais todos os que ofereceram resistência foram destruídos. Em 56 a.C., César mandou matar todos os idosos entre os vênetos e vender os remanescentes da tribo como escravos; somente quinhentos belgas de uma força de 60 mil sobreviveram a uma batalha contra os romanos, e seu conselho tribal de seiscentos homens foi reduzido a apenas três; o *oppidum* dos aduátucos foi tomado com 4 mil mortes, e os 53 mil sobreviventes, vendidos como escravos; os carnutes, que haviam assassinado seus fornecedores

112                              CIVILIZAÇÃO

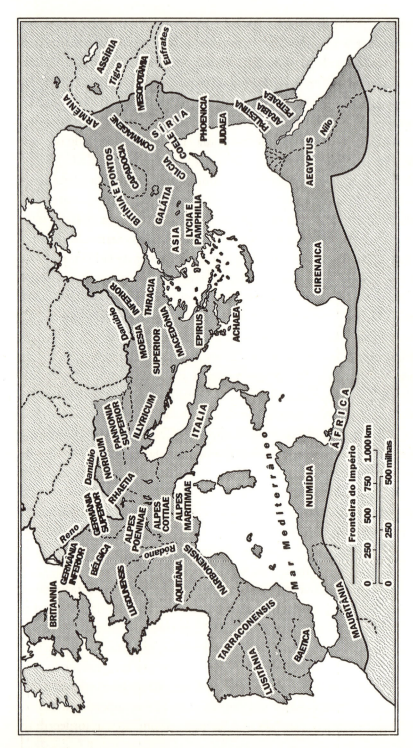

Províncias do Império Romano. A conquista da Gália, norte da Ibéria e Britânia trouxe a cultura do Oriente e Mediterrâneo ao oeste.

romanos, foram mortos em massa, restando oitocentos de uma população total de 40 mil. Plutarco estima que 1 milhão de gauleses foram mortos durante a campanha e outro tanto vendido no mercado escravo. Se outras províncias haviam sido tomadas, tendo em mira ganhos económicos, a Gália, com sua economia e estrutura social totalmente destruídas, não teve qualquer utilidade para Roma durante duas gerações.

César conquistou a lealdade do exército, mas para obter o poder absoluto teve de se empenhar numa guerra civil durante a qual (e durante o terror que seguiu ao seu assassinato em 44 a.c.) outras conquistas foram novamente adiadas. Augusto, seu sucessor, tentou levar a fronteira romana até o Elba, a leste, no ano 12 a.C. Ao contrário, porém, dos gauleses, que eram agricultores, os povos germânicos eram errantes e muito mais bem preparados para a guerra. Depois de várias tentativas de expansão para o norte e o leste, a fronteira do império se estabilizou no Reno e no Danúbio.

Durante as guerras gaulesas, César organizou duas expedições à Grã-Bretanha, em 55 e 54 a.c., e fez alianças com tribos do Sul e do Leste para as quais a conquista romana da Gália representou enormes benefícios económicos. Produtos e mercadores romanos viajavam Reno acima e cruzavam o Canal até o estuário do Tâmisa, estabelecendo comércio com os trinovantes e icenos de Essex e East Anglia. As estradas construídas através da Gália facilitaram enormemente as viagens terrestres, causando o declínio do transporte marítimo pelo Atlântico. Todavia, esse mesmo comércio e sua infraestrutura de transporte tornaram a Grã-Bretanha uma meta atrativa para qualquer líder romano que pretendesse reforçar seu prestígio. Em 43 a.C., o imperador Cláudio ordenou a invasão da Grã-Bretanha; a ilha foi rapidamente ocupada até a remota Humber, ao norte, e Severn, a oeste. Rebeliões locais dos galeses e icenos convenceram Júlio Agrícola a estender a conquista romana à totalidade da ilha, sem, no entanto, jamais ter chegado ao extremo norte.

As conquistas romanas eram movidas pela ambição, pelo sistema de recompensas para os aliados e, cada vez mais, pela perspectiva de ganho monetário. Na época de Augusto (27 a.C.-14 d.C.), a tarefa mais premente do império era alimentar a população de Roma, então com quase 1 milhão de habitantes. Não era uma aspiração teórica, mas uma questão de sobrevivência física e política. O imperador e os senadores viviam entre o povo de Roma e lhes davam generosas benesses de pão e milho; a fome acarretaria inquietação civil, distúrbios ou coisa pior. Os cereais eram transportados a

Roma de todas as partes do império, um comércio que tornou muito ricos alguns romanos. Cícero disse que Roma ia à guerra por seus mercadores, que eram, muitas vezes, membros do Senado — ou seja, aqueles que decidiam as guerras também lucravam com elas.

TAIS FORAM o calendário e as motivações da conquista romana do Ocidente. Mas qual teria sido a influência de Roma sobre os povos, a cultura e a civilização do Oeste da Europa? A resposta, por certo, é imensamente complicada e muito diferente da ideia tradicional de que os romanos trouxeram a civilização a uma parte incivilizada do mundo e a deixaram na escuridão e no caos quando se retiraram. Uma forma de lidar com essa complexidade é examinar, primeiro, a visão que os romanos tinham de si próprios — o que pensavam de Roma e seu lugar no mundo. Os relatos disponíveis, todos escritos por patrícios — a classe dirigente da sociedade romana —, não refletem a visão de todos os romanos, mas nos dão, mesmo assim, uma ideia de quem eram as pessoas que governavam a República e o império.

Na época de Augusto, Roma era senhora do mundo mediterrâneo, um mundo ainda alimentado pelo dinamismo e energia intelectual da Grécia clássica e helenística. Os romanos tinham veneração pela cultura de sua vizinha oriental — os romanos abastados mandavam seus filhos estudar em Alexandria, Pérgamo e Éfeso, a República recorria a filósofos gregos para redigir seus códigos legais, os principais deuses de Roma eram sombras de seus equivalentes gregos e, para culminar, os romanos vinculavam sua ancestralidade à mítica joia da coroa da cultura grega, o cerco de Troia. Augusto, como outros patrícios, achava que Roma precisava de uma cultura própria mais forte, algo que unisse o povo e desse significado à extraordinária situação em que se encontrava. Os senhores do mundo precisavam dizer a si mesmos não apenas como, mas *por que* estavam destinados a dominar.

Os romanos acreditavam que sua cidade fora fundada por uma combinação de dois personagens legendários: Eneias e Rômulo. O primeiro um príncipe troiano que escapou do cerco e veio fundar uma nova Troia às margens do rio Tibre, e o segundo, um *enfant sauvage* que liderava um bando de salteadores. Os romanos eram, pois, herdeiros da raça dos heróis, descendentes de um semideus, mas também de um fora da lei intrigante e assassino. Nessa potente mistura de nobreza e agressividade se formou a concepção romana da própria Roma.

Na época de Augusto, Virgílio transformou essas histórias num poema épico, a *Eneida*, que dizia aos romanos que Júpiter, Pai dos Deuses e dos Homens, decretara pessoalmente a fundação de Roma e até mesmo o reinado de seu venerado predecessor: "Dessa nobre estirpe nascerá um césar troiano, de nome Júlio, cujo império irá pelo Oceanus aos confins do mundo e cuja fama até as estrelas. (...)." A *Eneida* deu aos romanos um mito coerente e uma literatura à altura dos épicos gregos. Virgílio confirmou a crença dos romanos, que se viam como um povo especial. A história de Roma, escrita por Tito Lívio, passou a ser estudada junto com a mítica de Virgílio e a poética latina de Ovídio e Horácio.

Os romanos ilustrados, que manifestavam grande interesse pela tradição socrática da investigação racional, também queriam saber em que deveria consistir a vida de um homem virtuoso. Os eruditos e patrícios romanos eram particularmente atraídos pela escola filosófica conhecida como estoicismo, cujos adeptos confiavam no papel supremo da razão tanto em face do mundo natural como dos assuntos humanos, mas enfatizavam o papel da conduta ativa. Acreditavam que o indivíduo, independentemente de seu status, deveria dar o melhor de si em qualquer circunstância; em vez de tentar melhorar sua sorte por meio de orações e rituais, fazer o que estivesse ao seu alcance. O indivíduo estoico poderia, assim, viver uma vida não apenas virtuosa, como liberta, aparentemente, dos caprichos do destino e das idiossincrasias dos deuses; quem pudesse prosperar em qualquer circunstância não seria compulsoriamente afetado.

Os estoicos também acreditavam que a máxima virtude era produto da sabedoria. O conhecimento de quando e como agir, assim como uma compreensão mais profunda do mundo, eram elementos importantes da educação estoica. Mas o estoicismo era mais do que um código de saber e comportamento: como toda a filosofia antiga, continha também um elemento espiritual. Os estoicos prestavam culto aos deuses tradicionais de Roma, mas Cícero, por exemplo, achava que era sua obrigação patriótica, mais do que sagrada, adorar Júpiter e Marte. Ele e os estoicos seus pares criam num único deus incorporado ao mundo físico e a todas as pessoas, não numa entidade independente. Cada indivíduo trazia dentro de si uma parte desse deus e era, portanto, um rebento seu que trazia dentro de si uma centelha de divindade.

Esses diferentes elementos de estoicismo propiciavam um modo de vida acessível a todos e uma teologia que unia a humanidade como fruto e encarnação de Deus. Assim como o Império Romano abarcava o mundo inteiro, a crença dominante era a de que todos os homens eram irmãos e cada um tinha a sua chance de viver uma vida boa e virtuosa. Podia não ser assim para a maioria dos súditos do império, mas isso não chegava a ser problema: o estoicismo, tal como a maioria das religiões e filosofias do mundo antigo, não era um código moral, mas um modo de encarar a vida. Embora repletos de fofocas, conselhos e intrigas, os escritos de Sêneca, Cícero e Plínio se ocupam fundamentalmente de uma questão central: como deve viver um homem virtuoso? E, se a recriação de Homero por Virgílio parece um tanto forçada e contida, Sêneca e Cícero são, ao contrário, diretos e atuais, políticos tão à vontade na refrega pública quanto no uso e desenvolvimento de uma linguagem que, rapidamente, se mostrou apta a transmitir, com igual eficácia, as monumentais declarações do poder imperial, a poesia de Ovídio e Horácio e o racionalismo hesitantemente inquisitivo da nobreza romana.

Os romanos eram absolutamente fascinados por si próprios e profundamente atentos à questão do certo e do errado. Admirados com o fato de terem tomado o controle do mundo, eles se perguntavam como poderiam Roma e seu império ser adequadamente governados. Discutiam se a virtude era inata ou somente adquirível por meio da educação; achavam que a reputação de um homem era mais importante do que a sua riqueza e refletiam acerca das contradições práticas entre a amizade, a lealdade, a justiça e o bem público.

O estoicismo refletia o etos do Império Romano. Primeiro, a vida virtuosa devia ser vivida no mundo, não na contemplação de um ideal abstrato. Segundo, um homem devia buscar respostas universais para perguntas universais. Embora tivessem conquistado metade do mundo, os romanos reconheciam uma humanidade em comum — em teoria, qualquer membro do império podia se tornar cidadão romano. Essa crença numa humanidade fraterna porque proveniente de um deus universal também conferiu peso à ideia de Roma como entidade indefinível a ser defendida e preservada a todo custo. Se os romanos tivessem apenas saído a tomar tudo o que estivesse ao seu alcance, é provável que Roma não tivesse sido mais do que um pequeno reino ou um império de curta duração. O império durou porque a maioria dos romanos acreditava que Roma era uma expressão de humanidade comum e, por conseguinte, uma força perene.

Os romanos acreditavam que os conflitos com os demais Estados eram sempre provocados pelos outros e que, quando obrigados a tomar territórios, levavam consigo os benefícios da civilização. Essa crença foi codificada no direito fecial, que coibiu as guerras de agressão entre Estados e introduziu o conceito de guerra justa. O historiador romano Tito Lívio fez questão de demonstrar que Roma respeitava estritamente essa norma, levando ao sarcástico comentário de Gibbons: "Os romanos conquistaram o mundo em autodefesa." A crença subjacente ao direito fecial era o conceito romano de *fides*, o uso da força de forma justa e conscienciosa. Panécio e outros filósofos bajulavam os soberanos romanos com elogios à sua singular observância de uma sublime combinação de estoicismo e *fides*, que instilava e incentivava, entre os romanos, a ideia de povo eleito, superior. Da mesma forma como a crença grega em suas virtudes os levou a travar um tipo específico de guerra contra seus pragmáticos inimigos, os romanos lutaram pela honra e glória de Roma com a firma convicção de que o que era bom para Roma era bom para a humanidade.

É FASCINANTE o contraste entre o ideal de Roma e a própria cidade. Na época de Augusto, quase 1 milhão de pessoas viviam numa área de 146 hectares espremida entre as montanhas e o rio Tibre. O grande fórum e sua basílica e cúria anexas, onde se realizavam a administração, os negócios e os serviços jurídicos da cidade, se viram inapelavelmente saturados quase imediatamente após a sua conclusão, problema que foi parcialmente resolvido com a criação de outros imponentes espaços públicos e anfiteatros, como o Coliseu. Contudo, por trás da impressionante grandeza desses edifícios públicos, salvo para uma ínfima minoria de seus habitantes, a vida em Roma era sórdida e perigosa. Enquanto os ricos moravam em *villas* nas colinas do Quirinal, com fácil acesso às propriedades rurais, a maioria vivia em cortiços gelados, escuros e infestados de ratos, instalados em edifícios de madeira de quatro ou cinco pavimentos com alto risco de desabamento e incêndio. Havia mais de 40 mil dessas construções registradas na Roma do século IV d.C.

Roma era totalmente diferente das demais cidades romanas por seu crescimento caótico, sua imensa população e suas residências coletivas. A natureza da população era diferente também. Roma se fez um centro urbano, mas com pouquíssima indústria, exceto a da construção. A cidade subsistia com os tributos pagos pelas províncias e colônias; successivos governantes se viram obrigados a doar rações de pão a um imenso número de desempregados. Mais do que um método ardiloso de aplacar as massas, a expressão *pão e circo* descreve uma política autêntica e essencial. Roma precisava receber anualmente 200 a 400 mil toneladas de trigo das suas colônias. Augusto fez doações de cereais a 350 mil cidadãos do sexo masculino. O vazio essencial de Roma veio à tona com a sua substituição, em 330 d.C., pela nova capital de Constantino. A população declinou rapidamente e, quando o império finalmente desmoronou, sua importância desapareceu — no século IX, Roma tinha menos de 20 mil habitantes.

O aspecto da vida romana que resiste a toda classificação fácil é a relação entre o patriciado dominante e os plebeus. Mesmo tendo logrado manter o controle da República e da Roma imperial, os patrícios precisavam do consentimento dos plebeus. Já no começo da República os plebeus haviam mostrado a sua força se unindo e ameaçando separar-se de Roma. Essa importante revolta foi resolvida com a outorga de uma assembleia, o *concilium*, a que os plebeus podiam eleger seus tribunos. Embora a estrutura política resultante tenha aberto a possibilidade do governo democrático do povo, isso nunca chegou na realidade a acontecer. Essa é uma questão crucial na história política, uma vez que no começo da República, em 510 a.C., a democracia era uma opção relevante para qualquer Estado mediterrâneo, com exemplos práticos em pleno funcionamento, ao passo que em seu ocaso as democracias haviam sucumbido às ambições imperiais de Roma — para só reaparecer quase 18 séculos depois. Na verdade, embora o *concilium* tivesse o poder formal de aprovar leis e os tribunos proteção especial, a última palavra era sempre do Senado patrício. Plebeus ricos e tribunos poderosos eram discretamente admitidos no Senado, e o suborno e o clientelismo, usados para fraudar votações no *concilium*. Durante todo o período imperial, a influência plebeia se limitou às legiões, onde foi assiduamente cortejada e utilizada por todos os imperadores.

Embora a astúcia política contribuísse para o domínio do patriciado, o elemento da vida romana que unia patrícios e plebeus era a guerra. Desde o começo a autoridade plebeia se limitava ao domínio civil, ao passo que o Senado e os cônsules patrícios controlavam o âmbito militar. No terceiro século a.C., as guerras contra Cartago que envolveram todo o vasto território da Espanha, Sul da França, Itália, Sicília e Norte da África mergulharam Roma numa luta pela sobrevivência — 50 mil soldados romanos foram mortos numa única batalha em Cannae, 216 a.C. A guerra requeria um enorme esforço de administração e de estratégia militar, *expertise* financeira e capacidade diplomática, que demandava, por sua vez, a presença de especialistas de todas essas áreas no braço executivo do governo. Foi assim que o Senado se tornou o governo da República, e os senadores, os planejadores e executores de sua política externa. Em termos modernos, os senadores eram os ministros da Defesa e das Relações Exteriores, mas também os funcionários, diplomatas e generais. Os políticos se ligavam aos militares também pela via do serviço — para se candidatarem a cargos políticos os jovens tinham de servir como tribunos das legiões em certo número de campanhas, geralmente por um período de dez anos. A capacidade de comando em campo era parte essencial da legitimidade de um governante.

Enquanto os patrícios refletiam sobre como deveria ser a vida de um homem virtuoso e como temperar as vitórias romanas com um etos civilizador, o exército era a máquina que construía o império e levava a cultura romana ao mundo circundante. O exército romano começou como uma força cidadã de infantaria pesada (hoplitas) mais ou menos ao estilo de Atenas e Esparta, herança de uma antiga tradição comunal. Os pequenos proprietários de terra que compunham a cidadania serviam como voluntários sem soldo que traziam consigo seu próprio armamento. Foi a necessidade de remunerar soldados que lutavam cada vez mais longe de casa que fez surgir, no quarto século a.C., a maior organização profissional que jamais existiu. Estas duas palavras — *organização* e *profissional* — resumem o etos condutor do exército romano e as razões de seu sucesso. Durante nove séculos, milhões de homens de quase todas as partes da Europa, Oriente Próximo e Norte da África foram absorvidos nessa vasta organização. O etos guerreiro era expresso, particularmente, pelos centuriões profissionais e soldados sem outras ambições que não a vida em campanha, mas a mentalidade militar impregnava todos os níveis da sociedade romana, incluindo a arte e a tecnologia. Construíam-se arcos do triunfo para celebrar vitórias e líderes, estradas e aquedutos grandiosos para servir cidades estratégicas e anfiteatros para receber desfiles militares, encenações de batalhas famosas e violentos espetáculos de combate físico.

Roma passou cerca de novecentos anos em guerras quase contínuas. Enquanto foram vitoriosas, o Senado e os imperadores permaneceram à testa e a democracia a distância. O exército romano conquistou os impérios helenístico e cartaginês, tratou com extrema violência todos os que se interpuseram em seu caminho, construiu estradas e aquedutos em terras hostis ao arrepio das conveniências topográficas e impôs sua vontade aos povos, paisagens e culturas da sua vizinhança. O que foi, então, que aconteceu quando essa civilização autoconfiante, militarista, semiurbana, ilustrada e fenomenalmente bem organizada se deparou com as comunidades agrícolas, pesqueiras e mercantis de pequena escala e base comunal da Europa Ocidental?

CONQUISTA, comércio e estradas arrastaram a maior parte da Europa, incluindo territórios exteriores ao império, para um mesmo sistema econômico; dentro do império prevalecia um único código legal, imposto por uma única autoridade. A ocupação do Oeste veio de mãos dadas com a urbanização. Muitos *oppida* — grandes assentamentos de manufatura artesanal e comércio — se haviam desenvolvido nas comunidades celtas do Oeste, mas os romanos trouxeram outro tipo de vida urbana em que as cidades eram construídas no marco de uma estrutura hierárquica. As mais importantes eram as *coloniae* — Lugdunum (Lyon), Camulodunum (Colchester) e Lindum (Lincoln), por exemplo —, construídas para cidadãos romanos, em geral legionários aposentados, que muitas vezes se casavam na comunidade circunvizinha. Seguiam-se na hierarquia os *municipia*, como Verulanium (St Albans), cujos habitantes desfrutavam certos privilégios, mesmo sem serem cidadãos plenos. Em troca de pagar impostos, administrar seus próprios assuntos e cooperar com os romanos, eles eram agraciados com concessões de construções públicas e outras funções municipais. Líderes locais eram eleitos magistrados (tornando-se cidadãos romanos ao tomar posse) e cuidavam de casos criminais e civis de menor monta, bem como da manutenção dos edifícios públicos. Disputas envolvendo cidadãos romanos e casos criminais sérios eram enviados aos tribunais romanos das *coloniae*. As cidades de mais baixo nível hierárquico eram as *civitas*, que exerciam a função de centro para as tribos que haviam se submetido integralmente à soberania romana. Apesar de sua relativa autonomia local, os centros dos *municipia* e *civitas* eram construídos em novos sítios, uma vez que os romanos consideravam os *oppida* consuetudinários inadequados aos seus propósitos. Ao redor de muitas cidades se construíram muros defensivos, concedendo-se aos locais espaços para viver em seu interior.

Como pôde esse sistema urbano ser transplantado com sucesso para uma cultura amplamente rural? A resposta está na função e no financiamento das cidades, que exerciam a função de centros administrativos, militares e residenciais. Os funcionários e, em particular, os legionários romanos, ativos e pensionados, que recebiam bons salários e tinham dinheiro para gastar, criavam uma considerável demanda por serviços locais. Muitas cidades viviam do fornecimento local de comida, equipamentos, serviços e diversão aos legionários.

Embora unificado, esse sistema não era homogêneo no que concerne à adoção e aceitação da cultura romana. Um sistema complexo, mas bastante revelador, emergiu das escavações realizadas na Península Ibérica, Gália e Grã-Bretanha. Os romanos e latinos estabelecidos nas férteis regiões Sul e Leste da Península Ibérica construíam ou remodelavam as cidades ao seu bel-prazer. Já nas acidentadas regiões Norte e Oeste, onde a resistência física e social seguia forte, as cidades e estruturas sociais foram muito pouco afetadas pela ocupação romana.

Em Vipasca (Aljustrel), Sul de Portugal, o sistema de exploração de minas de prata e cobre foi registrado em placas de bronze. As minas eram propriedade do Estado romano, mas operadas sob licença pelos locais que, desse modo, podiam conservar as suas ocupações tradicionais. Dado que o Estado era também proprietário dos direitos de comércio nas minas e cidades, os habitantes locais só podiam operar casas de banho, comércio e processamento de minério mediante licença ou concessão. A lei e a administração romanas se faziam presentes em quase todos os âmbitos da vida, mas os habitantes do Oeste e do Norte eram deixados a cuidar de seus misteres desde que pagassem os impostos. A julgar pelos padrões construtivos e traçados urbanos, assim como pelos nomes dos líderes cívicos e pela persistência dos antigos costumes, essas populações permaneceram amplamente intocadas pela cultura romana.

Similar era a situação da Grã-Bretanha, conquistada duzentos anos depois da península Ibérica. O Sul e o Leste da ilha foram rapidamente tomados, o Norte e o Oeste transformados em zonas militarizadas, mas o extremo norte continuou totalmente à margem do controle romano. A primeira fase da conquista levou à ocupação de toda a região ao sul do rio Humber e a leste do Severn; no fim do século I d.C., os romanos alcançaram Gales e atingiram o limite setentrional da sua ocupação no vale do Clyde-Forth, retirando-se mais tarde para a linha do Muro de Adriano. Construíram-se fortes e cidadelas em uma ampla região (Chester e York, por exemplo) e estradas até as fronteiras do império. Embora as bases militares limítrofes e os centros administrativos das zonas civis fossem baseados em modelos romanos, muitos assentamentos permaneceram intactos e inalterados pela ocupação. Na zona militarizada ao norte do Humber e leste do Severn e Exe a romanização foi pouca ou nenhuma e os costumes locais inatingidos. Os arqueólogos detectaram um nítido contraste, por exemplo, entre os povos dummoni, do sudoeste da Inglaterra, e durotrige, seu vizinho imediato a leste. Os assentamentos dummoni permaneceram inalterados apesar da presença de uma cidadela romana em seu território. Os durotriges foram mais romanizados, com habitações lineares, em vez de redondas, além da cunhagem de moedas e hábitos culturais. Acredita-se que essa diferença resulte de uma deliberada rejeição da cultura romana pelos dummoni, provavelmente um sinal da força da sua cultura própria, quem sabe um eco distante da independência econômica e cultural das comunidades marítimas do Atlântico descritas no Capítulo 1.

Nas áreas mais receptivas à cultura romana os ocupantes incentivaram deliberadamente os líderes locais a absorver a cultura de seus senhores. Tácito comenta com mordacidade a atitude de certos bretões: "Júlio Agrícola deu incentivo privado e assistência oficial à construção de templos, praças públicas e mansões particulares (...) em vez de antipatia pelo idioma latino, veio a paixão por dominá-lo (...) nosso traje nacional caiu nas graças da gente: havia togas por toda parte. E foi assim que os bretões foram pouco a pouco se comprazendo com as amenidades que tornam agradáveis os maus hábitos — arcadas, banhos e lautos banquetes. Eles chamavam *civilização* novidades que não passavam de aspectos da sua escravidão." Cooptavam-se membros da elite local para o sistema romano, adotando-se os seus filhos e levando-os a Roma para serem educados por famílias importantes. Na zona civil, o campo era salpicado de *villas* romanas e romano-bretãs. Mais do que casas de campo, eram fazendas operantes e lucrativas construídas à moda romana, com mosaicos e casas de banho, quase sempre por bretões — embora também houvesse, decerto, soldados e funcionários romanos aposentados nas *villas* rurais da Grã-Bretanha.

A adoção da cultura romana é mais claramente vista na Gália, onde o assentamento romano foi muito mais intenso. Roma fora uma importante presença na Gália por mais de um século antes da conquista. A ocupação do sul e os vínculos comerciais ao longo dos rios Ródano, Loire, Aude e Garonne haviam trazido a cultura e os deuses romanos às tribos gaulesas. Depois da conquista, os romanos dividiram a Gália segundo critérios étnicos e construíram várias estradas que iam de Lugdunum (Lyon) a Boulogne, ao norte, ao Atlântico, a oeste, e Colônia e o Reno, a nordeste.

No centro de cada território tribal os romanos construíram novos *municipia* e *civitas*, ao passo que o crescente comércio criava portos ao longo de rios e litorais. Com seu vasto sistema de comércio e transporte, a Gália serviu de trampolim para a invasão da Grã-Bretanha e o comércio com a Germânia.

Todas as províncias ocidentais abasteciam Roma de metais, peles, lãs e cereais, além de soldados e escravos. O exército recebia gente de todas as partes do império e os escravos trabalhavam em suas províncias de origem ou eram levados ao sul para satisfazer o insaciável apetite de Roma por braçais, operários da construção, lavradores e serviçais. Estima-se que 40 mil escravos trabalhavam nas minas de prata de Cartagena, Espanha, e que cerca de 250 mil eram negociados anualmente no mercado aberto (uma pequena proporção do comércio total); de acordo com Estrabão, o mercado de Delos transacionava 10 mil escravos por dia.

Este breve esboço não pode mais que sugerir a imensa complexidade da interação entre Roma e as culturas nativas do Ocidente europeu. A ocupação trouxe urbanização, novas tecnologias e grandiosidade arquitetônica, além de bens de luxo e uma organização social de larga escala. Os habitantes locais desfrutavam certo grau de autonomia e pelo menos alguns deles assumiram hábitos e outras expressões superficiais da cultura romana. Não obstante, tratava-se de ocupação, não de invasão e assentamento. Apesar de ilustrado, o sistema de administração era mantido pela força das armas. Ao morrer, em 59 d.C., o rico rei icênio Prasutago legou metade do seu reino a Roma e dividiu o resto entre suas duas filhas. A incorporação total do reino icênio, apesar de obscura em seus detalhes, passou por cima dos acordos com os líderes locais e pode ter custado humilhações e a violação das duas filhas do rei. Boadiceia, viúva de Prasutago, liderou uma revolta, esmagada pelo exército romano. Rebeliões desse gênero foram raras, mas mostram que Roma só tolerava os costumes locais quando não se contrapunham aos seus interesses. Da forma análoga, as práticas religiosas locais eram permitidas desde que não constituíssem focos de resistência. As comunidades druídicas de Anglesey foram destruídas, e seus bosques e sítios sagrados saqueados, com a mesma deliberação que presidiu a derrubada das florestas sagradas da Gália e outras partes.

O verdadeiro teste da interpenetração dessas culturas foi o fim da ocupação romana no século IV d.C. A retirada da proteção de Roma deu à luz uma interessante situação, muito distante da mera queda no caos que aprendemos na escola. A entidade Roma era, ao mesmo tempo, exclusiva e inclusiva. O acesso ao pináculo do poder era estritamente limitado, mas adventícios (não romanos e não patrícios) eram eventualmente convidados a se tornar senadores, cônsules e até imperadores; a lei romana era uniforme e rígida, mas abertamente debatida e administrada pelas populações locais; o exército romano era guardião e expressão de um Estado distante, mas seus soldados vinham de todas as partes do império.

As tribos bárbaras que bateram nos portões do império antes de os derrubarem e entrarem em tropel eram, em muitos casos, parceiras comerciais, aliadas, mercenárias e até agentes de recrutamento do Estado romano. Quando o Império do Ocidente se dissolveu, no fim do século IV, havia mais guerreiros godos do que legionários romanos a serviço do imperador. No Norte da Inglaterra, em 367 d.C., uma invasão combinada de saxões, pictos e escoceses, apesar de repelida, levou à tomada dos bastiões romanos do Muro de Adriano por soldados-agricultores locais. As tribos fronteiriças receberam, ou assumiram por si mesmas, mais autonomia, constituindo-se em Estados associados por tratados; membros das tribos Scotti e Atecotti, nominalmente hostis a Roma, formaram regimentos no exército do imperador Honório (395-423). A costa leste da Inglaterra era vulnerável a ataques de tribos setentrionais que cruzavam o Mar do Norte, mas as autoridades romanas convidaram os saxões a se estabelecerem em terras de Yorkshire oriental em troca de serviço militar, convertendo, desse modo, inimigos do império em seus defensores.

A retirada de Roma foi, portanto, um processo desigual que afetou diferentes territórios de diversas formas. Está claro que, na Grã-Bretanha, a cultura romana não resistiu à retirada e que no antigo âmbito civil a cultura germânica dos saxões rapidamente se tornou dominante (ver pág. 52). Na zona militarizada e territórios inconquistados da Escócia, Gales e Cornualha, a forte cultura atlântica das Idades do Bronze e do Ferro persistiu, mostrando-se resistente até mesmo à influência saxã. Por que, então, os povos do Sudeste da Grã-Bretanha renunciaram tão facilmente ao seu passado romano para assumir, com aparente entusiasmo, os costumes saxões? Por que desapareceram o latim, a construção em cantaria, o sistema legal romano e o tecido físico do império?

Podemos somente especular que Roma continuou sendo uma cultura estranha aos povos da Grã-Bretanha, Norte e Oeste da Gália, Ibéria, Germânia ocidental e outras regiões longamente ocupadas, mas rapidamente desromanizadas. O sistema de cidades romano foi artificialmente imposto e sustentado pelos gastos civis e militares emanados de Roma. As cidades não eram assentamentos naturais surgidos da necessidade de comércio, acesso a ofícios, encontros e defesa comunal, mas meras peças da estrutura organizacional romana, construídas para defender a ocupação e administrar o império. Quando as tropas e os funcionários se foram, seu propósito se extinguiu.

A despeito da sedução e assimilação das elites conquistadas, a cultura romana não parece ter penetrado a vida do homem comum do Império do Ocidente. À parte a mera diferença de perspectiva cultural entre os ocidentes mediterrâneo e atlântico, uma das razões talvez tenha sido a natureza patrícia da cultura romana. O povo de Roma tinha a sua própria identidade cultural, seus deuses domésticos e seus costumes, recobertos a seu tempo por uma cultura em parte importada do mundo helenístico, em parte desenvolvida, deliberadamente, pela elite romana. Se a cultura da Grécia clássica irrompera das tensões da vida cotidiana na Atenas do século V a.C., a cultura romana da época de Augusto foi uma construção muito mais refletida, um esforço deliberado de dar a Roma uma cultura "clássica". Privada de um verdadeiro enraizamento nas experiências do povo romano, essa cultura não foi capaz de se firmar na imaginação do homem comum do Ocidente europeu. Os líderes aprendiam latim e encomendavam mosaicos, mas as pessoas só toleravam os costumes romanos na medida do inevitável e os puseram de lado assim que puderam.

As exceções a essa regra foram, naturalmente, as regiões mais afins, e geograficamente próximas, ao núcleo territorial romano. Por ocasião da queda do Império do Ocidente, as costas mediterrâneas da Gália e Ibéria, com hinterlândias que chegavam, intermitentemente, até o Loire, havia mil anos formavam parte do sistema comercial e cultural mediterrâneo. Durante séculos, gregos, romanos, latinos, italianos e outros se assentaram e comerciaram nessa região. Quando o império ruiu, ela, mais do que qualquer outra parte do Ocidente, continuou sendo caracteristicamente romana.

EM OUTRO MOMENTO deste capítulo eu mencionei a crença dos estoicos numa humanidade universal e a sua percepção de que todos os seres humanos possuíam um fragmento comum de divindade, sujeitos, consequentemente, a certos princípios de comportamento. O Império Romano exibiu os dois lados dessa universalidade. Qualquer um podia, em teoria, tornar-se cidadão, magistrado, senador, cônsul e até imperador (Diocleciano era filho de um escravo liberto da Dalmácia), mas isso implicava adotar os valores do patriciado romano. A universalidade, por sua vez, engendrou a crença de que o sistema urbano que servia à Itália deveria servir também à Ibéria, à Gália e à Grã-Bretanha; se isso significava implantar cidades em lugares geograficamente inadequados e construir estradas e aquedutos que desafiavam a natureza, em vez de se adequar à paisagem, então que assim fosse. Um mesmo sistema legal, discutido e adotado por uma cidade mediterrânea, era usado para administrar uma profusão de diferentes culturas. O império promoveu a crença na universalidade e esta, por sua vez, gerou a organização que tornou possível o império.

Acrescente-se à universalidade a crença estoica de que a cultura e a civilização só eram acessíveis pela via da educação e aquisição de um corpo predeterminado de conhecimentos e começamos a vislumbrar a visão romana do mundo e a natureza de seu legado. Um grupo relativamente pequeno de indivíduos trazidos, em teoria, de todas as partes do mundo, educados na mesma cultura e comprometidos com os mesmos valores se dava o direito exclusivo e incontestável de se dizer "civilizado". Esses eram os únicos que sabiam apreciar as artes, governar e fazer guerras justas, além de conhecer e compreender verdadeiramente a existência humana; os únicos, portanto, capacitados a dominar os outros e, o que é mais, desde uma autodefinida posição de superioridade. Eram civilizados por serem os dominadores e dominavam por serem civilizados.

Para seus súditos ocidentais, o legado da Roma clássica foi o sentimento de que a civilização estava em outro lugar. A verdadeira civilização não era feita de seus próprios costumes, línguas, religiões e leis, mas dos costumes, línguas, religiões e leis de uma cultura mais sofisticada. E o acesso a essa civilização só era possível por meio da educação formal, do treinamento na arte da análise racional e da aquisição de um corpo de conhecimentos predeterminado. Ser capaz de citar Platão, Virgílio e Horácio era civilizado; saber como entrar no bosque sagrado do deus celta Dragda, não. Esta era uma civilização universal, aplicável a todo o império, mas disponível somente àqueles que pudessem pagar para alcançá-la. A maioria dos europeus ocidentais foi (na época de Roma, como depois da "redescoberta" do mundo clássico), portanto, incentivada a acreditar que a civilização, além de estrangeira, era inalcançável.

CAPÍTULO 5

# O CRISTIANISMO SEGUNDO SANTO AGOSTINHO
## *De Seita Rebelde a Religião Universal*

DA MESOPOTÂMIA à Península Ibérica e do Saara à Nortumbria, a civilização da Roma imperial foi levada a todas as partes de seu território. A liberdade de movimento propiciou a transmissão e adoção de culturas por toda essa vasta área, ainda que a maioria dos súditos do império preferisse continuar ligada aos seus costumes locais em detrimento da cultura universal romana. A notável exceção a tal "localismo" foi o cristianismo, que em três séculos passou de pequena seita judaica a religião oficial do império e, mais tarde, durante a longa e lenta dissolução do Império Romano do Ocidente, tornou-se o foco central e força cultural dominante na vida dos ocidentais. Ao contrário da cultura romana, que os ocidentais repeliram assim que as legiões se retiraram, o cristianismo penetrou em suas vidas a ponto de se tornar o alicerce da sua cultura e civilização.

Até a sua adoção como religião oficial do império, a difusão do cristianismo foi um processo de martírios e perseguições intermitentes que exigiu dos líderes cristãos não apenas extraordinária coragem, mas também visão e habilidade política. À parte a resistência às perseguições, a religião cristã que acabou por se estabelecer no Ocidente emergiu de conflitos dentro da própria fé. O cristianismo só pôde se tornar a religião universal da Europa medieval devido ao caráter inclusivo de seus princípios orientadores: santos e pecadores, monges e camponesas, todos podiam e deviam ser cristãos. A irrestrita acessibilidade do cristianismo foi convertida no principal dogma ocidental por Santo Agostinho, que, para mostrar que essa era a vontade de Deus, teve de superar um chorrilho de interpretações e contradições que, desde o começo, o povoavam. O triunfo da teologia agostiniana deu ao cristianismo ocidental, como à civilização ocidental, uma ortodoxia tão sólida que durou mil anos. À parte a Bíblia, a *Cidade de Deus* de Agostinho foi o livro mais difundido na Europa medieval. Assim como os eruditos do mundo helenístico buscaram maneiras práticas de aplicar os princípios propostos por Platão e Aristóteles, a Igreja latina medieval buscou elaborar estruturas, regras e instruções que refletissem a visão agostiniana do cristianismo. Para saber como se formou essa visão, precisamos, porém, examinar o desenvolvimento da fé cristã antes de Agostinho.

NO FIM DA PRIMAVERA do ano 27, talvez 33, um jovem judeu do distrito da Galileia foi condenado à morte por crucificação a se realizar fora dos muros de Jerusalém — uma forma de execução usada pelos romanos para escravos e criminosos que não eram cidadãos romanos. Jesus, um pregador itinerante carismático e, segundo alguns, milagreiro, atraíra um pequeno grupo de fiéis seguidores de toda a Galileia. Em Jerusalém, multidões excitadas se reuniam para vê-lo com seus próprios olhos. Mas a mensagem de Jesus não era triunfal; seus ensinamentos exortavam à compaixão, ao perdão e ao amor pelos pobres e oprimidos; ele viera a Jerusalém para ser traído, humilhado, açoitado e executado.

A mensagem trazida por Jesus se harmonizava perfeitamente com as crenças e a história do judaísmo. Cinco séculos antes, Isaías profetizara que o Messias (o ungido do Senhor) seria "desprezado e rejeitado pelos homens" e "levado ao abatedouro como um carneiro" (Isaías, 53:7). Quando Jesus foi crucificado, as autoridades — o governador romano, o rei cliente da Judeia e os líderes da fé judaica — se sentiram aliviadas por terem conseguido se livrar de uma fonte de problemas. Uma vez Jesus condenado à morte, a maior parte dos judeus pareceu desconsiderar, quando não rejeitar completamente, a ideia de que ele fosse o Messias — ideia que somente entre os judeus podia ser ao menos cogitada.

O Império Romano abarcava um vasto número de crenças que admitiam, quase todas, uma multiplicidade de deuses. Os romanos não apenas toleravam outros deuses, como se apropriaram de alguns para seu próprio culto, como a coorte completa dos deuses gregos do Olimpo, a deusa grega Ísis, a deusa Cibele, da Ásia Menor, e o deus persa Mitra. Dos povos dominados exigia-se apenas render homenagens aos deuses romanos por meio de sacrifícios de animais e, em especial, tratar o imperador como uma divindade. O judaísmo, entretanto, era diferente das demais religiões:

louvava um deus único e não admitia nenhum outro, razão pela qual as autoridades romanas lhe dispensaram o tratamento especial de *religio licita*, isenta da adoração ao imperador.

Embora espalhados pelas cidades dos mundos helenístico e romano, os judeus eram notavelmente isolados, evitando, por exemplo, casar-se com pessoas de outros grupos religiosos e raciais. No cerne de sua religião estavam os textos sagrados que, além de entrelaçarem a história de seus sofrimentos com a de sua religião singularmente monoteísta e moralista, tinham também regras estritas de alimentação e vida familiar e impunham a circuncisão e o sabá. Mais do que o lugar, a própria crença era o alicerce da comunidade — em Éfeso, Antioquia e Cartago era-se tão judeu quanto em Jerusalém e Lod. O lugar central da fé em suas vidas implicava que os judeus que acreditavam que Jesus era o Messias estavam totalmente comprometidos com a sobrevivência do cristianismo.

A divindade de Jesus se tornou clara aos seus seguidores ao aparecer diante deles dias depois da própria crucificação. A ressurreição se tornou o evento capital da fé cristã. A ascensão de Cristo aos céus foi o sinal de que era tempo de seu pequeno grupo de discípulos começar a difundir seus ensinamentos (*christos* significa *o ungido* em grego) entre o povo judeu. Como, porém, as autoridades e muitos judeus comuns vissem a mensagem dos discípulos como um grave insulto à sua fé, os cristãos passaram a ser expulsos das cidades, espancados e mortos. Um de seus mais ardorosos perseguidores foi Saulo, testemunha do martírio de Estêvão — o primeiro discípulo a ser apedrejado até a morte por blasfêmia — e organizador da investigação dos acusados de simpatias cristãs. Saulo era filho de um judeu eminente o bastante para ser cidadão romano. Em sua casa se praticava o judaísmo e se falava o hebraico, mas eram todos fluentes em aramaico e grego, a língua franca do mundo helenístico. A formação de Saulo era, portanto, ao mesmo tempo local e universal.

Saulo se converteu ao cristianismo ao ouvir a voz de Cristo na estrada para Damasco. Daí em diante, tornou-se conhecido como Paulo. A energia que demonstrara na perseguição aos cristãos se voltou para a promoção do cristianismo e a construção da sua Igreja. Paulo viajou por todo o Levante, Ásia Menor e Grécia, visitando comunidades cristãs, pregando e escrevendo cartas de advertência e incentivo. No ano 58, foi preso por soldados romanos em Jerusalém, onde corria o risco de ser morto, e acabou levado a Roma para julgamento. No ano 64, o imperador Nero achou conveniente culpar os cristãos pela destruição de grande parte da cidade em um incêndio; reza a tradição que tanto Paulo como Pedro, o discípulo escolhido por Jesus para ser o fundador da Igreja, foram assassinados nas perseguições subsequentes.

A presença de uma significativa comunidade cristã na Roma de Nero (algumas centenas de pessoas, provavelmente) mostra que, no transcurso de apenas três décadas, essa seita judaica radical se espalhara para fora da comunidade judaica criando raízes em cidades de todo o império. A missão de Paulo foi crucial nesse processo. Antes, porém, de examinarmos a sua obra, precisamos entender por que tantas pessoas adotaram uma religião proveniente de uma cultura estranha. Por que tantas pessoas sem qualquer ligação com o judaísmo — sírios de Damasco, gregos de Corinto, egípcios de Alexandria — passaram a acreditar que Jesus Cristo era o Messias enviado por Deus? E que esse era não apenas o deus dos judeus, portanto um a mais dentre tantos em oferta, mas o deus de toda a humanidade que não admitia concorrente?

Desde tempos imemoriais, em todas as culturas a religião serviu a diferentes necessidades humanas. O desejo de encontrar significado por meio da crença em forças sobrenaturais se combina, no ser humano, com o sentimento inato de estar conectado a alguma dimensão indefinível do mundo natural. A dificuldade de descrever esse sentimento, que é uma resposta puramente psicológica ao lugar e à circunstância, não diminui a sua importância. A maioria das religiões criou deuses que controlavam todos os aspectos do mundo natural, incluindo o destino dos homens. Os deuses são volúveis e a função da religião, como a de seus sacerdotes, é aplacar as divindades para que tragam boa fortuna. Essa relação começou a se perder na Grécia antiga; ainda se acreditavam nos deuses, celebravam-se dias festivos e se faziam sacrifícios na esperança de obter seus favores, mas a conexão original entre os deuses e a espiritualidade humana já não era sentida. À medida que, nos séculos seguintes, o mundo greco-romano se tornou mais urbano, o sentimento de conexão com o mundo natural perdeu força e o vínculo entre a emoção espiritual e o culto religioso sofreu novos abalos. Não obstante, o céu sobre as cabeças de nossos ancestrais não era o começo do espaço infinito, mas ainda um lugar cheio de deuses que lhes disputavam a atenção. Todo mundo ainda acreditava em forças sobrenaturais, mas a natureza dessas forças começava a mudar.

O Império Romano tolerava os cultos locais sempre que não ameaçassem o seu domínio, mas não hesitava em esmagar costumes religiosos que reforçassem a identidade comunal de seus súditos mais problemáticos. Em meados do século I d.C., as religiões locais (exceção feita ao judaísmo) haviam sido amplamente esterilizadas, seus dias sagrados convertidos em festivais de embriaguez e diversão, ao passo que as supostas deidades da Roma imperial (dentre as quais os imperadores Calígula e Nero) ofereciam ao mundo um espetáculo lamentável e trágico. Os sacrifícios aos deuses romanos já não eram experiências significativas, mas exigências de rotina, e já ia longe o tempo em que os romanos ilustrados aprendiam com Sócrates que a vida virtuosa era a mais elevada das aspirações e os estoicos acreditavam, como nas palavras de Sêneca, que deveríamos "viver entre os homens como se Deus nos observasse". A religião e a autêntica experiência de vida, espiritualidade e crença pareciam agora inapelavelmente separadas.

Foi nesse contexto que surgiu uma religião que não apenas restaurava a conexão entre espiritualidade, crença e experiência, como apresentava uma alternativa profunda e significativa ao caótico vazio espiritual do mundo romano. O contraste não poderia ser maior. O cristianismo oferecia a salvação por meio da contemplação interior, mas não era só: Jesus ensinava seus seguidores a dar aos pobres, a respeitar os oprimidos e a rezar pelos inimigos. A nova crença exerceu forte atração sobre os herdeiros espirituais de Sócrates, mergulhados numa época de confusão moral, e sobre o povo de Roma em geral, privado de qualquer experiência religiosa significativa. Além disso, o cristianismo oferecia uma rede de correligionários forte e solidária. À classe dos artesãos, em especial, eficazmente mantida à margem da elite dominante pela privação da cidadania, a Igreja proporcionava um império espiritual alternativo do qual eles eram membros plenos.

PAULO, o grande arquiteto da Igreja cristã, não conheceu Jesus. Foi pouco depois de sua morte que surgiram os Evangelhos escritos. Não obstante, como muitos que vieram depois dele, Paulo acreditava estar fazendo a obra de Deus, o verdadeiro guia de seus pensamentos e ações. Por isso se sentia livre para promover suas próprias ideias sobre a Igreja cristã e sua fé, mesmo quando já não derivavam diretamente dos ensinamentos de Jesus. Sua crença primordial era a Igreja universal — o que implicava tanto a admissão de não judeus, vigorosamente combatida por outros cristãos, quanto a criação de uma Igreja unificada sobre a base de sua doutrina. Embora não houvesse nenhuma razão óbvia pela qual as comunidades cristãs não devessem praticar a religião cada qual à sua maneira, Paulo estava determinado a que isso não acontecesse. A Igreja era o corpo místico de Cristo, receptáculo do poder divino, e devia, consequentemente, existir como unidade. Paulo sustentava que a fé, não o poder, o status e as ações, era a base da salvação e que somente por meio dela o cristão poderia receber a graça de Deus e se tornar um de seus eleitos. Defendia também que a crença na ressurreição de Cristo, assim como de toda a humanidade no Dia do Juízo — algo que os primeiros cristãos e muitos candidatos à conversão achavam difícil de aceitar —, era uma exigência absoluta da fé. Paulo também escreveu sobre a natureza de Cristo — ao mesmo tempo divina e humana, pois que Filho de Deus e parte de Deus — dando início a um debate que durante séculos ocuparia a comunidade cristã.

É no esforço de conciliar aspectos do judaísmo e do cristianismo que os ensinamentos de Paulo parecem contraditórios. Todos os cristãos eram tidos como iguais perante Deus — escravos e cidadãos abastados rezavam juntos e as mulheres tinham status igual ao dos homens. Nos Evangelhos, Jesus trata as mulheres com respeito e interesse, exemplo que foi seguido pelos primeiros cristãos. A mulher tinha status nos mundos helenístico e romano; tornavam-se chefes de família sobrevivendo aos seus maridos e trabalhavam em quase todas as profissões conhecidas, da advocacia à medicina e o magistério. As primeiras mulheres cristãs eram ministras, pregadoras e profetas. Paulo, no entanto, seguindo o costume judeu, escreveu em suas cartas que as mulheres haviam sido criadas para os homens, que elas não deviam falar na igreja e que deviam ser sempre modestas e caladas. No problemático capítulo das relações sexuais, Paulo disse que a Igreja devia aceitar a necessidade da procriação, mas que os pensamentos eróticos, a fornicação, o adultério e "a escravidão da carne", todos profundamente perturbadores, deviam ser punidos, o que por sua vez levou ao menoscabo da mulher como tentadora de homens (sendo Eva o primeiro exemplo) e à promoção da Imaculada Concepção e do status virginal de Maria. O casamento era necessário, mas a castidade, o ideal.

O compromisso de Paulo com a Igreja única se revela em sua cólera implacável contra qualquer um que quebrasse as suas regras — pensamentos e atos heréticos que divergissem, sob qualquer aspecto, de suas prescrições deveriam ser punidos com a expulsão da Igreja e a danação eterna. Por outro lado, Paulo defendia e praticava a caridade e o auxílio aos pobres e enfermos enfatizando que a pobreza material conduzia à riqueza espiritual.

Com todas as suas contradições, sua cólera, humildade, energia, fé, arrogância, certeza e dedicação, Paulo montou o cenário da Igreja cristã e sua religião. Judeu instruído do mundo greco-romano, ele proveu o cristianismo com uma singular combinação de universalidade racionalista grega e fervor moral hebraico. A influência do judaísmo nas crenças de Paulo, por conseguinte nas da Igreja, é considerável. Tal como os judeus, os primeiros cristãos se consideravam membros de uma comunidade definida não pelo pertencimento a um lugar, mas por suas crenças comuns. As escrituras hebraicas contêm a história de um povo que sobrevive no exílio em meio a viagens épicas e perseguições. Durante a maior parte da sua história, o povo judeu existiu como entidade à parte, separada de seus opressores e do mundo natural, tendo por pátria um ideal desencarnado. Essa separação transparece no mito da Criação: "Então Deus disse: façamos o homem à nossa imagem e semelhança. Que ele reine sobre os peixes do mar, sobre as aves dos céus, sobre os animais domésticos e sobre toda a terra e sobre todos os répteis que se arrastam sobre a terra" (Gênesis, 1:26). A humanidade como criatura singularmente privilegiada — feita por Deus à Sua imagem e poderosa sobre todas as outras — era uma ideia tipicamente judaica que se ajustava perfeitamente à promoção, pelos filósofos gregos, de uma racionalidade caracteristicamente *humana*; o cristianismo adotou esse modo de pensar e o levou um passo além, afirmando que Deus enviara Seu filho na pele do homem. Enquanto a maior parte das outras religiões — egípcia, celta, germânica, grega, persa, hindu — tinha seus deuses incrustados no tecido natural do mundo em forma de touro, cisne, grifo, carneiro, elefante e cavalo, o cristianismo era inteiramente baseado na crença implícita de que os seres humanos são não apenas o centro do mundo natural, mas a sua própria razão de existir.

Pouco depois da morte de Paulo começaram a aparecer relatos anônimos da vida de Jesus. No começo do século II, se estabeleceu um conjunto básico de textos sagrados compreendendo os quatro Evangelhos, os Atos e as Epístolas, todos escritos em grego. A comunidade cristã tinha escrituras para definir e fortalecer a sua fé, mas o mundo continuava hostil à sua mensagem: uma vez estabelecido não se tratar de um componente do judaísmo, o cristianismo foi classificado por Roma como seita ilegal. Os cristãos não podiam se reunir e, quando intimados, deviam abjurar sua fé. Durante os 250 anos seguintes, os cristãos suportaram um assédio permanente, intercalado com períodos de intensa perseguição. Papas e bispos foram executados ao lado de um sem-número de seguidores. Jesus previra perseguições, mas jamais exortou ninguém a ser mártir: "Se vos perseguirem numa cidade, fugi para outra" (Mateus, 10:23). Paulo fugira de Damasco para não encontrar a morte, mas alguns líderes da Igreja defendiam o martírio como modo de entender a experiência de Jesus e de glorificá-lo. O efeito das execuções públicas foi reforçar a fé no seio da comunidade cristã e estimular a curiosidade e a admiração entre os observadores pagãos. Para os cristãos, algumas horas de tortura não eram nada comparadas à perspectiva da danação eterna; eles enfrentavam mortes lentas e dolorosas, mas não renunciavam à sua fé. Sua extraordinária coragem não nascia, porém, simplesmente do medo. Eles acreditavam estar justificando o amor que Deus lhes concedera, assim refletindo ou revivendo a velha crença grega na morte virtuosa. Os gregos foram o primeiro povo a ir à guerra e a morrer voluntariamente por um princípio ou ideal. Os mártires cristãos exibiam a influência helenística da sua fé morrendo por uma crença religiosa.

No ano 111, Plínio escreveu ao imperador Trajano desde a província de Bitínia e Ponto (litoral sul do mar Negro) sobre os adeptos da nova religião: "Eu lhes perguntava pessoalmente se eram cristãos; se o admitiam, eu repetia a pergunta uma segunda e terceira vez, advertindo-os da punição que os esperava. Se persistiam, eu ordenava que fossem levados à execução (...)." Na mesma carta, porém, Plínio disse também que "as acusações [contra os cristãos] estão se tornando mais disseminadas" e que suas medidas (incluída a tortura de duas escravas diaconisas) eram inadequadas e incapazes de extirpar esse "culto desprezível".

A opinião de Plínio de que o cristianismo vinha crescendo e as perseguições só faziam chamar a atenção para a sua mensagem era exata. Lenta, mas inexoravelmente, as comunidades cristãs se expandiam e se tornavam mais ousadas. A estabilidade do império no século II (época dos imperadores Antoninos) implicou o crescimento da classe média urbana e lhe deu oportunidades de viajar. Mercadores e pequenos artesãos, a espinha dorsal das comunidades cristãs, de repente se viram como cidadãos do mundo. Não obstante, até meados do século III o cristianismo continuou sendo um culto presente em muitas cidades, mas não muito numeroso — ainda que determinado e persistente — e baseado, principalmente, na parte oriental do império.

Essa expansão consistente, embora hesitante, do cristianismo foi transformada em meados do século III pela mais profunda crise que o Império

Romano jamais experimentara. Nas quatro décadas posteriores ao ano 240, as fronteiras do império sofreram uma série de colapsos espetaculares e humilhantes. Não apenas as legiões foram derrotadas nos quatro pontos cardeais, como os próprios imperadores, encarnação da estabilidade do império, foram vítimas de inimigos de Roma.

Em 251, forças de uma confederação gótica esboscaram o imperador Décio e seu exército nos pântanos de Dobruja, destruindo a todos. Em 260, o imperador Shapur, do recém-ressurreto Império Persa, derrotou e capturou o imperador Valeriano. Ao mesmo tempo, tribos do Baixo Reno assediavam as forças romanas, e navegantes do Norte da Alemanha atacavam as costas da Grã-Bretanha e da Gália. Na década de 260, incursões góticas chegaram ao mar Egeu e às ricas e maldefendidas cidades do Mediterrâneo oriental. Imperadores entravam e saíam com impressionante rapidez e a sensação de crise era tal que, em 271, se iniciaram obras de construção de uma nova muralha defensiva ao redor da própria Roma.

O Império Romano foi salvo do colapso por uma nova geração de líderes militares. Majoritariamente oriundos de províncias longínquas, esses soldados profissionais pouco deviam à classe política dirigente e, uma vez estabelecidos, impuseram uma revolução no modo como Roma era governada. Em 260, o novo imperador, Galiano, excluiu a aristocracia senatorial do comando militar; em seguida, dividiu as legiões em forças menores e mais ágeis, criou uma nova força ofensiva de cavalaria pesada e aumentou o número de homens em armas para 600 mil — a maior força regular jamais vista. Em 268, Galiano derrotou os invasores no Norte da Itália e no ano seguinte Cláudio II recuperou o Danúbio como fronteira do império. Em 273, Aureliano reconquistou as províncias orientais e em 296 Galério, atuando sob as ordens do imperador Diocleciano, eliminou a ameaça persa.

Antítese do Senado patrício — Diocleciano era filho de um escravo liberto, Galério, um ex-pastor de gado da Carpácia —, os generais e soldados que realizaram essa notável reviravolta reconstruíram o império à sua imagem. Diocleciano dividiu o império em duas partes, com um governante cada uma, criou um sistema formal de recrutamento que incluía os filhos dos soldados e os serviçais dos proprietários de terras e instituiu, em todo o império, um imposto sobre a terra para sustentar o exército. Além disso, expurgou o *establishment* político das famílias patrícias veneráveis e colocou militares de sua confiança em posições de poder.

Apesar de restaurado, durante cinquenta anos a quase totalidade do império — exceção feita à Grã-Bretanha e à Gália — estivera ameaçada. Devido à fragilidade e ao perigo, suas antigas crenças e modo de vida passaram a ser questionados. Nas províncias fronteiriças, a estabilidade que alentara a grandiosidade e os rituais públicos fora destruída pelas invasões. O culto público dos deuses de Roma declinava, ao passo que as pessoas se voltavam para uma religião contemplativa e privada que lhes proporcionava satisfação espiritual e um modo de vida virtuoso num mundo cada vez mais corrompido. Em meio a tanta incerteza, a Igreja cristã oferecia o pertencimento a um grupo especial, portador de uma clara mensagem de redenção e salvação. A crise reforçou a compaixão e a coragem típicas dos cristãos, em agudo contraste com o tradicional estoicismo dos romanos, desinteressado das atribulações alheias. O cristianismo trazia em si um paradoxo interessante e fecundo — ao mesmo tempo que pregava a salvação pessoal e a contemplação espiritual proclamava a absoluta necessidade moral de amar e ajudar o próximo. Na mais retumbante passagem de seus escritos, São Paulo dissera à comunidade cristã: "Ainda que eu falasse as línguas dos homens e dos anjos, sem caridade seria como o soar do bronze ou o repique do címbalo" (I Coríntios 13:1-3). Na sociedade romana que se recuperava de sua pior crise em duzentos anos, o cristianismo se apresentou como alternativa legítima aos velhos costumes. Para muitos súditos e cidadãos do império, a crise deixara claro que o conflito entre o império e o cristianismo era insignificante comparada à ameaça representada pelos invasores. O mundo já não estava dividido entre pagãos e cristãos, mas entre o império e os bárbaros; uma mudança sutil, porém profunda: em vez de "inimigo interno", o cristianismo começou a aparecer a muitos como uma arma essencial na batalha pela conservação do império.

Ao mesmo tempo que crescia a influência prática do cristianismo, a sua teologia trazia a religião ao primeiro plano da vida romana, um processo gradual que, embora controverso, alimentou-se de uma importante vertente do pensamento cristão que via a construção do império como premissa necessária ao advento de Cristo. O cristianismo começava a absorver a história do império em sua própria história. Em meados do século III, Orígenes de Alexandria interpretou a história clássica como precursora do cristianismo e classificou de "cristãos anteriores a Cristo" homens como Sócrates e Aristóteles, que haviam refletido sinceramente sobre coisas como a natureza da alma. O ideal platônico aparecia agora como uma referência para o Deus criador cristão. No começo do século IV, o teólogo cristão Eusébio de Cesareia disse que "o poder dos romanos chegou ao seu zênite no exato momento da inesperada passagem de Jesus entre os homens, época em que Augusto impunha o seu poder sobre todas as nações" (Eusébio, *Demonstratio Evangelica*, 3.7.30). Os cristãos avançaram, então, a ideia de que a missão de Cristo fora unir todas as filosofias e religiões anteriores e resolver suas diferenças e que ele não viera ao mundo para derrubar o império, mas para ensinar e curar — um caminho novo e mais promissor a ser seguido pelo cristianismo, capaz de assegurar que as ideias de Platão e Aristóteles não sucumbissem ao seu triunfo, mas sobrevivessem no seio da Igreja cristã.

Enquanto a teologia cristã começava a adotar como sua a história da Grécia e de Roma, os filósofos do mundo greco-romano iniciavam uma jornada na direção oposta. Em meados do século III, o filósofo alexandrino Plotino criou em Roma uma academia para ensinar a sua prestigiosa interpretação de Platão. Amálgama de platonismo, aristotelismo e estoicismo, o pensamento de Plotino se tornou conhecido desde então como neoplatonismo. Plotino acreditava que tudo fluía necessariamente de um único ser divino e deveria, ao final, retornar ao mesmo estado de unidade. O único era sobrenatural e absolutamente bom e sua bondade se estendia aos seres situados nos níveis inferiores da existência. Os ideais de Platão, por exemplo, eram criações dessa entidade suprema. Embora Plotino o tivesse como um sistema filosófico, seu pensamento era, tal como o cristianismo, uma resposta espiritual a um mundo sujeito a profundas mudanças. Plotino rejeitou a teologia cristã, mas sua obra lançou as bases da fusão do cristianismo com a filosofia grega.

O poder e a influência crescentes da Igreja cristã na segunda metade do século III não foram, no entanto, universalmente bem recebidos. O cristianismo era, essencialmente, uma religião da parte oriental do império, onde se falava grego, ao passo que Diocleciano e a maior parte de seu exército eram ocidentais que falavam latim. Quando, em 287, Diocleciano mandou erguer para si um palácio em Nicomédia, encontrou uma basílica cristã já construída na colina oposta; ao retornar das guerras, em 302, o cristianismo era uma sólida estrutura alternativa de poder dentro do império.

Diocleciano decidiu que o cristianismo devia ser erradicado, uma reviravolta terrível até para aqueles já acostumados com a perseguição moderada de algumas autoridades romanas. A maioria já não via nos cristãos membros de uma seita perigosa, mas respeitáveis cidadãos integrados à cultura romana dominante. Não obstante, destituíram-se cristãos de seus postos no exército, incendiaram-se igrejas, obrigaram-se bispos a prestar culto aos tradicionais deuses de Roma e venderam como escravos os que não abjuraram sua fé. A perseguição foi desigual, com muitos oficiais relutantes a cumprir as ordens com rigor, mas levou à execução de papas e bispos e à prisão e tortura de incontáveis fiéis. Quando Diocleciano finalmente se retirou em 305, as medidas repressivas foram discretamente abandonadas, mas os líderes da Igreja cristã entenderam que sem poder político estariam eternamente vulneráveis aos caprichos dos imperadores.

Quer a lenda que foi durante a batalha da Ponte Mílvia, no rio Tibre, em 312, em que derrotou o seu rival Maxêncio, que Constantino, sucessor de Diocleciano, recebeu o chamado de Deus. Segundo seu amigo e biógrafo Eusébio de Cesareia, ao ver brilhar no céu uma cruz com a inscrição SOB ESTE SIGNO VENCERÁS, ele jurou prontamente não adorar nenhum outro deus. Mas a decisão de Constantino foi política, tanto quanto espiritual. Ele percebera que a Igreja cristã, com sua vasta rede de bispos e adeptos, poderia ser uma poderosa aliada do império. É também provável que, ao contrário de Diocleciano, Constantino não temesse a peculiaridade do cristianismo porque sua mãe, Helena, se tornara cristã, supostamente quando ele ainda era jovem.

Diocleciano dividira o império em suas metades oriental e ocidental e o cristianismo ainda era (e continuou sendo até o século VIII) uma religião esmagadoramente oriental. Em 324, Constantino, imperador do Ocidente, derrotou seu congênere oriental, Licínio, na batalha de Crisópolis e se tornou soberano único de todo o império, que ampliou conquistando as províncias orientais da Ásia Menor e colocando sob seu controle pessoal a base territorial do cristianismo no Levante e na Anatólia. Em 325, Constantino escolheu o porto de Bizâncio como nova capital do Império Romano, rebatizada em 330, em sua homenagem, como Constantinopla. Em pouco tempo esta se tornaria não apenas um centro de saber cristão, mas o polo da preservação e transmissão de 2 mil anos de cultura do Mediterrâneo oriental.

Constantino usou a Igreja cristã para ajudá-lo a conquistar e utilizar o poder político — a Igreja o apoiou contra seu rival Licínio e ele usou os bispos e a comunidade cristã como uma rede de informação que lhe punha a par dos acontecimentos políticos e das tendências latentes nas cidades do império. Em troca ele tentou, como Paulo em sua época, unificar institucionalmente a fé cristã. Aproximou o homem comum do cristianismo, transformando o sabá cristão em dia de descanso, integrou os festivais pagãos ao calendário cristão e proscreveu, em todo o império, as crucificações, os torneios de gladiadores e os sacrifícios de animais.

No século IV, o cristianismo se espalhara para o Egito e a Etiópia, para a margem oriental do mar Negro, para toda a Ásia Menor, a Síria, a Fenícia, a Palestina e inclusive a Arábia. No Oeste havia comunidades cristãs em todas as províncias romanas: Gália, Ibéria e a distante Britânia. Alexandria e Antioquia eram os centros orientais da Igreja. Embora a liderança nominal do bispo de Roma (baseada na sucessão apostólica de São Pedro) tenha sido relutantemente reconhecida no século III, os primeiros papas eram todos falantes do grego, não do latim.

A adoção, por Constantino, de sua nova capital, no Bósforo, gerou consideráveis perturbações. Roma, que sempre fora um posto avançado ocidental da Igreja, já não era sequer o centro político do império, ao passo que os bispos de Antioquia e Alexandria se ressentiam da promoção de Constantinopla a centro cristão de importância equivalente. Além das rivalidades políticas, havia dentro da Igreja profundas diferenças teológicas relativas à natureza de Cristo, ao seu papel na Trindade, ao Segundo Advento, à Imaculada Conceição, à predestinação e ao status do Eleito. Profundamente insatisfeito com as dissensões e divisões no seio da Igreja, Constantino enviou delegados a todas as partes do império para resolver as diferenças e organizou uma série de concílios para forçar os belicosos bispos cristãos a entrar em acordo.

A crise mais séria da Igreja cristã foi causada pelos seguidores de Ário, um sacerdote egípcio que acreditava que Cristo era subordinado a Deus e não totalmente divino. À excomunhão de Ário, em 321, se seguiu o Concílio de Niceia, em 325, no qual os bispos arianos foram obrigados a escolher entre declarar que Cristo tinha o mesmo status de Deus ou serem expulsos. Todavia, o arianismo continuou a ter adeptos e chegou aos povos godos, no Norte, cuja singular visão do cristianismo veio a ser, em séculos posteriores, um imenso desafio para a Igreja.

O arianismo foi uma dentre muitas seitas com interpretações próprias da fé e da doutrina cristãs. No século II, Márcion pregara que o deus judeu do Velho Testamento era o criador de um mundo corrupto e perverso, e não o Deus autêntico e elevado do cristianismo. Os gnósticos, por sua vez, acreditavam que Cristo era o catalisador de uma luta sem fim entre um deus bom e outro mau e que a encarnação fora uma ilusão. Havia movimentos apocalípticos cujos membros acreditavam que o Segundo Advento era iminente e visionários que diziam falar diretamente com Deus. Mais problemáticas, talvez, fossem as seitas que acreditavam na pureza. Os donatistas clamavam que os que haviam abjurado durante as perseguições de Diocleciano não deveriam ser readmitidos na Igreja; os cátaros, ou puros, acreditavam ser os Eleitos mencionados no Evangelho de Marcos e no Livro da Revelação; os maniqueus acreditavam que o mundo era dividido entre o bem e o mal, governado por um deus de luz e um deus das sombras e que o propósito dos *electi*, ou sacerdotes, era levar luz à escuridão. A crença de que Cristo dera o exemplo de como se deveria viver uma vida cristã levou também muitos cristãos a renunciar aos bens mundanos e viver ligados à terra. O movimento ascético, que gerou o monasticismo, se conservou como uma importante tendência dentro do cristianismo. Mas como poderia ele integrar-se à doutrina da Igreja e como seriam resolvidas as inúmeras interpretações rivais?

Apesar da autoridade de Constantino como imperador e de seus enérgicos esforços pela unidade, as décadas seguintes à sua morte, em 337, foram marcadas pelo crescimento das dissensões no seio da Igreja. Os concílios de Éfeso, em 431, e Calcedônia, em 451, foram usados pelos bispos como oportunidades de se recriminarem mutuamente em lugar de buscar um terreno comum. Em consequência, a Igreja, o corpo de Cristo na Terra tão arduamente promovido por Paulo e cimentado por Constantino, acabou se dividindo segundo suas bases culturais.

As diferenças doutrinárias se concentravam na natureza de Cristo e de Maria. Fora Cristo totalmente divino ou parcialmente divino e humano? Nesse caso, teriam os distintos componentes sido reunidos na sua pessoa ou coexistido desde sempre? Como pudera Maria, uma humana, dar à luz um ser divino? Nesse caso, seria ela mais que humana? Tais controvérsias se ligaram inexoravelmente às políticas da Igreja, uma vez que cada grupo se reivindicava a única ortodoxia aceitável. Em muitos lugares do Oriente, onde a Igreja ainda se concentrava, os bispos e seus rebanhos concluíram que se separar era melhor do que abrir mão de sua fé. Coptas do Egito e Etiópia, jacobitas da Síria, armênios e nestorianos seguiram cada um o seu caminho. Os bispos de Roma nada puderam fazer em face da separação da

Igreja oriental, e os primazes de Constantinopla, com o apoio dos imperadores, os suplantaram em status. A partir do século V, com o Império do Ocidente desmoronando ao seu redor, o cristianismo ocidental sediado em Roma, teve de buscar o seu próprio caminho.

O CRISTIANISMO viera ao primeiro plano na crise do século III e florescera na relativa tranquilidade do século IV. Contudo, por volta do ano 380 o Império do Ocidente começou a se desintegrar em reinos menores, vulneráveis a incursões de povos e culturas não cristãos. O cristianismo precisou encontrar um modo de lidar com um mundo imprevisível e potencialmente hostil e, dessa vez, a Igreja Ocidental, ou latina, teve de fazê-lo sem a ajuda do poder político e militar de Roma. Se os cismas e dissensões haviam deixado a Igreja latina num limbo, a desintegração do Império do Ocidente parecia ameaçar a sua própria existência. Os efeitos do fim do império foram superestimados, como veremos, mas com o declínio do aparato político de Roma a Igreja latina passou a ser a única instituição munida de uma extensa rede de poder. As dissensões que dividiam as igrejas orientais foram igualmente sentidas no Ocidente, onde, no entanto, o mesmo não se deu — em parte porque, sendo econômica e politicamente subdesenvolvido em comparação com o Oriente, o poder se concentrava em relativamente poucas mãos, em parte porque Agostinho de Hipona conseguiu desenvolver uma teologia coerente e inclusiva que permitiu à Igreja cristã viver em paz consigo mesma durante mil anos.

Agostinho é uma figura imponente tanto devido à imensa influência de sua vasta produção, que sobreviveu aos tempos, quanto porque a sua sincera autobiografia — uma das primeiras jamais escritas — nos permitiu saber mais sobre ele do que sobre qualquer outro homem de sua época. Agostinho nasceu de pais cristãos em 354, na cidade romana de Tagaste (hoje Souk Ahras), Norte da África, de onde foi mandado a Cartago para se educar nos clássicos da literatura latina. Lá viveu uma vida dissoluta, acabando por tomar uma jovem criada como amante permanente. Seu objetivo em Cartago era se tornar advogado a serviço do império, mas acabou se desviando da carreira que planejara e da religião familiar ao conhecer grupos de cristãos dissidentes.

A Igreja latina oficial sustentava que a Bíblia era a fonte do verdadeiro saber e fazia da fé nessas palavras uma lei inflexível. Aos jovens eruditos romanos isso parecia, no entanto, absurdo. O Velho Testamento era repleto de histórias estranhas e antigas lendas populares traduzidas em má prosa latina. O interesse pelo cristianismo não impedia que muitos desses jovens, educados nas sublimes obras de Cícero e Virgílio, reagissem com perplexidade, e até aversão, à forma e ao conteúdo do Velho Testamento.

Como outros romanos instruídos, Agostinho foi atraído pelo maniqueísmo, uma seita que tentava unir as religiões do mundo. Os maniqueus viam Cristo como um grande mestre que não precisava do apoio de profetas hebreus. No cerne de sua fé jazia a crença de que o mundo era feito de duas partes distintas, uma boa e outra má, presentes em todas as coisas, humanos inclusive. O indivíduo poderia viver para o bem e deixar o mal — maus pensamentos, más ações e desejos da carne — inerte num lugar separado. Tal concepção era imensamente atraente para homens como Agostinho, que, embora pecadores, queriam preservar imaculada uma parte boa de si mesmos. O deus que criara o mundo físico corrupto era mau e o deus que alimentava o espírito era bom.

Depois de ensinar filosofia em Cartago, Agostinho se mudou para Roma e depois Milão, onde foi nomeado professor de retórica em 384. As últimas décadas do Império do Ocidente foram um período extraordinário. Em troca de serviço militar, os imperadores haviam feito concessões de terras às tribos godas, que, desde o Leste e o Norte, eram empurradas império adentro: uma relação bastante incômoda cuja desintegração levou à gradual dissolução do império. Na década de 380, as frágeis combinações entre o imperador, o Senado, o exército e as forças godas e hunas ainda se mantinham, mas a importância da cidade de Roma vinha diminuindo desde os dias de Diocleciano. Os imperadores, que passavam boa parte de seu tempo viajando, construíam palácios em outros lugares. O próprio império fora dividido. Embora o Senado ainda estivesse em Roma, a cidade e os patrícios eram cada vez mais irrelevantes para a política do império. A corte do imperador Teodósio, que governou de 379 a 395, estava baseada em Milão, cidade habitada por romanos, ligúrios, milaneses e hordas de estrangeiros, católicos, mas também arianos, pagãos, maniqueus e gnósticos. As províncias fronteiriças do império haviam sido sempre uma mistura de culturas e povos romanos e não romanos; no fim do século IV, as fronteiras se deslocaram para o sul, e todo o Império do Ocidente se tornou um mosaico de diferentes grupos e interesses.

Em Milão, Agostinho se deixou fascinar pelos pontos de vista de Ambrósio, bispo católico da cidade e principal figura política da Igreja

Ocidental. Ambrósio via o cristianismo como uma religião espiritual em que a alma era uma entidade imaterial de permeio entre andrajos de carne. Essa visão imaterial da religião e do mundo era completamente nova para Agostinho, que, como muitos outros, sempre vira em Deus uma autêntica presença material. A interpretação de Ambrósio revela a crescente influência de Plotino e outros neoplatônicos. O mundo platônico das ideias parecia representar o reino perfeito e intemporal do espírito, e o mundo real uma versão corrompida que se degradava mais e mais com o passar do tempo. Não obstante, se para Platão o mundo ideal era acessível à mente humana por meio do pensamento racional, para Plotino, e consequentemente Agostinho, "o Um", ou Deus, estava além da compreensão humana. Como escreveu Agostinho, mais tarde, sobre Deus: "Eu percebi que estava longe de Ti." A interpretação ambrosiana de Plotino apelou aos instintos eruditos de Agostinho e o induziu a abandonar o maniqueísmo e abraçar a fé católica. Batizado em 386, depois de cinco anos na Sicília e em Tagaste, foi indicado bispo da cidade portuária de Hipona, litoral norte da África, onde ficou até morrer, em 430.

Antes de examinar o trabalho de Agostinho em Hipona, devemos ver o contexto em que ele foi produzido. Depois da morte do imperador Teodósio, em 395, os acordos entre os colonos godos e as autoridades da Roma imperial foram rompidos. Sentindo-se lesado pelo não pagamento de seus serviços, Alarico, líder dos visigodos, tomou e saqueou a cidade de Roma em 410: um acontecimento imensamente simbólico, porém sintomático do declínio geral da autoridade central política e eclesiástica. Os "bárbaros" não foram sempre invasores, tampouco trouxeram sempre a destruição, mas sua dominância crescente mudou a face da Europa Ocidental. Depois que os visigodos se retiraram da Itália, outra tribo germânica, a dos vândalos, entrou na África pelo Oeste e abriu caminho ao longo da costa até Hipona e Cartago.

De sua posição em Hipona, Agostinho assistiu à desintegração da autoridade da Igreja católica, bem como do imperador ocidental, que a protegia e promovia. Os visigodos, ostrogodos e vândalos eram adeptos do arianismo, seita herética banida no Concílio de Niceia. Sem autoridade central, a direção do cristianismo ocidental, tanto dentro como fora da Igreja oficial, era incerta, hesitante e não peremptória. Diante de seitas cristãs rivais que se sentiam livres para rotular qualquer um como herege,

Agostinho, cujos escritos não eram meros exercícios teóricos, mas uma luta desesperada pela alma do cristianismo num mundo em desintegração, acreditou sinceramente que acabaria a vida como mártir.

A tarefa central de um erudito cristão era responder à questão: "De onde provém o mal?" Se Deus era ao mesmo tempo bom e todo-poderoso, como poderia o mal ter vindo ao mundo? Em seu questionamento, Agostinho se revela herdeiro das abstrações de Sócrates e Platão. A existência de uma entidade abstrata chamada "mal" oposta a uma entidade chamada "bem" não ocorrera a outros povos e em outras épocas: era uma invenção histórica da Grécia pós-clássica. Assentada, porém, a crença no bem e no mal, Agostinho precisava resolver a questão da sua proveniência. Os maniqueus haviam dado uma resposta — o deus do mal coexiste com o deus do bem — cujo "fatalismo ilustrado" não lhe pareceu satisfatório. Ele achava que o mal deveria ser enfrentado, não apenas evitado.

Rejeitando o maniqueísmo, Agostinho se viu novamente confrontado com a peculiaridade do Velho Testamento. Como poderiam as lendas populares do povo judeu, com seu deus vingativo, se harmonizar com a divindade ideal platônica e a clemência de Cristo? A resposta de Agostinho foi a de que a aplicação de leis rigorosas fora necessária para manter o povo judeu no bom caminho; e, como os humanos seguiam sendo maus e desobedientes, elas ainda eram necessárias para controlá-los. "Levantem-se as barreiras criadas pelas leis e a impudente propensão dos homens para o mal, e a autoindulgência atingirá o paroxismo!" O Velho Testamento era um guia para todas as épocas, não apenas o passado hebreu. Mas de onde viera a maldade inerente ao homem? A resposta de Agostinho surgiu de uma doutrina que se tornara moeda corrente entre povos de diferentes religiões no Império Romano tardio — o pecado original.

Embora criados na perfeição, Adão e Eva haviam trazido o mal ao mundo por suas ações. Todos os seus descendentes carregavam dentro de si a possibilidade do retorno ao mal e ao pecado, ainda que vivessem vidas virtuosas. Particularmente perturbador para Agostinho era o poder do desejo sexual inapropriado, preocupação que talvez se originasse de suas próprias temeridades juvenis. A crença de que os humanos carregavam uma mancha, lesão ou corrupção inelutável ajudava a explicar o grau de sofrimento e incerteza daquele problemático período da história.

Outra dificuldade igualmente instigante, objeto de profundas divergências ainda não resolvidas no seio da Igreja latina, era a questão de como deveria ser a vida cristã num mundo perverso em que todo ser humano era maculado pelo mal. Assim como a Igreja Oriental se dividira a respeito da natureza divina do Cristo e de Maria, a ocidental se via potencialmente cindida pela natureza da vida cristã.

A obra mais famosa de Agostinho, *A Cidade de Deus*, descreve uma humanidade dividida entre os que residem em Babilônia, a Cidade do Demônio, e os que residem em Jerusalém, a Cidade de Deus. No Dia do Juízo, Babilônia será destruída e Jerusalém preservada. Embora concordando com tal divisão do rebanho, a maioria dos eruditos cristãos se perguntava como deveriam ser escolhidos os poucos a serem "salvos". Os membros da seita donatista respondiam chamando a si próprios de Eleitos; acreditavam que por serem moralmente puros e seguirem as regras da fé cristã podiam se separar do resto da humanidade e obter ingresso na Cidade de Deus. A pretensão donatista de ser o modelo a ser seguido pelos verdadeiros cristãos enfurecia Agostinho: "Que ofensa lhes fez o mundo cristão para que vocês se apartem dele de um modo tão insano e perverso? (...)" Como foi que a paz de Cristo lhes ofendeu para que vocês lhe resistam apartando-se daqueles que condenam? Para Agostinho, só Deus poderia decidir quem seria salvo; Ele, o Deus distante e onipotente, não haveria de ser influenciado pelo autojulgamento moral de nenhum grupo ou indivíduo. Sugerir outra coisa era heresia.

Pelágio, teólogo das Ilhas Britânicas que viveu em Roma no começo do século V, tinha um ponto de vista análogo ao dos donatistas. Achava que a natureza humana era capaz de aperfeiçoamento, e até de perfeição, por meio da adesão à fé cristã e que se empenhar na busca da perfeição era obrigatório para o verdadeiro cristão. Todo cristão deveria almejar a vida de monge ou asceta. Quando, depois de 412, as *Confissões* de Agostinho começaram a circular, Pelágio declarou sua oposição à ideia do pecado original. Ele não podia aceitar que o aperfeiçoamento humano fosse anulado por um evento do passado distante e que os humanos estivessem condenados, pelo pecado original de Adão, a serem pecadores para sempre. Seu seguidor Julian de Eclanum escreveu a Agostinho: "Você me pergunta por que não concordo com a ideia de que o pecado faz parte da natureza humana. Eu respondo: é improvável, é falso; é injusto e ímpio; dá a impressão de que o demônio é o criador dos homens. Viola e destrói a liberdade de arbítrio (...) dizer que os homens são totalmente incapazes de virtude, que já no útero de suas mães estão cheios de pecados ancestrais" (citado em Brown, 1967, p. 387).

Para cristãos racionais como Pelágio e Juliano, a ideia de que o pecado de Adão e Eva manchara indelevelmente todos os humanos era ao mesmo tempo absurda e perigosa. Esse argumento, proposto por um homem de igual talante intelectual, instigou Agostinho a apresentar a *sua* visão da vida de um verdadeiro cristão. Agostinho não estava interessado na pureza de pequenas seitas, quer fossem os Eleitos donatistas ou os perfeccionistas monásticos de Pelágio. Ele queria uma teologia que pudesse ser vivida por toda a comunidade cristã — pela mulher que paria mais filhos do que queria, pelo marido que tinha pensamentos adúlteros, pelo homem rico que sentia uma ponta de culpa e pela mulher pobre que aspirava a uma vida mais fácil. Essa foi a sua grande contribuição ao cristianismo: uma teologia que permitia que uma religião baseada no reconhecimento de um Deus onipotente e vingativo fosse seguida por pessoas indignas de Seu amor. Com esse monumental paradoxo, Agostinho, que tinha uma visão extremamente cruel da natureza humana, se tornou o porta-estandarte da tolerância moral. O preço foi, no entanto, muito alto. Se o cristianismo recebia todos — santos e pecadores, monges e mercadores, salvos e danados —, o que era, então, a vida cristã?

Em busca de uma resposta, Agostinho se voltou para a crença platônica num Deus distante, para o qual a humanidade era nada mais do que uma parte pouco relevante da Sua criação. O resultado foi de um pessimismo assustador: o papel do verdadeiro cristão era temer a Deus, sofrer e aguardar o Juízo Final. Os cristãos deveriam viver vidas virtuosas pela mera razão de que estando livres dos grilhões dos maus desejos poderiam melhor apreciar a visão e o amor de Deus. Isso, porém, em nada mudaria o Julgamento Final de Deus porque — e aqui estava a mais pessimista de todas as mensagens — seu destino já estava traçado. Como poderia ser diferente? Tudo o que acontecia era porque Deus assim o desejava. E esse Deus distante não esperaria para julgar os humanos por seus méritos porque, se era Ele próprio quem lhes ditava seus pensamentos e ações, seria absurdo que julgasse as próprias obras. Como explicou Agostinho em *Sobre a Predestinação dos Santos*, as pessoas que Ele enviara ao mundo para fazer grandes obras eram os santos que habitariam a Cidade de Deus no Dia do Juízo. Todas as outras pereceriam na Cidade do Demônio.

Essa teologia parecia responder à pergunta agostiniana "De onde provém o mal?" e explicar a presença do sofrimento humano criado por um deus bondoso. Os humanos eram a criação favorita de Deus, mas suas vidas, destinos e sofrimentos eram de pouco interesse para Ele. Mas se todas as suas ações eram predeterminadas e seu livre-arbítrio uma ilusão, não estavam os cristãos condenados a um estado de impotência passiva? Sofrer e esperar o julgamento de Deus era, de fato, tudo o que o cristianismo podia oferecer? Agostinho escreveu que a sua teologia não negava a liberdade, apenas exortava os cristãos a tornar mais eficazes as suas ações. Eles deviam estudar as Escrituras, assimilar a ideia do bem e agir de acordo com ela: "Lembrarás o Senhor teu Deus, pois aqui está Aquele que provê a força para realizar grandes feitos." Deviam estar preparados para renunciar à ideia da iniciativa individual em troca de pertencer à força ativa que dava sentido a esse mundo aparentemente sem sentido. Mesmo sendo pecadores sem salvação, os cristãos podiam ser agentes de Deus cujas realizações tornariam ainda maior a Sua glória.

Agostinho conseguiu construir um mundo em que, embora Deus houvesse determinado tudo de antemão, os humanos tinham livre-arbítrio para escolher fazer o bem. Se como abstração filosófica esse argumento não se sustenta, como invocação prática aos cristãos para fazer o bem num mundo perverso foi extremamente bem-sucedido. No último ano de sua vida, Agostinho escreveu *Sobre o dom da perseverança*, em que expressava a crença de que é obrigação dos cristãos perseverar no mundo, resistir e ajudar a verdadeira Igreja, católica, a resistir também.

Com suas respostas aos maniqueus, donatistas e pelagianos, Agostinho construiu uma teologia coerente para a cristandade católica: profundamente pessimista em relação à natureza humana e suas possibilidades de aperfeiçoamento, mas decididamente inclusiva em face dos pecadores; descrente da salvação humana por meio das boas ações, mas enfática na exortação cristã a fazer o bem. Essa visão sombria, complexa e paradoxal viria a ser a base da teologia cristã ocidental.

Depois da calamidade do ano 410, o Império do Ocidente conservou uma existência meramente nominal. Quando o último imperador ocidental, Rômulo Augusto, foi afastado em 476, o trono imperial era um mero peão nos jogos de poder dos reis godos. Quando Odoacro, chefe germânico que controlava a maior força armada da Itália, depôs Rômulo e se proclamou rei, não imperador, o Império do Ocidente foi oficialmente declarado morto. O afastamento do último imperador passou praticamente despercebido e o império se dissolveu lentamente em suas partes constituintes.

As tentativas de os imperadores cristãos do Oriente — a principal delas a de Justiniano no século VII — reclamarem o Império do Ocidente só serviram para enfraquecê-los. Eram muitas as forças independentes a subjugar. Roma se tornara irrelevante, e os papas, líderes da Igreja católica isolados na capital do velho império, eram obrigados a fazer o jogo dos imperadores bizantinos e dos reis godos locais. A Igreja cristã romana sobreviveu ao império, mas seu futuro já estava em mãos alheias. Esse futuro dependeria das alianças de seus líderes com os novos soberanos do Ocidente para construir uma civilização universal baseada na visão sombria, pessimista e inspiradora, mas, acima de tudo, inclusiva, de Agostinho.

CAPÍTULO 6

# RELIGIÃO COMO CIVILIZAÇÃO
*A Criação da Cristandade Ocidental*

AS FASES DA HISTÓRIA que menos legaram indícios materiais ficaram abertas às mais variadas interpretações, dando amplas oportunidades para que o presente as marcasse com a sua própria visão. Os séculos subsequentes ao colapso do Império Romano do Ocidente foram, durante muito tempo, chamados de Idade das Trevas, epíteto que refletia os pontos de vista de nossos predecessores e servia como desincentivo a novas pesquisas — qual jovem e ambicioso historiador haveria de querer se especializar num período tão sombrio e desestimulante? E se é verdade que há muito se vê com circunspecção a ideia de que o "despertar" do Baixo Medievo está separado do Império Romano por séculos de caos e escuridão, muito pouco se ofereceu em seu lugar. Na última década, porém, houve uma enorme mudança de atitude. O período hoje conhecido como Antiguidade tardia, ou Alta Idade Média, tem sido objeto de uma avalanche de novos e interessantes trabalhos que põem em xeque quase todas as nossas suposições anteriores. Historiadores mais recentes lograram combinar evidências arqueológicas e documentais para escrever uma história diferente desse período capital na história da civilização ocidental.

NO ANO 400 D.C., a maior parte da sociedade europeia ocidental era constituída de pequenos grupos unidos por extensas redes de clãs falando uma miríade de línguas e dialetos. Alguns eram diretamente governados por Roma, outros faziam parte de sua rede de comércio, ao alcance, portanto, de seus impostos e sua riqueza. Quinhentos anos depois começava a surgir a geografia da moderna Europa Ocidental. Territórios de nações definidas o mais das vezes pela língua comum foram mais ou menos estabelecidos, bem como uma completa rede de dioceses e paróquias; todo um continente de crentes era governado por meio de um intrincado sistema de normas, regulamentos e leis eclesiásticas. No fim da Idade das Trevas, os monarcas europeus governavam em concordância com cortes de nobres cujo poder emanava do controle exercido sobre partes dos respectivos reinos. O conflito potencial entre o poder secular dos reis e o poder espiritual dos bispos e papas se convertera num relacionamento mutuamente vantajoso em que o monarca, mesmo permanecendo afastado da Igreja, recebia status eclesiástico por ser o protetor da fé. Nesse período, os camponeses chegaram a desfrutar um período de reconhecimento como homens livres, desonerados tanto dos punitivos impostos romanos que reduziam a maioria deles à pobreza quanto do sistema feudal ainda distante no futuro.

Os alicerces da civilização europeia foram todos lançados na chamada Idade das Trevas, mas os indícios materiais de sua formação são desalentadoramente pobres. Parte da culpa por essa obscuridade pode ser atribuída à prosperidade das épocas subsequentes: os construtores de igrejas medievais puseram abaixo as igrejas saxãs e merovíngias para erguer outras tantas sobre seus escombros, a expansão das cidades industriais destruiu a maior parte do tecido urbano daqueles tempos (vestígios dos mosteiros de Bede, em Wearmouth, e Jarrow estão enterrados debaixo da moderna Tyneside) e a intrincada rede de antigas "trilhas de monges", caminhos de mulas e estradas foi quase totalmente coberta por uma nova rede viária. As evidências documentais são escassas e, o que é pior, frequentemente enganosas — escritas muitas vezes por monges ávidos por mostrar ora o triunfo do cristianismo sobre as forças obscuras do paganismo, ora o advento da salvação nacional por meio da conversão à verdadeira fé. A despeito, porém, da virtual dissolução de muitos de seus marcos históricos, evidências recentes têm permitido aos historiadores apresentar uma nova visão dessa etapa de nossa civilização.

A visão aceita da Alta Idade Média é dominada pela ideia de que a unidade é, ou era, o ideal da civilização europeia. Os impérios de Roma e Carlos Magno trouxeram unidade política; a Igreja católica e a expansão franca de cerca do ano 900, unidade espiritual e cultural. Qualquer desvio dessas unidades "ideais" significava caos, anarquia e destruição. As invasões bárbaras posteriores ao ano 400 haviam destruído as estruturas unificadoras da civilização romana, mas o cristianismo lograra se sustentar em comunidades isoladas, de modo tal que, depois do ano 600, seus missionários puderam sair para as terras bárbaras da Inglaterra, Norte da Gália, Holanda e Alemanha a converter os pagãos. A cultura cristã viera à luz, mas nem mesmo Carlos Magno, o grande unificador, fora capaz de impor uma unidade política duradoura a um continente de reis bárbaros. A consequência teria sido o surgimento dos países da Europa.

Aprendemos que o colapso do Império Romano foi consequência e causa também de gigantescos afluxos de povos bárbaros. Contudo, a tentação de traçar linhas grossas sobre os mapas nos levava a exagerar as migrações ou invasões de certas "tribos"; mais provavelmente, a movimentação de povos e culturas foi gradativa, uma tendência contínua nascida de infindáveis mudanças de circunstâncias. Uma interpretação mais recente (ver Cunliffe) sugere que as fronteiras do império constituíam uma barreira à migração natural de povos do Leste para o Oeste e, mais tarde, do Norte para o Sul. Associadas às mudanças climáticas e ao desenvolvimento agrícola, essas migrações vinham ocorrendo havia séculos, trazendo pouco a pouco pequenos grupos do Leste para o Oeste da Europa. A conquista romana da Gália, da Germânia ocidental, da Dácia, da Britânia e de outras províncias fronteiriças, que resultou no estabelecimento de postos alfandegários e patrulhas de fronteira, deteve essas migrações, levando a um acúmulo de populações às margens do território imperial. A pressão populacional, não a fraqueza do centro, foi o que mais contribuiu para minar a autoridade romana nas franjas do império. Esses estrangeiros não foram excluídos do mundo romano: eram parte de seu sistema de comércio, absorviam seus hábitos culturais e negociavam com suas autoridades. Em troca de dinheiro e terras — um reconhecimento implícito de que os bárbaros precisavam de terras e de que o império as tinha disponíveis —, os bárbaros foram convidados a lutar pelo império e até a formar legiões em seu exército. Com o crescimento do número de bárbaros lutando pelo império, o poder se tornou difuso e a discórdia entre os vários grupos levou não propriamente ao colapso do império, mas à irrelevância da autoridade central.

Indícios da implosão do império aparecem na tortuosa história das tratativas de Alarico, o rei dos visigodos, com as autoridades imperiais. Na segunda metade do século IV, Alarico foi convidado por Teodósio a vir ao Império do Ocidente e recebeu o comando dos auxiliares godos de seu exército. Contudo, depois da morte do imperador, ele se dirigiu à Grécia e foi contratado pelo imperador oriental Arcádio para invadir a Itália, sendo derrotado pelas forças do novo imperador ocidental, Honório. Pago para mudar novamente de lado, reagiu ao não aparecimento do ouro prometido com a tomada e o saque de Roma em 410. Por essa época, a cidade de Roma era politicamente irrelevante: a corte do imperador se estabelecera em Ravena. Embora a captura de Roma tenha sido um espetacular acontecimento simbólico, os bárbaros tinham pouco interesse em destruir o império: eles vieram ao Sul em busca de terras e segurança, não de violência e incerteza. O movimento de seus povos, aparentemente dramático no retrospecto histórico, foi, na realidade, essencialmente gradual e pacífico.

Com a dissolução da autoridade central de Roma, as populações locais puderam ter maior controle sobre seus assuntos, mas não se tratou de mera transferência de poder: a economia do Império do Ocidente fora inteiramente colocada a serviço da sua sobrevivência. Ainda que diferentes províncias tenham desfrutado diferentes níveis de prosperidade ao longo do tempo, o sistema econômico funcionava fazendo circular a receita dos impostos por meio do exército e da administração civil, que a aplicavam em edifícios públicos, equipamentos, gêneros e assim por diante. Nesse sistema, as populações locais, mantidas em estado de virtual pobreza, com doenças e desnutrição disseminadas, eram incapazes de contribuir para a economia com algo mais do que os próprios impostos (ao contrário do que ocorria no Oriente, intensamente urbanizado). Quando a administração romana se retirou, o sistema entrou em colapso. Foi isso, não as destruições bárbaras, que fez mudar tão espetacularmente a geografia social da Europa Ocidental.

O modelo para os desenvolvimentos posteriores ao colapso fora estabelecido, pelo menos em algumas províncias, pela crise do século III. A ordem fora restaurada e o século IV foi uma época de estabilidade e prosperidade — particularmente nas províncias ocidentais da Gália e da Britânia —, mas o império começava a se tornar política e culturalmente fragmentado. O *patronus* local, governador ou magistrado nominalmente designado por Roma, tornava-se cada vez mais poderoso e autônomo. À medida que o contato com Roma definhava, o *patronus* se tornava o mediador das relações entre os cidadãos e os súditos, por um lado, e entre a lei e o coletor de impostos, por outro. O *patronus* contribuía para a estabilidade levantando fundos e tropas para Roma, enquanto mantinha sob controle os cidadãos e camponeses. (Esse foi o modelo do sistema feudal posterior.)

No Império Ocidental tardio, as necessidades, costumes e lideranças locais surgiram como importantes alternativas à cultura central dominante de Roma. À medida que se redescobriam as tradições artísticas e arquitetônicas locais, a arte e a decoração dos edifícios romanos dos séculos III e IV passavam a exibir sutis variações "nativas" sobre o estilo clássico romano. Os ricos construíam mansões e palácios no campo e nos subúrbios, não mais nas cidades, *villas* com mosaicos espetaculares, paredes de mármore, arcadas acortinadas e, o mais notável, banhos privados — passaram-se a valorizar mais os prazeres privados do que a exibição pública. Uma consequência dessa autonomia local foi, paradoxalmente, a romanização das populações locais. Ter mais controle sobre seus próprios assuntos trouxe às classes médias da Itália, Espanha, Gália e outras províncias um maior apreço pela cultura do império. Elas começaram a falar formas locais do latim, lançando as bases das línguas românicas e enfraquecendo a língua e a cultura célticas até mesmo na Gália rural. Os locais construíam *villas* rurais e usavam roupas e broches romanos. Até os bárbaros do Sul da Alemanha adotaram costumes romanos. Para esses provincianos autossuficientes, o império assumiu uma qualidade abstrata, encarnado mais pela pessoa do imperador do que pela própria cidade de Roma e suas instituições.

A cultura do império mudou também sob outros aspectos em suas décadas de declínio, mostrando, em particular, a crescente influência cristã. Os mosaicos de Óstia, porto situado na embocadura do Tibre, do século IV, remetem à arte clássica ao mesmo tempo que antecipam as representações medievais de rostos e figuras humanas. Durante quase mil anos, a vida ideal do espírito fora personificada pelo erudito clássico que olhava interrogativamente para o mundo cercado de livros e de pupilos. No transcurso dos séculos IV e V, tudo isso mudou: o ideal humano passou a ser o santo cristão. A estatuária recuperada em Óstia é marcada pela imobilidade e pelos olhares voltados para o céu e o interior da alma. A idealização clássica da figura humana foi abandonada. Destinados a estimular a espiritualidade, os retratos de santos e veneráveis se tornaram impressionistas e esquemáticos; por meio do formalismo e dos símbolos, a corrupção da carne deslocou o foco para a vida interior. Ao contrário, porém, do ocorrido com a maioria das religiões pagãs, o desenvolvimento da arte cristã mediterrânea pôs a humanidade no centro da criação. Ainda que de maneira muito distinta, as artes clássica e cristã coincidiram em representar a humanidade como uma criatura especial.

O colapso das estruturas de longa distância do Império Ocidental, físicas e econômicas, deu à luz uma Europa substancialmente diferente.

O Império do Ocidente remanescia como um eco fantasmagórico em cidades virtualmente abandonadas — exceção feita aos centros eclesiásticos — e numa economia rural baseada em infraestruturas de alcance meramente regional. Muito se tem falado do declínio da vida urbana — a população de Roma caiu de um máximo de 1 milhão para cerca de 20 mil habitantes no século VII e um terço das cidades da Itália foi totalmente abandonado —, mas a verdade é que as cidades romanas haviam sido construídas para um propósito que já não se sustentava. Era necessário o retorno à estrutura pré-imperial para que a Europa reconstruísse a sua prosperidade. Não devemos, porém, tomar o regionalismo, ou o modo de vida rural, como signo de caos e ignorância. A despeito da queda do produto total, a vida rural do Alto Medievo desfrutou as vantagens da ausência de interferência externa, de uma vida comunal forte e sustentada, da proteção contra a fome em larga escala e da relativa segurança. A versão de um império pacífico seguido de séculos de conflitos tempestuosos pareceria absurda aos incontáveis assentamentos rurais agora livres da autoridade e das taxações romanas.

Em vez de considerarem o fim do Império do Ocidente como sinal de declínio, historiadores recentes (ver Horden e Purcell) têm sugerido que, se a ascensão do império foi marcada pela "intensificação" da atividade em certos centros, seu declínio foi um sinal de "esmorecimento" e dispersão. A própria Roma diminuiu em importância e população, mas Constantinopla se tornou a maior cidade da Eurásia. A vida cultural, econômica e política do Ocidente se deslocou da cidade para o campo, levando consigo o cristianismo. Os mosteiros se converteram em centros de vida rural, não urbana, ao passo que reis e nobres viviam entre pavilhões de caça e mansões rurais. Os primeiros mosteiros da Europa Ocidental foram fundados em 415 nas imediações de Marselha, e, por volta de 540, São Benedito estabeleceu um conjunto de regras para a sua pequena comunidade nos elevados penhascos de Monte Cassino. Para algumas comunidades monásticas que se seguiram, o ambiente rural não bastava: acreditavam que nos lugares aparentemente mais tranquilos e remotos da Terra estariam mais perto de Deus. Assim se fundaram comunidades nas ilhas do litoral da Irlanda, em quase todas as ilhas da costa ocidental da Escócia, dentre as quais a famosa comunidade de Iona, Columba, e em lugares isolados da Inglaterra, como Lindisfarne, ou ilha Sagrada, no litoral nordeste no país. Não se tratava, para esses monges, de fugir da perseguição pagã, mas de viver em lugares que pareciam estar "a meio caminho entre o céu e a Terra". Incrustar-se no mundo natural — um instinto profundamente celta — era o seu modo de se aproximar de Deus.

Às antigas estradas romanas construídas para o tráfego pesado entre cidades se somou uma nova rede de vias vicinais de ligação entre comunidades cristãs e seculares. E embora o sistema romano de comunicações tivesse desaparecido, a sua rede ainda se estendia por todo o continente. Até as comunidades insulares eram bem servidas de redes de transporte; nos séculos VII e VIII o tráfego no mar da Irlanda era tão intenso, e seus assentamentos costeiros tão numerosos, que ele é chamado por alguns historiadores de Mediterrâneo do Ocidente. Fica claro que precisamos nos livrar da ideia de que os cristãos do extremo ocidente viviam isolados. Eles decerto acreditavam que Deus estava em toda parte e que o cristianismo podia ser praticado onde quer que houvesse céu, acima, e inferno, abaixo. Se a universalidade de sua crença tornou possível fundar comunidades cristãs em toda parte, sua ânsia de se comunicar e de pertencer a uma religião universal determinou que as mesmas escrituras fossem estudadas em Iona e Antioquia, Armagh e Alexandria.

Mesmo nos tempos de Roma, cerca de 90% dos europeus ocidentais viviam no campo. A dispersão rural propiciou ao cristianismo tornar-se a religião da gente comum do campo, o que por outro lado o obrigou a adaptar-se às necessidades de seus novos adeptos. A adaptação do cristianismo ocidental a uma variedade de aspectos das antigas culturas pagãs celta e germânica foi um processo sutil e inconsciente, mas que deixou copiosas evidências. Enquanto o cristianismo oriental, de herança judaica e raízes urbanas, se apegava totalmente à humanidade e à sua relação com Deus, a religião ocidental dava sinais de um maior interesse pelo mundo natural. Os sortilégios da colheita, a magia das plantas e animais "sagrados", a espiritualidade tangível das grandes florestas, as festas da primavera e solstícios de verão e inverno, sem falar de crenças específicas, como a natureza mágica dos objetos tríplices, foram todos incorporados à órbita cristã.

MAS SE O CRISTIANISMO se estabelecera tão solidamente no Império Romano e se as perturbações resultantes de seu colapso foram menos dramáticas do que se imaginava, qual teria sido, então, o verdadeiro lugar do segundo pilar da narrativa tradicional da Idade das Trevas — a conversão dos bárbaros? Temos aqui outra ilusão, uma criação mitológica para dizê-lo mais precisamente: a tradição do santo missionário. Para homens como Bede, que escreveu cerca de um século mais tarde, histórias de santos missionários, como os irlandeses Columba, Aidan e Columbanus, sem esquecer Agostinho, enviado de Roma à Inglaterra, falando suave e persuasivamente a reis guerreiros estupefatos, mas interessados, sobre a vida de Jesus e dos apóstolos, eram uma parte essencial da tradição cristã. A cultura oral dos povos atlânticos foi inteiramente colocada a serviço da criação de lendas, algumas das quais chegaram ao prelo. *A Vida de Santo Columba*, de Adamnán, e *A Vida de São Patrício*, de Muirchú, foram seguidos das vidas de São Columbano, de Santa Brígida e de São Cuthbert. O santo se tornava o herói legendário da cristandade. Todavia, essas histórias subestimavam a extensa rede de comunidades cristãs remanescentes da dissolução do império, mais fortes em alguns lugares do que em outros, é certo, mas em absoluto varridas por hordas pagãs, a julgar por todas as evidências, salvo as fantasias de autores cristãos posteriores. Como o império se concentrasse nas cidades do Ocidente, quando a vida urbana se contraiu, as comunidades cristãs se contraíram também. O entusiasmo com que os bretões da antiga zona civil (atual Inglaterra) assumiram a cultura dos imigrantes saxões (ver p. 124) talvez mostre como a sua própria cultura fora degradada pela ocupação romana, mas isso não significa que o cristianismo desaparecera da Inglaterra e da Gália por mais que a cultura germânica tenha representado um desafio para os cristãos. Na Gália pós-romana, os imigrantes encontraram um sólido sistema de bispados em que os líderes da Igreja atuavam como governadores provinciais de fato. Na Inglaterra, os saxões se depararam com uma organização eclesiástica mais débil, que teve de se adaptar à nova cultura. Não obstante, os saxões ingleses, tal como os francos e godos que emigraram para a Gália, eram familiarizados com o cristianismo, que consideravam uma dentre uma profusão de confissões religiosas.

Bede nos diz que Agostinho e seu séquito, em sua viagem de Roma a Kent, em 597, "cogitaram desistir da viagem àquele país bárbaro, violento e infiel, cuja língua eles nem sequer compreendiam, e voltar para casa". No entanto, escavações realizadas em West Heslerton, na parte leste de Yorkshire, e em West Stow, Suffolk, revelaram que o mundo dos pagãos anglo-saxões não era mais perigoso ou belicoso do que qualquer outro. Suas comunidades eram estáveis e suas vidas relativamente pacíficas. Eles tinham valores ligados ao mundo natural em que viviam, excepcionais habilidades artísticas e uma cultura oral profunda, de complexa tecitura. Alguns líderes anglo-saxões foram hostis aos emissários por acreditarem que o cristianismo ameaçava esses valores — afinal, Agostinho fora enviado de Roma — cidade que era sinônimo de poder e controle externo — para converter os ingleses.

Enquanto a parte inglesa da Grã-Bretanha adotou a cultura germânica dos imigrantes saxões, o oeste da ilha e a Irlanda desenvolveram um cristianismo que reconhecia em Roma o centro da Igreja mesmo sem jamais ter feito parte do império. Paradoxalmente, essas comunidades "atlânticas" adotaram o cristianismo (talvez por estar fundamentalmente de acordo com seus próprios costumes), mas continuaram imunes às culturas romana e saxã.

Uma rede de comunidades cristãs sobreviveu ao recuo da administração romana, porém num mundo e numa Igreja que não tinham qualquer centro governante. A ideia de Roma era fortemente sentida, as igrejas se reforçavam com sua conexão com essa cidade quase mítica, mas durante séculos mal se percebeu que a Igreja era dirigida desde Roma. A despeito do poder simbólico que vieram a adquirir, as legendárias viagens de missionários, e até papas, através dos Alpes foram amplamente irrelevantes para as comunidades cristãs do Norte. Bem ao contrário, as comunidades cristãs remanescentes começaram a construir, de maneira gradual e espasmódica, um novo tipo de relação com os governantes do Norte e do Oeste. À medida que os reinos do Ocidente emergiam do agrupamento de nobres numa única corte, os eruditos, monges, bispos e leigos cristãos passaram a representar um atrativo séquito para os novos monarcas. A célebre conversão do rei Edwin da Nortumbria, em 627, foi descrita por Bede como produto de um longo debate sobre os méritos da nova religião entre o rei e seus sábios conselheiros. Na realidade, a esposa de Edwin, irmã do rei de Kent, já era cristã e é provável que outros cortesãos fossem também. O batismo de Edwin em York pode ter sido, como o de Constantino três séculos antes, um ato de reconhecimento da importância crescente da fé entre seus súditos.

A precedente conversão de Clóvis, rei dos francos, em 496, foi retratada um século depois por Gregório de Tours como um grande triunfo da Igreja católica. Os francos haviam ocupado o noroeste da Alemanha e os Países Baixos e, com a extinção da fronteira romana, estendido sua influência ao Norte da Gália. No fim do século V, eles tomaram quase todas as rotas de comércio mais importantes do Norte da Europa, bem como as mais ricas terras agricultáveis. Em boa parte da Gália, os governadores e bispos locais permaneceram em seus postos enquanto o império se desintegrava a seu redor. No Sul, os ostrogodos haviam se estabelecido temporariamente em algumas regiões e assumido o controle de outras. Embora fossem cristãos arianos, quase não há indícios de choques religiosos entre eles e os católicos que as habitavam. Gregório garante que os francos foram intocados pelo cristianismo, mas é pouco provável que isso seja verdade. Remígio, bispo de Reims e governador residual de parte da Gália, convenceu Clóvis de que ele muito teria a ganhar com o apoio da rede de cristãos católicos. A sua conversão lhe rendeu não apenas a cooperação dos povos locais da Gália, como a liderança secular do cristianismo, conferida pelos bispos católicos, o que lhe permitiu "libertar" os verdadeiros cristãos de seus conquistadores arianos com a plena autoridade da Igreja. Ao que parece, Clóvis assumiu a religião predominante de seus compatriotas adotivos; sua conversão foi, como as de Constantino e Edwin, uma astuta decisão política. O relato, por Gregório de Tours, do batismo do rei no dia de Natal do ano 500, na cidade de Reims, mostra que a Igreja já estava consolidada: "Ruas ensombrecidas por penduricalhos coloridos e igrejas adornadas com flâmulas brancas; no bem-composto batistério, nuvens de fumaça dos incensos e o cintilar dos círios perfumados; toda a igreja ao redor do lugar do batismo exalava uma fragrância divina."

Essa espetacular descrição confere uma aura romântica à lenda cristã, mas não dá conta do crescente senso de propósito comum entre as comunidades cristãs e os proprietários de terra, nobres e monarcas do Ocidente. Além de conveniência política, as pessoas esperavam de sua religião resultados práticos e orientação. Mais do que ao perdão, a fé cristã estava associada ao julgamento e ao ajuste de contas. Em pouco tempo os bispos cristãos iriam assinalar o sucesso dos francos como prova de que Deus protegeria também outros líderes de seus inimigos e daria a vitória aos seus exércitos. O cristianismo trouxe também a importantíssima aptidão do letramento; ter padres e bispos letrados como cortesãos dava prestígio aos príncipes, aos olhos de seu próprio povo como dos outros líderes.

EM CONTRASTE COM o passado romano e o Baixo Medievo ainda longe no futuro, a Alta Idade Média nos deixou pouco monumentos além de seus mosteiros. Mas a cultura desses séculos estava menos interessada em edifícios de pedra como símbolos de poder e proteção do que no costume das doações. A doação, pela nobreza, de ornamentos de ouro, cálices, tapeçarias, livros, relíquias e até filhos à Igreja os colocava numa relação mutuamente vantajosa. Em retorno, os doadores recebiam bênçãos e missas pelas almas de parentes falecidos. Não lhes parecia necessário mandar construir grandes catedrais. Fazer donativos às ordens religiosas lhes permitia ampliar suas obras no mundo secular, hospitais, por exemplo, onde os doentes eram exortados a rezar por suas almas.

Ainda que o cristianismo ocidental tenha abraçado muitas manifestações culturais dos povos adeptos, o analfabetismo generalizado determinou que se concentrasse não em palavras, mas em imagens, espetáculos e rituais; a forma da fé tinha precedência sobre o conteúdo. O serviço católico foi teatralizado e a cruz, convertida em símbolo de devoção; as palavras da missa e dos Salmos eram cantadas em vez de faladas; a representação visual de personagens sagradas na forma de ícones se tornou cada vez mais importante. Ler as palavras de Cristo era menos importante do que senti-las num ambiente dramático. A transformação do cristianismo numa religião mágica trouxe aos mundos mediterrâneo e ocidental uma enxurrada de ícones e relíquias imbuídos de propriedades milagrosas e converteu padres e bispos em agentes diretos da nova divindade. Foi nessa atmosfera que se construiu a mitologia dos santos; a associação com algum deles era de grande valor para monastérios e abadias, que desse modo aumentavam seu poder espiritual e a quantidade e valor das dádivas recebidas.

A Igreja medieval primitiva foi desprezada por historiadores intelectuais. Situada entre os pais da Igreja latina dos séculos IV e V — Jerônimo, Ambrósio e Agostinho — e os filósofos do Alto Medievo — Abelardo, Tomás de Aquino e Guilherme de Ockham —, ela parecia ter pouco a oferecer. Mas a imensa tarefa cumprida pela Igreja nesses séculos foi de natureza prática. Além de trazerem os europeus ocidentais, sua nobreza e seus monarcas para a fé e construir um sistema de cooperação e intercâmbio entre os mundos secular e espiritual, os cristãos formularam, passo a passo, um intrincado conjunto de regras para a vida cristã — aquilo que um historiador chamou de "cristianismo aplicado" (ver Brown, 2003). Agostinho propusera uma concepção de vida cristã, mas o que ela significava na prática? Em meados do século VI, Benedito, abade fundador de Monte Cassino e pai do monasticismo ocidental, escreveu a sua *Regula Monachorum*, um conjunto de regras a serem seguidas pelos monges;

pouco depois, Gregório, o Grande, monge e papa beneditino, expediu a sua *Regula Pastoralis*, um manual de instrução espiritual destinado a bispos e padres contendo regras para o cuidado pastoral das almas. Essas obras estabeleceram o modelo para a comunidade cristã: embora obrigada a conviver com seculares e oferecer-lhes orientação, ela jamais deveria se deixar seduzir pelas armadilhas da riqueza e do poder. Delas surgiu uma profusão de conselhos e orientações aos cristãos comuns: sobre quando era certo matar ao arrepio do sexto mandamento; sobre os diversos níveis de pecado; sobre a diferença entre crime e pecado e quem deveria decidir a punição; sobre a possibilidade de se atingirem fins honestos com meios enganosos; sobre se era pecado emprestar dinheiro a juros; sobre se as estátuas de Cristo eram objetos de "idolatria" ou meros auxiliares no culto; e milhares de outras questões práticas. Em face do deus cristão vingativo, era importante compreender as regras de comportamento que ajudavam a evitar a eterna danação.

DO SÉCULO VIII em diante, os reinos do Ocidente começaram a se mesclar, rompendo os antigos territórios definidos pelos romanos para abranger regiões cada vez maiores. Nessa época, a Inglaterra compreendia seis treinos — Cornualha, Wessex, Mércia, Kent, Anglia Ocidental e Nortumbria —, mas o Oeste do continente era dominado pelo reino franco, que se estendia da Renânia ao Atlântico, incluindo toda a França atual, à exceção da Aquitânia. Essa vasta área era governada pelos reis merovíngios, sucessores de Clóvis, sobre a base de uma aliança de líderes de clãs que deles recebiam prestígio e influência em troca da provisão de guerreiros. Os nobres recebiam terras, o que implicava a necessidade de mais conquistas e maior debilitamento do poder central. Dado que a morte de um rei merovíngio implicava a divisão do reino entre todos os seus filhos, o poder foi se fragmentando no decorrer do tempo. Desse processo resultou um reino franco marcado por grande diversidade e dispersão.

A geografia política da Europa Ocidental foi bastante fluida até o século VIII. Os reis dominavam alguns territórios, mas os líderes locais e regionais eram, às vezes, mais dominantes, embora mesmo esses tivessem controle meramente nominal sobre suas terras, cujo principal foco de existência era a aldeia produtora de alimentos. Mais do que territórios, ou povos, os monarcas comandavam cortes de nobres. As fronteiras eram maldefinidas e amiúde irrelevantes, e as diferenças étnicas pareciam importar pouco. É preciso também ter claro que, mais do que grupos étnicos definidos, *francos, saxões* e *visigodos* são para nós convenientes abreviações para designar os habitantes de determinadas regiões. As grandes fronteiras do Império Romano — o Reno, o Danúbio e o Muro de Adriano — haviam se dissolvido e dado lugar à livre movimentação consuetudinária de pessoas e bens. Essa situação começou, porém, a mudar no século VIII. O exame dos conflitos resultantes nos propicia um entendimento mais claro da relação entre o sistema de reinos e a Igreja latina ou católica.

Os reis merovíngios dominaram boa parte da Europa Ocidental desde suas terras de origem nos Países Baixos, mas apenas nominalmente. As vilas, propriedades rurais, regiões e condados do Ocidente eram autônomos em diferentes graus, com pouquíssima conexão de qualquer natureza com o centro. No fim do século VIII, a influência merovíngia se exauriu no sudoeste da Gália; a leste da Renânia ficavam os frísios e saxões, e mais a leste os poloneses, lituanos, alamanos e ávaros. As fronteiras eram praticamente inexistentes, com movimentação e comércio contínuos entre os diferentes grupos. Os frísios e saxões eram, no entanto, diferentes de seus vizinhos francos na rejeição ao cristianismo e seus respectivos arranjos sociais e políticos, por força da localização de seus assentamentos entre o litoral do Mar do Norte, suas ilhas e seus rios (ver Capítulo 1). A partir do século V, talvez antes ainda, os frísios e saxões começaram a migrar, por via marítima, para o Leste da Inglaterra, que veio a se tornar parte de uma próspera rede de comércio. Os assentamentos do Ouse, Humber e Tâmisa miravam uns aos outros e aos seus primos do Ems, Weser e Elba, todos alcançáveis em poucos dias de viagem por mar. Para os anglos e nortumbrianos, a Frísia e o norte da Saxônia, com seus rios correndo para o interior, eram o portal de entrada da Europa. No século VIII, a saxônia ainda era governada por nobres que só elegiam um rei em tempos de guerra e, ao contrário dos soberanos saxões ingleses, permaneciam ligados aos seus antigos costumes religiosos. Não obstante, o comércio através da Frísia garantira a prosperidade dos saxões; seus agricultores e comerciantes eram tão ricos quanto qualquer nobre franco e os portos do mar do Norte, maiores e mais movimentados do que as cidades francas. A prosperidade desses pagãos sem rei desafia a suposição posterior de que a civilização é produto exclusivo do cristianismo e de seus reis.

Pouco depois do ano 700, a corte merovíngia passou ao controle da família que administrava o palácio real. Seu chefe, Carlos Martel, convenceu as aristocracias das duas mais importantes regiões francas, Nêustria e Austrásia (Norte da França, Bélgica e Renânia setentrional), de que, unidas, elas poderiam conquistar imenso poder e riqueza. A natureza diversa e localizada do comércio europeu e a dispersão do poder desde a retirada da autoridade romana haviam diminuído a força da aristocracia em suas próprias terras. Ela não tinha autoridade nem poder para controlar, e o mais importante, taxar os agricultores e comerciantes que se consideravam, essencialmente, homens livres. Carlos Martel mudou essa situação transformando a aristocracia franca num formidável exército, disposto e capacitado a empregar força esmagadora para pôr de joelhos a sua própria população e a dos territórios circundantes. Nos cinco séculos seguintes, a maior parte da Europa foi submetida, como veremos, ao controle franco, mas o impacto mais imediato foi sobre o próprio povo franco e seus vizinhos.

Sob Carlos Martel, os proprietários de terra, dentre os quais mosteiros e bispos, começaram a impor maior controle sobre os camponeses mediante a instituição e aplicação de sistemas de obrigações "senhoriais" e feudais. Assim se desenvolveu um tipo particular de sociedade em que as terras e os tributos eram ligados ao poder militar e político. O camponês era vinculado à terra e servia ao senhor, que por sua vez servia ao rei. As férteis terras agrícolas da Nêustria e Austrásia produziam excedente bastante para tornar extremamente rica a nobreza franca.

O sucesso do novo sistema levou os francos a buscar outras terras para explorar. Carlos tomou a maior parte do Sul da França depois de derrotar os exércitos árabes em Poitiers e, ato contínuo, voltou sua atenção para o Leste. As terras de fronteira entre a Austrásia e a Saxônia foram incorporadas ao sistema franco, mas a Saxônia propriamente dita resistiu. Pela primeira vez desde o Império Romano se materializou uma fronteira nova e bem definida: a oeste ficavam as terras francas, rigorosamente submetidas a um sistema político de servilismo, impostos e submissão, comandado por uma corte cristã ilustrada e centralizada; a leste ficavam as terras dos frísios e saxões, uma fluida sociedade de agricultores, mercadores e líderes regionais adeptos de uma cultura oral e pagã. Depois de três séculos, a linha divisória entre civilizados e bárbaros fora restabelecida. Para nós, que estudamos o passado, é significativo que os autores de histórias estivessem todos de um mesmo lado dessa fronteira; o preço de entrar para a história escrita foi tornar-se cristão, franco e civilizado.

Depois da morte de Carlos Martel, ainda o "prefeito do palácio real", os nobres e bispos francos escolheram como rei o seu filho, Pepino, e em

751 buscaram a sanção do papa para substituir um rei cristão por outro. Um pedido curioso, porque, apesar de conservar a liderança nominal da Igreja Ocidental, o papado romano tinha pouca relevância nos assuntos dessa parte da Europa. Depois de ver recusado, em Bizâncio, o seu pedido de anulação da dívida da Igreja romana, o papa Estêvão enfrentou uma iminente bancarrota. Roma era um pálido reflexo dos tempos de Augusto, embora ainda uma visão impressionante. Cristãos irlandeses, ingleses e francos que viajaram à Cidade Eterna na expectativa de encontrar uma vasta semirruína não se decepcionaram: viram imensas igrejas assombradas pelos fantasmas das muralhas, praças e estradas imperiais, tendo ao centro um papa empobrecido, mas agarrado à grandeza de sua função. Para agravarem as atribulações de Roma, enquanto os bizantinos cuidavam de conter os ataques árabes a Leste, os lombardos tomavam suas possessões no Norte da Itália. Roma estava cercada de forças hostis.

Em 753, Estêvão viajou de Roma a Pavia, no Norte da Itália, para negociar com Astolfo, rei dos lombardos, que recusou seus pedidos de exoneração dos impostos impagáveis e um papel na Igreja lombarda. De Pavia, Estêvão saiu em sua histórica viagem para se encontrar com Pepino, agora rei dos francos. Era a primeira vez que um papa atravessava os Alpes, dando as costas ao Mediterrâneo em busca de novos aliados no Norte. A viagem de Estêvão se revelou mutuamente vantajosa. Embora tivesse pouco a ganhar, do ponto de vista estratégico, com a presença do papa, Pepino acalentava a visão grandiosa de um império cristão governado por sua família e sancionado pelo representante de Deus na Terra. Estêvão, por seu turno, depois de rejeitado por bizantinos e lombardos foi bafejado pela fortuna ao escolhê-lo como aliado. Sua determinação valeu a pena: a viagem através dos Alpes simbolizou uma mudança de coordenadas no mapa do poder europeu — do Mediterrâneo para o Oeste e o Norte.

Num ritual deliberadamente reminiscente ao Velho Testamento, Pepino foi ungido rei por Estêvão, que, em troca, expulsou Astolfo e seus adeptos da Itália. Os francos puderam dar ao papa uma faixa de território, na Itália central, que incluía o enclave bizantino de Ravena, pondo um ponto final à influência bizantina no Ocidente. Graças à aliança de Estêvão com Pepino, o papa se tornou senhor de seu próprio território e chefe incontestado da Igreja católica ocidental. As riquezas e terras tomadas aos lombardos pelos francos foram distribuídas entre a sua aristocracia e a Igreja romana, beneficiada com generosas doações.

A aliança entre o papado e os francos exerceu uma profunda influência sobre Carlos Magno, filho e sucessor de Pepino, que reinou durante 46 anos a partir de 768 com a firme determinação de conquistar os territórios vizinhos e convertê-los ao cristianismo católico "com uma língua de ferro". Em 772, ele invadiu a Saxônia pelas mesmas estradas usadas oito séculos antes por Augusto, deparando-se com a mesma resistência. Seus exércitos destruíram os sagrados lugares de culto dos saxões, mas estes, por terem muitos líderes, eram quase impossíveis de derrotar. Visitas a Roma reforçaram em Carlos Magno a ambição de construir um império e lhe deram uma percepção épica e brutal do poder. A campanha contra os saxões foi intensificada com a remoção forçada de aldeias e o cerco e destruição de suas colinas fortificadas. Ao mesmo tempo, membros da nobreza saxã eram persuadidos a trair seu povo com promessas de mais poder sobre os camponeses. Por ordem de Carlos Magno, 4.500 prisioneiros saxões foram decapitados em Verden no ano de 782.

Nas palavras de Einhard, secretário e biógrafo de Carlos Magno, a paz finalmente acordada estabelecia que "os saxões deveriam renunciar ao culto pagão e às cerimônias religiosas de seus antepassados; aceitar os artigos de fé e práticas cristãs; e, uma vez associados aos francos, formar com eles um único povo". As mesmas condições foram impostas a quase todos os povos da Europa continental submetidos pelos exércitos carolíngios. A leste, seu avanço por terras germânicas chegou até o canato ávaro na Hungria e ao sul até o rio Ebro, na Espanha, para além do qual as forças árabes foram obrigadas a recuar. Todos os cultos locais, fossem pagãos ou cristãos, foram abolidos e qualquer desvio da fé católica era rigorosamente punido nos termos do "Capitular da Saxônia" de Carlos Magno: "Quem seguir ritos pagãos [ou] (...) sofrerá pena de morte por manifesta infidelidade ao senhor seu rei."

No ápice de sua força, o reino de Carlos Magno se estendia dos Pirineus ao rio Oder e do Mar do Norte a Roma. Toda a Europa Ocidental, à exceção da Grã-Bretanha e da Península Ibérica, fora submetida a um único poder, com fronteiras rigorosamente definidas e controladas. Carlos Magno impôs a esse território uma organização inteiramente baseada na cultura franca. No tempo de seu avô, os monges vinham da Irlanda e Inglaterra para pregar aos pagãos da Frísia e Saxônia — Willibrord e Bonifácio eram ambos adeptos da tradição cristã dos andarilhos ou *peregrinos*. Todavia, as conquistas de Carlos Magno e a rigorosa imposição do cristianismo mudaram o caráter das viagens. Em vez de converterem pagãos, os padres se dedicavam agora à educação e "correção" da população para que seguisse costumes católicos. Não se tratava, porém, de mero autoritarismo: dada a crença generalizada de que Deus aguardava a humanidade para puni-la por seus pecados, era imperioso erradicá-los.

Desejoso de instruir-se também, Carlos Magno se voltou uma vez mais para a então célebre escola cristã do Nordeste da Inglaterra. Alcuíno de York, herdeiro da reputação erudita de Bede, viajou ao novo palácio de Aachen (sintomaticamente construído no campo) para ser seu conselheiro espiritual. Quanto aos súditos, além de adquirirem os costumes corretos que fariam deles bons cristãos deviam também ser bons francos. A submissão ao Senhor Deus era correspondida pela deferência, lealdade e sujeição ao único senhor secular. Carlos Magno soube como ninguém criar em sua corte um clima de absoluta lealdade, combinada a um sistema de amizade formal que servia de modelo para seus aristocratas. Por outro lado, na rigidamente hierarquizada sociedade franca, qualquer tentativa de formar organizações comunais — guildas e fraternidades, por exemplo — era impiedosamente reprimida. A difusão das instruções escritas propiciou também a imposição, como na Grécia e Roma antigas, de códigos legais. A lei romana foi reintroduzida, ora ao lado, ora em substituição às regras consuetudinárias das populações locais.

Carlos Magno foi declarado césar, ou imperador, no dia de Natal do ano 800, pelo papa Leão. Não foi, nesse caso, tanto a unção de um rei súdito quanto uma desesperada tentativa, por parte do papa, de cair nas graças do homem mais importante da Europa e granjear influência sobre a cristandade. Apesar dos esforços de Estêvão meio século antes, o cristianismo ocidental continuava sob controle de gente do Norte — principalmente Carlos Magno e quaisquer eruditos que ele convidasse à sua corte. O papa precisava entrar nesse círculo encantado. Os doutos monges de Aachen, encarregados de dar direção espiritual ao reino de Carlos Magno, ajudaram também a criar uma história mítica do cristianismo ocidental com Carlos Magno em seu pináculo — o que era inteiramente compreensível: era importante para a corte de Aachen criar uma "narrativa da civilização" que explicasse o seu próprio lugar na história. Alcuíno, em particular, sabia dos ataques vikings à costa de sua terra natal, que interpretava como um sinal da insatisfação de Deus com seu rebanho. Einhard, biógrafo e contemporâneo de Carlos Magno, era de opinião que o imperador recebera de Deus um grande poder precisamente para conduzir os fieis com rédeas curtas.

*Carlos Magno e seu pai transformaram os fluidos territórios do século VIII num império controlado e centralizado.*

Esses autores, que a exemplo de Bede viam no passado e a toda volta somente escuridão pagã, descreveram os séculos merovíngios como uma época de trevas, barbárie e ignorância, induzindo seus pósteros a falar de uma "Renascença Carolíngia" no século VIII. Ambas as caracterizações eram enganosas, mas serviram para insuflar a presunção franca e justificar sua brutalidade. Até mesmo as minúsculas carolíngias do alfabeto romano, atribuídas à corte de Carlos Magno, provieram da labuta de gerações de escribas que trabalhavam nas cortes dos reis "bárbaros", ao passo que o desenvolvimento ou restauração do latim "correto" por Alcuíno e outros (oriundos de regiões onde havia séculos não se falava latim) impôs uma nova barreira entre a vida intelectual e o cotidiano. Supondo estar falando o latim herdado dos romanos, os habitantes da Frância, Itália e Espanha de começos do século IX usavam, na verdade, uma forma primitiva do francês, ininteligível aos latinistas eruditos. Alcuíno o rejeitou como bárbaro. Inacessível às pessoas comuns, o latim eclesiástico se tornou a língua

# RELIGIÃO COMO CIVILIZAÇÃO

*Luís, filho de Carlos Magno, dividiu o império entre seus três filhos, base para a futuro desenvolvimento da França, Borgonha e Alemanha.*

da elite instruída, de uso obrigatório na liturgia católica — a língua em que os homens falavam com Deus.

Carlos Magno queria criar uma sociedade cristã na forma de um Sacro Império. Os monges e bispos cristãos, por sua vez, inspirados pela Cidade de Deus de Santo Agostinho — que lhes exortava a não se resignar à perversidade do mundo, mas mostrar como deveria ser governado —, começavam a cogitar novas estruturas políticas. Se Carlos Magno queria recriar a majestade do Império Romano unindo a Sé romana ao seu império, a Igreja mirava um Estado governado pelas doutrinas cristãs. Ao integrar a Igreja romana à Europa Ocidental em lugar da mediterrânea, Carlos Magno determinou, com seu poder e ambição, o curso da história do Ocidente nos cinco séculos seguintes. O Estado por ele criado atendeu aos desejos de muitos europeus — um império cristão, apoiado numa corte adepta da devoção e do saber e empenhado na conversão ou destruição das tribos pagãs em suas fronteiras. Seu preço foi a supressão da diversidade e a influência cada vez maior da Igreja na política e na educação. Ao recriar a cristandade latina e colocar o cristianismo no centro dos assuntos do Estado, Carlos Magno colocou também o Estado no centro dos assuntos da Igreja.

O REINO DE Carlos Magno marca o fim da primeira fase da Idade Média, mas não durou muito. Em 843, seu filho e sucessor Luís, o Pio, dividiu o império entre seus três herdeiros, gerando um reino ocidental (francês), um reino oriental (alemão) e um reino intermediário. Os conflitos resultantes dessa divisão foram, por sua vez, exacerbados pelos ataques crescentes dos escandinavos, ou vikings, e pelas incursões dos magiares e eslavos. Não obstante, o poder do componente franco-germânico foi assegurado por Oto I, rei a partir de 936 e imperador de 962 até sua morte, em 973. Os exércitos de Oto derrotaram os invasores magiares, empurraram os eslavos de volta aos Bálcãs e tomaram a maior parte da Itália. Assim, o povo germânico se tornou, e continuou sendo, a força dominante da Europa Central. No ano 1000, os invasores escandinavos e seu povo já estavam integrados à cultura cristã da Europa Ocidental.

O coração do poder franco era o cinturão de terras férteis da Normandia, Champagne, Savoia, Flandres, Brabante, Borgonha, Renânia, Suábia e Baviera. As famílias proprietárias dessa região viriam a ser, no Baixo Medievo, senhoras da Europa. Estamos acostumados a pensar na Idade Média como uma época de estagnação, à espera de que a Renascença italiana desse à Europa o impulso para a modernidade. Todavia, o núcleo motor da prosperidade europeia se estabeleceu por volta do ano 1000 e se desenvolveu no decorrer dos três séculos seguintes, alimentando as ambições expansionistas da sua aristocracia. Seus primeiros beneficiários foram as grandes famílias francas — Joinville, Grandmesnil, Guiscard e outras —, cujas vastas propriedades e imensos benefícios lhes proporcionavam receitas de impostos e comércio e, com o crescimento do comércio e da manufatura, da venda de seus produtos às cidades. Mas a terra continuou sendo a chave da sua riqueza, apesar de sua limitada extensão no coração do território franco.

Seus proprietários eram cavaleiros da corte do imperador que a haviam obtido por via de herança e serviço militar. Os cavaleiros francos, que tinham acesso a armaduras de ferro e armamentos fora do alcance de seus inimigos menos abastados, formavam esquadrões de cavalaria pesada em que cavaleiro e cavalo iam protegidos por uma blindagem impenetrável. Durante trezentos anos, de mais ou menos 930 a 1250, os francos tomaram tudo o que viram pela frente. Depois de recuperarem o controle da França e da Alemanha ocidental, percorreram a Europa, invadindo, conquistando e, em graus diversos, ocupando a Inglaterra, parte de Gales e da Irlanda, a Sicília, a Grécia, o Sul da Itália, a Boêmia, a Morávia, a Estônia, a Finlândia, a Áustria, a Hungria, a Silésia e, finalmente, Castela e Aragão. A conquista normanda da Inglaterra a partir do ano 1066, considerada pelos ingleses um acontecimento de enorme importância histórica, foi parte de um processo muito mais amplo de expansão franco-normanda — os normandos eram, na origem, escandinavos estabelecidos no Norte da França e integrados ao sistema franco. Os francos ora lutavam contra pagãos, ora contra muçulmanos, ora contra os próprios cristãos. Por meio de conquista, casamento e colonização, em 1300 a nobreza franca se estabeleceu como senhora ou força dominante de quase todos os reinos da Europa. A aristocracia resultante dos casamentos realizados pelos francos nos estratos mais elevados das sociedades locais deu origem às nobrezas nacionais da Europa Ocidental.

Os francos levaram não apenas o cristianismo católico, mas também o seu sistema feudal já bastante aperfeiçoado, a sociedades com modos de vida inteiramente distintos. Na França, o feudalismo se desenvolveu por via da gradual afirmação do poder aristocrático; nos países conquistados — Inglaterra, por exemplo — foi brutalmente imposto em cumprimento a acordos firmados entre monarcas e nobres previamente à conquista. Depois de 1066, William I concedeu bispados, ducados e propriedades a nobres normandos em troca de serviços e em reconhecimento aos vínculos feudais existentes em seu país de origem. De acordo com o *Domesday Book*,* os mais importantes proprietários de terras de todos os condados ingleses eram, invariavelmente, nobres normandos. A enfeudação das novas propriedades, marginalizando pequenos agricultores independentes em favor dos grandes proprietários, marca uma significativa mudança na estrutura fundiária europeia. O domínio, propriedade ou conjunto de propriedades grande o bastante para garantir o abastecimento nos anos de má colheita

---

* Registro do censo realizado na Inglaterra, em 1086, por ordem de Guilherme I. (N.T.)

e defender a terra contra os intrusos se tornou a unidade social da Europa franca.

Os costumes locais sobreviveram dentro do sistema feudal, pelo menos em alguns lugares. A aldeia de Laxton, em Nottinghamshire, até hoje reúne a sua corte comunal anual para demarcação de limites e alocação de terras para o ano seguinte. Geralmente descrita como corte feudal, essa prática remonta, na verdade, ao sistema pré-feudal anglo-saxão. De modo análogo, em muitos lugares os aldeões elegiam o seu próprio bailio, ou inspetor, e seguiam cuidando de seus assuntos sob a supervisão do senhor.

A administração de boa parte da Europa franca era conduzida por agentes locais, chamados condes. O conde, eco distante do *patronus* romano, era o nobre ou governador local que coletava impostos em benefício próprio e do monarca, presidia a corte do condado algumas vezes por ano e comandava as tropas locais em batalha. O papel dos condes e nobres menores implicou um crescente entrelaçamento dos estamentos civil e militar da sociedade, fazendo dos generais do rei, na prática, os administradores civis da Europa Ocidental.

A fusão do militar com o civil foi o alicerce da sociedade feudal. Um complexo sistema de benefícios, acordos, enfeudações, cartas e escrituras ligava não apenas o servo ao seu senhor, mas também o mais reles escravo ao nobre mais ilustre e daí ao rei. Os acordos se estendiam a todas as camadas sociais, vinculando a totalidade da população a uma única rede de relações legais, políticas, sociais, militares e econômicas. A legislação vigente em certos reinos francos, como a Inglaterra, determinava que a totalidade das terras do pai fosse herdada pelo filho mais velho. Criou-se assim o fenômeno dos filhos mais jovens sem-terra. À parte a necessidade de possuir terras por motivo de status, nenhuma mulher de origem nobre se casava com um homem que não tivesse terras. A solução era ampliar as conquistas.

A mais significativa resistência à implacável expansão da Igreja latina e da nobreza franca foi a dos islâmicos do Mediterrâneo oriental, conquistado num prazo notavelmente curto por uma nova força cultural cuja ascensão, a partir da Península Arábica, marcou o século VIII. Depois de tomar Damasco em 635, Jerusalém em 638 e Alexandria em 646, os exércitos islâmicos rumaram para leste e capturaram Basra em 656, Cabul em 664 e Samarcanda em 710. A oeste, incursionaram pelo Norte da África, tomando as cidades bizantinas que Justiniano havia recuperado aos vândalos e penetraram na Espanha em 711; em 730 já se haviam assenhoreado da Península Ibérica e avançado rumo ao norte até Poitiers. Ao norte, cruzaram a Ásia Menor, para chegar, em 673, às muralhas de Bizâncio, que sobreviveu a um primeiro assédio de cinco anos e a um segundo em 717-18.

O impacto da expansão árabe islâmica sobre a Igreja cristã oriental foi devastador. O cristianismo fora durante séculos a religião dominante na Síria, Pérsia, Egito e Palestina e fazia incursões na Arábia. Tudo isso se perdeu. Bizâncio já não era um império, mas uma cidade com uma hinterlândia cercada de forças hostis, e assim se manteve, em esplêndido isolamento, durante os setecentos anos seguintes.

No fim do século VII, os califas do mundo árabe muçulmano estabeleceram uma nova corte em Damasco. Em meados do século VIII, os muçulmanos da Pérsia se rebelaram contra o califado omíada de Damasco e fundaram o califado abássida, que governou o mundo islâmico pelos 500 anos seguintes, a partir da recém-fundada cidade de Bagdá, situada bem a leste. Embora famílias árabes reinassem em Bagdá, também esse era um império dominado pelos persas. Harun al-Rashid, califa a partir de 786, e seus sucessores voltaram as costas ao Mediterrâneo oriental em favor de seus antigos interesses mesopotâmicos e persas, capitaneados pelo comércio com a China via golfo Pérsico e Rota da Seda. Enquanto Carlos Magno enviava presentes a Haru-al-Rashid e os viajantes europeus retornavam com histórias de incomparável opulência, os persas e árabes não se davam ao trabalho de ir irem à Europa. As grandes cidades portuárias do Mediterrâneo oriental, como Éfeso, Antioquia, Biblos, Sidon, Tiro, Cesaria, Joppa e Gaza, durante tanto tempo as encruzilhadas do mundo eurasiano, declinaram pouco a pouco. A Europa fora salva da conquista árabe pelas muralhas inexpugnáveis de Bizâncio, mas o preço pago foi ter sido apartada do Oriente, durante mais de um milênio a fonte de suas ideias culturais, políticas, míticas e tecnológicas. Beneficiária de um impressionante conjunto de ideias e inovações surgidas das inter-relações entre os povos do Oriente Próximo, a Europa já não as tinha disponíveis depois de 750.

Embora instigadas pelo papado como guerra santa, as Cruzadas, que começaram em 1095 e terminaram em 1205, se ajustavam ao padrão da expansão franca. Em seu caminho para a Terra Santa, os cavaleiros europeus, filhos mais jovens dos nobres francos, estabeleciam feudos por todo o mundo cristão mediterrâneo — pretendendo fazer o mesmo na Síria e Palestina. Todavia, eles encontraram nos sarracenos um tipo diferente de inimigo, com defesas muito mais sofisticadas. No Mediterrâneo oriental os castelos de pedra e muralhas defensivas eram um recurso milenar, a cavalaria um lugar comum e as táticas de assédio já bem desenvolvidas. Os povos locais não estavam propensos a se converter ao cristianismo latino, donde a conquista implicava expulsá-los — uma ambição impraticável. O cristianismo latino pôs os pés no Levante, mas jamais logrou estabelecer nele uma presença durável.

Mas se a fronteira oriental da Europa foi determinada pelo fracasso das Cruzadas, não é menos certo que, em seu conjunto, essa aventura ajudou a definir a Europa Ocidental de outras maneiras. Desde as grandes disputas do século V, a Igreja cristã oriental se recusara obstinadamente a aceitar a primazia de Roma, separação aprofundada pelas disputas doutrinárias acerca do uso do pão fermentado na comunhão. Uma vez liberta do poder avassalador do Império Oriental, a Igreja ocidental e seus seguidores passaram a desprezar os cristãos orientais. Enquanto os cavaleiros normandos expulsavam os bizantinos de seus últimos postos avançados no Sul da Itália e na Sicília, as Igrejas grega e latina disputavam os pagãos recém-convertidos da Europa Oriental. Com o declínio do Império Bizantino e o aumento da confiança dos europeus ocidentais, a Igreja latina suplantava a grega, coirmã e ex-protetora. As relações entre ambas atingiram o ponto mais baixo em 1204, quando os cruzados, que se consideravam cristãos latinos, se deixaram arrastar para um conflito interno e acabaram tomando o controle temporário de Bizâncio. Seguiu-se uma orgia de saques e massacres e a instauração de um dos seus, o conde Baldwin de Flandres, no trono imperial. A Igreja grega era, então, considerada inimiga da cristandade católica ocidental; ainda que os gregos tenham retomado cidade, a ruptura foi irreparável.

Igualmente importante, as Cruzadas associaram a identidade religiosa dos europeus ocidentais ao seu passado racial. No século XII, europeus e muçulmanos começaram a escrever sobre "o povo cristão" e "a raça cristã". Os exércitos cruzados, verdadeiros cadinhos de nacionalidades e idiomas (conduzidos por famílias descendentes da nobreza franca), começaram, não obstante, a olhar para si próprios como um único povo unificado pelo sangue e pela religião.

\* \* \*

A INFLUÊNCIA política e o status social da nobreza ocidental dependiam da guerra permanente. Esses homens não exerciam seu comando em batalha desde o alto das colinas: lideravam pessoalmente as investidas metidos em suas armaduras; acreditavam na glória da guerra e lutavam pela honra pessoal, familiar e tribal. Os francos se integravam às sociedades locais, mas traziam consigo a sua cultura. Por toda a Europa Ocidental e Central, mesmo as famílias mais humildes passaram a batizar seus filhos com nomes francos. Foi assim que os saxões Ethelred e Alfredo deram lugar aos Guilherme, Henrique e Roberto.

A incessante belicosidade dos ocidentais era um conceito estranho a alguns dos povos que eles encontraram pela frente. Assim como os gregos lutavam pela liberdade e os romanos pela civilização, ambos dispostos a morrer e a massacrar por sua causa, os exércitos ocidentais combatiam por Cristo. Por essa razão, eram vistos com temor pelos povos do Mediterrâneo oriental. Os cruzados que entraram em Constantinopla eram considerados, mesmo antes da catástrofe de 1204, cúpidos e impulsivos, homens que só se sentiam felizes guerreando e saqueando por seus butins. Especialistas no uso do terror como arma de intimidação, quando em face de rebeliões e resistência organizada, os francos simplesmente destruíam tudo, como fez William no Norte da Inglaterra. A todos os cantos da Europa eles levaram o culto do guerreiro: brutal, porém honrado; ambicioso, porém leal à sua família; avaro, porém cristão — tais eram as características dos novos senhores da Europa, viciados na cultura da guerra e arautos de uma estrutura social consistente com a militarização da sociedade.

Os sucessores de Carlos Magno não foram, porém, capazes de manter um império cristão unificado na Europa Ocidental. Isso poderia ter sido um problema para a Igreja romana, firmemente atada à causa carolíngia, se a expansão franca não lhe tivesse propiciado afirmar-se como poder espiritual universal num mundo de reinos politicamente distintos — a única voz capaz de falar por toda a cristandade. Mas ela teve de lutar por esse direito: sua autoridade foi ameaçada, no século XI, pelo sistema feudal, que deu aos senhores e reis o direito de indicar bispos e padres. O papa Gregório VII respondeu com o *Dictatus Papae*, um manifesto que afirmava a primazia da Igreja em todas as questões — religiosas e seculares. Embora tomados da antiga lei da Igreja, os ditames de Gregório nunca haviam sido usados para propósitos tão abertamente políticos. Algumas de suas 27 cláusulas pontificam:

Que a Igreja romana foi fundada unicamente pelo Senhor.
Que só o pontífice romano pode ser legitimamente considerado universal.
Que só ele pode destituir e reinstituir bispos.
Que só ele pode usar insígnias imperiais.
Que todos os príncipes devem beijar-lhe os pés.
Que seu nome é único no mundo.
Que ele tem legitimidade para depor imperadores.
Que a Igreja romana jamais errou e jamais errará, como testemunham as escrituras.

NÃO TARDOU para que Gregório tivesse a oportunidade de usar o poder reclamado. Na década de 1070, o sacro imperador romano Henrique IV conquistou terras na Itália e, devido a uma controvérsia com Gregório em torno da sua jurisdição, declarou deposto o papa, que retaliou excomungando-o: "Eu libero todos os cristãos dos juramentos que lhes tenham feito ou ainda farão e proíbo-os de servir-lhe como rei." Esse extraordinário decreto levou a um dos atos mais simbólicos da tortuosa história das relações entre os imperadores e a Igreja. Em 1077, Henrique compareceu a um concílio eclesiástico em Canossa para pedir sua readmissão. O que lá aconteceu foi descrito pelo próprio Gregório: "(...) pateticamente despido de suas vestes reais, descalço e envolto num manto de lã, ele (Henrique) permaneceu três dias ante o portão da cidade (...). Subjugados, ao final, pela sinceridade de seu arrependimento (...) [nós] o recebemos outra vez na graça da comunhão e no seio da Santa Mãe Igreja."

A reconciliação não durou muito, porém, e Henrique foi novamente excomungado ao acusar o papa de ser um "falso monge" e questionar a sua condição de representante terreno de Deus: "Como se o reino e o império estivessem nas mãos dele, não nas de Deus!" Henrique marchou sobre Roma e depôs Gregório à força, substituindo-o por um papa de sua confiança. O resultado foi a guerra civil em todo o reino germânico e a morte no exílio para ambos. Depois dessa catástrofe, o papado trocou a primazia do confronto direto pela da pressão silenciosa e da diplomacia. Não obstante, as tensões entre líderes espirituais e seculares continuaram durante toda a Idade Média. Se os imperadores e reis eram vulneráveis à crítica espiritual, os papas podiam ser fisicamente destituídos; ao se tornar, porém, uma força secular envolvida na política dos reinos, a Igreja corria o risco de perder o respeito de seus seguidores.

Durante séculos os cristãos do Norte haviam olhado o papa como uma figura distante, quase histórica. A partir do século X, no entanto, a liturgia, as leis, os credos e designações da Igreja passaram a ser decretados por uma organização única com sede em Roma. Era o fim da diversidade de culto. O ritual hispânico mozárabe desapareceu no século XI e o eslavônico foi reprimido no Oriente latinizado. A sociedade e a Igreja da Irlanda, berço de uma notável tradição cristã sem par em todo o Norte da Europa, eram vistas como aberrações pelas autoridades eclesiásticas inglesas e continentais. A Igreja irlandesa não se financiava com dízimos, e os bispados não tinham limites definidos nem autoridade sobre os padres. Não havia monarquia unificadora, e certas práticas, como os serviços matrimoniais, tinham feição estritamente local. São Bernardo, teólogo do século XII, chamou os irlandeses de bárbaros: "cristão de nome, pagãos de fato." Muito mais do que "pôr na linha" a Igreja irlandesa, a pretensão da Igreja romana era reformar por inteiro a sociedade irlandesa segundo o modelo europeu que os francos ofereciam ao mundo. Exultantes, os anglo-normandos atenderam aos seus desejos invadindo a Irlanda no século XII para, como eles mesmos disseram, "expandir as fronteiras da Igreja".

O ímpeto militante da Igreja latina por uniformidade e controle levara, no século anterior, a um dos mais sangrentos episódios do cristianismo ocidental. Os cátaros, ou albigenses, do Languedoc, Sul da França, constituíam um retorno às seitas "puras" do século V. A doutrina da criação independente do bem e do mal e o seleto grupo de líderes conhecidos como *perfecti*, ou *parfaits*, haviam criado raízes profundas na região de Carcassone. Os cátaros (de *katharos*, palavra grega para *puros*) rejeitavam o materialismo e o poder mundano da Igreja e pregavam o retorno ao cristianismo simples do Sermão da Montanha. Embora houvesse dentre eles — um máximo de 10% da população em seu apogeu — nobres protegidos dos condes locais, eram poucos os sinais de conflitos entre cátaros e católicos.

Em 1209, o papa Inocêncio III lançou uma cruzada contra os cátaros, prometendo terras e riquezas para seus participantes. Exércitos do Norte da França cercaram os cátaros e os queimaram vivos em grupos de cem ou mais. A perseguição uniu o povo do Languedoc — cátaros e católicos — contra os invasores, mas, com a intervenção do rei francês, a região foi conquistada para a Igreja latina e os francos do Norte.

\* \* \*

A MODERNA civilização europeia é produto dessa herança franco-germânica, romana e cristã. Para essa nova ortodoxia se construíram, pela primeira vez em vários séculos, grandes monumentos em pedra. Do século XI ao XIV, cidades, aldeias, vilas e fortificações estratégicas do todo o Norte da Europa foram tomadas por um frenesi construtivo que cobriu a paisagem de catedrais, igrejas, mosteiros e castelos. Com o único propósito de intimidar, reprimir a população local, os normandos construíram seus castelos no coração de cidades inglesas, como Londres, York, Warwick, Canterbury e Winchester, e quartéis fortificados em localidades fronteiriças, como Harlech, Conwy, Carlisle e outras. Os reis franceses fortificaram o vale do Loire em Angers, Loches e Tours. No leste, os castelos de Praga e Karlstein, por exemplo, foram remodelados de acordo com as necessidades francas. Junto com os castelos vieram as grandes catedrais românicas e góticas, os primeiros monumentos — "argumentos em pedra" — a justapor manuscritos iluminados, joalheria e metaloplastia da antiga cultura medieval do Norte.

As catedrais e igrejas de pedra que chegaram até nós preservam a dramática tensão entre uma Igreja e um Estado autocráticos, que exerciam seu poder de cima para baixo, e as sensibilidades artísticas e culturais de milhares de pedreiros, arquitetos, gravadores, ourives, vidreiros e pintores, que surgiam anonimamente de baixo para cima. Construídos segundo os modelos das antigas basílicas e palácios públicos romanos, esses imensos edifícios se desvencilharam de sua herança clássica para se tornar expressões de uma cultura caracteristicamente norte-europeia. O uso revolucionário da abóbada nervurada na catedral de Durham, iniciada em 1093, propiciou aos construtores de igrejas substituir as antigas abóbadas romanas de berço, semicirculares, por arcos ogivais e espaços internos de grande altura. O aumento das cargas propiciado pela nova técnica rendeu naves e ilhas mais amplas, sustentadas quase milagrosamente por uma delicada trama de nervuras em pedra. O estilo gótico, aplicado pela primeira vez em 1144 na catedral de St. Denis, arredores de Paris, espalhou-se rapidamente por toda a Europa Ocidental. Entalhes com motivos animais, delicados ornatos em pedra, trifólios e quadrifólios, colunas esculpidas combinadas a nervuras radiadas e desenhos labirínticos, como em Chartres, contribuíram para dar espiritualidade orgânica à pedra bruta. Embora os historiadores tenham dificuldade para definir o estilo gótico, a maioria concorda que, mais do que uma representação da realidade desde um único ponto de vista, esse estilo é feito de sequências abertas que conduzem o observador para mais diante. As catedrais se elevam desde a terra como grandes bosques, ou monólitos, formas com que os artesãos do Norte remodelaram a basílica romana para recriar a paisagem sagrada da sua cultura.

A HISTÓRIA da Idade Média que emerge das pesquisas recentes desafia os nossos mais arraigados supostos sobre a natureza da civilização ocidental. A queda do Império Romano, a escuridão e o caos da Idade Média, a renascença de Carlos Magno e o triunfo do cristianismo latino se revelaram prenhes de distorções e mitificações. O Alto Medievo começa a se nos afigurar como uma época de diversidade e mútua tolerância em que os costumes, a arte e a cultura locais puderam prosperar no âmbito de uma rede de alcance continental, com fronteiras fluidas entre nações, reinos e ortodoxias étnicas e religiosas e pouco controle central.

A restauração do controle central começou com Carlos Martel, avô de Carlos Magno, que mostrou aos nobres francos como explorar seus agricultores e camponeses. A produção das ricas terras agrícolas da Nêustria e Austrásia foi organizada no marco de um sistema social gerador de um grande aumento da riqueza. A aquisição e a centralização da riqueza pela via de um sistema de controle foram a marca do Império Carolíngio como fora, antes dele, a do Império Romano. Embora o império de Carlos Magno tenha se desintegrado em distintos componentes, a imposição do cristianismo e a emergência paralela do reino como único método admissível de governo sobreviveram para se tornar o alicerce da sociedade e da civilização ocidentais. Sociedades pagãs como os saxões e, mais tarde, os vikings foram não somente cristianizadas, como ajustadas ao molde hierárquico, encimado por reis. A expansão da cristandade latina nos séculos X e seguintes acabou trazendo a totalidade da Europa para o aprisco da Igreja cristã. As mais tenazes manifestações de resistência se verificaram entre os eslavos da Polônia ocidental e Báltico oriental, que não se converteram à época de Carlos Magno e continuaram politeístas até o século XIV. Em troca da coroa polonesa, o monarca lituano veio a se converter em 1386. A cristandade católica latina do medievo tardio foi produto da colonização da Europa; pouco mais de um século depois da conversão dos lituanos, o mesmo processo de colonização começou a se estender ao resto do mundo.

# CAPÍTULO 7

# UM OUTRO MODO DE VIDA
*A Cidade Medieval e a Vida Comunal*

Nos séculos da expansão e conquista franca, as terras da Europa foram divididas em grandes propriedades, e a vida da maioria das pessoas — seu trabalho, deslocamentos e até casamentos — passou ao controle dos senhores feudais. Não obstante, a crescente prosperidade da Europa levou ao surgimento de outro fenômeno, que propiciou às pessoas um modo de vida alternativo no universo da cristandade latina medieval. Se a vida rural e aldeã estava sujeita ao controle arbitrário da nobreza, a cidade medieval se tornou o refúgio dos grilhões do feudalismo, um lugar onde a vida comunal e as necessidades individuais podiam ser satisfeitas e as pessoas tinham voz no governo e participação na defesa e prosperidade coletivas.

Até poucas décadas atrás, a cidade medieval, com suas ruas estreitas e tortuosas, sua mixórdia de lojas, casas, igrejas e oficinas, seus mercados, muros e portões, suas vielas, becos e passagens — tudo aparentemente não planejado e acidental —, era menosprezada como insalubre, ineficiente, ilógica e inapelavelmente primitiva. Hoje vemos a cidade medieval como não apenas um tesouro histórico, mas a maior fonte de esperança numa vida que contemple a inspiração individual e a identidade comunal. Um tanto tardiamente, percebemos que as interações humanas e os encontros acidentais que se davam, e ainda se dão, nessas ruas, vielas, lojas e tabernas são um elemento de capital importância na existência humana. Como escreveu Lewis Mumford: "Custamos a perceber que nossas penosas descobertas na arte de desenhar cidades (...) apenas recapitulam, em termos das necessidades sociais atuais, os lugares-comuns da boa prática medieval." A cidade medieval propiciava infinita variedade sem a nossa posterior obsessão com a progressão espacial; as ruas mudavam de direção, davam voltas, começavam e acabavam por nenhuma outra razão que não a de serem assim mesmo e eram lugares de encontro, trabalho, negociação, merenda e diversão.

Nossa visão das cidades medievais foi, em parte, uma invenção dos revivalistas românticos e góticos da segunda metade do século XVIII, que para envolver o passado pré-científico numa atmosfera de mistério espiritual fizeram dele uma época de temores obscuros e desvarios insondáveis, de "entusiastas" religiosos, pregadores apocalípticos, leprosos e empestados a desfilar suas desgraças e seus arroubos de transe místico pelas ruas tortuosas das cidades. Para os racionalistas do iluminismo — ávidos por erradicar a superstição e substituí-la por verdades universais —, a cidade medieval, com suas ruas escuras e ilógicas, era um símbolo da obscuridade da mente humana não ilustrada. Para nós, é justamente a falta de plano e de propósito de sua estrutura orgânica e indefinível que a torna preciosa; a cidade medieval não é um objeto de época, mas uma criação acidental cujas qualidades não cessam de se enriquecer. Mas de onde surgiu essa construção peculiar?

O IMPÉRIO ROMANO continha cerca de 2 mil cidades financiadas por impostos (principalmente sobre a produção agrícola), cada uma com seu fórum, banhos, anfiteatro, prefeitura, salão de reuniões e, mais tarde, basílica cristã, tudo abastecido por uma rede de comércio de alcance continental. As cidades romanas nada tinham em comum com as pequenas cidades celtas da Europa Central e Ocidental, surgidas de aldeias manufatureiras cujos ofícios se beneficiavam da proximidade recíproca. Criadas para a governança do império e o aquartelamento de soldados, elas eram centros de consumo, não de produção, e não tinham, portanto, qualquer razão própria de existir — onde já não havia impostos a coletar ou súditos imperiais a administrar, o significado das cidades romanas desaparecia e elas entravam em acentuado declínio.

Em alguns casos, isso é absolutamente claro. No ano 400, pouco antes de ser saqueada por Alarico, Roma tinha cerca de meio milhão de habitantes; nos anos 600, eles não passavam de 50 mil. A cidade se fragmentou em comunidades separadas por áreas de abandono, com prédios públicos em ruínas, pilhados para o reaproveitamento de suas pedras. Seus edifícios de apartamentos de concreto, de vários pavimentos, eram como esqueletos no meio do deserto. Na Itália, das 372 cidades mencionadas por Plínio, um terço desapareceu, mas a vida urbana sobreviveu melhor do que na

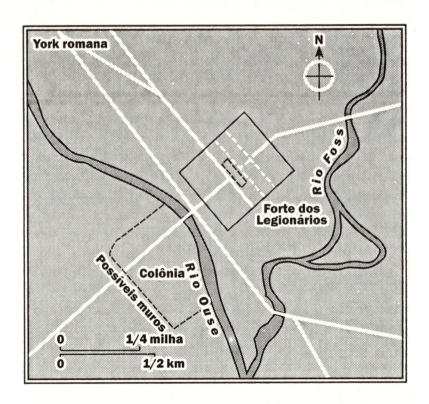

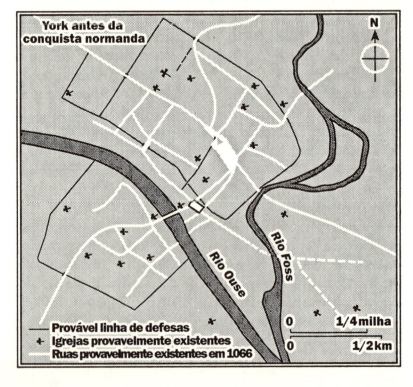

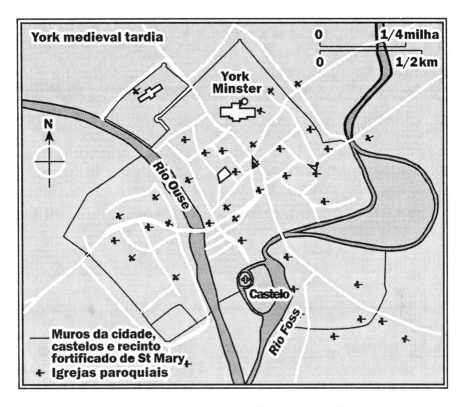

*York era um ponto estratégico na confluência dos rios Ouse e Foss. Foi cidade fortificada da zona militar da Britânia romana, assentamento saxão e, mais tarde, viking, centro cristão e, em 1189, cidade medieval privilegiada por carta real.*

Gália e na Britânia, onde os assentamentos romanos se converteram em cidades-fantasmas com umas poucas habitações de madeira e pedras retiradas das construções em ruínas com restos de muralhas ao redor.

No ocaso do império, os romanos ricos já haviam se mudado para as propriedades rurais, deixando as cidades para magistrados e coletores de impostos, além de uns poucos negociantes de milho e azeite. Com a dissolução do Império do Ocidente, o sistema de transporte que mantinha abastecidas as cidades romanas declinou rapidamente. As estradas romanas, em geral construídas sobre bases de concreto, se deterioravam rapidamente à falta de manutenção regular, ao passo que as pontes e aquedutos simplesmente já não eram necessários. Inexistem evidências de quaisquer tentativas de construção de estradas similares, ou mesmo de reparos nas existentes, posteriores ao século V. A cidade de York, por exemplo, fundada como um grande assentamento romano (Eboracum) no ponto mais favorável à travessia do Ouse, subsistiu como cidade bretã e, mais tarde, saxã. Mas seus muros e edifícios romanos se degradaram e a ponte desabou. A cidade foi dividida em duas e o traçado da estrada romana alterado para permitir a travessia do rio a vau. Bede e Alcuíno afirmam que York era uma cidade importante na época saxã, mas quase nenhum artefato desse período chegou até nós. Não há vestígios de edificações e, como disse um arqueólogo, "toda a cerâmica de York do período médio saxão cabe dentro de uma valise" (P.V. Addyman, citado em Hutchinson e Palliser). O mesmo vale para as vilas e cidades de toda a Europa Ocidental.

A irrelevância das cidades romanas acelerou o seu declínio, o mesmo valendo, porém, para a cultura daquelas que experimentaram a ocupação. Os povos do Norte e Oeste da Europa não tinham tradição de vida urbana, que viam como um aspecto, ou símbolo, da opressão romana. Até os reis francos preferiam viver no campo, deslocando a sua corte de um lugar para outro enquanto se dedicavam à sua paixão pelas caçadas. Os reis e nobres merovíngios mantiveram localidades como Orléans, Soissons e Arles como bastiões fortificados, mas não fizeram qualquer esforço para estimular o comércio urbano — um único mercado, o de St. Denis, teria sido criado em todo o período merovíngio, de 470 a 800. A autossuficiência das propriedades rurais não propiciava que os bens chegassem aos centros urbanos, acelerando o seu declínio. Os únicos edifícios de pedra relevantes erguidos na Europa Ocidental no começo da Idade Média foram os mosteiros, quase sempre no campo ou em ilhas desabitadas que propiciassem aos monges se retirarem do mundo. O espantoso crescimento dos mosteiros nos séculos VI e VII em nada contribuiu para a vida urbana.

O DECLÍNIO da vida urbana tem sido interpretado como sinal do colapso da civilização. Contudo, a atividade cultural, econômica e social não desapareceu, apenas se transferiu para outros lugares: vilas, aldeias, mosteiros, propriedades e mansões rurais. A vida urbana continuou, ainda que de forma reduzida, e os assentamentos que subsistiram vieram a constituir, no período medieval tardio, os alicerces da rede de cidades europeia. A configuração dessa rede foi, portanto, outro produto da chamada Idade das Trevas.

Nas terras francas, a razão quase exclusiva da continuação dos velhos centros urbanos foi a Igreja. Com a dissolução do Império Romano, os bispos, muitas vezes os principais cidadãos de suas cidades, permaneceram em seus lugares, permitindo que a Igreja erguesse a sua administração sobre a velha estrutura romana. O mais claro indício da importância da Igreja são as cidades que perderam seus bispados. A cidade de Tongres, na Bélgica, capital do respectivo distrito romano, perdeu o bispado para Maastricht e, mais tarde, Liège, tornando-se uma cidade secundária enquanto essas últimas progrediam. Aps, em Ardèche, perdeu o bispado para Viviers, ao passo que outros centros romanos, como Boiorum e Diablintum, desapareceram por completo por não terem logrado conservar os seus.

Na Grã-Bretanha a situação era diferente. Como o número de bispados era bem menor, só se conservaram as cidades onde se assentavam bretões e anglo-saxões. York, Chester, Colchester e St. Albans sobreviveram, ao passo que outras foram abandonadas. A atual Shrewsbury fica bem ao sul da cidade romana abandonada de Viroconium, ao passo que Hereford, situada num ponto de travessia a vau do rio Wye, fica nas proximidades de uma cidade romana abandonada em Kentchester. Na verdade, Chester é a única cidade da fronteira galesa situada sobre um assentamento romano. O efeito de longo prazo foi o mesmo na Britânia e na Gália, dado que, dentre todos os novos assentamentos anglo-saxões (e antigos romanos), aqueles que a Igreja escolheu para sedes de seus bispados foram os que mais prosperaram.

Há indícios de um renascimento da vida urbana no começo do século IX, época de Carlos Magno, mas foram necessários cerca de cem anos mais para que começasse a ganhar impulso. Novos edifícios de pedra foram erguidos em Reims, por iniciativa do bispo Ebbo (817-41), e igrejas totalmente restauradas em Lyon e Orléans. Carlos Magno mandou construir um palácio e uma basílica em Aachen (Aix-la-Chapelle) — uma localidade rural, é verdade, mas sede permanente da corte imperial — e outros em Ingelheim e Nijmegen, assim como uma majestosa ponte sobre o Reno em Mainz. Em 822, Luís, o Pio, encomendou novas instalações para a corte em Frankfurt; dez anos depois, um novo aqueduto foi construído em Le Mans por solicitação do bispo. Olhando retrospectivamente, porém, tudo isso soa como plumas ao sabor do vento.

A premissa fundamental da vida urbana é a existência de um excedente agrícola que permita a alguns tirarem seu sustento de outros misteres, o que começou a acontecer no século IX. Com o crescimento do comércio dos excedentes agrícolas (dentre os quais a importantíssima lã), uma profusão de novos assentamentos surgiu ao longo dos estuários, rios e litorais, particularmente no Nordeste da Gália e Sul da Inglaterra, onde quase todos os assentamentos importantes ficavam às margens de rios navegáveis. O comércio de tecidos de Flandres era avançado o bastante para que Carlos Magno presenteasse Harun al-Rashid com delicados tecidos flamengos, mas a proibição da usura tornava problemática a sua expansão. Mesmo com a permissão, pelo imperador, para a criação de mercados — na prática, feiras ocasionais para que os mosteiros vendessem seus excedentes — havia escassez de estabelecimentos permanentes de comércio.

Já se pensou que o frágil renascimento da vida urbana no século X foi abreviado pelos ataques vikings que aterrorizaram a Europa Ocidental e o Norte. Contudo, nas áreas que escolheram para se estabelecer — leste da Inglaterra e Normandia —, os vikings fundaram novos assentamentos, como Scarborough, ou recriaram núcleos preexistentes, como Ipswich, York e Rouen. A rede de comércio viking ia de Novgorod a Dublin, sem falar da Islândia, Groenlândia e América do Norte, mas o volume e valor dos bens transacionados, bem como o tamanho dos assentamentos, continuaram sendo relativamente modestos.

A verdadeira mudança surgiu da consolidação de uma autoridade política única e extensiva no coração da Europa. Em 955, em Augsburg, o rei Oto da Saxônia impôs uma derrota decisiva aos magiares que havia mais de sessenta anos aterrorizavam a Europa, dando início ao longo período de expansão franca e normanda descrita no capítulo precedente. A estabilidade trazida pelos francos propiciou a expansão da produção agrícola e um crescimento espetacular da população europeia — os historiadores estimam que entre os anos 1000 e 1340 a população da Europa Central e Ocidental triplicou, de cerca 12 milhões para 35,5 milhões de habitantes; no continente como um todo, a população aproximadamente dobrou, de 38,5 para 73,5 milhões, no mesmo período.

Durante a segunda metade do século X e o século XI, mercadores que tradicionalmente se deslocavam de um mercado para outro começaram a se assentar; bispos e condes com direitos de estabelecer mercados começaram a construir depósitos nas cidades para o armazenamento de mercadorias; estandes permanentes surgiram em alguns lugares, seguidos de lojas e oficinas; nessas últimas surgiram indústrias, e a natureza das pequenas populações urbanas mudou: clérigos, nobres e camponeses receberam a companhia de artesãos e mercadores. Por volta da mesma época surgiu o empréstimo para a produção, ou *commenda*, até então desconhecido no Ocidente, paralelamente ao silencioso abandono das antigas restrições de Carlos Magno sobre a usura. As cidades que incorporaram tais mudanças eram radicalmente distintas das cidades-Estado da Antiguidade e dos centros administrativos romanos: a cidade medieval enfatizava o comércio, com mercados, bairros comerciais, oficinas de armazéns construídos ao lado de instalações militares e religiosas.

Na Inglaterra, França e Sacro Império Romano, o direito de explorar um mercado era outorgado pelo rei, ou imperador, geralmente a um bispo, abade ou conde. Inicialmente os mercados eram móveis, meros carros de bois contendo perecíveis e tendas para tecidos e utensílios, mas a variedade de mercadorias à venda no começo do século XI era impressionante. Em 1036, a feira de Arras, na Picardia, sob os auspícios do *abbé* de St. Vaast, tinha tecidos como item principal, mas também esturjões, salmões, arenques, sáveis e carne de baleia; carne fresca, toucinho, gordura derretida e carne salgada; sal, mel, azeite, manteiga, queijo inglês e flamengo, frutas e vinhos; couro cru, couro curtido e peles; ferro, aço, lã, linhas, tinturas; calçados de couro, facas, foices, pás, cabos de pá, cordas e recipientes de madeira. A maior parte das mercadorias era cultivada, caçada ou fabricada nas áreas rurais e trazida para as feiras das cidades, onde os senhores feudais vendiam a produção artesã não utilizada. Ainda no século XI os artesãos descobriram que podiam viver nas cidades junto de seus consumidores. Surgiram, então, os lojistas para atuar como intermediários entre produtores e compradores e como especialistas em compra e venda de mercadorias.

Documentos do século X mostram licenças para a construção, não a exploração, de mercados. Cidades com mercados permanentes começaram a construir cais e alojamentos para mercadores e mercadorias. Os bairros de mercadores eram ditos *wiks*, em alemão, donde os nomes das cidades portuárias inglesas que comerciavam com a Europa continental: Ipswich, Harwich, Greenwich, Sandwich. No século XI, o que fora uma inovação se tornou um conjunto de regras. O *seigneur* que controlava o mercado tinha autorização para cunhar moedas e cobrar taxas sobre mercadorias vendidas em troca de ancoragem e armazéns, além da manutenção da lei e da ordem. Nessas vilas comerciais os mercadores encontravam alojamento, armazenagem, segurança, dinheiro vivo e fregueses.

A região pioneira dessa regeneração urbana foi, como era de esperar, o coração do Império Franco. As províncias de Flandres e Brabante, bem como a região servida pelos sistemas fluviais do Meuse e do Reno, foram as incubadoras desse novo tipo de cidade caracteristicamente medieval. A vasta rede de rios navegáveis, o imenso alcance do Meuse e do Reno, as ricas terras agricultáveis, o acesso marítimo à Grã-Bretanha e além, a tradição da indústria têxtil e o prestígio de pátria imperial deram a essa região uma grande vantagem inicial. Assim que Oto começou a empurrar os magiares para leste e estabelecer uma sólida fronteira oriental, cidades começaram a brotar por todas as terras germânicas. Se no século IX grande parte da Alemanha era semisselvagem, com imensas florestas e pouca terra cultivada, nos quatro séculos seguintes à vitória de Oto, em 950, 2.500 cidades foram fundadas e imensas regiões ocupadas pelo cultivo. Dado que esses territórios não haviam sido conquistados pelos romanos, muitas cidades alemãs se originaram de pequenos assentamentos localizados no centro de antigos distritos tribais. A rápida prosperidade dessas cidades, espalhadas por toda a parte central do continente, foi um passo decisivo para a urbanização da Europa.

O rico coração comercial da Europa, compreendendo os territórios francos do Norte e Leste da França, a Renânia, os portos mediterrâneos do Norte da Itália e o Sul e Leste da Grã-Bretanha, era a localização óbvia para os centros de comércio e negócios. Mas os monarcas — bem como barões, abades e bispos regionalmente poderosos — não pertencentes a esse núcleo precisavam de cidades defensáveis em todas as partes de seus reinos. Depois que Henrique II se casou com Eleanor de Aquitânia, em 1152, as vastas possessões de sua esposa no sudoeste da França se tornaram, durante trezentos anos, uma disputada província inglesa. Mais de trezentos *bastides*, ou núcleos rurais, foram erguidos na Aquitânia pelos ingleses e franceses entre 1220 e 1350. Na Inglaterra, no século IX, havia 99 castelos, metade deles pertencente ao rei e localizada, em sua maioria, em cidades preexistentes, reforçando o seu prestígio e dando impulso às economias locais. As relações entre as cidades europeias e os castelos fortificados eram complexas e instáveis. Em geral construídos para pacificar as populações locais, os castelos, instrumentos de afirmação do poder central, acabavam servindo à segurança das cidades. As características muralhas medievais incluíam cidade e castelo, e as guarnições eram formadas de milícias recrutadas entre os habitantes das próprias cidades.

O comércio de longa distância foi lentamente restabelecido no século XI. Lã e tecidos de lã eram comercializados em escala continental, da

Inglaterra e Espanha ao Báltico e Boêmia. Flandres e a Toscana lideravam a produção têxtil, de longe a manufatura mais importante. Regiões que eram inicialmente fornecedoras de lã, como West Riding e Yorkshire, se transformaram em centros manufatureiros. Registros da corte falam de um tintureiro de nome Simon em Leeds, em 1201, de um tecelão chamado William Webster (corruptela de *weaver*), em 1258, e de um certo Simon Fuller, encarregado de vender roupas demasiado apertadas, em 1275. No século XVI, quando já havia registros razoavelmente confiáveis, a lã e os tecidos de lã representavam 80% das exportações inglesas em valor.

Têxteis à parte, havia peles e metais oriundos das regiões bálticas e também sedas, especiarias, ouro, tinturas, joias e artigos de couro trazidos do Oriente ao coração da Europa por mercadores venezianos e genoveses. No século XII grandes quantidades de prata e ouro eram extraídas das minas da Boêmia e Hungria. Todos esses produtos eram comercializados, de início, nas grandes feiras de Champagne e Borgonha, que depois se espalharam por toda a Europa Continental. As feiras eram garantidas pelos governantes locais, que ofereciam aos mercadores trânsito seguro em troca de taxas sobre seus artigos. O controle militar, que até então só impunha esbulhos de curto prazo e tributos sobre a produção agrícola, passou, nos séculos XI e XII, a significar também tributação de mercadorias em troca de segurança. A Europa deixava de ser uma entidade militar e geográfica para assumir um caráter marcadamente econômico e comercial.

O comércio em expansão induziu o aumento da demanda, mas o seu próprio crescimento, bem como o das populações urbanas, continuou a depender dos excedentes agrícolas. O espetacular aumento da população rural no século XI teve dois efeitos imediatos: primeiro, o drástico aumento da quantidade de terra cultivável necessária para alimentar e dar trabalho às milhões de novas bocas, estopim do início das obras de drenagem dos vastos pântanos de Flandres, Brabante e Gelderland e da derrubada sistemática de florestas por toda a Europa; segundo, a impossibilidade do tradicional sistema de domínios feudais de absorver uma população substancialmente aumentada. As rígidas restrições de épocas anteriores deram, pois, lugar a maior independência; o fascínio pela cidade e a lei que liberava o servo ao fim de um ano e um dia obrigaram os senhores de terras a lutar pela permanência dos trabalhadores. Com o aumento do custo da mão de obra, eles se viram forçados a lançar mão de tecnologias disponíveis havia séculos, mas até então em desuso por desnecessidade. A introdução da energia hidráulica e da coalheira e o uso mais intensivo da tração animal deram um imenso impulso à produtividade agrícola, propiciando a alimentação de um número substancialmente maior de camponeses e o excedente necessário ao abastecimento das cidades. Não obstante, em muitas delas o crescimento da indústria, da população e do consumo ultrapassou, nos séculos XII e XIII, a capacidade de fornecimento da sua hinterlândia rural. A necessidade de importar matérias-primas de lugares distantes e até mesmo artigos alimentares básicos, como cereais, do mar Negro, para alimentar o Norte da Itália, o Báltico, Londres, Paris e Flandres, deu um ímpeto ainda maior ao comércio continental.

O USO DO OURO e da prata na cunhagem de moedas de valor reconhecido transformou a Europa de rede de escambo em economia monetária e agiu como incentivo suplementar ao comércio urbano. De cerca do ano 1100 em diante os proprietários de terra começaram a receber rendas em dinheiro em lugar de bens e serviços. Com isso eles já não precisavam viver em suas propriedades para consumir a própria riqueza: podiam se mudar para as vilas e cidades. O dinheiro começou, então, a se concentrar nos centros urbanos, para onde se deslocaram também os centros de poder, trazendo atrás de si a própria nobreza. Com dinheiro disponível, os nobres começaram a gastar — na construção de casas nas cidades, no provimento de suas famílias, na equipagem de seus empregados e em bens de luxo, como peles, joias, sedas e tapeçarias. Esse processo foi muito mais gradual no Norte da Europa, onde a nobreza tendeu a permanecer no campo, do que no Norte da Itália, por exemplo, um caso à parte de desenvolvimento urbano medieval (ver Capítulo 8) devido à sua situação política e seu crescimento econômico. Por volta do ano 1200, o comércio via Veneza, Gênova, Florença e outras cidades do Norte da Itália alcançara um volume tal que os mercadores já não viajavam com os seus bens, mas empregavam agentes de compra e venda no Levante e nos prósperos centros comerciais do Norte — Londres, Reims, Paris, Bruges e outras cidades — e contratavam o transporte das mercadorias.

O testamento do comerciante veneziano Giustiniano Partecipazio, datado de 829, mostra que ele ganhou certa quantia investindo no negócio de transporte marítimo; um contrato de 1073 mostra que um investidor e um transportador aplicaram, respectivamente, dois terços e um terço do valor de um carregamento para obter partes proporcionais do apurado na venda. Veneza liderou esse sistema capitalista embrionário porque seu acesso ao Oriente lhe dera uma economia monetária baseada no ouro antes de todas as demais cidades; Gênova e Pisa a alcançaram rapidamente, mas em outros lugares da Europa a riqueza permaneceu atada à terra até pelo menos o século XII.

TAIS FORAM as razões externas do renascimento da vida urbana europeia. Mas quais eram os traços distintivos da cidade medieval? Não sendo, como as cidades romanas, centros administrativos formais, puderam desenvolver um *status* curiosamente autônomo num universo de imperadores, reis, duques, condes e bispos-príncipes. Dado que o poder político procedia do controle da terra, da produção agrícola e da população rural (que também abastecia a nobreza de soldados), as cidades eram deixadas, em ampla medida, a viver por sua conta. E ali onde a antiga aristocracia se mudou para a cidade, como foi o caso da Itália, o poder municipal era também disputado por bispos, abades, mercadores, artesãos e pagadores de impostos em geral, que se achavam no direito de participar da administração cívica. Por toda a Europa os cidadãos formaram ligas para proteger e promover seus interesses na forma de comunas de nobres e guildas de mercadores e artesãos. Em alguns casos se uniram para obter privilégios especiais da autoridade soberana; em outros, particularmente no Norte da Itália, chegaram a tomar o poder na ausência de autoridade externa.

Uma forma de reconhecimento da natureza especial das cidades e de seu crescente sucesso econômico foi a concessão de cartas reais. Os monarcas entendiam que a difusão do poder entre as cidades não constituía necessariamente uma ameaça e, melhor, favorecia os seus interesses. As cidades medievais se tornaram, pois, entes legais dotados de privilégios especiais que ajudavam a promover a atividade econômica; seus habitantes, por outro lado, tinham mais liberdade para cuidar de seus assuntos do que os do campo. A carta concedida a Dublin pelo príncipe (mais tarde rei) John, em 1192, outorgava aos seus cidadãos uma série de privilégios especiais, econômicos e jurídicos, dentro e fora da cidade. A carta os isentava de certas violações, e as multas aplicáveis foram rigorosamente limitadas; eles podiam edificar na terra e controlar coletivamente o espaço livre da cidade; podiam formar guildas e casar suas filhas com quem lhes aprouvesse sem a interferência de nenhum senhor — um direito negado aos camponeses; eram isentos de pedágios nas estradas e de processos por dívidas de terceiros; mercadores estrangeiros eram proibidos de comprar certas mercadorias, a não ser aos comerciantes locais, e de passar mais de quarenta dias comerciando na cidade.

A cidade medieval privilegiada por carta não era uma simples versão ampliada da antiga aldeia de artesãos; era uma entidade jurídica e comercial distinta, e culturalmente diferente, do campo circundante. O desenvolvimento de uma rede de cidades comerciais por toda a cristandade latina teve importantes efeitos. Até o século XI, educação na Europa Ocidental queria dizer preparação monástica ou, em alguns poucos casos, treinamento para a administração feudal. Contudo, a partir de cerca de 1050, escolas não monásticas da própria igreja surgiram à sombra das catedrais urbanas e igrejas paroquiais. A educação ainda dizia respeito fundamentalmente à teologia, mas os alunos já não eram monges noviços, e sim aprendizes clericais que viviam na comunidade secular. Dado que entre as suas futuras funções estavam a administração e o controle financeiro de suas paróquias, eles precisavam ser alfabetizados, o que por outro lado ampliou significativamente os seus horizontes. Generalizou-se o uso do papel (introduzido na Europa na segunda metade do século XII) e começaram a surgir novos livros sobre lógica — Pedro Abelardo se tornou famoso como professor de lógica filosófica em Paris no século XII, seguido por eruditos como Pedro Lombardo e Graciano, que aplicaram técnicas de lógica a temas teológicos. Por via de traduções fragmentárias de Aristóteles, o Ocidente começou a se familiarizar com os idiomas da Grécia e de Roma. Alunos afluíam às escolas eclesiásticas do Norte da França para aprender com esses professores e retornar com o novo tipo de conhecimento às suas escolas enquanto eruditos de formação monástica, como São Tomás de Aquino, Roger Bacon e Guilherme de Ockham, produziam obras sobre a relação entre a fé e a lógica, o espírito e a razão.

O alfabetismo crescente não significou, porém, somente a criação de obras filosóficas. Em 1130-36, Godofredo de Monmouth compilou a sua *História dos Reis da Grã-Bretanha* com narrativas sobre o rei Artur baseadas na lenda celta. Poucas décadas depois, Cristiano de Troyes usou as mesmas fontes para contar a lenda de Percival, que ligava os romances arturianos à busca do Santo Graal. Essas histórias tanto capturaram quanto ajudaram a criar a cultura do cavalheirismo, do amor cortês e do romance cristão que veio a constituir a autoimagem idealizada da grande e pequena nobrezas europeias durante os séculos seguintes. Os elementos-chaves dessa literatura eram o ideal da coragem como um fim em si mesmo (os cavaleiros não lutavam para defender suas terras, mas pelo gosto da aventura) e o amor idealizado entre homem e mulher. Numa alternativa claramente urbana à monotonia dos barões guerreiros rurais e às restrições da literatura eclesiástica, o amor não apenas ganhou requintes de sofisticação como era, muitas vezes, adúltero — Lancelot, o principal herói da Távola Redonda, foi criado para dar à rainha um objeto de amor ilícito idealizado. Criação cultural amplamente artificial inspirada na tradição arábica ibérica, esse código amoroso foi, não obstante, tido no Ocidente como um fenômeno natural pelos oitocentos anos seguintes.

SABEMOS ALGO sobre o ambiente das cidades medievais porque muitas delas sobreviveram. Eram sociedades comunais semifechadas, cujos muros lhes emprestavam a sensação de ajuntamento reafirmada, toda noite, pelo fechamento dos portões e o içamento das pontes levadiças. A cidadania implicava um conjunto de obrigações — os cidadãos deviam estar disponíveis para o serviço militar, e as funções policiais eram exercidas em rodízio (*A Vigília*, de Rembrandt, é uma celebração desse espírito comunal). Em troca de armarem os cidadãos, as autoridades da cidade podiam explorar mercados e emitir moedas. Esse compartilhamento de deveres fomentava tanto o senso de responsabilidade cívica quanto o íntimo conhecimento da própria cidade.

O espírito comunal era reforçado pelo pertencimento a um grupo com identidade, tradições e regras próprias. As guildas surgiram da necessidade de associação e se desenvolveram oferecendo segurança na doença e na velhice, educação e proteção de direitos, além de amizade, identidade e status. Pessoas que exerciam a mesma ocupação tendiam a gravitar ao redor das mesmas ruas, de modo que as guildas — a instituição dominante da cidade comunal medieval — eram também associações de vizinhança. A vida comunal se estendia ao ambiente doméstico — a casa de um cidadão era ao mesmo tempo oficina, depósito, administração e espaço familiar e não havia, entre artesãos e lojistas, distinção entre trabalho criativo e não criativo. A unidade doméstica era composta de aprendizes, parentes vindos do campo, trabalhadores e a família propriamente dita, trabalhando e comendo todos juntos e dormindo em grandes dormitórios.

A construção foi uma das maiores indústrias da época medieval. Castelos, casas, muralhas, igrejas, hospitais, seminários e catedrais resultaram de um frenesi de atividade construtiva, boa parte dela custeada pela Igreja e pelas ordens religiosas. Em York, por exemplo, havia pelo menos 57 construções de uso religioso no ano 1300, para uma população de 10-15 mil habitantes. Breslau, uma cidade de 30 mil habitantes, tinha 15 hospitais, todos dirigidos por ordens religiosas. O dinheiro para a construção provinha também de impostos, da venda de licenças para cobrança de pedágios em pontes e portões e de taxas aduaneiras.

Nossas antigas ideias sobre a escuridão e a sordidez da vida urbana medieval estão muito distantes da realidade. As ruas eram, decerto, apinhadas de gente a certas horas do dia, mas as instituições religiosas e igrejas ofereciam refúgio da azáfama da vida urbana. Os interiores sombrios das igrejas proporcionavam silêncio e tranquila contemplação. As grandes catedrais eram construídas para a glorificação de Deus, mas a maior parte da arquitetura era de escala humana. E as ruas, ainda que estreitas, se abriam para áreas verdes; o tamanho das cidades propiciava acesso rápido ao campo e, por trás dos muros, não faltavam jardins e pomares.

As cidades medievais tinham casas de banho — públicas e privadas. Já no século XIII elas são mencionadas em Riga; no século XV, havia 11 delas em Ulm, 12 em Nuremberg, 15 em Frankfurt, 17 em Augsburg e 29 em Viena. Eram instituições sociais, higiênicas e terapêuticas, mais ou menos como nos tempos de Roma, onde as pessoas se encontravam, comiam, conversavam e tratavam suas doenças. Registros de queixas falam de crianças a correr despidas pelas ruas a caminho da casa de banhos.

As cidades eram também mais coloridas do que deixam entrever os seus vestígios. As lojas e casas caiadas, as igrejas decoradas com entalhes e murais (a maioria dos quais não sobreviveu a restaurações posteriores), as mercadorias à mostra nos mercados e os esplêndidos trajes dos dias festivos — tudo contribuía para uma festa visual. A cidade era também o cenário das grandes cerimônias cívicas e religiosas. No centro de todos os cerimoniais estava a igreja principal da paróquia, ou catedral, em cuja construção, vista como problema comunal, artesãos e mulheres trabalhavam muitas vezes de graça. Havia um profundo orgulho desses gloriosos edifícios — presença permanente e inevitável local de origem e destino das inúmeras processões que serpeavam pelas vielas da cidade.

O pintor alemão Albrecht Dürer assim descreveu uma cena na Antuérpia do começo do século XVI: "A procissão passou pela rua, organizada por fileiras, cada homem a certa distância de seu vizinho e as fileiras bem próximas umas das outras. Vieram primeiro os ourives, os pintores, os canteiros, os bordadores, os escultores, os carpinteiros, os marceneiros, os marinheiros, os pescadores, os açougueiros, os coureiros, os roupeiros, os padeiros, os alfaiates, os cordoeiros (...) também os lojistas e comerciantes, todos com seus ajudantes, estavam lá. Depois vieram os atiradores com seus arcos e bestas, os cavaleiros e os soldados a pé, todos sob o olhar atento das autoridades. Depois passou uma esplêndida guarda nobremente trajada de vermelho. À sua frente, ordens e membros de instituições religiosas, todos piedosamente vestidos com diferentes tipos de túnicas (...). Do início ao fim, a procissão levou duas horas para passar na frente da nossa casa."

POR FORÇA das necessidades básicas de defesa, as cidades medievais se ligavam intimamente à topografia ocupando altos de colinas, curvas de rios e penínsulas ou se amontoando ao redor das fortificações dos castelos. As ruas não eram abertas para que os edifícios as seguissem, como no planejamento urbano posterior; os edifícios se agrupavam ao redor das igrejas, mosteiros, mercados, bairros de comerciantes, molhes, conjuntos residenciais e áreas de negócios, e os caminhos então ligavam essas ilhas, consolidando-se como rotas do ir e vir das pessoas. Na maior parte das cidades não havia necessidade de tráfico veicular; tudo era trazido nos ombros, em carrinhos de mão ou no lombo dos cavalos. As ruas, estreitas e sinuosas, davam voltas para chegar aos edifícios, mas proporcionavam abrigo das intempéries. A frente das lojas não tinham vitrines e ficavam abertas para a rua, protegidas pelos balcões superiores.

O tamanho das cidades era limitado pelo transporte interno, pelo abastecimento d'água e pela disponibilidade de alimentos frescos na área circundante. O tamanho excepcional da Veneza medieval é parcialmente explicado pelo transporte — transportar mercadorias por via aquática era muito mais fácil do que carregá-las por ruas estreitas, lição que Amsterdã, São Petersburgo e outras cidades aprenderiam mais tarde. As cidades se expandiam — Florença, por exemplo, reconstruiu três vezes as suas muralhas —, mas só podiam ir até certo limite sem perder a coesão que era a sua principal razão de ser. A maioria se manteve com menos de 1,5km de diâmetro e população entre os 300-400 das pequenas vilas e os 40 mil habitantes de Londres. Paris e Veneza, com 100 mil habitantes cada, eram absolutamente excepcionais. Por volta de 1450, Louvain e Bruxelas, cidades localizadas no coração da região mais próspera da Europa, à exceção da Itália, tinha entre 25 mil e 40 mil habitantes enquanto que nenhumaa cidade alemã passava dos 35 mil. Quando precisavam crescer, as cidades construíam agrupamentos satélites nos arredores, mantendo as vantagens da escala administrável.

A CIDADE MEDIEVAL privilegiada por carta real, com seu forte elemento de vida comunal, autodeterminação e identidade comum, foi a pedra angular da cultura europeia. O renascimento da vida urbana é geralmente descrito como o surgimento, ou ressurgimento, da vida civilizada das cinzas inférteis da Idade das Trevas. Todavia, uma história muito mais interessante começa a emergir. A dispersão rural da vida econômica e cultural que se seguiu ao colapso do Império Romano propiciou a reafirmação de uma cultura localizada, livre da mão controladora e centralizadora de Roma. Foi por meio de um processo de séculos de duração, iniciado por Carlos Martel no século VIII, que o controle sobre o campo foi restabelecido em quase todas as partes da Europa Ocidental e Central. Em contraste com seus primos rurais, os habitantes das cidades puderam seguir vivendo e trabalhando com autonomia, agrupados para defender seus interesses. Nesse sentido, as cidades medievais foram a continuação das comunidades independentes que haviam existido na Europa Ocidental desde os tempos pré-históricos.

O fato de as cidades medievais propiciarem refúgio dos rigores d propriedade feudal e a chance de uma vida comunal alternativa não nos deve fazer supor que os camponeses vivessem num estado de absoluta submissão, obediência e ignorância. Apesar do crescimento da vida urbana, a sociedade medieval europeia continuava sendo esmagadoramente rural. A dificuldade que temos de entender as vidas de nossos ancestrais medievais não resulta da ignorância deles, mas da nossa. A ulterior criação do indivíduo autogovernado — em quem vemos a nós mesmos — nos aparta da Idade Média e distorce o nosso pensamento consciente. Para nós, a aceitação medieval do destino e sua crença na predestinação e na iminência do fim do mundo representam apenas a sufocação do espírito e a negação de toda iniciativa humana. No entanto, a vida daqueles camponeses analfabetos e incultos, a grande maioria da população que mal aparece na história escrita, era densamente carregada de espiritualidade, um fenômeno cujos efeitos não são fáceis de entender.

As crenças de seus ancestrais celtas, godos, vikings e eslavos haviam sido transformadas, mas não substituídas, pelo cristianismo. A mudança das estações, o ciclo da vida e a supremacia psíquica da vida familiar tinham importância absoluta num mundo em que o tempo se media pelo movimento do sol e pela memória da comunidade e em que a geografia era uma questão de experiência, não de abstrações cartográficas. A identidade começava com a família e se estendia à aldeia, à propriedade e à cidade (não à nação ou ao país) no marco de uma estrutura de crenças e experiências comuns. E a principal experiência humana era a do mundo natural, um lugar ainda problemático e perigoso, mas fonte de prodígios que só podiam ser entendidos por uma espiritualidade que lhe atribuía propriedades sobrenaturais. A fronteira entre o real e o irreal, o verdadeiro e o imaginário não tinha significado num mundo em que as doenças atacavam sem causa aparente, as curas eram sempre milagrosas e as boas colheitas só aconteciam se observados os rituais corretos, o mais das vezes pagãos. Não se tratava de superstição ingênua e despreocupada, mais da profunda convicção de que a adesão ao costume era uma questão de vida ou morte.

Nesse mundo, os símbolos, milagres e rituais da Igreja cristã eram apenas um conjunto a mais de ferramentas na tarefa interminável de lidar com as perversidades, os ciclos, a inconstância e os prodígios da natureza. A crença no Deus cristão como provedor e árbitro de todas as coisas era universal, e o drama da fé (que refletia os sistemas de crenças pagãos do Ocidente), o marco em que a vida podia ser entendida; mas a autoridade da Igreja latina era mais sentida na sacristia e no castelo do que na cabana do camponês, na taberna e na botica da cidade.

Os camponeses, agricultores arrendatários e artesãos medievais podiam ser analfabetos, mas não eram estúpidos. Eles sabiam que a observância dos costumes era, mais do que uma promessa de boa colheita, algo de vital importância por motivos sociais profundos. Equações de causa e efeito falam às nossas mentes modernas, mas nessas questões os nossos ancestrais eram muito mais perceptivos. Eles conviviam e sobreviviam num mundo de complexas e sutis relações recíprocas e com o mundo natural; sabiam que as orações e rituais deviam andar *pari passu* com o cuidado da terra e dos animais e o apuro artesanal. Esses não se opunham, alimentavam-se. O cristianismo não foi aceito e adotado pelo homem comum ocidental por negar as suas crenças consuetudinárias, mas por se ajustar ao seu permanente aprendizado do mundo natural. Não foi um processo estático: o mundo medieval contém a mesma combinação de necessidades eternas e mudança contínua de outras épocas históricas. Ele chegou ao fim, num processo longo e doloroso, e por força de seu próprio sucesso, quando o advento da riqueza e da autoconsideração individual inaugurou o mundo moderno.

# CAPÍTULO 8

## ARTE COMO CIVILIZAÇÃO
*Riqueza, Poder e Inovação na Renascença Italiana*

Em trinta anos de domínio dos Bórgias, a Itália teve guerras, terror, assassinatos e matanças, mas produziu Michelangelo, Leonardo da Vinci e a Renascença. A Suíça teve amor fraterno em cinco séculos de democracia e paz — e o que produziu? O relógio de cuco.

(Orson Welles, *O Terceiro Homem*)\*

A RENASCENÇA É MENOS um período histórico do que o repositório dos mitos que nós criamos sobre a civilização ocidental. Sua singularidade como ideia histórica resulta do amálgama de dois conceitos — arte e civilização — mutuamente significantes. Na história da arte, a pintura, a escultura e a arquitetura ocidentais alcançam a perfeição na Renascença e entram em seguida num longo declínio à sombra dos grandes mestres. Um quadro de Rafael, uma escultura de Michelangelo ou um edifício de Brunelleschi se nos afiguram como a materialização dos mais elevados valores da civilização ocidental, senão de toda a civilização; a mescla de assombro e arrebatamento que nos envolve ao contemplarmos *O Nascimento de Vênus*, de Botticelli, *é* a própria civilização em sua forma mais pura e inefável. Esse entrelaçamento de arte e civilização na Renascença teve, porém, um curioso efeito sobre a nossa maneira de considerar o passado. Passamos a crer que todo período e lugar que produziu arte sublime deve ter tido também predicados sociais, políticos e culturais fora do comum. Analogamente, todo

---

\* Essa breve fala do personagem Harry Lime, representado por Welles, foi por ele mesmo acrescentada ao roteiro de Graham Greene.

período que não produziu arte significativa (somente relógios de cuco!) não é digno da nossa consideração.

A Renascença é um conceito problemático para os historiadores porque faz com que a história da Europa se converta, subitamente, na história da pintura, escultura e arquitetura italianas. Passou a ser mais importante descobrir quem e por que encomendou tal ou qual quadro do que saber qual exército venceu qual batalha e que rei promulgou qual legislação. A ausência da arte em qualquer história do século XV é como um casamento sem noiva; sua presença, ao contrário, domina e diminui tudo que está ao redor. A arte passou a ser não apenas o centro das atenções do período, como *o* fenômeno a ser explicado; cabe à história se submeter a essa necessidade.

Desde que o termo Renascença foi cunhado, na década de 1840, os historiadores da arte italiana têm dominado o estudo da Europa dos séculos XIV e XV. Foi o historiador suíço Jacob Burckhardt quem estabeleceu a clave e o tom para todos os que o sucederam. Seu livro de 1869 *A Civilização da Renascença na Itália* fez da Renascença italiana o apogeu da civilização europeia e "o começo do mundo moderno". Depois que Burckhardt mostrou terem sido as grandes pinturas renascentistas produzidas num mundo de violência, intriga e trapaças políticas, todo mundo passou a se interessar, ao lado de Brunelleschi, Leonardo e Michelangelo, pelos Médici, Bórgia, Sforza e Maquiavel. Burckhardt demonstrou também que a redescoberta da Antiguidade, as viagens marítimas e a mudança das ideias religiosas contribuíram todas para as inovações presentes nas obras dos artistas da Renascença. Essa abordagem admiravelmente ampla foi, no entanto, prejudicada pela premissa maior de sua obra: reconhecendo abertamente a sua crença na ideia de um Renascimento, ou Renascença, da civilização na Itália do século XV, Burckhardt se pôs a buscar, em todas as esferas, o que pudesse confirmá-la. Em vez de contar a história da Itália, ele passou a buscar provas daquilo que já sabia.

Não obstante, Burckhardt parecia ter aberto a possibilidade de examinarem-se a arte, política, religião, economia, movimentos sociais e filosofia do medievo italiano tardio como um todo, propiciando que outros adotassem igual abordagem mesmo com críticas à sua tese central. Mas não se aproveitou a oportunidade; ao contrário, os sucessores de Burckhardt seguiram o seu caminho e deram à Renascença italiana uma posição quase mística na história da civilização ocidental. Na segunda metade do século

XIX e quase totalidade do XX, a arte da Renascença italiana cresceu em valor e *status*, ao passo que o tempo e lugar em que ela foi criada passaram a ser vistos como um mundo fabuloso em que riqueza, intriga e paixão pela beleza andavam de mãos dadas. Os historiadores da cultura foram os mais resolutos defensores dessa visão. É instrutivo, pois, ver como dois importantes historiadores da arte de meados do século XX lidaram com as peculiaridades e os exemplos clássicos da Renascença.

Para Kenneth Clark, a história da arte renascentista é um crescendo de gênios extraordinários produzindo obras extraordinárias. Ela começa com os afrescos de Giotto em 1304-6, prossegue com as esculturas de Donatello e a arquitetura de Brunelleschi no começo do século XV e atinge o "ápice deslumbrante da realização humana, representado por Michelangelo, Rafael e Leonardo da Vinci" na década de 1520. *Civilisation*, a série de TV criada por Clark em 1969 (e o livro que a acompanhou), embora considerada pioneira em seu momento hoje, soa como elegia para uma visão de mundo efêmera. Embora meticulosamente humanista em suas atitudes, Clark é fascinado pela ideia de grandeza — dos artistas do passado em especial — e estarrecido com a inadequação do presente. Ele nos diz que Michelangelo "pertence a todas as épocas e, acima de tudo talvez, à época dos grandes românticos dos quais nós ainda somos os herdeiros à beira da bancarrota". Clark adula os artistas da Renascença a ponto de fazer suas obras parecerem dádivas milagrosas a nós concedidas por indivíduos sobre-humanos de gênio indefinível. Eles são impressionantes, remotos e, o que é mais problemático, anistóricos. O legado da Renascença foi a invenção do artista como um indivíduo superdotado e de um conceito de gênio que o coloca acima da análise e da história — um semideus que existe além das fronteiras de sua sociedade, tempo e lugar. Embora pareça estar contando a história da civilização e sua culminação na Renascença italiana, Clark na verdade eleva o seu objeto acima da história e faz dela uma época milagrosa em que os indivíduos se tornaram, sabe-se lá por quê, subitamente mais dinâmicos, curiosos e amantes da beleza. Isso é história da arte sem verdadeira história.

Ernst Gombrich viu as mudanças produzidas na Renascença italiana de um modo um pouco diferente de Clark. Para ele, as liberdades outorgadas aos artistas pelas mudanças na sociedade lhes deram imensas oportunidades, mas também lhes colocaram dificuldades difíceis de superar. Cada geração de artistas resolvia os problemas existentes e criava novas dificuldades — de representação, tema, composição espacial, harmonia e assim por diante — até serem todas resolvidas, uma vez mais, pelo grande triunvirato formado por Rafael, Leonardo e Michelangelo.

Em vista do nosso atual ceticismo a respeito da ideia de progresso, vale observar que Gombrich contestou a visão dominante de nascimento, maturidade e declínio na história da arte: "Trata-se de uma interpretação ingênua e equivocada da mudança constante na arte como progresso contínuo (...) devemos perceber que cada ganho ou progresso numa direção implica uma perda em outra e que esse progresso subjetivo, apesar de sua importância, não corresponde ao aumento objetivo de valor artístico." Mesmo a arte "realista" da Renascença, em que uma cena podia ser capturada no instante mesmo em que ocorria, não representa progresso em relação ao "idealismo" da arte medieval em que a imagem de um santo é eterna — a arte apenas ganhou imediatez ao preço da eternidade.

A abordagem de Gombrich dá conta do absurdo inerente à versão de Clark — a arte renascentista era cada vez melhor pela simples razão de que os artistas que surgiam sobrepujavam seus antecessores — mas tende, ainda assim, a separar a resolução dos problemas artísticos dos desenvolvimentos e tendências da sociedade em que viviam seus autores. Para Gombrich, as mudanças na arte não resultam de mudanças na psicologia coletiva, mas de descobertas individuais de novas formas de fazer as coisas, logo aprendidas e apropriadas pelos demais. Auspiciosa alternativa ao costumeiro catálogo de conexões fáceis entre a arte e a sociedade renascentistas (em que o humanismo político conduz ao humanismo na pintura), sua concepção tende, porém, a transformar a arte numa atividade isolada. Gombrich assinala as mudanças sociais que suscitaram mudanças revolucionárias na arte, mas não situa os artistas na verdadeira história política, econômica e social e até filosófica de suas respectivas épocas. Pode-se ler Clark e Gombrich sem se ficar sabendo, por exemplo, que, a partir de 1494, Carlos VIII e seu sucessor Luís XII transpuseram os Alpes com os exércitos franceses e destruíram na prática a independência de todas as cidades-Estado italianas, à exceção de Veneza — o único lugar onde se continuou a produzir arte inovadora depois de mais ou menos 1520. Clark e Gombrich talvez achassem que qualquer gesto de assentimento para a história política e social contribuiria para a interpretação errônea do passado. Basear-se em ideias "aceitas" sobre o passado é, no entanto, o exato oposto de fazer história, que consiste em procurar, questionar e reinterpretar os registros — do contrário, só nos restaria fazer como Burckhardt e sair à caça daquilo que já sabemos que iremos encontrar. É fácil a tentação de construir a história da arte sobre a história "conhecida" do Ocidente e chamar o resultado de civilização ocidental.

Aonde nos leva tudo isso? Durante muito tempo fomos ensinados que em algum lugar da arte pictórica da Renascença italiana jazem o significado, o espírito e as mais elevadas realizações da civilização ocidental. Isso suscita, porém, mais perguntas que respostas. Em que sentido arte significa civilização? E, se a história da arte é mais uma questão de mudança do que de progresso, como sustentou convincentemente Gombrich, então a Renascença não seria um momento de apogeu, mas apenas um período particularmente intenso e interessante de mudança? O que temos a dizer sobre viver em paz como nossos relógios de cuco por oposição a viver em meio à inquietação dos Rafaéis e Botticellis? Seria o objetivo da civilização produzir homens de gênio, como afirma Clark, ou proporcionar vidas significativas e seguras para o maior número possível de pessoas? Seriam as pinturas e esculturas da Renascença italiana um componente periférico da história do Ocidente embora central para a sua civilização?

Felizmente, nas últimas décadas os historiadores começaram a mostrar quais dessas perguntas são importantes e como devem ser abordadas. Pensando em coisas novas para dizer sobre o *David* de Michelangelo e a *Escola de Atenas* de Rafael, os historiadores da arte passaram a investigar detalhadamente as mudanças políticas, econômicas e sociais em curso no medievo tardio italiano. Com isso, os séculos anteriores perderam o aspecto de prelúdios ao "desabrochar" da Renascença para se revelarem épocas fascinantes em que diferentes modos de vida foram explorados, questionados e abandonados, um período extraordinário da história italiana do qual a Renascença do século XV é o fim simultaneamente doce e amargo. Hoje somos capazes de compreender que qualquer investigação sobre as dores do parto da Europa moderna deve começar pela Itália medieval.

DOS TEMPOS DE Carlos Magno até meados do século XII, o Norte da Itália foi um peão nas disputas de poder entre o papado e os sacro imperadores romano-germânicos. Ignoradas durante décadas e subitamente invadidas e assediadas sem que nenhum rei da Itália pudesse sair em seu resgate, as cidades italianas tiveram de organizar suas defesas e, por necessidade, seus próprios governos. Seguindo a tradição, em 962 o imperador Oto cruzou os Alpes e foi declarado rei "itálico" em Pávia, antiga capital dos lombardos, antes de ir a Roma para ser coroado imperador pelo papa. Vendo, porém, os territórios italianos como inoportunas distrações de seus problemas internos, os imperadores germânicos que o sucederam raramente voltaram a transpor os Alpes. O reino da Itália foi, no essencial, deixado por sua própria conta.

O século XI foi marcado por um significativo aumento do comércio, da produção agrícola e da população na Europa Central e Ocidental (ver Capítulo 7). O Norte da Itália, alojado no extremo sul do coração da cristandade latina medieval, tinha vínculos comerciais com as ricas cidades do Sul da Alemanha, a Borgonha, o Norte da França, os Países Baixos e a Inglaterra. A Itália era o portal desse eixo para o Mediterrâneo e o Oriente muçulmano. Mercadorias de todas as procedências — Ásia Central e norte da China pela Rota da Seda; Pérsia, Índia e Sul da China pelas rotas de caravaneiros; Egito, Palestina, Síria e Ásia Menor pela antiga rota de comércio do Mediterrâneo oriental; Bizâncio e Moscóvia pelos portos do mar Negro — eram trazidas ao coração da Europa via Veneza e Gênova, inicialmente, mais tarde por outras cidades italianas.

Com a intensificação do comércio, camponeses, comerciantes, mercadores rurais e proprietários de terra se mudaram para as cidades italianas, transformando obscuros portos fluviais, como Florença, Pisa e Gênova, em centros urbanos comerciais e manufatureiros. Antigas cidades, como Milão, Verona, Pádua, Pávia, Cremona, Piacenza e Mântua se revitalizaram, mas a nova riqueza só fazia destacar a falta de um poder central no Norte da Itália. Bispos locais e viscondes imperiais tinham certos poderes, mas nunca era claro quem exercia autoridade sobre quem; os diferentes conjuntos de leis eram contraditórios entre si e inadequados para regular o comércio e os novos arranjos sociais. Quem tinha direito de cobrar impostos e em nome de quem? A quem cabia fornecer tropas para defender as cidades e dar proteção aos camponeses no interior? Quais leis deveriam ser usadas para dirimir as disputas comerciais? — eram perguntas cada vez mais difíceis de responder.

Com o aumento de valor da terra agrícola, a Igreja, que era o maior proprietário fundiário da Itália, começou a enfeudar terras em troca de serviços. A partir do século XI, grandes porções de terras da Igreja foram entregues a pequenos proprietários, uma pequena nobreza que logo descobriu que podia se mudar para a cidade e viver de suas rendas. Esse foi um fenômeno peculiarmente italiano; sem nenhuma tradição de poder feudal, a nova nobreza italiana se mudou para as cidades levando consigo suas bases de poder; no Norte e Oeste da Europa a nobreza tendeu a permanecer no campo.

Desesperados com a ausência de autoridade, os novos poderosos das cidades em crescimento passaram, como era de esperar, a assumir o controle da situação. Entre 1081 e 1138, as principais cidades do reino da Itália — Pisa, Lucca, Milão, Parma, Roma, Gênova, Verona, Bolonha, Siena e Florença — foram tomadas por sistemas políticos conhecidos como comunas. Essas eram sociedades de homens poderosos que juravam sustentá-las e aos seus membros, aristocratas ricos cujos objetivos eram a governança de suas cidades, dando-lhes segurança e estabilidade e lhes conservando a independência. As comunas não eram sancionadas pelo imperador nem pelo papa, mas simplesmente assumiam o controle *de facto* das cidades, absorvendo as autoridades existentes. A primeira tarefa da comuna foi estabelecer e defender as fronteiras da cidade, o que era feito tomando pela força o campo circundante ou persuadindo os senhores feudais não pertencentes à comuna a se lhe unirem. Foi assim que o Norte da Itália se tornou uma colcha de retalhos de pequenas e prósperas cidades Estado.

Em 1150 as cidades do Norte da Itália viviam uma febre de crescimento não apenas econômico e populacional, mas também de autoconfiança resultante do comando dos próprios negócios. Gerando comércio e riqueza, essas cidades alcançaram e ultrapassaram outras do Norte, como Antuérpia, Bruges, Mainz, Colônia e Londres. Milão, a maior delas, tinha uma população de cerca de 80 mil habitantes, dos quais 20 mil trabalhavam como artesãos e operários na indústria têxtil, na construção, na metalurgia e em outros ramos. As cidades italianas produziam seus próprios bens e comerciavam com outros centros.

Foi nesse mundo em vias de auto-organização e cada vez mais próspero que surgiu a figura imponente de Frederico Barba-Ruiva, sacro imperador romano-germânico e legítimo soberano do reino da Itália. Ao cruzar os Alpes para ser coroado imperador em 1154, Frederico teve uma desagradável surpresa. Entendendo como um perigo e uma tentação a riqueza e o poderio militar das cidades suas súditas, ele retornou quatro anos mais tarde com um exército de tropas alemãs determinado a impor sua autoridade. O exército de Frederico ocupou Milão rapidamente, mas teve de enfrentar uma aliança das cidades do Norte liderada por Veneza, que nunca fizera parte do império. Depois de uma série de embates militares, a liga das cidades o derrotou em Legnano em 1176. Pelo Tratado de Constança, de 1183, o imperador outorgou às cidades o direito de se autogovernar, editar leis e eleger cônsules em troca de um tributo imperial, logo ignorado. A partir de 1183, as cidades estavam livres para conduzir os seus próprios assuntos — um arranjo que persistiria durante os trezentos anos seguintes. Embora as cidades do Norte da Europa estivessem relativamente livres de interferências, somente as italianas (e mais tarde as hanseáticas e as holandesas) eram verdadeiramente autônomas.

No fim do século XII as comunas desfrutavam o auge de seu poder, governando pelo menos quarenta grandes cidades da Itália — a maior parte delas no Norte. A comuna típica compreendia uma assembleia-geral da qual se elegiam entre quatro e vinte cônsules para conduzir a administração e o Judiciário da cidade. De acordo com o modelo romano, os cônsules tinham mandato de um ano, podendo retornar ao cargo somente depois de um intervalo de dois anos. A eleição desapareceu, porém, pouco a pouco, passando os cônsules a serem simplesmente escolhidos pelos que saíam. Em todas as cidades, pequenos grupos familiares surgiram como detentores dominantes ou exclusivos do poder. No fim do século XII, as assembleias-gerais deram lugar a conselhos menores, e o poder se tornou cada vez mais concentrado.

A comuna se baseava no espírito e no juramento de cooperação, mas era intensa a competição entre seus membros. A partilha das terras da Igreja fora seguida do desmembramento das propriedades feudais, aumentando o número de famílias da pequena nobreza proprietária. Nos 150 anos anteriores a 1200, a nobreza italiana se converteu de pequena aristocracia rural dependente da terra e da ancestralidade em um segmento social urbano muito mais numeroso, de mentalidade comercial, interessado no poder político e na aquisição de riquezas. As extraordinárias promessas de riqueza e poder emanadas da Paz de Constança haviam colocado uns contra os outros, sem exceção, os membros das comunas de todas as cidades. Durante algumas décadas no fim do século XII, as ruas das cidades italianas foram o cenário de guerras generalizadas entre bandos. As famílias mais importantes haviam adquirido terras dentro das cidades e construído casas para seus parentes e empregados, fazendo com que os bairros passassem a ser controlados por homens armados, representantes das várias facções. Embora prometessem riqueza e oportunidades, as cidades eram também lugares ameaçadores e perigosos.

A mais bizarra manifestação dessa turbulência foi a construção de torres defensivas. A partir de mais ou menos 1160, as associações de famílias de Milão, Pisa, Verona, Parma, Florença, Bolonha e outras cidades ergueram uma imensa quantidade de torres de grande altura (em 1180 Florença tinha cem torres de até 75 metros; as de Bolonha chegavam a 97 metros). Não habitáveis, destinavam-se exclusivamente à defesa e ao refúgio em tempos de turbulência. Passarelas ligando as torres por sobre aglomerados de ruas estreitas formavam um cenário fabuloso, mas de motivações absolutamente sérias. As torres eram a mais clara manifestação do domínio exercido pelas famílias sobre os bairros, com suas ruas, praças e igrejas. As comunas se haviam fragmentado em suas partes constituintes e cada membro lutava para conservar tanto poder quanto possível.

DESSA ESTRANHA e ameaçadora cena urbana irrompeu uma revolução profunda e duradoura. Ao passo que a nobreza em expansão ganhava poder e riqueza, os estratos médios da sociedade se tornavam bem mais organizados. Em 1200, os artesãos e mercadores das cidades italianas, tal como os de outros lugares da Europa, se haviam organizado por ramo de atividade em associações juramentadas conhecidas como guildas. Açougueiros, construtores, notários, seleiros, ferreiros, mercadores, padeiros, tecelões e tintureiros formaram guildas para proteger e promover seus ofícios, mas a crescente violência urbana os privava de seu interesse mais fundamental — a segurança física. Na maioria das cidades, membros da nobreza assassinavam cidadãos sem risco de punição e seus sicários intimidavam qualquer um que interferisse em seus assuntos ou violasse seu território.

As guildas responderam a essas ameaças organizando as companhias armadas locais. Seus membros mantinham as armas preparadas dia e noite, prontas para responder ao chamado do capitão; rigorosamente disciplinadas e bem organizadas, desenvolveram um formidável *esprit de corps* — cada uma trazia a sua própria bandeira com o emblema de um cavalo, leão, serpente ou dragão. No começo do século XIII, Bolonha tinha 24 companhias, Florença, vinte, e Milão, excepcionalmente, apenas uma, a Credenza di San' Ambrogio, que abarcava toda a cidade.

Contudo, além da força armada, a nobreza tinha privilégios especiais de taxação e legislação e o direito de usar partes das cidades proibidas aos cidadãos. Desprovidas de representação política, as guildas eram impotentes para mudar tal situação. O poder das comunas se baseava numa hierarquia de poder e sabedoria; os detentores de nobreza e riqueza eram naturalmente tidos como os melhores governantes. O fato de os membros das guildas almejarem a sua cota de poder cívico nos mostra que o homem medieval não era tão rigidamente fatalista como nos foi ensinado. As demandas do *popolo* — como se tornou conhecida a organização das guildas — eram excepcionais, porém não tinha como defender seus interesses numa situação assim caótica e violenta.

E por que deveriam as comunas da nobreza conceder direitos políticos a grupos de comerciantes e artesãos? A resposta era simples — em cidade após cidade o *popolo* passara a ter mais homens em armas, e mais bem organizados e motivados, do que a nobreza. Mesmo podendo reivindicar mais representação política, o *popolo* acabava tomando o poder pela força, geralmente depois que a sua cidade sofria uma derrota militar. Entre 1200 e 1250, o *popolo* assumiu o poder em Lucca, Piacenza, Lodi, Verona, Bolonha, Módena, Bérgamo, Siena, Pistoia, Parma, Florença e Gênova. Entre 1250 e 1300, mais ou menos, todas as grandes cidades do Norte da Itália, à exceção da república veneziana, estavam sob a influência do *popolo*, quando não efetivamente governadas por essa organização, a das guildas.

A ascensão e subsequente governo do *popolo* não foi uma rebelião isolada, mas um movimento persistente contra autoridades estabelecidas que governavam em causa própria. Seus efeitos políticos foram importantes, mas os sociais, psicológicos e culturais podem ser considerados imensos e duradouros. Em primeiro lugar, o *popolo* estabeleceu a própria ideia do que eram e para que serviam as cidades e vilas e de como deveria ser a sua existência. Derrubaram-se as torres e se abriram os bairros defendidos. De agora em diante, o espaço urbano — ruas, praças, salões de reunião, igrejas — era aberto a todos. A cidade não mais seria um conglomerado de feudos privados, uma miniatura geográfica do campo feudal, mas o lugar de um modo de vida inteiramente novo. Essa concepção recriou a difusão do poder existente nas sociedades consuetudinárias e elevou o *status* do homem comum — o padeiro, notário, o seleiro — ao de cidadão pleno. A vida do homem e da mulher comuns se tornou tão valiosa quanto a do nobre e a do prelado. O dia a dia da vida urbana era agora intensamente interessante para uma grande parte da população, já não mais ocupada apenas com o sustento de suas famílias, mas envolvida também na administração e planejamento das cidades, na aprovação das leis, no destino e cuidado dos enfermos, na proteção dos membros da guilda e no serviço militar.

Nem a revolução das comunas, nem a do *popolo* se deram, no mesmo grau, em outras cidades, pela simples razão de que estavam todas sob o controle de alguma autoridade externa. As vilas e cidades do Império Germânico, França, Borgonha e Inglaterra tinham cartas de privilégios dos respectivos monarcas. Embora incentivadas a organizar a própria defesa, as famílias nobres não tinham capacidade de controlar setores urbanos, nem as guildas permissão para assumir o poder. A riqueza familiar pessoal e o poder das guildas eram aspectos presentes nas cidades do Norte da Europa, mas muito mais radicalizados e politizados na Itália.

O período do *popolo* foi o de maior crescimento populacional e econômico das cidades italianas no século XIII. Surtos de atividade e interesse foram registrados nas áreas de educação, finanças públicas, exército, cidadania, arquitetura vernácula e artes visuais e literárias. Em 1300, a instrução básica e a educação eram mais disseminadas nas cidades italianas do que em qualquer outro lugar da Europa. Ao passo que florescia o ensino da aritmética, da contabilidade e do latim comum para fins comerciais e jurídicos, os governos expandiam tanto as suas atividades quanto o número de pessoas empregadas. Uma ideia mais ampla de comunidade política se estabeleceu. Na Itália de 1300, cerca de trezentas cidades existiam como Estados virtualmente independentes.

A SEGUNDA METADE do século XIII e o começo do XIV trouxeram inovações artísticas, mas também políticas e sociais. O súbito aumento de riqueza, população e tamanho das cidades, o ingresso da política na vida cotidiana, a melhoria no nível de instrução, as tensões violentas entre aristocratas e artesãos, a febril energia dos ambientes urbanos — tudo isso contribuiu para gerar, ao lado do excitante sabor do poder, um sentimento de incerteza e desarranjo. Foi por essa época que os produtos dos artesãos medievais — arquitetos de igrejas, pintores de afrescos, trovadores e contadores de histórias — começaram a se transformar em criações artísticas. O poeta Dante Alighieri (1265-1321) serviu no Conselho Supremo de Florença antes de ser forçado por seus inimigos políticos a exilar-se, em 1302. Dante é um notável exemplo de artista produto de uma época a menoscabar, não obstante, muitos de seus mais distintivos aspectos. Sua poesia era impregnada de aversão pela cultura cada vez mais materialista e estreitamente "patriótica" da Florença do medievo tardio. Ele aspirava, mais que tudo, ao retorno do ideal de um único império terreno dirigido por um soberano responsável somente perante Deus. Dante, que escreveu em idioma toscano, tentou criar uma língua italiana comum para que a poesia e a prosa de sua época pudessem ser compreendidas por todos. Foi essa fusão do eterno com o cotidiano em versos escritos que restabeleceu a literatura europeia como uma forma de arte e fez do poeta uma celebridade.

Em 1303, Enrico Scrovegni, um mercador de Pádua, encomendou ao artesão Giotto di Bondone (1266-1337), um quase contemporâneo de Dante, a execução de uma série de afrescos comemorativos da morte de seu pai. As imagens da vida e Paixão de Cristo, de Giotto, eram repletas de ousadas inovações, cenas bíblicas não apenas povoadas de italianos comuns em cenários absolutamente comuns — *A Lamentação*, por exemplo, poderia ter ocorrido à beira de uma estrada qualquer nas cercanias de Pádua —, como de aparência absolutamente real. Essa descrição do "real" que se valeu, em Giotto, de seu conhecimento da arte bizantina catapultou a pintura ocidental para uma frente de trabalho inteiramente nova. A ilusão da tridimensionalidade foi, para a arte italiana, um recomeço radical — tão radical que foram necessários mais setenta anos para que outro artista a adotasse com sucesso.

O trabalho de Giotto para a família Scrovegni trouxe ainda outras inovações interessantes. O encontro do comerciante rico em busca de *status* cultural (o pai de Scrovegni, condenado por usura, não teve direito a uma sepultura cristã) com o artista determinado a retratar a vida cotidiana das pessoas que o cercavam seria o catalisador de uma significativa parcela da arte subsequente.

A redescoberta do mundo clássico é tida como um aspecto crucial da Renascença. Dante tomou o poeta romano Virgílio como guia em sua jornada pelo purgatório e inferno, e Petrarca (1304-74) foi um ávido revivalista de textos da Roma clássica. Tanto quanto as colunas, aquedutos e anfiteatros romanos em desuso espalhados por toda a Itália, essas obras eram vestígios de um mundo estranho e indesejável. Os artistas que primeiro as reutilizaram não tinham o propósito de recriar o passado, apenas olhavam ao seu redor em busca de materiais e ferramentas que os ajudassem a lidar com as dificuldades do presente. Eram membros da pequena nobreza ilustrada e das guildas em ascensão, à época do governo do *popolo*, à procura de maneiras de lidar com a areia movediça que tinham sob seus pés.

Os escritos de Giovanni Boccaccio (1313-75) capturam à perfeição o dilema dessa camada social ilustrada. O *Decamerão*, de Boccaccio, é feito de histórias de pessoas comuns contadas por florentinos instalados no campo para fugir da peste de 1348; não está interessado em temas religiosos, histórias de santos e feitos dos grandes heróis, tampouco no amor romântico, mas em histórias como as que pessoas contam por mera distração e diversão. Os títulos de duas delas nos dão uma ideia do tom e conteúdo da obra: "Masetto de Lamporecchio se faz de mudo e consegue trabalho como jardineiro num convento de monjas que logo entram em acordo para se deitar com ele" e "Frei Cipolla promete mostrar a um grupo de campônios uma pena do anjo Gabriel e ao descobrir em seu lugar pedaços de carvão, afirma que são restos da fogueira de São Lourenço". Esse gênero de histórias obscenas e irreverentes sempre existira entre o povo, é claro, mas antes de Boccaccio ninguém se dera ao trabalho, ou sentira a necessidade, de colocá-las no papel. Boccaccio preencheu uma necessidade, não dos camponeses das tavernas, que continuaram fazendo parte da tradição oral, mas dos florentinos instruídos, porém desarraigados, perdidos num mundo em que a segurança e a coesão comunais perdiam terreno para a ambição individual.

As inovações na pintura e literatura foram acompanhadas de desenvolvimentos na arquitetura. As novas ideias sobre o espaço urbano surgidas na época do *popolo* incentivaram o surgimento de uma arquitetura urbana distintivamente italiana, em especial quanto ao uso de espaços abertos e edifícios públicos. O Palácio Ducal de Veneza, iniciado em 1309, é um excelente exemplo de construção com arcada aberta, ou *loggia*, ao nível do solo; a igreja de Orsanmichele, em Florença, foi construída como uma vasta câmara de comércio semiaberta em 1304, embora emparedada várias décadas depois. Combinado com praças, esse estilo aberto originário dos regimes do *popolo* foi usado pelos arquitetos italianos durante os sete séculos seguintes — da Ospedale degli Innocenti, de Brunelleschi, em Florença, às infindáveis colunatas do centro de Bolonha e inúmeras prefeituras, universidades e pontes que reforçam a ideia de cidade como espaço comunal. Costumamos associar o Norte da Itália à Renascença, mas o tecido de suas cidades, incluindo muitos de seus melhores edifícios, é produto da época do *popolo*, quando o controle das cidades foi tomado da nobreza e devolvido aos cidadãos.

\* \* \*

Os REGIMES do *popolo* chegaram ao fim porque não puderam ajustar-se às rápidas mudanças que continuaram a ocorrer nas cidades italianas. Embora mais abrangente do que o das comunas aristocráticas, o eleitorado do *popolo* era restrito a quem tinha mais de cinco anos de residência, era membro de uma guilda, dispunha de patrimônio ou pagava impostos. Tais condições excluíam os trabalhadores não qualificados e a massa de novos imigrantes que continuavam a afluir às cidades. Quando a agitação política irrompeu, o *popolo* não estava em condições de mobilizar aqueles que ele mesmo excluíra deliberadamente do poder.

Além disso, a constituição interna do próprio *popolo* se rompera sob pressão da prosperidade crescente. Entusiastas do movimento coletivo quando seus interesses se viram ameaçados pela violência aristocrática, as guildas de comerciantes e banqueiros cada vez mais afluentes e ávidos de *status* social tinham agora mais em comum com a nobreza excluída do que com suas congêneres de canteiros e açougueiros. Por mais que seus poetas escrevessem versos satirizando a cobiça, o século XIV foi uma época propícia para se ganhar dinheiro e acumular riqueza, convertida em passaporte para a respeitabilidade social. Escrevia-se sobre os "adventícios" e sobre o fato de não haver nada pior do que não ter dinheiro.

Sob essa torrente de materialismo individualista, os regimes coletivos do *popolo* se esboroaram. No transcurso do século XIV, a riqueza foi se concentrando nas mãos de uma pequena camada de comerciantes extremamente ricos e ávidos de poder político. Durante algum tempo, o *popolo* foi capaz de detê-los; em algumas cidades (como Florença, em 1378) as ordens inferiores chegaram a fazer revoluções para resgatar o poder das mãos da nova nobreza. No turbilhão do século XIV, um único cidadão pode ter visto quatro ou cinco mudanças de regime durante a sua vida. Mas, numa escala temporal mais ampla, o século viu o declínio do *popolo* e a sua substituição ora por governantes únicos, ora por oligarquias de famílias ricas.

Os novos regimes plutocráticos eram movidos pela ânsia de poder, não por sentimentos de orgulho ou dever cívico — no começo do século XIV, nobres exilados de Gênova, Florença e Milão fizeram guerra contra suas próprias cidades com a ajuda de estrangeiros. Ao passo que algumas — Milão, Ferrara e Mântua — caíram sob o domínio de uma única família, outras adotaram formas coletivas de governo republicano. Veneza (uma república desde o século IX), Florença, Siena e Lucca foram repúblicas durante a maior parte da segunda metade do século XIV e do século XV, enquanto Gênova, Bolonha e Perúgia tiveram períodos intermitentes de regime republicano e domínio de uma única família. Dadas essas variações, o governo das cidades no século XV foi o mais das vezes exercido por um único príncipe e seus sucessores ou, eventualmente, por grupos representativos da "nova nobreza".

Ao longo do século XIV as grandes cidades italianas absorveram, por acordo ou anexação, cidades menores, passando o norte da península a ser controlado por oito grandes Estados — Veneza, Milão, Gênova, Ferrara, Módena, Florença, Mântua e Siena. A dispersão do poder entre as cidades e dentro delas, característica do século XIII, foi gradual e inexoravelmente revertida. No fim do século XV, todo o Norte da Itália era controlado por umas poucas famílias. O poder de uma pequena elite sobre o restante da nobreza e sobre a urbe foi o aspecto central das cidades italianas durante todo o século XV. Milão foi governada pelas famílias Visconti e Sforza, Mântua pelos Gonzaga, Ferrara pela família Este, Florença pelos Médici e Gênova pelas famílias Spínola e Dória. Mas esse foi um processo espasmódico; para entender mais claramente a sua relação com as inovações artísticas da época, devemos nos deter em Florença, a cidade onde elas se expressaram com maior vigor.

UM DESENVOLVIMENTO tardio se comparada a Veneza e Gênova devido ao seu isolamento do mar, Florença alcançou e superou suas rivais dedicando-se à manufatura, ao comércio e às finanças. Todas as cidades da Europa vinham se tornando centros manufatureiros, mas Florença as excedeu. Sua principal indústria era a têxtil: lavagem, cardagem, triagem, penteação, tecelagem, pisoagem, tingimento, tudo executado em pequenas oficinas que, juntas, formavam uma complexa organização coletiva. Os mestres artesãos controlavam a produção, e os comerciantes, a compra e venda. Esse sistema medieval foi transformado de duas formas em que Florença teve também um papel de liderança. Em primeiro lugar, os mestres-artesãos e comerciantes foram substituídos por uma nova estirpe de empresários capitalistas que controlavam simultaneamente a manufatura e o comércio. A partir do século XIII, os comerciantes florentinos não apenas estabeleceram escritórios em cidades de toda a Europa, de Edimburgo a Constantinopla — o arquivo da família Datini contém cartas de clientes e fornecedores em duzentas diferentes localidades europeias —, como compraram oficinas em Florença e contrataram gerentes para dirigi-las.

A segunda inovação foi o desenvolvimento da atividade bancária. Para apoiarem a sua rede de comércio, os novos empresários precisavam de métodos sofisticados de tornar o dinheiro disponível e fazê-lo circular. Os florentinos assumiram esse papel antes de todos os demais, atuando como avalistas e fornecedores de crédito e serviços financeiros e contábeis aos novos comerciantes. O banqueiro, um agente que não se envolvia com a fabricação e o comércio de bens e serviços, somente com o dinheiro, foi um novo e poderoso fenômeno comercial. No ápice de seu poder, Florença era controlada por cerca de cem famílias, todas envolvidas em atividades bancárias.

Essas inovações comerciais podem parecer triviais, mas seus aperfeiçoamentos organizativos iriam ter um efeito revolucionário no comércio europeu, em parte relacionado também aos avanços tecnológicos. Na Itália do século XIII já se fabricava papel e se usavam numerais arábicos. Os relógios mecânicos se difundiram nos séculos XIV e XV, levando a organização e a produtividade a novos patamares. Novas técnicas, como a contabilidade de dupla entrada, surgiram em Florença, cujos banqueiros organizaram também o sistema cambial (uma potencial barreira ao comércio, uma vez que todas as cidades-Estado cunhavam as suas próprias moedas), além de fornecer serviços de crédito, saque a descoberto, depósitos e retiradas. Em 1355, a família Peruzzi tinha escritórios em Florença, Palermo, Nápoles, Avignon, Bruges e Londres e prepostos dirigindo bancos locais em outras grandes cidades europeias, ao passo que a família Bardi comandava agências em Constantinopla, Jerusalém, Chipre, Maiorca, Barcelona, Nice, Marselha, Paris, Avignon, Lyon e Bruges. Os florentinos eram os banqueiros não apenas de Florença, mas de toda a Europa — e seus mais ricos comerciantes.

O sistema educacional da Florença medieval era, apesar da falta de uma universidade (provavelmente devido a uma política deliberada), altamente desenvolvido. Cerca de 10 mil jovens, de uma população total de 90 mil habitantes, estavam matriculados nas escolas em meados do século XIV, dos quais 1.500 em cursos avançados de matemática, latim e lógica. Considerando a formação profissional adicional para os que iam trabalhar nas áreas jurídica e bancária, esse era um formidável coletivo de pessoas instruídas e treinadas no alfabeto e nos números.

A despeito da riqueza de suas famílias mercantes e bancárias, Florença tinha uma forte tradição de governos do *popolo* e republicanos. Reconhecida em 1115 como nominalmente independente pela condessa da Toscana, a República de Florença se tornou o campo de uma batalha política entre facções defensoras do papa (os guelfos) e do imperador (os gibelinos). Os guelfos foram dominantes durante a maior parte dos séculos seguintes, com o controle sendo disputado pelo Primo Popolo, encabeçado pelos comerciantes, e o Secondo Popolo, dirigido pelas guildas de artesãos. O descontentamento entre os trabalhadores têxteis levou, em 1378, a uma breve tomada do poder na revolução dos *ciompi* (trabalhadores sem propriedade nem direitos políticos), mas a classe dos comerciantes logo recuperou o controle. Até a ascensão de Cosimo de Médici em 1434, nenhum indivíduo ou família conseguira monopolizar o controle da cidade por cerca de trezentos anos. O regime dos Médici, que coincidiu com o período mais próspero de Florença, foi o começo do fim de sua tradição duramente conquistada de republicanismo cívico.

Mesmo abrigando toda sorte de ofícios e ocupações, cada cidade era conhecida por sua especialidade — Veneza por suas editoras e seu comércio com o Oriente, Pádua por sua universidade e sua tradição intelectual, Siena por seus lanifícios, Lucca pela produção de azeite e seda e Florença pelos tecelões, banqueiros e artistas. Durante séculos, os meninos das famílias artesãs foram treinados como aprendizes. As famílias pagavam estipêndios aos mestres para lhes ensinar seus ofícios, muitas vezes incluindo comida e alojamento. Concluído o aprendizado, aos 21 anos de idade, eles estavam prontos para se candidatarem a membros das guildas e se tornarem mestres de ofícios. No século XV, Florença teve 270 oficinas têxteis, 84 de gravação em madeira, 54 de cantaria, 83 de produção de seda e 74 de ourivesaria, essas últimas dedicadas ao desenho de joias, engaste de pedras e gravação e modelagem em ouro, prata, bronze e cobre.

No fim do século XIV foram as oficinas florentinas de ourivesaria, o mais prestigioso dos ofícios, que atraíram, treinaram e inspiraram uma série de artistas inovadores. Em 1391, aos 15 anos de idade, Filippo Brunelleschi disse ao seu pai, um próspero advogado que lhe reservara a carreira de notário, que queria ser aprendiz do ourives Benincasa Lotti. A decisão do jovem Brunelleschi, que viria a ser o artista mais importante da história de Florença, foi também tomada por Ghiberti (cujo padrasto era ourives), Orcagna, Della Robbia, Donatello, Uccello, Verrocchio, Botticelli, Leonardo e Gozzoli, todos escultores e pintores florentinos iniciados na arte da ourivesaria naquelas que agora podiam ser chamadas de oficinas gerais de artesãos. Era uma vida intensamente prática, de lenta acumulação de habilidades manuais e nenhuma educação, por exemplo, em leitura e escrita, que dirá teologia e clássicos. Eram artes mecânicas, fisicamente duras, sujas e extenuantes.

Se alguns aprendizes lá estavam em busca de meios para expressar seus talentos artísticos, para a maioria se tratava simplesmente de responder à imensa demanda, em Florença como em outras cidades da Itália, por suas habilidades manuais. Ao mesmo tempo que a construção de novas igrejas, edifícios públicos, hospitais e palácios privados demandava um exército de arquitetos e artesãos de todos os tipos, as famílias tomavam gosto por artigos de luxo, como joias, roupas bordadas a ouro, tapeçarias, mobília e pinturas. Mas por que razão a demanda por essas aptidões e objetos gerou essa mudança irreversível na natureza da expressão artística?

A tradição criativa florentina e a fama ainda pulsante de Giotto foram claros atrativos para esses jovens cheios de energia, visão e ambição, mas a política de Florença também teve um significativo impacto em sua obra. Nas primeiras décadas do século XV, Florença era uma curiosa mescla de orgulho cívico, identidade comunal e exorbitante riqueza privada. A tradição republicana da cidade significava mais do que a mera ausência de um duque ou um monarca: o republicanismo era uma relação viva entre a cidade e seus habitantes, fonte de uma forte identidade comunal. Em 1400, o centro de Florença transbordava de atividade — a obra da catedral de Santa Maria del Fiori fora retomada e a Piazza dell'Opera estava sendo projetada com um novo edifício, já em construção, para a Opera del Duomo. Nesse mesmo ano, entretanto, uma peste epidêmica matou 12 mil dos 50 mil habitantes da cidade, desastre celebrado pela guilda de mercadores de tecidos com a encomenda de um conjunto de portas para o batistério da cidade. Antes, porém, que o concurso para as portas (tradicionalmente visto como um marco na arte europeia) fosse lançado, uma nova ameaça assomou ante a cidade. No verão de 1402, os exércitos de Giangaleazzo Visconti, o tirânico soberano de Milão, cercaram e assediaram Florença, pondo em xeque a sua independência e o seu governo republicano. Quis o destino, porém, que no começo de setembro daquele mesmo ano, ainda no calor do verão, Visconti morresse de uma febre. Os milaneses se retiraram e os florentinos celebraram a vitória como um triunfo da liberdade republicana sobre a tirania. Para os artistas virtuosos, era a oportunidade de mostrar suas habilidades e explorar novos métodos.

As guildas de comerciantes de tecidos controlavam o dinheiro público alocado à manutenção do batistério e conclusão da catedral, ao passo que as Grandes Guildas, também chamadas Arti Maggiori, ficaram com a responsabilidade de decorar com esculturas o exterior da igreja de Orsanmichele. Ghiberti, Verrocchio, Di Banco, Tedesco e Donatello receberam encomendas das guildas, e Brunelleschi, depois de construir várias cúpulas para as guildas dos comerciantes de lá, obteve em 1420 o encargo de construir o domo de Santa Maria del Fiori, uma vez mais da parte de um comitê de guildas.

A resposta dos artistas a tais encomendas criaria uma decisiva ruptura com o passado. A pintura e os altos-relevos medievais e bizantinos foram criados para ajudar no culto e inspirar estados de espírito de contemplação e assombro. Seus temas principais eram os santos e o Salvador em oração. As melhores dentre essas obras são profundamente tocantes, mas a passagem dos séculos e as reiteradas imitações as tornaram protocolares e desinteressantes. Da mesma forma como a Batalha de Maratona levou Heródoto a chamar a atenção do público para a sua própria época, a derrota dos milaneses mudou o foco dos artistas florentinos. Em vez de retratarem santos em oração, eles e seus patronos passaram a celebrar o cidadão florentino, o membro da guilda e republicano que mantivera a têmpera contra as forças da tirania. A busca dos meios e modos que lhes facultassem tal celebração levou os artistas florentinos a duas óbvias fontes: as pinturas de Giotto, que abundavam ao seu redor, e os vestígios romanos. Muito já se falou da redescoberta do mundo clássico, mas é preciso entender que não foi uma adoção direta do passado. Artistas como Brunelleschi e Donatello pilharam o passado clássico — suas esculturas, mosaicos, edifícios em ruínas e tratados arquitetônicos — não para recriar um mundo já superado, mas porque as maneiras disponíveis de fazer edifícios, pinturas e estátuas já não respondiam às necessidades do seu público. Longe de pretenderem recriar a cultura da república romana, os artistas da Renascença quiseram agarrar o que estava ao seu alcance.

A mudança em relação à arte medieval aparece claramente na estátua de São Jorge, de Donatello, de 1415, encomendada pela guilda florentina dos armeiros. Embora ainda uma figura religiosa, o santo perdeu em piedade e contemplação e ganhou em movimento e consistência. Ele já não tinha por objetivo inspirar uma sublime espiritualidade, mas fazer com que o observador o visse *como um homem*. Ainda assim não se trata de um clássico, mas de uma figura caracteristicamente moderna. A despeito de lembrarmos a arte da Renascença por sua fascinante beleza, Donatello, Masaccio, Mantegna e outros artistas do início desse período relegaram conscientemente a usual beleza da arte medieval em favor da autenticidade, clareza e franqueza.

Embora nunca tenha faltado o conhecimento do mundo clássico, houve, no começo do século XV, um súbito entusiasmo por tudo o que era romano. A língua e a literatura da Roma antiga, assim como a descoberta de manuscritos antigos, se tornaram obsessões. A casa de Cícero foi achada e escavada, assim como seus manuscritos. Sorte igual tiveram os poemas de Lucrécio e Quintiliano. Os ossos do historiador Lívio foram desenterrados e depositados num relicário da prefeitura de Pádua, sua cidade natal, com direito a manifestações de devoção quase religiosas. Alguns historiadores garantem que Donatello e Brunelleschi passaram anos escavando as ruínas de Roma, tomando medidas e fazendo anotações codificadas antes de retornar, revigorados, a Florença. Essas ruínas não apenas haviam sido ignoradas por seus antecessores, como estavam tingidas de sangue dos mártires cristãos. O interesse de Brunelleschi não era mera curiosidade: era uma mudança na visão europeia a respeito do passado.

O interesse pela Roma clássica levou inevitavelmente ao interesse pela Antiguidade grega. Em meados do século XIV, Boccaccio lamentava não existir na Itália ninguém que lhe pudesse ensinar grego; em 1400, no entanto, os professores de Bizâncio descobriram que podiam ganhar dinheiro na Itália ensinando língua, literatura e filosofia gregas aos filhos dos comerciantes e banqueiros. Da mesma forma como os romanos ricos tinham viajado ao mundo helênico para completar seu aprendizado, os florentinos, venezianos e milaneses fizeram fila para aprender com os professores bizantinos. Quando, em 1452, a cidade de Bizâncio caiu frente aos exércitos de Mehmet II, a Itália foi inundada de refugiados e manuscritos gregos.

BRUNELLESCHI RETORNOU, então, a Florença, onde depois de muita luta obteve, em 1420, a encomenda da guilda dos construtores para erguer o domo da igreja de Santa Maria del Fiore. A solução de Brunelleschi para o problema de cobrir o vasto interior da catedral florentina foi uma brilhante combinação das abóbadas nervuradas das catedrais góticas com os domos da Roma clássica. Em futuros trabalhos o mestre continuaria a usar elementos da arquitetura clássica romana e grega de um modo radicalmente eclético, pilhando arcos, colunas, capitéis, pilastras e frontões para usá-los em edifícios (a originalíssima capela Pazzi, por exemplo) muito diferentes dos templos romanos e gregos e das catedrais góticas.

Em busca de honestidade e naturalismo na arte, pintores e escultores começaram a representar o mundo tal como o viam. Em 1425, Masaccio aplicou a perspectiva matemática em *A Santíssima Trindade*, um afresco da igreja de Santa Maria Novella que demonstrava como a pintura podia retratar a realidade tridimensional. O mesmo artista introduziu também a ideia da perspectiva tonal, usando cores para criar a sensação de distância, e descartou o crescente idealismo de outros pintores em favor de representações cruamente realistas. Apesar de sua inquestionável influência sobre artistas posteriores (hoje ele é tido como uma figura chave da arte renascentista), o estilo claro e direto de Masaccio não vingou na afluente e plutocrática Florença, abandonada pelo artista em 1427.

Os primeiros artistas renascentistas de Florença tiveram, pois, impulsos e influências diversas. Seus clientes, as guildas da cidade, queriam celebrar o *ethos* republicano de Florença e dispunham de recursos suficientes para financiar-lhes as empreitadas. Treinados como artesãos e trabalhando por encomenda, os artistas foram capazes de adaptar as técnicas medievais do afresco, do entalhe e da construção às suas necessidades, apelando à obra pioneira de Giotto e ao crescente interesse (que eles mesmos ajudaram a inspirar) pelos objetos do passado clássico. Desde a época de Giotto se elogiavam os artistas, dizendo que suas obras nada ficavam a dever aos ancestrais. Ghiberti, Masaccio, Donatello e Brunelleschi tinham perfeito conhecimento dos mosaicos, esculturas e imagens dos tempos de Roma e, assim como outros artistas, não hesitaram em incorporar algumas dessas ideias clássicas às suas obras.

Enquanto Brunelleschi dava um novo rumo à arquitetura europeia com a clássica fachada da Ospedale degli Innocenti, a vida política, social e cultural de Florença seguia mudando. A economia da cidade entrou em crise na segunda metade do século XIV: falências bancárias puseram abaixo os velhos impérios financeiros de Bardi e Peruzzi, e a peste reduziu à metade a população e o nível da atividade. A revolução dos trabalhadores têxteis de 1378 foi deflagrada por uma redução dos pedidos de tecidos à metade do padrão do meio século anterior, estagnação que por outro lado favoreceu a aquisição de uma importante parcela da indústria, da riqueza e do comércio da cidade por uma constelação ascendente de famílias comerciantes — Rucellai, Strozzi, Pitti e Médici. Por ocasião de sua morte em 1429, Giovanni de Médici tinha uma vasta fortuna acumulada, que legou ao filho, Cosimo. Embora a república florentina continuasse a existir nominalmente, Cosimo de Médici assumiu o controle do conselho e governou efetivamente a cidade de 1434 até a sua morte, trinta anos depois. O governo Médici foi sintomático da gradativa substituição do poder coletivo pelo individual. O censo do Estado florentino de 1427 mostra que 27% da riqueza da cidade eram controladas por cem famílias, que 50% dos empréstimos (uma importante fonte de ganhos para os investidores) provinham de duzentas famílias e que uma em cada sete pessoas era oficialmente pobre. As rendas provenientes do campo fluíam diretamente para os bolsos da rica elite urbana. Embora os artistas continuassem a trabalhar em encomendas institucionais — de igrejas e guildas, principalmente — com temas de conteúdo predominantemente religioso, o patrocínio individual começava a se fazer sentir: a decoração de uma nova capela era encomendada pela guilda dos mercadores de lã, mas financiada por uma ou duas famílias cada vez mais ciosas do reconhecimento da sua generosidade.

A etapa seguinte, que se pode deduzir das igrejas florentinas do século XV, foi a apropriação do patronato comunal por indivíduos e famílias. Convertidos em patronos de suas guildas, eles passaram a prodigalizar capelas e túmulos familiares e a ter seus nomes gravados nos altares e fachadas das igrejas. Por volta de meados do século, a arquitetura e a escultura predominantes desde a Alta Renascença ganharam a companhia da pintura, reabilitada como modalidade artística ao ser trazida da igreja pública para o palácio privado. A década de 1440 foi marcada pela construção de palácios para as famílias Médici, Rucellai e Pitti, aos quais se seguiram outros cem palácios florentinos antes de 1500 — todos carentes de belos objetos para adornar seus cômodos e jardins.

Jan van Eick começara a usar óleo como base para tintas na década de 1430 com excelentes resultados. Em pouco tempo os artistas italianos perceberam que a tinta a óleo podia ser aplicada em camadas transparentes, e com extrema delicadeza, para obter profundidade e magníficas superfícies, imitações verdadeiramente mágicas da realidade. A pintura a óleo era um artigo de luxo transportável, ideal para os novos palácios. Mas a transformação da obra de arte de objeto público em artigo privado separou a elite das massas. Os patronos, por sua vez, descobriram que pintores como

Uccello, Ghirlandaio, Mantegna, Veneziano e Castagno eram capazes de produzir imagens extraordinariamente fieis (e lisonjeiras) de seus modelos; foi assim que os retratos, quase desconhecidos até 1450, se tornaram cada vez mais populares.

Além de encomendarem novos trabalhos, os ricos passaram também a buscar obras de arte do passado. Assim veio à luz um mercado de arte, com colecionadores, consultores e agentes profissionais — o duque de Milão tinha o seu próprio agente em Florença — e artistas angariando comissões. No fim do século XV, artistas de ponta, como Lippi, Perugino, Leonardo, Michelângelo — a essa altura amigos e confidentes intelectuais de seus clientes —, puderam usar seu *status* para se afastar das guildas, ganhar grandes somas e formar, ainda que inconscientemente, uma nova elite artística.

O enorme crescimento do mecenato privado em Florença não resultou meramente do aumento da riqueza pessoal. Seria, talvez, mais exato dizer que o interesse pelo mundo clássico, o enraizamento da educação secular e o período de estabilidade política e rápida inovação artística combinaram com o aumento da riqueza pessoal para dar aos florentinos uma nova visão de si próprios. Os textos clássicos de Sêneca e Cícero pareciam falar muito mais claramente a esses plutocratas mundanos do que as parábolas da Bíblia e as soturnas coibições da educação teológica. As velhas ideias sobre o conteúdo da virtude sucumbiram. Primeiro, porque renunciar à riqueza mundana (como exigiam a Bíblia e os editos solenes do papa Gregório) não era absolutamente possível; segundo, porque os autores clássicos e seus intérpretes de então tinham um conjunto alternativo de princípios morais a oferecer. As pessoas já não queriam se desculpar por sua riqueza e sua ambição; os comerciantes da Renascença queriam gastar seu dinheiro em coisas belas, que lhes proporcionassem o mesmo senso de virtude que tinham seus predecessores ao fazerem doações às igrejas, mosteiros e hospitais. A doutrina do humanismo cívico era a resposta ao alcance da mão.

Esse novo ideal de cidadania fomentado por eruditos florentinos, como Leonardo Bruni e Coluccio Salutati, foi sofregamente apropriado pelas classes mercantis. Os eruditos humanistas ensinavam aos seus alunos que riqueza e posição social não eram suficientes para conferir "nobreza": eram indispensáveis o discernimento para apreciar a pintura, a arquitetura e a virtude resultante da dimensão moral de suas vidas. A orientação da Igreja foi substituída por uma nova sensibilidade fundada na literatura clássica, encarnação de uma nobre tradição de republicanismo, autoconsciência e aperfeiçoamento. O governante, o nobre e o príncipe deviam ser sábios — ajuizados e virtuosos, mas também refinados apreciadores das artes sociais e culturais. Foi esse o ideal que os governantes das cidades italianas do século XV adotaram para si. Ainda que arrogantes e hipócritas, suas vidas eram presumivelmente moldadas pela necessidade de expressar a nova atitude social.

Pode-se ver tudo isso com bastante ceticismo — o humanismo cívico se valeu de certo ilusionismo intelectual para transformar ambição política e ganância em uma doutrina de cidadania ativa e mecenato esclarecido. A cidadania ativa fora, em qualquer caso, um aspecto da vida urbana medieval em toda a Europa, e particularmente na Itália, desde o século XII. A natureza paradoxal e contraditória da sociedade florentina serviu de catalisador para essa rápida mudança. A obra de Leonardo Bruni, por exemplo, deixa clara a sua postura de republicano ardoroso, crítico ferino da aquisição de poder político por meio da riqueza. Figura seminal do humanismo cívico, Bruni usou os clássicos redescobertos para apoiar suas ideias, mas tentou também proteger a tradição republicana da Florença medieval da sanha da oligarquia emergente. Potencialmente tão arrogantes quanto quaisquer barões medievais, os novos plutocratas e príncipes, com suas famílias e seus amigos, eram, ainda, os herdeiros de uma sofisticada cultura urbana desenvolvida ao longo de vários séculos. A natureza dessa cultura se transformara pouco a pouco para se adequar às necessidades da economia monetária; uma gota d'água vertida na Florença do século XV tornou irreversível a mudança.

Às oportunidades de progresso social e enriquecimento correspondia uma crescente necessidade individual (e familiar, em especial) de promover o interesse próprio. A concentração do poder em mãos de poucos, eventualmente de uma única família, fazia com que os demais se esforçassem para se aproximar o mais possível daquele poder adquirindo riquezas e, com ela, *status* social. As pessoas passaram a ver suas vidas de um modo diferente. As ortodoxias agostiniana e gregoriana da renúncia ao prazer em favor da oração e da caridade deram lugar à busca permanente de ação e realização. O mundo medieval, que media a passagem do tempo pela trajetória do sol, sentia pouca necessidade de preenchê-lo com atividades. A época renascentista é marcada, acima de tudo, pela nova centralidade da realização individual e pela valorização do tempo, convertido em um bem total e impiedosamente aplicado à aquisição do conhecimento, ao progresso social e à obtenção de riqueza. Enquanto, no dizer de Marsilio Ficino, Cosimo de Médici "gastava seus dias com parcimônia, contando cuidadosamente cada hora e poupando cupidamente cada segundo", a matemática criava um mundo que mais se assemelhava a um gigantesco enigma em que tudo era mensurável e o cálculo a chave da vida plena.

Os príncipes eram fabulosamente ricos e a exibição de suas riquezas uma parte fundamental de suas vidas. A intensa competição pela estima pública exacerbava as exibições de mecenato e extravagância. Por ocasião de uma visita de Estado a Florença em 1471, o duque de Milão levou 2 mil cavalos, duzentas mulas de carga, 5 mil pares de cães, doze carruagens e milhares de cortesãos, tudo guarnecido de veludo bordado a ouro e prata, ao custo total de cerca de 200 mil ducados (um trabalhador ganhava cerca de 15 ducados por ano). Setecentos cortesãos acompanharam Lucrécia Bórgia em sua viagem de núpcias de Roma a Ferrara, em 1502, levando um dote de 100 mil ducados. Federico da Montefeltro gastou 200 mil ducados em custos de construção de seu palácio de Urbino e mais tarde ergueu outro em Gubbio. Essas pródigas exibições de riqueza pessoal, um fenômeno novo, se faziam acompanhar de outras formas de autoglorificação. As famílias ilustres contratavam pintores e escultores para retratar a si próprias, seus parentes, seus filhos e até seus cachorros. Cada uma se empenhava em superar as rivais contratando os melhores artistas e organizando procissões, casamentos e investiduras sempre mais extravagantes.

É nesse contexto que podemos apreciar a verdadeira realização do humanismo cívico. O culto renascentista do indivíduo ameaçava fragmentar a sociedade em uma miríade de interesses conflitantes. A tarefa de Bruni e seus colegas humanistas era lembrar aos plutocratas e seus filhos as nobres tradições de sua cidade, infundir-lhes um marco moral baseado numa tradição ainda mais antiga de conhecimento e sensibilidade artística e mantê-los culturalmente ligados à sua comunidade citadina. Tal empresa acabou em fracasso; porém, enquanto durou, tensões que opunham indivíduo e comunidade deram à luz um fluxo contínuo de inovações artísticas.

Como iriam, pois, os artistas de Florença responder às necessidades de seus novos clientes e do mundo em transformação à sua volta? Em primeiro lugar, mudando a temática. Embora o contexto fosse ainda esmagadoramente religioso, imagens seculares foram trazidas às cenas bíblicas, e objetos clássicos, legitimados — *O Nascimento de Vênus*, de Botticelli, foi encomendado pela família Médici em 1485. Os príncipes e suas famílias queriam aparecer nas pinturas que encomendavam, mas os primeiros retratos foram acomodados em cenas bíblicas — Mantegna pintou os Gonzaga como a Sagrada Família, o jovem Lourenço de Médici é um dos reis em *O Cortejo dos Reis Magos*, de Gozzoli, e, mais tarde, Ticiano mostrou membros da família Pesaro ao pé da Virgem acompanhada de santos. Mas o modo de representar esses temas também mudou. O rígido realismo de Donatello e Masaccio foi abrandado pelo uso da tinta a óleo e pela necessidade de uma aparência exuberante. O simbolismo dos afrescos e esculturas medievais deu lugar à pintura narrativa, em que uma história era contada: os quadros retratavam momentos particulares de eventos já conhecidos pelo observador. Tal estilo narrativo exigia uma aproximação cada vez maior da realidade, quer no naturalismo da cena, quer na reprodução fiel de objetos, pessoas, animais, drapejados, paisagens e assim por diante. Os mecenas se assombravam e se deliciavam com a habilidade de seus artistas para criar a ilusão de profundidade, as superfícies e os aspectos sensíveis dos objetos de luxo. Dado que o propósito do quadro era exibir o patrimônio do mecenas, a representação de um tema meritório — uma cena bíblica, por exemplo — era muitas vezes repleta de detalhes de objetos de luxo. John Berger e, mais recentemente, Lisa Jardine mostraram que os artistas atendiam às necessidades de seus clientes representando suas faustosas possessões e que as próprias pinturas se tornaram artigos de luxo passíveis de fruição e comercialização.

Tudo isso nos diz algo sobre a arte da Alta Renascença, mas deixa de fora o seu aspecto mais importante. Durante séculos, os críticos e historiadores da arte defenderam zelosamente a arquitetura, a escultura e a pintura renascentistas como prova de um grande despertar do humanismo racional clássico; a arte da Renascença era, acima de tudo, arte "humanista". A conexão é fácil de estabelecer — as pinturas e esculturas se tornaram patentemente mais reais, suas figuras cada vez mais parecidas como o homem comum da rua, os temas cada vez mais seculares —, mas isso está longe de representar um verdadeiro entendimento. Alguns pintores renascentistas de excepcional habilidade, como Pollaiuolo e Gozzoli, talvez se contentassem em exibir seus modelos como "novos" indivíduos racionais, em pleno comando de si próprios e de tudo que os cercava; mas, se isso bastasse, a arte renascentista teria em pouco tempo se tornado baça e cediça. A grande realização de Mantegna, Michelangelo, Bellini e Ticiano foi terem usado as oportunidades propiciadas pela nova riqueza e pelo ambiente intensamente inovador para produzir uma arte que transcendia em muito os seus objetos. A *Sagrada Família* de Mantegna, o *Davi* de Michelangelo, o menino do *Pesaro* de Ticiano, a ninfa de *O Nascimento de São João Batista*, de Ghirlandaio, e a expressão de Leonardo em seu *Autorretrato* não são representações do humanismo racional, mas um aviso de que mesmo quando vestidos de dourado e cercados de relógios, livros e joias, os humanos são, no fim das contas, um fenômeno natural. A arte renascentista foi tida como um retorno ao paganismo, mas os historiadores tiveram dificuldades para mostrar como isso poderia se ajustar ao novo culto do indivíduo e ao ideal do humanismo racional. A resposta talvez seja: não pode. Os artistas da Renascença foram, é certo, um produto particular da cultura do individualismo, mas isso não significa que sua arte era uma aberta celebração de seu *status* ou do próprio humanista racional idealizado.

Brunelleschi e Donatello já haviam se esforçado para fugir às limitações do estilo medieval no começo do século XIV, mas o ritmo das mudanças levou seus sucessores a considerar a pintura ameaçada de se converter de meio de expressão espiritual em artigo de luxo. Ora, se a pintura já não podia, como no século anterior, ser usada meramente para evocar a experiência religiosa, o que, então, deveria fazer? Os melhores artistas da Renascença reafirmaram o significado milenar da arte pictórica: tal como seus predecessores pagãos, eles viam o animal humano — seu corpo, suas emoções, suas imensas sutilezas, sua arrogância e suas fraquezas — como parte do mundo físico, não como algo que estivesse acima dele. O *Davi* de Michelangelo não é um objeto racional, mas um animal físico, e seu *Escravo Moribundo*, a encarnação da emoção sexual. Tanto quanto os entalhadores dos frisos do Partenon 2 mil anos antes, Michelangelo lembrava aos seus admiradores que eles eram, acima de tudo, seres físicos dotados de sentido e emoções.

O MUNDO DOS PRÍNCIPES, nobres e comerciantes italianos operando num ambiente de riqueza e poder político independente chegou a um fim súbito e indesejado quando Carlos VIII da França transpôs os Alpes com um exército de 30 mil homens e, aliado aos duques Sforza, de Milão, invadiu a Itália para reclamar o trono de Nápoles. Essa agressiva incursão instaurou a confusão no equilíbrio de poder cuidadosamente construído entre as cidades-Estado italianas. Para expulsar os franceses, Veneza uniu forças com o papado, o Sacro Império Romano (agora controlado pela família Habsburgo, da Áustria) e a Espanha, mas o resultado foi o fim das cidades independentes do Norte da Itália. Durante os cinquenta anos seguintes, a Itália, um resplandecente tesouro aberto à pilhagem, se tornou uma vez mais campo de batalha de potências externas. A França, a Espanha e o Império Habsburgo derramaram exércitos sobre a península; as cidades-Estado sucumbiram às ambições das monarquias nacionais e os duques e príncipes da Itália se tornaram fantoches das grandes potências europeias. Dois desses monarcas — Carlos V, imperador Habsburgo e soberano da Espanha, Borgonha e Holanda, e Francisco I da França — travaram quatro guerras no Norte da Itália entre 1520 e 1544. A louca confusão dessas guerras, em que não faltaram mudanças territoriais, trocas de lado, traições, diplomacia e rebeliões, destruiu completamente a ilusão de nobreza dos homens, notadamente os príncipes ilustrados. Foi nessa atmosfera que Nicolau Maquiavel escreveu a sua mordaz obra-prima, *O Príncipe*. Talvez mais do que qualquer outra, a trajetória de Maquiavel materializou as contradições e desilusões da Renascença italiana tardia.

Os Médici fugiram de Florença em 1494, antecipando-se à invasão francesa e, depois de um período de quatro anos em que a cidade foi governada pelo ascético monge Savonarola, um novo regime republicano sobreveio sob Piero Soderini. Maquiavel se tornou embaixador de Florença junto às cortes europeias, só retornando em 1509 para organizar a captura de Pisa por um "exército cidadão" florentino. Mas o governo participativo acabou em 1512, quando a família Médici foi reconduzida ao poder, contra a vontade dos cidadãos de Florença, pelos exércitos combinados do papa Júlio II e do rei da Espanha. Maquiavel foi aprisionado por um curto período e logo forçado a se retirar da vida pública.

Apeado do governo, torturado e aprisionado por uma autoridade tirânica, o ardoroso republicano Maquiavel se pôs a escrever *O Príncipe*, um comentário espantosamente franco sobre as qualidades indispensáveis ao sucesso político. Séculos de discussões ainda não bastaram para se chegar à conclusão de se *O Príncipe* é uma sátira mordaz ou um aconselhamento sincero para potenciais governantes. E, o mais importante, o experiente político e observador Maquiavel foi provavelmente o primeiro escritor a expressar o argumento de que o bom governo não resulta da observância

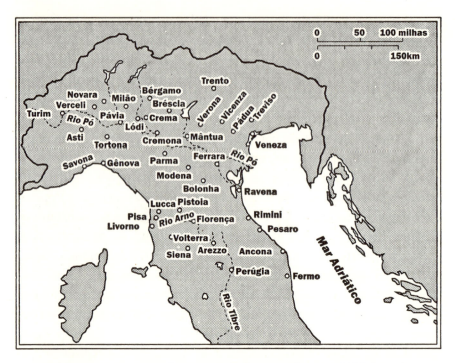

*As numerosas comunas do reino nominalmente italiano em 1200 (acima) foram sendo reduzidas, na década de 1490, a um pequeno número de cidades-Estado (à direita).*

de regras racionais abstratas. O renovado interesse por autores romanos, como Cícero, Lívio e Sêneca, foi acompanhado, em meados do século XV, por um crescente entusiasmo pelas obras de Platão e Aristóteles. Uma academia florentina para o estudo das obras de Platão chegou a ser criada em 1438 sob a influência de eruditos adeptos da ideia de que o pensamento racional revelaria os princípios da boa governança em todas as esferas — da vida privada ao governo da cidade. Tudo isso foi bem compreendido pelos abastados alunos dos eruditos humanistas, mas, como mostraria Maquiavel, sua relação com a política prática era ilusória. O *popolo* e outros regimes dos séculos precedentes haviam governado muito bem sem o concurso de teses abstratas de filósofos sem experiência prática e, de todo modo, o humanismo cívico não significava nada numa época em que qualquer exército estrangeiro podia facilmente impor a qualquer cidade um governante. Maquiavel disse que os políticos não deviam andar atrás de princípios ou racionalidades que os guiassem, mas aprender a entender as situações que

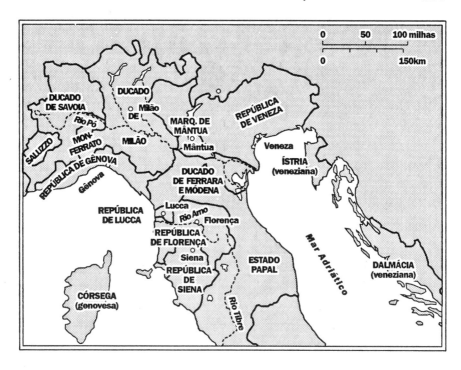

surgiam o tempo todo para fazê-las trabalhar a seu favor. Mais que tudo, ele percebeu que qualidades abstratas não podiam ser equiparadas em diferentes situações. Podia ser necessário enviar saudações e presentes ao inimigo hoje e entrar em guerra contra ele amanhã. Nenhuma dessas ações podia ser vista como "boa" em qualquer sentido teórico — tudo dependia das necessidades da situação —, uma mensagem revolucionária e amplamente incompreendida não apenas na polític,a como em todas as esferas de atividade humana. Antes de Maquiavel, os filósofos e pensadores políticos supunham que o pensamento e a análise racional abstratos lhes mostrariam como governar uma cidade, empreender uma guerra e planejar a própria vida. Com base na experiência real, Maquiavel, que viveu no fim do século mais brilhante de sua cidade, sabia que isso era uma perigosa ilusão.

DEPOIS QUE A FRANÇA foi expulsa do Sul da Itália em 1503, o papado esteve sob proteção da Espanha e do império Habsburgo. Enquanto essa aliança se manteve, Roma foi, por uma ou duas décadas, o centro do mundo italiano: os papas davam ordens aos príncipes de Milão, Mântua e Ferrara e instalavam seus favoritos em Parma e Florença. Foi a época do papa Alexandre VI (Rodrigo Bórgia, pai de César e Lucrécia, que pontificou de 1492 a 1503), de Júlio II (Giuliano della Rovere, de 1503 a 1513) e de Leão X (Giovanni de Médici, de 1513 a 1521), todos plutocratas do Norte da Itália que usaram sua posição para estabelecer novas dinastias seculares (os Bórgia) ou revivê-las (os Médici). O colégio de cardeais era ocupado pelas famílias nobres da Itália, que negociavam o papado entre si como se fosse um bezerro de ouro. Uma vez eleitos, os papas exibiam o seu nepotismo e extravagância como se fosse obrigação mostrar que Roma era capaz de rivalizar com Milão, Veneza e Florença.

Leonardo, Michelangelo e Rafael foram todos chamados a Roma para glorificar o papado (um frade alemão de nome Martinho Lutero também visitou a Cidade Sagrada por essa época). Mas a ligação entre o objeto da arte e o mundo real se rompera. Com suas cidades nas mãos de estrangeiros e sua religião usurpada por déspotas, os príncipes, artistas e pessoas comuns da Itália já não se sentiam no comando de suas vidas. Sem uma sociedade civil relevante para celebrarem, os artistas da Alta Renascença deixaram de lado a realidade e se voltaram para a idealização. Imagens do cotidiano e cenas bíblicas citadinas deram lugar à beleza idealizada. Renascia, assim, o platonismo — a noção de que o mundo "ideal" era mais real do que o mundo corrupto dos sentidos. Os pintores saíram a buscar a beleza perfeita, e os poetas, o amor perfeito. Pelas mãos de artistas como Giovanni, Bellini, Rafael e Michelangelo, durante um curto período essa idealização gerou obras de extraordinária luminosidade. Dado, porém, que o distanciamento da realidade era insustentável, a pintura adentrou o período derivativo conhecido pejorativamente como maneirismo. Dizem os historiadores da arte que, uma vez resolvidos por Rafael, Michelangelo e Leonardo os problemas colocados por Giotto, já não havia lugar para a inovação; mas o tema e o estilo da pintura, distanciados da realidade, lutavam para manter sua vitalidade.

Com a derrocada de Roma sob o peso de sua excessiva grandiosidade (a cidade foi saqueada por um dissoluto exército imperial de alemães e espanhóis em 1527), Veneza, a última república independente que restava, tornou-se o centro da inovação artística italiana. Seguindo a orientação do mestre, os discípulos de Giovanni Bellini, Ticiano em especial, fizeram da luz e da cor o foco de suas obras. No entanto, depois de treinar na oficina veneziana de Bellini e passar o começo da vida na Itália, Ticiano deixou o país em 1530 para se tornar retratista de Carlos V e, mais tarde, de seu filho, Felipe II da Espanha. Leonardo já deixara a Itália em 1516 para viver seus últimos anos sob a proteção de Francisco, rei de França. Os mais inovadores — e venerados — artistas de sua época já não eram protegidos dos príncipes italianos, mas dos homens mais poderosos da Europa: os reis do Ocidente.

Se as invasões foram o dobre de finados da Renascença, a Contrarreforma lhe fechou o caixão. Em 1519 já circulavam panfletos protestantes na Itália e, em 1542, com os Estados germânicos em aberta rebelião contra a Igreja, toda dissensão na Itália católica foi impiedosamente sufocada, dando início a uma época de rígidas separações sociais e estrita ortodoxia religiosa. O já idoso Michelangelo foi censurado por pintar nus e, em 1563, mal concluído o Concílio de Trento, publicou-se uma lista de livros proibidos que incluía obras de nomes seminais da cultura italiana, como Dante, Boccáccio, Maquiavel, Castiglione e Pietro Bembo. A Renascença italiana chegara ao fim.

EU COMECEI este capítulo com uma ousada declaração de Orson Welles sobre as contradições da Renascença. O aparente desencontro entre pintura sublime e sociedade cúpida na Itália do século XV não pode ser sanado, mas, recorrendo à história para ver como surgiu, poderemos, quem sabe, compreender melhor a relação entre a arte e a sociedade — e, por conseguinte, a civilização. Historiadores recentes têm achado a sociedade renascentista ainda mais repugnante e contraditória do que suas predecessoras. Lisa Jardine conclui o seu exame da Renascença com a seguinte descrição de seu legado: "Este mundo que habitamos hoje, de competitividade impiedosa e consumismo feroz, mas também de um desejo irrefreável de horizontes cada vez mais amplos, viagens, descobertas e inovações; este mundo limitado por nacionalismos estreitos e fanatismo religioso, mas que se recusa a se curvar a eles, foi criado na Renascença."

Ao mesmo tempo, a arte da Renascença conservou o seu lugar de ápice da realização cultural do Ocidente — as contradições permanecem absolutamente claras. Eu procurei mostrar que a sociedade italiana dos séculos XIV e XV se desintegrou e se remodelou a uma velocidade espantosa e que os grandes mestres de novas mídias, como a pintura a óleo e a escultura em pedra, se ocuparam não tanto da celebração dessa mudança (ainda que seus clientes possam tê-la desejado), mas de lembrar ao seu público e a si mesmos as verdades eternas da condição humana. Ao contemplarmos a

*Sagrada Família* de Mantegna e a *Virgem dos Rochedos* de Leonardo, o que nos cativa não é a capacidade do artista, por notável que seja, de representar a forma humana, o rosto e o drapejado exatamente como são, mas de usar a linguagem da pintura para comunicar o indizível. Nesse sentido, a arte nunca pode ser apropriadamente descrita como expressão da civilização; os artistas usam as técnicas, a tecnologia e o estilo que suas sociedades lhes põem à disposição para se comunicarem. E o mais das vezes o que eles comunicam é uma profunda repulsa ao espírito dos tempos em que vivem.

Essa noção de arte operando ao arrepio de seu contexto histórico fica clara ao considerarmos a literatura renascentista. A ampla difusão da riqueza material e da ambição individual por toda a Europa no século XIV representou uma dramática mudança social no continente. Muito mais do que demonstrar as virtudes abstratas e teóricas do homem racional da Renascença, escritores como Rabelais, Cervantes e Shakespeare se dedicaram a exibir os caprichos, a depravação e o absurdo do comportamento humano, incluindo a ilusão racionalista de que a ação humana poderia tornar o mundo um lugar melhor. Não obstante ter vivido em uma época perigosa, que o obrigava a ser extremamente cuidadoso em suas críticas a quaisquer aspectos do regime inglês, Shakespeare conseguiu deixar clara a sua aversão à ganância dos mercadores de Veneza (sob uma trama romântica que lhes permitia disfarçá-la) e, por ilação, pelos mercadores que exibiam suas riquezas na Londres elisabetana. *Rei Lear* mostra os efeitos catastróficos de se tratar um reino como se fosse um mapa e de fugir à diversidade humana por meio da rejeição aos "estrangeiros". Tal como *Édipo Rei*, trata-se de um alerta contra a abstração e padronização resultantes da mercantilização da vida europeia.

O LEGADO da Renascença foi indicado neste capítulo, mas um comentário final se faz necessário. Ao longo dos séculos XV e XVI, os pintores, escultores e arquitetos da Itália se tornaram celebridades internacionais. Sua fama era tão grande que soberanos poderosos lhes encomendavam obras para obter, por associação, uma espécie de imortalidade. A família Sforza, governante de Milão, encomendou a Leonardo uma imensa escultura de Francisco Sforza sabendo que ela viveria para sempre (foi mais tarde destruída por seus inimigos); o papa Júlio II não buscou a eternidade na oração, mas encarregando a Michelangelo a construção de seu túmulo. Para além desses célebres exemplos, a ideia de que todo artista é um indivíduo especial é tida como um passo adiante no desenvolvimento da civilização ocidental. A distinção e a ascensão social do artista tiveram, seguramente, um profundo efeito na sociedade europeia. Tal processo, no entanto, ainda que benéfico para o artista aplaudido pela sociedade e para seus clientes cultural e socialmente poderosos, teve um efeito geral desagregador. Uma vez colocado o artista acima do artesão, em todas as esferas da vida criativa se seguiu a distinção entre artes maiores e artes menores. Os ícones religiosos e afrescos das igrejas estavam disponíveis a todos porque a representação visual dos santos e histórias bíblicas era uma forma de se chegar aos analfabetos e ignorantes. A Renascença não apenas tirou a pintura da igreja para colocá-la no palácio privado, como fez da sua apreciação um traço distintivo da elite educada. O mesmo processo aconteceu na música e, finalmente, no teatro, na poesia e na prosa literária. As canções comuns e a música de igreja da época medieval foram substituídas por obras destinadas aos ouvidos da minoria instruída, ao passo que as representações da vida de Cristo foram pilhadas e transformadas em diversão mais erudita. Em todas essas formas de arte, o período de transição trouxe imensas possibilidades para artistas enraizados em sua tradição, mas desejosos de ampliar o seu potencial. O custo foi, porém, elevado.

Uma vez separado o componente artístico das demais esferas da atividade humana, o remanescente corre o risco de ser depreciado como mecânico ou mesmo vil. Uma vez transformadas as pinturas religiosas em obras de arte, toda decoração de igreja que não trouxesse a marca de um mestre passava a ser de pouco interesse; todo edifício não desenhado por um arquiteto conhecido era "vernáculo"; toda canção popular anônima, por cativante que fosse, só podia se alçar ao nível da arte quanto arranjada por um compositor sério. As artes menores desapareceram no horizonte da história até a sua redescoberta pelos historiadores da sociedade (não da arte).

Esse legado não apenas dividiu as artes em "menores" e "maiores", como diminuiu as possibilidades de realização artística na vida cotidiana. Uma vez a decoração das igrejas, a pintura de ícones e o projeto das catedrais e edifícios públicos tirados das mãos dos trabalhadores, construtores e jornaleiros para dá-los aos artistas, o papel do artesão foi degradado para sempre. Por mais que se orgulhe de seu trabalho, o artesão deve saber que ele sempre será de segunda classe. Quando o artista é subtraído do seio da sociedade e transformado em personalidade especial, o artista dentro de cada um de nós começa a morrer.

# CAPÍTULO 9

# EM BUSCA DA VIDA CRISTÃ
*A Reforma Europeia como um Novo Começo*

A REFORMA, aparentemente um simples ato de rebelião contra a Igreja católica, foi na realidade uma complexa cadeia de acontecimentos que parecem contradizer as regras da causalidade histórica. O mais óbvio legado da Reforma foi um período de intolerância, atribulações e conflitos religiosos que, não obstante, reforçou incomensuravelmente o prestígio da fé cristã. A Reforma foi um protesto contra a teologia racionalista moderna, em prol do retorno à religiosidade medieval; seu efeito, contudo, foi dar ao mundo moderno precisamente a nova religião de que ele necessitava. Nascidas da ira contra as extravagâncias dos papas da Renascença italiana, as igrejas protestantes encarnaram a combinação de fé religiosa, ambição pessoal e dever público que caracterizava a nova cidadania italiana. Embora fosse o desejo dos adeptos da Reforma retornar à devoção comunal da Igreja primitiva, o seu mais profundo legado foi a criação da consciência individual — a substituição do majestoso drama medieval da danação e salvação coletivas no Dia do Juízo pelo monólogo do cristão piedoso de pé perante Deus.

Só se pode compreender esse paradoxo examinando as diferentes forças em ação na Europa medieval tardia — o poder e a potencial fraqueza da Igreja católica, o crescimento do comércio e da vida urbana, o nacionalismo crescente e o fascínio intelectual pelo humanismo racional e a correspondente reação. Essas forças atuavam em diferentes direções, mas seu efeito combinado foi uma fatal ruptura da aparente unidade do mundo medieval e sua instituição central, a Igreja católica. Em apenas quarenta anos, entre 1520 e 1560, um sistema alternativo de culto cristão foi firmemente estabelecido em todo o Norte da Europa, incluindo vários dos Estados alemães, os cantões suíços, os Países Baixos, a Escandinávia, a Inglaterra, a Escócia e partes da França. Podemos, então, nos perguntar: como foi que a estrutura e o poder aparentemente inabaláveis da Igreja católica medieval desmoronaram tão facilmente? Por que razão milhões de católicos viraram as costas, tão pronta e rapidamente, à sua Igreja? Algumas das respostas provêm da experiência religiosa do cristão comum medieval.

Para o cidadão medieval, a Igreja era o centro de uma vida em que o físico e o espiritual apareciam inextricavelmente entrelaçados. Sobre esse rústico mundo de cotidianidade e misticismo, assim como sobre a fé e a prática do cristianismo medieval, pairava, sobranceiro, o significado da morte. Os cristãos se sentiam parte de um grande drama de séculos de duração, que começava na Criação, passava pela Encarnação e Ressurreição de Cristo e só acabaria no Dia do Juízo, em que alguns seriam agraciados com a bênção eterna e outros, punidos com a danação. As práticas religiosas davam às pessoas não apenas a sensação de partícipes desse drama extraordinário, como a esperança de algum controle sobre as consequências da morte. A missa era o foco do drama, e o padre, o ator principal: os fieis assistiam, com assombro, à reedição da Última Ceia — a consagração do pão e do vinho, convertidos em sangue e corpo de Cristo. As pessoas se aproximavam de Deus na missa, peregrinavam pelos lugares sagrados e rezavam intensamente aos santos; os mais afortunados podiam até ver os ossos, ou o sangue preservado, dos mártires celebrados. Tudo isso os tornava espectadores e partícipes do majestoso desenrolar da história.

O controle sobre as consequências da morte era a outra face do ritual cristão medieval. Diziam-se orações, rezavam-se missas e consagravam-se capelas aos mortos para ajudá-los na outra vida. A letra da teologia agostiniana não contemplava a influência humana sobre a salvação das almas, razão pela qual surgiu, no século XII, o conceito do purgatório como antessala do céu. Preces e dádivas não salvariam as almas condenadas à danação, mas poderiam encurtar o seu tempo nesse limbo aflitivo. O purgatório se converteu numa grande indústria em que capelas, guildas, fraternidades, mosteiros e igrejas organizavam missas e consagrações em favor dos mortos — geralmente em troca de dádivas e favores. Pobres e ricos deixavam, em seus testamentos, dinheiro e bens para as igrejas, hospitais e capelas em pagamento por orações e missas em que monges, padres e inválidos eram exortados a lembrar seus falecidos benfeitores.

A vasta pirâmide do cristianismo latino compreendia os vários escalões clericais, mas se baseava na estrutura da Igreja primitiva, em que os bispos eram responsáveis pelos rebanhos. Os clérigos eram pessoas especiais. Homens, alfabetizados e (depois de 1139) celibatários, intermediários entre Deus e as pessoas comuns, esses profissionais sustentados pelos dízimos paroquiais eram empregados pelas autoridades centrais para regular tanto a própria Igreja quanto o restante da sociedade. O aumento da riqueza na Europa Ocidental levou à construção de mais igrejas; no século XV, até as mais humildes capelas paroquiais tinham púlpitos desde os quais os padres falavam sobre o conteúdo da Bíblia (que a maior parte da congregação não era capaz de ler), as histórias dos santos e o significado da fé. Os bispos, que governavam muitas dessas paróquias, eram também grandes proprietários de terra, muitas vezes detentores de um poder secular igual ou maior do que o de um conde ou duque. A catedral no centro da diocese era uma instituição espiritual, política e comercial imensamente poderosa.

Do lado de fora dessa estrutura episcopal havia uma multidão de indivíduos cujas vidas eram dedicadas a Deus. As reformas introduzidas no século XII puseram monges e freiras num conjunto organizado de ordens ainda mais estreitamente ligadas à estrutura da Igreja. O sistema de ordens — beneditinos, franciscanos, dominicanos, cartusianos — se tornou verdadeiramente internacional, análogo ao sistema internacional da lei canônica.

No centro e à testa dessa vasta rede de padres, bispos e ordens sagradas estava o papa, elemento focal e aglutinador da Igreja cristã ocidental. Descendente de São Pedro por sucessão apostólica divinamente outorgada, o papa era uma figura sagrada, o legislador e representante de Deus na Terra. Embora fisicamente distante da maioria de seus súditos espirituais, ele era o símbolo da sua fé.

A despeito de seu papel dominante nas vidas dos europeus medievais, a unidade dessa notável instituição era um tanto paradoxal. A pesquisa de sinais de fraqueza e indícios de colapso na Igreja medieval pode ser confundida pelos frades gordos e freiras libidinosas das sátiras mordazes de Langland, Boccaccio e Chaucer, assim como por ocasionais acessos de fervor ascético e pelo aberto questionamento da autoridade da Igreja; na verdade, boa parte da força do cristianismo medieval ortodoxo provinha de uma judiciosa mescla de tolerância e autoridade, diversidade e uniformidade. Mais provavelmente, esses ruidosos desafios demonstram não a fraqueza, mas a estabilidade da Igreja católica. Não obstante, alguns acontecimentos e tendências enraizados na época medieval acabaram servindo de alicerce para o mundo ocidental moderno posterior à Reforma.

Em 1305, o francês Clemente V foi eleito sumo pontífice e decidiu trasladar a sede do papado de Roma para Avignon, então um protetorado francês semi-independente. Outros cinco papas residiram em Avignon, de onde, dada a sua tranquila situação, conseguiram levar a administração da Igreja a níveis inéditos de eficiência. A coleta de tributos dos domínios eclesiásticos espalhados por toda a Europa latina deu à Igreja vultosas receitas, ao passo que o controle das paróquias locais lhe trouxe um novo grau de centralização. No entanto, os benefícios da eficiência foram contrabalançados por outros fatores. Os ingleses, então em guerra contra a França, e os italianos, tradicionais titulares do papado, não queriam papas franceses; monarcas e condes de toda a Europa estavam descontentes com o volume de impostos que fluíam de seus reinos para os cofres da Igreja (e seus banqueiros florentinos); clérigos e bispos se ressentiam da perda de autonomia. Na Inglaterra e Estados germânicos, em particular, as autoridades seculares e clericais simplesmente se recusavam a aceitar as diretivas papais. No começo do século XIV, o imperador Luís da Baviera foi excomungado pelo papa João XXII (defensor de um candidato rival ao trono e autor de declarações sobre questões de doutrina acusadas de heresia por parte de eminentes teólogos), mas a maioria dos bispos se manteve leal ao soberano. Com a Alemanha, a Inglaterra e os Países Baixos hostis ao papado de Avignon e a França e a Itália, no geral, a favor, as linhas do futuro conflito religioso estavam traçadas.

Em 1376, o papa Gregório VI deixou Avignon para retornar a Roma. Por ocasião de sua morte, dois anos depois, uma imensa multidão se reuniu do lado de fora do conclave para exigir a eleição de um papa italiano. O escolhido, embora italiano, se revelou inapto, fazendo com que poucos meses depois todos os cardeais, à exceção de três, se retirassem de Roma e escolhessem outro papa, Clemente VII, que prontamente se instalou, uma vez mais, em Avignon. O impasse permaneceu até 1409, quando o Concílio de Pisa destronou ambos os papas e elegeu um terceiro. Como, porém, ambos os papas se recusassem a sair, a Igreja tinha agora três papas e uma confusão desastrosa. A questão foi finalmente resolvida (embora de maneira não totalmente satisfatória) no Concílio de Constança, em 1415, em que as autoridades seculares decidiram pela Igreja. Numa decisão histórica, o concílio, formado por delegações nacionais, foi declarado detentor da autoridade divina, apto, portanto, a dar ordens ao papado. No decorrer do século XV, o papado recuperou gradualmente a autoridade. O Concílio foi posto de lado, mas as Igrejas nacionais haviam mostrado a sua força. A aura divina do papado nunca se recuperou do farsesco cisma de Avignon.

O crescente poder dos monarcas nacionais começou a dominar a Europa medieval tardia, mas a micropolítica das vilas, cidades e regiões fomentava decepções adicionais com a Igreja medieval. Muitas cidades medievais eram enclaves no campo controlado pela nobreza (ver Capítulo 7), mas em muitas dioceses as indicações para cargos da alta hierarquia eclesiástica continuavam sendo direito exclusivo de vetustas famílias aristocráticas. Até os comerciantes ricos eram excluídos do processo. E dado que a Igreja era uma importante presença física, política e econômica (além de espiritual) em todas as vilas e cidades medievais — em Mainz, por exemplo, quase um quarto dos habitantes eram sacerdotes —, a preservação dos privilégios da nobreza era motivo de crescente insatisfação entre cidadãos comuns e líderes cívicos. Bispos, diáconos e padres começaram a ser vistos como intrusos, representantes de uma autoridade malquista.

O cisma do século XIV se deu numa conjuntura de guerras e pestes que contribuíam para enfraquecer ainda mais a autoridade da Igreja oficial. A aparente impotência da Igreja em face da Peste Negra, que chegou à Europa em 1348 (entre um terço e metade da população europeia morreu nas recorrentes epidemias de peste bubônica, pulmonar e septicêmica entre 1348 e 1390), diminuiu o seu *status* aos olhos das pessoas comuns e fomentou um renascimento do misticismo entre eruditos cristãos, dentre os quais Walter Hilton, autor de *The Cloud of Unknowing*, Juliano de Norwich, Catarina de Siena, Angela de Foligno, Johann Tauler e Thomas à Kempis. Pondo de lado a vasta superestrutura da Igreja, esses crentes e seus seguidores em movimentos como a *devotio moderna* abordaram o mistério de Deus por meio da contemplação pessoal e da relação íntima com a própria espiritualidade. A Guerra dos Cem Anos (1337-1453), entre Inglaterra e França, reforçou o crescente sentimento de identidade nacional na Europa Ocidental, acelerando a conversão do mundo medieval dos grandes senhores francos e da cristandade latina em uma região dominada por reis nacionais que exercem o controle de suas respectivas igrejas.

A natureza inclusiva do cristianismo medieval o sujeitou a uma variedade de interpretações, toleradas na medida em que não desafiassem a autoridade da Igreja. Visionários, profetas de rua e videntes eram em geral deixados em paz, desde que não tivessem nenhum poder. Mas o cristianismo sempre tivera um grande número de adeptos da ideia de que a vida cristã devia ser vivida à imagem da passagem de Cristo pela Terra — pura e despojada de bens mundanos. A tradição monástica medieval trouxe essa tendência radical para dentro do *establishment* católico, mas volta e meia ela irrompia em campo aberto.

A extraordinária fama de São Francisco foi tanto prova do anelo por uma espiritualidade simples quanto inspiração para aqueles que buscavam outro tipo de cristianismo. Filho de um comerciante italiano do século XV, Francisco deu as costas à riqueza e passou a vida cuidando dos enfermos e pregando mensagens de caridade e devoção. Esteve a ponto de ser excomungado, mas não tinha nenhuma intenção de contestar a autoridade da Igreja: acabou fundando uma ordem de monges que, em vez de se apartar do mundo, se propunha a servir ao próximo.

Disseminadas por toda a cristandade ocidental, as histórias sobre a vida de Francisco — como o aparecimento dos estigmas (marcas corporais das feridas que Cristo sofreu na cruz) —, as pinturas do santo ainda bebê na manjedoura e a sua consciente reedição da passagem de Cristo pela Terra ajudaram a mudar a ênfase da devoção cristã. A influência de Francisco e dos cidadãos *popolani* do Norte da Itália se materializou na gradual substituição das tradicionais representações de Cristo no céu, governando ao lado direito de Deus-Pai, por imagens do Cristo sofredor. A pintura de altar *A Descida da Cruz*, de Rogier van der Weyden, do século XV, mostra um Cristo muito mais parecido com o homem comum da rua do que com o papa em seu trono.

O EXEMPLO de São Francisco influenciou o cristão comum, mas a inspiração intelectual para a Igreja medieval — e um desafio diferente — veio de outra fonte. A cristandade ocidental erguera seus alicerces espirituais sobre a obra do Pai da Igreja do século V, Santo Agostinho. Contudo, parte considerável da prática da Igreja medieval se afastou da teologia agostiniana. Agostinho havia mostrado que uma vida cristã de humildade e temor a Deus poderia unir todos os crentes, fossem santos ou pecadores, mas a Igreja medieval tardia, bem como muitos de seus adeptos, se recusava a aceitar a sua impotência em face do Senhor. Mesmo que não se admitisse abertamente, era comum rezarem-se orações para mudar o desígnio de Deus em relação a determinados indivíduos, diretamente ou por intercessão dos santos do céu. Enquanto a invenção do purgatório derrogava a afirmação de Agostinho de que o comportamento humano era irrelevante para os planos divinos de salvação e danação da alma humana, não faltava quem almejasse mudar o destino dos mortos apelando a Deus por meio de missas, dádivas e orações. O papel da Igreja nesse processo foi crucial, uma vez que somente por meio dos padres se podiam rezar missas, consagrar capelas, aceitar dádivas e comprar indulgências. E não eram somente as práticas, também os fundamentos intelectuais do cristianismo ocidental divergiam dos princípios agostinianos. No século XII, os novos cursos universitários de lógica, teologia e direito eram baseados na Bíblia e nas obras de Santo Agostinho, mas também no recém-descoberto Código de Justiniano e nas poucas obras disponíveis em latim de Aristóteles, Platão e filósofos platônicos posteriores. Em 1500, as universidades já se haviam espalhado da Itália, França e Inglaterra para toda a Europa, criadas por seus fundadores à imagem das instituições que haviam frequentado no núcleo original. Foi assim que a educação superior europeia veio a se desenvolver como um sistema internacional relativamente homogêneo. O estudo do direito era de particular interesse dos eruditos eclesiásticos, uma vez que a Igreja tentava, contra as expectativas dos reis, príncipes e imperadores, estender a sua jurisdição ao mundo secular.

As universidades eram instituições da Igreja que tinham como professores e alunos clérigos em treinamento para o ministério pastoral ou estudos posteriores nos monastérios. As regras eram estritas: o cardeal Roberto de Courçon decretou que, na Universidade de Paris, "nenhum teólogo lecionará antes de completar 35 anos de idade e de estudar pelo menos oito anos e aprender bem aprendidos os livros". As autoridades da Igreja supervisionavam rigorosamente o ensino, particularmente de teologia. Em 1241, Odo, chanceler da Universidade de Paris, escreveu uma lista dos "erros" que lá se ensinavam, como, por exemplo, "Que o anjo mau [isto é, o demônio] é mau desde que foi criado e sempre foi mau. Nós condenamos esse erro por acreditar firmemente que ele foi criado bom e se tornou mau por obra do pecado". Contudo, um relato da época mostra que a atitude dos alunos nada tinha de reverente: "A imensa maioria dos alunos de Paris, estrangeiros e nativos, não fazia absolutamente nada, a não ser correr atrás das novidades (...). Pouquíssimos estudavam para a própria edificação e a dos demais. Viviam em altercações e disputas, e não somente a propósito das várias seitas e dos temas controversos: as diferenças entre os países também eram motivo de rixas, ódio e virulentas animosidades" (Odo e Jacques de Vitry, citados em Cantor).

Na França, Guilherme de Champeaux (c.1100) e seu aluno Pedro Abelardo (1079-1142) haviam começado a explorar maneiras de integrar os sistemas de lógica à teologia cristã. Em 1200, as bem-estabelecidas disciplinas universitárias de direito e lógica, incluindo filosofia antiga, não apenas cresciam de importância, como experimentavam uma urgência renovada pela chegada, na Europa, da totalidade das obras sobreviventes de Aristóteles em recentes traduções latinas. Seus textos não provinham de fontes gregas, mas de eruditos árabes que viviam na Espanha. No exato momento em que os eruditos cristãos latinos se debatiam com questões de moral e universalidade, virtude e razão, ofereceu-se-lhes um sistema filosófico totalmente desenvolvido que abarcava tudo, da política e governança à composição física do mundo, da configuração do cosmo ao significado da justiça, da essência da vida à Constituição da antiga Atenas. O desafio de saber como se poderia interpretar a obra de Aristóteles no contexto cristão foi ampliado pelo fato de eruditos árabes, como Ibn Sina (conhecido no Ocidente como Avicena) (980-1037) e Ibn Rushd al-Qurtubi (Averróis) (1126-98), já terem escrito doutos comentários sobre temas como a separação entre a fé e a razão, alguns deles agregados aos novos textos. Averróis, que viveu em Córdoba e Sevilha, mostrou que conceitos, como a eternidade do mundo, a imortalidade da alma e o intelecto comum aos homens, eram todos deriváveis de Aristóteles e advogou a primazia da filosofia sobre a religião na resolução dessas questões — uma fonte de potenciais heresias no seio do próprio Islã. Como se não bastasse a súbita presença, em toda a sua glória, do lendário Aristóteles, um filósofo pagão cujo sistema não tinha necessidade de um Deus onipotente, o seu intérprete mais persuasivo e intelectualmente interessante era um muçulmano.

O mais bem-sucedido dentre aqueles que responderam ao desafio de Aristóteles e Averróis foi Tomás de Aquino. Como muitos eruditos do medievo tardio, Aquino era uma figura verdadeiramente europeia: nasceu em 1224, ou 1225, perto de Nápoles, estudou numa universidade local fundada pelo imperador alemão, tornou-se membro de uma ordem monástica fundada por um espanhol e foi a Paris e Colônia estudar textos gregos com um tutor alemão; mais tarde viveu em Orvieto e Roma, onde estudou textos árabes com um erudito flamengo, e depois retornou a Paris e, finalmente, à sua Nápoles natal.

Aquino dedicou sua vida à construção de uma filosofia e uma teologia que conciliassem os textos de Aristóteles com a teologia cristã, levando em conta também as obras de Platão e dos Pais da Igreja: uma tarefa imensa que geraria mais de uma centena de obras filosóficas e teológicas, dentre as quais a *Suma Teológica*. O objetivo capital de Tomás de Aquino foi restabelecer o valor e a legitimidade da razão na natureza humana, que Santo Agostinho definira, ainda no século V, como essencialmente maligna e, por isso, necessitada de permanente sujeição às leis humanas e aos costumes civilizados; para Agostinho, a razão humana não era capaz de discernir o bem do mal, tampouco apta a fazer o bem, de modo que o único caminho para a salvação era a graça de Deus, inacessível à compreensão humana.

Tomás de Aquino derrubou a visão pessimista de Agostinho, substituindo-a por uma análise abrangente das relações entre a natureza humana, a religião, a razão, a sociedade e o mundo natural, em que recuperava a crença central dos antigos filósofos gregos num universo dotado de ordem, portadora, por sua vez, de justiça e propósito. Nela seria possível encontrar as razões da configuração do Universo, do modo de ser da sociedade e dos padrões de comportamento humano. Para Aquino, a ordem e a justiça no centro do Universo eram dádivas do Deus cristão, o Criador racional, Justo e Amoroso (encarnação verdadeira da Força Inicial, ou Causa Primeira, de Aristóteles; ver Capítulo 3).

O que isso significava, na prática, para os cristãos? Aquino disse: "As coisas que a razão está, por natureza, apta a conhecer são claramente verdadeiras." Dado que tanto a ordem do Universo quanto a razão humana eram criações deliberadas de Deus, era perfeitamente legítimo, na verdade uma obrigação cristã, usar a dádiva da razão para explorar o significado da Sua criação — o próprio Aquino não fizera outra coisa ao explicar a ordem e a harmonia subjacentes à sociedade, à política e à moral humanas. Como, porém, a razão humana tinha um poder limitado, a verdade última sobre coisas como a natureza de Deus só poderia ser alcançada por meio da fé. Ainda assim, a sua apologia do uso da razão era uma grande mudança na teologia cristã, reforçada pela defesa da harmonia entre as verdades só acessíveis por via da fé e aquelas alcançadas pela razão.

Um efeito não intencional da obra de Aquino foi expurgar o exame racional de temas, como o mundo natural, a política e o direito civil, da arena da teologia. Assim como era perfeitamente apropriado que a Igreja derivasse suas leis das exigências da fé e do entendimento das escrituras, era também legítimo que os governantes seculares fizessem o mesmo a partir de princípios racionais, não teológicos: tanto essas faculdades racionais quanto a ordem que estavam tentando criar eram aspectos do plano racional de Deus para o mundo que Ele próprio havia criado.

A tentativa de Aquino de integrar o racionalismo da Grécia clássica à teologia cristã se deparou com a resistência de eruditos como São Bernardo e os franciscanos João Escoto Erígena e Guilherme de Ockham. As controvérsias se concentravam na questão de se a fé deveria algum dia se valer da razão e nas objeções dos chamados nominalistas à existência das formas de Platão e das essências de Aristóteles. Independentemente de seu conteúdo, essas disputas assinalam tanto a adesão quanto a resistência ao estabelecimento do racionalismo na vida intelectual europeia. Havia, por volta de 1300, acalorados debates entre eruditos sobre a negação aristotélica dos ideais de Platão, o papel da vontade na determinação do ato, o verdadeiro significado dos silogismos, o atomismo e as qualidades das substâncias etc. Ao mostrar que um mundo de saber podia existir totalmente à margem da Igreja, a obra de Aquino abriu caminho para o desenvolvimento de estudos seculares em todas as áreas da vida humana; até para divergir e sustentar as próprias posições os seus adversários intelectuais tinham de lançar mão do intelecto. O cristianismo de Santo Agostinho já não se podia tomar como pacífico, e a mentalidade comunal da cristandade ocidental começava a se converter num oceano de mentes individuais que viam o mundo à maneira de cada uma.

SE A ASCENSÃO das identidades nacionais, a falibilidade do papado e a crescente importância da mente individual eram, até aqui, tendências de longo prazo a cozer em fogo brando na Europa medieval tardia, o fim do século XV foi marcado pela sua espetacular materialização num ambiente de transformações aceleradas. Por volta de 1450, Johannes Gutemberg, de Mainz, agregou à revolução comercial e artística do Norte da Itália um novo sistema de impressão à base de tipos móveis que tornava a composição e a reprodução de cartazes, documentos e livros uma tarefa relativamente simples.

Em 1453, os exércitos otomanos tomaram, finalmente, Constantinopla, avançando em seguida sobre os Bálcãs até tocar os muros de Viena. O centro da Igreja oriental caíra e a própria sede do papado estava vulnerável. Contudo, em 1460, o papado enriqueceu inesperadamente com a descoberta, nas cercanias de Roma, de uma mina de alume, mineral essencial no processo de tingimento dos tecidos. Somadas aos impostos e à renda das terras de sua propriedade, as receitas do alume tornaram o papado tão propenso a extravagâncias quanto os demais principados da Renascença italiana. Uma série de papas pareceu relutar entre a glória secular e a liderança espiritual, culminando no pontificado de Alexandre VI, que teve várias amantes e promoveu abertamente as carreiras de seus muitos filhos, dentre os quais César e Lucrécia Bórgia.

O poder crescente das nações ocidentais se fez sentir decisivamente quando a França invadiu a Itália em 1494, seguida pouco depois pelos exércitos do Sacro Império e da Espanha, obrigando os papas a fazerem alianças políticas — e inimigos, por conseguinte. O próprio papa Júlio II vestiu armadura para liderar seus exércitos em batalha contra os franceses. A Reforma não foi causada somente por ódio do papa, mas também pela antipatia que sua postura militar e seus excessos causavam no espírito dos cristãos devotos. Uma vez mais, a reverência ante o símbolo da função papal se transformava, sutilmente, em julgamento de pontífices individuais.

Apesar da hostilidade para com os papas italianos, a Itália era um ímã a atrair eruditos, mercadores, artistas e príncipes de toda a Europa. Deslumbrados pelo fausto das cortes italianas e pela qualidade de suas obras de arte, os europeus contraíram a febre italiana por tudo o que era clássico. Os refugiados da queda de Constantinopla se somaram aos obstinados esforços de pesquisa para gerar uma enxurrada de textos da Grécia e Roma antigas. O foco nos escritos dos Pais da Igreja latina, de Platão e de Aristóteles foi repentinamente ampliado por uma torrente de novas descobertas e traduções. Acostumados com uma entidade monolítica a expedir ditames, os eruditos descobriram no mundo clássico um tesouro ilimitado de filosofias e pontos de vista passíveis de debate e interpretação.

O mais influente dos eruditos pós-renascentistas foi um holandês chamado Desidério Erasmo, autêntico cidadão europeu que morou nos Países Baixos, Cambrai, Paris, Londres, Itália, Cambridge, Basle e Louvain. Erasmo se tornou amplamente conhecido em 1500 com a publicação de *Adágios*, uma fascinante coleção de provérbios clássicos, e internacionalmente famoso com a publicação, em 1509, de *Elogio da Loucura*, um brilhante e devastador ataque contra a corrupção na sociedade e na Igreja. Em 1516, Erasmo trouxe a público o Novo Testamento em grego original acompanhado da tradução latina de sua autoria — até mesmo as Escrituras latinas oficiais haviam se aberto ao exame de um erudito treinado. Erasmo se tornou famoso em toda a Europa porque, além de os europeus ilustrados usarem o latim como sua língua franca, a sua obra coincidiu com a rápida disseminação da imprensa. Ela nos dá um vislumbre da atmosfera da época, tanto quanto a de seu sarcástico e vivaz quase contemporâneo François Rabelais. Ambos ridicularizaram os abusos dos padres tal como fizera Boccaccio dois séculos antes e eram extraordinariamente populares (havia cerca de cem edições de *Gargântua e Pantagruel* em 1600), embora continuassem sendo declaradamente católicos.

O CRESCENTE senso de identidade e poder nacional, a incipiente tendência para a devoção pessoal, o desenvolvimento da cultura secular e do humanismo de inspiração clássica, a introdução da imprensa, o desenvolvimento da cultura comercial urbana e uma desconfiança embrionária nas instituições da Igreja nos níveis local e universal ajudaram a compor o cenário dos acontecimentos cataclísmicos da primeira década do século XVI. Contudo, o fator crítico da divisão do cristianismo ocidental em Igrejas rivais foi o surgimento de uma alternativa viável à Igreja católica oficial. Nenhum crítico da Igreja católica (salvo exceções menores) propusera ou fornecera uma estrutura alternativa ao culto dos descontentes até que Martinho Lutero e João Calvino, os dois responsáveis pela duradoura divisão do cristianismo ocidental, a atacassem oferecendo aos cristãos uma outra instituição para a prática da sua fé.

Esse processo começou em Roma, o centro da cristandade ocidental, onde em 1506 o papa Júlio II tomou a espantosa decisão de demolir a basílica de São Pedro, uma das maiores e mais respeitadas igrejas da cristandade latina, construída, segundo a lenda, sobre o túmulo do apóstolo. O plano de Júlio era substituir a basílica do século IV por um edifício que encarnasse as formas clássicas que vinham sendo usadas em outros lugares da Itália com enaltecedores resultados. A nova igreja substituiria a milenar configuração da congregação em nave oblonga voltada para o altar a leste por uma gigantesca estrutura quadrada com uma cruz simétrica ao centro. A piedosa concentração dos fieis sobre o altar elevado daria lugar a múltiplos focos de atenção e à consciência do entorno e da congregação — um deliberado afastamento da tradição medieval, como edifício e como encarnação do modo de ser cristão. Júlio II encomendou a Michelangelo a pintura do teto da Capela Sistina, ao passo que Rafael dava início a uma série de murais para os aposentos papais, dentre os quais *A Escola de Atenas*, com seus retratos idealizados de grandes pensadores gregos, como Platão e Aristóteles.

Foi a esse deslumbrante centro de poder político, riqueza conspícua, egolatria e mecenato cultural que se dirigiu, em 1509, Martinho Lutero, monge agostiniano, padre ordenado e professor de teologia da recém-fundada Universidade de Wittenberg, Saxônia. A grandiosidade das igrejas, a vida afluente e dissipada dos cardeais e funcionários do Vaticano e a atmosfera de intrigas, maledicência, politicagem e ambição pessoal ofenderam o profundo espiritualismo cristão de Lutero, que retornou à Saxônia determinado a seguir desenvolvendo sua própria teologia, baseada na devoção e no estudo rigoroso das Escrituras.

O mundo germanófono era, então, uma coleção de principados, ducados, cidades-Estado e bispados que, juntos, constituíam o Sacro Império Romano. Por tradição, os soberanos desses Estados elegiam um dentre eles imperador, embora na prática a coroa imperial houvesse se tornado possessão hereditária da família austríaca Habsburgo — Maximiliano, imperador desde 1493, legaria a coroa ao seu neto Carlos V em 1519. As relações entre o imperador e os Estados no âmbito do império nunca haviam sido devidamente codificadas, de modo que os desejos do soberano eram realizados por meio da persuasão política ou, em último caso, da força. Esse arranjo informal mantivera unido o império, como uma fluida confederação, durante quinhentos anos.

Em 1517, o papa Leão X decidiu custear os planos de seu predecessor para a reconstrução de São Pedro com a venda de indulgências. Foi assim que, em abril daquele ano, Johann Tetzel, monge dominicano designado agente na província de Magdeburg, chegou à fronteira da Saxônia. Enfurecido com o uso do medo para pressionar os pobres a dar dinheiro a um pontífice abusivamente rico e seus cardeais, Martinho Lutero lançou mão de seus conhecimentos teológicos para questionar a autoridade do papa, protestando ao cardeal Albrecht von Brandenburgo, arcebispo de Mainz, contra as falsas pretensões de Tetzel e outros.

Em nome da autoridade papal, os monges e padres diziam aos cristãos que a compra de indulgências — uma espécie de certificado escrito — ajudaria a aliviar o ônus de seus pecados e encurtar seu tempo no purgatório. Do ponto de vista de Lutero, isso significava tanto a negação da mensagem do cristianismo quanto a assunção herética de poderes divinos. Agostinho havia ensinado que somente Deus tinha o poder de aliviar as almas do peso do pecado, que o arrependimento era um esforço contínuo e incessante e que os pecadores deviam, em vez de comprar o alívio da justa punição de Deus, pedir mais punições em sinal de contrição. Lutero disse que o papa deveria vender a basílica de São Pedro em vez de construir uma nova catedral "com a carne e os ossos de seu rebanho". Em outubro de 1517, afixou na porta da igreja de Wittenberg uma cópia de suas 95 teses, ou alegações, contra as indulgências, e no mês seguinte mandou imprimi-las e distribuí-las ao público. Em dezembro, o cardeal Albrecht repassou as teses de Lutero às autoridades de Roma junto com uma denúncia, de próprio punho, de seu conteúdo. Estava montado o cenário para que um pequeno conflito local envolvendo um teólogo não tão importante se tornasse o veículo do descontentamento no seio do cristianismo ocidental.

Lutero se viu imediatamente no centro de um tríplice conflito de poderes. Em 1518, o papa pediu ao seu emissário que exigisse de Lutero uma retratação ou mandasse prendê-lo e enviá-lo a Roma. Contudo, a confiança do papa em sua autoridade sobre um cidadão da Saxônia, mesmo sendo ele membro de uma ordem sagrada, não procedia. Lutero cuidara de informar e se aconselhar com Frederico, o soberano da Saxônia, que acompanhava de perto os acontecimentos. O imperador Maximiliano condenou Lutero como herético, mas Frederico o sustentou — ele estaria seguro enquanto permanecesse na Saxônia. O mais espantoso desse período é a velocidade com que se sucederam os acontecimentos e a rapidez com que se disseminaram os escritos e as ideias de Lutero. Convencido da natureza maléfica do papado, Lutero produziu uma série de panfletos, como *O Cativeiro Babilônico da Igreja* e *À Nobreza Cristã da Nação Alemã*, atacando o papa e exortando os príncipes alemães a reformar a Igreja. Lutero encontrou leitores ávidos em toda a Alemanha e usou o seu ardoroso nacionalismo alemão para incitar o povo contra o *status quo* eclesiástico, dominado por italianos. Sua liberdade de fazer e escrever o que lhe aprouvesse fez a Igreja parecer impotente, além de corrupta e herética. Em outubro de 1520, o novo imperador, Carlos V, viajou à Saxônia para convencer Frederico a entregar Lutero, mas Frederico não cedeu. Ato contínuo, o papa Leão X enviou um edito ameaçando Lutero de excomunhão. Às 9 da manhã do dia 10 de dezembro de 1520, uma multidão de alunos e professores da universidade fizeram uma fogueira e nela queimaram o edito papal. Em 3 de janeiro de 1521, Lutero foi excomungado: estava, finalmente, livre da autoridade romana.

Na ocasião da reunião do conselho imperial, ou dieta, na cidade de Worms, em 1521, a fama de Lutero se espalhara por toda a Europa.

Seu *status* era tal que o imperador o convocou ao conselho com a garantia de salvo-conduto. Estava claro, porém, que Carlos V estava determinado a expulsá-lo do império. Depois de Worms, os apoiadores de Lutero o levaram às escondidas para o castelo de Wartburg, perto de Eisenach, onde ele viveu recluso durante um ano, traduzindo a Bíblia para o alemão. Embora o imperador tivesse assumido a linha papal e tentasse impor a sua autoridade sobre os Estados alemães, a unidade religiosa do império se fragmentava a olhos vistos.

Os Estados alemães se reuniram novamente em Nuremberg em 1522. A essa altura, os Estados dissidentes já haviam formado um grupo que trabalhava pela convocação de um concílio cristão livre. Ao se reunirem novamente em Speyer, em 1529, a tendência a favor de Roma era mais forte, mas uma minoria de Estados fez publicar um protesto (donde o termo *protestantes*) reafirmando a decisão unânime de Nuremberg no sentido de que as questões religiosas fossem deixadas entre o indivíduo e Deus. A confusão de éditos e recessos entre os componentes católicos e protestantes do império foi finalmente resolvida em 1555 com a Paz de Augsburg. A declaração *cuius regio, eius religio* — equivalente a "a religião do governante será a religião do povo" — evitou novas cisões no império. Todavia, a Europa já estava irremediavelmente dividida entre Estados católicos e protestantes, sendo alguns — a França e a Escócia — complicadas mesclas de ambos.

QUAL FOI a mensagem de Lutero aos povos da Alemanha e do restante do Norte da Europa? Embora visceralmente contrário à riqueza abusiva e à ganância da Igreja romana, Lutero nada tinha de progressista. Ao contrário, ele via os excessos de Roma como uma desprezível tendência moderna e propugnava o retorno à religiosidade simples do passado — a Igreja cristã primitiva era o seu ideal. O ódio por ele devotado à liderança da Igreja católica emanava de um profundo desacordo quanto à natureza da relação da humanidade com Deus. Agostiniano convicto, Lutero sustentava que a humanidade não tinha como conhecer ou influenciar a vontade de Deus, cuja decisão a respeito de salvos e danados não poderia ser alterada pelos débeis esforços humanos para se comportar melhor. A tarefa dos humanos não era discernir a melhor atitude, mas sofrer e temer a Deus. A interpretação luterana da mensagem de Agostinho era que, embora a salvação já estivesse decidida, o cristão devoto podia considerar a sua fé inabalável como esperança de salvação. Os sinais da salvação não provinham da compra de indulgências, das dádivas, das boas ações, nem da obediência às leis da Igreja, mas da fé e somente da fé.

A cultura política da Alemanha e o desenvolvimento da imprensa propiciaram o florescimento do luteranismo. Mas como se traduziu a teologia de Lutero na prática cristã e, política à parte, como se explica o seu apelo a tantos alemães e habitantes do Norte da Europa? Lutero foi o para-raios dos desejos espirituais de milhões de cristãos ocidentais. Sua necessidade de uma relação profunda com a fé cristã e de esperança na salvação refletia as expectativas e temores de metade do continente. A Igreja católica ainda era a provedora da experiência espiritual e do caminho da salvação para muitos, mas não todos. A comunidade religiosa sobre a qual se erguera a Igreja estava corroída; Lutero ofereceu uma Igreja cristã alternativa que se propunha a preencher as necessidades dos cristãos dissidentes. Ele escreveu orações e hinos para a Igreja reformada, deu-lhe uma nova estrutura física e administrativa e fez ordenações. A posição do padre foi alterada por completo, física e espiritualmente, assim como o significado da missa, que, em vez de sacrifício sagrado conduzido por um indivíduo especial (o padre), era agora um mero ato de comunicação entre Deus e o fiel. As Escrituras diziam apenas: "Este é o meu corpo (...) este é o meu sangue." Todos participavam do culto, guiados por um ministro a serviço da congregação. Os grandes altares de mármore semiocultos atrás de anteparos adornados foram substituídos por mesas de madeira claramente visíveis; os ministros pregavam dos degraus do presbitério ou de púlpitos instalados no corpo da igreja.

Uma notável inovação da Igreja de Lutero foi o uso da língua alemã. Sua tradução da Bíblia se tornou amplamente disponível, propiciando que milhares de alemães alfabetizados lessem por si mesmos as Sagradas Escrituras. O prazer e a admiração proporcionados pela leitura dos relatos bíblicos atraíram os cristãos para a doutrina de Lutero, ao passo que o culto e os hinos, também em alemão, deram ao povo a propriedade da sua Igreja e forjaram uma aliança entre a incipiente identidade nacional e a fé religiosa. Lutero se aproximou também dos cristãos comuns ao tratar de suas antigas preocupações com a salvação e seus temores, sempre presentes, em relação ao Juízo e à danação. Intensifica a tua fé, dizia ele, e isso será um sinal de que mereces a salvação. Para muitos, essa era uma ideia a ser abraçada com júbilo.

\* \* \*

SE LUTERO, ajudado pelos novos métodos de impressão, foi a fagulha e deu os meios para a divisão do cristianismo ocidental, João Calvino, a outra grande figura da Reforma, exprimiu um ponto de vista ligeiramente diferente da vida cristã. Nascido e educado na França, Calvino se tornou protestante em 1533 e foi obrigado a fugir para a Suíça. Depois de algumas idas e vindas, fundou, na cidade independente de Genebra, uma Igreja que na prática a governou de 1541 até o fim da sua vida, em 1564. O texto mais importante de Calvino, *Os Institutos da Religião Cristã*, fala do demérito da humanidade, da presença universal do pecado e da predestinação: "Pois não são todos criados com igual destino: a vida eterna está predeterminada para alguns e a eterna danação para outros. Todo homem, por conseguinte, criado para a um ou outro desses fins, dizemos, está predestinado para a vida ou a morte [eternas]." Os que se salvariam eram conhecidos (repetindo Pelágio, ver Capítulo 4) como Eleitos. E embora ninguém pudesse jamais saber quem eram os Eleitos, cabia aos próprios fieis buscar sinais de serem merecedores de pertencer ao grupo e, portanto, da salvação. Lutero dizia que somente a fé era signo da salvação; Calvino, que a vida cristã era prova da eleição.

O governo da cidade de Genebra por Calvino lhe permitiu demonstrar como se deveria viver uma vida cristã. Os calvinistas não queriam nada do mundo, razão pela qual renunciavam a todos os prazeres e diversões: canto, dança, alegria, livros de ficção, roupas coloridas e álcool. A devoção, o trabalho, a boa conduta, a caridade, a continência e a parcimônia eram os objetivos desses que viemos a conhecer como puritanos. A aparência de severa religiosidade era tão importante quanto a realidade — os Eleitos deviam dar o exemplo de como viver a vida. O calvinismo era uma interpretação peculiar da predestinação, mas que exortava seus membros a viverem vidas espiritualmente plenas e ativas e fomentava a comunidade da fé num mundo cada vez mais individualista.

Ao contrário de Lutero, Calvino não pregava o retorno à piedade medieval; sua proposta era mostrar-se candidato à salvação por meio do trabalho. No século XVI, a classe burguesa em ascensão começara a dominar várias cidades do coração da Europa. A nobreza mercantil governava as cidades da Itália, mas em Ulm, Antuérpia, Mainz, Utrecht, Lyon e Genebra a realidade era distinta — o poder da nobreza estava no campo e as cidades viviam, até certo ponto, por sua própria conta. Comerciantes, artesãos, advogados, administradores, funcionários, armadores, banqueiros e professores não tinham riqueza suficiente para controlar individualmente as cidades, mas coletivamente representavam o grupo mais poderoso. Assim como o cristianismo florescera originalmente entre as classes médias do Mediterrâneo oriental, o calvinismo apelou, sobretudo, à burguesia das cidades europeias. Desiludidos com os rituais vazios da Igreja católica, desconfiados da autoridade, autossuficientes e racionais, os burgueses de Genebra, Amsterdã e Hamburgo apreciavam as virtudes preconizadas por Calvino. Piedosos e discretos, eles trabalhavam arduamente na crença de estar assim contribuindo para o bem de suas comunidades. O calvinismo não os condenava por ganhar dinheiro. Quem trabalhasse duro e vivesse de acordo com as regras podia se tornar tão rico quanto Creso sem perder a virtude cristã; na verdade, trabalhar duro e ganhar dinheiro era uma obrigação cristã.

A Reforma é muitas vezes interpretada como a libertação das rígidas amarras da Igreja romana, mas, sob muitos aspectos, o contrário é a verdade. Na Igreja medieval tardia se toleravam a crítica e o achincalhe, bem como os místicos, mágicos, visionários e todo tipo de autoproclamados profetas de rua. Para muitos crentes, porém, para os quais a Igreja se tornara demasiado frouxa e liberal, a severa disciplina dos luteranos, calvinistas, presbiterianos e puritanos era uma indispensável correção. Na Genebra de Calvino, a fornicação, a glutonaria e a magia eram punidas com prisão, e a crítica à doutrina calvinista era vista como uma transgressão capital.

Calvino foi, como Lutero, um organizador incansável. Além de criar um sistema de governo teocrático em Genebra e de publicar sua teologia em uma série de escritos, ele fundou o Collège de Génève para educar e treinar sacerdotes. Foi assim, impulsionadas por um contínuo abastecimento de pregadores, que a doutrina e a organização calvinistas se espalharam de Genebra para todo o Norte da Europa. Os huguenotes franceses, as Províncias Unidas da Holanda e partes da Escócia se tornaram, ao lado da Suíça, as comunidades mais ardorosamente calvinistas. Junto com o luteranismo, o calvinismo exerceu também forte influência sobre as levas de dissidentes religiosos que, estabelecidas na América do Norte do século XVII, viriam a definir a paisagem religiosa e política dos futuros Estados Unidos da América.

A conexão histórica entre, por um lado, a disseminação do calvinismo e do protestantismo anglicano, mais moderado e, por outro, o florescimento do capitalismo é há muito um tema de interesse dos historiadores.

A divisão religiosa na Europa depois da Reforma.

Enquanto os países católicos do Sul — Itália e Espanha, principalmente — experimentaram certo declínio no século XVII, os países do Norte protestante, em particular a Inglaterra e a Holanda, iniciaram um longo período de ascensão econômica baseada na adoção do sistema capitalista. Tomando Calvino literalmente, eminentes historiadores, como R.W. Tawney e Max Weber, viram uma ligação causal direta entre a santificação e o sucesso mundano, por conseguinte entre o protestantismo e o capitalismo, em que o primeiro deu à luz o segundo. Igualmente provável, no entanto, é a hipótese de que a devoção simples dos luteranos e calvinistas tenha sido uma resposta espiritual à crescente comercialização da vida urbana. A intensidade da devoção protestante pode ter sido não um corolário, mas um corretivo da cultura do enriquecimento e do individualismo. Costumamos tomar a coexistência calvinista da piedade frugal com a aprovação do sucesso mundano como uma contradição racional, até mesmo como hipocrisia; mas esses ideais aparentemente opostos proporcionam, é preciso considerar, equilíbrio psicológico.

Retornamos, pois, aos paradoxos indicados no começo deste capítulo. A narrativa histórica nos mostrou que talvez estejamos fazendo conexões equivocadas. A chave da Reforma pode não estar nas motivações dos principais atores e no significado dos acontecimentos, mas na vida interior e nas necessidades espirituais dos cristãos ocidentais. Se a Reforma nos diz alguma coisa, é que os homens vivem de suas necessidades interiores, não de sua consistência racional. Longe de oferecer uma alternativa espiritual ao materialismo comercial, a Igreja católica, com sua cobiça e seu amor ao luxo, parecia ter se rendido à mercantilização do mundo. Lutero e Calvino propiciaram aos cidadãos urbanos em particular vidas espirituais num mundo governado pelo dinheiro.

A Igreja católica reagiu à religiosidade austera de Lutero e Calvino adaptando-se a eles. A Contrarreforma foi uma tentativa de enfrentar a disseminação do protestantismo vestindo as roupas do adversário. No Concílio de Trento, em 1545-47, 1551-52 e 1562-63, a Igreja católica deixou de lado o liberalismo anterior e deu início a uma etapa de severa disciplina. A Inquisição e a ordem dos jesuítas passaram a controlar o exercício da fé católica perseguindo e aniquilando crenças não ortodoxas, visionários e profetas e fazendo pairar sobre a vida dos católicos comuns a sombra assustadora da heresia.

\* \* \*

Os APARENTES paradoxos da Reforma podem ser mais bem descritos como um conjunto de reações psicológicas, o que não isenta, no entanto, o protestantismo de alguns paradoxos. Se Lutero detestava a incorporação de Aristóteles à teologia cristã, Calvino era um erudito clássico, cuja primeira publicação foi um comentário sobre *De Clementia*, de Sêneca. Embora a Reforma de Lutero tenha nascido de sua aversão ao racionalismo e fosse inteiramente baseada na fé, não na razão, o protestantismo acabou encontrando formas de se acomodar à crescente paixão pela erudição clássica e pela investigação racional (ver Capítulo 10). As origens urbanas da nova crença impulsionaram essa necessidade de acomodação ao racionalismo, embora debilitassem severamente a ligação do cristianismo com o mundo natural. Se a teologia cristã sempre pusera os humanos acima do resto da Criação, a Reforma foi mais longe, forjando uma separação total. Práticas como a necromancia, a alquimia e as curas, toleradas pela antiga fé, tornaram-se suspeitas e, ato contínuo, positivamente perigosas — a caça e queima de bruxas foi uma obsessão esmagadoramente protestante.

O maior desafio aos antigos hábitos cristãos talvez tenha sido a crescente percepção da existência humana como um feixe de necessidades, esperanças e desejos individuais, não mais como um elemento da sociedade comunal. A Reforma ao mesmo tempo se somou e se contrapôs a essa tendência — outro exemplo de contradição racional resolvida em equilíbrio psicológico. Lutero criou uma comunidade religiosa baseada em pequenos grupos de pessoas que se reuniam em ambientes humildes — tal como imaginava terem feito os cristãos primitivos. Os padres não eram mais tocados pela divindade do que os outros membros da congregação, apenas designados para servir à fé da comunidade. Por meio de sua teologia e de sua tradução da Bíblia, o luteranismo pôs o fiel em contato direto com Deus. O ato de ler, embora comunal a princípio, tinha o poder de fazer ingressar cada cristão em seu mundo privado, pessoal, ao passo que a ausência de padres enfatizava o papel da mente individual como arena onde se resolviam as questões de fé. Uma sucessão de seitas protestantes — Shaker, menonita, Bruderhof, Sociedade dos Amigos (Quaker), Plymouth Brethren — buscou preservar ou promover o espírito comunal num mundo cujo individualismo a própria Reforma ajudara a criar.

A COMUNIDADE protestante foi influente também de outras formas. Em contraste com a autoridade católica, cuja legitimação caía como cascata de cima abaixo a partir de Deus, a Igreja calvinista foi organizada na forma de círculos concêntricos de organismos eleitos — consistórios, sínodos, presbitérios, colóquios e, finalmente, sínodos regionais e nacionais. A eliminação dos escalões intermediários da Igreja deixou o fiel face a face com Deus, trazendo consigo uma mudança no conceito de autoridade religiosa e política para o indivíduo cristão. A participação da comunidade no governo da sua igreja atendia a um antigo requerimento humano que acabaria transferido para a arena política. Não é coincidência que na Holanda e América do Norte o calvinismo tenha se entrelaçado ao desejo de autodeterminação política.

Se a Reforma foi impelida pela ânsia de espiritualidade num mundo cada vez mais comercial, qual foi a resposta dos artistas? Como foi que pintores, escultores e arquitetos, elevados de artesãos anônimos a celebridades culturais, se adaptaram a esse novo mundo? Na Europa católica ainda acostumada ao mecenato dos ricos e poderosos, a arte ao estilo italiano era usada para glorificá-los ainda que despojada do ímpeto artístico fundamental do século XV. A arte barroca, iniciada no século XVII, parece exagerada aos nossos olhos modernos — ostentosa e delirante, parece exibir as habilidades do artista sem atingir o nível artístico, uma forma de os ricos se separarem do rebanho num mundo em que o dinheiro era o passaporte para o sucesso social. Há, porém, notáveis exceções, como Caravaggio, Velásquez e outros, insurgidos contra as nauseantes idealizações da beleza que os cercavam.

A Reforma significou que os protestantes tinham menos necessidade de "arte", como coisa distinta, em suas vidas; assim como ocorria com os cristãos medievais, a fé e a comunidade religiosas respondiam a muitas das necessidades que a arte busca satisfazer. Em terras protestantes, as autoridades da Igreja viam as pinturas e estátuas de santos como idolatria. Os pintores tiveram de retornar aos retratos e ilustrações de livros para ganhar a vida. A pintura desapareceu como arte autóctone em grande parte da Alemanha e Inglaterra. Na Holanda, porém, a pintura sobreviveu e floresceu. Em se tratando de representações da natureza, a reputação dos pintores flamengos excedeu até mesmo a dos mestres italianos. A refinada técnica de Jan van Eyck, Hugo van der Goes e Rogier van der Weyden para criar efeitos de superfície os tornou famosos em toda a Europa e foi continuada por pintores flamengos posteriores. Quando as pinturas religiosas foram proibidas, pintores como Peter Breughel e Frans Hals se especializaram em cenas "naturais" e retratos de indivíduos e grupos. Os burgueses holandeses tinham particular apreço pelas representações das sociedades e clubes que serviam de alicerce à sua sociedade; Hals, com *Banquete dos Oficiais da Companhia Cívica de São Jorge*, e mais tarde Rembrandt, com *A Vigília*, lograram representar combinações de identidade individual e de grupo. Outros artistas holandeses se especializaram em pintura de paisagens, uma forma de arte que surgiu para compensar a separação dos cidadãos urbanos de seu mundo natural.

O retrato era uma fonte de renda indispensável aos artistas flamengos, mas também um sinal de autoconsideração individual. Comerciantes ingleses, alemães e holandeses se somaram aos príncipes italianos e reis espanhóis nas encomendas de retratos a artistas famosos. Tal como na Itália do século XV, aqueles que meramente serviam às necessidades de seus clientes não se notabilizaram, mas Holbein, Velázquez, Hals e, ocasionalmente, Rubens souberam usar a figura e o rosto humanos para transmitir profundidade psicológica, mistério e empatia. Sobranceiro a todos, Rembrandt van Rijn (1606-69) levou a arte do retrato ao seu nível mais elevado. Não era um artista da moda e lutava para sobreviver em Amsterdã; enquanto, porém, aguardava a valorização de suas habilidades, Rembrandt olhava em outra direção — para si próprio. Sua série de autorretratos é tanto uma eloquente autobiografia quanto uma tocante resposta a um mundo indiferente. Livre da necessidade de lisonjear ou embelezar o seu modelo, bem como de acelerar a sua tarefa, Rembrandt buscou transmitir o mundo interior por meio da representação de sua manifestação exterior, o rosto humano. Espírito aparentemente contemplativo e conturbado que se afastou do mundo para buscar inspiração e objeto dentro de si mesmo, Rembrandt foi o precursor de um novo tipo de artista ocidental.

Se fora da Holanda a pintura lutava para encontrar um papel, a literatura começava a encontrar o seu lugar. O impacto da imprensa foi tal que qualquer nobre com algum recurso podia escrever um livro de poesias ou um relato de viagem e fazer circular exemplares entre seus amigos, conhecidos e pessoas que desejasse influenciar. No século XVI, a Europa foi inundada de livros de aventuras, cada indivíduo tentando fazer ouvir a sua voz acima da multidão. E, assim como os artistas flamengos produziam arte substituindo os temas religiosos pela espiritualidade e sensibilidade artística, também os escritores criavam literatura sem Deus. Se Dante, Boccaccio, Chaucer e Rabelais ambientavam suas obras num mundo religioso, Cervantes e Shakespeare definitivamente não — a qualidade mais peculiar deste último é a escassez de referências e temas religiosos —, ao passo que Michel de Montaigne olhava o mundo exclusivamente por meio de seus próprios olhos. A Europa Ocidental ainda era impregnada de cristianismo, mas não faltavam sinais do mundo vindouro. Com a Reforma, a comunidade medieval deu lugar ao indivíduo de pé ante Deus; em pouco tempo, porém, a essência do que significa a civilização ocidental mudaria uma vez mais — quando o cristão intimamente ligado a Deus se tornou um indivíduo racional em busca de uma sociedade racional.

## CAPÍTULO 10

# REIS, EXÉRCITOS E NAÇÕES
## *A Ascensão do Estado Militarista*

QUANDO, em 1494, o rei Carlos VIII da França cruzou os Alpes com 30 mil homens para reclamar o reino de Nápoles, ele o fez como príncipe medieval buscando recuperar sua propriedade pessoal. Contudo, suas ações e, tão importante quanto, seus métodos assinalaram o começo do fim do mundo medieval. Na primavera de 1494, a incursão de Carlos atingiu o porto de La Spezia, onde o aguardavam quarenta canhões novos em folha recém-chegados da França. Canhões estáticos bastante toscos já existiam na Europa havia um século ou mais (o mais antigo registro é um desenho de 1326), mas as peças de Carlos eram móveis, precisas e imensamente poderosas. As muralhas do castelo de Firizzano foram reduzidas a entulho, advertindo contra qualquer resistência por parte de cidades protegidas por muralhas medievais aparentemente seguras — Florença, por exemplo, se rendeu sem luta. A única a resistir foi a fortaleza napolitana de San Giovanni, tomada em apenas oito horas depois de um assédio de sete anos. Altas muralhas não eram apenas inúteis: seu colapso era ainda mais provável quando os canhões disparavam contra a sua base. Subitamente, todos, incluindo Leonardo e Michelangelo, se interessaram pela química da pólvora e pela trajetória das balas de canhão.

O domínio de Carlos na Itália teve vida curta porque outros, dentre os quais os espanhóis e austríacos, que também tinham canhões e podiam pôr em campo exércitos igualmente numerosos, uniram forças contra ele. Acabara-se o sistema medieval, em que um príncipe ou duque governava um feudo pessoal baseado na lealdade de um punhado de vassalos e na proteção das muralhas do castelo e onde as cidades podiam existir encerradas em si mesmas, inexpugnáveis. O que viria em seu lugar?

Os países da Europa que começaram a emergir do mundo medieval tinham raízes fincadas no passado, mas eram entidades de um novo tipo. O direito de governar do príncipe, rei ou imperador medieval se baseava na herança — de bens, terras, possessões e, em certa medida, lealdade de outros nobres. Os reis podiam sobreviver sem controlar os territórios de seus reinos — durante séculos os reis franceses conviveram com nobres detentores de mais poder e territórios do que eles; os barões tinham direitos que precediam e, em sua opinião, se sobrepunham aos do monarca. Os reis ingleses tiveram uma situação mais confortável, dado que a nobreza inglesa havia recebido terras do monarca no rasto de 1066. Mesmo assim, os reis e rainhas da Inglaterra conseguiram apenas intermitentemente dominar os barões de suas cortes.

A cultura comum dos soberanos francos da Europa medieval tardia propiciou um sem-fim de casamentos entre famílias governantes, gerando uma curiosa colcha de retalhos de heranças que, por sua vez, levou a diversos conflitos. Os casamentos entre descendentes eram tidos como vantajosos pelas grandes famílias, mas deram ocasião a disputas hereditárias. Em 1337, por exemplo, Eduardo III da Inglaterra reclamou o trono da França por conta da herança de sua mãe. O resultado foi uma sucessão de guerras que durou mais um século — mais tarde chamada de Guerra dos Cem Anos. Cada um dos lados convenceu a nobreza de seu reino a lhe dar apoio, mas, a despeito das narrativas shakespearianas, não cabe imaginar que estivessem em questão a honra nacional ou mesmo a estratégia nacional — a família Plantageneta só queria as suas possessões de direito.

Esse conflito sangrento e fútil desafiou a ideia medieval da guerra como uma empresa cavalheiresca e honrada. Eduardo, o Príncipe Negro, epítome do cavalheirismo medieval, assassinou 3 mil cidadãos de Limoges, mulheres e crianças, inclusive, ajoelhados diante de si a pedir misericórdia. Em Agincourt, em 1415, a cavalaria franca fortemente encouraçada que por mais de trezentos anos varrera tudo o que se lhe opôs se revelou, de repente, ineficaz diante do pequeno proprietário inglês, que com seus arcos e flechas ceifou a nobreza francesa como se fosse capim. Henrique, o rei inglês, ordenava aos seus soldados matar, depois das batalhas, todos os prisioneiros cortando suas gargantas; no cerco de Rouen, em 1418-19, ele deixou 12 mil mulheres e crianças francesas morrerem de fome e frio ao pé dos muros da cidade, cercada pelo exército sitiante. Eram seus súditos, mas para a guarnição sitiada somente mais bocas para alimentar, razão pela qual foram deixados à míngua.

A Guerra dos Cem Anos foi o típico conflito medieval entre duas dinastias. E, embora seus massacres tenham sido hediondos, a guerra foi episódica, localizada e indecisiva, uma disputa interna entre grupos de cavaleiros relacionados pela cultura, pelo sangue e, acima de tudo, pela religião. Na Europa medieval, as guerras entre príncipes eram moderadas pela capacidade que tinham os beligerantes de reunir soldados, mas também pela influência da Igreja católica. Os papas medievais usavam o poder político de que dispunham para dissuadir seus súditos espirituais de irem à guerra. A perspectiva de cristãos se matando pelo controle do que era, afinal de contas, a terra de Deus não agradava à Igreja.

APENAS quarenta anos separam o fim da Guerra dos Cem Anos da invasão da Itália por Carlos. Não obstante, tudo havia mudado radicalmente. O poder destrutivo dos canhões significou o fim da cidade-Estado e, com poucas e notáveis exceções, da cidade autônoma. De súbito, a segurança do soberano já não provinha das altas muralhas de pedra, mas do controle do território. Os príncipes que fossem capazes de colocar em campo homens suficientes para proteger determinada área sobreviveriam; os demais cairiam. Passados 25 anos da devastadora incursão de Carlos na Itália, o cristianismo ocidental estaria irrecuperavelmente dividido. A Igreja católica já não constituía um limite às ambições dos príncipes; o controle do território por via da posse de artilharia moderna e da reunião de imensas quantidades de homens era tudo o que importava. Essa nova receita se impôs por si mesma como o fato gerador de um novo tipo de Estado e de civilização.

No século XV, as cidades da Itália haviam usado sua extraordinária riqueza (Veneza e Florença eram mais ricas do que os reinos da Inglaterra e da França) para contratar mercenários, os *condottieri*, mas a nova situação exigia uma quantidade cada vez maior de soldados, além de canhões e mosquetes, tremendamente caros. Para comprá-los, os governantes de Milão, Florença, Veneza, Roma e Nápoles tiveram de impor aos seus súditos e cidadãos impostos cada vez mais onerosos. Foi dessa necessidade de taxação generalizada para custear a defesa militar, dizem os historiadores, que nasceu o Estado europeu. As cidades italianas foram a vanguarda porque suas populações pequenas e pesadamente constituídas de cidadãos tributáveis as colocavam numa situação diversa daquela dos reinos do Norte e do Oeste. Os governantes italianos lograram construir sistemas de coleta de impostos capazes de financiar a contratação de mercenários porque a sua avançada organização comercial dera à luz toda uma classe de notários, contadores e funcionários instruídos — na verdade, uma burocracia estatal pronta e acabada. Uma vez estabelecida essa burocracia, com tudo o que representava, a sua sobrevivência passou a ser mais importante para o funcionamento da cidade-Estado, do ducado, do principado e do reino do que a própria pessoa do governante. Combinada, porém, ao planejamento militar, essa máquina de coleta, administração e aplicação de impostos se tornou mais do que meramente a espinha dorsal da comunidade a que servia: o "Estado", como veio a ser conhecido, veio a ser uma entidade onipotente e onipresente (ainda que um tanto indefinida) que, para bem ou para mal, dominava a vida de seus súditos e cidadãos.

Diferentes tipos de Estados — impérios, reinos, cidades-Estado e federações — coexistiram na Europa desde o começo, mas do nosso ponto de vista atual parece que os mais bem-sucedidos foram aqueles que souberam promover mudanças em sua própria natureza com inovações na tecnologia militar. Niccolò Maquiavel foi um dos primeiros a enxergar a necessidade dessas mudanças. A legitimidade dos governantes das cidades italianas havia muito se baseava numa mescla de direitos dinásticos, apoio popular, riqueza pujante e força militar. Mas, quando o Estado começou a tomar o controle dos aparatos de governo, o governante precisou de um novo tipo de legitimidade. Se já não era o pai do seu povo, o cavaleiro da armadura cintilante que os conduzia na batalha nem o senhor feudal, então o que era? A resposta de Maquiavel, convincentemente explicitada em seu *O Príncipe*, foi que o governante deveria ser um servidor do Estado; não se tratava de subserviência, mas da necessidade de considerar, em qualquer circunstância, o que era melhor para o Estado, em lugar de seguir suas preferências e instintos pessoais. *O Príncipe* se tornou notório por sua amoralidade — Maquiavel escreve, por exemplo, sobre o "bom uso da crueldade" e o "mau uso da crueldade" —, querendo dizer que, para sobreviver, o governante deve basear suas escolhas no bom-senso político, não em sua moral pessoal. Durante séculos, os reis, príncipes, imperadores e comandantes haviam se valido da astúcia política para tomar e conservar o poder. A diferença em relação ao novo Estado era que o reino ou principado já não era possessão pessoal do governante; por mais poderoso que fosse, o alicerce da sua legitimidade como governante era servir, melhor do que qualquer outro, às necessidades do Estado.

O novo Estado incorpóreo, provido de integridade territorial e poder de arrecadar impostos, nasceu na Itália, mas suas lições cedo se espalharam para outras partes. Durante a maior parte do século XV a coroa inglesa foi disputada por distintas famílias aristocráticas e, ainda antes, reivindicara imensas possessões na França. A dinastia Tudor, do século XVI, realizou um governo eficaz e, à parte uma curta aventura na França, se concentrou em colocar a Inglaterra sob seu controle e dominar as Ilhas Britânicas. Henrique VIII e seu pai lograram criar um ciclo virtuoso em que maior eficácia na coleta de impostos lhes proporcionava mais recursos, os quais, por sua vez, os habilitavam a pressionar os súditos por aumentos de receita. Os valores arrecadados eram pequenos para os padrões modernos, mas o Estado ainda era apenas protetor, não provedor de serviços.

Processo análogo estava em curso na França, onde, no século XVI, Luís XII, Francisco I e Henrique II estabeleceram uma administração central e lançaram mão das novas tecnologias militares e de exércitos financiados por impostos para colocar sob seu controle as províncias e ducados independentes da Borgonha, Bretanha e Gasconha. Paradoxalmente, uma série de derrotas francesas na Itália ajudou o Estado francês a emergir, tal como o inglês, como entidade territorial. Depois da morte de Henrique II, em 1559, a França passou por um período de turbulência dinástica, mas a subida ao trono de Henrique de Navarra em 1589 confirmou os parâmetros do novo estilo do Estado francês. Embora os conflitos internos precedentes tivessem sido alimentados por divisões religiosas, Henrique, um líder protestante, se converteu ao catolicismo, fez a paz com a Espanha, católica, e expediu o edito de Nantes, garantindo liberdade de culto a católicos e protestantes. A famosa frase de Henrique em sua conversão: "Paris vale uma missa", foi, num continente ardorosamente religioso, a suprema manifestação de reconhecimento do novo sistema. Para obter o trono, o governante devia colocar as exigências do Estado à frente de suas preocupações pessoais, fossem de natureza religiosa ou qualquer outra.

Processo similar já acontecera na Inglaterra, onde o legado de Henrique VIII foi uma prole dividida. Seu filho, Eduardo, era um ardoroso protestante, e sua filha, Maria, uma católica devota. Seus reinados foram breves, deixando a Elizabeth — cujo direito ao trono era, no mínimo, contestável — caminho aberto para governar por via de sua compreensão das necessidades do Estado inglês. Implacável e determinada, Elizabeth foi, acima de tudo, pragmática e se adaptou às exigências da situação do seu país.

Se os Estados francês e inglês se tornaram territoriais e incorpóreos, o oposto foi o caso do outro grande poder ocidental — o Império Habsburgo. Carlos V nasceu em 1500, herdou os Países Baixos com a morte de seu pai em 1515 e, logo, o trono de Castela e Aragão em 1516, antes de assumir o trono da Áustria e ser eleito sacro imperador romano com a morte de seu avô, em 1519. Governou até 1556, quando abdicou por vontade própria, e morreu em 1558.

Para Carlos e seu filho, Felipe, essa vasta herança, que em tempos anteriores seria uma bênção, se revelou quase catastrófica. A dispersão geográfica dos territórios que, subitamente, ele se viu obrigado a proteger tornava impraticável a administração do Estado. Carlos, que fora educado na Holanda, revelou-se um governante popular e benquisto nos Países Baixos, semiautônomos, mas sua contínua ausência da Espanha e sua evidente condição de estrangeiro lhe criaram problemas. Foi, no entanto, com os Estados germânicos que Carlos teve maiores dificuldades, devido à sua hostilidade ao luteranismo. Depois de porfiar durante trinta anos com seus Estados — supostamente — súditos, ele foi finalmente forçado a aceitar um compromisso. O acordo de 1555 permitia a cada eleitor escolher a religião de seus súditos, depois do qual Carlos (em notável contraste com Elizabeth e Henrique de Navarra) abdicou, desesperado com sua incapacidade de proteger a fé católica.

Carlos dividiu seu reino entre o antigo Sacro Império Romano — que exercia o domínio direto das terras austríacas e ostensivo dos Estados germânicos — e o resto, que incluía a Espanha, Nápoles e os Países Baixos. Seu filho Felipe assumiu essa última porção, herdando muitas das dificuldades de seu pai. Em 1556, época em que Felipe subiu ao trono da Espanha, a Contrarreforma estava a pleno vapor e a prata do Peru abarrotava o Tesouro espanhol. Subitamente, a Espanha assumiu um papel central nos assuntos europeus como o mais importante poder católico e o mais rico país, cujo exército e marinha eram abastecidos com recursos quase ilimitados.

Ao contrário de seu pai, Felipe não era visto com simpatia pelos holandeses. Era um rei estrangeiro que podia e devia tê-los deixado conduzir seus próprios assuntos. Como, porém, viajara aos Países Baixos em sua juventude, Felipe se familiarizara com a classe dominante local, cujas terras considerava seus domínios. Como líder da Europa católica, acreditava que devia não apenas extirpar o protestantismo de seu reino, mas trazer o catolicismo de volta a países, como a Inglaterra, temporariamente perdidos para a antiga fé.

Na década de 1550 as autoridades locais de várias províncias holandesas começaram a ignorar os ditames do governo central para perseguir o crescente número de calvinistas e luteranos heréticos. A partir de 1560, membros do próprio governo — um conjunto de nobres, todos católicos, representando as províncias — começaram a pedir tolerância religiosa. Uma delegação liderada pelo conde de Egmont foi enviada à Espanha em 1565 para pedir ao rei que flexibilizasse suas leis religiosas: um momento crítico em que Felipe pôde optar entre impor suas crenças pessoais ao seu reino heterogêneo e decidir o melhor para o Estado a que servia. Sonhando com uma Europa católica restaurada em sua unidade medieval em detrimento de uma Espanha segura, ele se manteve intransigente. O resultado foi a Revolta Holandesa, um conflito sangrento e amargo que se arrastou durante décadas.

Nos cinquenta anos passados desde que os canhões franceses subjugaram a Itália, os engenheiros holandeses se puseram a construir muros defensivos capazes de resistir à artilharia mais poderosa. Todavia, Felipe tinha prata suficiente para dar continuidade ao fútil e caríssimo conflito. Quando o dinheiro acabou, pediu emprestado — levando à bancarrota o Tesouro espanhol em três ocasiões. Em 1576, o exército espanhol, em protesto contra falta de pagamento, atacou furiosamente a cidade de Antuérpia, massacrando 17 mil de seus cidadãos. O conflito se arrastou por todo o longo reinado de Felipe, trazendo atrás de si tropas da França e da Inglaterra. Felipe concebeu uma ousada estratégia para derrotar seus dois adversários protestantes, que consistia no emprego de uma imensa armada capaz de devolver a Inglaterra ao seu povo católico, que viria, então, se somar à sua luta contra os holandeses. Tudo isso deu em nada: depois de décadas de conflito os holandeses prevaleceram porque os espanhóis lutavam longe de casa, sem aliados, e porque a riqueza espanhola se baseava na importação da prata peruana, não na prosperidade gerada internamente. Felipe ficou simplesmente sem dinheiro.

A revolta holandesa mostrou a debilidade da verdadeira colcha de retalhos que era o Império Habsburgo, comandado por um monarca que punha a sua consciência pessoal acima das necessidades do Estado. Tais fraquezas foram expostas uma vez mais, e de maneira devastadora, no cataclismo da Guerra dos Trinta Anos (1618-48), que, ao reconhecer a Europa como uma coleção de Estados soberanos, definiu a futura configuração do continente. Quando os luteranos da Boêmia protestaram contra os ataques às igrejas protestantes e contra a assunção do reino, em 1617, pelo arquiduque católico Ferdinando (que se tornou sacro imperador romano dois anos depois), os protestantes e católicos da Europa Central se alinharam a uns e outros. A vitória do exército imperial católico levou a uma orgia vingativa em que a Boêmia foi compelida a se tornar católica enquanto o Norte protestante da Alemanha era assolado por bandos de soldados católicos e mercenários, da Holanda espanhola, inclusive, obrigados a viver à custa do povo que aterrorizavam. Em 1625, o rei dinamarquês Cristiano IV entrou na guerra do lado dos protestantes com apoio financeiro da França, da República Holandesa e da Inglaterra. Uma vez mais os exércitos cruzaram a Europa Central, desta vez incluindo a Holanda e o Báltico. Depois que os dinamarqueses foram forçados a se retirar, em 1629, o rei sueco Gustavo Adolfo saiu em socorro dos luteranos. As forças suecas invadiram a Alemanha e, ameaçando Viena, obrigaram o imperador a negociar. Vendo na situação uma oportunidade, o cardeal Richelieu (governante da França durante a minoridade de Luís XIV) invadiu imediatamente a Alsácia e a Renânia. Enquanto as negociações de paz se arrastavam, tropas suecas e francesas (respectivamente protestantes e católicas) saquearam o coração católico da Baviera.

Coube à França a vitória estratégica na guerra, sobretudo devido ao maquiavélico talento de estadista de Richelieu, embora a Inglaterra e a Holanda também tenham se beneficiado da devastação das terras alemãs. A intervenção pragmática de Richelieu, totalmente contrária à posição juradamente católica da França, tornou a França e o Estado francês os mais fortes da Europa. A população da Alemanha foi reduzida de 21 para 13 milhões, e suas cidades, arruinadas; quase meio século de guerra contínua e devastações paralisaram a agricultura, a manufatura e o comércio, tornando desabitadas regiões inteiras do país.

A destruição da Guerra dos Trinta Anos foi causada, em ampla medida, pela mera quantidade de tropas empregadas. O advento do canhão móvel foi seguido do mosquete, tornando o tamanho da infantaria a chave do sucesso militar. Mas esses soldados de infantaria tinham de ser treinados, disciplinados e comprometidos a cerrar fileiras e seguir atirando no fragor da batalha. Os mercenários não eram comprometidos e as milícias temporárias careciam de treinamento; só um exército profissional permanente poderia ser confiável. As autoridades centrais tiveram de criar redes mais sofisticadas para levantar fundos destinados ao pagamento de soldados em tempo integral, além de equipamentos, navios, portos e fortificações modernas. A maior disponibilidade de recursos numa Europa que prosperava fez surgir exércitos cada vez maiores. Em 1470, o exército espanhol tinha cerca de 20 mil homens; na década de 1630, 300 mil. A França tinha um exército de 50 mil homens na década de 1550, 150 mil na de 1630 e 300 mil na de 1700. A República Holandesa tinha 60 mil homens em serviço militar remunerado em 1606. Na Inglaterra de 1644, com dois anos de guerra civil, havia 110 mil homens em armas. Na Rússia, o recrutamento compulsório de 1658 reuniu 50 mil soldados para lutar contra a Polônia e, em 1667, o país tinha mais de 100 mil homens alistados.

O SÉCULO XVII foi marcado por uma espiral ascendente de burocracias centralizadas, poder estatal, aumentos de impostos e gastos militares. A máxima centralização se deu quando o monarca adquiriu poder suficiente no seio do Estado para encarná-lo em sua própria pessoa. Mas o poder absoluto, ou reinado por direito divino, era para os soberanos um caminho difícil e perigoso; seu direito de governar como monarcas absolutos dependia, paradoxalmente, da renovada concordância do Estado. Ao declarar *L'état, c'est moi*, Luís XIV não apenas alardeava a sua supremacia como também reconhecia o seu lugar na ordem das coisas.

Os reis Stuart, da Inglaterra, acreditavam governar por direito divino, mas James I não tinha dúvida de que este residia na Constituição do Estado inglês. O rei e a nobreza parlamentar se beneficiavam do Estado centralizado na medida em que seus interesses fossem atendidos. Foi a relutância de seu filho, Carlos I, de se adaptar às necessidades do Estado que deu início à longa revolução, somente encerrada em 1688, quando o segundo filho de Carlos, James II, cometeu o mesmo equívoco de colocar sua fé pessoal acima das necessidades do Estado e acabou deposto. Os três conflitos mais importantes na Europa no século XVII — a Revolta Holandesa, a Guerra dos Trinta Anos e a Revolução Inglesa — mostram que o Estado moderno, territorialmente íntegro e pragmaticamente governado por um chefe desejoso de servir às suas necessidades, havia se tornado mais poderoso do que os principados e os impérios desconexos da tradição medieval.

O SURGIMENTO do Estado moderno causou uma mudança na geopolítica da Europa, em que os Estados mais adaptáveis se tornaram mais dominantes. Mas o que isso significou para os europeus? Seu efeito mais notável foi o declínio da cidade medieval e a correspondente ascensão da cidade-capital e da corte nacional. A necessidade de um exército permanente, capaz de controlar o território do Estado, alterou decisivamente a relação entre a cidade e o campo. A prosperidade do medievo tardio e o poder das guildas haviam gerado para as populações urbanas da Europa salários e preços mais altos. As indústrias se localizavam nas cidades por conta da força de trabalho qualificada e dos mercados e também porque o campo continuava sendo inseguro. O controle do território determinou, no entanto, que ofícios e indústrias, como a produção têxtil e o processamento de produtos agrícolas, pudessem se transferir para áreas rurais pagando salários e rendas muito menores. Em vez de manufatores, os habitantes da cidade se tornaram investidores de indústrias rurais. As cidades haviam vivido de pedágios e tributos (os pedágios fluviais eram particularmente lucrativos), mas boa parte deles desapareceu em nome da eficiência econômica nacional. A concessão de licenças para manufatura, mineração e processamento de certas matérias-primas foi assumida pelo monarca em benefício do Estado e os monopólios regionais tradicionais dos mercadores locais passaram a ser outorgados para produtos específicos em âmbito nacional. O monopólio da concessão de pedreiras e o processamento de materiais, como couro, ferro, minério e alume, trouxeram imensas riquezas aos tesouros nacionais.

Os sistemas de contabilidade financeira haviam sido revolucionados pelos banqueiros florentinos e venezianos no século XIV. No século XVI, esse nível mais elevado de organização começou a ser aplicado à criação de burocracias nacionais — o Estado emergia como um vasto aparato coletor de impostos. Ao mesmo tempo que declinavam os pedágios e impostos locais, as cidades eram dominadas pelos agentes do monarca, ávidos por extrair receitas dos comerciantes. O mundo medieval comunal das vilas e aldeias sobreviveu na forma, mas seu conteúdo foi transformado pela centralização do poder militar e político nas cidades-capitais. Poder, riqueza e *status* andavam de mãos dadas, levando a nobreza, os comerciantes e os socialmente ambiciosos a deixar os centros regionais em busca das cortes. Madri, Viena, Paris e Londres se tornaram cinco a dez vezes maiores do que suas rivais provinciais enquanto a riqueza dos reinos se amasiava com o poder político.

No mundo medieval tardio o poder do dinheiro estivera associado às extensas e intrincadas redes de clãs e parentesco. Os chefes de família da Itália renascentista usavam o casamento e a astúcia política para obter riqueza e se situar tão próximos quanto possível dos centros de poder, que lhes rendiam, por sua vez, ainda mais riqueza e status. O dinheiro e a ambição, no sentido shakespeariano (o autor ambientou várias de suas peças no cadinho dourado da Itália renascentista), transformaram os atributos humanos da associação, da amizade e do apoio mútuo em seus contrários. À medida que a cidade e a cidade-Estado davam lugar ao reino, o poder e a riqueza se concentravam numa quantidade de mãos cada vez menor. E todos os que queriam um papel na peça, ou um lugar à mesa, tinham de conspirar e manobrar sem nenhum escrúpulo para estar perto do centro, que por sua vez se punha cada vez mais distante de todos.

O efeito de tudo isso sobre a maior parte da população foi uma mudança sutil, mas decisiva, de identidade dos cidadãos urbanos e habitantes das aldeias e propriedades, agora súditos do monarca. Essa mudança demandou séculos, mas todas as instituições — igreja, guilda, região, cidade, milícia local, condado — tiveram seu poder gradualmente integrado — e submetido — ao Estado-nação. E, o mais importante, o Estado assumiu o monopólio da violência dentro de suas fronteiras. Dado que somente os agentes do Estado podiam legitimamente usar a violência contra os demais, os exércitos privados, as forças de defesa cívica e as milícias já não podiam existir, exceto como parte de uma força de segurança nacional por ele sancionada. As lealdades individuais foram redirecionadas para a nação. A despeito do pragmatismo religioso de Elizabeth I, Richelieu e congêneres, o senso de identidade nacional foi imensamente reforçado pela divisão da Europa Ocidental em Estados católicos e protestantes, com a resultante fundação de Igrejas nacionais. No Norte protestante, a Igreja da Inglaterra, a Igreja Holandesa Reformada e as Igrejas Luteranas da Alemanha e Escandinávia se tornaram bastiões da identidade e da defesa nacionais contra a agressão dos Estados católicos. Mesmo na França e Espanha católicas, as igrejas eram dominadas pelos reis — a época dos papas tirânicos que censuravam príncipes e imperadores acabara. Os súditos europeus já não se identificavam com sua localidade e sua religião universal; em seu lugar, a nação, com sua própria Igreja, se tornou a comunidade a que se pertencia, num mundo em que somente o Estado, a família e o indivíduo eram considerados legítimos.

O propósito supremo do Estado era ser um aparato coletor de impostos destinado a financiar os custos crescentes da guerra. Quando indagamos por que esses Estados iam à guerra, precisamos entender que sua própria existência dependia da sua função militar. Sua legitimidade repousava sobre a necessidade de proteger seus povos da invasão estrangeira e de rebeliões internas (função que tomaram dos barões, das milícias cívicas e dos muros das cidades); a guerra contínua era a melhor justificativa para a sua existência. Não se tratava apenas de uma questão teórica — as pessoas não pagariam os impostos se não acreditassem haver real necessidade. A consequência foi que os Estados descobriram ser desejável ir à guerra para criar as condições adversas das quais haveriam de proteger seus cidadãos. As guerras raramente terminavam devido a uma derrota ou vitória definitiva, mas porque os antagonistas ficavam sem recursos e tinham de se contentar com pequenos ganhos — ou perdas.

Um novo fenômeno — a conferência de paz — foi concebido para resolver o problema. Antigamente se ensinavam solenemente aos escolares da Europa Ocidental os tratados de Utrecht, Westphalia, Baden, Paris, Aix-la-Chapelle, Versalhes e outros que tais como eventos transformadores da história do continente; hoje mais se parecem com recessos, ou intervalos, num crescente processo de militarização. Nas conferências de paz se elaboravam tratados, detalhados à exaustão, em que todos os lados abriam mão de alguma coisa. Feito isso, as partes tinham o tempo necessário para reunir recursos, a fim de reconstruir seus exércitos tendo em vista o próximo conflito.

Se os alicerces militares do Estado moderno explicam a sua propensão para guerrear, o gatilho era geralmente algo relacionado ao desenrolar dos conflitos dinásticos que durante séculos assolaram a Europa. Lealdades e disputas familiares, as reações mais primevas da psique humana, continuaram desempenhando um papel crucial até que o Estado moderno finalmente as pusesse fora de combate. Nesse ínterim, os Estados europeus começaram a se alinhar e realinhar em uma série de alianças. Uma vez assegurados os limites territoriais de cada Estado (o primeiro mapa da Europa contendo fronteiras nacionais foi traçado em 1630), o objetivo do Estado mudou sutilmente da contínua agressão e busca do domínio para a proteção de seus próprios interesses. Tornou-se claro que, se as guerras limitadas serviam para promover o legítimo papel do Estado entre seus cidadãos, um conflito importante poderia, em caso de derrota, levá-lo à destruição.

Em 1700, a Europa Ocidental estava configurada como um conjunto de Estados, dentre os quais predominavam a França, a Inglaterra (que logo se tornaria Grã-Bretanha por meio do Ato de União com a Escócia) e a Áustria. O poder dos Estados alemães fora severamente reduzido pela Guerra dos Trinta Anos, a Itália era dominada por forças externas, principalmente a Áustria, e a Espanha experimentava o prolongado declínio de sua dominação no século XVI. Da relutância dos Estados dominantes a guerrear entre si surgiu o conceito de "equilíbrio de poder". As limitações do equilíbrio de poder (que, não obstante, sobreviveu três séculos) foram imediatamente expostas pela morte do rei espanhol Carlos II, que, desafortunadamente, não deixou filhos. O sacro imperador romano Leopoldo I reclamou o trono vacante para os Habsburgo, e Luís XIV o fez para os Bourbon. Ambos tinham consciência de que os demais Estados europeus não lhes permitiriam, particularmente aos Bourbon, se tornarem dominantes, e já se sugeriu que ambos teriam se contentado em deixar o trono da Espanha a qualquer outro que não fosse o rival. Como, porém, não havia nenhum outro reclamante sério, o inevitável resultado foi um conflito que envolveu todos Estados da Europa Ocidental e custou a vida de dezenas de milhares de pessoas. Nenhum dos antagonistas teve atingidos os seus objetivos, mas o equilíbrio de poder (na verdade, a limitação do poder da França) foi mantido.

Se, por um lado, o equilíbrio de poder não conseguiu evitar conflitos importantes, por outro uma miríade de disputas territoriais propiciou a continuação de guerras menores. Ao mesmo tempo que saciavam a fome de guerra dos grandes Estados, esses territórios serviam de moeda de troca nas conferências de paz subsequentes. Na década de 1660, por exemplo, Leopoldo da Áustria tentou persuadir Luís XIV da França a renunciar à sua reivindicação ao trono da Espanha, oferecendo-lhe, a título de compensação, a Holanda espanhola, o Franco Condado, Nápoles, Sicília, Navarra e as Filipinas.

Os Estados eram fortalecidos e justificados pelas guerras, mas não eram só eles que se beneficiavam, aparentemente, do clima permanente de ameaça de guerra. No período entre 1500 e 1800, a maioria das pessoas via a guerra como um componente normal, necessário e até desejável da vida. As guerras ocorriam tão regularmente que raramente se investigavam suas causas; eram como que fatos da natureza. Elas matavam, mutilavam e destruíam o patrimônio, mas seus prejuízos no longo prazo não eram claros para a maioria das pessoas. Por estranho que pareça aos olhos de hoje, muitos naquela época viam a paz como um estado de coisas indesejável para qualquer país. A paz tornava a sociedade fraca e preguiçosa, carente de "fibra moral"; a guerra, ao contrário, a tornava enérgica, determinada e focada; a guerra despertava no homem as suas melhores qualidades. Para muita gente o exército de massa era também um bom método para limpar as sociedades de seus elementos indesejáveis — cidadãos e súditos não se opunham a pagar um tributo às forças armadas se isso significava livrar-se dos vagabundos e pequenos criminosos locais. Esse aspecto não se limitava ao recrutamento obrigatório: a maioria dos que serviam como voluntários era marginal à sociedade. Nas regiões mais pobres da Europa, como Castela, Escócia e Suíça, a vida de soldado profissional era uma perspectiva atraente para um jovem. No auge da Guerra dos Trinta Anos, cerca de 25 mil escoceses — 10% da população masculina do país — foi lutar na Alemanha e, no século XVII, quase todos os exércitos da Europa tinham um regimento suíço. Pessoas afetadas pela guerra somente em suas carteiras não tinham queixas enquanto servisse para expurgar a sociedade; para os pobres e desvalidos, o uniforme de soldado representava soldo, *status* e um propósito na vida.

O novo mundo do Estado centralizado, com seus exércitos de massa, afetou profundamente o papel da nobreza. Os descendentes dos senhores francos da Europa medieval se viram num curioso limbo entre os órgãos do Estado — a monarquia, o conselho e a corte — e as pessoas comuns, cujas vidas seus ancestrais costumavam governar. Qual era o novo papel das antigas famílias ducais e baroniais que outrora desfrutaram o domínio quase irrestrito de seus feudos? Embora algumas famílias continuassem na administração do Estado, a principal função da nobreza passou a ser a liderança militar nos novos exércitos. As novas forças armadas do Estado refletiam tanto as antigas divisões francas entre senhores e camponeses (suavizadas nas milícias das cidades medievais) quanto as sutis hierarquias de riqueza e *status* que impregnavam todas as partes da nova Europa mercantilista. O berço nobre e o *status* de "cavaleiro" ainda serviam para conferir uma aptidão mística para a arte da guerra. Confrontados com a carnificina anônima do canhão e do mosquete, os exércitos da Europa estavam ainda sob o encanto das lendas dos cavaleiros francos de antanho, cujos descendentes eram tidos como portadores de saber e bravura militar além da imaginação do homem comum. Um observador anônimo do século XVI escreveu: "Um nobre de boa formação é capaz de adquirir mais conhecimento sobre a arte e a ciência militares em um ano do que um soldado raso em sete." Os exércitos eram dirigidos por senhores e povoados por camponeses; temporariamente, pelo menos, a guerra reforçou o *status* dos socialmente poderosos.

Não obstante, o novo Estado despojara a nobreza do poder político e militar. Em seu lugar, a aristocracia e pequena aristocracia passaram a perseguir, a exemplo da classe mercantil da Itália, *status* social e cultural. Muitas das nossas noções de civilização provêm da necessidade que tiveram esses segmentos sociais de se diferenciarem dos demais num mundo que os privara de seu papel histórico. A nobreza era mais civilizada não por ser mais rica, mas por possuir objetos mais requintados, por ter boas maneiras e por ser mais instruída e apreciadora das artes — produto de sua gênese e de seu caráter nobre. Muitos de seus ancestrais davam pouca importância a essas coisas porque se distinguiam no exercício do poder real; como, porém, este já não estava acessível, a cortesia e os valores civilizados se tornaram o objetivo da elite europeia.

FORAM ESSES os benefícios aparentes das guerras para os distintos segmentos da população. Quais danos, porém, causaram? Se as guerras eram aceitáveis, até desejáveis, para aqueles que viviam longe delas, a vida de soldado era dura e mortalmente perigosa. Artilharia aperfeiçoada, formações cerradas e mosquetaria causavam grande número de baixas. A principal técnica de batalha entre os séculos XVI e XVIII foi o emprego de grandes infantarias para expulsar o inimigo do campo, apesar dos canhões que destroçavam essas maciças formações a uma distância segura. Durante a Guerra da Sucessão Espanhola, 34 mil franceses foram mortos ou capturados na batalha de Blenheim, em 1704; em Malplaquet, em 1709, os exércitos britânico e austríaco combinados, com 85 mil homens, saíram vitoriosos à custa de 20 mil mortos, contra 12 mil do exército francês.

Os exércitos tinham, muitas vezes, de tirar sustento da terra onde se instalavam, gerando medo, ressentimento e hostilidade nas populações civis. Some-se a isso a destruição física causada, por exemplo, pela Guerra dos Trinta Anos, que levou a um imenso decréscimo do comércio em toda a Europa, com sérias desvalorizações monetárias e crises de mercado numa região onde vivia cerca de um terço da população do continente. O comércio exterior foi drasticamente afetado e a demanda de bens deprimida pela redução populacional causada pela guerra, pelas doenças, pela crise da produção agrícola e dos ganhos e, finalmente, pelos enormes aumentos dos impostos destinados a financiar o conflito. A guerra reduziu as importações de prata da América hispânica e a demanda espanhola de bens manufaturados. A população e a produção das cidades manufatureiras da Espanha caíram de 50% a 70% entre 1620 e 1650. Em Veneza, Milão, Florença, Gênova e Como, a produção têxtil sofreu um declínio de 60% a 80% entre 1620 e 1660; no Sul da Alemanha, cidades industriais têxteis, como Nördlingen, Augsburg e Nuremberg, perderam para sempre o seu domínio da manufatura de produtos de lã e algodão.

Os efeitos da queda dos salários na maior parte da Europa acabaram por afetar até mesmo a indústria têxtil flamenga. Reagindo à queda de longo prazo nos preços e aos altos salários urbanos, também os holandeses levaram as suas oficinas para fora das cidades e se tornaram industrialistas rurais. Assim a Europa ingressou naquela que os historiadores chamam de a sua fase protoindustrial, um continente caracterizado pela manufatura doméstica rural. De núcleos manufatureiros, as cidades se converteram em centros financeiros, administrativos e comerciais.

As guerras, assim como as pragas, têm efeitos econômicos contraditórios. O drástico declínio populacional na Europa Central e Oriental propiciou que os trabalhadores reivindicassem mais direitos e melhores salários. Nas províncias germânicas orientais, como Brandenburgo e Saxônia oriental, os senhores de terra os enfrentaram, transformando-os em servos. Entre 1600 e 1650, a prática de atar os camponeses às terras de seus senhores se espalhou para a Polônia, províncias bálticas, Hungria, Boêmia, Morávia e Áustria. Os governos ou entravam em conluio com os senhores para aprovar leis repressivas ou eram fracos demais para se lhes opor. Em Moscóvia, em 1649, o Estado e a aristocracia terratenente se uniram para aprovar um código legal que atava perpetuamente os camponeses à terra e os obrigava a prestar ao proprietário quaisquer serviços que lhes fossem solicitados, a qualquer tempo. Além de impor, a milhões de pessoas, vidas de labuta incessante e perda de liberdades, o advento da servidão deu início a séculos de estagnação econômica e social e a uma significativa divergência entre a Europa Oriental e a Ocidental.

AS GUERRAS nacionais e religiosas do século XVII trouxeram catástrofes para a Europa Central e dificuldades econômicas para todo o continente. O período de 1650 a 1750 propiciou não apenas uma recuperação, mas também uma mudança de foco. Enquanto a Espanha penava na Guerra dos Trinta Anos, as demais potências atlânticas — França, Holanda e, em particular, Grã-Bretanha — enxergavam maiores oportunidades no ultramar do que nas disputas territoriais europeias. O objetivo da política ocidental se tornou a preservação do equilíbrio de poder na Europa para permitir às nações mais fortes explorar o resto do mundo — uma relativa tranquilidade que permitiu à Grã-Bretanha prosperar no ultramar e a França internamente. Havia muito a França era o país mais populoso da Europa, com vastos recursos em terras agricultáveis, ainda que seu tamanho dificultasse o controle central por parte de monarcas às voltas com poderosas bases de poder regional. Não obstante, entre 1589 e 1789, a França teve somente cinco monarcas, fato que, combinado a uma sucessão de sagazes ministros das finanças, favoreceu a unidade e o controle centralizado do país. Foi assim que a França se tornou a maior potência cultural e econômica da Europa. Luís XIV reinou como monarca absoluto de 1643 a 1715, mas foram as capacidades de seus grandes ministros, o cardeal Jules Mazarin (1643-61) e Jean-Baptiste Colbert (1665-83), que deram à França a estabilidade financeira e os recursos necessários para arcar com os equívocos do rei. As invasões da Holanda, a guerra pela Coroa espanhola e a decisão de expulsar do país todos os protestantes em 1685 foram decisões imensamente danosas ao Estado francês. Dominados por seu exemplo, os sucessores de Luís XIV acharam impossível adaptar o papel do monarca às necessidades do Estado: a França continuou sendo uma monarquia absoluta até muito depois de outros países já terem descoberto maneiras mais eficazes de funcionar.

EMBORA a morte de Luís XIV, em 1715, tenha trazido um período de paz, a fraqueza do equilíbrio de poder na Europa foi uma vez mais exposta, dessa vez por uma versão extrema do novo Estado centralizado. A Guerra dos Trinta Anos reduzira o peso dos Estados alemães dentro do império, restando a Áustria, ainda a base do imperador, como único poder significativo. Até que, em 1701, Frederico I, filho do Eleitor de Brandenburgo, fez-se nomear primeiro rei da Prússia e se propôs a erguer o poder militar desse Estado germânico relativamente pobre. Seu filho Frederico II, mais tarde conhecido como Frederico, o Grande, que governou de 1740 a 1786, estava determinado a tornar a Prússia a potência dominante do império. Em duas guerras, a Guerra da Sucessão Austríaca (1740-48) e a Guerra de Sete Anos (1756-63), a Prússia tomou Estados muito mais poderosos, derrotando-os ou paralisando-os. Na Guerra dos Sete Anos, o Império Habsburgo, a França, a Rússia e a Suécia se associaram para destruir as forças prussianas, mas a Prússia sobreviveu e se tornou uma potência europeia.

A Prússia é um notável exemplo. Um pequeno Estado, de importância aparentemente pequena, irrompera no círculo das grandes nações sacrificando tudo ao poder militar. O equilíbrio de poder pouco significava quando excluía governantes ambiciosos como Frederico. Os métodos prussianos de treinamento e organização levaram a disciplina militar a um nível mais elevado e foram copiados em outros países — até o exército continental de George Washington tinha um inspetor-geral prussiano, Friedrich von Steuben. James Boswell testemunhou que os soldados prussianos eram levados ao limite, e os mais fracos, surrados e açoitados para entrar na linha. Apesar de achá-lo repugnante, ele comentou que o sistema funcionava porque "máquinas são mais confiáveis do que homens". A partir do século XVIII, todo soldado europeu passou por períodos similares de desumanização durante seu treinamento. Construíram-se quartéis e campos de treinamento para receber soldados que até então ficavam alojados em suas cidades de origem, tornando a carreira militar um modo de vida distinto, voltado para si mesmo e que exigia comprometimento total.

A influência do modelo prussiano de Estado militarizado se espalhou para muito além do exército. Na Prússia, como nos territórios Habsburgo da Europa Central e na Rússia, não apenas se criou o costume de usar farda na corte, como os próprios soberanos começaram a se vestir como oficiais militares de alta patente. O número de homens em serviço militar nesses países cresceu espetacularmente no século XVIII: o efetivo do exército prussiano passou de 80 mil homens em 1740 a 200 mil em 1782; na Guerra dos Sete Anos (1756-63) o exército prussiano mobilizou 260 mil homens, 7% da população total do país; o exército russo atingiu 300 mil efetivos no ano de 1800. Na França, em contraste, o exército foi reduzido de cerca de 380 mil homens em 1710 para 280 mil em 1760. As potências da Europa Ocidental não adotaram o modelo prussiano do Estado militarista com tanto zelo quanto as da Europa Central e Oriental; nelas, o século XVIII foi marcado pela grande expansão da força naval. Em 1714, a marinha britânica, de longe a mais poderosa e cara do mundo, tinha 247 navios; ao final da guerra com os Estados Unidos, em 1783, esse número subira para 468 navios, sendo 174 vasos de guerra. Em 1782, a França tinha 81 vasos de guerra.

Enquanto os Estados-nação da Europa surgiam como protetores de territórios e pessoas, na segunda metade do século XVIII as instituições militares moldavam, num número cada vez maior de países, a sociedade com suas necessidades e demandas. O exército sempre fora usado para expurgar a sociedade dos elementos indesejáveis, mas esse fenômeno se exacerbou quando, no século XVIII, a questão do controle social começou a preocupar os governos. A população da Europa se recuperava das crises do século XVII e as cidades enfrentavam problemas. O conde de Saint--German, ministro da Guerra da França, disse na década de 1780: "Seria sem dúvida alguma desejável criarmos um exército de homens do melhor tipo, confiáveis e especialmente selecionados. Mas, para formar um exército, não podemos destruir a nação privando-a de seus melhores elementos. Sendo assim, o exército deve inevitavelmente ser feito da escumalha para a qual a sociedade não tem uso." O problema do controle social deu também aos exércitos um novo papel. O fim do século XVIII foi marcado por grandes insurreições civis nos países da Europa, como os distúrbios de Gordon, em Londres, em 1780, cuja repressão demandou 12 mil soldados, e a desordem social de Paris, em 1789, cuja transformação em revolução teria tido como um de seus principais fatores a relutância do exército francês em intervir.

De tão poderoso, o exército passou a controlar efetivamente a sociedade na Rússia e na Prússia, ao passo que, no Ocidente, se tornou uma entidade distinta no seio da sociedade — um fenômeno ao mesmo tempo físico e cultural. O mundo militar era autossuficiente, apartado e, aparentemente, superior ao civil, com leis e códigos de conduta próprios e um espírito de corpo em que a lealdade ao regimento chegava a ser mais importante do que a lealdade ao país. Os soldados eram assistidos pela "família" castrense, recebiam recompensas por longos anos de serviço e tinham assegurados funerais militares.

Um novo fenômeno militar surgiu no século XVIII — o Estado--Maior, um corpo de planejadores militares especialmente designado para dirigir os recursos militares da nação — planejar campanhas futuras, alocar recursos, construir fortificações e assim por diante, mesmo em tempos de paz. O Estado-Maior se tornou um poder fundamental nos Estados europeus no século XIX, responsável pelo predomínio do pensamento militar na política externa. As novas forças armadas requeriam oficiais altamente treinados. A primeira escola inglesa, de qualquer natureza, inteiramente financiada pelo Estado e equipada com professores assim designados, foi uma academia naval fundada em Portsmouth, em 1729. Escolas de cadetes para jovens de famílias ricas foram criadas em São Petersburgo em 1731, em Paris em 1751, em Wiener-Neustadt, Áustria, em 1754, em Zamora,

Espanha, em 1790, na Prússia em 1717, na Saxônia em 1725 e na Baviera em 1756. Em 1776, a França criou doze escolas militares nas províncias para atender à pequena aristocracia que fornecia o grosso dos oficiais. O crescente profissionalismo e a influência das forças armadas, bem como as ambições militares de certos Estados, tiveram graves efeitos sobre a sociedade civil. Na Guerra dos Sete Anos, o exército da Prússia perdeu cerca de 180 mil homens e o país, cerca de 500 mil de seus 4,5 milhões de habitantes. O Estado vizinho da Pomerânia perdeu 20% de sua população e Brandenburgo, 25%. Além da devastação, do deslocamento de populações e das perdas na produção agrícola e manufatureira, as guerras trouxeram doenças numa época em que a medicina era de pouca ajuda; não apenas proliferavam no ambiente criado pela guerra como eram levadas pelos soldados a outros lugares. Na guerra russo-turca de 1768-74, os soldados levaram doenças das estepes russas do Sul para Moscou, onde mataram 60 mil pessoas, e Kiev, onde 14 mil morreram em 1771. Não era incomum morrerem mais soldados vitimados por doenças do que pelas armas inimigas. Embora se soubesse que as guerras eram destrutivas e caras, os governos e as pessoas ainda as viam, no entanto, com otimismo.

NESSE NOVO MUNDO em que o crescimento das comunidades nacionais se fazia ao redor de demandas de guerras quase contínuas, que visão tinham as pessoas sobre as suas próprias vidas? Na época medieval, o drama da fé cristã e as abundantes regras da teologia católica definiam o lugar e o sentido da existência; seriam agora os súditos nada mais que pagadores de impostos e carne de canhão? Estava aberto o caminho para o renascimento da filosofia política: foi assim que escritores do século XVI, como Suarez, Hobbes e Grotius, tentaram descrever o modo como deviam se relacionar o Estado, o monarca e o povo (ver Capítulo 12). Todos levantaram questões instigantes a respeito do livre-arbítrio, do direito de governar e das obrigações dos governantes, dos deveres e direitos dos súditos, do papel do Estado na proteção dos direitos morais dos cidadãos e assim por diante. Um século depois de Lutero e Calvino, as bases para o entendimento do papel da humanidade haviam mudado da teologia cristã para o racionalismo. Ainda se acreditava, é verdade, que esses dois caminhos para o entendimento eram inteiramente compatíveis — os humanos deviam usar a razão dada por Deus para entender a Sua vontade. Contudo, se é verdade que Hobbes se empenhou em mostrar que as escrituras sustentavam suas opiniões políticas, também é certo que ele criticou as leis religiosas que podiam levar à desobediência das leis do Estado. A geração seguinte, em que mais e mais pessoas conheciam cada palavra da Bíblia, iria demonstrar que as Escrituras podiam ser usadas para sustentar qualquer filosofia política — da autocracia à sociedade dos iguais. As guerras religiosas do século XVII haviam se revelado inúteis e a religião parecia ter perdido o poder de explicar o mundo e guiar a construção da sociedade: a razão teria de assumir esse encargo.

Os historiadores tradicionalmente nos falam do movimento gradual, porém inexorável, de impérios e reinos (governados por imperadores e monarcas autocráticos) em direção aos Estados-nação e, logo, aos governos constitucionais liberais. Contudo, boa parte do "progresso" ocorrido nos séculos posteriores ao ano 1500 exibe o controle crescente de cidades, regiões, igrejas, guildas e vidas individuais por Estados cada vez mais centralizados. O cidadão medieval devia lealdade a um conjunto de instituições — o senhor feudal, o bailio da aldeia, a família ampliada, o bispo local, o papa, a guilda, a vila, o duque e o príncipe —, mas o Estado acabou com quase tudo isso, legando ao mundo moderno somente a si próprio e à família como instituições legítimas.

Os Estados da Europa Ocidental assumiram diferentes formas depois de 1500. Ao mesmo tempo, a forma que o Estado deveria assumir se tornou o principal tema do discurso público e, diriam alguns, a principal causa dos conflitos militares. A razão disso foi o descompasso entre as vidas, pensamentos, aspirações e emoções dos indivíduos e as necessidades do Estado. Embora o Estado só possa sobreviver com o apoio das pessoas que ele tem por objetivo proteger, a relação entre essas duas esferas é infinitamente complexa. Como apontou recentemente o escritor Hanif Kureishi, mesmo o governo representativo não é a mesma coisa que as pessoas que ele representa; a cultura — literatura, teatro, jornais — surge da necessidade de dar continuidade a uma "penosa conversação" com o Estado. Mas será que os Estados ocidentais conseguiram preservar e fortalecer seu poder (a ponto de uma pequena quantidade deles dominar o mundo) por oferecer aos seus respectivos povos um álibi moral? Os Estados tomam atitudes que envergonham os indivíduos, mas nos convencem de que agem "no interesse nacional" e em prol da "segurança nacional". Durante a maior parte dos últimos quinhentos anos, o povo do Ocidente foi obrigado a aceitar todo tipo de ato cometido em seu nome por um corpo anônimo em busca de uma abstração.

CAPÍTULO 11

# NÓS E ELES
*Colonização e Escravidão*

"Certa vez os índios vieram receber-nos com provisões, saudando-nos de maneira gentil e hospitaleira, a dez léguas de distância de uma grande cidade; ao chegar ao lugar, fomos presenteados com fartura de peixe, pão e carne e tudo mais que eles puderam fazer para a nossa máxima satisfação. Incontinente, o Demônio se apossou dos espanhóis, que os passaram pelo fio da espada na minha presença, sem qualquer motivo — mais de 3 mil almas, homens, mulheres e crianças. Eu vi terríveis crueldades que nenhum homem vivo jamais viu ou verá (...). Com seus cavalos, flechas e lanças os espanhóis começaram a cometer assassinatos e estranhas crueldades: entravam nas cidades, vilas e aldeias sem poupar crianças, velhos, grávidas nem doentes e lhes abriam a barriga e cortavam em pedaços como se fossem ovelhas cercadas no redil (...). Os senhores e os nobres eles matavam em fogueiras feitas com galhos sobre forcados, às quais ateavam fogo por debaixo para que queimassem lentamente e pudessem, com gritos desesperados de tormento, abandonar seus fantasmas.
Bartolomé de las Casas, 1513-20

A DESCOBERTA do Novo Mundo em 1492 foi um grande choque para os europeus. O clero, os instruídos e as pessoas comuns acreditavam que as Escrituras e os textos dos Pais da Igreja e das autoridades antigas continham a suma de todo o conhecimento humano. Estava claro, porém, para todos, que nem Plínio nem Aristóteles, nem, em especial, a Bíblia tinham qualquer conhecimento sobre um mundo que existiria do outro lado do oceano. Deus e os Pais da Igreja haviam, ao que parece, simplesmente esquecido de mencioná-lo. Esse vazio significava que as Escrituras e os filósofos antigos não davam qualquer orientação sobre como encarar o Novo Mundo: um paraíso terreno? Um Éden antes da queda? Um lugar medonho habitado por criaturas satânicas das quais Deus protegera o seu rebanho? Como poderia a Europa cristã lidar com um continente inteiro de pagãos? Seriam almas inocentes e ignorantes à espera do batismo nas mãos acolhedoras da sagrada Igreja romana ou seres perigosos cuja impiedade os punha à margem da salvação? Embora acostumada a condenar descrentes e heréticos, pela primeira vez em sua longa história a Igreja precisou se perguntar: que visão têm os cristãos daqueles que nunca receberam os ensinamentos de Cristo?

Os filósofos seculares da Europa, que usavam suas interpretações dos escritores gregos e romanos para promover a doutrina do humanismo, também se viram perplexos. Seriam os habitantes das Américas tão humanos quanto os europeus? Seriam exatamente iguais a nós, apenas destituídos dos benefícios da civilização? Seriam todos os humanos fundamentalmente iguais ou alguns deles, por natureza, inferiores?

Enquanto as autoridades da Igreja e os filósofos se debatiam com tais perguntas, a anexação das Américas pelos europeus era impulsionada por dois simples fatos da vida da Europa do século XVI: a belicosidade de poderosos Estados-nação e a disseminação da economia monetária a todas as partes do continente. A competição entre os países e a sua crescente militarização — com canhões, mosquetes, exércitos permanentes e navios oceânicos — transformou a América num campo de batalha entre europeus. Ao mesmo tempo, a conquista do novo continente foi impulsionada pela cobiça de ouro — Colombo disse que com ele um homem poderia obter tudo o que desejasse, e Cortés, aos mexicanos, que seus homens tinham uma enfermidade do coração que só o ouro podia curar. Os europeus foram à América com dois pensamentos — descobrir um caminho marítimo para a China e Índia e encontrar ouro — unidos por um só desejo: qualquer um faria deles homens ricos.

QUANDO Colombo retornou, em 1504, de sua quarta e última viagem, os exploradores portugueses já haviam tocado o litoral brasileiro e alcançado a Índia contornando a costa da África; em 1522 a expedição de Fernão de Magalhães completou a primeira circunavegação do globo. Ainda assim, até cerca de 1525 os aventureiros espanhóis e portugueses supunham que Hispaniola, Cuba, o litoral do Brasil, Yucatán e Flórida eram todos ilhas do litoral asiático; a descoberta de um caminho até as riquezas do Oriente era ainda o sonho de muitos.

Nesse ínterim, também os espanhóis saíram para as Índias, onde, ouviam dizer, podiam-se adquirir terras e viver em meio a luxos a que seus meios não davam acesso em Castela. Cortés era um caso típico: nascido em 1484, numa família da pequena nobreza, teve boa instrução antes de se tornar, como seu pai e muitos outros espanhóis de sua época, soldado profissional. Seu objetivo era lutar como mercenário na Itália, mas aos 22 anos viajou às Índias atrás de fortuna e, quem sabe, alguma glória. As ilhas do Caribe ofereciam meios de vida aos adventícios espanhóis, mas somente à custa de imensas devastaçõs. Ao chegar a Hispaniola, seu primeiro posto, em 1506, Cortés a encontrou semidestruída, com a população nativa devastada pela doença e pelos massacres. Seguiu, então, para Cuba. Teve a sorte de achar ouro no leste da ilha, onde estabeleceu uma fazenda com um imenso séquito de escravos índios — homens e mulheres. Não havia qualquer restrição ao uso de índios para trabalhos forçados, sexo, tortura e esportes sangrentos, além de assassinato e fome — Las Casas conta que, durante os quatro meses de sua estada em Cuba, presenciou a morte por inanição de 7 mil nativos.

Embora as ilhas do Caribe estimulassem a ideia de que os americanos eram um povo simples e primitivo, de *status* inferior ao europeu, a realidade do continente era bem distinta. Em 1517, uma expedição espanhola desembarcou na costa de Yucatán (que ainda se supunha ser uma ilha) e travou contato com os maias, uma sociedade que já vivera o seu ápice, mas impressionou mesmo assim os europeus. No ano seguinte o governador espanhol de Cuba enviou, para novas investigações, seu sobrinho Juan de Grijalva. As notícias por ele trazidas foram espantosas e eletrizantes. Ele vira cidades com construções e torres tão altas quanto as de Sevilha. Expulso por maias desconfiados, desembarcou em outro ponto da costa, onde os "totonacs" locais lhes disseram ser, assim como os demais povos da terra, súditos recalcitrantes de um grande império chamado México. Pelas imensas montanhas a distância, pelo tamanho dos rios e pela diversidade das culturas humanas, Grijalva se deu conta de que essa era uma terra vasta, talvez até um continente, que nada tinha de Éden inocente, antes, era governado por um império sofisticado e imensamente poderoso.

Cortés, a essa altura um dos homens mais ricos de Cuba, concordou em financiar e liderar uma expedição ao coração do império mexicano. Suspeitando que Cortés tinha intenções de conquista pessoal, o governador espanhol retirou o seu apoio no último momento; Cortés se pôs a caminho, portanto, à frente de uma expedição particular. Muito já se disse a respeito do pequeno número de soldados espanhóis de Cortés (cerca de quatrocentos) e da ingenuidade, credulidade e supersticiosidade dos mexicanos. Não devemos, porém, admirar-nos com a dificuldade que tiveram os astecas de compreender as necessidades, o comportamento e os métodos dos europeus. Uma vez entendida a ameaça representada por Cortés, eles não apenas o expulsaram prontamente de sua cidade, como voltaram, mais tarde, com imensa coragem, para expulsar seu exército sitiante, que a essa altura já não era de quatrocentos, porém mais de 10 mil homens.

Os acontecimentos de 1519-21 são aterradores (não devemos, no entanto, esquecer que durante séculos Cortés foi visto na Europa como um herói). Depois de afundar os próprios barcos para impedir que seus planos fossem revelados a Cuba, Cortés enfrentou e logo se aliou aos poderosos tlaxcalans, que concordaram em acompanhá-lo à grande cidade de Tenochtitlán, centro do Império Asteca. Depois de uma penosa jornada pelos desfiladeiros nas montanhas, Cortés e seu grupo adentraram o vale central mexicano. A visão da cidade os assombrou. Construída no centro do lago Texcoco, com jardins flutuantes e um sem-número de casas, palácios, ruas e templos, um mercado frequentado por 70 mil pessoas e núcleos costeiros acessíveis por meio de caminhos elevados e pontes levadiças, a cidade parecia ter saído de um sonho. O que os espanhóis tinham diante de si não era uma terra vazia à disposição dos ocupantes, tampouco um povo primitivo, mas um império a ser conquistado — só a capital tinha cerca de 250 mil habitantes; já se estimou em 25 milhões a população da Mesoamérica em 1520.

Acolhidos por Montezuma, líder dos astecas, os espanhóis receberam comida e alojamento na cidade. Cortés tentou a ousada estratégia de tomar Montezuma como refém, mas um de seus subordinados cometeu o erro de massacrar fieis que haviam se reunido no jardim sagrado do templo para o festival da primavera asteca. Sacerdotes e músicos foram estraçalhados pelas espadas espanholas — algo inacreditável para os astecas, cujas leis de guerra e tabus a respeito de quaisquer violações do corpo humano eram sempre estritamente observados. Na cultura asteca, como em muitas outras, a guerra era extremamente ritualizada e o sacrifício humano se fazia com grande precisão e respeito pelo corpo. A cultura guerreira europeia, que via honra em se expor ao perigo e atacava com ímpeto assassino, era absolutamente impensável. O massacre do templo pôs a nu as intenções dos hóspedes; os astecas deixaram de alimentá-los e começaram a retirar as pontes que levavam para fora da cidade. Cortés fugiu da cidade em 1º de julho de 1520, não sem antes garrotear Montezuma e outros líderes astecas mantidos como reféns. Três quartos dos espanhóis foram mortos na fuga desesperada — muitos deles afogados no lago junto com o ouro que carregavam. Os astecas haviam vencido a primeira batalha.

Cortés retornou seis meses depois com 10 mil aliados tlaxcalans. Nesse ínterim, a varíola, trazida pelos espanhóis, já se espalhara pelas cidades e vilas astecas matando um imenso número deles — é provável que vários milhões de americanos tenham morrido, ao longo do século XVI, por infecção de patógenos europeus. A despeito da superioridade militar dos sitiantes e da fome causada pelo cerco, os astecas se recusaram a render-se. Para tomar a cidade que chamava de "a mais bela do mundo", Cortés teve de destruí-la. Depois de oitenta dias, quando só lhe restava uma pequena porção da cidade, o jovem rei asteca Cuauhtemoc veio a Cortés discutir os termos da rendição e o tributo que os astecas deveriam lhe pagar — eles ainda não haviam entendido que o preço da derrota era a total destruição de sua sociedade, de seu modo de vida e dos costumes de seu império. Cuauhtemoc, cuja dignidade na derrota impressionou os espanhóis e seus aliados, foi instado por Cortés a ordenar a rendição de seus homens e depois torturado até a morte numa vã tentativa espanhola de descobrir depósitos de ouro remanescentes. Os espanhóis e tlaxcalans saquearam e destruíram a cidade, matando aleatoriamente os seus habitantes em busca de ouro. Mais de 100 mil astecas morreram no cerco e os restantes se retiraram em silêncio. Os astecas lutaram para proteger a si próprios e à sua cidade, mas acabaram compreendendo como inevitáveis os terríveis acontecimentos que se haviam abatido sobre eles.

Uma série análoga de acontecimentos se desenrolou, dez anos mais tarde e 4 mil quilômetros ao sul, no coração do Império Inca. Tal como Cortés, Francisco Pizarro fizera grande fortuna com ouro na colônia do Panamá, no litoral do Pacífico. E também como Cortés, Pizarro ambicionava um reino próprio. Em 1527 sua expedição ao sul pela costa ocidental do continente se deparou com uma imensa jangada contendo um extraordinário carregamento de prata, ouro, joias, brocados, espelhos, taças, gemas e roupas, produtos que, segundo apurou, estavam sendo comercializados pelo Império Inca em troca de corais e conchas. Em 1528, Pizarro alcançou, com um único navio, o porto inca de Tumbes, onde foi bem recebido pelo governador e pelo povo. Os espanhóis ficaram surpresos de ver como eram "racionais e civilizadas" aquelas pessoas. O Império Inca, que se estendia por uma distância equivalente à que separava Sevilha de Moscou, era organizado e administrado com extraordinária eficiência, com mensageiros, funcionários, depósitos de alimentos e, quando necessário, o uso da força. Os povos submetidos pagavam tributo ao império em troca de pertencerem a um sistema comercial que se estendia para o sul do atual Equador ao Chile e, a sudeste, até a Argentina.

Depois do contato inicial, Pizarro retornou ao Panamá e, mais tarde, à Europa, no intuito de levantar fundos para uma grande expedição. Nesse meio-tempo o vírus da varíola europeia dera início à inexorável devastação dos povos andinos — cujo momento mais trágico foi, talvez, a morte do Grande Inca, Wayna Capac, em maio de 1528 — a guerra civil resultante entre seus filhos deu a Pizarro a chance de dividir e conquistar o império. Nesse ínterim, Pizarro se encontrou com Cortés em Toledo e, depois de mostrar ao rei Carlos um tesouro em joias e artefatos incas, obteve a sua concordância para conquistar e governar o Peru em nome da Coroa espanhola. Todavia, a conquista das Índias era uma empresa não apenas comercial, mas também política. Inspirados pelo exemplo dos comerciantes e banqueiros italianos e estimulados por uma época em que o dinheiro podia comprar poder e influência, muitos europeus tinham interesse em aplicar dinheiro em empreendimentos comerciais. As notícias das conquistas de Cortés e do ouro asteca e inca criaram uma febre extraordinária que permitiu a Pizarro levantar fundos com facilidade. Ele retornou ao Peru, em 1530, levando consigo 180 homens, dentre os quais seus irmãos, pessoas de sua cidade natal e militares de sua confiança. Seguindo conselhos de Cortés, Pizarro logrou, apesar de sua enorme inferioridade numérica, capturar o líder inca Atahualpa e massacrar seus seguidores com armas de fogo, cavalos e o terror paralisante da brutalidade gratuita. Atahualpa tentou apaziguar os espanhóis dando-lhes acesso a todas as partes do império, mas não foi suficiente: os espanhóis saquearam os sítios sagrados dos incas, repletos de extraordinários objetos modelados em ouro. Sete toneladas de ouro e 13 de ornamentos de prata foram embarcadas, como resgate por Atahualpa, para a base de Pizarro e convertidas em lingotes. As criações artísticas e o coração espiritual dos incas foram destruídos junto com o seu poder.

Atahualpa foi morto quando já não tinha utilidade para Pizarro, e os nobres incas e suas mulheres, sistematicamente humilhados, violados,

Estruturas religiosas da pré-história ocidental. Círculos de pedra de Avebury, Wiltshire (*acima*) e Callanish, ilha de Lewis (*esquerda*); Silbury Hill, Wiltshire (*abaixo*).

Arquitetura e proporção sagradas no mundo clássico mediterrâneo.
O templo grego de Ceres, em Pesto (*acima*); o Panteão romano (*abaixo*).

Arquitetura sacra e empatia orgânica no noroeste da Europa. (*Acima*) Portais da fachada oeste da catedral de Notre-Dame, Reims; (*direita*) o Olho do Bispo, catedral de Lincoln, Inglaterra; (*abaixo à direita*) a galeria de St. Denis, Paris.

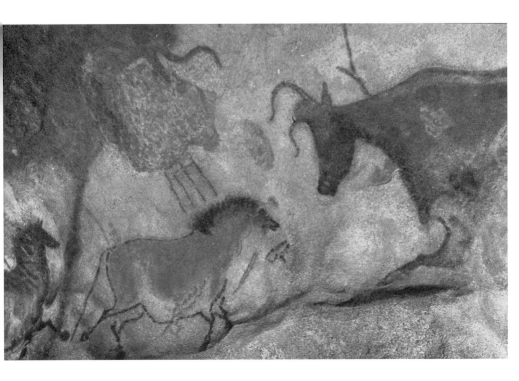

Animais na arte ocidental, I. Pinturas rupestres das cavernas de Lascaux, Dordonha (*acima*) e Niaux, Midi-Pyrénées (*abaixo*).

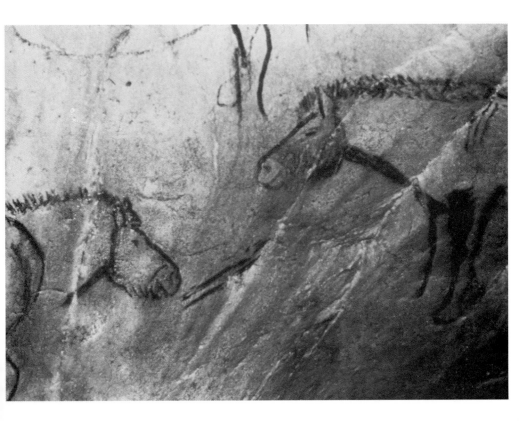

Animais na arte ocidental, II.
A batalha dos Lápitas e Centauros,
Partenon (*acima à esquerda*);
o Livro de Kells (*acima à direita*);
escultura viking (*abaixo*); fachada da
Igreja de San Pietro,
Spoleto, Úmbria (*direita*).

Arquitetura urbana aberta. Palácio Ducal, centro da república veneziana com sua *loggia* aberta para a Praça de São Marcos (*acima*); praça em České Budějovice, Boêmia (*abaixo*).

Arquitetura fechada. Palácios da Renascença urbana: Palácio Strozzi, Florença (*acima à direita*), e Palácio Cattedralle di San Callisto, Roma (*direita*), mostrando paredes exteriores; o Palácio Pitti, Florença (*abaixo à direita*), conserva a arcada aberta para o pátio interior privado.

O sagrado e o secular. Igreja da Trindade, Nova York, cercada de arranha-céus do distrito financeiro.

Deuses como humanos, humanos como deuses. Imagens da Grécia helenística: Poseidon em bronze (*acima à esquerda*); Vênus de Milo (*acima*); cópia tardia do Discóbolo em mármore (*esquerda*).

Humanos em ação. Representações clássicas e renascentistas de figuras históricas e míticas: Péricles como líder militar (*acima à esquerda*); Augusto com cetro e raio *(acima)*; Hércules e Caco, por Baccio Bandinelli *(esquerda)*.

Humanos em contemplação. Representações medievais de São Clemente (*acima*) e São Miguel (*acima à direita*) como ideais místicos; representação renascentista de São Jerônimo, São Francisco e Madona e Menino como figuras corpóreas, por Mirabello Cavalori (*direita*).

O mundo medieval: Jesus e Maria entronizados no céu à espera do ato final do grande drama da fé cristã. Detalhe do *Juízo Final* por Fra Angelico (*esquerda*); *A Coroação da Virgem*, atribuída a Bicci di Lorenzo (*abaixo*).

Pintores italianos do século XV começaram a mostrar Cristo encarnado, vivendo, sofrendo e morrendo como homem. *O Calvário*, por Giovanni Bellini (*direita*); *Lamentação sobre o Cristo Morto*, também por Fra Angelico (*abaixo à direita*).

Imagens da civilização do século XX, I. Gerônimo (*acima à esquerda*), chefe dos apaches, preso e civilizado, se fez presente na posse do presidente Theodore Roosevelt, em 1904; no fim do século, crianças americanas nativas (*acima à direita*) continuavam estrangeiras em seu próprio país. Os afro-americanos eram rotineiramente segregados (*abaixo*); enquanto isso, Jesse Owens se tornava herói nacional por seu desempenho nos Jogos Olímpicos de Berlim (*direita*).

Imagens da civilização do século XX, II. Mulheres judias alemãs têm a cabeça raspada em novembro de 1938 (*acima*); mulheres francesas, acusadas de colaboração ou fraternização com alemães, desfilam com as cabeças raspadas pelas ruas da França em 1944, com acompanhamento especial da polícia.

*Insiders-outsiders* — judeus, negros, primitivos, homossexuais, condenados —, o filão da moderna cultura ocidental. (*Sentido horário, desde o alto à esquerda*) Gustav Mahler; Igor Stravinsky; Pablo Picasso; Bessie Smith; Aretha Franklin; Harold Pinter; Tennessee Williams; Huddie Ledbetter, também conhecido como Leadbelly.

torturados e assassinados pelos espanhóis. Tal como os astecas, os incas reagiram convocando uma rebelião generalizada contra os espanhóis em 1537. Pizarro, que assim como Cortés cuidara de fazer aliados entre os outros povos da região, ainda teve tempo de chamar reforços do Panamá. O Peru foi subjugado e o Império Inca acabou para sempre.

Cortés e Pizarro atuaram quase como agentes livres, mas a repressão e a colonização sistemática das Américas só foram possíveis devido à organização altamente desenvolvida do Estado espanhol. Apesar da dificuldade que tiveram Carlos V e seu filho Felipe II para manter sua autoridade no resto da Europa, o Estado herdado de Fernando e Isabel — os monarcas que modificaram a Espanha e expulsaram os mouros da Andaluzia — era uma máquina administrativa e militar bastante eficaz. Aventureiros e colonos eram livres para se dirigir às Índias, mas o comércio era fortemente regulado e controlado pelo Estado. Todos os navios e mercadorias tinham de ser registrados junto às autoridades alfandegárias da cidade de Sevilha, detentora do monopólio do comércio atlântico. Em nome do Estado espanhol, ela controlava o afluxo de mercadorias e cobrava tributos sobre todas as importações e exportações. A criação de colônias reguladas no Caribe foi fundamental para a conquista do México e do Peru — ambas realizadas por homens já estabelecidos nas Américas. O ouro e a prata reunidos por Pizarro foram divididos entre ele e seus companheiros, por um lado, e a Coroa espanhola, por outro.

Essa relação mutuamente vantajosa entre os conquistadores e o governo espanhol não durou muito, no entanto. Na década de 1540, chegavam à Espanha relatos cada vez mais frequentes e autorizados de atrocidades e ilegalidades cometidas nas Américas. Foi então que as chamadas Novas Leis proibiram o emprego de nativos como escravos e restringiram as atividades mais barbarescas dos conquistadores. A revolta dos colonos contra essas restrições obrigou Felipe a enviar Pedro de la Gasca ao Peru, em 1546, para promover a pacificação. De la Gasca reuniu um exército e derrotou o líder rebelde Gonzalo, o último dos irmãos Pizarro, executado em abril de 1548.

As medidas de Felipe foram as primeiras de uma longa série com que as autoridades metropolitanas — espanholas, britânicas, francesas e portuguesas — tentaram controlar seus atrabiliosos cidadãos coloniais, a maioria das quais redundou em fracasso. Felipe se atascou no primeiro obstáculo sério. Em 1554, quando estava na Inglaterra em preparativos para se casar com a rainha Mary, colonos espanhóis do Peru solicitaram uma concessão contra as Novas Leis que lhes daria o direito de empregar trabalho índio em perpetuidade. Contra a vontade de seu próprio Conselho das Índias, Felipe os atendeu em troca de 5 milhões de ducados de ouro. Daí, os colonos espanhóis de Hispaniola, que sofriam de uma aguda carência de mão de obra, solicitaram ao rei permissão para tomar índios do Caribe como escravos e importar uma quantidade muito maior de africanos a serem empregados da mesma forma. Felipe concordou — dando a americanos nativos e africanos o mesmo estatuto legal das bestas de carga.

Um acontecimento capital da história comum da Europa e das Américas foi a designação, por Felipe II, de Francisco de Toledo como vice-rei do Peru em 1569. Era a primeira vez que um Estado europeu criava formalmente um governo colonial em território ultramarino. A colonização espanhola se consolidava como entidade permanente. O caráter histórico desse acontecimento está também ligado à captura e execução, por Toledo, do último imperador inca, Tupac Amaru, em 1572 — o fim simbólico de uma civilização destruída pela cobiça, pilhagem, ignorância, crueldade, malversação e omissão do Estado espanhol. A morte de Tupac Amaru aconteceu apenas 41 anos depois da chegada dos irmãos Pizarro ao Peru. Em menos de uma vida, todo um mundo humano foi varrido da face da Terra.

Milhares de colonos seguiram o rastro dos conquistadores à medida que a Coroa espanhola impunha o controle estatal à Nova Espanha (México), ao Peru e, mais tarde, à maior parte do sul do continente. A migração espanhola, interna e externa, foi prodigiosa: no século XVI, milhares de pessoas deixaram as cidades comerciais e aldeias de Castela rumo à região de Sevilha e Cádiz e cerca de 150 mil migraram para as Índias — alguns em busca de ouro e prata (em 1800, o México produziu dois terços da prata mundial), outros encorajados pela concessão de terras (*encomiendas* e *haciendas*) por parte da Coroa espanhola.

O DESEJO individual de ganhar dinheiro nos parece um impulso natural. No entanto, isso só valia para uma sociedade em que as restrições consuetudinárias à aquisição e desfrute da riqueza individual — o sentimento religioso, o *status* social, a vida comunal — haviam sido eliminadas e em que a riqueza trazia *status* e poder. Em sociedades europeias anteriores, o *status* era adquirido por meio da bravura, da sabedoria e da espiritualidade; na Europa pós-renascentista, *status* e poder sobre os demais provinham do dinheiro. A Europa fora inundada de imagens do luxo e riqueza pessoal da Itália do século XV, assim como de histórias da Grécia e Roma antigas que incitavam os aventureiros a se verem como Alexandres e Césares modernos, levando a civilização aos bárbaros no gume de suas espadas.

A submissão dos povos nativos das Américas, que não podiam competir com os europeus ocidentais em tecnologia de guerra, foi facilitada pela visão que eles tinham do conflito. Assim como se dava na maioria das outras sociedades (ver capítulos 1 e 4), a guerra entre povos americanos era limitada e altamente ritualística, envolvendo apenas grupos determinados e se empregando formas coreográficas de violência que atingiam o menor número possível de pessoas. A guerra europeia, em contraste, era impregnada de propósito moral; não havia lugar para insultos, escaramuças e vitórias simbólicas; a ideia moral decisiva era vencer expondo-se à morte e empregando força assassina contra o inimigo; toda discussão teológica a respeito do *status* das almas índias empalidecia ante a realidade nua e crua do enfrentamento entre os soldados europeus e os americanos nativos.

Se as atrocidades contra os americanos nativos fossem mero produto da ação dos soldados profissionais europeus, as coisas talvez não tivessem sido tão ruins para o mundo não europeu. Todavia, os eruditos da Europa não demonstravam qualquer interesse em defender aqueles pagãos primitivos e atrasados que apareceram de inopino em seus horizontes. Os que haviam estudado a história da Europa, da Ásia e das partes conhecidas da África começavam a concluir que os europeus e a civilização europeia eram, de fato, superiores aos povos e culturas de outros continentes e que seu domínio sobre eles era um processo "natural". Na verdade, os europeus não tinham boas razões para se sentirem superiores aos demais: em 1500, a população da Europa Ocidental era de menos de 50 milhões de habitantes, enquanto sociedades asiáticas altamente sofisticadas como a China Ming e a Índia mogol contavam, respectivamente, 200 milhões e 110 milhões de almas.

Em 1547, o teólogo espanhol Juan Ginés de Sepúlveda escreveu: "É com absoluto direito que os espanhóis dominam os bárbaros do Novo Mundo e ilhas adjacentes, os quais, em sabedoria, inteligência, virtude e demais atributos da civilização lhes são tão inferiores quanto os bebês aos adultos e as mulheres aos homens. Há entre eles diferença igual à que separa os povos cruéis e selvagens dos mais misericordiosos, assim como os indivíduos mais monstruosamente desregrados daqueles que são contidos e moderados em seus prazeres; vale dizer, os macacos dos homens."

O apelo, por parte de Sepúlveda e outros, à história do domínio romano sobre as nações mais fracas como justificativa para as ações espanholas não foi uma pilhagem fortuita da história, mas um processo sistemático que teve grande impacto em nossa visão do passado. A redescoberta do mundo clássico e o declínio do grande drama cristão encenado na fé medieval levaram os europeus a construir uma nova história. Em lugar de uma história mundial enquadrada pela Criação, a encarnação de Cristo, a Ressurreição e o Juízo iminente, os eruditos tomaram a conexão entre eles próprios e os sábios da Grécia e Roma antigas como o fio condutor do desenvolvimento da história da humanidade. Olhando ao redor, eles discerniam um desenvolvimento natural da civilização humana desde as tribos nômades de caçadores, passando pelas comunidades agrícolas estabelecidas até as sofisticadas sociedades de base urbana. Atenas e Roma haviam alcançado esse estágio, mas foram destruídas por forças retrógradas. A cultura europeia se recuperara e atingira o ponto mais alto que já se vira (com algumas regiões da Ásia não muito distantes). A despeito de seu apreço pelos ornamentos astecas e incas, ao mirarem outros povos, os europeus não podiam senão maravilhar-se com as suas próprias realizações. Tudo levava a crer que eles haviam sido escolhidos por Deus como o mais merecedor dentre todos os povos do mundo.

E não era apenas uma questão de tecnologia. Enquanto outros permaneciam em estado de selvagem ignorância ou sob o domínio de monarcas tirânicos, os europeus começavam a desfrutar de liberdades e direitos derivados do debate racional entre os poderes governamentais e o indivíduo. O povo europeu estava claramente em um nível mais elevado de desenvolvimento social e político do que os nativos da África, Ásia e América. Quando as armas europeias, desenvolvidas por essa sofisticada cultura urbana cada vez mais racionalista e tecnológica, dizimavam os nativos dos outros continentes, todos, salvo os mais perspicazes, se regozijavam com seu triunfo comum.

Os textos clássicos sinalizavam aos europeus as fronteiras entre os que eram civilizados e os que não eram. Para os romanos, a fronteira era a franja do império; para os europeus ocidentais, o limite do antigo território da cristandade latina. A ideia de uma civilização cercada de barbárie, se por um lado fazia o civilizado se sentir confortável com sua superioridade, por outro suscitava temores em relação às perigosas forças externas. O Novo Mundo era o desconhecido com a dimensão de um continente inteiro — uma paisagem absolutamente estranha povoada por uma bizarra coleção de plantas e animais. Mas o sinal mais óbvio da falta de civilização da América eram os seus povos. Os americanos nativos eram uma lembrança incômoda e incontornável da natureza essencial, primitiva e brutal dos humanos quando livres dos grilhões da civilização: andavam nus ou peculiarmente vestidos; comportavam-se como crianças ou curiosos animais; eram estupidamente passivos ou selvagemente agressivos; de comportamento imprevisível e, portanto, incompreensíveis, salvo como um estádio inferior da humanidade. Aqui a doutrina de Santo Agostinho encontrava a sua justificação — os humanos não civilizados eram presas dos piores desejos e dos mais baixos instintos; tinham de ser civilizados ou destruídos.

A acolhida dos americanos pagãos na Igreja cristã foi uma bênção duvidosa. Se de um lado os missionários católicos lhes traziam a Palavra de Deus, de outro o clima exaltado da Contrarreforma implicava o severo controle da sua religião. O vice-rei espanhol do Peru proibiu todas as práticas religiosas nativas, e um ofício da Santa Inquisição foi estabelecido em Lima em 1570 e, mais tarde, em outros domínios espanhóis. Os americanos nativos não tinham como evitar a cultura que viera dominar o continente. A Espanha estabeleceu colônias no México, Panamá, Peru e, mais tarde, Argentina, Índias Ocidentais, Flórida e toda a costa leste da América do Norte até as Carolinas, reclamando o domínio da totalidade das Américas (sem ter ideia da sua extensão) como advertência aos outros europeus para se manterem afastados. Geograficamente situada na fronteira natural (Felipe anexou Portugal em 1580), a Espanha estava no lugar ideal para dominar as Américas durante todo o século XVI. Seu crescente domínio sobre a Europa Ocidental tornava as outras nações temerosas de ter como inimigo o rei da Espanha.

Contudo, no século XVII o equilíbrio de poder na Europa e, por conseguinte, nas Américas mudou rapidamente. Os ingleses, embora ainda um poder militar marginal, surgiram como poderosa força naval; os franceses superaram suas turbulências internas e deram início a um período de estabilidade e poder crescentes; os Estados holandeses rebelados contra a Espanha formaram a República Holandesa, tornando-se, por um tempo, a mais importante nação comerciante ultramarina da Europa. Não obstante o poder declinante da Espanha, a Inglaterra, França e Holanda foram enxotadas da América do Sul e tiveram de voltar suas atenções para o norte.

No rastro de Jacques Cartier, em meados do século XVII comerciantes franceses desceram o rio São Lourenço e estabeleceram colônias em Quebec, Montreal e Trois Rivières. Daí rumaram a oeste pela região dos Grandes Lagos e depois ao sul pela bacia do Mississippi, terminando por alcançar, em 1682, o golfo do México. Em 1718, fundaram a colônia de Nova Orléans. O território colonizado pelos franceses era vasto, mas o número de colonos muito pequeno. A colonização francesa se concentrava na região do rio São Lourenço, em pequenas aldeias de parcelas estreitas e profundas que davam a cada *habitant* uma pequena frente para o rio e uma nesga de terra floresta adentro; na região de Illinois havia assentamentos baseados nas comunas medievais. Embora alguns tentassem viver do algodão e do índigo, a maioria dos franceses da América era de caçadores, não colonos, que tiravam seu sustento da caça e comércio de peles. Nos territórios que habitavam, os franceses eram bem menos numerosos do que os americanos nativos das inúmeras tribos existentes, porém muito mais integrados à vida indígena do que jamais foram os britânicos. Em 1750, a Louisiana, nome da vasta área reclamada pela Coroa francesa, era ocupada por cerca de 2 mil colonos alemães e franceses vivendo entre 200 mil e 300 mil americanos nativos. No Canadá se incentivava o casamento entre franceses e mulheres índias com o fito de criar uma nação unificada. Todavia, os franceses jamais emigraram em número suficiente para dominar a população local ou os seus rivais europeus. Se por um lado o governo não via com bons olhos qualquer redução da população doméstica, por outro a França do século XVII não experimentava o mesmo grau de instabilidade da Inglaterra e Holanda — vale dizer, havia menos razão para a migração dos franceses e menos apoio para fazê-lo.

A colonização holandesa e inglesa da América do Norte foi entrelaçada desde o início. Em 1609, Hendrik Hudson, explorador inglês empregado da Companhia Holandesa das Índias Orientais, subiu o rio que hoje traz o seu nome em busca de uma rota marítima para a Índia. Comerciantes holandeses estabeleceram uma colônia em Fort Nassau, o ponto mais distante alcançado por Hudson e, mais ou menos a partir de 1624, estabeleceram-se nas ilhas próximas à embocadura do Hudson, dentre as quais Governor's Island e Manhattan, para onde trouxeram mais de 10 mil colonos da Europa — belgas, ingleses, finlandeses, suecos e huguenotes franceses — além de judeus portugueses do Brasil e africanos. Os holandeses conservaram o controle do Hudson somente até 1664, quando, constrangidos pela súbita presença de uma frota de vasos de guerra ingleses, os colonos se curvaram à soberania britânica.

A despeito de sua efêmera autonomia, a influência holandesa foi significativa. Cabe recordar que a água era o elemento natural dos mercadores e viajantes da era pré-industrial. E se desde tempos imemoriais fora incomparavelmente mais fácil transportar pessoas, mercadorias e armas por barcos do que em carroças, as vastas regiões do mundo recém-descoberto, bem como as Índias Orientais, a Índia e a China, só eram acessíveis pelo mar. Antes de 1776, e mesmo até a Guerra Civil, a América do Norte era basicamente um conjunto de colônias costeiras habitadas por gente que vivia do comércio marítimo. As colônias holandesas integravam uma rede de comércio mundial que abarcava a Europa, a América do Norte, a Índia, as Índias Orientais, a China e a América do Sul, estendendo-se continente adentro pelos sistemas fluviais do Hudson e do Delaware. A colonização holandesa contribuiu também para a mescla cultural das primeiras colônias, que do contrário teriam sido quase que exclusivamente inglesas.

A América do Norte "chegou" na hora certa para os ingleses. Há muito os historiadores discutem se a Inglaterra passou por uma "revolução militar" no século XVII (ver Wheeler), mas está claro que depois da guerra civil de 1642-49 os ingleses perceberam que o meio mais eficaz de defender seu litoral era uma marinha poderosa. Em vez de um grande exército permanente e castelos pesadamente fortificados, como no continente, os recursos do Estado foram alocados na construção de navios e equipamentos. O resultado foi o domínio do Atlântico Norte e, daí para a frente, da maior parte dos oceanos do mundo.

Tradicionalmente, os ingleses investiam em navios, dinheiro privado e estatal. Desde a época Elisabetana os aristocratas ingleses se associavam para investir em viagens de exploração, descoberta, comércio e pirataria, com retornos quase sempre espetaculares: Francis Drake conseguiu remunerar muitas vezes os seus investidores com pilhagens do tesouro espanhol, mas o comércio legítimo também era bastante compensador. Particulares aplicavam dinheiro em companhias de modo a dividir riscos e lucros. No começo do século XVII, investidores que haviam lucrado com viagens de comércio começaram a se perguntar: por que não fundamos colônias, como fazem os espanhóis?

Embora tenha havido tentativas anteriores de estabelecer colônias, os únicos assentamentos europeus na América do Norte ainda existentes em

1600 eram os postos avançados espanhóis de San Juan, no Novo México, e Santo Agostinho, na Flórida. No rastro da revolução inglesa da década de 1640, as seitas protestantes independentes da Igreja oficial foram perseguidas, ao passo que a restauração da monarquia em 1660 incentivou a saída do país de um número maior de dissidentes. Seitas não conformistas baseadas no exemplo da palavra e da vida de Cristo cruzaram o oceano para criar comunidades religiosas livres da interferência governamental e do materialismo. O Novo Mundo parecia oferecer a oportunidade de se construir uma sociedade ideal. Havia, porém, muitos colonos ingleses não movidos por perseguição ou idealismo, mas pela necessidade de ganho material ou a perspectiva de uma vida melhor. Os ingleses tinham a experiência recente da colonização da Irlanda, dividida entre os militares invasores transformados em ricos proprietários de terra. A esperança de muitos era de que o mesmo acontecesse na América do Norte.

O primeiro assentamento inglês permanente na América do Norte foi o de Jamestown, no rio Virgínia, em 1607. Combinação de oportunistas ricos, artesãos e andarilhos esperançosos de concessões de terras, uma vez quitadas as suas dívidas de servidão, a colônia da Virgínia foi pouco menos que um desastre. Das 8-9 mil pessoas que chegaram entre 1610 e 1622, não menos que 80% haviam morrido nesse último ano. A peste, a malária (ambas trazidas do Caribe em seus próprios navios), a febre amarela e a disenteria mataram a maioria deles. A colônia foi salva por uma reorganização operada em 1624, pelo desenvolvimento natural da imunidade à doença e pela descoberta do tabaco como produto agrícola de valor; em 1643, a população era de cerca de 5 mil habitantes. A natureza do assentamento mudou à medida que a terra, comprada pelos proprietários agrícolas aos seus vizinhos menores, se concentrava mais e mais em poucas mãos. Uma vez atingidas uma massa crítica de colonos e uma vida mais segura, a região da baía de Chesapeake se tornou um ímã para imigrantes britânicos.

Em 1620, um grupo de dissidentes religiosos, mais tarde conhecidos como Pilgrim Fathers, desembarcou bem mais ao norte, em Cape Cod, Massachusetts. Também eles passaram por dificuldades extremas, mas sobreviveram até a chegada, nas décadas de 1630 e 1640, de um grupo de cerca de 18 mil puritanos. Graças, talvez, à cultura da ajuda mútua, esses últimos se saíram melhor do que os outros, elevando para 100 mil o número de colonos na região de Massachusetts no ano de 1700. Em 1681, William Penn criou uma colônia quaker, seita perseguida na Inglaterra, na região que veio a se tornar a Pensilvânia. Tendo aprendido com a experiência de suas antecessoras e sendo mais afortunada com as condições locais, a colônia quaker foi extremamente bem-sucedida, atraindo, além de quakers ingleses, dissidentes protestantes da Escócia, Alemanha e Suíça. Em 1700, a Filadélfia superou Boston como a maior cidade da costa atlântica da América do Norte.

Apesar dos hábitos trazidos por seus membros, as estruturas sociais das novas colônias eram totalmente diferentes das que existiam nas sociedades europeias. As comunidades puritanas da Nova Inglaterra e quakers da Pensilvânia se baseavam nas vilas e chácaras familiares individuais. Sem qualquer hierarquia de autoridade, as vilas eram amplamente governadas em bases comunais, com os famosos encontros comunais servindo como conselho de administração e justiça. No campo, porém, onde os lavradores faziam seu trabalho, não havia vilas ao estilo europeu para atuar como centros sociais, culturais e políticos, tampouco qualquer comunidade de camponeses. Cada família camponesa tinha um pedaço de terra no meio do qual construía a sua casa e fazia longas jornadas até as vilas para comprar víveres e vender a sua produção. A colônia isolada foi o modelo da vida rural norte-americana durante os trezentos anos seguintes.

POR MAIS CORAJOSOS E DETERMINADOS que tenham sido os primeiros colonos do litoral, o assentamento europeu na América do Norte não foi uma mescla sadia de aventura e comunalismo. Os três fatores que enodoaram a aventura colonial — o tratamento da população nativa, o impacto das disputas entre europeus e a escravidão — se tornaram evidentes na colonização e na história ulterior da América do Norte. Os primeiros contatos sinalizaram o que estava por vir, a começar pelas doenças. Uma expedição espanhola ao Texas em 1528 introduziu o tifo. A gripe foi levada à costa do Golfo em 1559, a varíola à Flórida em 1564, à Carolina em 1615 e a Maryland em 1616 e a peste a Virgínia em 1607 e Maryland e Massachusetts em 1616. Os americanos nativos não tinham resistência a nenhum desses patógenos eurasianos e, embora não haja registros, provavelmente morreram às dezenas, provavelmente centenas, de milhares.

Os colonizadores ingleses se aproximavam dos nativos americanos com boas intenções, mas uma vez erguidos os assentamentos (muitas vezes com a sua colaboração), a ânsia de ocupar terras gerava confrontos. Os colonos ingleses venceram facilmente todos os conflitos armados, e o assentamento, particularmente na Virgínia, se transformou em invasão. Ao contrário dos

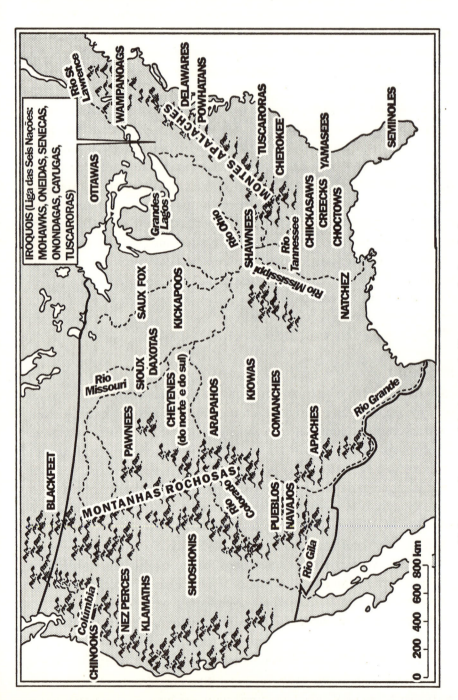

Habitantes da parte sul da América do Norte antes da chegada dos europeus.

franceses, que em geral se adaptavam à vida das populações indígenas, os ingleses eram separatistas e cada vez mais hostis aos americanos nativos. Os respeitáveis colonos ingleses desprezavam aqueles que negociavam com os índios, a quem viam como velhacos que lhes corrompiam o modo de vida. Mas foram os respeitáveis agricultores, não os desprezíveis negociantes, que, com sua fome insaciável de terras, destruíram o modo de vida dos americanos nativos.

Na primeira de uma longa série de medidas análogas, as autoridades britânicas tentaram, em 1763, reservar terras a oeste dos Apalaches para os americanos nativos. Mas depois da invasão, pelos colonos, da área reservada e do esmagamento da rebelião dos índios Ottawa, o limite da reserva se moveu um pouco mais para oeste. Em 1768, os iroqueses, líderes de uma ampla confederação de tribos, cederam território na região de Ohio em troca da fixação da fronteira entre brancos e índios no rio que dava o nome à região. Não demorou um ano para que os colonos britânicos cruzassem o rio para se estabelecer no Kentucky. Por ocasião da independência dos Estados Unidos, em 1776, a pressão sobre o oeste era irresistível, quaisquer que fossem as consequências para a população nativa.

Uma vez iniciado o envolvimento dos governos, a colonização da América do Norte passou a ser movida pela rivalidade entre os países europeus. Espanha, Inglaterra, França e Holanda experimentaram um fluxo constante de alianças e conflitos ao longo de todo o século XVII e na primeira metade do século XVIII. A Geórgia foi criada pelos britânicos na década de 1730 com o propósito deliberado de proteger as colônias da Carolina dos espanhóis da Flórida. A guerra entre a Inglaterra e a França em 1739-48 trouxe conflitos à América, mas o golpe decisivo foi a derrota francesa para a Prússia, auxiliada pela Grã-Bretanha, na Guerra de Sete Anos (1756-63). O Tratado de Paris, de 1763, selou a renúncia da França ao domínio direto sobre quaisquer territórios na América do Norte, assim como a cessão, pela Espanha, da Flórida à Grã-Bretanha, que recebeu também, de ambos os países, todas as terras a leste do Mississippi. A Grã-Bretanha se tornou, assim, senhora incontrastável das colônias da América do Norte. Isso, porém, foi apenas o reconhecimento de uma inevitabilidade: em 1750, havia mais de 1 milhão de súditos britânicos na América do Norte contra não mais de 70 mil franceses. A Grã-Bretanha dominava a América do Norte e expulsou franceses e americanos nativos pela mera força do número. Nesses conflitos, os colonos franceses e britânicos lutaram (embora a maioria relutasse em fazê-lo) ao lado de seus respectivos governos metropolitanos, que, cada um a seu tempo, prometeram aos americanos nativos a outorga de terras em perpetuidade. Não importava qual nação europeia "conquistara" a América do Norte — os americanos nativos haviam perdido para sempre a sua terra.

A terceira chaga da colonização das Américas, da América do Norte em particular, foi a escravidão. Em meados do século XV, os navegadores portugueses já haviam feito consideráveis progressos em sua jornada rumo ao sul ao largo da costa africana. Embora se mantivessem, em geral, próximos ao litoral, eles se aventuraram no Atlântico até os Açores e a ilha da Madeira. Em 1500, atingiram a atual Serra Leoa, onde estabeleceram feitorias comerciais e fizeram acordos com líderes locais. Os portugueses não foram à África em busca de escravos, mas descobriram que havia escravos à venda nos mesmos mercados onde compravam marfim e madeira. A grande mudança aconteceu quando os emigrados portugueses e espanhóis começaram a plantar cana-de-açúcar nas ilhas Canárias, Açores, Madeira, Cabo Verde e São Tomé e Príncipe, sítios agrícolas ideais para os europeus porque praticamente desabitados e livres dos perigos e doenças da parte ocidental do continente africano. O açúcar era um artigo de luxo na Europa, produzido em pequenas quantidades na região do Mediterrâneo, mas cuja demanda cresceu rapidamente com o aumento da oferta.

Transportar escravos dos mercados costeiros do continente africano até as plantações insulares era uma tarefa relativamente simples. Há indícios de que os portugueses pretendiam inicialmente converter seus trabalhadores ao cristianismo e tratá-los como capturados. Mas a escalada dos lucros do açúcar se estendeu ao comércio de escravos. A expectativa de vida de um escravo numa plantação de açúcar era de apenas sete anos e tratá-lo bem era algo que consumia tempo e implicava envolvimento emocional. Comerciantes e plantadores cedo aprenderam que era melhor permanecerem distantes e hostis, vendo seus escravos como mercadorias, não como potenciais congregados à Igreja de Cristo.

Depois de 1492, a empreitada portuguesa se aprofundou. Américo Vespúcio, comerciante italiano a serviço da Coroa lusitana, desembarcou na costa da América do Sul por volta de 1500 e reclamou para Portugal a região que hoje conhecemos como Brasil. Na década de 1530, o Nordeste do Brasil se tornou uma localização preferencial para a plantação da cana-de-açúcar. O corte da cana nas condições tropicais era um trabalho brutal. Os plantadores portugueses começaram usando mão de obra americana nativa, mas esta tinha pouca resistência às doenças europeias e, compreensivelmente, fugia das áreas ocupadas pelos assentamentos europeus. Quando forçados a trabalhar, eles fugiam para o seu próprio país. A solução não tardou a chegar aos portugueses. Em meados do século XVI, eles começaram a levar escravos da Madeira e dos Açores ao Brasil. O comércio atlântico de escravos começou como extensão de um sistema já estabelecido, mas, uma vez iniciado, tornou comercialmente possível a colonização europeia do Novo Mundo. Em 1600, havia no Brasil cerca de 16 mil escravos africanos produzindo 10 mil toneladas de açúcar por ano. Trinta anos depois, a produção de açúcar dobrava e o número de escravos já era de 60 mil. Os comerciantes portugueses transportavam anualmente 15 mil africanos ao Brasil e encontravam novos mercados nas colônias americanas de outros países europeus.

Em meados do século XVII, o infame triângulo do comércio de escravos proporcionava imensos benefícios aos comerciantes: navios carregados de escravos eram levados do golfo da Guiné ao Caribe pelos ventos comerciais sul-sudeste dominantes; daí voltavam à Europa, carregados de cana-de-açúcar, pela Corrente do Golfo; e completavam o triângulo descendo vazios a costa ocidental da África na Corrente das Canárias. Enxergando a oportunidade de se tornarem plantadores, colonos portugueses rumaram para o Brasil em número cada vez maior. Em pouco tempo, Portugal prosperou à base de açúcar — no século XVI, 2/5 das receitas do governo português provinham de sua taxação. Todavia, a prosperidade e a riqueza fortuitas quase sempre têm um efeito devastador sobre a economia doméstica. Da mesma forma como a prata das Américas deu à Espanha o seu *siglo d'oro* no século XVI à custa da destruição de sua agricultura e manufatura, o açúcar desestabilizou a economia portuguesa.

O comércio de escravos começou como monopólio português, mas sua história seguiu o ciclo ascendente de outras potências atlânticas europeias. Em meados do século XVII, a Holanda era a maior nação comercial do mundo, mas seu domínio do comércio mundial teve vida curta, superado pouco a pouco pela potência que iria controlar o comércio escravo do Atlântico e fazer da escravidão o motor da colonização da América do Norte.

As mais bem-sucedidas colônias inglesas não estavam na América do Norte, mas nas ilhas do Caribe, em especial em Barbados. Essa pequena ilha de 430 quilômetros quadrados se tornou colônia inglesa em 1625 e sua história posterior seguiu o modelo das colônias portuguesas no Brasil, estabelecendo o modelo para os assentamentos localizados mais ao norte. Tudo começou com a chegada a Barbados de pequenos colonos interessados em plantar tabaco e algodão. Eles próprios lavravam a terra, com a ajuda de trabalhadores trazidos da Inglaterra em regime de servidão por dívida, de nativos e de um pequeno número de africanos — estes últimos tratados de modo análogo aos trabalhadores ingleses — geralmente com a promessa de liberdade depois de sete anos. Mesmo não sendo propriamente um paraíso para os africanos, Barbados era uma comunidade racialmente mesclada, com diferenças de *status*, mas sem direitos senhoriais absolutos para os europeus.

Com o advento do açúcar, tudo mudou na década de 1640, tal como ocorrera no Brasil. Os plantadores de cana sobrepujaram rapidamente seus vizinhos plantadores de tabaco e algodão, compraram suas propriedades e assumiram o controle da ilha. Eles precisavam de escravos, que os comerciantes holandeses e a recém-fundada Companhia Real Africana estavam interessados em vender — 134 mil africanos foram trazidos entre 1640 e 1700, chegando a constituir mais de 70% da população da ilha, agora totalmente segregada entre proprietários de escravos britânicos e escravos africanos. A situação em que todos os brancos eram livres e todos os africanos escravos foi formalizada por um novo conjunto de leis que serviram de modelo para o restante das Américas.

Na década de 1670, com a marinha inglesa dominante no Caribe e Atlântico Norte, Barbados havia se tornado a ilhota mais rica do mundo, enviando à Inglaterra cerca de 15 mil toneladas de açúcar por ano. A febre do açúcar logo se espalhou — em 1740, havia 10 mil europeus brancos controlando 100 mil escravos negros africanos em quatrocentas fazendas de açúcar na Jamaica, números que, na década de 1770, chegaram a 200 mil escravos trabalhando em 775 fazendas. Os lucros eram abundantes para plantadores, transportadores e investidores baseados nas cidades britânicas, particularmente Londres, Liverpool e Bristol. Em 1730, Bristol superou Londres como o mais importante porto escravo da Grã-Bretanha, com investimentos privados de 150 mil libras anuais, além de navios e tripulações, no lucrativo negócio de transportar escravos e açúcar. Não foram somente as belas ruas de Bristol e Bath georgianas que se construíram à base do comércio de escravos: todo o sistema social britânico se apoiava na ascensão de uma nova elite — pequenos proprietários de terra (cujos conflitos sociais foram mais tarde imortalizados nos romances de Jane Austen) enriquecidos à base de açúcar e escravos. Na Grã-Bretanha do começo do século XVIII, poucas vozes questionavam a moral ou a justeza cristã da escravidão — os retornos eram demasiado grandes e a brutalidade praticamente invisível à sociedade britânica culta. As classes mercantis britânicas estavam tomadas pela febre caribenha. As Índias Ocidentais geravam uma riqueza infinita e quase nada mais importava.

Da mesma forma que as espanholas e portuguesas mais ao sul, as colônias inglesas da América do Norte lutavam para se estabelecer como economias agrícolas viáveis. Também aqui os africanos trabalhavam com os europeus em fazendas e pequenas plantações sem qualquer distinção formal de trabalho com base na raça. Foi então que as atribuladas colônias descobriram outra cultura para a qual não existira anteriormente demanda na Europa. Havia muito o tabaco, uma planta nativa da América, era cultivado em pequenas quantidades, mas no fim do século XVII novas plantações começaram a surgir, exigindo mão de obra não imediatamente disponível na Virgínia e nas Carolinas. Os plantadores se voltaram, então, para as ilhas do Caribe, buscando satisfazer suas demandas junto aos comerciantes de escravos. A Fazenda Shirley, na Virgínia, criada em 1613, tinha na década de 1620 trabalhadores africanos trabalhando ao lado de europeus em regime de servidão por dívida. Na década de 1660, o proprietário reclamou *headrights*, ou direito de propriedade, sobre três trabalhadores negros; no fim do século XVIII havia 134 escravos vivendo e trabalhando na fazenda — metade deles com menos de 16 anos de idade. A essa altura a natureza das colônias havia mudado, com o predomínio das plantações de tabaco e o fim da mistura de raças. As plantações de tabaco se tornaram rigidamente estratificadas, com tarefas estipuladas segundo a raça do trabalhador. A falta de uma força de trabalho camponesa ligada à terra por costume e por lei compelira os latifundiários a buscar mão de obra em outros lugares. O sistema de *plantation**  foi a solução, acabando por constituir-se em fundamento do Old South estadunidense.

As fazendas de açúcar do Caribe eram imensas, com grandes contingentes de escravos e pouco contato entre europeus e africanos, brancos e negros. As fazendas de tabaco da Virgínia eram menores, com grupos e, mais tarde, famílias escravas trabalhando sob um senhor proprietário e mulheres exercendo tarefas domésticas. As importações de escravos para

---

* Monocultura agrícola de exportação baseada em latifúndios. (N.T.)

a região de Chesapeake cessaram por volta de 1750, suprindo-se a contínua necessidade de força de trabalho por meio da regeneração interna da comunidade escrava. Os africanos se tornaram afro-americanos, com gerações de ancestrais norte-americanos e contato contínuo, embora fortemente regulado, com a cultura branca europeia. Uma nova cultura se desenvolveu entre a população negra da América do Norte — parte africana, parte europeia —, proveniente, acima de tudo, da singularidade da sua situação.

A Virgínia e as Carolinas prosperaram no século XVIII, com imensas fazendas e mansões urbanas construídas com dinheiro do tabaco, café e arroz produzidos pela mão de obra escrava. Em 1803, os Estados Unidos recém-independentes concluíram a aquisição, junto à França, da Louisiana, um vasto território na bacia do Mississippi. A geografia dos Estados Unidos começava a mudar, de uma fileira de colônias litorâneas para um país de dimensões continentais. Os colonos europeus haviam seguido Daniel Boone e outros pioneiros ao Kentucky e em seguida ao Tennessee; depois de 1803, afluíram ao Alabama, Mississippi e Louisiana.

Em 1793, Eli Whitney inventou uma máquina que alterou significativamente a economia do Sul dos Estados Unidos: o descaroçador de algodão, capaz de separar a fibra das sementes e da sujeira com velocidade equivalente a duzentos pares de mãos humanas. Por essa época, as novas tecelagens construídas em Lancashire produziam imensas quantidades de tecido de algodão para o florescente mercado mundial. Os colonos americanos logo descobriram que o algodão se adequava perfeitamente ao clima tropical do Deep South\* — e eis que surgia outra promissora lavoura a demandar vastas quantidades de mão de obra. Dado que já havia, nas plantações da Virgínia e das Carolinas, um suprimento de escravos e um sistema de trabalho prontamente disponíveis, os métodos e as pessoas do Old South foram apropriados e transportados por meio continente e postos a trabalhar no novo maná agrícola. Em 1802, os Estados Unidos exportaram 6 milhões de dólares em tabaco e 5 milhões de dólares em algodão; em 1830, respectivamente 6 milhões e 30 milhões; em 1860, 16 milhões e 192 milhões: a essa altura os Estados Unidos produziam três quartos do algodão do mundo.

---

\* Sul Profundo. (N.T.)

Mudanças de atitude na Grã-Bretanha causaram a abolição do comércio atlântico de escravos em 1807 (seguiram-se os Estados Unidos em 1808, mas isto foi apenas o começo do maior movimento de escravos dentro dos próprios Estados Unidos. Entre 1810 e 1860, cerca de 1 milhão de escravos foram oficialmente transferidos de estado em migrações forçadas para o Oeste e o Sul, e um contingente ainda maior deslocado dentro dos próprios estados. Nesse processo trágico e brutal, famílias, amigos e amantes que durante gerações haviam crescido juntos em suas fazendas "natais" foram separados à força ao bel-prazer de proprietários, vendedores, agentes, transportadores e compradores de escravos. Em 1846, Elwood Harvey topou com um leilão de escravos da Virgínia para o mercado sulista. O senhor prometera aos seus escravos, nascidos no estado onde se realizava o leilão, que eles e seus filhos jamais seriam vendidos nem separados — mas eles logo perceberam o engodo: "Ao se desenhar em suas mentes a terrível verdade de que iriam ser vendidos e separados para sempre de seus parentes e amigos, o efeito foi indescritivelmente doloroso. As crianças se escondiam atrás das cabanas e árvores e os homens se paralisavam em mudo desespero (...). Durante a venda, os barracões reverberavam os gritos e lamentos de um modo que me faziam doer o coração."

As viagens eram brutais, degradantes e perigosas, com os escravos agrilhoados e ignorantes de seu destino final. A escravidão se espalhou por todo o Sul dos Estados Unidos de um modo tal que, em 1860, havia 380 mil proprietários de escravos. Pessoas comuns tinham escravos para toda tarefa imaginável, de cozinhar a cuidar das crianças, de construir a carregar pedras. Para os colonos brancos do Sul, possuir escravos se tornou um costume generalizado — algo perfeitamente natural.

O sistema escravo subjazia a toda a sociedade sulista e foi mantido pelo uso e ameaça da violência. Aprovaram-se leis que impediam os proprietários de escravos mais liberais de soltá-los ou conceder-lhes a liberdade. Aplicavam-se castigos terríveis e, para a maioria dos negros, a brutalidade aleatória era um fato da vida — nenhum branco seria jamais punido por maltratar um escravo negro. O importante educador Samuel Gridley Howe visitou, em 1846, uma prisão de Nova Orléans que mantinha escravos fugidos e outros à espera de serem vendidos. No pátio, ele viu uma menina sendo açoitada amarrada a uma tábua: "Cada golpe lhe arrancava uma tira de pele, que grudava no açoite ou escorria até o chão junto com o sangue (...). Isso numa prisão pública e regularmente instituída, onde o castigo era reconhecido e autorizado pela lei. E você acha que a pobre vítima havia cometido algum crime hediondo? Absolutamente não. Seu senhor a trazia arbitrariamente para ser açoitada pelo carrasco municipal, sem julgamento, júri nem juiz, por alguma transgressão real ou suposta, capricho ou pura maldade. E podia trazê-la dias a fio, sem motivo estabelecido, para açoitá-la quantas vezes quisesse... desde que pagasse o preço."

A natureza da emigração para a América do Norte mudou durante o século XIX. Os emigrantes da Escócia, Irlanda, Alemanha, Escandinávia e Sul e Leste da Europa à república recém-criada não eram colonos interessados em fazer fortuna na agricultura ou na criação de gado, mas, em sua maioria, vítimas de algum tipo de perseguição — a expulsão dos camponeses das Highlands, na Escócia, a fome na Irlanda, as perseguições religiosas na Hungria e Rússia, a pobreza na Itália e Grécia. Pequenos lavradores, induzidos por anúncios das companhias ferroviárias prometendo grandes parcelas de terra, seguiram em seu rastro. Melhorias no transporte — barcos a vapor, canais e rios navegáveis — abriram o Deep South à exploração, ao passo que o canal do lago Erie fez da parte norte do Meio-Oeste — Ohio, Michigan, Indiana e Illinois — um destino natural para os que aportavam em Nova York. Em pouco tempo essas duas culturas — os sulistas do Kentucky, Tennessee e Missouri e os nortistas de Ohio, Indiana e Illinois — começaram a esbarrar umas nas outras. Imigrantes do Norte, vítimas muitas vezes de perseguição na Europa, topavam com grupos de escravos negros agrilhoados e algemados nos mesmos barcos a vapor que os levavam para a Terra da Liberdade. O confronto dessas duas culturas — a tradição sulista impregnada de escravidão e a crença nortista da América como Terra da Liberdade — marcou a sociedade estadunidense. A Guerra Civil de 1861-65 trouxe o fim da escravidão, mas não, como veremos nos capítulos seguintes, a dissolução dessas tradições.

A HISTÓRIA da anexação das Américas pela Europa, o tratamento de seus povos nativos e o transporte forçado e escravização de milhões de africanos suscitam questões imensamente difíceis acerca da natureza da sociedade ocidental e o seu povo. O aspecto mais perturbador da conquista das grandes civilizações da Mesoamérica é, talvez, a ideia de que a sociedade ocidental moderna (isto é, pós-medieval) não podia, e ainda não pode, conviver com outras culturas. Somos levados a imaginar se o modo ocidental de pensar e organizar os assuntos humanos nos torna incapazes de admirar, talvez até de aprender com outras culturas sem a necessidade de dominá-las, destruí-las e torná-las parte do sistema ocidental. Nossa história ulterior parece mostrar que as únicas sociedades não ocidentais sobreviventes são aquelas demasiado remotas para que nos preocupemos com elas (a inuíte do Norte do Canadá e as nativas da bacia amazônica e terras altas de Papua Nova Guiné) ou demasiado fortes militarmente para que as conquistemos (chinesa).

Todavia, a Mesoamérica tem outra história para contar. Obcecado pela superioridade dos espanhóis puro-sangue, o governo espanhol introduziu categorias raciais no México e demais territórios. Novos tipos surgiram quase imediatamente: *criollos*, *mestizos* e *castas*, todos mestiços ou mexicanos de nascimento, acabaram formando a base de uma nova cultura nacional. Nem espanhola nem americana nativa nem africana, composta de uma profusão de combinações raciais, a cultura mexicana (assim como a brasileira) foi um desenvolvimento absolutamente singular, fiel à sua origem e lugar. No México, ao que parece, a civilização ocidental se subsumiu a um conjunto maior.

A história da América do Norte foi diferente. Esparsamente habitada (havia cerca de 6 a 12 milhões de americanos nativos na América do Norte pré-colombiana contra 20 milhões no México), ela abrigava uma imensa diversidade de modos de vida — de caçadores nômades a pescadores e agricultores assentados. Os americanos do Norte constituíam sociedades tribais, baseadas em redes de parentesco, que foram completamente devastadas pelos advendícios europeus para os quais esses povos pareciam ora irremediavelmente primitivos e selvagens, ora demasiado rebeldes, apesar de honrados. De toda forma, fora o breve flerte iluminista com a confusa noção de "inocência primitiva", tudo o que os europeus lograram aprender com os nativos em meio milênio de vida na América do Norte é algo próximo a zero.

O costume de caracterizar as outras civilizações como "atrasadas", "retrógradas" ou "subdesenvolvidas" nos acompanha desde o século XVI. Uma vez estabelecida, a ideia de progresso histórico linear se tornou inabalável; toda sociedade há de estar posicionada numa linha reta que começa na Idade da Pedra e alcança, em algum momento futuro, o vale do Silício, Xangai ou Osaka. Como não dispomos de um aparato conceitual que nos permita lidar com sociedades cujo desenvolvimento não se ajusta a esse modelo, nós as obrigamos a fazê-lo.

A escravidão tornou possível a colonização da América. E deixou também, ao seu país economicamente mais bem-sucedido, os Estados Unidos, um legado duradouro. Os Estados Unidos são uma terra de imigrantes; para lá afluíram pessoas de todos os continentes, fugindo de perseguições ou em busca de oportunidades, liberdade e prosperidade. Os africanos, porém, vieram aos Estados Unidos em circunstâncias muito diferentes — trazidos à revelia para serem escravizados, maltratados e rotineiramente humilhados. Para a maioria dos estadunidenses, o *status* de seu país como terra da oportunidade e liberdade é parte da história de suas famílias e de seu povo; para os afro-americanos, vale o oposto. Os Estados Unidos são um país em contínua renovação; ondas de imigração, renovação tecnológica e social dão a impressão de um país eternamente jovem. Mas os afro-americanos, assim como os americanos nativos, são uma incômoda lembrança de que os Estados Unidos, como qualquer outra cultura, têm um passado.

Uma vez iniciada a escravização em massa, os europeus brancos logo se deram conta de que todos os escravos eram africanos e, ato contínuo, desenvolveram o entendimento de que todo africano negro era escravo. Eles nunca viram africanos negros em qualquer outro cenário — não os conheceram como líderes tribais, generais poderosos, artistas de talento ou hábeis artesãos: somente como animais humanos impotentes que dependem dos europeus para trabalhar, comer e se abrigar. E o mais grave não era a propriedade de pessoas (prática comum a muitas sociedades), mas a crença de que, devido à sua cor, eles não mereciam mais do que serem usados como animais de carga e tratados com requintes de crueldade. O comércio escravo do Atlântico foi um pretexto para brutalidades em larga escala, um crime cujas vítimas não podem ser esquecidas; elas continuaram a ser punidas porque sua existência mesma era uma censura à sociedade que as tinha como sua propriedade.

A história nos fala das coisas que aconteceram, mas não nos dá orientações suficientes para o futuro — nenhuma, em todo caso, que estejamos preparados para aceitar. A história da tomada das Américas pela Europa não impedirá que o mesmo aconteça outra vez. Talvez tudo que possamos aprender com ela é que uma civilização em situação de vantagem militar sobre outra é absolutamente capaz, mesmo quando seus membros se creem pessoas mais civilizadas do que todas as demais, de destruí-la com indizível brutalidade. Nós sabemos que isso é verdade porque foi o que aconteceu.

CAPÍTULO 12

# O INDIVÍDUO RACIONAL
*Teoria e Prática da Construção da Sociedade*

JÁ FAZ MUITO TEMPO que sabemos o papel desempenhado pela imprensa no desenvolvimento da civilização ocidental. A ampla disponibilidade de Bíblias vernáculas e as obras de eruditos clássicos e escritores contemporâneos, como Erasmo, Lutero, Rabelais e Calvino, propiciaram a desconstrução da visão medieval do mundo e a criação de uma sociedade europeia de novo tipo. Desde então, a capacidade de reproduzir textos e colocá-los em circulação com grande rapidez se tornou um aspecto central da cultura ocidental. O que, todavia, vem ficando cada vez mais claro é o grau em que a escrita alfabética e a impressão mecânica não apenas influenciaram a circulação de ideias e opiniões, como ditaram o nosso modo de pensar sobre o mundo. O nascimento do pensamento abstrato na antiga Atenas tem de ser visto hoje no contexto da escrita alfabética grega (ver Capítulo 3). Dizem alguns historiadores que é impossível separar as ideias das mídias em que são expressas, dado que se formam de acordo com o veículo que as irá difundir.

Isso é por si mesmo evidente no mundo artístico. Shakespeare escreveu para o palco; Bach, para o órgão de igreja e a orquestra de câmara: suas respectivas obras carregam a identidade da mídia para a qual foram escritas. O mesmo vale, embora menos obviamente, para outras obras artísticas, filosóficas e ideológicas. A Bíblia foi composta visando à escrita, tecnologia que chegou à Judeia por volta do começo do primeiro milênio a.C. Seu conteúdo — consolidação de uma série de contos populares em uma história semicoerente à qual se acrescentaram um começo e um final — foi ditado pelas necessidades do registro escrito; no século II d.C., o desenvolvimento do códice de folhas encadernadas em substituição aos incômodos feixes de rolos incentivou a reunião do conjunto das Escrituras num livro sagrado.

E como foi que a imprensa mudou o modo europeu de pensar sobre o mundo? De que modo essas mudanças afetaram o desenvolvimento da moderna civilização ocidental e o surgimento da cultura da palavra escrita? Johannes Gutemberg não foi o inventor do tipo móvel, mas o criador de um método rápido e preciso de fabricação de tipos metálicos a partir de moldes. Sua oficina, criada em Mainz na década de 1450, produzia um tipo a cada poucos minutos; uma gráfica podia ter várias coleções de tipos para produzir diferentes páginas e livros ao mesmo tempo. Caracteres romanos encontrados em documentos clássicos (na verdade uma combinação de antigas maiúsculas romanas e minúsculas carolíngias) se espalharam pelas oficinas impressoras de toda a Europa, criando um alfabeto em que não havia idioma falado comum. Gutenberg também aperfeiçoou a operação das impressoras e os métodos de fabricação de papel, fazendo da imprensa uma arte industrial como a tecelagem e a cerâmica.

Em 1500, havia oficinas tipográficas em quase toda grande cidade da Europa Ocidental. Martinho Lutero escreveu: "Os benefícios da impressão de livros são tão imensos que não se podem expressar em palavras. Essa invenção abriu as Sagradas Escrituras a todos os idiomas e linguagens, disseminando-as por todos os lugares; graças à invenção, podemos não apenas conservar e desenvolver as artes e as ciências, como transmiti-las aos nossos descendentes." Mas o latim e, logo, a Bíblia vernácula foram apenas as primeiras de uma torrente de obras impressas. Platão e Aristóteles saíram de seu olímpico isolamento entre os escritores clássicos quando as obras de Plotino, Proclo, Ptolomeu e vários outros se tornaram rapidamente disponíveis em edições fáceis de ler e carregar. Com isso, os eruditos da época puderam constatar que os autores antigos eram tão divididos em suas opiniões quanto eles próprios. Aristóteles, o sintetizador e explanador de todo o conhecimento grego, aparecia às turras com Platão e sucessores como Plotino. O projeto medieval de unificação de todo o conhecimento, encetado por São Tomás de Aquino e outros escolásticos, pareceu inatingível e indesejável; o aglutinante intelectual que Aquino utilizara no século XIII começou a se soltar no século XVI. Francesco Vimercati expressou a nova atitude em 1543: "Penso que a nossa fé está muito mais ameaçada quando tentamos confirmá-la e protegê-la com os testemunhos de Aristóteles, Platão e outros estranhos, que além de impróprios e inadequados não foram escritos para tal propósito." (Citado em Cameron.)

# O INDIVÍDUO RACIONAL

\* \* \*

LENDO AS OBRAS filosóficas de Platão, Aristóteles, Cícero e Sêneca, mas também a poesia de Ovídio e Horácio, os aristocráticos eruditos do século XVI foram cativados por suas realizações, que, muito naturalmente, quiseram imitar. Diplomatas, militares, aristocratas e sábios de todo o continente estavam ávidos por registrar suas experiências e pensamentos acerca de tudo e todos. Ingleses instruídos, como Thomas Wyatt, John Donne, Walter Raleigh, William Shakespeare e Philip Sidney, foram compelidos a escrever livros de poesias contendo requintadas ruminações sobre o amor, a amizade e os caprichos da vida moderna num mundo contaminado pelo dinheiro e pela ambição.

O uso das letras e do saber clássico como inspiração e modelo para a vida contemporânea tomou outro rumo com Michel de Montaigne (1533-92), que escreveu o seu *Ensaios* a partir de 1580. O fato de Montaigne, católico devoto que conhecia as obras de Santo Agostinho, ter necessidade de "descobrir um modo saudável e humano de viver" é bastante revelador das mudanças por que passava a visão europeia do mundo. Santo Agostinho advogara uma vida cristã baseada no temor a Deus; Montaigne, educado com base nos clássicos, buscou integrar a obra de Sêneca e Cícero à sua concepção de vida. Acima de tudo um leitor, Montaigne quis entender o mundo refletindo sobre como se aplicavam à sua própria vida e circunstâncias as obras que lia. Não era, como São Tomás de Aquino, um filósofo dedicado à construção de um sistema racional que combinasse a teologia católica com a metafísica clássica, mas um homem do mundo (fora militar e administrador) que desconfiava das pretensões da racionalidade ao estatuto de fonte primordial do conhecimento.

A experiência de vida combinada a uma vasta cultura levou Montaigne a acreditar que a humanidade estava mais próxima da natureza do que em geral se supunha. A teologia cristã ortodoxa dera à humanidade o domínio sobre a natureza; o protestantismo a pusera em contato direto com Deus sem a intermediação de lugares, animais ou objetos sagrados; a florescente doutrina do humanismo racional a apartara da natureza a pretexto da posse exclusiva da faculdade da razão. Montaigne, porém, acreditava que a superioridade, ou exclusividade, humana era uma ilusão, daí derivando numa teologia natural em que a evidência de Deus deveria ser buscada em Sua criação — o mundo natural. Na contramão da teologia cristã e da defesa da racionalidade, ele afirmou que o corpo humano não era apenas uma carcaça corrompida a serviço do transporte da alma, ou da mente racional, mas um componente vital de todos os aspectos da existência. A humanidade deveria viver *secundum naturam*, isto é, de acordo com a natureza.

Embora professasse um saudável ceticismo em relação à faculdade da razão, Montaigne dava grande atenção ao indivíduo pensante perguntando-se incessantemente: "O que sei?" Como tantos europeus de sua época, ele se dedicou a dialogar com o mundo à sua volta por meio do simples ato de sentar-se em sua biblioteca e ler. A tecnologia do livro impresso transformou o debate de atividade pública e comunal em passatempo individual e privado. Não admira, pois, que o leitor privado se deixasse absorver completamente pelo impacto das leituras em sua vida pessoal. Embora Montaigne fosse um homem de grande experiência (algo que transparece em seus escritos), os leitores seus contemporâneos não tinham nenhuma necessidade de sê-lo — tudo o que precisavam saber sobre o mundo estava à sua disposição nos livros. Tal como seus predecessores da academia de Platão, os eruditos europeus podiam se apartar da corrupção mundana. (Shakespeare mostrou Hamlet como um eterno estudioso, que lia o tempo todo, sempre examinando o seu próprio estado de espírito e evitando se envolver com o mundo ao seu redor.) O renascer da palavra escrita não apenas propiciou o desligamento do mundo, como acarretou a divisão entre os que lhe tinham acesso (físico, financeiro, educacional) e os que não tinham. Divisões na sociedade não eram novidade, mas na época medieval a separação entre a nobreza, o clero e os camponeses não havia obstado o acesso dos mais pobres ao saber espiritual e à salvação; o retorno da civilização da palavra escrita colocou a maior parte da população à margem de suas fronteiras.

Ao perceber o quanto os eruditos clássicos discordavam entre si, seus sucessores modernos adquiriram a ousadia necessária para lhe questionar a autoridade. O acesso a uma imensa variedade de materiais impressos muito mais compreensíveis transformou a reverência acadêmica em disposição para a crítica e a contestação. O desafio às autoridades aceitas se espalhou por todas as áreas do pensamento, sem exclusão dos estudos do mundo natural. A derrubada do modelo aristotélico do Universo por Nicolau Copérnico, em 1543, foi produto da observação, mas também da disponibilidade, em Pádua e Cracóvia, de textos clássicos, como a memória de Arquimedes sobre os modelos heliocêntricos de Aristarco e Pitágoras.

Na segunda metade do século XVI, a disponibilidade de textos antigos sobre medicina, cosmologia, geometria, arquitetura e mecânica escritos por Arquimedes, Hero de Alexandria, Euclides, Vitrúvio, Hipócrates, Galeno e outros fez nascer uma entusiástica comunidade de pesquisadores espalhada por todo o continente. Nas universidades, enquanto as faculdades de teologia e direito se atinham ao antigo marco católico-aristotélico, os departamentos de matemática e medicina eram contaminados pelos novos métodos. Por volta de 1590, Galileu Galilei (1564-1642), então professor de matemática na Universidade de Pisa, descobriu que, ao contrário do que ensinara Aristóteles, objetos de peso diferente atirados de uma torre levavam praticamente o mesmo tempo para atingir o chão. As divergências mais importantes de Galileu não eram com a Igreja católica, tampouco com Aristóteles (que, acreditava ele, teria aceitado o seu erro com entusiasmo), mas com aqueles que não observavam o mundo: "Aristóteles diz que 'uma bola de ferro de 100 quilos caída de uma altura de 100 cúbitos atinge o chão antes que uma bola de meio quilo tenha caído apenas de um.' Eu digo que chegam ao mesmo tempo. Você descobre, fazendo o experimento, que a maior supera a menor por dois dedos (...) ninguém conseguiria esconder atrás desses dois dedos os 99 cúbitos de Aristóteles, tampouco mencionar o meu pequeno erro passando por cima daquele, muito maior." (*Duas Novas Ciências*, 1638.)

NA ÉPOCA do experimento de Galileu, Aristóteles estava morto havia 19 séculos. Em todo esse tempo ninguém, até onde sabemos, cogitara fazer uma experiência para testar as suas afirmações. Quando Galileu começou a realizar experimentos, no século XVI, a autoridade de Aristóteles, embora inconteste, já vinha sendo ignorada.

Aristóteles havia dito que há dois tipos de conhecimento sobre o mundo natural, que chamou de *techne* e *episteme*. *Techne* é o conhecimento do dia a dia que adquirimos por meio da experiência — das coisas que fazemos. Os agricultores, por exemplo, sabem que o milho cresce melhor no solo arenoso e as favas no argiloso. Não precisamos conhecer os detalhes da fisiologia vegetal para fazer uso desse tipo de conhecimento, um saber verbalmente transmitido em todas as sociedades no transcurso da história humana. Todavia, *techne* é inútil se queremos descobrir por que o milho cresce melhor em solo arenoso ou por que as nuvens produzem chuva; para tanto, precisamos de *episteme*, que demanda o uso da razão. Aristóteles propôs que tudo tem uma causa e que o uso da razão pode revelar as causas de todo movimento e mudança que há no mundo. *Techne* era para agricultores; *episteme* para eruditos. *Techne* era o conhecimento dos processos naturais recorrentes; *episteme*, o entendimento de suas causas.

No mundo greco-romano, *techne* permaneceu à margem do interesse dos eruditos — só *episteme* lhes interessava; mas na Itália do século XVI e em outras partes da Europa isso começou a mudar. Físicos, engenheiros e médicos, como Alberti, Baliani, Castelli, Fabricius, Gilbert, Paracelso, Serveto, Stevin e Vesalius, uniram, em suas obras, prática e teoria. Começaram a surgir faculdades de medicina e matemática, sem falar da imensa maioria de eruditos e teóricos inovadores que trabalhavam à margem do sistema universitário — muitas vezes em profissões práticas, como arquitetura, engenharia civil e medicina. A respeitabilidade de *techne* proveio das observações desses eruditos sobre os fenômenos naturais, baseadas numa visão ao mesmo tempo prática e intelectual. Apesar de sua imagem romântica de gênio solitário, Galileu não trabalhou isolado; ele entendia que o estudo do mundo natural estava obstaculizado pela busca aristotélica das causas e que os pesquisadores deviam buscar padrões, ou leis, na natureza — em outras palavras, unir *techne* e *episteme*. Dito assim pode até parecer bombástico, mas significa simplesmente que quem quiser saber por que alguma coisa acontece da maneira como acontece tem de ir lá e olhar por si mesmo em vez de procurar em Aristóteles.

Além de fascinado pelo comportamento das pedras em queda livre, Galileu se intrigava com a oscilação dos candelabros da catedral de Pisa, que pareciam levar o mesmo tempo para completar um arco qualquer que fosse a amplitude de seu movimento; testando objetos de diferentes pesos, ele descobriu que Aristóteles estava errado em dizer que a velocidade da queda era proporcional ao peso do objeto. Percebendo que isso tinha algo a ver com a velocidade crescente dos objetos em queda, começou a testar a rolagem de bolas por planos inclinados e descobriu que as bolas aceleravam à mesma taxa, independentemente de seu tamanho. Tudo isso era estranho e interessante, mas o que significava? Galileu deixou claro que não buscava as causas de Aristóteles: "O presente não me parece uma época oportuna para iniciar uma investigação sobre a causa da aceleração do movimento natural, sobre a qual vários filósofos já emitiram muitas opiniões (...). Essas fantasias, e outras do gênero, teriam de ser examinadas e resolvidas com escasso resultado."

Galileu não estava, pois, em busca de algo — estava apenas observando. Embora parecesse irracional, a ideia foi verdadeiramente libertadora. Os pesquisadores podiam experimentar livremente, e especular infinitamente, com o mundo natural sem a obrigação de buscar as causas subjacentes aos fenômenos. Recuperou-se, assim, o espírito de Heráclito e Parmênides, que havia sugerido, por exemplo, que o espaço deve ter os mesmos atributos geométricos em todos os lugares — uma sugestão pouco provável, mas que permitiu aos matemáticos propor que as relações geométricas aplicáveis às suas experiências eram, na verdade, teoremas universais aplicáveis a todos os tempos e lugares. Isso significava que experimentos aparentemente modestos e insignificantes conduzidos em Pisa, Florença, Éfeso ou Alexandria podiam ter importância universal.

O pouco crível, o quase inacreditável, estava agora ao alcance da cogitação humana. Será que um ovo de pardal cai na terra à mesma velocidade que uma bala de canhão? Será que a Terra, aparentemente imóvel, gira no espaço em ciclos diários e anuais? Será que vivemos em um de vários planetas que gravitam ao redor do Sol? Em vez de rejeitar ideias tão fantásticas, a resposta de Galileu foi: por que não? Tudo que não contradissesse as evidências do mundo natural podia ser proposto.

Contudo, essa aparente liberdade não era bem o que parecia. A passagem de Galileu antes citada mostra sua irritação e frustração com aqueles que apontavam pequenas variações em seus resultados experimentais. Os objetos caídos da Torre de Pisa não chegavam ao solo ao mesmo tempo, mas *quase*, assim como ocorria com a oscilação dos pêndulos. Embora dissesse estar apenas fazendo observações sobre o mundo, Galileu se convenceu, e se propôs a convencer os outros, de que estudava o mundo físico real das pedras cadentes e pêndulos oscilantes para encontrar, atrás deles, as verdades subjacentes. Seus experimentos jamais revelavam a obediência dos fenômenos a leis físicas; ele tinha de usar a razão para descobri-las sob a superfície dos fenômenos naturais.

Na verdade, Galileu ressuscitou as Formas Ideais de Platão (ver Capítulo 3) num mundo de objetos que caíam juntos e pêndulos que oscilavam em perfeita harmonia — em outras palavras, um mundo em que todos os processos comprovadamente seguiam as leis da natureza. Galileu libertara os pesquisadores da busca das causas para adjudicar-lhes a tarefa de descobrir leis universais. Não havia necessidade de acreditar na existência de um mundo ideal: bastava ao experimentador descontar as variações locais do mundo real — o atrito, a resistência do ar e assim por diante — para chegar à verdade subjacente na forma de leis físicas universais a serem expressas em linguagem matemática.

As divergências de Galileu com os professores aristotélicos das universidades italianas o colocaram em conflito com a Igreja católica. Seus inimigos eram homens poderosos, e Aristóteles, o inamovível suporte intelectual do catolicismo numa época de vigilância paranoica contra todas as formas de heresia. Julgado em 1633, Galileu foi condenado à prisão por tempo indeterminado mesmo tendo consentido em confessar uma transgressão menor. Arrasado, ele conseguiu se fixar numa casa anexa ao convento franciscano de Arc, onde sua dedicada filha, Maria Celeste, era freira. Lá ficou até morrer, em 1642.

A OBSERVAÇÃO do mundo natural, do céu noturno em particular, foi tão importante para a descoberta das leis naturais quanto a experimentação. Em 1601, Johannes Kepler herdou do astrônomo dinamarquês Tycho Brahe quarenta anos de registros contínuos, abrangentes e precisos dos movimentos planetários, astrais e estelares. Convencido da justeza da teoria copernicana da órbita terrestre ao redor do Sol, Kepler usou as observações de Brahe para derivar suas três leis do movimento planetário. Em 1610, Galileu transformou o recém-inventado telescópio em um instrumento astronômico, abrindo as portas de um universo que estivera fora do alcance de Aristóteles e das autoridades vetustas. Os europeus, que durante séculos haviam mirado os antigos como fonte de saber, superavam, por meio da tecnologia, seus ilustres ancestrais.

O telescópio e o microscópio — inventado em 1609 — convenceram os eruditos modernos de que tinham razão em questionar as autoridades antigas, particularmente à luz da torrente de novas descobertas feitas na América e na Ásia. A ciência, ou filosofia natural, dedicava-se a observar o mundo natural, mas seu principal motor era a comunicação por meio da palavra impressa. A palavra *novo* passou a frequentar os títulos dos livros para apartá-los das ideias obsoletas do passado. Em 1660 se fundou em Londres a Royal Society, que começou a publicar *The Philosophical Transactions*, protótipo do jornal de ciências — era o início da prática da troca aberta de informações. A mídia impressa deu à ciência a capacidade de autosseleção, descartando-se as observações fortuitas em favor da investigação sistemática. Retomava-se, assim, o impulso original de Galileu.

O fato de Galileu ser assumidamente hostil à interferência filosófica na investigação do mundo natural não impediu os filósofos de participar da discussão. A desconfiança de Montaigne na racionalidade e sua necessidade de incrustar a humanidade no mundo natural começaram a soar decididamente estranhas, dado que o mundo parecia obedecer a leis deriváveis das medições objetivas. Racionalidade e distanciamento da natureza se tornaram as chaves da verdade.

O erudito inglês Francis Bacon (1561-1626) disse que os estudiosos, em vez de buscarem causas abstratas no mundo natural, deviam acumular conhecimento por meio da observação e depois fazer induções das verdades subjacentes. "A matéria, não as formas, deve ser o objeto da nossa atenção: suas configurações e mudanças de configuração, a ação e a lei da ação, ou movimento (...)" (*Novum Organum*, 1620.) A libertação do conhecimento dos grilhões aristotélicos, como descrita por Bacon e outros, apesar de inebriante foi, na verdade, a troca de um tipo de conhecimento por outro. Quanto mais a filosofia natural, depois a ciência, se tornava sinônimo de busca de leis universalmente aplicáveis e expressáveis em linguagem matemática, mais sofriam todos os outros tipos de conhecimento. O anedótico (palavra usada para denotar frivolidades irrelevantes), o local, o vernáculo e o não quantificável, vistos como variações a ser relegadas em benefício das verdades reais, incorruptíveis, invariáveis e universais, foram, portanto, gradualmente colocados à margem do corpo do verdadeiro conhecimento.

Esse universalismo foi outro motivo da separação dos homens do mundo natural. Na ciência experimental, o lugar é irrelevante por ser, como disse Parmênides, sempre o mesmo. Aplicado à topografia, o princípio da busca de leis fez das diferentes paisagens, da variedade de formas de vida e da diversidade local meras manifestações de leis universais. A diversidade se tornou um subconjunto do universalismo — algo a ser vencido para se chegar à verdade última. Como era de esperar, a disseminação da atividade da leitura contribuiu para esse sentimento de desconexão com a diversidade do mundo — o mesmo livro podia ser lido, da mesma forma, em Edimburgo, Salamanca e Pádua; a miríade de comunidades baseadas no compartilhamento do lugar — aldeias, vilas, congregações — começou a dar lugar a uma comunidade espiritual incorpórea. A leitura silenciosa (como praticada por Thomas More, por exemplo), vista como excentricidade no século XVI, tornou-se rotineira no século XVIII. A busca de leis universais na natureza levou, finalmente, a um esforço similar em todas as áreas de atividade. E como essa busca de universais abstratos foi sempre conduzida (ao menos em teoria) por meios racionais, a abstração racional passou a ser reconhecida como o caminho para o verdadeiro saber e entendimento. O modo de pensar concebido por Platão dois mil anos antes se tornou o alicerce da cultura científica ocidental.

ENQUANTO Francis Bacon cogitava um modo de dar conta das novas descobertas da filosofia natural, seu congênere René Descartes (1596-1650) submetia a totalidade do conhecimento humano aos rigores do racionalismo. Percebendo que os sistemas filosóficos de São Tomás de Aquino e Aristóteles combinados não resistiam a um escrutínio racional adequado, Descartes se propôs a criar uma estrutura de pensamento inteiramente nova — que viria a sustentar o cristianismo moderno. Partindo, como se sabe, da mesma pergunta de Montaigne: "O que sei?", ele deduziu racionalmente que, como o mundo podia ser um produto lógico da imaginação, nada se podia ter por certo, salvo a própria existência. Dado que *alguém* deveria estar tendo experimentando os seus pensamentos, esse alguém devia existir — donde *cogito ergo sum*: penso, logo existo.

Descartes empregou, então, o método usado na formulação de equações matemáticas para mostrar que o mundo deveria existir independentemente dos nossos sentidos e estar baseado em princípios matemáticos. Além de propiciar com sua invenção das coordenadas multidimensionais (os eixos cartesianos usados em todos os gráficos e mapas) que a forma e posição de qualquer objeto fossem descritos em termos matemáticos, ele previu que o movimento também estava sujeito a leis físicas matematicamente codificáveis. Descartes não apenas foi capaz de descrever o mundo matematicamente, como lançou a espantosa possibilidade de que o comportamento futuro do mundo fosse previsto com precisão. Os caprichos da natureza poderiam ser vencidos e, com esforço racional suficiente, tudo poderia ser ajustado a um vasto universo mecânico. Causa e efeito eram totalmente previsíveis e sujeitos à análise racional humana.

Trabalhando de dentro para fora de seu próprio eu, que só sabe que existe porque pensa, Descartes colocou a mente do indivíduo humano (aliás, totalmente separada do corpo que a contém) no centro de tudo. O homem, como único ser racional, representa a suprema criação de Deus; na mão de Descartes o indivíduo autocontemplativo de Montaigne se converteu em foco de toda indagação humana. Nenhuma força obscura ditava o curso da sua existência; a vida humana consistia em uma série de ações e efeitos passíveis de previsão e controle por parte da mente racional.

Embora se pudesse ainda dizer que Deus criara as leis físicas que governam a natureza, o trabalho de Descartes dava ao funcionamento do mundo o aspecto de um gigantesco e intrincado mecanismo. Essa metáfora não era fortuita: o relógio era uma potente ilustração do engenho humano e de sua superioridade sobre a natureza — afinal, não apenas marcava um tempo preciso, livre dos caprichos sazonais do relógio de sol, como podia ser infinitamente aperfeiçoado. O pensamento matemático e mecânico impregnou outras áreas da vida. O dinheiro, por exemplo, tornou-se um sistema numérico com que se podia calcular o valor de um homem. Com a disseminação da economia monetária por toda a Europa, os indivíduos começaram a ser classificados como os que produzem e os que gastam, vale dizer como unidades econômicas, não mais seres espirituais. Inversamente, essas unidades começaram também a perder a afeição e empatia espiritual pelo mundo natural: como era possível um indivíduo sentir-se espiritualmente ligado a um mecanismo?

O *Discurso do Método*, de Descartes, publicado em 1637, harmonizava com o crescente sentimento, derivado dos autores clássicos, de que todas as áreas da vida humana estariam abertas ao exame racional. O acaso e a imprevisibilidade que perseguiam a existência humana podiam ser seguramente eliminados por meio da razão. A disseminação da imprensa e do alfabetismo permitiu que as ideias formuladas em resposta às políticas grega, romana e medieval alcançassem um público maior. Entre poder ler e discutir as ideias e desenvolvimentos políticos de outras épocas e lugares e começar a cogitar a aplicação dessas ideias aos novos desafios apresentados pelo Estado moderno havia, para os eruditos de toda a Europa, apenas um passo. O século XVI fora marcado por arroubos tentativos de filosofia política: os escritos de Maquiavel sobre arte de governar se tornaram conhecidos em toda a Europa; em 1516, Thomas More escreveu sobre uma sociedade ideal chamada Utopia; em 1597, o filósofo católico espanhol Francisco Suarez discutiu o direito do rei de governar e o do povo de derrubar o tirano.

Na década de 1640 a investigação teórica acerca dos princípios do Estado moderno ganhou uma súbita urgência prática com a crise política que se abateu sobre uma das grandes monarquias europeias. A Revolução

Inglesa deu azo ao debate público das ideias políticas. Uma vez desnudadas e submetidas ao escrutínio público as suposições subjacentes ao Estado moderno, rapidamente se tornou claro que, embora o Estado tivesse adquirido um poder extraordinário, a chave do seu sucesso era encontrar-se um papel para o novo indivíduo assertivo, racional e respeitador de si próprio. Os primeiros a expor essa dificuldade não foram os filósofos nem os eruditos, mas um grupo de soldados reunidos numa igreja em Putney.

A REVOLUÇÃO Inglesa foi uma tentativa tardia, mas, em última instância, bem-sucedida, do Parlamento inglês de livrar o país da monarquia absoluta e eliminar a possibilidade latente de uma Coroa católica na Inglaterra. No total, teve a duração da eclosão da Guerra Civil em 1642 à assinatura da Carta de Direitos em 1689 e do Pacto* de 1701. As origens do conflito têm sido interpretadas de diferentes maneiras, mas em seu cerne estava a recusa dos reis Stuart, Carlos I em particular, de aceitar o papel do monarca como servidor do Estado (ver Capítulo 10). Tanto Carlos quanto seu pai, Jaime I, agiam como monarcas absolutos, sem entender que tal papel só seria possível se o monarca, paradoxalmente, consentisse em ser a encarnação pessoal do Estado.

Carlos se indispôs com o Estado protestante ao promover protocatólicos como William Laud a altos postos da Igreja da Inglaterra, elevar ilegalmente o imposto para a construção de navios sem aprovação parlamentar e pisotear (no famoso caso dos Cinco Cavaleiros) o ancestral direito dos ingleses de não serem aprisionados sem acusação ou processo. O rancor e a suspeita recíprocos atingiram o seu clímax quando Carlos, que havia tentado financiar o seu regime por meio de monopólios reais, foi obrigado a recorrer ao Parlamento para conseguir dinheiro. Havia, pois, dois centros de poder antagônicos e obviamente separados no país — o rei e o Parlamento. Além da Bíblia do rei Jaime, a imprensa levara também a todas as paróquias inglesas panfletos e cartazes com notícias das atrocidades católicas contra os protestantes na Boêmia e Saxônia. Quando notícias sensacionalistas e aterrorizantes similares chegaram de seu próprio território na Irlanda, o Estado inglês foi obrigado a agir. Mas quem era o Estado? Desconfiado da lealdade do rei, o Parlamento se recusou a permitir

---

* No original, Act of Settlement. (N.T.)

que ele liderasse um exército contra os irlandeses católicos. O resultado foi a guerra civil na Inglaterra.

O elemento mais surpreendente da guerra civil, ao menos para a mente moderna, é que ela era travada para preservar, ou restabelecer, as antigas tradições. Se o entendimento da democracia ateniense como tentativa de se preservarem os costumes existentes da dispersão do poder requer uma análise dos motivos subjacentes, o caso da Revolução Inglesa dispensa interpretações: os dois lados da guerra civil apelavam explicitamente às velhas tradições em apoio à sua causa. Os realistas acreditavam que toda contestação à monarquia destruía a antiga noção de ordem divina, ao passo que os parlamentaristas queriam a restauração dos antigos direitos que lhes concedia o direito consuetudinário inglês, conspurcado pelo rei e seus predecessores.

Ainda no século XVII os ingleses falavam e escreviam sobre o "jugo normando". Pode parecer absurdamente nostálgico, mas as pessoas comuns sabiam que as grandes propriedades rurais inglesas haviam sido doadas por Guilherme I aos seus seguidores depois de 1066 e acreditavam que, antes da conquista normanda, a terra pertencera ao povo. Elas queriam o retorno dos direitos consuetudinários a processos justos e proteção contra impostos opressivos do período anglo-saxão (que remontavam, provavelmente, a uma época muito anterior). O conflito potencial entre os antigos direitos consuetudinários e o direito real de fazer as leis foi um problema crítico na Inglaterra, como em toda a Europa, no século XVII. O veterano jurista Sir John Davies escreveu durante o reinado de Jaime I: "A lei consuetudinária é a melhor e mais perfeita, sem sombra de dúvida a mais apropriada à construção e preservação da nação. As leis escritas procedentes dos editos dos príncipes, ou dos conselhos de Estado, são impostas aos súditos sem nenhum teste (...). Um costume nunca se converte em lei para sujeitar o povo." O apelo do rei à história se defrontava com a crença absoluta de seus adversários na primazia da lei consuetudinária inglesa.

Os monarcas absolutistas da Inglaterra e França eram, em termos de poder militar e econômico, extremamente fracos. Os impostos coletados por Carlos davam uma média de sete *shillings* anuais por cabeça numa época em que o lavrador médio ganhava cerca de 9 libras. Os tribunais, as milícias e o auxílio aos pobres (os pontos de contato entre o povo e a autoridade) estavam nas mãos de dignitários locais não remunerados, sob pouca ou nenhuma supervisão do centro. O poder do monarca estava, contudo, em outro lugar.

Todos, em especial a nobreza, acreditavam que sem um monarca unificador o reino se desintegraria no caos. Seguindo a orientação de Santo Agostinho, os padres vociferavam em seus púlpitos contra a bestialidade dos homens que, sem as leis de Deus e do rei, se perderiam inapelavelmente no pecado. A ancestral ideia da Grande Cadeia do Ser, que sobrevivera desde a época clássica, era agora colocada em prática em prol da autoridade real. Segundo esse conceito universal, na hierarquia dos seres a humanidade estava abaixo de Deus e dos anjos, mas acima das bestas. No âmbito da humanidade, os reis e príncipes estavam próximos do divino e os homens comuns, bem mais distantes. Além da paradivindade, os reis Stuart tinham a vantagem de ter sobrevivido às ameaças às suas vidas por parte dos católicos, rótulo que, a partir da descoberta da Conspiração da Pólvora, de 1605, passou a ser aplicado a todos os críticos da monarquia. Desperdiçando todas essas chances de alavancar a sua autoridade, Carlos deixou o povo inglês profundamente insatisfeito com o seu governo.

Se o rei era visto com desconfiança, os clérigos eram abertamente desprezados. O povo os via como amigos dos ricos e poderosos, bajuladores exclusivamente interessados em forrar os próprios bolsos. O reverendo Edmund Calamy disse à Câmara dos Comuns, em 1642, que "o povo se queixa de que seus ministros são cães estúpidos e gananciosos, nunca satisfeitos com o que têm". Se os clérigos eram membros da classe dominante e sua religião uma garantia de respeito às autoridades e louvor aos bem-nascidos, havia entre a população inglesa uma forte tradição de dissidência religiosa radical que remontava à época Elisabetana e mesmo antes. O fim da década de 1630 foi uma época de profanação de altares e destruição de estátuas, em que o povo pedia uma nova Igreja com sacerdotes itinerantes pregando nos campos e mercados e vivendo da caridade dos rebanhos. Havia uma ânsia generalizada por derrubar os bispos e demolir seus palácios.

A própria guerra durou quatro anos. Depois de dois anos de luta, em 1644, um grupo dirigido por Sir Henry Vane e o aristocrata rural Oliver Cromwell, de Huntingdon, assumiu o controle das forças do Parlamento e instituiu o Novo Exército-Modelo. Depois de derrotas em Naseby, Langport e Bristol, o rei foi obrigado a pedir um incerto refúgio aos escoceses, que, em janeiro de 1647, o entregaram aos comissários do Parlamento inglês pela quantia de 20 mil libras.

De repente, o mundo, como disse com justeza Christopher Hill, foi posto de ponta-cabeça. O rei e os arcebispos, que supostamente encarnavam a autoridade, estavam nas mãos do povo — desceram os de cima e subiram os de baixo. Logo surgiram, Bíblias na mão, grupos como os Levellers ("niveladores") e Diggers ("escavadores") para dizer que o mundo era um tesouro a ser dividido entre o povo de Deus, ao passo que os Quakers (quacres) dissidentes defendiam a abolição da autoridade e a igualdade para todos, inclusive as mulheres.

Com a vitória, o Parlamento se viu diante de dois problemas: o que fazer com o rei e o que fazer com o exército. Com os soldos em atraso, os militares se recusavam a desmobilizar-se e exigiam estatuto de indenidade temendo que um acordo que reconduzisse o rei ao poder os deixasse vulneráveis a acusações de traição. E, o mais importante de tudo, buscavam voz no governo como recompensa por sua contribuição à vitória do Parlamento. A maioria do Parlamento era contrária às exigências do exército, mas não tinha como ordenar a sua desmobilização.

O rei, em prisão domiciliar em Holmby House, Northamptonshire, conseguiu colocar umas contra as outras as facções emergentes. Embora ostensivamente privado de poder, sua aprovação era necessária para qualquer acordo constitucional e todos os lados acreditavam que deviam mantê-lo como monarca e chefe de Estado. Temendo o restabelecimento da tirania monárquica, o exército, que avançava sobre Londres e acampara em Putney, capturou Carlos em junho de 1647 e o trouxe a Hampton Court. Estava montado o cenário para que o rei, o Parlamento e o exército resolvessem suas diferenças. Em julho de 1647, Henry Ireton e John Lambert, dois importantes oficiais do exército, divulgaram um projeto de ajuste constitucional conhecido como Heads of the Proposals (Termos Gerais do Acordo). Embora recusado por Carlos, ele não era democrático o bastante para muitos dos soldados e seus representantes, que divulgaram um documento distinto, intitulado Acordo do Povo* — um documento histórico, o primeiro projeto de Constituição a criar um governo representativo com proteção de certos direitos inalienáveis. Foi esse acordo que o conselho do exército, instância representativa de todas as patentes nos debates, discutiu em Putney.

EM 29 DE OUTUBRO DE 1647 foram abertos os debates do conselho geral do exército na igreja de Putney. A transcrição das atas é conservada como

---

* No original, "An Agreement of the People". (N.T.)

monumento histórico a um debate político realizado em circunstâncias extraordinárias. Com o rei na prisão, impedido de fazer qualquer acordo, e o exército melindrado e decidido a manter posição, quem iria governar o país? Quem iria dizer quem deveria governar? O tom da reunião foi estabelecido logo na primeira manhã por Edward Sexby: "As causas de nossas desgraças são duas. Quisemos satisfazer a todos, o que era bom; mas na prática desagradamos a todos. Esforçamo-nos para agradar ao rei, mas quero crer que, a menos que cortemos as nossas próprias gargantas, ele não ficará satisfeito; e passamos a apoiar uma Casa que se revelou [feita de] corruptos — quero dizer, o Parlamento, cujos membros são um bando de ordinários."

As afrontas sofridas pelo Parlamento nas mãos do rei atraíram para a sua causa muitas pessoas que o viam como guardião dos seus direitos. Mas, depois de terem lutado e morrido por ele, os homens puderam vê-lo mais de perto e ele lhes pareceu imperfeito. Cromwell e Ireton, simpáticos a muitas das demandas dos soldados, acreditavam poder mostrar que a razão estava com eles. Os radicais, não obstante, tinham um conjunto igualmente racional de argumentos. O resultado foi um embate historicamente importante entre distintas filosofias políticas.

Ireton disse que somente os "homens de propriedade" deviam ter voto porque, ao contrário dos demais, tinham participação no reino. O direito de ser chamado de inglês, de respirar o ar, de percorrer as terras e de fazer uso das leis do reino era um direito natural, mas o de compartilhar o exercício do poder era um direito civil oriundo da construção da sociedade. O principal argumento de Ireton para restringir os direitos civis era o de que a maioria de não proprietários aprovaria leis para destituir os proprietários de suas terras, levando o reino à anarquia e ao caos.

A resposta do coronel Rainsborough, no calor da discussão, tornou-se famosa como uma defesa apaixonada e sem precedente do governo representativo: "Eu penso que o homem mais pobre da Inglaterra tem uma vida para viver como tem o mais ilustre; portanto, senhor, está claro para mim que todo homem que viva sob um governo deve, antes de tudo, consentir em se submeter a ele; e penso que o homem mais pobre da Inglaterra não se submeterá, propriamente falando, a um governo sob cuja autoridade ele não teve o direito de se colocar (...). Eu não vejo, na lei de Deus, nada que diga que um senhor dever eleger vinte cidadãos, um cavaleiro apenas dois e um homem pobre nenhum: eu não vejo isso na lei da natureza nem na lei das nações."

Rainsborough tinha dois outros argumentos contra as preocupações proprietárias de Ireton. Primeiro, o mandamento de Deus é "não roubarás"; essa lei continuaria a existir. Segundo, em consonância com as crenças de seus compatriotas no que sempre fora tido como certo e errado, ele questionou o *status* da propriedade na Inglaterra: "Se é propriedade, é propriedade pela lei (...) e eu gostaria de saber por que, afinal, lutamos (...) por aquilo que escraviza o povo da Inglaterra, submetidos a leis em que não tiveram nenhuma voz."

Nesse diálogo estão ausentes o absolutismo, a Grande Cadeia do Ser e a insignificância do homem comum na hierarquia divina. Trata-se de uma discussão sobre como o Estado pode se legitimar aos olhos de seus membros. As posições são altamente progressistas comparadas ao absolutismo real, mas, não esqueçamos, Rainsborough e Ireton, ambos paladinos do Parlamento, buscavam a restauração dos antigos direitos em um novo cenário. Desde Santo Agostinho os padres haviam usado a Bíblia para convencer os homens da necessidade de ordem, mas Rainsborough e seus contemporâneos não precisavam das interpretações de terceiros: conhecedores da sua Bíblia, eles sabiam que Deus não pusera nenhum homem acima de outros. Tratava-se, de fato, das leis ancestrais.

Os debates de Putney não se apoiaram em filosofia política abstrata, mas na concretude da experiência. Os homens que combateram pelo Parlamento queriam saber o que tinham ganhado. Rainsborough e Sexby usaram a autoridade das Escrituras para sustentar sua tese, mas sua Bíblia não era um texto político abstrato; poder-se-ia dizer, na verdade, que a Bíblia vernácula foi assumida com júbilo pelos europeus do Norte precisamente porque seu espírito se coadunava perfeitamente com os costumes vigentes. Embora sejamos inclinados a ver o costume como retrógrado e o racionalismo como progressista, os debates de Putney deixam claro os perigos do pensamento linear: Rainsborough usou a noção de direito consuetudinário para defender o sufrágio masculino universal; Ireton usou a racionalidade para defender a restrição do direito de voto.

Se circunstâncias políticas extremas geraram os debates de Putney, os acontecimentos políticos os puseram de lado. O rei fugiu de Hampton Court e se refugiou em Carisbrooke, ilha de Wight. Motins das forças realistas convenceram, então, o exército de que o rei deveria ser julgado por traição: em 30 de janeiro de 1649, Carlos foi executado. A essa altura Oliver Cromwell (1599-1658) havia ascendido como hábil manipulador dos acontecimentos e eficiente administrador do descontentamento do exército. As reivindicações mais radicais de Rainsborough e Sexby foram derrotadas e, ao final da longa Revolução Inglesa, em 1689, prevaleceram as ideias racionais de Ireton. O poder foi assumido por um Parlamento de proprietários de terras (com uma forte dose de costumes antigos) dos quais estavam excluídos o rei e os comuns. A Inglaterra teria de esperar até 1918 para que o voto masculino universal de Rainsborough viesse à luz.

A agitação política que levou aos debates de Putney continuou durante o julgamento e execução do rei, o Commonwealth, a Restauração e a derrubada de James II. A questão da legitimidade política era discutida por eruditos e militares cujos escritos punham as suas vidas em risco. Contudo, por interessantes que fossem, é discutível que esses escritos tenham afetado materialmente a configuração política da Inglaterra. De todo modo, a filosofia política foi acrescentada à lista de temas exigidos pela crescente comunidade de pessoas letradas. O *Leviatã*, de Hobbes, um elogio da monarquia absolutista baseado no argumento agostiniano de que a humanidade precisa de controle absoluto, foi publicado na França, onde ele se exilara em 1651. A restauração da monarquia Stuart em 1660 pode ter se justificado em Hobbes, mas o absolutismo nunca criou raízes na Inglaterra. Os escritos políticos de John Locke, embora afinados com as tendências políticas inglesas, não fizeram mais do que descrever os sentimentos do grupo dominante do Parlamento inglês. Se Hobbes via a humanidade como essencialmente má e carente de controle, Locke defendia uma visão benévola da natureza humana e, em lugar do ditador hobbesiano, um contrato social entre os distintos membros da sociedade.

A Revolução Inglesa mostrou que, embora os escritos teóricos crescessem em volume, a sua influência nos acontecimentos políticos era ainda marginal. As pessoas reagiam a panfletos as convocando à ação, à conspurcação de seus costumes e ao temor de perseguições religiosas — não a ideias teóricas sobre como construir novos tipos de Estado. No transcurso dos cem anos seguintes essa situação iria mudar: as ideias forjadas no turbilhão do século XVII foram colocadas em prática no XVIII — aquele em que o racionalismo, aparentemente, triunfou.

A REVOLUÇÃO INGLESA trouxe à luz o debate político em discursos, panfletos e brochuras filosóficas. Mas, apesar da turbulência revolucionária, a Inglaterra se tornava um país mais próspero a cada dia, com uma elite instruída cada vez mais numerosa. Embora a revolução expressasse a recusa dessa classe de obedecer às ordens de um monarca arrogante, os ingleses instruídos começaram a fazer sentir, de outras maneiras, a sua autoconfiança. Além de produzirem filosofia política baseada na análise racional, eles criaram uma comunidade de filósofos naturais, dentre os quais Robert Boyle (1627-91), Robert Hooke (1635-1703) e Isaac Newton (1642-1727), que, entre si, estabeleceram uma nova visão do mundo natural. Foi Newton quem mais claramente justificou o austero racionalismo de Descartes ao mostrar que o Universo era, na verdade, totalmente explicável por meio da análise matemática. Seu *Principia Naturalis Principia Mathematica*, publicado em 1687, demonstrou que o movimento de todos os componentes do Universo, planetas inclusive, é governado por um conjunto de leis passíveis de expressão matemática. Até mesmo as taxas de mudança dos diferentes fenômenos podiam ser expressas por meio de um novo dispositivo matemático conhecido como cálculo, inventado especialmente para esse propósito, simultaneamente, por Newton e seu contemporâneo Leibniz (1646-1716).

A espantosa realização de Newton — mostrar que o mundo físico está aberto à análise racional — foi acompanhada de uma alteração gradual, porém profundamente significativa, do perfil mental dos europeus ocidentais. Durante os séculos XVI e XVII, o novo interesse pela filosofia natural racional (o que chamamos de ciência) conviveu com a tradicional confiança em outras formas de conhecimento — a numerologia se misturava à matemática, a astrologia à astronomia, a alquimia à química e assim por diante. Contudo, na segunda metade do século XVII, os filósofos naturais que, como Isaac Newton, ainda conservavam um sincero interesse pela magia, alquimia e ocultismo, eram uma pequena minoria: em *The Skeptical Chemist*, publicado em 1661, Robert Boyle, membro fundador da Royal Society, ridicularizou educadamente "a generalidade dos alquimistas" por sua crença na possibilidade de transformar chumbo em ouro.

A desaprovação dos filósofos naturais debilitou seriamente o misticismo, a alquimia e a magia, que até então desfrutavam de grande autoridade e prestígio. Mas o declínio da crença europeia no misticismo e na magia teve também outras razões, que formam um processo singular na história mundial. Na Inglaterra e na Holanda os aperfeiçoamentos técnicos da agricultura instilaram na população rural uma renovada confiança no poder da intervenção humana. E, embora a doença continuasse sendo uma ameaça, a peste, sempre cercada de superstição, não voltou a aparecer na Inglaterra depois da década de 1670. Jornais e brochuras impressas colocaram a maioria das cidades e vilas em contato com ideias e opiniões racionalistas, mesmo ali onde eram baixas as taxas de alfabetização.

O começo do negócio de seguros, por volta de 1700, assinala uma profunda mudança de atitudes. O seguro marítimo nasceu na cafeteria Lloyd's, de Londres, e, passado o grande incêndio da capital em 1666, disseminou-se o seguro contra incêndios. Em seu famoso relato, Samuel Pepys aparece correndo de um lado para outro, esbaforido, sem tempo para comer nem beber, mas em nenhum momento entrando numa igreja para pedir a intercessão de Deus: o tempo todo ele busca meios práticos de conter o fogo e vê os outros fazendo o mesmo. A humanidade deve ajudar a si própria. Em meados do século XVIII não havia mais necessidade de magia ou intervenção divina para salvar a sua casa: bastava chamar o carro de bombeiros local; não chegando a tempo, entrava-se em contato com a seguradora. As pessoas ajudarem a si mesmas não era novidade, mas elas acreditavam que sua sorte fazia parte do plano maior a que só se tinha acesso por meio dos antigos costumes e rituais. Em contraste, o negócio dos seguros usava a nova técnica matemática do cálculo de probabilidades para estimar a duração da sua vida, o tamanho da sua prole e a causa da sua morte. Parecia que a matemática estava no cerne de todas as coisas.

As explicações científicas do mundo natural, os aperfeiçoamentos técnicos na agricultura, a circulação ampliada das ideias progressistas — tudo isso teve um papel significativo no declínio da magia. Mas houve dois fatores adicionais. Primeiro, a fé cristã trazia a visão de um mundo dominado e controlado por um único Deus todo-poderoso, ao passo que a magia o supunha cheio de forças estranhas e conflitantes somente acessíveis por métodos arcanos. O cristianismo e a magia puderam coexistir, e assim foi durante milhares de anos, mas a magia foi sempre vulnerável às religiões monoteístas, jamais sua beneficiária. Enquanto o cristianismo conservou seus vínculos com as tradições pagãs do Norte da Europa, o componente mágico da cultura setentrional sobreviveu. Com a Reforma, porém, cortaram-se os vínculos do cristianismo com o mundo natural, fonte de toda magia. Quando o protestantismo pôs a humanidade em contato direto com Deus, dispensando rituais e conhecimentos arcanos, a magia e o misticismo ficaram à deriva. O segundo e decisivo fator foi a imprensa. Um número cada vez maior de pessoas passou a ter acesso a uma fabulosa coleção de obras que diziam que a racionalidade, não a superstição, podia ser eficazmente aplicada à solução dos problemas humanos. Ficava assim demonstrado, de maneira aparentemente irrefutável, que o destino da humanidade estava em suas próprias mãos, não oculto nas sombras do misticismo e da magia.

NO COMEÇO do século XVIII, o Estado britânico emergia de uma revolução em que os interesses da pequena nobreza parlamentar prevaleceram sobre os do rei e os do povo. O indivíduo racional — o aristocrata instruído com acesso a livros impressos e discussão erudita, religioso, porém pragmático — descobriu que esse Estado convinha aos seus interesses. Durante os cerca de duzentos anos seguintes, o Estado britânico foi capaz de canalizar as energias desse grupo social autodefinido mais eficazmente do que as de seus rivais, dando a seus membros acesso ao poder. À medida que outros países lhe seguiam o exemplo, os gostos, ideias e preconceitos da pequena nobreza (por oposição à monarquia e ao povo comum) se tornavam o *leitmotiv* da civilização ocidental.

Não obstante, a diversidade continuou a florescer mesmo no interior das classes instruídas da Europa. Ainda que realizada pelas classes dirigentes, a organização dos diferentes Estados ainda se baseava em costumes que variavam consideravelmente entre as diversas regiões da Europa. A República Holandesa, nascida da rebelião contra a Espanha, foi sob muitos aspectos a maravilha da Europa do século XVII — fato apreciado pelos próprios holandeses e por vários outros admiradores relutantes. Num continente de Estados governados por soberanos, os holandeses eram uma anomalia. Tal como na Inglaterra, os filósofos políticos holandeses se viram compelidos a racionalizar uma situação surgida dos costumes do povo. Em ambos os países, o Estado teve de ser legitimado aos olhos das pessoas instruídas e dos aliados estrangeiros. Pode parecer curioso que os europeus instruídos, que liam sobre as maravilhas da Atenas clássica e da república romana, acreditassem não obstante que a monarquia era a forma de governo natural e legítima. Ora, a racionalidade tem limites em se tratando dos assuntos humanos. Sob controle adequado, a monarquia oferecia a estabilidade necessária à prosperidade das classes educadas. A rebelião holandesa contra o rei da Espanha e a república resultante foram legitimadas pelo erudito holandês Hugo Grotius (1583-1645), para quem a continuidade histórica do governo autônomo batavo e holandês se sobrepunha aos direitos do rei da Espanha. Era historicamente legítimo, disse ele, a existência de um Estado sem monarca.

A Holanda prosperou, mesmo tendo adotado posteriormente a monarquia, porque foi capaz de se tornar um Estado moderno que preservava os seus costumes ancestrais. Ao contrário dos italianos das cidades do Norte, arruinadas pela hostilidade recíproca, os holandeses mantiveram a distância as tropas espanholas, francesas e austríacas, conservando a autonomia de suas províncias no marco de uma estrutura de apoio mútuo. Os holandeses ficaram famosos por transformar a sua terra inóspita, inundável e cheia de marismas em um paraíso humano. Novos métodos de horticultura, recuperação de terras e construção sobre áreas alagadas tornaram o interior e as cidades da Holanda as maravilhas da Europa. A República era o único lugar da Europa onde havia liberdade de expressão e uma relativa tolerância religiosa.

As cidades holandesas foram exemplares de um novo tipo de vida urbana. Na Inglaterra e na França, as cidades medievais perdiam *status* em favor das capitais dos reinos, que cresciam desmesuradamente em riqueza e poder. Na Holanda, porém, as principais cidades continuavam ligadas às suas funções de centros comerciais e manufatureiros sem deixar de serem bons lugares para se viver. Uma vez que as belas praças e casas planejadas da Londres georgiana e Paris de Luís XIV não eram elementos urbanos funcionais, mas lugares de residência dos ricos, os holandeses lograram, por meio de uma extraordinária simpatia, preparar-se com rigor para o moderno mundo comercial sem abrir mão daquilo que as cidades medievais tinham de melhor: a diversidade e a casualidade. Amsterdã foi traçada segundo um sistema de canais concêntricos, de tal modo que cada casa e oficina podiam ser acessadas por um canal e sua rua lindeira. Os canais podiam ser regularmente dragados para a retirada do esgoto e os bens trazidos do campo ao coração da cidade. Uma rede de canais conectava Amsterdã, Leyden e Haarlem. Embora algumas ruas fossem mais valorizadas do que outras, não havia palácios em Amsterdã. Comerciantes milionários viviam em alto estilo em casas similares às de seus trabalhadores. A pavimentação de ruas nas cidades holandesas antecedeu em séculos a de outras cidades europeias, trazendo benefícios aos comerciantes, trabalhadores e cidadãos em geral. As vantagens do modo de vida holandês não passaram despercebidas aos estrangeiros: uma torrente contínua de exilados ingleses e franceses — Descartes e Locke dentre eles — buscara proteção na Holanda, em várias oportunidades, em face de perseguições, prisão e até ameaça de pena capital. Foi nesse ambiente que floresceu a pintura holandesa, expressão das tendências conflitantes do materialismo e da religiosidade, do individualismo e do espírito comunal (ver Capítulo 9).

OS VÁRIOS Estados ocidentais que surgiam precisavam lidar com as exigências da nova elite instruída, versada em racionalidade abstrata, ciente de seus direitos e responsabilidades, interessada no equilíbrio entre o poder estatal e individual, estabilidade e liberdade. Os que mais plenamente satisfizeram esses requisitos, como britânicos e holandeses, tiveram estabilidade política de longo prazo; os que os ignoraram, como os franceses, tiveram dificuldades crescentes e, ao final, insolúveis.

O novo espírito do racionalismo instruído impregnou também as relações entre os Estados europeus. O conceito de guerra justa datava dos tempos de Agostinho (e, possivelmente, da lei fecial romana), mas estivera entrelaçado com a moral religiosa. Em que circunstâncias era justo fazer guerra contra outros cristãos? Foram os holandeses, uma vez mais, que mostraram o caminho. Como muitos cidadãos holandeses eram, por convicção religiosa, contra a guerra, Grotius foi chamado a justificar as iniciativas bélicas da Companhia Holandesa das Índias Orientais (o braço comercial do Estado holandês) e demonstrar a sua legitimidade em determinadas circunstâncias. Sua resposta completa, publicada como *De Jure Belli ac Pacis* (O Direito da Guerra e da Paz) em 1625, descreve uma arena internacional em que os Estados são entidades que se reconhecem mutuamente e têm seus interesses comuns atendidos por uma teia de leis, tratados e direitos individuais. Um Estado que tivesse seus direitos totalmente suprimidos estaria em condições de empreender uma guerra justa. Tal como seus colegas de filosofia política na Inglaterra, Grotius, em vez de teorizar sobre o Estado, ou comunidade de Estados, ideal, tratou da situação de fato existente na Europa; e, assim como eles, racionalizou o desenvolvimento do Estado em termos que estarreciam os governantes e seus seguidores.

COMBINADA à disseminação da imprensa e ao alfabetismo, a emergência do Estado onipotente — detalhada no Capítulo 10 — exerceu um profundo efeito sobre os cidadãos ocidentais e a ideia que eles faziam da sua própria civilização. O indivíduo instruído via a si próprio como racional, pragmático e autônomo, parte de sua comunidade, porém essencialmente livre, com direitos e obrigações, porém, dono de seu próprio destino — ainda que o Estado reprimisse quaisquer desafios à sua autoridade e exercesse o monopólio da força e da violência no âmbito de suas fronteiras. O efeito combinado dessas duas tendências foi a "civilização" da sociedade europeia.

A partir do século XVI, a rude camaradagem dos cavaleiros-soldados acólitos do rei foi substituída pela disseminação da etiqueta cortesã entre a aristocracia e a pequena nobreza. As funções corporais, como o nascimento e a morte, passaram a ser ocultadas e exibições e espetáculos públicos de violência vistos como contrários ao interesse do Estado e, não por coincidência, incivilizados. Introduziram-se corredores nas casas para dar privacidade aos dormitórios e se limitaram as moradias comunais abertas às classes baixas. Sob a influência da nova civilidade, o modo de vida da nobreza das regiões mais remotas da Europa — chefes de clãs hereditários acostumados a compartilhar suas casas e alojamentos com empregados, sequazes, músicos e companheiros de bebida — foi gradualmente extinto. O benefício da introdução de maneiras educadas entre os socialmente afortunados parece evidente por si mesmo, mas só pode vir à luz depois que todos os outros se renderam à real autoridade do Estado. Ainda em 1651, Thomas Hobbes assinalou que, em troca da supressão da imprevisibilidade dos danos às suas vidas, o Estado coloca seus súditos sob permanente ameaça de violência. O impulso civilizador foi assumido com sofreguidão, à custa de consequências profundas e incognoscíveis.

O COLAPSO da visão de mundo medieval e a disseminação da impressão mecânica levaram, no transcurso do século XVII, ao desenvolvimento do indivíduo autoconsiderado e de escritos teóricos focados na relação entre a mente individual e o mundo natural, por um lado, e o indivíduo e o Estado, por outro. No entanto, já que a racionalização humana do mundo natural ganhava contornos espetaculares no universo mecânico de Newton, os escritos políticos se dedicavam quase exclusivamente ao terra a terra das circunstâncias existentes. Isso só iria mudar no século XVIII, quando os ventos da mudança política se transferiram da Inglaterra e Holanda para a França e os indivíduos ilustrados e racionais do país mais poderoso da Europa, em sua ânsia para se libertarem do despotismo, se viram a braços com a teoria política.

## CAPÍTULO 13

# ILUMINISMO E REVOLUÇÃO
### Política e Razão na França e Estados Unidos da América

O PERÍODO de 1770 a 1815 foi marcado, no Ocidente, por imensos cataclismos políticos, sociais e econômicos. As rupturas foram tão grandiosas que muitos historiadores as veem como não apenas o nascimento do Ocidente moderno, mas as próprias dores do parto de um tipo inteiramente novo de sociedade que pouco devia aos costumes e tradições. A formação de um Estado constitucional na América do Norte; a aplicação de ideias revolucionárias na França; a revolução agrícola e o rápido crescimento da industrialização e da tecnologia na Grã-Bretanha; o emprego da guerra total e a criação de um Estado racional burocrático por Napoleão; o repentino crescimento do capitalismo e do mercado mundial; a ascensão do nacionalismo étnico — tudo isto ajudou a criar as condições para o surgimento de um novo tipo de sociedade. O que chamamos de sociedade ocidental — o Estado-nação industrializado, tecnológico e capitalista governado por organismos representativos com base na Constituição — veio à luz nessas décadas.

A mudança essencial subjacente a todos os acontecimentos da segunda metade do século XVIII, que podemos considerar a verdadeira progenitora do mundo moderno, já estava em curso um século antes. Depois que os europeus ocidentais passaram a se ver como indivíduos autônomos e racionais senhores de seus próprios destinos, a exigência seguinte foi conceber uma sociedade em que pudessem viver satisfatoriamente. Essa foi uma ideia verdadeiramente revolucionária, dado que até então tudo o que os europeus haviam desejado fora recriar ou preservar os direitos e freios sociais do passado, o que fizeram por meio da experiência do presente. No fim do século XVIII, ideias políticas desenvolvidas em total isolamento por pessoas às vezes sem qualquer experiência ou compreensão dos aspectos práticos da governança foram aplicadas ao mundo real. Mas a combinação teórica de liberdade individual e sociedade ordenada se revelou muito mais complicada na prática do que qualquer um poderia ter imaginado. Para entendermos como o desenvolvimento das ideias afetou os acontecimentos políticos posteriores, precisamos examinar primeiro a atmosfera intelectual criada pelo Iluminismo francês, em seguida as Revoluções Americana e Francesa e, finalmente, a criação do Estado moderno na França de Napoleão.

A POPULAÇÃO da Inglaterra e Gales em 1700 era de cerca de 5,6 milhões; a da Holanda, 1,9 milhão; e a da Espanha, 7,5 milhões. A França tinha 21,4 milhões de habitantes. Esse imenso país, com fronteiras e litorais lindeiros a quase todos os Estados da Europa Ocidental, se tornara, sob a liderança de Mazarin e Colbert, o estado dominante da Europa Ocidental em termos demográficos, geográficos, econômicos e militares. A revolução do século XVII, provocada por Mazarin ao excluir do poder o *Parlement* de Paris, fracassara em 1648, razão pela qual a França, ao contrário da Inglaterra e da Holanda, continuou sendo uma autocracia centralizada dirigida por um monarca absoluto.

A França era um país paradoxal. Centro da discussão cultural e política europeia durante boa parte do século XVIII, pátria do idioma internacional da educação, das ideias e da diplomacia, como também de arquitetos, desenhistas de moda e mobiliário e filósofos espalhados por toda a Europa, o país era autocraticamente governado pela dinastia Bourbon, que, dentre outras coisas, reprimia severamente a liberdade de expressão. Mas a morte de Luís XIV em 1715 trouxe uma mudança de clima: o Estado francês já não era um conspirador agressivo, motivo de permanente preocupação e medo para o resto da Europa e seus próprios cidadãos. Sob o guarda-chuva de uma cultura francesa universal, os europeus instruídos começaram a pensar em si mesmos como parte de uma fraternidade humana. Não somente as diferenças religiosas começaram a parecer irrelevantes, como as fronteiras nacionais corriam o risco de dissolução. Voltaire sugeriu que a Europa era "uma grande república dividida em vários Estados" e Rousseau escreveu que "já não existem França, Alemanha, Espanha nem mesmo Inglaterra, somente europeus. Todos têm os mesmos gostos, as mesmas paixões, o mesmo modo de vida". Montesquieu acreditava ser "humano por necessidade" e "francês por acaso". Os intelectuais diziam que as guerras eram causadas pelo interesse exclusivo de governantes capazes de convencer e seduzir seus desafortunados e ignorantes súditos a infligir sofrimentos terríveis aos outros e a si próprios; eram disputas entre membros de dinastias que não davam a mínima para a felicidade de seus súditos. Tampouco faltavam apelos à criação de um órgão internacional que resolvesse os conflitos e impusesse a paz e a segurança. Se se pudessem derrubar as barreiras tradicionais entre os povos, um mundo pacífico surgiria. Os escritores começaram a dizer que o comportamento do Estado dependia fundamentalmente da sua forma de governo — Estados em que o poder fosse mais amplamente compartilhado com o povo seriam mais pacíficos e menos inclinados à guerra.

Foi nesse clima de otimismo que os filósofos franceses se voltaram para a auspiciosa visão de John Locke sobre a humanidade em busca de diretrizes para a construção da sociedade ideal. Locke, mais conhecido pela posteridade como fundador do empirismo — doutrina filosófica segundo a qual só podemos saber algo sobre o mundo por meio dos sentidos —, em vida foi famoso por toda a Europa, onde sua filosofia política o tornou conhecido como "o filósofo da liberdade".

Sua obra *Segundo Tratado Sobre o Governo Civil e Outros Escritos*, publicada em 1690, identifica dois componentes essenciais na sociedade humana: a lei natural e o contrato social. A lei natural dita que somos todos livres e iguais por natureza e que cooperamos em sociedade (onde podemos nos tornar desiguais e menos livres) para ter estabilidade em nossas vidas e nossas relações com os outros. O estado da natureza não existe como entidade histórica, mas como a essência da humanidade, sua natureza fundamental. O contrato social impõe a renúncia a uma parte dessa liberdade e igualdade em troca de benefícios maiores para o indivíduo e a sociedade. Em seu estado natural de liberdade, as pessoas podem escolher como preferem ser governadas — por uma monarquia, uma oligarquia ou uma democracia. Se as pessoas optam pela monarquia, o monarca não pode revogar as leis naturais intrinsecamente protetoras dos interesses de seus súditos. Se assim o fizer, será considerado um tirano, sujeito, portanto, a ser legitimamente deposto.

Voltaire e outros *philosophes* franceses (que beberam com avidez na fonte de Locke) estavam em situação curiosa, ao mesmo tempo fascinados pela aplicação da razão à política e à sociedade e impossibilitados de pôr em prática os seus conhecimentos. Internamente, a França começou a desenvolver dois mundos paralelos — a máquina do governo autocrático sediado em Versalhes e o fermento do "Iluminismo" em ação nas sociedades de cavalheiros, clubes e bibliotecas de todo o país. Esses dois mundos se sobrepunham porque a natureza do Estado, na França como em outros países, se desenvolvia continuamente. Os regimes constituídos por monarcas e suas respectivas nobrezas de base regional vinham sendo substituídos por governos profissionais com ministérios não mais organizados por região, mas por funções. O Ministério das Relações Exteriores francês foi copiado pela Espanha em 1714, pela Rússia em 1719 e pela Prússia em 1728. À medida que cresciam, as administrações se davam conta do quão pouco sabiam sobre os países sob seu governo. A coleta de dados estatísticos e o mapeamento se tornaram funções de Estado. Na Grã-Bretanha, por exemplo, os primeiros levantamentos oficiais das áreas costeiras foram iniciados em 1765. O congênere austríaco do British Ordnance Survey produziu em 1787 o notável *Josephinische Landesaufnahme*, mapeamento que mostrava cada casa, rio, estrada e bosque do Império Habsburgo. O desenvolvimento do mapeamento estatal mostra o crescente controle político de território geográfico, bem como a natureza instável da relação dos homens com o mundo natural.

Dado que a nova classe de administradores e burocratas precisava de educação e treinamento, o serviço público se tornou o principal motor do letramento e da educação. Em 1600, o índice de alfabetismo adulto masculino era cerca de 25% na Inglaterra e Gales e 16% na França; em 1720, atingiu 50% na Inglaterra e Gales e 29% na França; e, em 1800, 65% e 50%, respectivamente. Em 1787, o jornalista francês Sébastien Mercier escreveu: "Dez vezes mais pessoas leem hoje do que há cem anos. Hoje se veem empregadas e criados lendo brochuras nos porões e antessalas. Em quase todas as classes da sociedade as pessoas estão lendo, e quanto mais melhor."

Em 1702, Londres tinha um único jornal diário, o *Daily Courant*; em 1760, eram quatro e, em 1790, 14; em 1727, havia 25 jornais sendo produzidos em outras cidades inglesas; registros do Imposto do Selo de 1753 indicam a venda de 7 milhões de cópias de jornais. Em 1726, um visitante francês afirmou: "Todo inglês é um grande bisbilhoteiro de notícias. Os trabalhadores começam o dia indo às cafeterias para ler as últimas notícias." Cabe observar que o letramento e a educação eram fortemente estratificados por classe social. Registros de casamento na cidade de Toulouse entre meados e fins do século XVIII mostram que de 90% a 100% dos homens da baixa classe média e 70% de suas esposas sabiam ler e escrever. Havia forte resistência entre tais pessoas à ideia da alfabetização dos filhos dos trabalhadores porque isso lhes permitiria disputar a limitada quantidade de empregos administrativos disponíveis. Até mesmo pensadores liberais viam como irrelevante a educação dos pobres. Voltaire, por exemplo, escreveu: "Dado que somente o hábito desde tenra idade pode torná-lo [o trabalho árduo e penoso] tolerável, dar às classes baixas mais do que cabe à posição que lhes foi atribuída pela Providência é causar-lhes um mal terrível."

Nada, porém, podia deter a disseminação dos jornais. No fim do século XVIII, toda cidade alemã de certo porte tinha o seu próprio jornal, ao passo que na França, Polônia, Rússia e Holanda, apesar de um começo pouco promissor, a imprensa provincial se expandiu rapidamente depois de 1770. Para um cavalheiro inglês, ainda que de poucas posses, tornou-se compulsório ter em casa uma biblioteca e enviar seus filhos — até mesmo suas filhas — aos colégios para serem educados. A disseminação do alfabetismo foi um importante elemento da transformação da Europa de cultura eminentemente oral e popular em sociedade tecnológica e racional baseada na informação.

A crença na abordagem racional e universal dos problemas humanos foi reforçada pelas novas descobertas da ciência. Newton dera um inspirador exemplo de como a racionalidade poderia desvelar os segredos do mundo físico, e as investigações químicas e biológicas de homens como Lavoisier, Von Haller, Cavendish, Scheele, Priestley, Lineu, Jenner e Dalton se tornaram o grande projeto da ciência do século XVIII. Microscópios aperfeiçoados mostraram que um simples inseto, por exemplo, era, em realidade, um organismo de espantosa complexidade, ao passo que os químicos conseguiram isolar os componentes do próprio ar. A primazia das autoridades ancestrais foi, finalmente, abolida. Para os filósofos naturais, o mundo deixou de ser um vasto sistema movido por causas diversas para se tornar um conjunto de comportamentos impelidos por leis universais. A substituição da busca das causas pela das leis universais foi o desenvolvimento capital da revolução científica do século XVII, incorporado pelo Iluminismo do século XVIII.

O ILUMINISMO, termo genérico usado para descrever a cultura racionalista do século XVIII, foi um apelo deliberado ao uso da razão para resolver os problemas da humanidade. Seguindo o exemplo de Newton e outros cientistas, as pessoas acreditavam que, se a racionalidade era capaz de lhes dizer *qualquer coisa* sobre o mundo, devia ser capaz de lhes dizer *tudo*. A livre indagação racional levaria a um corpo coerente de conhecimentos capazes de revelar, com base em leis universais subjacentes, padrões benfazejos em todas as coisas. O conhecimento cada vez maior das maravilhas do mundo natural, a prosperidade crescente e a relativa paz e liberdade pessoal (para a aristocracia, pelo menos) levaram muitos pensadores a abandonar a tradicional visão cristã de que a humanidade inteira, exceção feita a algumas almas afortunadas, estava destinada a queimar no inferno por toda a eternidade. As pessoas começaram a acreditar num Deus providencial que havia criado o mundo para deleite e admiração da humanidade. A mudança das estações, a alternância entre dia e noite, os vegetais e animais para nosso alimento e satisfação, a beleza da paisagem natural — tudo fora seguramente criado por um Deus generoso em benefício da humanidade, a Sua mais preciosa criação.

Os pensadores do Iluminismo acreditavam que a humanidade era uma força benfazeja e os humanos, bons por natureza. Não havia conflito entre o ganho pessoal e o bem da humanidade em questões morais, sociais e, como diria Adam Smith, econômicas. Os homens deviam viver bem para o benefício de todos, o que também satisfazia a vontade de Deus. Antes isso do que gastar tempo valioso em orações e cultos. Nas palavras do Dr. Johnson: "Nossa primeira obrigação é servir à sociedade; feito isso, podemos nos dedicar à salvação de nossas almas."

O século XVIII foi uma época de exploração e colonização. Singrando os oceanos do mundo, os europeus vieram a se interessar pelas culturas da China e da Índia e, de modo especial, pelo estado aparentemente "natural" dos ilhéus polinésios e dos nativos da América do Norte. O ponto de vista do estrangeiro incivilizado, porém sábio, que aponta a hipocrisia da sociedade europeia se tornou um mote literário favorito (como, por exemplo, em *O Ingênuo*, de Voltaire). Naturalistas aristocráticos, como Joseph Banks, Louis Bougainville e Alexander Humboldt, traziam espécimes exóticos de todos os cantos da Terra. Europeus como James Cook não exploravam o mundo somente para conquistar, mas também para estudá-lo. O impulso construtor do império já não era apenas o de reprimir e conquistar os povos nativos, mas incluía agora levar-lhes os benefícios dos novos desenvolvimentos — científicos, sociais e culturais — da sociedade europeia.

O Iluminismo trouxe também a aplicação dos métodos científicos ao estudo da história. Pilhar os textos dos grandes pensadores clássicos já não bastava aos historiadores, que agora se propunham também a reunir informação documental. O monumental *Declínio e Queda do Império Romano* (1776-88), de Edward Gibbons, é uma narrativa moral da superação dos princípios racionais e humanísticos do Império Romano pela superstição e pela religião em forma de cristianismo. A obra de Gibbon nos fornece duas pistas importantes do pensamento iluminista: primeiro, a rejeição do misticismo pagão trazia consigo o questionamento do próprio cristianismo; segundo, os historiadores supunham que a humanidade era essencialmente a mesma em todos os tempos e lugares, embora sujeitas a diferentes forças — no universalismo de Platão, ressuscitado por Galileu e aplicado com suma eficácia por Newton, todos os tempos e lugares eram essencialmente os mesmos.

Gibbon reuniu os fatos passados com o mesmo espírito com que os filósofos naturais colecionavam cada planta e inseto que lhes vinham às mãos. Até a literatura esse espírito contaminou. Os heróis do romance, a nova forma artística da literatura europeia, já não eram indivíduos dilacerados por forças internas e externas, como nos grandiosos dramas teatrais dos séculos XVI e XVII, mas personagens impelidos a experimentar a vida em todas as suas formas, continuamente surpreendidos, seduzidos e moldados pelo mundo ao seu redor. Os heróis epônimos de *Moll Flanders* (1721), *Tom Jones* (1749), *Tristam Shandy* (1759-67) e *Cândido, ou o Otimismo* (1760), eram marias e joões-ninguém a guiar o leitor por um extraordinário caleidoscópio de experiências.

A história, a ciência, a literatura e a filosofia tinham todas por objetivo descobrir o essencial, o natural e o universal para distingui-los do condicional, do artificial e do local. Esse espírito unificador culminou no grande projeto do Iluminismo francês — a *Encyclopédie*, obra em 28 volumes compilada entre 1751 e 1772 por Denis Diderot e Jean d'Alembert. Recheada de contribuições dos mais ilustres filósofos do país, a *Encyclopédie* era a prova material da interconexão e unidade de todos os ramos do conhecimento, presença obrigatória em toda biblioteca provincial e sociedade filosófica da França. Um monumento aos benefícios do Iluminismo.

MUITOS INDIVÍDUOS instruídos do século XVIII tinham, de fato, a impressão de que a humanidade estava em vias de estabelecer a base racional da unificação de todo o conhecimento e comportamento humanos. Uma época de ouro, de paz, harmonia e entendimento universais despontava no horizonte. As bases desse otimismo se revelaram, no entanto, ilusórias. Na realidade, o espírito original do Iluminismo repousava sobre a relativa paz e prosperidade da época — baseadas, por seu turno, na exploração das colônias ultramarinas. As pessoas acreditavam que a humanidade era boa e o mundo, benevolente, porque elas próprias estavam prosperando — a racionalidade e a bondade universais eram, na verdade, racionalizações com que uma elite cada vez mais numerosa justificava a aquisição de sua própria riqueza e *status*. Isso ficou claro quando o frágil equilíbrio de poder se rompeu e a Europa entrou em guerra uma vez mais. A Guerra da Sucessão Austríaca (1740-48), entre a Áustria dos Habsburgo e o pequeno, porém agressivo, Estado militarista da Prússia, levou, oito anos mais tarde, a um grande conflito europeu. Na Guerra dos Sete Anos (1756-63), a Grã-Bretanha, compelida pela aliança entre a Áustria e a França, se juntou à Prússia. Mais de 850 mil soldados e 30 mil civis morreram na tempestade de violência, doenças e ódio ao estrangeiro que varreu a Europa. Não bastasse, a guerra conduziu a Grã-Bretanha, a França, a Prússia, a Áustria e a Rússia ao limiar da bancarrota, com profundas consequências — as medidas fiscais do governo britânico levaram à Guerra de Independência dos Estados Unidos, e os gastos franceses com as forças armadas à Revolução de 1789. A brutalização e o empobrecimento dos exércitos e populações pareciam tornar insustentável o otimismo iluminista.

Novas descobertas e fenômenos no mundo natural anuviaram ainda mais o clima intelectual. Os estudos dos fósseis e formações rochosas pareciam revelar que a Terra fora, num passado muito anterior a quaisquer registros históricos, povoada de vulcões e criaturas já extintas. Seria o mundo uma criação estática? Ou seria uma entidade em constante transformação, habitada por humanos somente em seu estado mais recente? O terremoto de Lisboa de 1755, que matou mais de 30 mil pessoas, só podia ser descrito como um ato de Deus, e a ciência médica, embora capaz de diagnosticar muitas doenças, seguia sendo impotente para evitá-las e curá-las. Começou

# ILUMINISMO E REVOLUÇÃO

a parecer que a obra de Newton revelara não um universo autossustentado concebido por Deus, mas uma máquina sem alma. Não apenas a ciência não dava pista do propósito de Deus, como era cada vez mais difícil acreditar que a própria existência tinha algum.

A pretensão teórica é aqui apenas aparente: essas questões tiveram consequências reais. Adam Smith disse em *A Riqueza das Nações* (1776) que a criação da riqueza pessoal e a lei da oferta e da procura eram o modo natural de a economia trabalhar para o bem comum. Quando, no entanto, os alimentos escasseavam, os preços subiam e os pobres viam assomar o espectro da fome. Como deveriam nesses casos agir os governos? Seria errado intervir nesse processo "natural" com medidas artificiais para baixar os preços? Ou seria um erro ainda maior assistir passivamente à morte evitável de seus compatriotas? Perguntas como essas assombravam a fleumática autoconfiança do Iluminismo racional.

O otimismo dos eruditos e filósofos racionalistas recebeu um golpe ainda mais devastador quando o filósofo escocês David Hume, em seu *Tratado sobre a Natureza Humana* (1739), mostrou que a teia de causações instalada no cerne dos ideais unificadores de seu tempo era uma ilusão. Nós estabelecemos conexões entre as coisas com base na experiência passada que tivemos com elas e daí supomos, equivocadamente, ter feito ligações causais lógicas. Hume demonstrou convincentemente que nunca se poderia provar a real existência dessas conexões, que são meros produtos do nosso intelecto. Seguindo o empirismo cético de Locke quanto à existência independente do mundo, Hume demoliu a base filosófica da maior parte do que viera depois e mostrou que o racionalismo, levado aos seus limites, não provava absolutamente nada sobre a realidade. A luta para entender o mundo havia, aparentemente, retornado à estaca zero. As pessoas não renunciaram ao racionalismo, é claro, mas a maioria percebeu que a imensa variedade do mundo natural e da experiência humana não cabia em uma simples análise unificadora. O impulso de questionamento irrestrito e a ânsia por princípios universais — os dois pilares do pensamento iluminista — eram, simplesmente, inconciliáveis.

EMBORA a maioria conservasse algum tipo de crença na racionalidade, alguns reagiam enfaticamente às suas prescrições. No fim do século XVIII, Jean-Jacques Rousseau disse que a sociedade europeia não era um desenvolvimento racional natural nem o ápice da realização humana, mas uma corrupção do sublime estado natural da humanidade inculta, e que a emoção e o instinto impermistos das sociedades "naturais" eram guias mais seguros para a verdade e o saber do que o sofisticado racionalismo da Europa moderna. A obra de Rousseau teve a pronta acolhida de filósofos e agitadores políticos, mas também de poetas, dramaturgos e artistas. A ascensão daquilo que veio a ser conhecido como o romantismo foi um sinal do fracasso do Iluminismo em sua autodesignada tarefa de unificar todo o conhecimento humano. Em consequência, a civilização europeia se dividiu em dois campos — racionalismo *versus* romantismo, ciência *versus* arte, deliberação e razão *versus* paixão e instinto.

O romantismo encontrou sua expressão mais profunda nos Estados germânicos, que, livres da interferência rotineira dos imperadores austríacos, tiveram um longo período de paz após os traumas da Guerra dos Sete Anos. A Alemanha, ainda uma coleção de Estados independentes, pôde usufruir — a exemplo da Grécia clássica, das cidades do *quattrocento* italiano e das províncias holandesas do século XVII — os benefícios da diversidade no seio de uma cultura unificada. Seus artistas se viram a braços com a expressão dos dilemas humanos num país que, à sombra da Prússia expansionista de Frederico, o Grande, se transformava de sociedade camponesa governada por príncipes em um conjunto de Estados modernos. Nas cortes e castelos do mundo alemão eles encontraram seus clientes.

Nossa familiaridade com o romantismo alemão provém das trajetórias superpostas de Haydn (1732-1809), Mozart (1759-91), Beethoven (1770--1827) e Schubert (1797-1828). Através de Haydn e Mozart, o legado espiritual de Bach e Handel chegou à tradição clássica vienense, mescla de deslumbramento cortesão e êxtase musical. Foi, porém, com Beethoven que o conteúdo espiritual da música se tornou a base de sua própria forma. A música se tornou a definitiva forma de arte do romantismo, veículo capaz de comunicar diretamente a intuição, a imaginação e a emoção sem as inibições decorrentes da língua.

Escritores alemães como Goethe e Schiller se inspiravam, enquanto isso, nas ideias do filósofo Johann Gottfried von Herder, para quem era a língua, ao mesmo tempo sensual e intelectual, o instrumento do entendimento. O incentivo de Herder ao estudo e recuperação das canções e lendas populares levou Goethe e outros a buscar um modo de pensar que combinasse razão e instinto. Goethe chegou a cogitar uma ciência baseada na "síntese imaginativa" em lugar da razão. *La Nouvelle Héloïse* (1761), de

ILUMINISMO E REVOLUÇÃO                    335

Rousseau, e os sofrimentos do Jovem Werther (1774), de Goethe, tornaram-se imensamente populares em toda a Europa, ao passo que a coleção de poemas de inspiração romântica *Lyrical Ballads* (1789), dos jovens Wordsworth e Coleridge, transformou a literatura inglesa de classicismo ilustrado em naturalismo sem peias.

A INFLUÊNCIA do "Renascimento" alemão de fins do século XVIII sobre o futuro do Ocidente viria a ser imensa. A controvérsia racionalidade *versus* romantismo, muitas vezes presente na obra de um mesmo autor, produziu uma série de diferentes soluções que, na prática, combinavam os dois aparentes opostos. O que poderíamos chamar de racionalidade romântica foi uma tentativa de dar significado a um mundo aparentemente destituído de intenção moral e espiritual. Os racionalistas precisavam dela porque a ciência parecia mostrar que o mundo natural não tinha nenhum significado moral, metafísico ou religioso e porque Hume demonstrara que as conexões causais eram ilusórias. Qual era, pois, a importância de se estudar o mundo? Os românticos chegaram ao mesmo impasse, decorrente de seu foco no indivíduo: deveria ele renunciar à sociedade e se tornar um idealista introspectivo ou se envolver no mundo corrupto e imperfeito ao seu redor? Subir a montanha para comungar com a natureza ou enfrentar ativamente os problemas da sociedade? Essas duas crises, ou impasses, da racionalidade e do romantismo foram respondidas pelos filósofos alemães Immanuel Kant (1724-1804), Johann Fichte (1762-1814), Georg Hegel (1770-1813) e Arthur Schopenhauer (1788-1860) e mais tarde levadas adiante por Karl Marx (1818-83). Apesar de suas diferenças (a ênfase de Schopenhauer na irracionalidade o coloca em desacordo com os demais), todos se empenharam em criar grandes estruturas metafísicas que não apenas abarcassem o racional e o romântico, mas explicassem todos os aspectos da mente individual e sua relação com o mundo natural e a sociedade. Alguns resultados desse ambicioso projeto são discutidos no Capítulo 16; por ora, é suficiente dizer que o impulso por trás dessa grandiosa síntese globalizante era a urgente necessidade de soldar as fraturas intelectuais do Iluminismo.

A primeira resposta, dada pelo filósofo Immanuel Kant, foi tornar explícita a divisão do pensamento humano em vez de sustentar a ilusão da unidade. Apesar, porém, de engenhosa, a solução de Kant implicava desmantelar a harmonia que fora a base do pensamento ocidental durante a maior parte dos dois milênios anteriores. Todo erudito ocidental supusera ou que o Universo estava arranjado por Deus de um modo que os humanos não pudessem compreendê-lo, ou que algum tipo de ordem moral subjazia a todos os aspectos do mundo natural e da existência humana. Por conseguinte, tinha-se como certo que a descoberta de informações sobre o mundo natural e de verdades sobre o comportamento humano era fonte de entendimento e aperfeiçoamento moral. Dado que a investigação dos segredos do mundo revelaria a ordem moral, os conceitos de verdade, conhecimento e virtude eram tidos como sinônimos. Todavia, no fim do século XVIII essa crença estava em frangalhos. O que viria a substituí-la?

A resposta de Kant foi separar os conceitos de verdade e virtude. Adquirir conhecimento é o modo de descobrir o verdadeiro; o sentimento, ou intuição, de apreender o virtuoso. Os humanos podiam e deviam estudar o mundo natural e adquirir conhecimento a respeito dele sem considerar que estivesse de algum modo imbuído de uma harmonia divina ou moral. O mundo natural era dado, e seu conhecimento provinha dos sentidos; para compreender o mundo, isto é, para chegar à sua verdade, deveríamos fazer bom uso do nosso senso inato de tempo e espaço.

Não devíamos, pois, recorrer ao mundo natural para entender como há de funcionar a sociedade, como se devem fazer escolhas morais nem para descobrir o que quer que seja sobre a vontade de Deus. Tudo isso pertencia a uma esfera distinta da experiência humana, uma faculdade interior, o cerne moral de nosso ser em que a mente tem consciência intuitiva de si mesmo e suas obrigações. O caminho para a virtude era totalmente distinto do caminho para a verdade. Ao dividir em dois o pensamento humano, Kant logrou conciliar o racionalista e o romântico instintivo. Essa concepção dualista da humanidade, que hoje assumimos como até certo ponto natural, é uma invenção da moderna civilização ocidental especificamente concebida para resolver a crise do racionalismo.

Mas isso era apenas a metade do problema; a dificuldade mais imediata com que se defrontavam os europeus era o problema permanente, e premente, de como se poderiam criar sociedades em que os indivíduos autônomos do século XVIII — fossem racionalistas ou românticos — pudessem viver. A besta-fera de Agostinho se convertera no cristão racional de São Tomás de Aquino, no eleito de Calvino, no racionalista empírico de Locke e agora no espírito livre do romantismo. A obra mais conhecida do filósofo francês Jean-Jacques Rousseau (1712-78), *O Contrato Social*, começa com a famosa frase: "O homem nasce livre e em toda parte encontra-se a ferros." Não se tratava tanto de uma conclamação revolucionária quanto de uma constatação das condições prevalecentes em todas as sociedades. A obra de Rousseau demonstrou que a única sociedade em que o indivíduo poderia viver livremente era aquela que conciliasse as vontades individuais com o que ele chamava de vontade geral. A sociedade natural teria de ser uma espécie de união das vontades de seus membros individuais. A concepção de Rousseau era uma sociedade "natural" tão perfeita que as necessidades dos cidadãos seriam secundárias em relação às necessidades da própria sociedade.

Embora buscassem uma harmonia social natural, Rousseau e seus seguidores não acreditavam que ela existisse em nenhuma parte da tradição europeia; teria de ser criada pela via da *substituição* da ordem existente. Essa era uma mudança crucial e momentosa de tudo que já se vira. A criação da democracia e do governo republicano no mundo antigo, o estabelecimento das repúblicas florentina e holandesa e a Revolução Inglesa haviam todas se justificado pela restauração das tradições preexistentes. Mas não apenas o racionalismo do século XVIII derrubara a veneração pelo passado, como a longevidade do regime autocrático de Versalhes dera aos filósofos franceses uma característica aversão pela tradição. Os pensadores políticos de fins do século XVIII não tinham nenhuma afeição pelo passado — Thomas Paine se perguntava por que razão deveria se curvar às condições e tradições de seus antepassados. Essa era, de fato, uma ideia revolucionária; o passado estava morto e o futuro poderia ser o que se quisesse.

Os ideais do Iluminismo sobreviveram, apesar de sua contradição inerente, e a racionalidade foi aplicada à criação de uma sociedade em busca de dois ideais contraditórios — ordem e liberdade universais. O Iluminismo estimulou a busca da liberdade e, simultaneamente, deu oportunidade àqueles que desejavam aperfeiçoar a ordem. Ele introduziu a ideia de que o Universo estava em constante transformação e nos legou uma ciência que era a fonte primordial do conhecimento sobre o mundo natural — assim eliminando o significado moral e religioso do nosso entendimento da natureza. O mundo foi ilustrado, desencantado e racionalizado. Não havia retorno possível. Costuma-se tomar os racionalistas e românticos de fins do século XVIII como tipos opostos, quando, na realidade, eles eram os dois lados da mesma moeda (havia exceções, como Herder e o filósofo da história Giambattista Vico). Racionalistas e românticos acreditavam conhecer a verdadeira natureza da humanidade, independentemente da época e do lugar, e eram seduzidos por ideais universais, abstratos, de um mundo livre e racional.

Este capítulo tratou até aqui das mudanças de atitudes e pensamentos do crescente segmento de europeus ocidentais letrados e ilustrados. Mas se no século XVII as ideias políticas se desenvolveram em resposta aos acontecimentos, com os filósofos um passo atrás das forças da mudança política, no fim do século XVIII as próprias ideias políticas começaram a influenciar e inspirar a mudança política.

Por volta de 1500, fim da Idade Média, os monarcas e governos centrais da Europa Ocidental começaram a se ver prisioneiros de uma voragem que lhes demandava recursos sempre mais vultosos para custear os gastos militares e as burocracias indispensáveis à sua própria arrecadação e gerenciamento. Mas a aristocracia e a pequena nobreza, que eram os principais pagadores de impostos e viam seus poderes regionais cada vez mais ameaçados, decidiram exigir, em contrapartida, voz no governo. Embora alimentadas pela religião, a Guerra dos Trinta Anos, a Revolução Inglesa e a Revolta Holandesa resultaram de contestações à autoridade do monarca sobre a nobreza. Entre os burgueses que constituíam, em número cada vez maior, o estrato inferior da "pequena nobreza", assomava o sentimento de estarem sendo injustamente excluídos do poder. Na Grã-Bretanha, Holanda e alguns Estados alemães, onde a burguesia fora vitoriosa, a sua representação no governo fora ampliada; na França e Rússia, onde a monarquia esmagou as pretensões das ordens superiores e intermediárias da sociedade, o resultado foi o governo absoluto.

A Revolução Americana foi, claramente, parte do mesmo conflito entre uma classe cada vez mais assertiva e ilustrada de comerciantes, proprietários de terras, advogados e agricultores e um regime antipático. Ao contrário, porém, das rebeliões inglesa e holandesa, a americana se deu num continente distante e aparentemente livre das restrições do costume e da tradição, numa época em que os pensadores políticos ansiavam ver suas ideias colocadas em prática.

A guerra foi, uma vez mais, o catalisador da crise. A derrota da França na Guerra dos Sete Anos deu ao Estado britânico o controle da parte oriental da América do Norte, mas dobrou a sua dívida nacional. As colônias norte-

-americanas impunham altos custos de manutenção à Grã-Bretanha e os colonos não pagavam praticamente nenhum imposto. Terminada a guerra, o governo britânico buscou reorganizar o governo da América do Norte e taxar seus habitantes. A fúria dos colonos deixa claro que eles já não se viam como súditos da Coroa, mas como entidades políticas autônomas. Nas palavras de Benjamin Franklin:

Nossa mãe cada vez mais velha e rabugenta;
Ralha conosco como se fôssemos crianças;
Ela não percebe que já crescemos e podemos cuidar da nossa vida.*

A proibição de assentamentos além dos Apalaches e os impostos sobre a produção por meio da infame Lei do Selo causaram o boicote das mercadorias britânicas e a malhação, com piche e penas, de agentes alfandegários britânicos em Boston e outras cidades. Em outubro de 1765, nove colônias enviaram delegados ao primeiro fórum político coletivo das colônias americanas, o Congresso da Lei do Selo. A palavra de ordem era simples: nenhum imposto sem representação — embora os súditos britânicos não tivessem voto, havia dentre os colonos homens de posses que aspiravam aos privilégios de sua classe social.

Os protestos dos colonos causaram uma crise política em Londres. Em 1766, William Pitt foi reconduzido ao cargo de primeiro-ministro, e a Lei do Selo, derrogada. Na ausência de Pitt, todavia, o ministro das Finanças, Charles Townshend, impôs taxas sobre o vidro, o papel, a tinta e o chá para pagar os vencimentos dos juízes e governadores das colônias. Em 1770, o Parlamento cedeu e revogou as medidas de Townshend, à exceção do imposto sobre o chá. Em 16 de dezembro de 1773, um grupo de colonos disfarçados de índios subiu a bordo de três navios ancorados no porto de Boston e atiraram ao mar 342 caixas do produto. Foi a gota-d'água para George III, que ordenou o fechamento do porto até que o dano fosse reparado, proibiu reuniões na cidade e designou um general do exército britânico como governador de Massachusetts. A rota do compromisso estava fechada. Restava aos colonos obedecer ou se rebelarem.

---

* *We have an old mother that peevish is grown;/ She snubs us like children that scarce walk alone;/ She forgets we're grown up and have a sense of our own.* (N.T.)

A pressão pela independência estava enraizada na história das colônias. Todas haviam começado como assentamentos governados por grupos de pares, sistema que persistiu durante o seu crescimento. Cada nova cidade fundada precisava de algum tipo de governo, um conselho que prestava contas aos cidadãos em fóruns regulares abertos onde também se podiam apresentar as queixas, eleger representantes e membros dos comitês e tomar decisões. Cada colônia criou, então, uma assembleia, em que os representantes das diferentes cidades se encontravam para discutir e aprovar medidas. Na década de 1770 havia, somente em Massachusetts, uma rede de trezentos comitês de cidades.

Tudo isso aconteceu porque não havia uma autoridade maior que determinasse como as cidades, tribunais, escolas e milícias da colônia deviam ser dirigidos — os cidadãos tinham de fazer tudo por si mesmos. Dizia-se que a América do Norte, no começo de sua história, era uma sociedade de classe média: não havia aristocracia nem camponeses, somente pequenos posseiros, fazendeiros diletantes e artesãos. Um exagero, talvez, mas a falta de estruturas de autoridade deu ampla margem ao envolvimento dos cidadãos na condução de seus próprios assuntos. As soluções assim surgidas foram, como era de esperar, similares às estruturas de participação comunitária presentes na maioria das sociedades não hierárquicas — dentre as quais as sociedades consuetudinárias da Europa Ocidental. Costuma-se dizer que a democracia norte-americana é uma criação ideal livre das limitações da história e da autoridade. Todavia, as treze colônias tinham uma tradição desenvolvida sobre a base da sua situação e da cultura de seus habitantes. Na década de 1770, os colonos já estavam familiarizados com a infraestrutura do governo constitucional representativo — petições, votações, reuniões públicas e manifestações; nas colônias, o espírito da cidadania ativa era vivo e atuante. Ele não a erudição clássica ou a razão abstrata, foi o motor da democracia norte-americana.

Em setembro de 1774, representantes e líderes de todas as colônias se encontraram na Filadélfia. Depois de se solidarizarem com Massachusetts enviando, por via terrestre, suprimentos à colônia isolada, eles deram o passo decisivo de constituir uma união informal. Nas palavras de Patrick Henry: "Já não há distinções entre os habitantes da Nova Inglaterra e os da Virgínia; eu não sou da Virgínia, sou americano." A reunião, conhecida como Primeiro Congresso Continental, aprovou o boicote de todas as mercadorias britânicas e a exigência de representação no Parlamento. Seus membros juraram também manter-se unidos caso alguma colônia fosse atacada, promessa de solidariedade cujo cumprimento não tardou: em 19 de abril de 1775 o comandante britânico, general Gage, marchou de surpresa de Boston a Concord para tomar um depósito clandestino de armas. Alertados por Samuel Prescott e Paul Revere, os rebeldes conseguiram deter os britânicos em Lexington e Concord, forçando Gage a se retirar com 250 baixas entre mortos e feridos. A Guerra de Independência começara.

O IMPULSO rebelde tinha raízes nas circunstâncias, mas não faltavam americanos dispostos a expressar e racionalizar o espírito do povo. O desejo dos colonos de preservar a sua independência logo foi apresentado como a busca moral de direitos eternos e universais. Os americanos ilustrados tinham ciência das ideias políticas e sociais que sacudiam Paris, Genebra, Londres e Edimburgo. Benjamin Franklin, Thomas Jefferson e Alexander Hamilton eram homens do Iluminismo que viram cair-lhes ao colo a oportunidade de pôr em prática as suas ideias políticas.

Em 1776 o debate político nas colônias foi aviventado pela publicação da brochura *Common Sense*, de Thomas Paine, que vendeu meio milhão de cópias em uma população de apenas 2,5 milhões de habitantes. Recém-chegado da Inglaterra, Paine convenceu os colonos de que eles, assim como a maioria dos europeus, viviam sob uma tirania e teriam de optar entre aceitar o governo de um monarca não eleito e não representativo e lutar pela liberdade. Ele queria que a América se tornasse um Estado republicano livre e independente não apenas em benefício próprio, mas para ser um facho de luz para o mundo e lugar de refúgio para todos os oprimidos da Terra. Os americanos, indivíduos de espírito independente que lutavam contra impostos e interferência excessivos, foram incentivados a acreditar que tinham uma missão a cumprir no mundo.

Em junho de 1776 o Congresso Continental da Filadélfia designou um comitê de cinco — John Adams, Benjamin Franklin, Thomas Jefferson, Robert Livingstone e Roger Sherman — para redigir uma Declaração de Independência formal. Jefferson redigiu o projeto, Franklin fez algumas revisões e em 28 de junho a declaração completa foi apresentada ao Congresso. Em 2 de julho ela foi aprovada e no dia 4, formalmente adotada. As treze colônias haviam se tornado um país independente — os Estados Unidos da América. Tudo o que tinham a fazer agora era derrotar as forças de seus senhores coloniais.

O Congresso escolheu George Washington, um agricultor da Virgínia, para liderar as suas forças. Mesmo não dominando táticas de guerra, Washington se revelou um líder indispensável numa guerra de voluntários contra soldados profissionais. Depois de vitórias iniciais e perigosas derrotas, Washington capturou 6 mil soldados britânicos em Saratoga em outubro de 1777 — o bastante para convencer os franceses, que Benjamin Franklin cortejava havia meses, a entrar na guerra. Os colonos continuaram a lutar até descobrirem em Nathanael Greene um general capaz de superar consistentemente os britânicos em ideias e manobras. Greene obrigou o general Cornwallis a se retirar com suas tropas para a cidadela de Yorktown, na Virgínia, e em 1781 Washington logrou, pela primeira vez, coordenar suas forças com as duas frotas francesas. Eles cercaram Cornwallis em Yorktown, onde, em outubro de 1781, ele se rendeu com 8 mil soldados. A guerra, embora prosseguisse com as ações do exército de Washington para eliminar resistências ao redor de Nova York, depois de Yorktown estava praticamente terminada. Em fevereiro de 1783 foi assinado o tratado de paz.

O Congresso Continental permaneceu ativo durante toda a guerra, coordenando os esforços das treze colônias e dando apoio ao Exército Continental de Washington. Em 1777, seus membros redigiram os Artigos da Confederação, mas, uma vez vencida a guerra, estava claro que, para constituírem um único país, as colônias precisavam de uma clara definição de seus poderes individuais e coletivos. Em maio de 1787, 55 delegados dos 13 estados se reuniram na Filadélfia e, depois de 17 semanas de debates secretos, produziram um documento de dez páginas que veio a se tornar a Constituição dos Estados Unidos.

As atas do Congresso registram acaloradas discussões sobre dois pontos principais: a relação entre os estados e o centro e a amplitude do direito de voto. Alguns delegados preferiam que as assembleias estaduais escolhessem seus representantes em ambas as casas. Contudo, a ideia da eleição direta pelo povo saiu vencedora pelas mesmas razões expostas nos debates de Putney. Os homens que haviam lutado juntos pela independência das colônias como uma única entidade achavam, agora, que deviam poder escolher diretamente as pessoas que iriam governá-la.

O Congresso decidiu também que o presidente seria eleito diretamente pelo povo por meio de um colégio eleitoral formado separadamente das assembleias estaduais e congresso federal. O presidente seria detentor dos poderes executivos do governo, livre para escolher seu gabinete e suas políticas; o Congresso seria o único poder capaz de aprovar leis; só teriam direito de voto os homens (mulheres, índios, escravos foram totalmente excluídos) detentores de propriedade plena com taxação acima de 40 *shillings*. Assim como em Putney, os representantes ricos alegaram que, como proprietários, tinham participação especial no país. Em todo caso, os colonos não haviam lutado por democracia nem a buscavam; queriam um governo constitucional.

A Constituição esboçou as relações entre o poder Legislativo e o Executivo, bem como entre o Governo Federal e os Estados. Tudo o mais ficaria a cargo dos estados. Mas quando a Constituição foi liberada para ratificação ficou claro que faltava algo. Os representantes dos estados, liderados por Massachusetts, queriam que o documento incluísse a definição e proteção dos direitos dos cidadãos. Isso era importante porque os Estados Unidos eram um novo país. Até 1776 todos os colonos se consideravam britânicos, com todos os direitos da lei comum, do precedente e do costume que seus ancestrais haviam desfrutado. Se não eram mais britânicos, precisavam saber expressamente quais eram os seus direitos. Foi aqui, não na discussão sobre os poderes dos governos federal e estadual e sobre a eleição presidencial, que os costumes do povo deram à Constituição americana a sua seiva vital.

Por instância de Thomas Jefferson, James Madison elaborou uma lista de emendas à Constituição. Dez dessas emendas foram adotadas, tornando-se conhecidas como Carta de Direitos, que incluem os direitos à liberdade de expressão e reunião pacífica; ao porte de armas; à recusa de testemunhar contra si próprio (a muito usada 5ª Emenda); e ao julgamento por um júri. Antevendo que nenhum conjunto de regras garantiria decisões inequívocas, a convenção constitucional criou um corpo judicial independente para resolver disputas sobre matérias constitucionais, servir de corte de final de apelação para os cidadãos do novo país e, finalmente, ser a guardiã da Constituição.

O marco institucional estabelecido pela Constituição e pela Carta de Direitos propiciou aos Estados Unidos dois séculos de estabilidade política em que o próprio país mudou radicalmente. A Constituição, em contraste, não mudou quase nada. A mesma estrutura que atendia a um país formado por 13 estados litorâneos e 2,5 milhões de habitantes, a maioria expatriados britânicos convertidos em agricultores e pequenos comerciantes, sobreviveu para servir a um continente de quase 300 milhões de cidadãos oriundos de quase todos os países do mundo. A Constituição dos Estados Unidos contém um esmerado equilíbrio entre direitos, liberdades e leis, não dá democracia aos cidadãos, mas sim representação e, o mais importante, um conjunto de leis básicas para proteger seus interesses e instituições que garantem a sua aplicação em nome deles. Os estadunidenses receberam um governo representativo, mas também proteção em face do governo. A crença na democracia como máximo objetivo do desenvolvimento político costuma ignorar esse elemento crucial da mais poderosa democracia do mundo — as instituições que definem e protegem os cidadãos e viabilizam a divergência são às vezes mais importantes do que a própria democracia. As sociedades consuetudinárias as têm culturalmente incrustadas; os novos países tiveram de inventá-las. A Constituição dos Estados Unidos é, portanto, um híbrido. A Carta de Direitos, acrescentada *a posteriori* da consulta à população, preservou as liberdades consuetudinárias das sociedades isentas de opressão — como a das treze colônias originais. Todavia, o inflexível e inviolável corpo principal do documento deixou os altos escalões da política norte-americana atados a um rígido conjunto de condições que nem sempre servem aos interesses do país e de seu povo; ao contrário, conferem imensos poderes a um pequeno grupo.

A última palavra sobre a representação cabe àquele que teve a responsabilidade de redigir a Declaração da Independência e defender a Carta de Direitos. Para Thomas Jefferson, o governo representativo requer um eleitorado informado e esclarecido. Uma velha alegação (tão velha quanto Atenas) contra o voto popular era a incapacidade do povo de tomar decisões esclarecidas. Os atenienses resolveram o problema, como Jefferson bem sabia, educando e galvanizando a cidadania. Jefferson defendeu o mesmo na América: "Não reconheço nenhum repositório dos poderes máximos da sociedade que não o próprio povo; e, pensamos que não é suficientemente esclarecido para exercer o seu poder com total discernimento, a solução não é privá-lo de poder, mas formar esse discernimento."

As primeiras décadas dos Estados Unidos foram marcadas pela criação de um sistema financeiro federal e de um governo dos "companheiros" da luta pela independência. George Washington foi sucedido na presidência por John Adams, Thomas Jefferson e James Madison. Adams e Jefferson se empenharam em manter os Estados Unidos à margem das guerras napoleônicas, mas em 1812 o presidente Madison, pressionado pelos novos membros do Congresso e por colonos ávidos por deitar as mãos no Canadá, declarou guerra contra a Grã-Bretanha. O resultado foi a captura de Washington e o incêndio da Casa Branca pelas tropas britânicas em 1814. Os Estados Unidos obtiveram uma vitória esmagadora em Nova Orleans em janeiro de 1815, mas a essa altura a guerra já estava oficialmente terminada. A Grã-Bretanha e os Estados Unidos nunca mais se guerrearam novamente e, tão importante quanto, os Estados Unidos não se envolveram em conflitos europeus durante um século mais. Livre de seus senhores coloniais, o novo país virou as costas ao Atlântico e se defrontou com um futuro de outro tipo no Oeste.

A Constituição dos Estados Unidos não poderia ter surgido em Veneza, Londres, Edimburgo, Viena ou Madri, mas ela precisava de um grupo de líderes que acreditassem, ainda que vagamente, que sua sociedade não reivindicava o passado, mas tão somente os princípios do presente. Eles seguiam a crença de Tom Paine de que não deviam se deixar limitar pelas regras de seus antepassados. Todavia, uma vez estabelecido pelos líderes da Revolução Americana o precedente da reinvenção, outros poderiam segui-los. Paris de 1789 e São Petersburgo de 1917 não teriam acontecido sem a Filadélfia de 1776.

SE A REVOLUÇÃO na América do Norte teve profundas consequências, a Revolução Francesa, iniciada no exato momento em que George Washington tomava posse, foi, na época, um acontecimento político ainda mais cataclísmico. A França ainda era, apesar de suas dificuldades, a potência dominante da Europa Ocidental e o principal polo da cultura europeia. Se para a maioria dos europeus a independência das 13 colônias foi um acontecimento remoto, ainda que interessante, a França estava no centro de tudo.

Em 20 de agosto de 1786, o ministro da Fazenda francês, Charles Alexandre de Calonne, apresentou a Luís XVI um quadro sombrio das finanças do reino. Nos poucos anos anteriores, a dívida nacional francesa havia triplicado, fazendo com que o pagamento de juros absorvesse metade das rendas do regime, que já havia gasto a receita projetada para o ano seguinte. O motor primordial do Estado — a arrecadação fiscal suficiente para o custeio das despesas do rei — estava em crise. Luís foi obrigado a pedir ajuda aos seus nobres.

Os tradicionais *parlements* de aristocratas, que tinham o poder de elevar os impostos em benefício do rei, recusaram-se a cooperar sem uma completa reorganização do poder político. Não se tratava de uma demonstração egoísta de melindre aristocrático — a nobreza da França, ao contrário do rei, sabia que o país e o mundo além do palácio de Versalhes haviam mudado; os nobres já não tinham a capacidade de impor novos impostos a uma população submissa. A França formara uma numerosa classe média que, na prática, dirigia a administração e a construção da riqueza do país. Advogados, comerciantes, médicos, militares, funcionários do governo, pequenos proprietários de terra, fabricantes e banqueiros constituíam um poderoso segmento social completamente à margem da tradicional estrutura de poder formada pelo rei, a nobreza e a Igreja. Os *parlements* e o ministro da Fazenda — reconduzido ao cargo — Jacques Necker admitiram que o único modo de governar a França era trazer esses segmentos para a estrutura de poder ou ao menos consultá-los. Em agosto de 1788, Luís aceitou convocar uma assembleia dos Estados Gerais, instituição tradicional, mas pouco usada que compreendia os representantes da nobreza, do clero e da burguesia. Essa última, conhecida como *Tiers état*, ou Terceiro Estado, em teoria representava 95% do povo francês, excluídas a Igreja e aristocracia; na prática, seus representantes eram advogados, comerciantes, burocratas e médicos.

Os problemas financeiros de Luís foram agravados pela má sorte. Na década de 1780 a França sofreu uma série de más colheitas, a pior delas em 1788. Na primavera de 1789, em seguida a um inverno inusitadamente frio, não havia alimento suficiente para os 28 milhões de habitantes do país. Em Paris e em toda a França eclodiram "revoltas do pão" sob rumores de que o trigo estava sendo retido pelo governo. No fim de abril, trezentas pessoas foram baleadas por tropas do rei num tumulto no Faubourg St Antoine. Revoltas do pão não eram novidade, porém, em 1789, se combinaram com reivindicações políticas. A notícia da convocação dos Estados galvanizara a França; quando os amotinados gritavam *Vive le tiers!*, ficava claro que apenas pão não bastaria.

Para os membros do Terceiro Estado vindos, em maio de 1789, de suas bancas de advocacia, firmas de comércio, consultórios médicos e agências governamentais em Agen, Briançon, Limoges e Arras, Versalhes devia parecer uma ilha da fantasia. Se ainda hoje é um absurdo de escala e suntuosidade, no século XVIII o palácio era deliberadamente sobrenatural. Visitantes e suplicantes deviam se sentir adentrando os domínios de um semideus. Não demorou muito, no entanto, para que o assombro dos pequenos proprietários de terra do Terceiro Estado com Versalhes se transformasse em irritação; se a intenção era deslumbrar e intimidar seus súditos, aprisionando-os numa gaiola dourada, Luís subestimou a sua determinação.

Sem sombra de dúvida, a situação da corte versalhesa contribuiu de outra forma para os eventos de 1789. Não apenas o rei estava isolado de seus súditos, como Paris era uma cidade sem corte. Maior cidade da Europa e capital de seu país mais rico e importante, Paris não tinha qualquer propósito significativo como verdadeira sede do governo. Despojada de todo processo ou função política, a cidade era, no fim do século XVIII, um caldeirão de descontentamento e desafeição pela realeza distante.

O rei oferecia aos Estados Gerais a formação de um arranjo político representando limitadamente os diferentes segmentos da população francesa em troca de atuar como sistema de arrecadação de impostos para a Coroa. Todavia, a última vez que os Estados haviam sido convocados fora no começo do século XVII, quando a França era uma sociedade semifeudal; o mesmo sistema não poderia funcionar na França de 1789. Os três grupos deveriam se reunir em separado, atendo-se às questões propostas pelos ministros do rei, mas o Terceiro Estado, que representava a vasta maioria do povo francês, percebeu que acabaria eclipsado pelos demais. Apesar das simpatias de alguns membros da nobreza e do clero pelo Terceiro Estado, parecia não haver arranjo constitucional que satisfizesse simultaneamente as três categorias e o rei.

Em 10 de junho de 1789, os membros do Terceiro Estado decidiram seguir sozinhos. Intitularam-se a única assembleia representativa e convidaram os deputados dos demais Estados a aderir se assim o desejassem. Uma semana mais tarde se declararam Assembleia Nacional da França, dissolvendo na prática os demais Estados. Em 20 de junho, impedidos de entrar na sala de reunião em Versalhes, tiveram de se reunir num pavilhão anexo onde fizeram o famoso Juramento da Sala do Jogo da Pela, de permanecer em sessão até que fosse redigida uma nova Constituição para a França. Em dez dias um grupo de burgueses simplesmente concluiu que esse deveria ser o novo governo soberano e convenção constitucional do país.

Dado que a Revolução Francesa foi uma rebelião da burguesia, vale a pena observar o significado contemporâneo da palavra. No século XIX o termo *burguesia* foi usado para descrever aqueles elementos de classe média da sociedade que resistiam às forças da mudança social e desconfiavam das ideias românticas de artistas e revolucionários. No século XVIII o burguês era o cidadão independente, livre das restrições de servidão ou vassalagem, igual perante a lei e a todos os outros membros da sociedade civil a que pertencia. O objetivo do Iluminismo, bem como das revoluções "burguesas" americana e francesa, não era a promoção dos interesses de um segmento da sociedade, mas da perspectiva de que *todos* fossem burgueses. Os princípios universais de liberdade, representação e direitos individuais deviam valer para todos, de tal modo que todos se tornassem burgueses ou cidadãos independentes.

As ações do Terceiro Estado causaram pânico em Versalhes. Os ministros do rei aconselharam cursos de ação contraditórios e em 11 de julho Luís exonerou Jacques Necker, o homem que o havia exortado a convocar os Estados. Necker era popular entre os deputados e o público, que o acolhia como portador de mudanças. A sua demissão foi a gota d'água que levou muitos franceses à contestação aberta do regime.

Enquanto os políticos manobravam em Versalhes, em Paris, a 20 quilômetros de distância, em outras partes da França as pessoas comuns começaram a agir contra o *ancien régime*, derrubando postos alfandegários e erguendo barricadas. O fator crítico do rápido desenrolar do drama seria o comportamento das tropas. Iriam elas se juntar ao rei e disparar contra os civis rebelados — como já fizeram antes — ou iriam, constituídas por comuns, se juntar aos seus concidadãos? Nas décadas anteriores o estado de espírito, atitude e organização do exército francês haviam mudado significativamente. Humilhado na Guerra dos Sete Anos concluída em 1763, o exército havia começado a se reorganizar nos moldes do adversário prussiano. Os nobres diletantes foram eliminados junto com o recrutamento sazonal. O exército francês se tornou uma organização profissional, alojada em quartéis e crescentemente dedicada (sob a influência de Rousseau e outros) à causa da França, não de seu monarca. Os oficiais e soldados franceses que haviam servido na Guerra da Independência Americana retornaram profundamente marcados pela luta ombro a ombro com colonos que buscavam se libertar da tirania. Oficiais veteranos como o general Lafayette, herói da guerra americana, se juntaram à nova Assembleia Nacional e lograram convencer a guarnição de Paris a não intervir nos tumultos, assim contribuindo para dar fim ao domínio do rei como monarca absoluto. Daí em diante, Luís foi obrigado a acatar a vontade da assembleia.

Por solicitação da assembleia, Lafayette recrutou ex-soldados e outros voluntários para formar uma guarda nacional leal à assembleia, não ao rei. Em 14 de julho, uma multidão armada de mosquetes cercou a fortaleza e prisão da Bastilha, símbolo do poder autocrático. O comandante se rendeu e os prisioneiros foram libertados. Por toda a França grupos de camponeses armados atacaram as casas dos nobres, obrigando muitos deles a se exilarem. Com o rei impotente e o exército neutro ou favorável à reforma, todos os olhares se voltaram para a Assembleia Nacional.

Tal como os atenienses do quinto século a.c., os italianos do norte do século XII, os ingleses e holandeses do século XVII e os norte-americanos da década anterior, os deputados da Assembleia Nacional francesa se viram diante da súbita e inesperada oportunidade de moldar o futuro político de seu país. Em nenhum daqueles casos, porém, coube aos cidadãos inventar a ideia de dispersar o poder de maneira equânime por toda a sociedade; tratava-se, ao contrário, de criar maneiras de adaptar à nova situação os antigos e salutares costumes comunitários do respeito mútuo, da moderação e das reparações. A novidade de 1789 era, evidentemente, o Estado francês — um vasto aparato que se propunha a controlar as vidas e atender às necessidades dos mais de 20 milhões de habitantes de seu diversificado território de mais de meio milhão de quilômetros quadrados.

Os Estados Unidos e a Grã-Bretanha eram exemplos vivos de entidades políticas constitucionais, mas aos políticos franceses não faltavam ideias autóctones. Muitos membros da burguesia, familiarizados com a obra de filósofos do Iluminismo como Montesquieu, Diderot, Voltaire e Rousseau, tinham clara consciência da distância que separava o regime francês das ideias por eles defendidas. A convocação dos Estados Gerais colocou os mundos paralelos da França em conflito direto; a audácia da assembleia colocou, finalmente, o mundo letrado e ilustrado da burguesia face a face com o regime autocrático dos Bourbon.

Em 4 de agosto de 1789, a assembleia aboliu todos os direitos hereditários e em 26 de agosto publicou o seu mais importante documento, a Declaração dos Direitos do Homem e do Cidadão. Em outubro de 1789, a turba enfurecida de Paris obrigou o rei e a rainha a voltarem de Versalhes para a capital; a assembleia também se transferiu para Paris e deu continuidade à sua tarefa de moldar uma nova Constituição. Apesar da inequívoca revolução política, a essa altura um resultado pacífico ainda parecia possível. Em 14 de julho de 1790, primeiro aniversário da tomada da Bastilha, as mais de 250 mil pessoas reunidas no Campo de Marte, incluindo os líderes da assembleia, fizeram um juramento "à nação, à lei e ao rei" escrito por Charles Maurice Talleyrand. Um acordo constitucional com outorga de poderes limitados ao rei era ainda o objetivo da maior parte do povo francês.

O mais importante obstáculo a uma solução pacífica (salvo a possível rejeição do rei a qualquer limitação de seus poderes) era o comportamento dos emigrados franceses. A despeito das guerras travadas por territórios e reinos, as famílias governantes da Europa, unidas pelo sangue e pela ânsia de domínio, tinham mais em comum umas com as outras do que com seus súditos — Maria Antonieta era irmã do rei Leopoldo da Áustria, e o conde d'Artois, irmão mais novo de Luís, incentivou publicamente os demais países europeus a intervir na França para destruir a revolução e restaurá-lo como monarca absoluto.

Enquanto a Assembleia Nacional tratava de conceber uma Constituição, a França se politizava de uma forma nova, que, para muitos historiadores, foi o começo do mundo ocidental moderno. Os Estados-nação haviam surgido da coesão dos interesses regionais por monarcas poderosos e centralizadores, processo que em alguns países fora seguido de reformas que ampliaram a voz dos proprietários no governo do país. A relação psicológica do povo com o país continuou sendo uma mescla de lealdade pessoal ao monarca, reconhecimento de seu tradicional direito de governar junto com a aristocracia, ligação a uma Igreja nacional, identificação com a ideia de defender a própria terra, língua comum e desapreço pelos inimigos estrangeiros. Mas os acontecimentos de 1789 destroçaram essas conexões. A lealdade ao rei, à Igreja e à nobreza desapareceu, e a ligação com o país foi substituída pela lealdade à revolução, ao processo político e ao povo da França. Se, como declarara a assembleia, a única fonte legítima de poder era o povo, então a autoridade de cada deputado, de toda a assembleia na verdade, dependia do apoio do povo. Os deputados da Assembleia Nacional, seus seguidores e detratores despejaram uma torrente de panfletos, notas, cartazes, declarações e alegações políticas concebidas para trazer o povo para o seu lado.

Um novo Estado francês veio à luz em substituição à monarquia como centro das lealdades do país e à Igreja como núcleo de sua organização social; a vida política substituiu a religião no coração dos assuntos da nação. Estados constitucionais com monarquias de poderes ilimitados ainda existiam na Grã-Bretanha e Holanda, mas as Revoluções Americana e Francesa ignoraram tal concessão. Na França, um conluio entre a monarquia, a aristocracia e a Igreja frustrara quaisquer reformas políticas e sociais nos últimos 150 anos; a lealdade ao rei, apesar de ainda decantada pelo povo, cessou de existir no momento em que ele se tornou um obstáculo aos seus desejos. Ao contrário da Grã-Bretanha de 1688, o novo Estado francês posterior a 1789 chegou como uma espécie de ideal semimístico encarnado na figura de Marianne\* e celebrado pela *tricolore* e pelo barrete frígio. Um viajante inglês ao norte da França testemunhou em 1792 um novo tipo de país: "Nos mercados de todas as cidades entre Calais e Paris plantaram-se árvores (em geral álamos) (...) no alto dessas árvores, ou postes, havia barretes vermelhos de lã ou algodão chamados *Barretes da Liberdade* e flâmulas, ou fitas, vermelhas e azuis e brancas. Vi também várias estátuas de santos, dentro e fora das igrejas (em Paris, inclusive) com chapéus similares e crucifixos com o barrete nacional amarrado ao braço esquerdo do Cristo na cruz (...) todos os brasões que antes decoravam os portões dos *Hôtels* foram retirados (...) os empregados já não usam librés: este símbolo da escravidão também fora abolido." (Twiss.)

A própria ideia do conteúdo da nação e de como governá-la foi alterada pela politização da vida. Já não mais definida pela lealdade a um monarca distante, a nação francesa se tornou uma entidade unificada pela participação do povo na sua vida política. O profundo envolvimento político do povo implicava que toda a vida se politizara. Nos anos seguintes à revolução, as instituições do Estado se derramaram sobre todos os aspectos da vida francesa. Comparado às administrações precárias e amadorísticas das monarquias tradicionais, o Estado francês era uma máquina eficiente e envolvente, um modelo de como se deviam governar as nações modernas. Já não havia nem mesmo um vago senso de lealdade; a França era, agora, integralmente identificável por suas fronteiras, sua língua e seus ideais.

Luís até poderia ter sobrevivido nessa atmosfera politizada, mas não estava preparado para assumir os riscos. Em junho de 1791, o rei e a rainha tentaram fugir do país, mas foram presos em Varennes e trazidos de volta a Paris como prisioneiros. Em setembro de 1791, publicou-se, finalmente, a nova Constituição, que assegurava eleições capazes de refletir as mudanças

---

\* Personificação feminina da República Francesa. (N.T.)

do estado de espírito da nação, o qual poderia ter sido o capítulo final da Revolução — a nova Assembleia Legislativa dirigiria o país, e Luís seria um monarca fantoche — se tal arranjo constitucional houvesse contentado a comuna que governava Paris. Essa, porém, considerava que o rei renunciara ao seu direito de governar e exigia a república. No verão de 1792, os jacobinos, grupo radical da comuna, ameaçavam tomar a Assembleia. Os acontecimentos se precipitaram quando o duque de Brunswick, comandante em chefe do exército prussiano que marchava para Paris, enviou um manifesto declarando que incendiaria Paris e massacraria seus habitantes em caso de violação do Palácio das Tulherias e ofensas ao rei e à rainha. Ansioso pelo resgate, o rei publicou o manifesto de Brunswick e retirou seus ministros moderados da assembleia para esvaziar a nova Constituição. O efeito foi incendiário. Em 10 de agosto de 1792, uma multidão atacou as Tulherias, matou os guardas e tomou a família real como prisioneira. Em 22 de setembro, a França foi declarada uma república. A Assembleia Legislativa foi imediatamente dissolvida em favor de uma Convenção Nacional Republicana controlada pelos jacobinos.

A guerra contra a Áustria e seus aliados começou mal, apesar da heroica ação defensiva do "exército cidadão" em Valmy, em setembro de 1792. Em dezembro o rei foi levado a julgamento perante a Convenção por tramar a traição da França. Todos os 693 deputados votaram pelo veredicto de culpado; a pena de morte foi decidida por uma pequena maioria. Em 21 de janeiro de 1793 o rei foi executado na presença de uma multidão de cidadãos armados.

No mês seguinte, a ameaça de derrota frente aos exércitos inimigos levou a um intento de recrutamento obrigatório que, somado à execução do rei, provocou a formação de um exército contrarrevolucionário na região da Vendeia, oeste da França. Em junho de 1793, a Convenção Nacional criou um Comitê de Segurança Pública como seu gabinete e executivo. Em agosto de 1793, com o exército da Vendeia crescendo em força e o exército austríaco prestes a invadir o nordeste debilmente defendido do país, o Comitê declarou a requisição de todos os cidadãos da França e suas possessões para o esforço de guerra. Foi o famoso *levée em masse*, a militarização do país inteiro. Ao envolver todos os cidadãos na guerra o Comitê de Segurança Pública declarava que, mais do que o regime, o governo ou uma facção em especial, estava em questão a sobrevivência do país. Não haveria rendição ao inimigo sem a completa destruição da nação francesa. Era a vitória completa ou a aniquilação: em outras palavras, a guerra total.

Ao mudar a natureza do Estado-nação, a Revolução Francesa mudou o conceito de guerra. Os soldados franceses não lutavam por ganhos territoriais ou vantagens políticas; eles tinham uma visão inteiramente distinta da de seus inimigos sobre a natureza da sociedade, sobre a maneira como o país deveria ser governado e sobre os direitos dos cidadãos. Toda pretensão de distinção se fora para sempre. O exército francês lutou para defender não apenas o solo de seu novo e quase mítico Estado, como também os ideais da revolução contra a tirania de monarcas, aristocratas e prelados.

O verão de 1792 e a ameaça de invasão mudaram o curso da revolução, o que se tornou totalmente atada às guerras, que, defensivas a princípio, logo se tornaram agressivas. Poder-se-ia esperar que o exército surgido do recrutamento em massa fosse inapelavelmente amador e ineficaz, mas o contrário aconteceu. Os novos governantes queriam um exército que refletisse e encarnasse a França republicana. Reformas trouxeram a eleição dos oficiais, a abolição dos castigos corporais, o aumento dos soldos da tropa, o treinamento rigoroso e, o mais importante, a promoção por mérito, não por *status* social. Se em 1789 mais de 90% dos oficiais do exército francês eram nobres, em 1794 eles não passavam de 3%. Oito dos 26 marechais que viriam a servir sob Napoleão eram soldados comuns do exército pré-revolucionário. (Augereau, Lefebvre, Ney e Soult eram sargentos; Jourdan, Oudinot e Bernadotte, futuro rei da Suécia, soldados rasos; Victor era músico de banda). Um exército altamente motivado, bem pago, bem treinado e conduzido por experimentados comandantes profissionais iria tomar, e quase derrotar, a Europa inteira.

A crise do verão de 1793, quando o território francês era ameaçado em todos os quadrantes da bússola e a rebelião interna crescia de maneira alarmante, estaria, no entanto, encerrada até o fim do ano. As forças da Vendeia e os elementos rebeldes de Lyon, Bordeaux, Marselha, Toulon e outras cidades do Sul foram impiedosamente esmagados. A métodos brutais de repressão como o infame afundamento de uma barcaça com cerca de 2 mil prisioneiros (*noyards*) no rio Loire se somaram o incêndio de aldeias com simpatias rebeldes, o fuzilamento de fileiras de adversários à beira de túmulos coletivos e a extensão da repressão política e dos tribunais revolucionários.

Enquanto o exército garantia a segurança da França revolucionária, os membros do Comitê de Segurança Pública — dentre os quais Georges Danton, que dominou o comitê a partir de julho de 1793, e seu rival

Maximilien Robespierre, que o depôs — reforçavam seu poder político eliminando os adversários numa série aparentemente infindável de execuções. O Terror, como se tornou conhecido, durou de junho de 1793 a julho de 1794. Não obstante a fama da guilhotina parisiense, a imensa maioria dos 35 mil franceses mortos durante o período do Terror pereceu nas províncias sob guerra civil.

O Terror foi, em qualquer caso, um sinistro vislumbre do lado escuro da visão de Rousseau, para quem a verdadeira liberdade dos homens exigia a prevalência da Vontade Geral sobre a Vontade Individual. No Terror, o interesse abstrato pela humanidade aparentemente sobrepujou qualquer interesse pelos seres humanos. Procissões de carroças se deslocavam, dia após dia, do tribunal revolucionário à Praça da Revolução enquanto outras tantas esperavam para levar embora os cadáveres. Os condenados eram arrastados escada acima, amarrados a pranchas e colocados na horizontal; a prancha corria, então, sobre um trilho até que a cabeça da vítima estivesse em posição e a lâmina era liberada. Como relatou um observador, "com incrível destreza e rapidez, dois carrascos jogavam o corpo dentro de uma cesta enquanto um terceiro fazia o mesmo com a cabeça." (Millingen.)

Os adversários do regime revolucionário não eram em absoluto monarquistas ou reacionários. A maior parte saudara boa parte das reformas trazidas pela revolução. A reforma agrária que libertou exércitos de camponeses do odiado sistema senhorial e a distribuição das terras da Igreja e dos feudos tornaram o regime de Paris popular no campo. Mas o fechamento das igrejas, a proibição de cultos públicos e a "decristianização" da França desagradaram muitos apoiadores rurais. Deputados girondinos que haviam perdido para os jacobinos o controle da Convenção tentaram organizar uma rebelião nas cidades do Sul. Mesmo existindo uma convenção democrática, a oposição política só era possível por meio da força; quem fosse suspeito de se opor ao regime, seria um traidor da França e, como tal, executado.

O Terror foi o método empregado pelos jacobinos para conservar o poder, mas também uma tentativa de dar propósito moral à atividade política e impor uma ordem racional absoluta a um mundo imperfeito. Se é certo que as medidas sociais adotadas pelo regime revolucionário — imposto progressivo, educação básica e profissionalizante sustentadas pelo Estado, aposentadoria, ajuda aos necessitados — se harmonizavam com a sociedade consuetudinária francesa, o mesmo não se pode dizer da febre de renovação total que trouxe, por exemplo, o novo calendário "racional" (acompanhado, diga-se de passagem, pelos sistemas métricos de pesos e medidas). No afã de trazer justiça e ordem à sociedade, os jacobinos não souberam distinguir uma coisa da outra.

O massacre cessou quando o povo percebeu que já não havia risco iminente para o país e a revolução; a guerra já não servia como desculpa para aterrorizar Paris e o resto da França. A autoexaltação de Robespierre ficou clara quando ele organizou uma Festa do Ser Supremo como evento inaugural de uma nova religião nacional. Em 28 de julho de 1794, os membros da Convenção aproveitaram a oportunidade para aprender Robespierre e dezenove outros, executados no dia seguinte. O Terror terminara.

A república francesa dos cinco anos subsequentes foi, em contraste com o que existiu antes e depois, um regime nada notável. Uma nova Constituição aboliu o sufrágio universal com a introdução do critério de propriedade, criou uma assembleia bicameral e instituiu numerosos controles sobre o poder do executivo, que seria constituído por um Diretório de cinco membros. Extinguiram-se os tribunais revolucionários e a Guarda Nacional. A nova república, que se esforçava para preservar os ideais da revolução num governo constitucional, fracassou precisamente por motivo de sua afiliação a esses ideais. Os mesmos revolucionários que fizeram da política a seiva vital da nação paradoxalmente sempre se colocaram acima dela. A política partidária que existia na Inglaterra (e se desenvolveu rapidamente nos Estados Unidos) era, para eles, uma traição à crença central do Iluminismo no governo exclusivo da natureza e da razão. Ignorando os precedentes políticos recentes, eles tinham a Grécia e Roma (cuja idealização era facilitada pela distância) como suas únicas fontes de inspiração — Cícero e Plutarco eram mais dignos de crédito do que Voltaire e Rousseau.

A idealização da política não deixava espaço para a oposição legítima, restando uma sucessão de regimes que deviam necessariamente destruir seus predecessores e oponentes. Para se manterem no poder, os membros do Diretório começaram a manipular e anular quaisquer resultados eleitorais que não os favorecessem. Um golpe se sucedeu em 1797, quando a política já não era ditada pela vontade do povo, mas pelas maquinações de pequenos grupos.

Nesse ínterim o país retornara à guerra, a essa altura uma necessidade política, muito mais do que estratégica. A *levée en masse* convertera a França em nação armada, com todos os seus cidadãos envolvidos na guerra. O Estado precisava de guerras contínuas para se manter coeso, e o governo extrair o máximo de suas conquistas para alimentar os parisienses. Independentemente, porém, de suas motivações, os exércitos franceses acumulavam sucessos. Em 1795, os prussianos, holandeses e espanhóis já haviam sido persuadidos ou derrotados — somente os britânicos e austríacos se mantinham em guerra com a França. A captura da Itália em 1796 por seu mais exitoso comandante, Napoleão Bonaparte, tornou a França senhora da maior parte da Europa Ocidental e meridional, salvo a Grã-Bretanha. Foi então que Napoleão lançou uma ousada expedição ao Egito, que culminou na destruição da frota francesa na batalha do Nilo — um desastre militar quase completo que não impediu, todavia, que o glamoroso general fosse saudado como herói, em Paris, em outubro de 1799.

Mas a situação política do país se deteriorara. A derrota militar, em Nápoles, para um exército local mostrou que a França governava a Europa ocidental não por consentimento, mas por imposição militar. A ideia da libertação dos povos oprimidos dos outros países se perdeu num surto de fervor nacionalista que substituiu o otimismo revolucionário de 1789-94. Os militares eram vistos por todos os lados como guardiães e paladinos da nação. O Diretório civil lograra sufocar potenciais rebeliões de jacobinos e realistas, mas no fim de 1799 havia temores, genuínos ou deliberadamente insuflados, de uma ressurgência da facção jacobina e um retorno aos dias do Terror. Em 9 de novembro de 1799, o abade Sieyès, membro conservador do Diretório, arquitetou a renúncia do coletivo e sua substituição por um Consulado de três membros. Um dos cônsules era o general Napoleão Bonaparte, de 30 anos de idade, chefe de Estado *de facto*.

DEZ ANOS PASSADOS da revolução a França se tornara uma nação em armas em que o Estado agia em nome de todo o povo em troca da completa dedicação de cada cidadão à sua causa. O povo exigia sucessos militares ao seu novo líder e estava preparado para tudo sacrificar-lhe. A imensa população da França foi convertida numa máquina militar. Como escreveu Carl von Clausewitz (um oficial prussiano que lutou contra a França): "De súbito a guerra se tornou um assunto do povo, e de um povo de 30 milhões de habitantes que se viam como cidadãos do Estado."

As guerras napoleônicas que se seguiram foram intermitentes, mas envolveram toda a Europa, oriental e ocidental. Os adversários da França Áustria, Prússia e Rússia, auxiliados, incitados e eventualmente dirigidos pela Grã-Bretanha — juntaram-se numa série de alianças instáveis e carregadas de desconfianças. Uma série de vitórias francesas resultou na assinatura de tratados com as potências continentais em 1801 e com a Grã-Bretanha em 1802. Todavia, o feito de Napoleão não era uma França segura, mas um império francês. Não deveria a França, com seus exércitos cidadãos e sua nova visão de Estado militarizado, libertar, civilizar e governar a Europa como fizera Roma? Napoleão, seguindo os passos do imperador Augusto, se fez, em 1802, Primeiro Cônsul Vitalício e em 1804 foi coroado imperador dos franceses por um papa submisso.

Em 1805-07 os exércitos franceses derrotaram os austríacos, prussianos e russos em Ulm, Austerlitz, Iena, Auerstedt e Friedland. Em julho de 1807, a França ou, mais precisamente, o próprio Napoleão controlava toda a Europa continental. Seus irmãos Luís e Jerônimo se tornaram, respectivamente, reis da Holanda e do novo estado da Vestfália, e seu cunhado Joaquim Murat, grão-duque de Berg; o enteado Eugène de Beauharnais foi feito vice-rei da Itália setentrional e em 1808 outro irmão, José, anteriormente rei de Nápoles, se tornou rei da Espanha, e sua irmã Elisa, grã-duquesa da toscana. Napoleão não apenas criou um império pessoal, como também introduziu a ideia do estado-satélite. Nos territórios invadidos, generais e aristocratas descontentes eram colocados no governo em troca da promessa de lealdade ao imperador e fornecimento de tropas, dinheiro e material bélico à Grande Armée. Em 1812, os Estados alemães forneceram 190 mil homens para a invasão da Rússia.

Internamente, Napoleão continuou a reconstrução revolucionária do Estado francês dando estrutura organizacional e coerência às reformas dos últimos dez anos. O Código Napoleônico introduziu um sistema unificado de legislação cível, comercial, criminal e penal em substituição tanto às leis anteriores à revolução quanto às 1.400 medidas sancionadas a partir de 1789. Consagraram-se a igualdade perante a lei e a tolerância religiosa ao lado do direito de o Estado dirigir a economia industrial e agrícola do país. Embora a revolução seja vista como uma rebelião de esquerda, a abolição de taxas alfandegárias e outras restrições, bem como a proibição das guildas e associações de trabalhadores, mantidas por Napoleão, visaram à promoção deliberada do comércio. O território da França foi racionalmente subdividido em comunas, departamentos e distritos governados por subprefeitos, prefeitos e governadores, e um sistema nacional de educação estabelecido com base nos governos locais. Introduziu-se também um

Escritório de Auditoria Pública apoiado por um novo e eficiente sistema de cálculo e arrecadação de impostos. Em 1802, criou-se uma força policial nacional apoiada por tribunais itinerantes — a eficiência do novo Estado permitia que Napoleão, um administrador talentoso, mantivesse sob firme controle toda a oposição política.

O primeiro grande revés militar de Napoleão proveio de sua decisão de substituir, em maio de 1808, o rei Bourbon da Espanha por seu irmão José. O povo espanhol se rebelou contra a dominação francesa e buscou ajuda britânica. A Guerra Peninsular foi um conflito amplo e terrivelmente sangrento que expôs as limitações da invulnerabilidade francesa. E, se a intervenção na Espanha foi um erro, a campanha russa foi um desastre. O czar russo assinara a paz em Tilsit, em 1807, mas vinha enfraquecendo o bloqueio contra a Grã-Bretanha — um grande aborrecimento para a França, sem dúvida, mas que talvez não justificasse o envio de um exército ao vasto e desconhecido território da Rússia. Napoleão decerto acreditava que com a Rússia sob controle e a Grã-Bretanha isolada não haveria mais inimigos a perturbá-lo. Inspirado pelo exemplo de Júlio César e Augusto, ele via a Europa como uma versão estendida do Império Romano — um território pacífico e harmonioso que só precisaria ser defendido em suas fronteiras. Talvez tenha aprendido também com os romanos que o caminho para conservar a lealdade dos aliados, o controle dos Estados cativos e a felicidade do povo era continuar fazendo guerras.

A invasão de 1812 levou Napoleão até Moscou, mas não logrou trazer seu exército de volta a casa. Cerca de 380 mil homens foram perdidos por morte, captura ou deserção. A recente descoberta de um túmulo coletivo na Lituânia mostrou que vinte diferentes nacionalidades estavam provavelmente representadas na força de invasão, que tinha soldados portugueses, italianos e suíços, além de franceses. Em outubro de 1813, as forças remanescentes da *Grande Armée* foram derrotadas em Leipzig e em maio de 1814 as forças aliadas entraram em Paris para desfilar sob o Arco do Triunfo que Napoleão erguera para a sua própria glorificação. Egresso do exílio forçado em Elba em março de 1815, Napoleão convenceu os franceses a tomar a Europa uma vez mais. A derrota final sobreveio em junho de 1815, em Waterloo. Luís XVIII, irmão do rei executado, foi restaurado no trono francês. A revolução e as guerras napoleônicas estavam terminadas. Depois de vinte e cinco anos a Europa voltava a ter paz.

* * *

A REVOLUÇÃO FRANCESA suscitou mais reações apaixonadas e divisões emocionais do que qualquer outro acontecimento na história da Europa. Não se trata de distorção retrospectiva: em seu próprio transcurso a revolução foi vista como um acontecimento de importância mundial. Para o país mais importante e fascinante da Europa, a derrubada do monarca e a substituição de todo o sistema de governo e administração foram acontecimentos monumentais. Acrescente-se a isso o propósito da revolução — substituir um regime tirânico, não representativo, irracional e hierárquico por um governo esclarecido, racional, representativo e igualitário — e eis que se cumpre o sonho de milhares de indivíduos radicais, letrados e ilustrados de toda a Europa. Se a maior parte dos estudos dos anos 1789-1815 se concentra nas diferenças ideológicas dos protagonistas, historiadores mais recentes vêm destacando a criação do moderno Estado ocidental como a motivação comum a todos os envolvidos.

Os acontecimentos na França anunciaram um novo tipo de Estado baseado num novo conjunto de hipóteses, lealdades e organizações. Ao codificar não todas, mas a maior parte das reformas revolucionárias, Napoleão legou à posteridade um Estado capaz de atender a todos os aspectos da vida dos cidadãos que, em troca, outorgariam sua lealdade não a um monarca-símbolo do Estado, mas ao próprio Estado, permitindo que ele interviesse em todos os aspectos da sua existência. A despeito dos benefícios materiais, essa ampliação da esfera do Estado propiciou um controle muito mais estrito da vida dos cidadãos, trazendo consigo a possibilidade do Estado policial totalitário. Tão importante quanto, o período revolucionário mostrou que era possível o Estado adotar leis para a melhoria da vida dos cidadãos sem recorrer à tradição. Foi o reconhecimento de uma realidade em transformação, em que os antigos costumes tiveram de ser radicalmente reinterpretados para poderem servir ao novo tipo de cidadão.

O período revolucionário, como já vimos, deu à política um propósito moral, combinado, porém, com uma idealização que negava a possibilidade de oposição legítima. Napoleão manteve sua crença em uma visão única e incontestável de Estado perfeito e pôs à Europa na trajetória de uma série de golpes, restaurações e repúblicas reconstituídas. Mas a Grã-Bretanha, rival invicta da França, e também os Estados Unidos haviam desenvolvido a política partidária e a oposição leal. O Estado moderno surgido no século XIX viria a ser uma combinação da centralização política e da cidadania francesas com a prática britânica do dissenso político limitado ao marco de uma estrutura estatal consensual. Em certas esferas, contudo, particularmente entre filósofos sem experiência da vida política, a idealização da política manifestada na Revolução Francesa brilhou como um raio de esperança. A antiga crença numa solução racional para o problema da construção da sociedade, conciliando liberdade e ordem, persistiu na Europa durante a maior parte dos duzentos anos seguintes.

Embora esses efeitos políticos tenham sido gradualmente sentidos no transcurso do século seguinte, as aventuras militares de Napoleão tiveram um efeito imediato e duradouro sobre as pessoas, alterando para sempre a geopolítica da Europa. Espanha e Portugal, militar e financeiramente exauridos por décadas de luta a favor e contra os franceses, perderam na prática o controle de seus impérios ultramarinos com a independência de suas colônias da América do sul e Central, ao passo que a tomada de toda a península italiana por Napoleão inspirou o prolongado ímpeto de unidade nacional assumido por Vitór Emmanuel e Giuseppe Garibaldi. Foi, porém, na Europa central que o legado geopolítico de Napoleão teve a maior influência. Napoleão desmantelou o Sacro Império Romano-Germânico convertendo boa parte dele numa entidade mais administrável — a Confederação do Reno, modelo para a futura Alemanha, Estado mais populoso e poderoso da Europa continental.

Além de pavimentar o caminho para os movimentos nacionalistas italiano e alemão, o sistema militar francês, que em cerca de 25 anos produziu exércitos invencíveis, parecia indicar que um entusiástico país em armas e uma economia de guerra podiam gerar imensos ganhos. A lição aprendida, pela Prússia em particular, não foi a de que estes acabavam inevitavelmente derrotados, nem a de que seus resultados eram ilusórios e efêmeros, mas o de que a guerra total podia trazer a vitória total.

Para a própria França, 23 anos de guerras contínuas com poucas oportunidades para o comércio exterior a deixaram para trás na corrida da industrialização. A despeito das vantagens naturais que lhe deram vantagens decisivas na economia fundamentalmente agrícola do século XVII, a falta de carvão agravou os problemas legados pela guerra. Entre 1789 e 1815, a Grã-Bretanha, sua maior rival, saltara à frente em tecnologia e produtividade. Quando as barreiras ao comércio caíram, a indústria francesa foi tragada pelo novo gigante industrial do norte.

Os efeitos do período revolucionário sobre a cultura artística da Europa foram profundos. Considerando tratar-se de um movimento político construído sobre princípios racionais, a Revolução Francesa foi inapelavelmente romântica — coincidindo e contribuindo para um novo estado de espírito entre intelectuais e artistas europeus. Os nomes dos revolucionários — Lafayette, Mirabeau, Marat, Danton — ecoaram por toda a Europa como toques de reunir dos deuses. Até mesmo a ditadura de Napoleão acendeu a imaginação de republicanos como Beethoven e, mais de 50 anos, Tolstoi, que mostrou em *Guerra e Paz* que boa parte da intelligentsia russa (que falava francês entre si, não russo) era fascinada pelo líder da invasão do seu país em 1812. Mas o artista mais convincente da era napoleônica talvez tenha sido o pintor espanhol Francisco Goya (1746-1828). Testemunha de uma guerra selvagem trazida à sua terra natal por um poder estrangeiro que se reclamava arauto da razão e da ordem, Goya retratou o verdadeiro custo humano das grandes estratégias militares. A inscrição que está no centro de um de seus mais importantes e perturbadores conjuntos de imagens é um antigo tema de discussão entre os historiadores da arte. As cenas da devastação do seu país e massacre do seu povo pelas forças de um regime ilustrado nos permitem entender a amargura de seu *cri de coeur*\* reminiscente a Sófocles: os sonhos da razão geram monstros.

---

\* "Grito do coração". (N.T.)

CAPÍTULO 14

# INDUSTRIALIZAÇÃO E NACIONALISMO
## *O Domínio Britânico e a Ideologia da Liberdade*

Nos cinco mil anos anteriores a 1750, as terras e povos da Europa haviam constituído uma civilização essencialmente agrícola. E ainda que o aumento, a partir do século XII, da eficiência na agricultura, na manufatura artesanal e na organização do comércio tenha propiciado o surgimento de sociedades urbanas, a Europa continuava sendo uma coleção de sociedades predominantemente rurais, em que a maioria das pessoas trabalhava na terra, a maior parte da riqueza e do poder provinha da propriedade fundiária e o grosso da prosperidade econômica e industrial dependia dos produtos agrícolas. Na Europa Ocidental do século XVIII ainda era possível populações inteiras morrerem de fome como resultado de más colheitas.

Nos duzentos anos seguintes a Europa Ocidental mudou de rosto, convertendo-se num continente de sociedades industrializadas ligadas por um sistema comercial unificado. Tal mudança, apesar de descontínua (como mostra, por exemplo, a fome irlandesa de 1840), propiciou que, no começo do século XX, a Europa Ocidental apresentasse uma notável transfiguração, de economia essencialmente rural e agrícola em civilização esmagadoramente industrial. Os efeitos dessa mudança sobre a vida dos povos europeus foram imensos. Suas mais dramáticas consequências foram o vasto aumento da população (como se deu também, a seguir, nos Estados Unidos industrializados) e a rápida urbanização da sociedade. E foi assim que surgiram dois conjuntos, ou classes, de pessoas que mal haviam existido anteriormente, mas cujas necessidades definiriam o curso da história ocidental subsequente. Desde a quebra das crenças fundamentais da vida medieval os europeus haviam se empenhado em construir uma sociedade em que os novos cidadãos — autônomos, racionais e instruídos

— pudessem usufruir os benefícios da liberdade e da ordem. Na esteira da industrialização, as necessidades dessa minoria foram superadas pelas demandas da classe média urbana, em primeiro lugar, e, logo, da classe trabalhadora industrial. A maior parte dos Estados europeus se viu capaz de construir sociedades política e culturalmente civilizadas, capazes de incluir as classes médias ascendentes — que começariam a definir a civilização ocidental —, mas não os trabalhadores industriais, as massas que constituíam a crescente maioria de uma população cada vez maior. As tentativas de integrar essa maioria na sociedade viriam a ser um tema dominante da vida política e cultural do Ocidente.

Se no fim do século XVIII os mananciais de ideias políticas e inovações culturais eram os Estados Unidos e a França, depois de 1815 todos os olhos se voltaram para a Grã-Bretanha. Com a Alemanha e a Itália ainda fragmentadas em pequenos Estados, o poderio da Áustria reduzido pelos conflitos precedentes com a Prússia, a França sofrendo os efeitos da derrota de Napoleão e os Estados Unidos mais preocupados com seu próprio Oeste e Sul, a Grã-Bretanha desfrutava de uma posição singularmente favorável para dominar o mundo ocidental. Pioneira da industrialização, centro de um sistema de comércio de amplitude mundial e dona de uma marinha imensamente poderosa, a Grã-Bretanha assumiu a liderança do mundo rumo a uma nova era.

A REVOLUÇÃO INDUSTRIAL levou tanto tempo para começar que mal merece ser chamada de revolução. Símbolo do começo da industrialização, a famosa ponte de ferro de Coalbrookdale, no rio Severn, construída em 1779, foi na verdade executada pelo *terceiro* Abraham Darby — antes dele, seu pai e avô haviam sido mestres ferreiros (palavra ainda em uso em 1674). O pisoamento, fiação, tingimento e tecelagem havia séculos constituíam uma próspera indústria, bem como a vidraria, o processamento do couro e dos metais e a mineração. Contudo, uma mudança começou a ocorrer na segunda metade do século XVII, marcada não tanto pela tecnologia e técnicas de trabalho, mas por seus efeitos econômicos. Entre 1750 e 1850, a economia da Grã-Bretanha cresceu mais rapidamente do que em qualquer centúria anterior, mantendo, depois de 1780, um crescimento anual de 2%-3% durante os cem anos seguintes. Esse nível de crescimento econômico autossustentado foi um fenômeno tão novo na história mundial que só pode ser explicado pelas mudanças na estrutura econômica do

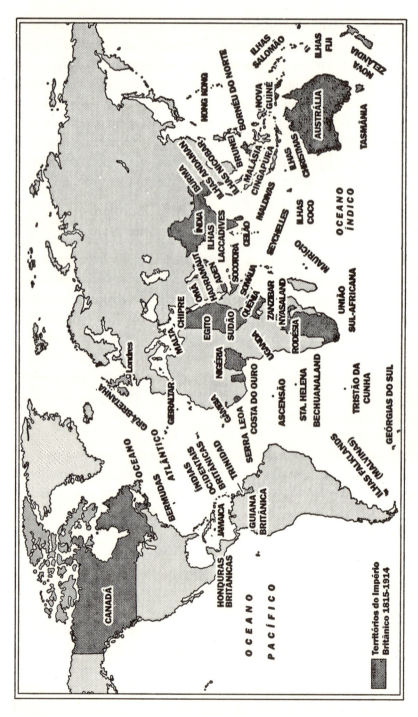

O Império Britânico, uma rede mundial.

país. Os historiadores econômicos sugerem ter havido, na Grã-Bretanha de fins do século XVIII, uma ruptura decisiva no padrão universal de relações econômicas que presidira a totalidade da história humana até então e que a Revolução Industrial pode ser vista como uma revolução econômica que propiciou o desenvolvimento da produção industrial em ritmo sem precedente. Visto sob esse ângulo, o meio século que vai de 1750 a 1800 constitui um divisor de águas de vasta importância na história econômica mundial.

Uma combinação de diversos efeitos levou a tal mudança. Durante as guerras do século XVII contra a Holanda e a França, o governo britânico impusera pesadas barreiras tarifárias às importações estrangeiras no intuito de incentivar a produção local. Terminadas as guerras, essas tarifas permaneceram em vigor para proteger a produção interna da competição ultramarina — notadamente a indústria têxtil em face da concorrência holandesa. A estrutura social britânica também contribuiu, por seu turno, para a inovação econômica. No século XVIII, a pequena nobreza britânica desfrutou de mais mobilidade social do que as burguesias de quaisquer outros países e a estrutura política do país passou a dar mais voz e poder aos interesses comerciais e profissionais em detrimento da aristocracia fundiária. O sistema social britânico era também curiosamente diferenciado. A tolerância e a diversidade religiosas permitiram que grupos como os quakers e os calvinistas, que tiveram relevantes papéis na Revolução Industrial, prosperassem em redes sociais e econômicas alternativas. Ainda que os políticos mais poderosos não fossem ativos na promoção de mudanças estruturais, não havia nenhum grupo dominante que trabalhasse resolutamente contra. Enquanto na França, por exemplo, existia uma única "sociedade", na Grã--Bretanha eram muitas.

Na Grã-Bretanha de fins do século XVIII, a terra, livre de entraves feudais, passou a ser comercializada. O cercamento das terras comunais aconteceu de diferentes formas em todos os países da Europa, mas na Grã-Bretanha deu acesso à propriedade privada do solo a quem possuísse capital e serviu de incentivo ao investimento na agricultura. A propriedade da terra foi um componente da legalização formal dos direitos de propriedade, que a tornou, ao menos em teoria, acessível a todos. Ações, letras de câmbio, patentes, tudo isto fez aumentar substancialmente a quantidade de pessoas com acesso à propriedade — a classe mercantil em expansão —, impulsionando o crescimento da atividade econômica.

Uma vez em cena uma numerosa classe de proprietários de ativos líquidos, as demandas seguintes eram o incentivo e a rota para que essas pessoas investissem em manufaturas em vez de terras e matérias-primas. Várias razões explicam que isso tenha ocorrido na Grã-Bretanha. Primeiro, a Grã-Bretanha possuía os insumos requeridos pela indústria em expansão — combustível e minério de ferro, principalmente — próximos a águas navegáveis. O carvão das minas de Durham e Northumberland era diretamente carregado em navios e trazido ao coração da Inglaterra industrial pelo sistema fluvial formado pelos rios Tyne, Wear, Tees, Humber, Trent, Tâmisa e Severn, ao passo que as minas localizadas no West Riding de Yorshire, em Lancashire e nas Midlands abasteciam as indústrias locais. O total anual de carvão transportado desde Newcastle e Sunderland foi de 500 mil toneladas em 1700, 1,2 milhão de toneladas em 1750 e 2,2 milhões de toneladas em 1800. O minério de ferro, por sua vez, era abundante em East Cleveland, no vale do Tyne, em Lincolnshire e alhures. A conversão desses recursos numa economia industrial autossustentada requereu o desenvolvimento contínuo de inovações tecnológicas e o correspondente investimento. Costumamos pensar que isso significou, acima de tudo, novas invenções e descobertas; muito mais importante, porém, foi o aperfeiçoamento das técnicas de organização do trabalho.

Desde a Idade do Bronze, em todos os cantos da Europa, os artesãos produziam bens manufaturados em suas próprias casas ou oficinas. No período medieval, as indústrias artesanais urbanas eram estritamente supervisionadas pelas guildas, mas no século XVIII a manufatura se deslocou para as áreas rurais, onde os custos eram menores. O artesanato doméstico representava, na cadeia manufatureira, baixos riscos para o mestre, mas com o aumento da demanda o sistema doméstico começou a ter problemas. Por um lado, máquinas aperfeiçoadas requeriam mais trabalhadores qualificados; por outro, os mestres relutavam em colocar fusos e teares caros nas casas dos trabalhadores. A solução foi trazer os trabalhadores até as máquinas.

Em 1771, Richard Arkwright e Jedediah Strutt construíram uma fábrica têxtil movida a energia hidráulica em Cromford, Derbyshire. Nascia o sistema fabril. Os ganhos de eficiência mais do que compensavam o investimento necessário à construção e equipagem de grandes edifícios e o risco de futuras oscilações no mercado. A força hídrica era usada desde o século XII, mas, numa fábrica, uma simples roda-d'água era capaz de mover uma centena de máquinas, como britadores de minério, crivos, rocas, teares, serras, calandras e até elevadores. A partir de cerca de 1800, graças à parceria de James Watt com Matthew Boulton, o vapor começou a substituir a água como principal fonte de energia industrial; mas o princípio era o mesmo — energia de uma única fonte.

Embora pareçam fazer sentido como lugares de produção concentrada, as fábricas não poderiam funcionar num ambiente diverso daquele surgido na Inglaterra. Investimentos de larga escala em edifícios e maquinário, com expectativas de ganhos a longo prazo, só poderiam acontecer onde houvesse pronta disponibilidade de capital líquido e investidores dispostos a se envolver em novos arranjos financeiros. O investimento em viagens marítimas e na agricultura era uma prática já secular, mas na indústria implicava a troca das expectativas de retorno rápido pela confiança generalizada no futuro.

O sistema fabril mudou não apenas as relações no local de trabalho, mas também o seu ambiente físico. Disciplina, pontualidade e diligência substituíram os padrões autoimpostos como exigências de emprego. O salário por peça era ainda amplamente dominante, mas os proprietários impunham longas jornadas para elevar a produtividade de suas máquinas. Muitas das fábricas eram lugares infernais — sujas, escuras e inacreditavelmente barulhentas; outras, porém, cuidadosamente construídas para propiciar a entrada de luz e ar e o desenvolvimento de uma comunidade de trabalho, são até hoje maravilhas arquitetônicas. Embora o trabalho doméstico continuasse a ter uma surpreendente importância até a bem avançada industrialização da Grã-Bretanha, é a fábrica que se firma como emblema da industrialização — não como sistema técnico, tampouco como fenômeno econômico, mas como uma nova maneira de trabalhar e viver.

As fábricas eram construídas onde mais convinha ao processo industrial e os trabalhadores obrigados a migrar. Vilas e cidades industriais brotavam como cogumelos nos campos de minério de carvão e ferro, nas proximidades dos depósitos de argila necessários à cerâmica, nos vales de Lancashire — onde a água e o carvão coexistiam com uma atmosfera úmida adequada ao processamento do algodão — e em lugares ao alcance do sistema de canais em expansão.

A conservação do impulso de crescimento industrial exigia uma quantidade cada vez maior de trabalhadores — a população da Grã-Bretanha cresceu de 10 milhões em 1800 para 20 milhões em 1851, e 37 milhões em 1901 —, o que, por sua vez, não seria possível sem o aumento da produção agrícola. A primeira fase da prolongada "revolução agrícola" — a introdução de novas raízes, como a rutabaga e o nabo, e de cultivos alternados, como o trevo — propiciou maior rendimento, mais animais e o uso mais continuado da terra. Em meados do século XVIII, o aumento gradual do cercamento das terras comunais, a drenagem das terras marginais e a expansão das fazendas levaram ao aumento da eficiência e da produção. A agricultura se tornou uma atividade lucrativa. O aumento da demanda fez aumentar os preços, permitindo aos agricultores investir em fertilizantes comerciais e rações artificiais e incentivando a drenagem de terras improdutivas. A Grã-Bretanha conseguia se alimentar adequadamente com uma proporção cada vez menor de sua força de trabalho empregada na agricultura.

AS MUDANÇAS econômicas por que passou a Grã-Bretanha na segunda metade do século XVIII propiciaram um tipo de crescimento econômico autossustentado jamais visto em outra época e país do mundo. A conversão da terra em mercadoria ajudou o investimento em empreendimentos industriais, cujos lucros substanciais encorajaram, por sua vez, novos investimentos. Ao mesmo tempo, a estrutura social desigual e a abundância de recursos naturais proporcionaram caminhos e possibilidades para a inovação industrial. A contrapartida do impacto econômico dinâmico da industrialização foi, por outro lado, um efeito desumanizador, com décadas de duração, sobre as vidas dos trabalhadores britânicos. A industrialização submeteu milhões de pessoas a trabalho virtualmente escravo nas fábricas e minas e empurrou levas de populações rurais para as cidades, onde a imundície, a sordidez e a doença tornavam suas vidas miseráveis e perigosas.

Em 1815, uma comissão parlamentar de inquérito descobriu que meninas começavam a trabalhar nas fiações de linho aos 8 anos de idade, das 6h da manhã às 7h da noite em tempos normais e das 5h da manhã às 9h da noite nas épocas de maior demanda. As crianças tinham quarenta minutos de intervalo para almoço ao meio-dia, sem qualquer outro descanso, e eram espancadas quando não executavam a contento seu trabalho de "descarte" — vigiar as telas dos teares para ver quando estavam cheias, parar as máquinas para retirar as canilhas, lançadeiras e telas, recarregar as telas vazias e pôr tudo para funcionar outra vez. A comissão descobriu meninas deformadas pelo trabalho e é provável que fossem todas retardadas.

Se as condições fabris eram medonhas, o crescimento espantoso e não planejado das cidades industriais as converteu em lugares de despejo humano. A população de Manchester cresceu de 75 mil habitantes em 1801 para 252 mil em 1841, com Birmingham, Liverpool e Glasgow seguindo o mesmo padrão. No fim do século, todas ultrapassariam os 800 mil habitantes. A mortalidade infantil nas freguesias industriais do Norte da Inglaterra cresceu consistentemente entre 1813 e 1836, atingindo 172 a cada 1.000, ao passo que a estatura média declinou no mesmo período e assim continuou até a década de 1860. Maiores salários e chances de encontrar trabalho nas áreas urbanas tinham como contrapartida a queda da qualidade da nutrição e da saúde. As condições de vida dos trabalhadores nos distritos urbanos eram as piores possíveis entre 1830 e 1840 e assim continuaram durante décadas em muitas cidades.

Não havia serviços públicos suficientes para atender ao vasto afluxo humano para as cidades e vilas industriais, que não tinham organização, representação nem ninguém por elas, e seus habitantes no Parlamento e no governo. A administração pública britânica era organizada em condados e freguesias, e a representação parlamentar baseada num sistema distrital suscetível a corrupção. Esses eleitorados parlamentares tinham escassa relação com o tamanho da população ainda antes da industrialização; depois se tornaram uma imensa distorção.

Os modos de vida consuetos existentes na Grã-Bretanha rural foram destroçados pela migração para as vilas e cidades, mas a industrialização foi possível graças às mudanças que já vinham ocorrendo no próprio campo. A estrutura social da Inglaterra rural sofreu uma profunda mudança no fim da época medieval com a incorporação da terra cultivável à economia monetária. Contudo, até o século XVIII o impacto dessas mudanças foi mais teórico do que prático. Nos vários levantamentos realizados pelo Departamento de Agricultura, grandes proprietários de terra apareciam como proprietários legais de extensas parcelas do campo inglês, mas essa propriedade tinha pouco suporte nos costumes e tradições que governavam a vida e o trabalho rural. O costume e a prática ditavam que grandes extensões de terras comuns fossem usadas por aqueles que não tinham acesso a outros meios de subsistência. Contudo, as Leis de Cercamento [*Enclosure Acts*], que começaram em 1750 e continuaram até 1830, permitiram que os proprietários cercassem as terras comuns, confirmassem sua propriedade legal a respeito delas e as empregassem para uso próprio ou para obtenção de renda. Um historiador escreveu: "A apropriação para uso próprio da quase totalidade das terras comuns por seus proprietários legais equivaleu a rasgar a cortina que separava o crescente exército de trabalhadores da completa proletarização." (Chambers e Mingay.) Em outras palavras, aqueles que se apropriaram das terras já eram seus proprietários legais, mas ao exercerem seus direitos destruíram a secular relação consuetudinária dos trabalhadores rurais com a terra, transformando-os em assalariados. A intrincada rede de relações, direitos, práticas e sanções existentes desde a época anglo-saxã, e provavelmente muito antes, foi destruída com a mercantilização da terra, da qual foram expulsos, por conseguinte, aqueles que não tinham dinheiro para pagar pelo seu uso.

Em nenhuma circunstância é mais nítido o contraste entre, por um lado, o poder ilustrado, individualista e padronizador e, por outro, a cultura local, comunal, oral e diversificada, do que no processo de cercamento das terras comuns. Os analfabetos do campo, que tinham limitado acesso a processos legais formais, deixaram pouquíssimos registros; os proprietários de terras, ao contrário, levaram o campo para o mundo dos documentos e contratos legais em busca da confirmação de seus direitos. Não por acaso, a pesquisa documental deixa entrever uma resistência notavelmente limitada aos cercamentos. Mas os documentos existentes indicam uma insatisfação profunda e, provavelmente, generalizada. Numa carta anônima enviada ao nobre rural de Cheshunt Park, o "coletivo da freguesia" (isto é, os usuários das terras comuns) escreveu: "(...) se o senhor tem intenção de cercar as nossas terras comuns Lammas Meads Marshes &c nós decidimos (...) que se o senhor insistir nessa maldita ideia nós, que nem sanguessugas, vamos gritar: Dá! Dá! até arrancar o sangue de todo mundo que quis roubar os inocentes que nem nasceram ainda."* (Anônimo, 27 de fevereiro de 1799, HO 42.46.)

---

* "... if you intend of inclosing Our Commond fields Lammas Meads Marshes &c Whe Resolve... if you proceeded in the aforesaid bloudy act Whe like horse leaches will cry give, give until we have spilt the bloud of every one that wished to rob the inosent unborn". A expressão "horse leaches will cry, give, give" provém da Bíblia, Provérbios, 30:15: *The horseleach hath two daughters, [crying] Give, give. There are three [things that] are never satisfied, [yea], four [things] say not, [It is] enough.* (Bíblia do Rei James, Oxford, 1769) (A sanguessuga tem duas filhas, a saber: Dá, Dá. Há três coisas que nunca se fartam; sim, quatro que nunca dizem: Basta.) (N.T.)

Os cercamentos produziram uma quantidade inaudita de trabalhadores rurais que, sem acesso à terra comum, não tinham como sustentar a si próprios e suas famílias. Desde os tempos medievais, a lei canônica exigia que cada membro da paróquia pagasse um dízimo à igreja, um terço do qual era destinado à ajuda aos pobres. Com o declínio do dízimo, o Estado interveio gradualmente de tal modo que, no século XVI, constituía exigência legal os afortunados darem dinheiro para ajudar os pobres. Em 1601, a Lei dos Pobres determinou que cada paróquia assumisse a responsabilidade de cuidar de seus próprios necessitados: algumas davam casa, outras emprego, outras ainda dinheiro e gêneros. No fim do século XVIII o sistema já não dava conta do número cada vez maior de pessoas necessitadas de ajuda. Não obstante, a tradição de cuidar dos pobres como membros da comunidade local persistiu até 1834, quando a nova Lei dos Pobres rejeitou o enfoque local em favor de um sistema nacional padronizado.

O Parlamento britânico decidiu que a ajuda aos pobres só estaria disponível àqueles que se submetessem ao regime das *workhouses*\* e que em nenhum caso deveria ultrapassar o valor do menor salário pago na região, independentemente da necessidade. As *workhouses* já existiam em muitas cidades, mas, por efeito da lei de 1834, foram consideravelmente ampliadas e integradas a um sistema formal. Em Blackburn, Lancashire, por exemplo, construiu-se uma nova *workhouse* com capacidade para 650 internos para servir a uma população de cerca de 60 mil. Ao ingressarem na *workhouse*, os pobres eram lavados e deixavam suas roupas e pertences num depósito. Todos os internos vestiam o uniforme da *workhouse*, com variações eventuais para grupos especialmente desprezados, como as mães solteiras.

A lei determinava que os internos fossem estritamente segregados. Maridos, esposas e filhos ficavam separados e eram punidos quando tentavam se comunicar. Quando aprovado pelos inspetores, as crianças de menos de 7 anos podiam ficar nas alas femininas. As internas trabalhavam principalmente em lavanderia e costura e os homens na britagem da pedra, na moagem do milho e, nas áreas rurais, na lavoura da terra. Apesar da dureza, humilhação e desumanidade da vida na *workhouse*, muitas delas

---

\* Instituição caracteristicamente britânica, espécie de asilo em que os pobres recebiam abrigo e comida em troca de trabalhos desagradáveis e exaustivos. (N.T.)

não tinham vagas para atender a todos os candidatos. Em meados do período vitoriano, cerca de 10% da população estava sujeita às provisões da Lei dos Pobres.

Alguns historiadores modernos sugerem que se exagera a precariedade das condições de vida do começo da época industrial, quando, segundo as estatísticas, os trabalhadores fabris tinham melhor situação financeira do que os agrícolas e do que seus próprios pais e avós. Mas não é essa questão. Não se está falando aqui de dinheiro, mas da destruição de um modo de vida e da degradação individual em benefício da prosperidade financeira média.

As LEIS DE CERCAMENTO e a Lei dos Pobres foram, na Grã-Bretanha, parte de um movimento ascensional orientado pela filosofia de que normas locais, costumes antigos, taxas e tarifas eram sérios obstáculos à prosperidade econômica do país. A remoção desses obstáculos se tornou doutrina nuclear do movimento em prol do livre-comércio, advogado com crescente vigor por comerciantes, políticos "progressistas", como Richard Cobden, e teóricos da economia, como David Ricardo, autor do imensamente influente *Sobre os Princípios da Economia Política* (1817). A economia industrial e agrícola da Inglaterra se beneficiara das leis protecionistas, como do bloqueio imposto por Napoleão, mas muitos acreditavam que medidas como a Lei do Milho, de 1815 (que proibia a sua importação até que o preço alcançasse 80 *shillings* por *quarter*), sufocavam o livre fluxo de mercadorias, servindo somente aos interesses da aristocracia rural. Depois de décadas de pressão, a Lei do Milho acabou finalmente derrogada em 1846, fato que assinalou o declínio dos interesses fundiários e a ascensão do comércio e da indústria e confirmou também o crescente predomínio do livre-comércio, com o Estado britânico intervindo continuamente para eliminar as restrições ao livre fluxo de mercadorias, dinheiro e pessoas. O Estatuto dos Aprendizes, por exemplo, que existira por quatrocentos anos, foi revogado junto com os controles sobre os salários.

Durante três décadas a partir de meados de 1840, o livre-comércio pareceu funcionar; a economia britânica prosperou com a eliminação de controles adicionais e a redução do imposto sobre a renda e outros mais. Esse que parecia ser o modo "natural" de se conduzir uma economia industrial se revelou, no entanto, uma ilusão. Há quem defenda, convincentemente (ver, por exemplo, Gray), que são os mercados controlados e regulados, com a sua vicejante floresta de restrições consuetudinárias, o verdadeiro produto da sociedade humana "natural", porque derivados de uma imperiosa necessidade de coesão social; o livre-mercado, ao contrário, tem de ser imposto por um Estado forte e autoritário. A economia britânica cresceu em meados do século XIX por ter sido a primeira a se industrializar, porque conservou a liderança protegendo seus mercados e porque controlava, por meio de sua marinha, uma rede comercial de amplitude mundial. O grosso de sua expansão aconteceu antes de 1850, com 10 mil quilômetros de estradas de ferro construídas e produção de carvão e ferro aumentadas, entre 1815 e 1848, de 16 para 50 milhões de toneladas e de 250 mil para 2 milhões de toneladas, respectivamente. O livre-comércio teve mais a ver com a proteção da liderança original da Grã-Bretanha do que com a criação de um sistema econômico sustentável. Com a industrialização dos demais países do Ocidente, a vantagem britânica se viu reduzida. Os competidores entenderam que o melhor estímulo à industrialização eram as medidas protecionistas, não a livre concorrência. A Alemanha de Bismarck adotou barreiras tarifárias, assim como os Estados Unidos, em 1890, especificamente para barrar a entrada de manufaturados britânicos — o que rendeu bons frutos a ambos.

OS CUSTOS HUMANOS do *laissez-faire* industrial ficaram, nesse ínterim, cada vez mais claros. A Grã-Bretanha se tornou, aos olhos de ilustres comentaristas, como Benjamin Disraeli (1804-81), Thomas Carlyle (1795-1881) e Matthew Arnold (1822-88), uma colagem de duas ou três nações mutuamente excludentes e hostis. Disraeli cunhou a expressão *duas nações* para descrever ricos e pobres em seu romance *Sybil*, de 1845; Carlyle os chamou de *Dandies* e *Drudges*; Arnold dividiu seus concidadãos britânicos em bárbaros (aristocratas), filisteus (classes médias) e populacho (trabalhadores) em *Cultura e Anarquia* (1869). As classes médias progrediam aos solavancos, sob o constante temor de serem tragadas pela pobreza e pela desgraça (o tema central da comédia de humor negro de Dickens), ao passo que os trabalhadores viviam sob o espectro das *workhouses*, das prisões para devedores e da vadiagem. Um visitante francês às corridas de cavalos do Derby Day de 1861 observou a quantidade de pedintes vestidos com roupas de segunda mão: "A maioria descalça, terrivelmente suja e de aspecto absurdo, trajada com roupas de cavalheiros e vestidos elegantes velhos e surrados (...) entre nós [os franceses], um camponês, um trabalhador, um operário, cada um é um homem diferente, mas não inferior; sua camisa lhe pertence tanto quanto a mim o meu paletó." (Taine.) Mesmo se descontando o orgulho nacional exacerbado, a diferença de atitude é clara: a França ainda era um país de burocratas urbanos e agricultores independentes, e a Grã-Bretanha, um país de ricos, remediados e destituídos.

A DESPEITO DE SUAS imensas e traumáticas consequências para o povo trabalhador da Grã-Bretanha, o principal efeito da industrialização e do livre-comércio sobre a nova pequena burguesia urbana foi empurrá-la para o centro da vida nacional e, logo, ocidental. Dado que a sociedade industrial urbana requeria uma administração muito mais sofisticada do que a economia rural, no segundo quartel do século XIX as classes médias começaram a crescer proporcionalmente à população total. O bom funcionamento das fábricas demandava um exército de trabalhadores administrativos e gerentes, que se somavam ao número crescente de lojistas, médicos, advogados, contadores, pequenos fornecedores, funcionários públicos, hoteleiros, jornalistas e engenheiros. Contando 25%-30% da população, essas classes "médias" situadas entre os trabalhadores e os aristocratas começaram a se reconhecer como um grupo social particular — fenômeno que se reproduziria em todos os países em processo de industrialização — dotado de um forte sentido de identidade, autoestima e mérito, muito diferente dos aristocratas, que viam como corruptos e preguiçosos, e dos trabalhadores, tidos como ignorantes, preguiçosos e moralmente lassos. As classes médias atribuíam especial valor aos ideais calvinistas de autoajuda e virtude pública.

As cidades do interior eram o lócus da maior parte da atividade das classes médias. Homens e mulheres faziam parte de organizações voluntárias para o aperfeiçoamento da educação, a abstinência do álcool e a coleta de fundos para hospitais e escolas. Orgulhosas de suas cidades e comprometidas com elas, as classes médias desempenhavam um papel de primeira ordem em sua governança e valorização. Foram elas que instaram o Parlamento a criar Comissões de Melhorias com poder de instituir impostos sobre a propriedade para financiar investimentos em sistemas de esgotamento sanitário, abastecimento de água, pavimentação, iluminação pública e assim por diante.

As classes médias do século XIX começaram também a construir aquilo que veio a ser para nós o arquétipo da vida doméstica. O homem tinha um senso de dever público, mas precisava do apoio da esposa e da família, que revelavam em casa o mesmo senso de virtude que ele exibia em público. Consolidou-se um novo código moral: no século XVIII, viver abertamente com suas amantes não era motivo de opróbrio para ministros e magistrados; no século XIX isso já não era possível. O lar da classe média vitoriana era um refúgio em face das vastas mudanças que se operavam no mundo exterior, mas também o *alter ego* do cidadão público abnegado. A crescente importância da classe média não é uma noção retrospectiva, mas algo claramente percebido em sua própria época. Em 1831, lorde Henry Brougham escreveu: "Quando digo povo (...) eu me refiro às classes médias, tesouro e inteligência deste país, glória do nome britânico." Os escritores provinham, em número cada vez maior, das classes médias, um mercado instruído e ávido para o qual se publicava uma profusão de jornais, periódicos e livros. Na pena dos comentaristas a classe média passou a ser o repositório da virtude nacional, herdeira de uma história que remontava às grandes tradições do país.

A despeito dessas bem-intencionadas demonstrações de virtude pública, conservou-se, no entanto, um rígido divisor de águas entre as classes médias e os trabalhadores. Reiteradamente lembradas de suas próprias virtudes, as pessoas de classe média viam os trabalhadores como fracassos morais. As campanhas contra o alcoolismo e outras iniciativas de "aperfeiçoamento" tinham finalidades meramente corretivas, servindo também para eludir movimentos por direitos políticos e avanços reais em educação e treinamento profissional; na verdade, a maior parte da classe média queria limitar o acesso dos trabalhadores à educação para continuar com os melhores empregos. As classes altas e médias acreditavam que a ampliação dos direitos políticos significaria o governo dos pobres e ignorantes sobre os ricos e instruídos.

A divisão entre os diversos segmentos da sociedade cresceu, em parte, porque sucessivos parlamentos e governos não tinham confiança nem certeza das responsabilidades do Estado britânico. Qual era a missão do Estado: promover o comércio, aumentar os impostos, financiar o exército, incentivar a criação da riqueza ou proteger os trabalhadores? Até o fim do século XIX, nenhuma agenda política surgiu na Grã-Bretanha, como em nenhum outro lugar do Ocidente, que forjasse uma ideologia com base nas respostas a essas perguntas. Não resta dúvida também de que as classes médias, a despeito de seu crescente poder de representação no Parlamento e nas assembleias municipais, bem como nas burocracias dos governos locais e nacional, pouco fez para ajudar os trabalhadores.

Ainda que, sob diversos aspectos, melhorassem as condições de vida nas vilas e cidades, a paisagem industrial se confirmou como lugar de anonimato e anulação da sensibilidade. Fascinados pelas ilimitadas possibilidades da produção mecânica, os vitorianos construíram uma quantidade infindável de loteamentos com casas feitas do mesmo tijolo vermelho e cobertas com a mesma ardósia galesa. A diversidade local não significava nada: as casas, prefeituras, estações ferroviárias e igrejas eram todas projetadas e construídas em escala nacional. As cidades industriais, com suas chaminés, pátios ferroviários e fileiras de casas uniformes, refletiam o próprio sistema fabril — um modo eficiente de abrigar os trabalhadores nas proximidades das fábricas e minas.

A REVOLUÇÃO INDUSTRIAL aconteceu no país onde era mais antiga a tradição de governo representativo. O Parlamento britânico, porém, que não tinha representação da classe trabalhadora nem da baixa classe média dos novos centros urbanos e da administração das indústrias, não estava preparado para lidar com a situação. O sistema político britânico fora criado, com base na força de um Parlamento de nobres e notáveis, para controlar o monarca, não para administrar um Estado industrial. Ainda assim, o Estado britânico floresceu porque seus principais membros preferiram a reforma à perspectiva da revolução ou da democracia. O resultado foi, no entanto, um país dividido em dois. Por meio de uma série de atos, o primeiro dos quais a Lei da Reforma de 1832 (seguida de outras em 1867 e 1884), o Parlamento tratou explicitamente de evitar que pudesse ser tomado pelos representantes da maioria. Os argumentos usados pelo conde Grey, patrocinador da Lei de Reforma de 1832, não poderiam ser mais claros: "O princípio da minha reforma é impedir a necessidade da revolução (...) [não há ninguém] mais empenhado do que eu na luta contra os parlamentos anuais, o sufrágio universal e a cédula de votação [i.e., o voto secreto]." O duque de Wellington, líder da oposição, achava que o país havia reformado a democracia; Grey, que a havia impedido. Ambos, assim como o restante do Parlamento, estavam unidos na luta contra ela. Na verdade, a lei de 1832 retirou formalmente o direito de voto de trabalhadores que já o haviam desfrutado, bem como de todas as mulheres. No processo de discussão da lei de 1867, o primeiro-ministro lorde Salisbury disse: "O descontentamento, a insurreição e mesmo a guerra civil não criarão, a longo prazo, perigos maiores do que a democracia absoluta ou ilimitada

(...) o que diferencia uma boa lei de reforma política de uma ruim é o fato de que, com ela, as classes trabalhadoras não terão, agora como em qualquer futuro próximo, maioria nesta casa."

A democracia (palavra que para muitos ainda era um anátema) significava governo da maioria pobre sobre a minoria rica. O mesmo argumento usado nos debates de Putney duzentos anos antes foi trazido à baila — se os não proprietários tivessem poder, com certeza roubariam aqueles que tinham mais do que eles. Quando vemos eminentes vitorianos retratados como doutores em Grécia clássica, devemos entender que, para eles, a democracia ateniense foi uma aberração em uma época gloriosa quanto ao mais; eles preferiam o Senado romano. Nem a tradição conservadora dos *tories* nem a liberal dos *whigs* tinham raízes na cultura da gente comum da Grã-Bretanha, tampouco qualquer ligação política formal com a tradição expressa nos debates de Putney.

As reformas parlamentares e as atitudes sociais dominantes deixaram as classes trabalhadoras de fora do concerto social e da política; na verdade, fora da civilização britânica, uma separação consciente e deliberada que viria a ter notável efeito na vida intelectual e política da Europa e do resto do mundo. Em 1842, Friedrich Engels se tornou representante do negócio algodoeiro de seu pai em Manchester; em dois anos ele escreveu *A Condição da Classe Trabalhadora na Inglaterra* e em 1848 colaborou com Karl Marx na elaboração do *Manifesto Comunista*. Quando Marx se mudou para Londres, em 1849, a radical divisão de classes inglesa alimentou a sua análise da história e o seu modelo de revolução (ver Capítulo 16). Em outras partes da Europa, os movimentos republicanos e outros, combinados à conservação dos direitos consuetudinários, deram a essa divisão um significado totalmente diverso. Se a Grã-Bretanha valorizou a estabilidade de seu sistema em face das contínuas rebeliões da França do século XIX, os trabalhadores franceses sempre dispuseram de canais políticos por onde fazer ouvir a sua voz. Na Alemanha, como na Itália, o movimento nacionalista que levou à unificação nacional se baseava na eliminação do jugo imperial e na concessão às suas populações de direitos políticos plenos.

NA PRÓPRIA Grã-Bretanha, as melhorias na vida da classe trabalhadora puderam ser alcançadas por dois caminhos — a ajuda de cima, amplamente irrelevante e, em última instância, contraproducente, e a ajuda de dentro, que acabou dando certo. A ajuda de cima proveio das sociedades de aperfeiçoamento, que ofereciam caridade e instrução moral, mas rejeitavam a educação pública. Malgrado o crédito concedido pela historiografia tradicional à benevolência dos grandes reformadores vitorianos, o conde de Shaftesbury, que trabalhou para melhorar a sorte das crianças trabalhadoras, se opunha a todas as formas de democracia, ao passo que Edwin Chadwick, pioneiro do saneamento e da saúde pública, foi o grande patrocinador da Lei dos Pobres de 1834. Esses bem-intencionados reformadores seriam mais tarde, como veremos, idealizados pelos intelectuais a despeito de sua atitude paternalista e autoritária para com as classes trabalhadoras.

Houve, é certo, respostas intelectuais e políticas à divisão da sociedade, mas seus autores buscavam, uma vez mais, soluções universais derivadas do pensamento abstrato. Em *Sobre a Liberdade*, de 1859, John Stuart Mill se perguntou como se poderia definir a liberdade individual dentro de uma sociedade constitucionalmente governada. Que restrições poderia o Estado impor legitimamente ao cidadão e que liberdades poderia o cidadão, legítima e moralmente, esperar da vigência desse Estado? A resposta de Mill, de que o indivíduo é livre para fazer qualquer coisa que não prejudique os demais, foi uma solução engenhosa, mas sua crença na primazia da liberdade individual o tornava, apesar de favorável ao sufrágio das mulheres, temeroso da tirania da maioria. Mesmo sendo um pensador "progressista", Mill não logrou cruzar o fosso que o separava da classe trabalhadora britânica e europeia.

Apesar de suas diferentes ideias sobre o que fazer com os trabalhadores, Grey, Shaftesbury e Salisbury compartilhavam entre si e com Chadwick, Mill e Marx um ponto de vista objetivo e desencarnado desde o qual os trabalhadores apareciam como uma massa única e indiferenciada. Essa visão foi reforçada pelo enorme crescimento da população da Grã-Bretanha e de outros países industrializados (a população europeia cresceu de 180 milhões em 1800 para 460 milhões em 1914). Muita gente, incluindo políticos, artistas e filósofos, via essa fervilhante massa de gente socialmente inferior como uma espécie de praga, sentimento que chegou ao ápice nas primeiras décadas do século XX com o horror da elite "civilizada" em face da alfabetização em massa trazida pela educação básica universal, em toda a Europa, na década de 1890. Em vez de saudar a educação como um modo de dar aos trabalhadores os meios de se tornarem cidadãos responsáveis, muitos se desesperaram de ver o pouco que restava a separar a elite das massas. Civilização passou a significar a preservação dessa minoria sensível e ameaçada.

Aqueles que professavam um ponto de vista contrário pouco tinham, no entanto, a oferecer aos seus inferiores sociais. Impelidos pelo desejo de esclarecer as classes médias e refinar, ou domesticar, os trabalhadores, os filantropos tiraram a arte e a cultura das mansões privadas e a devolveram ao domínio público nas galerias e museus. Em pouco tempo as autoridades públicas assumiram esse papel, instituindo uma série de museus e galerias nacionais de arte em todas as capitais ocidentais e, ato contínuo, em todas as grandes cidades. Era automática a crença de que a exibição de obras--primas teria um efeito civilizador e de que a apreciação da arte era, em si mesma, um signo de mentalidade civilizada.

ENQUANTO ISSO, os trabalhadores começavam a ajudar a si próprios. Um primeiro sinal de resistência à economia do *laissez-faire* surgiu em 1834, quando seis membros de uma associação de trabalhadores agrícolas de Tolpuddle, Dorset, formada para resistir à redução dos salários, foram condenados ao desterro. As manifestações de massa que se seguiram obrigaram o governo a perdoá-los. O uso de manifestações públicas, e até de tumultos, para expressar o sentimento popular era uma velha tradição, mas se antes de 1815 as manifestações de massa eram anticatólicas e antifrancesas, depois de Waterloo passaram a ser usadas para exigir mudanças políticas. Boa parte do crédito conquistado por Wellington em Waterloo foi perdida quatro anos depois, quando uma multidão de mais de 100 mil pessoas reunida em St. Peter's Field, Manchester, para exigir uma reforma parlamentar, foi dissolvida por soldados montados armados de sabres. Onze mortos e quatrocentos feridos entre a multidão desarmada foi o saldo do episódio, conhecido pela posteridade como Peterloo.

A exclusão dos trabalhadores da Reforma Parlamentar de 1832, a Emenda à Lei dos Pobres de 1834, a omissão dos homens adultos na Lei Fabril de 1833 e a criação da primeira força policial britânica em 1835 fizeram nascer a primeira organização de massa da classe trabalhadora — o movimento cartista. As seis reivindicações da Carta do Povo de 1838, redigidas pelos fundadores da Associação dos Homens Trabalhadores de Londres, eram: direito de voto para todos os homens; eleições parlamentares anuais; voto secreto; distritos eleitorais com igual número de votantes; fim da exigência de propriedade para acesso aos cargos parlamentares;

remuneração para os parlamentares. A popularidade do movimento cartista mostrou que um importante segmento da população queria direitos políticos reais, mas a não consecução de seus objetivos (o movimento arrefeceu depois de 1848) mostrou que, mesmo na chamada Era das Reformas, a discussão, a popularidade e a propaganda não trouxeram mudanças políticas.

A verdadeira rota de mudança para a classe trabalhadora surgiu dos mesmos processos industriais que lhe haviam causado tantos problemas. A revolução das comunicações — a construção das ferrovias, a disseminação do telégrafo e o prodigioso crescimento da venda de jornais (decuplicada entre 1836 e 1880) — significara maiores oportunidades para a sua organização. Pequenos sindicatos começaram a surgir na década de 1840. Em 1841 foi criada a Associação dos Mineiros e, em 1851, vários sindicatos de engenheiros locais se uniram para formar a Sociedade dos Engenheiros, com 11 mil membros; no congresso de líderes sindicais de Manchester, em 1868, mais de 100 mil membros estavam representados. Ao contrário do sucedido em outros países da Europa, desde o começo os sindicatos britânicos buscaram promover seus objetivos pela via da representação parlamentar. Dois mineiros foram eleitos como parlamentares liberais em 1874, seguidos de Henry Broadhurst, secretário da TUC,* em 1880. Contudo, apesar das diretivas do centro, as associações liberais locais se mostraram relutantes em selecionar candidatos da classe trabalhadora. A década de 1870 foi marcada por ondas grevistas, impulsionadas por sindicatos que resistiam à redução dos salários. Em 1886, o TUC formou um comitê eleitoral para lançar Keir Hardie como primeiro candidato trabalhista da história. Seu pífio resultado nas eleições gerais de 1888 o convenceu de que seria necessário um partido político maduro, com capacidade de propaganda e organização equivalente à dos liberais e conservadores, para que os candidatos trabalhistas conquistassem cadeiras no Parlamento.

Em 1888 foi fundado o Partido Trabalhista Escocês e, no começo da década de 1890, partidos trabalhistas independentes surgiram nas grandes e pequenas cidades de toda a Grã-Bretanha. O movimento sindical ganhou terreno, além de considerável simpatia, com uma série de

---

* Trades Union Congress, a central sindical nacional dos trabalhadores britânicos. (N.T.)

greves que atraíram a atenção do país, a mais notável delas a de 1888, na Bryant and May, uma fábrica de fósforos a leste de Londres onde todos os trabalhadores eram mulheres. Em 1892, Keir Hardie foi declarado o primeiro parlamentar trabalhista e em 1893 um comício em Bradford, convocado em apoio a uma greve de bombeiros, criou oficialmente o Partido Trabalhista Independente. A necessidade de uma representação trabalhista no Parlamento foi espetacularmente reforçada em 1901, quando a Câmara dos Lordes ameaçou multar os sindicatos ferroviários pelos danos econômicos causados por uma greve. Para impedirem esse tipo de decisão, os sindicatos tinham de fazer parte da legislatura.

Enquanto seus superiores sociais se afligiam com a concessão de direitos empregatícios, educacionais e eleitorais aos trabalhadores britânicos, esses — os únicos com pleno conhecimento de sua própria situação — simplesmente tomavam as coisas em suas próprias mãos. Os sindicatos, ao contrário de outras instituições públicas, eram abertos e democráticos e seus representantes, no conjunto, homens e mulheres de visão que trabalhavam em benefício de seus membros e suas comunidades. Porém, os trabalhadores queriam mais do que simplesmente melhores salários e condições de trabalho. Organizaram-se para enviar representantes ao Parlamento porque queriam outro tipo de sociedade, onde privilégio social e passado ilustre não significassem automaticamente poder político. As gerações nascidas no mundo industrial não tinham vínculos com a antiga hierarquia rural em que o aristocrata sempre tinha razão. Tal como seus antepassados do século XVII, eles queriam uma sociedade que reconhecesse e restabelecesse a dignidade do homem comum. Muito mais do que os escritos dos filósofos políticos, foi essa aspiração que criou a doutrina do socialismo liberal.

A palavra *socialismo* ganhou tantos significados que perdeu boa parte de seu apelo. Mas, para muitos de nossos tataravôs, o socialismo era uma chave para o entendimento do mundo e uma mensagem de esperança no futuro. Dito de maneira simples, o socialismo é um estado da sociedade em que as coisas são propriedade comum, oposto, portanto, ao liberalismo, em que a propriedade privada é o elemento chave da organização social. No Ocidente, porém, o socialismo passou o último século confinado aos marcos da democracia liberal, onde adquiriu um significado mais sutil — algo como a distribuição e a administração do capital, da terra e dos meios de produção no interesse geral. Ao contrário do socialismo científico de Marx, que via a história como um processo conducente a um Estado ideal dos trabalhadores (ver Capítulo 16), o socialismo liberal foi a resposta da classe trabalhadora a uma situação real, motivada pela ancestral necessidade humana de respeito, dignidade e comunalidade. O socialismo municipal, que se estabeleceu em muitos lugares da Europa, não era um sistema baseado em teorias, mas um fato prático — pavimentação, educação, saneamento, parques, bibliotecas, galerias de arte, museus, bondes, hospitais, telégrafos, água e gás fornecidos pelo município em benefício de todos os cidadãos. Para muitos ocidentais, o socialismo substituiu a religião cristã como a principal fonte de esperança para o mundo.

Este capítulo se concentra na experiência britânica de industrialização e mudança política, mas todos os países industriais ocidentais passaram por processos similares. Todavia, as distintas tradições europeias produziram tipos bastante diferentes de estruturas industriais e econômicas. As imensas perturbações trazidas ao campo inglês pelo cercamento das terras comuns, por exemplo, não ocorreram na França, Alemanha, Itália e Países Baixos. Um aspecto, porém, da economia industrial afetou a totalidade da Europa. Em meados do século XIX ficou claro que os governos não podiam ser meros espectadores do desenvolvimento autônomo do Estado industrial; era preciso atuar na configuração da economia por meio da ação política. O Estado-nação, que se desenvolvera como aparato de coleta de impostos e promoção da guerra, recebeu da industrialização um conjunto inteiramente novo de responsabilidades e poderes. Se a França napoleônica mostrara como se podia organizar eficazmente a administração de um Estado-nação complexo, a industrialização tornou essencial essa organização. O papel central, orientador, do governo nacional se tornou o foco das sociedades ocidentais. O Estado-nação industrial, com sua economia nacional, tornou-se fonte de segurança, orgulho e prosperidade para os políticos e povos da Europa; por conseguinte, todo mundo sentia necessidade de pertencer a uma nação. Industrialização e nacionalismo se tornaram inextricavelmente entrelaçados.

O legado da Revolução Francesa e das guerras napoleônicas se fez sentir muito mais diretamente no restante da Europa do que na Grã-Bretanha. Boa parte do continente fora ocupada por exércitos franceses e governada por regimes napoleônicos; o resultado paradoxal foi um surto de interesse pelos direitos dos cidadãos e a aspiração a Estados que fossem capazes de defender seus povos das incursões estrangeiras. Quando os exércitos franceses e seus regimes fantoches foram extintos em 1815, os povos da Confederação do Reno, Savoia, Veneza e Nápoles, bem como da França, não se mostraram demasiado felizes com o retorno de seus governantes. Napoleão lhes dera novos sistemas de governo e administração — na Itália, por exemplo, uma reforma agrária e governos representativos — e as editoras inundaram o continente com tratados que afirmavam Os Direitos do Homem e as virtudes da liberdade e da igualdade. Os franceses haviam demonstrado, também, a força potencial do Estado definido pela língua, pela cultura e pelo pleno envolvimento de todos os seus cidadãos.

Além de darem o exemplo, as conquistas napoleônicas haviam também simplificado a geopolítica europeia, com a redução das mais de trezentas unidades políticas então existentes em 1789 para apenas 38 em 1815. Mas essas unidades não eram apenas maiores do que suas antecessoras; a diferença capital era que os Estados pós-napoleônicos se baseavam em nacionalidades, não nas antigas dinastias. A ideia do Estado-nação étnico havia nascido e viria a ser, no século seguinte, o mais importante ideal da civilização ocidental.

As décadas intermédias do século XIX completaram a obra iniciada por Napoleão com a reunião dos Estados clientes que ele havia criado em países de base étnica. O mais conspícuo sinal de mudança surgiu em 1848, quando rebeliões abertas irromperam nas ruas das cidades mais importantes da França, Alemanha, Áustria, Hungria e Itália. Seus motivos não foram absolutamente uniformes — se em alguns lugares a turba exigia direitos políticos, em outros era a soberania nacional, a mudança do governo ou simplesmente a redução dos preços dos alimentos. Más colheitas e crises econômicas haviam trazido calamidades a muitas partes da Europa; a fome na Irlanda foi, de longe, a pior delas, mas a escassez de alimentos era sentida nas cidades de todo o continente. Não obstante, os dissidentes europeus se inspiraram uma vez mais no exemplo de Paris, onde, em fevereiro de 1848, o rei Luís Felipe foi forçado a abdicar em favor de uma nova república — que concedeu imediatamente o direito de voto a todos os homens adultos. Italianos, poloneses, alemães, húngaros — todos queriam direitos similares em Estados controlados por eles próprios e seus concidadãos.

No curto prazo, a maior parte disso deu em nada. Uma sublevação pela ampliação dos direitos, em Paris, quatro meses depois da Revolução de Fevereiro, foi afogada em sangue. Três anos depois, o presidente eleito da Segunda República (que era sobrinho de Napoleão) se declarou imperador

Napoleão III em seguida a um golpe de Estado. Em 1849, o exército austríaco derrotou uma força de nacionalistas italianos liderada por Carlos Alberto. Não obstante, 1848 trouxe uma mudança de atitudes por parte dos europeus. Liberais e conservadores começaram a divisar uma nação alemã liderada pela Prússia como o único caminho para o progresso político e econômico de seus países e, ao longo do ano de 1848, a França, a Prússia e a Áustria concederam o direito de voto a todos os cidadãos do sexo masculino (ainda que o tenham revogado mais tarde). O nacionalismo nasceu da necessidade de um Estado industrial central, mas foi também uma reação a uma série de mudanças desconcertantes. Num mundo em que a industrialização, a urbanização e a súbita chegada das ferrovias e dos navios a vapor mudavam a percepção humana num ritmo inaudito, o nacionalismo se tornou um reconfortante símbolo de identidade e estabilidade. Os políticos começaram a usar o nacionalismo como uma arma persuasiva e estratégica.

Em 1864, Otto von Bismarck, então chefe do governo prussiano, provocou uma série de guerras com o objetivo de unificar os Estados alemães a reboque da causa prussiana. A guerra com a Dinamarca pelas províncias de Schleswig-Holstein foi seguida da vitória sobre a Áustria em 1866, que excluiu de fato os austríacos de qualquer influência relevante nos assuntos alemães. Depois de humilhar a Áustria e obter o controle dos Estados do Norte da Alemanha, Bismarck obrigou a França a entrar em guerra. Antes da guerra franco-prussiana de 1871, a França não representava real ameaça a qualquer dos Estados alemães, mas a ideia de uma Prússia paladina dos alemães contra sua velha inimiga convenceu os Estados do Sul a se associarem a seus conacionalistas do Norte. Derrotado o exército francês, em janeiro de 1871 Guilherme I, rei da Prússia, foi declarado imperador da Alemanha no Palácio de Versalhes.

A derrota de Napoleão III trouxe a retirada da guarnição francesa de Roma e o capítulo final da unificação da Itália. Em resposta ao nacionalismo húngaro, em 1867 o Império Austríaco se converteu numa monarquia dual, o Império Austro-Húngaro. Na década de 1870 a profusão de ducados, principados, cidades-Estado e impérios europeus havia sido substituída por um claro elenco de grandes potências continentais — França, Alemanha, Itália, Áustria-Hungria e Rússia, com o Império Otomano ainda no controle do Sudeste. Bismarck concedeu o direito de voto a todos os alemães adultos do sexo masculino, como fez também a Terceira

# INDUSTRIALIZAÇÃO E NACIONALISMO 385

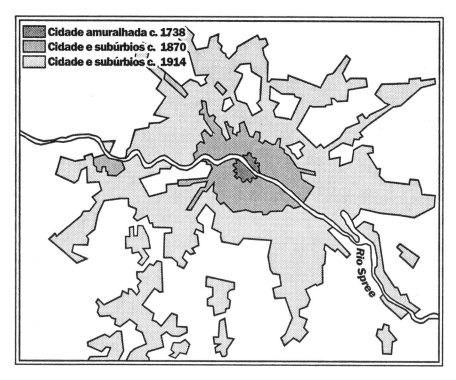

*Crescimento de uma capital industrial: Berlim em 1738, 1870 e 1914.*

República estabelecida na França depois da derrota de 1871. Na Itália e Áustria-Hungria os direitos políticos foram ampliados.

Em meio a essas mudanças políticas, várias regiões da Europa se industrializavam. Empresários, políticos, banqueiros, proprietários de terra e tecnólogos se apressavam em seguir o exemplo britânico, que demonstrara que o investimento na produção industrial podia render imensos dividendos. Mas a "decolagem" industrial não dependia somente de dinheiro e vontade, precisava de condições particulares. A industrialização foi, portanto, um fenômeno regional mais do que nacional; onde havia suficiente carvão, minério de ferro e transporte marítimo — como na Bélgica, no vale do Ruhr, no Nordeste da França, na Boêmia e no Nordeste dos Estados Unidos — ela avançou rapidamente; as regiões retardatárias e, sobretudo, aquelas que continuaram como economias rurais tiveram imensas dificuldades quando a industrialização fez subir os salários urbanos e os preços dos manufaturados. Uma de suas consequências foi a maciça emigração das áreas rurais da Europa para os Estados Unidos.

A região da Europa que primeiro se industrializou foi o antigo coração do Império Franco, do Norte da Itália até a Renânia e o Ruhr, o Nordeste da França e os Países Baixos, passando pela Áustria e Boêmia; agora essa região se estendia a leste até a Prússia e Silésia e do Sudeste da Inglaterra até as Midlands industriais e o Norte do país, Sul de Gales e vale do Clyde. Essa área e cada uma das sub-regiões que ela continha dispunham de suficiente massa crítica de recursos naturais, transportes e financiamento para a criação de economias industriais autossustentadas. Nos Estados Unidos, também, a combinação de carvão, minério de ferro, ferrovias e capital de investimento disponível propiciou o rápido desenvolvimento industrial nas últimas décadas do século XIX (ver Capítulo 15). Nesse processo, o Sul e Leste da Europa se separaram nitidamente do Norte e do Oeste. O sul da Itália, Grécia, Espanha, Portugal e Bálcãs, assim como o Oeste da França, a Irlanda e grande parte da Escandinávia ficaram à margem da zona industrializada, fornecendo mão de obra e produtos agrícolas para o coração industrial.

As regiões que tardaram a se industrializar tinham desvantagens características. No fim do século XIX o maquinário e o equipamento das fábricas britânicas estavam seriamente obsoletos, mas seguiam em uso mesmo quando outros já introduziam máquinas mais novas, mais rápidas e melhores. Por volta de 1900, muitas firmas britânicas eram negócios familiares de segunda ou terceira geração, cujos instintos conservadores não lhes ajudavam a enfrentar a pressão de concorrentes europeus e norte-americanos. A Alemanha, em particular, dominou a nova indústria química surgida na década de 1870 a ponto de obrigar as firmas britânicas a contratar técnicos do país para dirigir seus laboratórios e treinar seus funcionários. A tecnologia norte-americana reinava absoluta em áreas como fotocomposição e produtos elétricos — o equipamento do metrô de Londres foi fornecido e adaptado por firmas norte-americanas. Em duas gerações, outros países do Ocidente e do Norte da Europa, bem como os Estados Unidos, haviam alcançado e começado a superar a Grã-Bretanha, o primeiro país industrializado do mundo. A industrialização era cada vez mais competitiva, com empresas disputando fatias de mercado em vez de se contentarem com mais eficiência na produção. O fato de o capitalismo industrial depender tanto da destruição quanto da inovação contínuas (sugerido por J. A. Schumpeter na década de 1930) talvez não fosse entendido no fim do século XIX, mas seus efeitos já eram sentidos. Lealdades familiares, tradições culturais, coesão comunitária e solidariedade humana — nada poderia obstaculizar os imperativos da renovação contínua.

A VIDA DOS EUROPEUS OCIDENTAIS foi totalmente transformada pelo crescimento da indústria e pela migração em massa do campo para as vilas e cidades. O vasto crescimento da população e o surgimento de novos grupos sociais — a classe média e a classe trabalhadora industrial — criaram uma sociedade inteiramente diferente da que existira antes. Como foi, então, que essas mudanças afetaram a cultura ocidental? E, sendo a arte um modo de recuperar as qualidades humanas essenciais num mundo em transformação, como foi que os artistas reagiram a essa nova era de destrutividade e inovação industrial?

O século XIX se revelou um período complicado para os historiadores da cultura e da arte. A separação da verdadeira arte do simples artesanato, iniciada na Itália renascentista, foi confirmada no século XVIII por uma pletora de academias de arte, *connoisseurs* e críticos. O artesanato foi quase totalmente destruído pela produção mecânica industrial. Mas foi a perda de qualquer estilo reconhecível que condenou a pintura, a escultura e, em especial, a arquitetura do século XIX aos olhos dos historiadores. Deslumbrados com a variedade de estilos históricos disponíveis, os arquitetos criaram igrejas góticas, teatros barrocos, edifícios públicos clássicos e outros que misturam todos eles. Críticos como Ernst Gombrich censuraram a perda de uma voz arquitetônica autêntica no exato momento em que se erguiam tantos edifícios.

Talvez tenha sido a própria abundância o motivo dessa perda de coesão. Diante de tantas casas e fábricas utilitárias, os arquitetos e seus clientes queriam algo distintivo para suas igrejas, bibliotecas e museus. Tomando a simplicidade como sinal de pobreza e falta de imaginação, eles responderam com edifícios rebuscados e pesadamente guarnecidos de ornamentos. As melhores construções do período — estações ferroviárias, viadutos e pontes, navios a vapor e locomotivas — fogem a essa dificuldade por terem sido feitas para algum propósito, sendo as glórias da época industrial e da arte visual do século XIX.

Os pintores, porém, já não se limitavam às cenas bíblicas e representações congeladas das mitologias grega e romana. Cenas do presente e da história recente ajudavam os artistas a competir com os antigos mestres pela atenção pública. Louis David (1748-1825) retratou os acontecimentos da

Revolução Francesa (o assassinato de Marat e a travessia dos Alpes por Napoleão) quase ao mesmo tempo em que eles se sucediam, e pintores como William Blake (1757-1827) e Francisco Goya (1746-1828) se sentiram livres para expor suas ideias sem se aterem às convenções e às exigências da clientela. Já não era necessário sequer haver pessoas nas pinturas. As paisagens, até então um tema de menor interesse, vieram ao proscênio da arte europeia.

A obra de artistas como Goya, Blake e J.M.W. Turner (1775-1851) indicava que a mudança temática na pintura traria uma profunda alteração no senso de propósito da arte e dos artistas. Acostumados desde sempre a trabalhar para clientes, os pintores, mesmo depois que a Renascença fez de alguns deles celebridades, continuaram a atender encomendas. No século XIX, porém, os artistas foram obrigados a procurar mercados para as suas obras. A busca de novos temas capazes de instigar os compradores foi um processo de tremendas consequências: o pintor precisava produzir um quadro que satisfizesse os anseios do cliente *antes* de ser adquirido, não *depois* de encomendado. O perigo dessa antecipação era que a arte, no afã de atingir o maior público possível, se tornasse insípida e rotineira. Daí surgiu a tendência oposta: pintores sérios acharam que pintar por dinheiro era prostituir sua arte. Inspirados por Rembrandt, esses pintores, para quem a arte era um meio de expressão da própria alma, deram as costas ao gosto popular. O artista se tornou um romântico consumado que se arriscava à pobreza e à obscuridade, mas permanecia fiel à sua arte. Reversão completa do suporte e da adoração pública cumulados a Michelangelo, Rafael e Ticiano, essa é, no entanto, a imagem da arte e dos artistas que permaneceu conosco.

Poderemos traçar um quadro mais verdadeiro da cultura do século XIX se considerarmos a pintura como somente uma de uma quantidade cada vez maior de formas de arte. Retrospectivamente, parece óbvio que diferentes formas de arte florescem em diversas épocas. As pinturas da Renascença italiana são profundamente tocantes porque conservam sua conexão com a função espiritual da decoração das igrejas. Mas isso não podia durar: as pinturas se tornaram "arte", perderam-se para a massa da população e deixaram de encarnar a cultura de suas origens. Esse mesmo processo se repetiu, no século XIX, com outra mídia. A tradição oral da vida europeia foi transformada, no transcurso dos séculos, pelos produtos de milhares de prensas tipográficas. Tal como, antes dela, a pintura a óleo, a ficção explorou a tecnologia e as mudanças de sua época — a indústria gráfica, os sistemas de transportes e distribuição, as maciças concentrações populacionais, as cidades pululantes de contrastes de riqueza e pobreza — chamando, ao mesmo tempo, a atenção de volta aos dramas humanos que continham e implicavam. Dickens, Gaskell, Eliot, Thackeray, Balzac, Hugo, Flaubert, Zola, Turgenev, Tolstoi, Dostoievsky, Hawthorne, Twain, Melville, Hardy e muitos outros produziram obras repletas de incidentes e personagens em grandiosas escalas de tempo e distância. Mas não eram obras de arte introspectivas; eram criações direcionadas para o público, por meio, sobretudo, de revistas semanais e mensais. A imensa população alfabetizada da Europa e dos Estados Unidos devorava romances, folhetins e jornais tão rapidamente quanto podiam ser escritos.

O romance do século XIX apelava a um público arrancado à inalterável sucessão de gerações que viviam na mesma casa, aravam os mesmos campos e serviam ao mesmo senhor para viver em meio a mudanças dramáticas e turbulentas. Longe de oferecerem certezas confortantes, os melhores romances suscitavam problemas difíceis — dúvidas sobre a religião, o propósito da existência num mundo brutal, o conflito entre os princípios morais e as atribulações particulares — e assim por diante. Em livros como *Middlemarch*, de Eliot, questões capitais da vida e da política são discutidas e decididas não por reis e generais, mas por pessoas "comuns" da classe média.

Enquanto os pintores e poetas seguiam o caminho romântico da ruptura com o cotidiano, os romancistas reinventavam a ideia dos artistas como artesãos: tal como o entalhador e o ourives medievais, eles eram indivíduos talentosos vivendo no seio da sociedade, não fora dela. Examinando a origem da contação de histórias (ver Capítulo 1), podemos ver quão completa e instintivamente um escritor como Charles Dickens (1812--1870) dominava o seu ofício. Tramas como a do jovem abastado que cai em má companhia ou se envolve com as classes mais baixas até ser resgatado e devolvido ao lugar que lhe cabe na sociedade são, muitas vezes, insípidas. Dickens sabia, no entanto, que as tramas realistas (que jogavam habilmente com as esperanças e temores do público) não eram mais do que recurso para atrair os leitores ao seu mundo; uma vez lá, ele lhes brindava com o banquete romântico mais bizarro e original que já haviam visto. Sabedor da importância absoluta da corda bamba da respeitabilidade cavalheiresca, ele fazia das ilusões, temeridades e desatinos a que as pessoas se agarravam para não cair uma voraginosa dança cômica. Como poderia um pintor — talvez ele pensasse — competir com a descrição de um mundo assim? Não espanta que o romance reinasse sobranceiro nas mãos de um artista tão pouco introspectivo.

Os romances eram dirigidos, fundamentalmente, às classes médias, ainda que alcançassem as multidões alfabetizadas da Europa. Apesar de extraírem sua vitalidade do costume da contação de histórias, não estavam disponíveis à massa dos trabalhadores, que tiveram de recriar, no ambiente monótono e desumanizado das ruas e fábricas da Europa industrial, a cultura consuetudinária das pequenas comunidades rurais. O resultado foi uma cultura proletária que, desprezada e denegrida pelas classes sociais mais elevadas, permaneceu, ao menos na Europa, fora do alcance e do interesse dos historiadores. Apartados das classes médias, os desvalidos da industrialização tiveram oportunidade de construir uma cultura comunal inteiramente nova. Precisamente porque nada deviam, tampouco reivindicavam, à cultura que os controlava, os trabalhadores industriais urbanos — desarraigados, maltratados e coletivamente marginalizados — conseguiram construir uma florescente cultura própria.

A situação da classe trabalhadora produziu tanto instituições formais quanto organizações comunais informais. Capelas metodistas, cooperativas, sindicatos, clubes de trabalhadores, sociedades de crédito, clubes natalinos e ligas de futebol se espalharam pelas cidades industriais. Enquanto os simpatizantes dos direitos e liberdades dos trabalhadores no seio das classes afortunadas queriam higienizá-los, resgatá-los das cidades e levá-los de volta às oficinas no campo, os trabalhadores mesmos aspiravam à vida urbana e se ocupavam da construção de uma cultura própria baseada no apoio mútuo e no interesse comum. Os que tinham o que gastar queriam música, dança, bares, revistas, parques de diversão e passeios à beira-mar. Por mais penoso que fosse o trabalho, muitos tinham grande orgulho de sua força, seu conhecimento e suas aptidões. Os homens e mulheres por trás dos motores a vapor, das rodas-d'água, dos teares e das prensas tipográficas "tradicionais" que hoje todos queremos ver como funcionam tinham de lutar por condições de trabalho decentes e respeito por parte dos patrões. Não devemos, porém, esquecer o arraigado sentimento que eles nutriam pelas máquinas a seu cargo — o trabalho era, para eles, fonte de *status*, respeito e dignidade.

No fim do século XIX os trabalhadores europeus começaram a se recuperar do trauma da industrialização e da urbanização, o que representou ganhos materiais, melhores condições de trabalho, educação básica e certo grau de segurança social, além de uma cultura baseada em sua situação coletiva e sua nova existência urbana. A grande maioria, porém, meros acessórios físicos do maquinário da indústria, ainda vivia em situação de quase pobreza em casas e ruas desumanamente insípidas e uniformes. E suas conquistas — alfabetização, bem-estar material e instrução — suscitavam temores e suspeitas crescentes entre seus superiores sociais. Os trabalhadores eram os novos bárbaros. A Europa, particularmente a Grã-Bretanha, terminou o grandioso século da industrialização com suas diferentes classes prisioneiras de uma relação de medo, suspeita e ignorância recíprocos.

O LEGADO DA Grã-Bretanha vitoriana, potência que dominou o Ocidente no século XIX, influenciou profundamente boa parte do século XX. Os vitorianos afluentes acreditavam ter resolvido os problemas da sociedade e encarnado, com seu zelo pela propriedade, pela nobreza e pelo autodomínio, as mais altas aspirações da civilização. Sua crença no progresso foi impelida e sustentada pelas mudanças tecnológicas e por sua política de colocar fora de vista os efeitos da pobreza (atrás dos muros asseados das *workhouses*) e da guerra (sempre em lugares distantes e contra povos armados de lanças e escudos). Em retrospecto, tanto a sua firme crença no progresso quanto a ideia de que o autointeresse esclarecido levariam harmonia ao mundo todo eram meras ilusões. No fim do século XIX, a Grã-Bretanha e a Europa não caminhavam rumo a uma sociedade melhor, mas à catástrofe da guerra mecanizada.

CAPÍTULO 15

# DAS COLÔNIAS RURAIS AO CONTINENTE INDUSTRIAL
*A Construção dos Estados Unidos da América*

EM POUCO mais de cem anos os Estados Unidos, até então uma série de assentamentos litorâneos com hinterlândias rurais dependentes da agricultura e da pesca, se transformaram num continente industrial com infraestruturas de transportes e comunicações capazes de torná-lo uma entidade cultural e econômica unificada. A construção desse gigante moderno envolveu todos os aspectos do comportamento humano — heroísmo, genocídio, violência, idealismo, cobiça e altruísmo — ampliados em escala monumental. A libertação de milhões de imigrantes das limitações vigentes em suas antigas terras europeias trouxe, ao mesmo tempo, exploração e oportunidades; e embora a época heroica da história estadunidense se caracterize pela corrupção, genocídio e cobiça desenfreados, o povo desse vasto e desconcertante caldeirão de atividade humana criou uma cultura inteiramente nova que deu voz aos nascidos no mundo do maquinismo, do cartão de ponto e do anonimato da vida urbana.

A TRANSFORMAÇÃO dos Estados Unidos da América começou em 1804, quando o presidente Thomas Jefferson negociou a compra da Louisiana junto à França, duplicando o tamanho do país, e enviou uma expedição para explorar as novas terras. Em 21 de maio, Meriweather Lewis e William Clark, junto com 44 outros, partiram da cidade limítrofe de St Charles com a missão de obter informações sobre os territórios ocidentais e encontrar uma rota para o Pacífico. Três anos e 11 mil quilômetros depois, eles retornaram com notícias de terras estranhas, férteis e quase ilimitadas para além dos Apalaches e do Mississippi. O Oeste viria a ser a nova América.

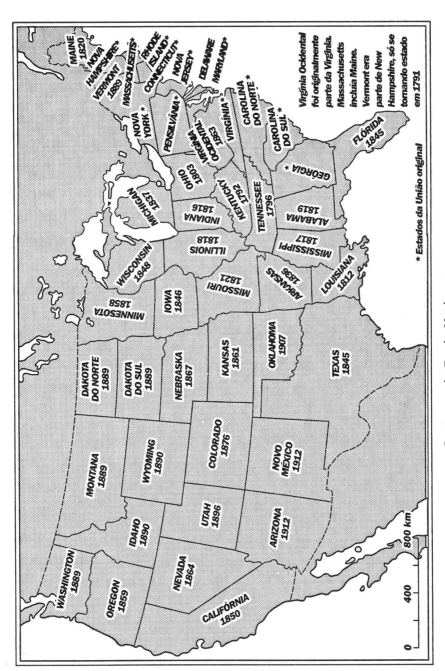

Crescimento dos Estados Unidos para o oeste.

A população dos Estados Unidos era de cerca de 2,5 milhões de habitantes na época da Independência, 7,2 milhões em 1810 e 9,6 milhões em 1820, crescimento resultante, sobretudo, de uma constante corrente migratória proveniente da Grã-Bretanha. Os colonos tomavam o rumo oeste, no rastro de Lewis e Clark, e sul, em busca das oportunidades do *boom* do algodão. O governo federal oferecia terra virgem por dois dólares o acre para uma compra mínima de 160 acres, preço que caiu mais tarde para 1,25 dólar o acre por um mínimo de oitenta acres. Novos Estados eram acrescentados à União tão rapidamente quanto as pessoas conseguiam alcançá-los — seis nos seis anos posteriores a 1815, chegando ao total de 24. Os colonos, no entanto, foram ainda mais para oeste, além das fronteiras dos territórios dos Estados Unidos, migrando, na prática, para países estrangeiros — o Oregon era uma província de Vancouver, de propriedade britânica, a Califórnia e o sudoeste pertenciam à Espanha, e o "vazio" entre eles, às planícies indígenas.

A década de 1840 foi marcada pelas caravanas que cruzavam o Mississippi e seguiam o curso de seus afluentes ocidentais até as montanhas. Os mapas ainda registram as antigas estradas para o oeste, partindo de Omaha e ao longo do rio Platte, cruzando o divisor de águas das Montanhas Rochosas em Laramie e pegando a estrada para a Califórnia, através do deserto, na direção de Sierra Nevada ou virando ao norte pela estrada do Oregon, ao longo do rio Snake. Essas jornadas épicas adentro de territórios virtualmente desconhecidos constituíram uma aventura humana de importância verdadeiramente histórica. Mistura curiosa de lavradores e aventureiros, os colonos pioneiros do Oeste norte-americano criaram um novo país, mas foram também parte de um fenômeno mais amplo. No século XIX, a população europeia cresceu vertiginosamente, sustentada por um vasto aumento da extensão de terras submetidas ao cultivo humano. Ao tempo que os pioneiros iam para o Oeste transformar as pradarias em terra agricultável, seus pares europeus exploravam e cultivavam as imensidões da Sibéria, Canadá, Austrália, Nova Zelândia, América do Sul e África.

A migração para o Oeste norte-americano era constante e nada espetacular até que, em janeiro de 1848, se descobriu ouro num riacho de Coloma, Califórnia. Depois de ver recusada pelo México a sua proposta de comprar a Califórnia em 1846, os Estados Unidos a tomaram pela força. Em 1847, o México cedeu a Califórnia e o sudoeste e abriu mão de seu direito ao Texas — nas palavras do jornalista de Nova York John L.

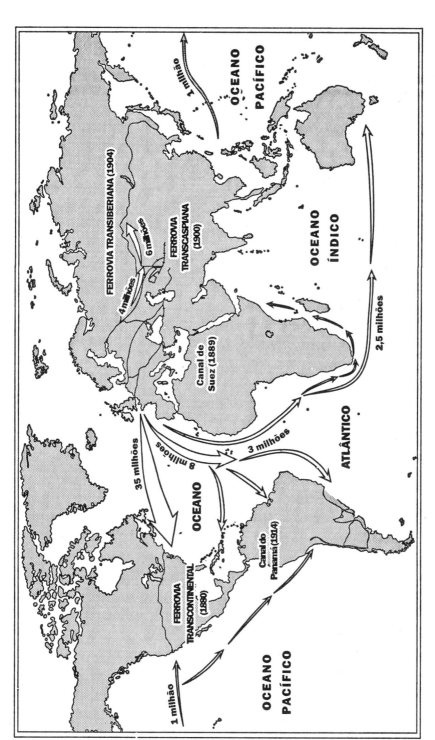

O movimento mundial de populações no século XIX foi dominado pela migração de europeus para a América do Norte.

O'Sullivan, os Estados Unidos haviam cumprido seu "destino manifesto de se espalhar pelo continente". Entre 1841 e 1847, cerca de 15 mil pessoas viajaram entre os territórios do Leste e do Oeste; em 1849-50, depois da descoberta do ouro, cerca de 75 mil fizeram a mesma viagem e, em 1854, mais de 300 mil. Só em 1849 mais de quinhentos navios fizeram a longa jornada de circunavegação da América do Sul para levar pioneiros à Califórnia, fora os muitos outros que o fizeram direto desde a Europa. A corrida do ouro mudou não apenas o número, mas também a natureza das pessoas que foram para o Oeste. As famílias de lavradores deram lugar a indivíduos solitários, fugitivos e oportunistas. Em 1835, Alexis de Tocqueville escreveu que os Estados Unidos se caracterizavam por dois impulsos simultâneos: o senso de divisão e doação comunitárias, interesse e apoio mútuos; e ímpeto de ganhar quanto dinheiro fosse possível. Esse contraste não apenas marcou o nascimento do Oeste Selvagem, como foi amplamente demonstrado por ele.

Quando os Estados Unidos se voltaram para o Oeste, sua gente pôde apreciar o quão diferente da Europa era seu novo país. Assim como a visão romântica da natureza tomou conta da Europa em reação ao racionalismo e à industrialização, os estadunidenses começaram a olhar para o ambiente natural à sua volta em busca de um significado profundo do que era ser americano. Escritores como Henry David Thoreau e Walt Whitman estavam cientes de sua relação com o mundo natural da América do Norte, ao passo que Ralph Emerson, Nathaniel Hawthorne, Herman Melville, Emily Dickinson, James Audubon, Mark Twain e, mais tarde, Willa Cather e outros desenvolveram uma sensibilidade artística e uma cultura singularmente estadunidenses, baseadas em sua peculiar situação física e social. Whitman viajou por todo o país e registrou seus esforços "para libertar a mente da América ainda em formação dos invólucros, superstições e todas as velhas, obstinadas e sufocantes autoridades antidemocráticas do passado asiático e europeu". A América (como soa muito mais poético do que Estados Unidos!) seria um novo país, dando as costas à Europa, figurativa e culturalmente.

Os americanos (ou, mais precisamente, os americanos-europeus) estavam se mudando para o que viam como um país vazio, sem qualquer história humana relevante. Depois de repelido o povo indígena, só restaria o vazio — terras desabitadas em que as disputas, os preconceitos, o ódio e a história da Europa simplesmente desapareciam. Na América não

## DAS COLÔNIAS RURAIS
## AO CONTINENTE INDUSTRIAL

havia País Basco, Ulster, Alsácia-Lorena, Schleswig-Holstein nem Kosovo a reclamar ou disputar e pelos quais matar e morrer. Nos Estados Unidos, todo mundo tinha uma cota-parte do país.

Mas se os norte-americanos haviam resolvido o problema das rivalidades europeias, permanecia o difícil problema do que fazer com a população indígena e a espinhosa questão da escravidão. O genocídio em massa dos norte-americanos nativos só ocorreria depois da Guerra Civil (ver mais à frente neste capítulo), mas os sinais da catástrofe iminente apareceram logo que os europeus se assentaram no Oeste em grande número. A violência do Oeste Selvagem não proveio simplesmente do predomínio de andarilhos solitários, mas do sentimento de avulsão dos novos norte-americanos (compartilhado por outros antes e depois). A primeira geração de imigrantes europeus deixara raízes em seus países de origem, mas seus filhos tinham pouca ligação tanto com o seu lugar de origem quanto com a sua nova casa. A estranheza da nova situação não fora tão problemática para os imigrantes estabelecidos na Costa Leste, que fizeram da "Nova Inglaterra" o seu país; todavia, para europeus à deriva numa paisagem imensa e estranha, onde toda cidade parecia igual e não havia raízes nem costumes culturais a que recorrer, o sentimento de avulsão veio a ser esmagador. Sua resposta foi, por um lado, aniquilar com violência assassina os povos nativos cujas tradições culturais e sociais eram ligadas à terra e, por outro, construir comunidades alicerçadas por leis escritas impostas à base de severas punições e fortes ideais cristãos de inspiração calvinista.

A questão da escravidão se revelaria ainda mais danosa ao novo país. A Revolução Industrial inglesa afetou o padrão de assentamento nos Estados Unidos ao criar uma demanda aparentemente infinita de algodão norte-americano — sua produção, duplicada a cada década a partir de 1820, em 1860 atingiu o dobro de todo o restante da exportação do país somada. O *boom* do algodão levou a um vasto aumento do número de escravos, de cerca de 800 mil em 1776 para 1,5 milhão em 1820 e 4 milhões em 1860. Além dos pródigos lucros do algodão, do açúcar e do tabaco, os sulistas ganhavam muito com a compra e venda de escravos — ao preço aproximado de 1.000 dólares por cabeça em 1860. Ao passo que, em outros lugares do Ocidente, a escravidão desaparecia e os direitos políticos se ampliavam, o Sul norte-americano se mostrava cada vez mais propenso a ver a si próprio como um mundo à parte, uma cultura distinta da do Norte e decididamente antagônica a qualquer ingerência em seus assuntos internos.

Durante a maior parte da primeira metade do século XIX existiu uma divisão formal — política e jurídica — entre os estados da União. Os estados do Norte haviam declarado ilegal a escravidão, mas os do Sul dependiam cada vez mais da exploração de escravos. Esse incômodo impasse permaneceu por várias décadas, mas muitos já previam uma guerra civil ou a divisão do país. Ainda em 1820, Thomas Jefferson escreveu: "Esta momentosa questão [a escravidão], como um alarme de incêndio na noite, despertou-me e encheu-me de terror. Eu a vi, imediatamente, como o dobre de finados da União." Três décadas depois, Abraham Lincoln fez o seu discurso mais profético: "Uma casa dividida contra si mesma não se sustenta. Creio que este governo não poderá durar para sempre meio escravo, meio livre. Eu não desejo que a União se dissolva — eu não desejo que a casa caia —, mas que deixe de estar dividida. Ela há de se tornar uma ou outra coisa."

Embora contrários, em geral, à escravidão, os cidadãos do Norte não eram favoráveis à imposição da abolição no Sul. As fábricas de Massachusetts obtinham bons lucros comprando matérias-primas do Sul para revendê-las convertidas em roupas e sapatos. Os nortistas sabiam que o Sul preferia separar-se a abrir mão da escravidão, e a ideia de uma guerra para conservar a União nunca passou pela cabeça da maioria deles. Como assinalou recentemente Louis Menand: "Nós costumamos pensar na Guerra Civil como uma guerra para salvar a União e abolir a escravidão, mas antes de a luta começar a maioria considerava incompatíveis esses ideais." Essa situação mudou devido a fatos ocorridos antes da guerra, mas que permaneceram nas mentes de todos os norte-americanos.

Em 1857, o caso de Dred Scott, um escravo da Virgínia que dizia que o tempo que passara em Illinois o tornara um homem livre, foi à Suprema Corte. A decisão, tomada por sete juízes sulistas, declarou que Scott não era considerado cidadão estadunidense e não tinha, portanto, direito de trazer seu caso à Corte; além disso, como residente de um estado escravista ele não podia reclamar direitos sob a lei de outro estado; finalmente, ele era propriedade de seu senhor, com *status* igual ao de uma mula, e a Corte não tinha o direito de privar o senhor de sua propriedade. Por meio dessa decisão, causadora de uma profunda indignação, a Corte decretara que os estados do Norte não tinham o direito de agir como libertadores dos escravos do Sul.

O novo estado do Kansas ficava ao norte da linha que separava os estados livres dos escravistas, embora em 1854 o Congresso houvesse aprovado um projeto de lei que dava ao estado autonomia para decidir por si mesmo a respeito da escravidão. A questão deu à luz um novo Partido Republicano e transformou o Kansas num violento palco de lutas entre colonos favoráveis e contrários à escravidão. John Brown, que dedicara sua vida a manter fora do Kansas os colonos escravistas, foi preso em 1859 em Harpers Ferry, Virgínia, depois de matar o prefeito da cidade e tomar o arsenal federal. Brown foi enforcado na Virgínia — para os sulistas, um criminoso; para muitos nortistas, um mártir.

O Partido Republicano, empenhado em impedir a disseminação da escravidão, foi anatematizado por muitos sulistas na eleição presidencial de 1860. Ao escolher Abraham Lincoln, homem de reputação antiescravista, como seu candidato presidencial, o partido granjeou a implacável hostilidade do Sul. O Partido Democrata, por seu turno, dividido em facções nortista e sulista, apresentou dois candidatos. Lincoln venceu na maioria dos estados do Norte e Oeste, mas em nenhum do Sul, tornando-se presidente com 40% dos votos populares de um país inapelavelmente dividido. Em 4 de fevereiro de 1861, um mês antes que Lincoln fosse formalmente empossado, sete estados (aos quais se juntariam mais tarde quatro outros) se separaram da União e declararam a criação de um novo país, os Estados Confederados da América, com Jefferson Davies, do Mississippi, como presidente.

Em seu discurso de posse, Lincoln não prometeu tornar ilegal a escravidão e chegou a sugerir a inclusão, na Constituição dos Estados Unidos, do direito de se possuir escravos. Mas não permitiria a extensão da escravidão nem a secessão de qualquer estado da União. Mas o que disse Lincoln não era relevante; inebriados com sua própria audácia e a novidade da situação, os sulistas tomaram postos da alfândega e agências de correio federais no Sul e se inflamaram com suas perspectivas.

O ponto crítico foi atingido no começo de abril de 1861, quando os olhares de todo o país se voltaram para Fort Sumter, um posto avançado federal no estado rebelde da Carolina do Sul. Sobranceiro à baía de Charleston, o forte era propriedade e instrumento do governo federal, e seu comandante, major Anderson, se recusou a entregá-lo voluntariamente às autoridades sulistas. Em 12 de abril de 1861, o general confederado Beauregard abriu fogo contra o forte; três dias depois, Lincoln declarou sua intenção de restaurar pela força a autoridade federal no Sul. Estarrecidos, os estados escravistas da fronteira — Virgínia, Carolina do

Norte, Tennessee e Arkansas — prontamente se juntaram à Confederação. As linhas da batalha estavam traçadas.

Em resposta ao apelo de Lincoln por 75 mil voluntários, os jovens afluíram a Washington e demais postos de recrutamento de todo o Norte. Considerando a sua atitude anterior à guerra, não é difícil imaginar por que tantos atenderam ao chamado: o motivo de muitos deles parece ter sido a crença apaixonada na necessidade de preservar os Estados Unidos como país unificado. Essa não era uma nação ancestral forjada à base de indissolúveis lealdades tribais e de clã, tampouco uma legião de súditos unidos pela lealdade a um soberano. O governo federal era uma entidade comedida e um tanto assistemática, que interferia o mínimo possível nos assuntos dos estados. Não obstante, a corrida ordenada, mas entusiástica, em defesa da União mostrou um sentimento profundo e permanente do que estava em jogo. A declaração de secessão pela Confederação fora recebida no Norte com espanto, assim como o achincalhe da venerada *Stars and Stripes*. A União era o centro simbólico da vida norte-americana, apaixonadamente promovido por nortistas e sulistas, como Andrew Jackson, e inculcado em toda criança estadunidense nas classes de História do país e nos rituais do Dia de Ação de Graças e do Quatro de Julho. Quaisquer que fossem as suas ideias anteriores, uma vez o iniciado conflito, os nortistas sabiam que a derrota significaria um retrocesso incalculável para os ideais sobre os quais o país fora fundado e uma traição a tudo que os norte-americanos representavam. Os Estados Unidos tinham, desde antes da guerra civil, a percepção de si próprios como uma criação ideal; um país feito para ser, e fazer, o bem.

Lincoln percebeu imediatamente que a ocupação de todo o Sul pelos exércitos da União não funcionaria; os exércitos sulistas tinham de ser arrastados à luta e totalmente derrotados. Apesar de excessivamente otimista quanto à dimensão da tarefa, Lincoln tinha clareza, desde o início, de que uma vitória militar total era a única opção. Durante boa parte da guerra, o Sul teve a melhor liderança militar nas figuras de Robert E. Lee e seu lugar-tenente Thomas "Stonewall" Jackson. Foi só no fim da guerra que a União encontrou generais — particularmente Ulysses S. Grant e Wiliam Sherman — capazes de fazer valer sua superioridade numérica e industrial. Lee era um general audacioso que, longe de aguardar em seu território, invadiu o Norte calculando que uma derrota em seu próprio solo convenceria os exércitos da União a desistir da luta. Em Antietam,

Maryland, em setembro de 1862, e Gettysburg, Pensilvânia, em julho de 1863, faltou-lhe muito pouco para vencer. Em resposta, Grant logrou descer o Mississippi e atravessar o Tennessee em 1863 antes de derrotar as forças de Lee, na Virgínia, no fim de 1864. Essa estratégia permitiu a Sherman marchar desde o Tennessee, cruzar a Geórgia e chegar à costa do Atlântico, cortando o Sul em dois e isolando seus exércitos. Decidido a não submeter seus homens a novas e inúteis carnificinas, Robert E. Lee se curvou ao inevitável, rendendo-se ao general Grant em Appomattox, Virgínia, em 9 de abril de 1865.

A Guerra Civil começou como uma luta para salvar a União, mas, no fim de 1862, Lincoln e seu gabinete declararam ilegal a escravidão e libertaram todos os escravos. Como salvaguarda legal, deu até 1º de janeiro de 1863 para que todos os estados desistissem da rebelião; se não o fizessem, seus escravos estariam livres para sempre. O Congresso apoiou o presidente aprovando a lei de emancipação. A causa da União se beneficiou enormemente dessa decisão: mesmo com grande risco pessoal, os escravos do Sul desertaram de suas plantações para servir de guias dos exércitos invasores do Norte e proteger soldados da União isolados atrás da linha sulista; e, quando autorizados a lutar, lutaram. No fim da guerra havia 180 mil soldados negros em 166 regimentos da União.

Em 19 de novembro de 1863, Lincoln compareceu à cerimônia de consagração de parte do campo de batalha de Gettysburg como cemitério de soldados da União caídos em batalha. Seu breve discurso começou com um apelo à memória histórica: "Oitenta e sete anos atrás nossos pais geraram neste continente um novo país, concebido em Liberdade e dedicado à proposição de que todos os homens nascem iguais (...)" e terminou com a promessa de democracia: "(...) este governo do povo, pelo povo e para o povo não perecerá na face da Terra."

A Constituição dos Estados Unidos não faz referência à igualdade, uma vez que o país, ao longo dos oitenta anos anteriores, tolerara o prodigioso crescimento da escravidão. Para reforçar os ideais dos Estados Unidos, Lincoln teve de redefini-los remontando, mais além da Constituição, à Declaração da Independência: "Nós tomamos como evidentes por si mesmas essas verdades de que todos os homens nascem iguais (...)". Depois de tanto tempo ignorando essas belas palavras e vindo de uma guerra para abolir a escravidão, estaria o povo americano preparado para colocá-las em prática?

\* \* \*

LINCOLN foi presidente no começo da guerra e em seu término (reeleito por grande margem em 1864). O Congresso e o presidente haviam trabalhado juntos para levar a cabo a guerra, mas conseguiram fazer mais do que isso. Pela primeira vez em meio século a máquina do Congresso não era dominada e obstruída pelo grande divisor de águas entre o Norte o Sul. O Sul se queixara antes da guerra de que o capital nortista, baseado em Nova York e Boston, controlava todo o país; o governo do tempo da guerra se aliou ao capital para construir uma infraestrutura que permitisse vencê-la. O governo precisava de estradas de ferro, canhões, aço, roupas, navios, munição e equipamentos, e a indústria se pôs a trabalhar. Além dos imensos lucros gerados pela guerra, ao concluir-se o conflito, os soldados desmobilizados aportaram cerca de 70 milhões de dólares à economia em soldos e pensões, fomentando um *boom* que duraria até a década de 1870.

Mas a guerra cobrou também um preço terrível, de escala muitas vezes inimaginável. Imensas quantidades de homens, armas e equipamentos eram levadas ao fronte pelas ferrovias, propiciando batalhas de grandiosidade cinematográfica. Cerca de 359 mil soldados da União e 258 mil confederados pereceram no conflito. Vastas regiões do país, particularmente no Sul, foram devastadas — cidades incendiadas, colheitas destruídas, infraestrutura arrasada. E a guerra também inundou o país de armas leves. A Constituição concedera a todo cidadão o direito de portar uma arma, e a guerra lhe deu a oportunidade de fazê-lo. Soldados desmobilizados e quem mais o desejasse podiam deitar mãos num rifle Springfield e um revólver. O Oeste, em particular, notabilizou-se pela proliferação de armas.

Preocupação mais imediata eram as cicatrizes da guerra e a situação de 4,5 milhões de afro-americanos recém-libertados. Uma semana depois da rendição, em Appomattox, Abraham Lincoln foi assassinado, deixando os seus sucessores a braços com o problema de como reconciliar os antagonistas da guerra civil e organizar as vidas dos "libertos". Ambas as tarefas mostraram estar além de suas capacidades. O governo federal instituiu um grande programa de reconstrução do Sul, que fracassou devido a uma combinação de ressentimento sulista para com o Norte e ódio cada vez mais profundo de sua própria comunidade negra. A 14ª Emenda à Constituição, sancionada em 1866, deu direitos formais de cidadania a todos os afro-americanos, apoiada por uma lei de direitos civis que abrangia pessoas de "todas as raças e cores". Contudo, seus efeitos foram pequenos. Com a crescente hostilidade do Sul aos seus ex-escravos e o início da expansão industrial no Norte, os afro-americanos usaram as ferrovias recém-construídas para se mudar para Chicago, Detroit, Cleveland e Nova York.

NO FIM DA DÉCADA de 1870, o fracasso da reconstrução do Sul e os mandatos ineficazes de Andrew Johnson (1865-68), vice-presidente de Lincoln, e Ulysses Grant (1868-76), seu mais importante general, levaram à degradação da política nacional. O cheiro da corrupção se converteu no fedor nauseabundo do desvio, por parte de agentes do governo e representantes eleitos, de recursos da venda de terras no Oeste, da especulação ferroviária, do comércio de ouro e dos impostos sobre bebidas. O contraste com a determinação rígida e principista de Lincoln não poderia ser mais gritante. Os Estados Unidos enriqueciam e Washington se dava bem.

O sistema partidário começou a trabalhar não a favor, mas contra a verdadeira democracia. O legado da guerra deixara firmemente situados em um ou outro campo quase todos os estados e distritos congressuais; as campanhas políticas se concentravam naqueles poucos lugares suscetíveis de mudar de mãos, com todos os demais representantes sendo escolhidos, na prática, pelas máquinas partidárias. Em 1877, o cambalacho a que se reduzira a política em Washington atingiu seu ponto mais baixo. A eleição presidencial parecia ter sido vencida, com folga, pelo democrata Samuel Tilden, mas a "reinterpretação" dos votos de alguns colégios eleitorais deu a vitória, por estreita margem, ao republicano Rutherford Hayes. Criou-se uma comissão de inquérito, partidariamente orientada, que votou a favor de Hayes. A crise política resultante foi contornada com o recuo dos democratas sulistas em troca do fim da ingerência federal, inclusive militar, no Sul, acordo que privou os escravos libertos do Sul de sua única proteção. Em 1883, a Suprema Corte decidiu que o governo federal não tinha o direito de interferir em atos segregacionistas impostos por particulares e, em 1899, que os estados podiam construir escolas somente para brancos, mesmo não havendo outras para negros. A Guerra Civil preservara a União, ao preço, porém, da traição do imperativo que moveu o conflito; parecia impossível garantir a todos os estadunidenses o binômio, tantas vezes lembrado, do discurso de Daniel Webster: "União *e* Liberdade."

O FIM da Guerra Civil permitiu aos Estados Unidos, sob o domínio do Nordeste industrializado, adentrar um período de violenta expansão. No meio século posterior a 1865, a imigração em massa, a colonização do Oeste e o desenvolvimento da sociedade urbano-industrial fizeram nascer o país continental que hoje conhecemos como Estados Unidos da América. As mudanças da tecnologia de transporte afetaram espetacularmente todas as partes do mundo. De 1869 a 1883 se construíram quatro ferrovias Leste--Oeste nos Estados Unidos, seguidas de três no Canadá; em 1900 já havia caminhos de ferro contínuos ligando a Europa Ocidental a Baku, no mar Cáspio, e em 1904 a Vladivostok, na costa do Pacífico. Em 1869 foi aberto o Canal de Suez, seguido do Canal do Panamá em 1914. Na década de 1870 as rotas marítimas mais importantes do mundo podiam ser cobertas, com navios a vapor muito maiores e mais confiáveis, na metade do tempo. Ferrovias, canais e estaleiros empregavam um número imenso de trabalhadores, proporcionando, ao mesmo tempo, métodos fáceis e relativamente baratos de imigração a longas distâncias.

A rápida industrialização da Europa continental nas décadas de 1860 e 1870 legou às áreas rurais o duplo problema da inflação de preços e do excesso de mão de obra. O resultado foi a migração do campo para as cidades industriais da própria Europa e do outro lado do Atlântico. Outras migrações foram provocadas pela intolerância racial inerente ao crescimento do nacionalismo europeu. Os *pogroms* russos, iniciados em 1882, e as perseguições no Império Austro-Húngaro esvaziaram a Europa Oriental de cerca de um terço de sua população judia, quase toda deslocada para a América. Camponeses poloneses, italianos e irlandeses saíram também aos milhões, impelidos pelas dificuldades econômicas e pela relativa facilidade de imigração. Outros, como no caso de milhares de agricultores escandinavos e alemães, foram simplesmente atraídos pela propaganda das empresas de transporte ferroviário e marítimo. Essas últimas perceberam que lucrariam mais oferecendo pacotes de imigração completos. Linhas marítimas baseadas em Liverpool, Bremen, Hamburgo e Nápoles, com agentes espalhados por toda a Europa, se associaram a empresas ferroviárias dos Estados Unidos e Canadá, que levavam os imigrantes aos lugares mais remotos do continente aonde quisessem ir e pudessem pagar. Nesse novo mundo as distâncias não pareciam importar. Um colono finlandês de Ontário deu à sua família orientações de como encontrá-lo: peguem o trem em Halifax, Nova Escócia, e desçam em Timmins, Ontário; não se preocupou em mencionar que era uma viagem de três dias. A família a fez mesmo assim, como fizeram cerca de 25 milhões de outros europeus entre 1860 e 1920. A migração para a América, ainda uma aventura em massa, já não era um jogo desesperado de vida ou morte.

No rastro da corrida do ouro de 1849, na Califórnia, em 1859, descobriu-se ouro também em Pike's Peak, Colorado, e prata em Comstock, Nevada, e, na década de 1870, ouro e prata em Idaho, Montana, Dakota e, novamente, Colorado. Mineiros, mercadores e taberneiros afluíram ao Oeste em busca de riqueza, mas foram as ferrovias que empurraram os colonos às pradarias do Meio-Oeste e plantações de frutas da Califórnia. Veteranos da Guerra Civil iniciaram nova vida como rancheiros nas vastas planuras arbustivas do Texas (finalmente admitido na União em 1845). Raças resistentes trazidas pelos espanhóis se revelaram totalmente adequadas às condições áridas, mas o mercado para a carne eram as cidades do Nordeste, a mais de 1.600 quilômetros de distância. A solução foi levar o gado até o fim de linha mais próximo — Abilene, Dodge City ou Wyoming — para ser embarcado rumo aos currais de Chicago. Assim nasceu o caubói, mítico pistoleiro e beberrão, mas, na verdade, um tipo solitário que passava a vida trabalhando sentado em sua sela, a quilômetros de distância de qualquer lugar. A despeito de sua posterior ressurreição no cinema, a era do caubói durou pouco — do fim da Guerra Civil à expansão das ferrovias e cercamento das pastagens no começo da década de 1890.

A despeito da colonização das áreas rurais do Meio-Oeste e Extremo Oeste por rancheiros e agricultores, os Estados Unidos se tornavam, a exemplo da Europa, uma sociedade urbano-industrial. Milhões de novos imigrantes afluíam às cidades industriais do Nordeste, amontoando-se em conjuntos residenciais com pouca luz natural e, muitas vezes, sem água nem esgotamento sanitário. Os governos das cidades, dirigidos muitas vezes por aliados de industriais e proprietários de terra, faziam vista grossa para as sórdidas condições de vida dos imigrantes ou simplesmente não eram capazes de lidar com o aumento vertiginoso da população urbana. Em cada cidade, um mosaico de comunidades étnicas tentava recriar os costumes e relações de seus lugares de origem. Cleveland, no estado de Ohio, tinha mais de quinze grupos étnicos europeus, de finlandeses a romenos, boêmios e italianos, vivendo em diferentes bairros do centro urbano. As cidades podiam ter, como na Europa, mercados judeus, russos, italianos e alemães, mas a vida desses imigrantes rurais de Meath, Macedônia, Bielorrússia e Calábria era totalmente diferente: a agricultura de subsistência em comunidades rurais fora trocada por trabalho operário em gigantescas siderúrgicas, pátios ferroviários e minas de carvão.

Em 1860, o cinturão industrial se restringia à faixa costeira do Nordeste, incorporando grandes cidades, como Baltimore, Filadélfia, Nova

York e Boston; em 1900, porém, se estendera em arco para oeste, até os Grandes Lagos e, mais tarde, para o sul, até a Pensilvânia ocidental e Ohio. Buffalo, Cleveland, Pittsburgh, Cincinnati, Detroit, Chicago, Milwaukee e St. Louis tinham todas mais de meio milhão de habitantes no fim do século. Ameaçadas de paralisação por congestionamento e população excessivos e instadas por industriais interessados em ter trabalhadores aptos e saudáveis, as cidades introduziram gradualmente regulamentos edilícios que impunham às habitações padrões mínimos de área útil, iluminação, água corrente e esgotamento sanitário. O orgulho cívico das cidades norte-americanas, que competiam entre si, levou à construção de notáveis edifícios públicos, parques urbanos centrais, museus e bibliotecas. Contudo, continuavam a crescer. Quando o estoque de imigrantes europeus se restringiu na década de 1920, foi a migração interna que respondeu às necessidades de um novo *boom* industrial.

Em 1900, 77% por cento dos afro-americanos ainda viviam nas áreas rurais do Sul, mas a segregação convenceu muitos deles a se mudarem para o Norte em busca de trabalho e distância das perseguições. A maior parte dos estados do Sul passou, depois de 1896, a segregar edifícios públicos, trens, escolas e ônibus. Aprovaram-se leis que não apenas proibiam o contato entre brancos e negros, como impediam, na prática, os afro-americanos de votar. Na primeira metade do século XX, sulistas brancos e negros nasciam em hospitais separados, estudavam em escolas separadas, casavam-se em igrejas separadas e eram sepultados em cemitérios separados; todos os ônibus, escolas, restaurantes, pensões, salas de espera, hospitais, bebedouros públicos e prisões eram ou para brancos ou para negros, nunca para ambos. A vida pública estadunidense cairia num estado de ruína tal que, na década de 1920, os afro-americanos foram proibidos até de entrar no edifício público que abrigava o memorial de Abraham Lincoln, em Washington, D.C.

A migração desde o Sul foi acelerada pela chegada do gorgulho, um besouro que se espalhou pelo Cinturão do Algodão a partir de 1898, destruindo o meio de vida de centenas de milhares de famílias afro-americanas. Entre 1913 e 1919, cerca de meio milhão de afro-americanos partiram para o Norte — Chicago, St. Louis, Detroit, Nova York, Indianápolis, Cleveland e outras cidades —, uma onda migratória que durou até a Segunda Guerra Mundial. As cidades continuaram a crescer devido à continuada disponibilidade de população rural branca e afro-americana, que durou até a década de 1930. Com sua capacidade de enfrentar o problema colocada em xeque a cada nova onda de afluxo e expansão, essas cidades lutavam para tornar tolerável a vida de seus cidadãos.

A EXPANSÃO industrial dos Estados Unidos foi tão prodigiosa quanto o crescimento de suas cidades. O valor da indústria passou de 1,8 bilhão de dólares às vésperas da Guerra Civil para 13 bilhões em 1899, tornando os Estados Unidos a maior potência industrial do mundo. As ferrovias, que lideravam com mais de 1 milhão de pessoas empregadas e giro financeiro de 1 bilhão de dólares em 1890, foram também paradigmáticas dos múltiplos abusos do período do "capitalismo heroico", quando vastas fortunas foram construídas por métodos absolutamente duvidosos. O governo federal, empenhado na expansão das estradas de ferro, concedia terras e dinheiro às companhias, que, por sua vez, adjudicavam a si próprias contratos governamentais para construí-las, vendiam as terras lindeiras com imensos lucros e presenteavam políticos com suas ações. O capitalismo estadunidense ainda não havia descoberto como preservar a concorrência impedindo a formação de monopólios. Andrew Carnegie, por exemplo, comprou a maior parte das reservas de carvão e minério de ferro dos Estados Unidos para suas siderúrgicas, bloqueando a entrada de concorrentes; em 1890, Carnegie fabricava 70% do aço dos Estados Unidos. Em 1901, o negócio foi vendido para J. P. Morgan por 450 milhões de dólares. Monopólio similar foi criado pela Standard Oil, da família Rockefeller. A Lei do Comércio Interestadual de 1887, destinada a quebrar os monopólios regionais das companhias ferroviárias que operavam sem concorrência cobrando tarifas ao bel-prazer, serviu de modelo para a futura regulação da indústria privada.

As diatribes em favor do livre-comércio não parecem, no entanto, ter exercido efeitos relevantes sobre os capitalistas industriais estadunidenses, que prosperaram, junto com suas empresas, à sombra de um formidável aparato de barreiras comerciais. As tarifas de importação haviam sido criadas no começo da Guerra Civil para financiar as despesas militares; estendidas e ampliadas, depois do conflito, para se converter em instrumento de protecionismo pleno, só foram abolidas quando a supremacia da indústria norte-americana lhe permitiu abrir seus mercados à concorrência.

Uma indústria dirigida e explorada por um punhado de "barões ladrões", proprietários e cidades convertidas em antros de corrupção e sordidez não foram, todavia, capazes de combalir o espírito de otimismo trazido pelos milhões de imigrantes que viam a América como a terra das oportunidades. Um deles descreveu Ellis Island como "o que há de mais parecido na Terra com o Juízo Final — o dia em que temos de provar nosso direito de entrar no paraíso". Se na Europa seus horizontes eram limitados pela posição social, passado étnico, pobreza e toda uma rede de costumes e tradições, nos Estados Unidos nada disso parecia importar. O prolongado *boom* econômico — um incentivo à crença de que qualquer um podia fazer e se tornar o que quisesse — fez nascer aquele espírito empreendedor capturado nos livros imensamente populares de Horatio Alger, em que jovens de origem humilde se valem de uma combinação de trabalho duro e honestidade para fazer fortuna.

Os imigrantes europeus se aglomeraram nas novas cidades industriais, recriando as comunidades de seus países de origem nos bairros de Nova York, Baltimore, Detroit, Chicago, Pittsburgh e outras. As cidades dos Estados Unidos se transformaram em tabuleiros de comunidades étnicas — italiana, irlandesa, polonesa, afro-americana, judia, russa, sueca, alemã —, cada uma preservando e criando tradições favoráveis à preciosa tecitura da interação humana num mundo governado pelas máquinas e pelo dinheiro. Os Estados Unidos se tornaram a encarnação do moderno paradoxo ocidental: uma sociedade em busca de coesão social e, ao mesmo tempo, da satisfação das ambições individuais.

ENQUANTO a sordidez urbana e a promessa de um futuro melhor se misturavam como ingredientes da industrialização, a tragédia invisível dos Estados Unidos do século XIX era encenada nas planícies, desertos e montanhas do Oeste. Em 1861, o começo da Guerra Civil, 300 mil norte-americanos nativos viviam a oeste do Mississippi. Depois da guerra, o general Carleton, decidido a limpar o sudoeste para o assentamento branco, ordenou: "Não haverá qualquer negociação ou diálogo com os índios." Chocante em si mesmo, o genocídio no sudoeste — ao final somente os navajos tiveram permissão para permanecer num pequeno pedaço de terra — foi, no entanto, apenas parte de uma catástrofe muito maior.

No fim de 1862, uma tribo sioux chamada Santee, cansada de ser empurrada cada vez mais para o Oeste, atacou fortes e colônias brancas às margens do rio Minnesota. Deu-se, então, o inevitável, previsto por seu líder Pequeno Corvo: eles perderam a batalha, toda tribo foi feita prisioneira e trezentos nativos foram condenados à morte. Ainda que a pena tenha sido mais tarde restrita aos 38 líderes, essa foi a maior execução legal da história dos Estados Unidos. O castigo tinha a finalidade de ensinar submissão, mas para muitos norte-americanos nativos a lição foi a de que negociações e compromissos geram derrotas; era melhor lutar até a morte do que viver num cativeiro miserável.

Em 1865, o exército dos Estados Unidos recebeu ordens de extirpar as tribos indígenas das grandes planícies. Os cheyenne, arapaho e sioux se juntaram sob a liderança de Nuvem Vermelha e, por meio da resistência organizada, obrigaram o governo a reservar uma área de 1.300 mil km² exclusivamente para seus povos. Ato contínuo, as autoridades mudaram de rumo e deram início ao extermínio dos búfalos da planície com a clara intenção de destruir o modo de vida dos nativos. Como deixou claro o general Sheridan: "Deixemo-los matar, pelar e vender até que os búfalos sejam exterminados, dado que esta é a única maneira de trazer a paz duradoura e permitir o avanço da civilização." Em 1870, havia cerca de 15 milhões de búfalos nas planícies; uma década mais tarde restavam no máximo algumas centenas, e os nativos das planícies logo os seguiram ao oblívio quase total.

Em 1868, um tratado estabeleceu que as sagradas Montanhas Negras de Dakota seriam território perpétuo das tribos sioux. Como, porém, em 1874 se descobriu ouro nas montanhas, o governo ordenou aos sioux vender as terras e se mudaram para pequenas reservas no Leste. Para Touro Sentado e Cavalo Maluco (como para a maioria dos europeus), a moderna ideia europeia da propriedade da terra era incompreensível: eles não tinham nenhum desejo de viver em reservas como homens brancos. No verão de 1876, guerreiros sioux e cheyenne destroçaram uma coluna de cavalarianos sob o comando do coronel George Custer em Little Big Horn, mas na primavera de 1877 a maior parte do povo de Touro Sentado havia se rendido. Ele fugiu para o Canadá, mas foi trazido de volta para viver em virtual cativeiro. O senador John Logan lhe anunciou em público: "Você não tem mais seguidores, poder, nem controle (...) o governo agora alimenta, veste e educa as suas crianças e deseja ensiná-las a se tornarem agricultores, civilizá-las, torná-las iguais aos homens brancos."

Era uma história tão velha quanto a civilização ocidental. Tal como, antes deles, os arianos, pagãos, cátaros, camponeses ingleses, incas, mexicanos e cristãos irlandeses, os norte-americanos nativos foram compelidos a optar entre conformar-se à ideia de uma existência estritamente civilizada ou viver como cativos, ou criados, de seus paradigmas. Não havia alternativa: a civilização ocidental não tolerava a ideia de conviver em pé de igualdade com outros modos de existência social.

No fim da década de 1880, membros das tribos sioux e outras deram, uma vez mais, sinais de rebelião, seguindo um novo líder espiritual que defendia a resistência baseada num ritual conhecido como Dança Fantasma, que daria fim ao homem branco e seus malefícios. Os líderes rebeldes potenciais foram capturados e Touro Sentado morto por ocasião de sua prisão. Temendo por suas vidas, os demais membros da tribo deixaram sua reserva e rumaram para as planícies. Capturados, eles foram forçados a acampar numa localidade da Dakota do Sul chamada Wounded Knee Creek. No dia seguinte, 29 de dezembro de 1890, durante uma busca por armas, um contingente de soldados brancos de cavalaria assassinou sistematicamente trezentos dos 350 sioux. Alguns foram mortos por tiros de peças de artilharia posicionadas acima do campo, outros abatidos quando corriam para se salvar. O massacre de Wounded Knee foi o ato simbólico final da destruição do modo de vida dos norte-americanos nativos. Apesar de todas as guerras e crises ainda por vir, nunca mais o domínio da civilização ocidental voltaria a ser desafiado nos Estados Unidos.

ENTRE 1866 e 1915, 25 milhões de pessoas saíram da Europa para os Estados Unidos. Essa que foi a maior migração da história humana mudou completamente a natureza da América. Nas duas décadas que separam os anos de 1890 e 1910, em especial, registrou-se uma vasta maré de imigrantes: só em 1907 foram 1,2 milhão. Mais de três quartos deles aportaram em Nova York e muitos ficaram por lá; em 1900, 76% da população da cidade era nascida na Europa. Pobres em sua maioria, os novos imigrantes traziam consigo uma cultura notavelmente diferente da de seus antecessores. Se em 1882 quase 90% dos que migraram para os Estados Unidos provinham da Europa Ocidental e do Norte, em 1907 mais de 80% provinham do Sul e do Leste. No fim do século XIX, os Estados Unidos, até então um desdobramento da Grã-Bretanha, tornaram-se um país multilíngue. Os costumes, a cultura e até mesmo o idioma, tacitamente aceitos como os alicerces da vida estadunidense, foram substituídos por uma profusão de tradições e línguas. No transcurso de duas gerações, uma economia essencialmente agrícola se transformou em sociedade industrial e urbana.

O uso do vapor e, logo, de máquinas elétricas ou motorizadas para produzir tecidos, aço, louças e componentes industriais, se estendeu rapidamente para toda a indústria. O desafio da industrialização foi usar máquinas para produzir tudo o que a humanidade demandava, mas também desenvolver níveis de organização que propiciassem a plena exploração da tecnologia mecânica. A impressão já era um processo mecânico, mas no decorrer dos séculos XIX e XX novas tecnologias aumentaram imensamente a sua velocidade e volume de produção, trouxeram a reprodução mecânica de imagens, a fotografia, a telefonia, o cinema, o rádio e a televisão, e criaram maneiras de tornar tudo isso disponível a toda a população. Ainda que muitas dessas tecnologias tenham sido inventadas na Europa, sua aplicação pioneira se deu nos Estados Unidos. Sua entusiástica adoção e a consequente elevação da cultura popular de massa distinguiriam o país de seus ancestrais europeus.

A tecnologia da impressão se desenvolveu em etapas: em 1828, o *Commercial Advertiser* de Nova York e o *Daily Chronicle* da Filadélfia eram impressos com uma prensa rotativa de duplo cilindro; em 1861, o uso de estereótipos facilitou a duplicação dos clichês, aumentando a velocidade de impressão para 15-25 mil folhas por hora; na década de 1890, o uso de rolos de papel contínuos, ou bobinas, elevou essa velocidade para 96 mil seções de oito páginas por hora. Paralelamente, as máquinas de fotocomposição, datilografia e telefones transformaram o lado editorial da produção de revistas e jornais, e a industrialização do papel triplicou a sua produção entre 1890 e 1900.

O público leitor dos jornais estadunidenses era cada vez maior, resultado do crescimento da população, mas também (ao contrário de seus equivalentes europeus) da liberdade em face da ingerência governamental e dos preconceitos. Os jornais europeus, produto da cultura ilustrada da pequena nobreza, refletiam a visão social da classe governante; os norte-americanos, ao contrário, se valiam de uma tradição de independência e divergência que remontava à *Philadelphia Gazette* de Benjamin Franklin. Joseph Pulitzer, proprietário do *St Louis Post-Despatch* e do *New York World*, era um imigrante húngaro que começou como repórter, ao passo que William Randolph Hearst era filho de um minerador e rancheiro que se tornou milionário. Os jornais de Hearst adquiriram fama de sensacionalistas, mas dentre os jornalistas que empregou figuram nomes como Ambrose Bierce, Stephen Crane, Mark Twain e Jack London.

A imprensa de circulação em massa foi o aglutinante social que unificou o país multiétnico sob uma única língua e cultura, ao passo que as tecnologias de comunicação e transporte produziram uma voz caracteristicamente estadunidense — cética, otimista, romântica, patriótica, cheia de empáfia e ao mesmo tempo divertidamente irônica com seus próprios exageros — que expressava as opiniões e sentimentos do leitor comum.

No exato momento em que os jornais alcançaram o nível tecnológico que os sustentaria durante a maior parte do século XX, uma nova invenção desembarcava na América. Em setembro de 1895, o vitascópio, uma máquina para projetar o recém-desenvolvido filme flexível sobre uma tela grande, foi objeto de demonstração numa feira de Atlanta. Em 23 de abril de 1896 foi usada, pela primeira vez, numa sala de espetáculos de Nova York e, em 1905, um lojista da Pensilvânia começou a exibir filmes num espaço anexo, cobrando um níquel por ingresso. Em 1910, havia 10 mil pequenos cinemas nos Estados Unidos com um público de 23 milhões de pessoas — 20% da população — por semana. Os filmes eram mudos — o que significava que todos, de italianos a judeus ucranianos, podiam entendê-los e desfrutá-los. Não que houvesse grande coisa para entender — os filmes eram tal novidade, e tão baratos, que qualquer coisa que mostrassem atraía multidões. Percebendo, no entanto, que salas melhores teriam mais apelo e renderiam mais dinheiro, as empresas produtoras de filmes começaram, por volta de 1913, a construir salas exclusivamente destinadas ao cinema. Em 1926, os Estados Unidos tinham 20 mil cinemas com um público semanal de 100 milhões de pessoas — quase a metade da população.

A origem social do público equivalia à dos primeiros cineastas. Dado que o cinema sequer era classificado como atividade cultural, não havia barreiras sociais para o ingresso no negócio — e, de todo modo, isso era a América, a terra das oportunidades. Um punhado de imigrantes judeus logo se envolveu no negócio, sobrevivendo à inevitável racionalização. Na primeira década do novo século, a indústria se concentrava em Nova York, mas o clima do Nordeste não era confiável o bastante para filmes que dependiam de forte luz natural e, o mais importante, havia sérias dificuldades legais. Imediatamente após a invenção do vitascópio, um consórcio liderado por Thomas Edison formou um monopólio de produção e distribuição de filmes. Os concorrentes corriam o risco de serem presos em seus estúdios ou terem seus equipamentos destruídos. A solução foi se mudar para um lugar com tempo bom e muito longe de Nova York, onde era possível também driblar as autoridades cruzando a fronteira mexicana. Por volta de 1907, os produtores e diretores começaram a rodar filmes na região de Los Angeles, sul da Califórnia. Em 1911, uma empresa chamada Nestor construiu o primeiro estúdio permanente, localizado no fim de uma estrada de terra alguns quilômetros a noroeste da cidade. Outros se seguiram, beneficiando-se da disponibilidade de mão de obra barata, técnicos especializados e ausência de assédio legal. Em dez anos havia 760 estúdios na cidade; não menos de 80% dos filmes de todo o mundo já eram feitos num subúrbio de Los Angeles chamado Hollywood.

Os primeiros produtores europeus faziam filmes baseados em clássicos literários para atender a um público instruído de classe média. Os estadunidenses, ao contrário, interessados em ter gente passando pela porta, ofereciam emoções baratas — bangue-bangues, perseguições, duelos, suspense —, qualquer coisa que tivesse apelo instantâneo. Todavia, na segunda década do século XX os estúdios de Hollywood começaram a se dar conta de que filmes com histórias e personagens eram mais populares e duradouros, compensando amplamente o investimento extra na produção e planejamento de pré-produção. E viram também que o público adorava ver os mesmos atores repetidamente — nasciam os astros e as estrelas de cinema.

O gênio dos cineastas reside em sua capacidade de tomar uma mídia concebida para entretenimento básico e usá-la como meio de expressão de valores humanos profundos e eternos. Da mesma forma como Giotto lançou mão de humildes afrescos de igrejas e Dickens de revistas descartáveis de circulação em massa, os cineastas estadunidenses usaram a tecnologia de sua época para atender aos reclamos de seu público. O primeiro diretor a explorar plenamente as possibilidades do cinema foi D.W. Griffith (1875-1948). Filho de um famoso chefe de cavalaria da Guerra Civil, Griffith começou como ator de teatro antes de escrever enredos para o novo negócio do cinema em Nova York. Admitido no estúdio Biograph, em 1908 ele dirigiu o seu primeiro filme, *As Aventuras de Dolly*, estrelado por sua esposa, Linda Arvidson. Nos cinco anos seguintes, Griffith dirigiu a espantosa quantidade de 450 curtas-metragens, não cessando nem por um momento de buscar novas formas de melhorar sua comunicação com o público. Griffith não inventou as técnicas de movimento de câmera, *close-ups*, *long-shots*, iluminação dramática, mudança de ângulo, ação paralela e *intercutting*, mas as utilizou de modo a tornar a associação de técnica e roteiro um conjunto indissolúvel. Nas mãos de Griffith e de seu operador de câmera, Billy Bitzer, o cinema se afastou do melodrama estático do teatro filmado mesclado com ação desenfreada para se tornar uma forma de arte sutil e poderosa.

Griffith treinou a sua companhia de atores no uso de sutilezas e nuanças em substituição à gesticulação que dominava as primeiras produções. Ele percebera que o *close* de rosto inteiro permitia ao ator representar emoções, incertezas e reações com pequenas alterações da expressão facial. O uso de técnicas como o *close-up* e as tomadas panorâmicas reiterou aquilo que formas de arte revolucionárias, como o retrato e o romance, já haviam feito: pegar áreas de experiência que sempre existiram — a variedade de expressões do rosto humano, os efeitos das mudanças de luz sobre a geografia — e fazê-las obter a total atenção do público.

Em 1913, Griffith deixou a Biograph para trabalhar no primeiro grande épico do cinema norte-americano. Além de demonstrar as incríveis possibilidades da nova mídia, *O Nascimento de uma Nação* foi uma tentativa de construir a mitologia do país, dizer aos americanos quem eles eram e de onde haviam vindo. Lançado em 1915, o filme foi um imenso sucesso comercial — as filas de pessoas que queriam vê-lo ao preço inédito de 2 dólares davam a volta ao quarteirão —, mas também objeto de grande polêmica. A representação da Ku Klux Klan como uma organização de heroicos defensores da liberdade ofendeu muitos estadunidenses (levando Griffith a filmar *Intolerância* para provar suas credenciais de tolerância racial). De todo modo, o filme deu à luz o cinema como forma de arte comercial. Os temas dos filmes de Hollywood, embora superficialmente prestassem homenagem ocasional aos clássicos de época e melodramas bíblicos, passaram a ser a própria América. A começar de *O Nascimento de uma Nação*, o cinema transformou os *westerns* e curtas dos primeiros tempos nos mitos fundacionais e histórias contemporâneas de seu país. Devido ao papel peculiar dos astros e estrelas de cinema, a mitologia americana não era mera narrativa de homens e mulheres honestos triunfando sobre as dificuldades em caravanas nas planícies e em ruas infestadas de bandidos; era a história de homens e mulheres iguaizinhos a Lionel Barrymore e Lillian Gish, Clark Gable e Bette Davis, John Wayne e Katharine Hepburn — heróis ao mesmo tempo ordinários e extraordinários.

O cinema permitiu que a cultura estadunidense do século XX encontrasse uma voz única na complexa combinação de aventura, inquietação, violência e busca incansável da identidade individual e do lar espiritual. Os *westerns* se tornaram narrativas morais encenadas num ambiente de ilegalidade, mas os melhores dentre eles trataram das aflições emocionais de seus protagonistas. John Ford, um imigrante de segunda geração, retratou a família de caravaneiros, o regimento de cavalaria e a propriedade na pradaria como frágeis esforços de construir lares espirituais num mundo acossado pela violência dos desgarrados. Não é de admirar que essas histórias repercutissem entre os norte-americanos oprimidos pelas cidades sem rosto, e muitas vezes sem lei, do Nordeste e Meio-Oeste industriais.

Enquanto o cinema dispunha de uma fonte ilimitada de histórias no mundo visceral do crime norte-americano, folhetins e revistas que garimpavam implacavelmente o submundo eram lidos com avidez em todos os Estados Unidos; em 1922, havia mais de 20 mil revistas no país. E, uma vez mais, alguns escritores conseguiram usar o gênero aparentemente prosaico das histórias de detetives durões como veículo de expressão artística. Os romances policiais de Dashiell Hammett, Raymond Chandler e James M. Cain falaram mais sobre as esperanças, desejos e ilusões da vida estadunidense do que as obras de quase todos os demais outros artistas seus contemporâneos.

À rotativa e câmera/projetor de cinema se juntaram o fonógrafo e o rádio, cuja associação tornou possível a produção em massa e a difusão da música gravada. Uma vez mais, o conteúdo da nova forma foi tão importante quanto a tecnologia. Se na Europa a música gravada significava ópera ligeira e suítes orquestrais, nos Estados Unidos algo totalmente diferente surgiu. A segregação sulista deu à luz uma cultura afro-americana que permaneceu à margem, apesar de fisicamente próxima, da cultura dominante da América branca. Os afro-americanos não tinham acesso a tecnologias com que criar pinturas, arquitetura, literatura e filmes, mas dispunham de certa quantidade de instrumentos musicais e uma longa tradição musical autoconstruída. Nas cidades e distritos rurais do Sul, músicos itinerantes tocavam um curioso estilo musical chamado *blues*, que fazia soar de um modo inteiramente novo instrumentos europeus tradicionais, como pianos, trompetes e guitarras. Nossa atual familiaridade com o *blues* nos faz subestimar a extraordinária inovação musical que representou. Suas infinitas variações, dentro e ao redor da forma básica, combinadas à exigência de expressão emocional direta por parte do artista, se tornaram em toda a cultura ocidental o elemento dominante da música do século XX.

O *jazz* foi criado em Nova Orleans no seio de uma comunidade negra que tinha o suficiente para gastar em diversão e instrumentos musicais. A cidade sempre foi um território à parte, com uma atmosfera singularmente hedonista propícia ao florescimento de músicos, multívagos e desajustados de todas as raças. Na década de 1920, o *jazz* foi levado de Nova Orleans para as cidades do Norte por Jelly Roll Morton, Louis Armstrong e Bessie Smith e difundido por todo o país por King Oliver e Fats Waller. O dinheiro em circulação na comunidade negra foi suficiente para projetar Smith e Armstrong ao estrelato. A essa altura, compositores como Irving Berlin e George Gershwin haviam começado a criar, a partir do *blues*, do *jazz* e do *ragtime*, um novo estilo de música popular. A música europeia, coral e declamatória do século XIX deu lugar a um estilo musical intimista, expressivo e interativo, adequado ao mundo urbano da nova América.

Por todo o país, especialmente no Texas e no Sul, cantores brancos, como Jimmy Rogers, começaram a copiar a música negra. O *country* era uma versão branca do *blues*, ocasionalmente mesclada de valsas e *reels*. A canção de amor sentimental — Tin Pan Alley, *country* ou *swing* jazzístico — tornou-se uma espécie de hino dos Estados Unidos. Expressa na linguagem simples e apoética do cotidiano, cantada em voz falada em vez de declamada, a canção de amor pessoal sintetizava a crença de que, naquele mundo confuso, mutável e pouco receptivo, o amor entre duas pessoas podia ser um refúgio espiritual.

O cinema, a música e as revistas que inundaram os Estados Unidos na década de 1920 impulsionaram a unidade da nação. Todos assistiam aos mesmos filmes, assobiavam as mesmas melodias e liam as mesmas reportagens. Cópias de um mesmo filme eram exibidas por todo o país e gravações musicais distribuídas a todas as estações de rádio e bares equipados com fonógrafos acionados por moedas. Os trens levavam revistas como *Ladies' Home Journal*, *The Saturday Evening Post* e *McClure's* a todas as cidades e os telefones e telégrafos asseguravam que todos os jornais locais dessem as mesmas notícias nacionais. E o país que se unificava pela cultura de massa consumia também as mercadorias da produção em massa.

AS REVISTAS, jornais e estações de rádio anunciavam produtos que podiam ser comprados em qualquer lugar do país. Isso significava que a indústria estadunidense tinha de operar em escala continental, o que se tornou possível por via de um novo tipo de capitalismo. O século XIX e começo do XX fora uma época de empresários individuais tirando proveito das possibilidades oferecidas pela industrialização. Muitos desses homens eram engenheiros e inventores que combinavam sólidos conhecimentos de assuntos técnicos com a inclinação para os negócios. Alguns construíram vastos impérios industriais com base em suas invenções, seu tino comercial e sua determinação de superar a concorrência. O rápido crescimento populacional e a política de *laissez-faire*, corrupta mesmo, dos Estados Unidos propiciaram que esses homens resolutos e implacáveis obtivessem o monopólio de seus campos de negócio. Os impérios construídos por homens como Cornelius Vanderbilt, Henry Ford, John Rockefeller, J.P. Morgan e H.J. Heinz eram, na essência, feudos pessoais dirigidos por eles próprios e seus familiares. Publicamente conhecido, o chefão levava a glória e o opróbrio pelas operações da sua companhia. O conceito de corporação, em que investidores aplicam dinheiro no negócio, mas não participam de sua condução, era amplamente conhecido, mas o mercado de ações corporativas se limitava a indústrias, como a ferroviária, cujos investimentos eram financiados pelo governo com a venda de títulos. Isso mudou por volta da virada do século, quando o capital financeiro e a indústria se associaram para produzir a "revolução corporativa".

O mais claro exemplo dessa revolução foi a formação, em 1900, da US Steel Corporation. Andrew Carnegie vendeu, por 250 milhões de dólares, a sua empresa para um grupo de banqueiros encabeçado por J.P. Morgan, que se juntou a outros industriais para formar uma empresa por ações que reunia todos os grandes produtores de ferro, aço e coque dos Estados Unidos. A força combinada do poderio financeiro e industrial era evidente, mas Morgan seguiu uma tendência que já existia. Em 1890, o capital total das companhias manufatureiras com ações no mercado era de 33 milhões de dólares; em 1891, de 260 milhões; e em 1898, de 2 bilhões. Essa expansão exponencial continuou até 1903, quando o valor das ações da manufatura superou os 7 bilhões de dólares. Em 1904, mais da metade do valor da indústria manufatureira dos Estados Unidos correspondiam a ações negociadas no mercado. O valor total das ações permaneceu, então, na casa dos 7 bilhões de dólares até 1914 — não se tratava de uma expansão econômica interminável, mas da transição de um sistema econômico para outro.

Essa é uma importante mudança na história da civilização ocidental, devida à influência generalizada das corporações — quer na prática, como forças dominantes na vida de seus clientes e funcionários, quer como modelo para organizações de todas as áreas da sociedade. Depois de 1900, as corporações se tornaram ativas em todos os aspectos da vida comercial; na Europa, como no Japão e América do Norte, tornaram-se o centro dinâmico da indústria, da manufatura e do comércio varejista. A produção, transporte e distribuição de mercadorias na economia moderna demandavam um vasto esforço administrativo — em planejamento, projeto, marketing, faturamento, monitoramento, contabilidade e escrituração, sem falar em datilografia, reprografia, telegrafia e telefonia — suprido por exércitos de trabalhadores. As corporações começaram com escritórios anexos às fábricas, mas em pouco tempo seus quartéis-generais assumiram vida própria, localizados próximos a serviços financeiros, residências e lojas de interesse dos trabalhadores administrativos.

Os edifícios das sedes corporativas e seus funcionários — o lugar e as pessoas associados ao planejamento das estratégias e à tomada de decisões envolvendo os destinos das companhias — tornaram-se sinônimos das próprias corporações. Para os funcionários, a corporação era um ambiente confortante que oferecia uma vida inteira de recompensas materiais em troca de trabalho moderadamente árduo — ninguém, por pior que fosse o seu desempenho, era rebaixado para a mina de carvão ou o alto-forno. Para os ambiciosos, não faltavam oportunidades de promoção dentro de uma organização grande e em contínua mudança; para os gregários, havia a sociabilidade da vida profissional dentro ou fora do escritório. A corporação, mais do que o próprio lar, tornou-se a grande máquina de viver do século XX. O que para os trabalhadores de colarinho branco era pacífico era uma novidade para seus avós.

As desvantagens da vida corporativa são mais difíceis de especificar, embora igualmente generalizadas. A necessidade de agradar, nem sempre de maneira consciente, para progredir; a sensação de estar sendo permanentemente observado e avaliado; a ciumeira constante por causa de carros, mobiliário e tamanho do escritório, sem falar dos salários — tudo contribuía para gerar um clima de enervante paranoia. No mundo corporativo não bastava fazer bem o seu trabalho — sempre se estava subindo ou caindo dentro da organização. A gestão da empresa se baseava na disseminação, entre os funcionários, de um receio vago, mas permanente, cujo resultado era uma mescla peculiar de ambição individual e conformidade corporativa — o indivíduo se firmava e progredia antecipando-se aos desejos dos outros e aderindo a códigos corporativos nunca totalmente definidos. A adesão à corporação se tornou um componente necessário da psicologia do trabalhador, ainda que ele não gostasse do emprego; a conformidade veio a ser o preço da segurança.

A corporação incentivava a lealdade à empresa e aos colegas de trabalho, propiciando a confusão das relações com o mundo exterior. Os executivos eram obrigados por lei a maximizar o valor das ações de suas empresas, o que eliminava a obrigação (ou permissão) de agir segundo o interesse maior da sociedade. Apesar de exclusivamente movidas pelo interesse próprio, as corporações eram vistas, devido ao seu poderio financeiro, como a seiva vital da economia do país. "O que é bom para a General Motors é bom para os Estados Unidos" era uma verdade evidente por si mesma. A proteção de suas corporações se tornou, e continua sendo, um dos pilares da política interna e externa dos Estados Unidos, e as sedes corporativas — reluzentes edifícios revestidos de mármore em Wall Street e na 5ª Avenida —, mais do que faces públicas das companhias, tornaram-se símbolos do poder e prestígio do país. Os edifícios Chrysler (1930), Woolworth (1913), Metropolitan Life (1932) e Empire State (1931), em Nova York, são símbolos da primeira grande época do poder corporativo.

Na primeira metade do século XX, a estrutura corporativa permitiu uma expansão quase ilimitada do setor manufatureiro. Empresas lucrativas se expandiam ampliando sua participação no mercado ou comprando concorrentes com dinheiro emprestado por exércitos de investidores. As leis antitruste introduzidas em 1904 tornaram ilegais os monopólios, mas quase todos os ramos da indústria eram dominados por duas ou três corporações. Ao lado da cultura popular, a presença das mesmas mercadorias nas avenidas comerciais de todas as grandes cidades ajudou a tornar os Estados Unidos uma sociedade homogênea. Seu advento simultâneo ao imenso afluxo de imigrantes não britânicos transformou uma miríade de idiomas e culturas numa nação reconhecível. Toda família queria ter um Ford, ou um Chrysler, uma máquina de costura Singer e uma lavadora Hoover.

A coesão da vida estadunidense por via dos filmes, música, revistas, jornais e produtos de consumo trouxe grandes lucros aos fabricantes do país e pôs à disposição de seus cidadãos vastas quantidades de mercadorias baratas. As corporações ganharam força política por meio de sua riqueza e importância econômica para o país e poder sobre os consumidores por meio dos novos estilos de propaganda. Esse fenômeno estadunidense se reproduziu apenas lentamente na Europa, que manteve suas estruturas financeiras tradicionais e seus padrões de comportamento aquisitivo. Só depois da Segunda Guerra Mundial a Europa foi totalmente exposta à força extraordinária das corporações e da cultura norte-americanas.

OS MODERNOS Estados Unidos chegaram com todas as contradições da sociedade humana intactas, embora arranjadas de um modo bastante diverso dos países da Europa Ocidental. Capazes de idealismos virtuosos e perseguições violentas, os Estados Unidos se declararam livres enquanto aplicavam grilhões legais e econômicos a muitos de seus cidadãos. Impelidos por uma longa expansão econômica que durou de 1865 a 1929, os estadunidenses acreditavam ter solucionado os problemas da sociedade moderna por meio da energia, do otimismo e da ambição individual. Se, além disso, acreditavam que seu país era uma criação única e eterna, estavam apenas seguindo os passos de seus eminentes predecessores de Atenas, Roma, Paris e Londres. Pode-se até dizer que tinham mais razão do que seus primos europeus em criar um mito virtuoso sobre seu país; vinculados uns aos outros não pelo sangue nem pela história, os estadunidenses precisaram de uma ideia que os unificasse. Foi assim que seu país se tornou uma visão ideal — uma cidade reluzente no alto da montanha.

Junto com esse idealismo veio uma resposta muito mais real à vida moderna. Ao contrário da Europa, os Estados Unidos assumiram a cultura popular e desenvolveram tecnologias que ajudaram a trazê-la à vida. Nas primeiras décadas do século XX, as cidades norte-americanas deram à luz uma cultura urbana que transmitia e evocava suas inquietações, suas perdas e seu gosto pela vida em face das forças impessoais da indústria e do comércio. Embora nem todos, particularmente na Europa, o aceitassem, essa era a nova civilização do Ocidente.

## CAPÍTULO 16

# RUMO AO ABISMO
### *Tecnologia, Ideologia e Apocalipse*

A SEGUNDA METADE do século XIX trouxe melhorias às vidas de muitos europeus. A tecnologia de base científica começou a tornar a vida mais fácil, segura e saudável; a disseminação da industrialização gerou mais prosperidade; mudanças políticas proporcionaram mais direitos e liberdades; e os avanços intelectuais pareciam prometer um futuro ainda melhor para a humanidade. No entanto, nas primeiras décadas do século XX, todos esses avanços não significaram nada, pois milhões de europeus foram massacrados numa catastrófica guerra mecanizada. Quaisquer esperanças porventura ainda existentes na inevitabilidade do progresso humano foram esmagadas pela inimaginável verdade do genocídio dos judeus da Europa.

A eclosão da guerra nesse período de prosperidade e otimismo parece desafiar o nosso entendimento da história. Fazem-se guerras, decerto, pelo acesso a recursos escassos, pela obtenção de direitos políticos ou visando à defesa de territórios. As décadas precedentes à Primeira Guerra Mundial nos mostram, porém, que nada disso é verdade. Ao contrário, é inteiramente possível os cidadãos de países prósperos se convencerem de que têm de ir à guerra por móveis quase inteiramente ilusórios. As páginas seguintes indicam alguns desses móveis e demonstram também que os acontecimentos históricos não estão sujeitos a leis universais de causa e efeito, mas surgem, simplesmente, de circunstâncias imprevisíveis. As raízes das guerras mundiais do século XX estão em *tudo* o que veio antes. Neste capítulo eu abordarei algumas delas, a começar da aplicação da razão científica a todos os aspectos da sociedade humana.

\* \* \*

As primeiras fases da industrialização resultaram de mudanças na organização econômica e social da sociedade. O continuado investimento em processos industriais exigia retorno, mas permitia também o desenvolvimento de tecnologias que os tornavam mais eficientes. Máquinas para fiar e tecer o algodão e a lã, instalações para cozer a cerâmica e fabricar o aço, dispositivos para transferir energia hidráulica a teares, martelos mecânicos, perfuratrizes e elevadores, além de centenas de outros instrumentos, entraram em uso em fins do século XVIII e começo do XIX.

Ao mesmo tempo que crescia tal conhecimento tecnológico prático, a investigação teórica do mundo natural adentrava novas áreas. O século XVIII experimentara a propagação das concepções da natureza de Galileu e Newton para o âmbito da composição e comportamento da própria matéria. Joseph Black, Claude Louis Berthollet, Anton Lavoisier, Joseph Priestley e outros converteram o ancestral estudo da química numa ciência matematicamente definível. O interesse pelo mundo natural ganhou impulso com as viagens de descoberta e os acervos exóticos de Joseph Banks, Louis Bougainville e outros, ao passo que o trabalho de Lineu transformou o estudo das plantas e animais numa rigorosa ciência de classificação. Estudos diversos de minerais, fósseis e acidentes geográficos deram à luz a ciência da geologia. Em 1788, a *Histoire Naturelle* de Georges Buffon declarou que a própria Terra tinha uma história, e em 1800 James Hutton já havia aplicado as leis de Newton à transformação das rochas que formam a crosta terrestre. Por essa mesma época o agrimensor britânico William Smith concebeu um método de classificação de rochas e análise de seus padrões de ocorrência baseado em fósseis. A totalidade do mundo natural estava sendo organizada num sistema newtoniano em que formalizações matemáticas e medições quantitativas eram capazes de revelar padrões de comportamento subjacentes e permitir a descoberta de leis naturais. A libertação intelectual que Kant proporcionara ao isentar a ciência de todo significado moral foi posta em prática por homens determinados a seguir o exemplo de Newton.

Na Europa e América do Norte, cavalheiros diletantes começaram a formar novos tipos de clubes dedicados a interesses especiais. A Sociedade Lineísta foi fundada em Londres, em 1788, seguida da Sociedade Geológica em 1807 e da Sociedade Química, em 1841; a Société Géologique francesa foi fundada em 1830, seguida de congêneres alemãs e norte-americanas. À parte tais entidades nacionais, a maioria das cidades tinha uma sociedade filosófica onde aristocratas instruídos podiam compartilhar a atmosfera de entusiasmo recíproco pela filosofia natural. Os códigos de ética desses clubes de cavalheiros foram um fator crucial para o desenvolvimento científico dos 180 anos seguintes, tornando-se o alicerce de um sistema de difusão e compartilhamento de ideias, identificação de prioridades e construção da confiança entre cientistas, instituições e países. Controles sociais consuetudinários — o opróbrio de ser acusado de fraude ou de obter vantagens injustas — constituíam o código moral da atividade científica dos clubes, cujas alianças e rivalidades estão na raiz da divisão do mundo natural em diferentes disciplinas — astronomia, física, química, biologia, geologia, anatomia.

NO COMEÇO do século XIX, os mundos da indústria de base tecnológica e da investigação científica levavam vidas paralelas, com pouco contato recíproco. Sua futura associação impulsionaria o mundo ocidental até a moderna era industrial, mas somente depois de superar importantes obstáculos. Nas sociedades científicas os investigadores — aristocratas com recursos próprios — apresentavam e publicavam seus artigos em fóruns abertos, mas na indústria o segredo comercial era guardado com rigor e o aperfeiçoamento técnico obtido pelas vias da tentativa e erro e da aplicação de habilidades morosamente adquiridas. A antiga divisão entre *episteme* e *techne* fora rompida em teoria, mas as barreiras sociais impediam a plena realização dos efeitos práticos dessa união — empresários eram artesãos trabalhadores, cientistas eram aristocratas. Houve curiosas exceções a essa regra — a alquimia levou à pólvora e à destilação; a ótica, aos óculos, e a astronomia aos relógios e instrumentos de navegação —, mas a síntese de ofício e teoria ficou incompleta até bem avançado o século XIX.

Uma primeira indicação de como se desenvolveriam a ciência e a tecnologia proveio dos membros da Sociedade Lunar, um grupo de amigos de Birmingham cujos membros incluíam Josiah Wedgwood, Erasmus Darwin, Joseph Priestley e Matthew Boulton. Este último, engenheiro e fabricante, associou-se em 1775 a James Watt, que inventara um modo de aperfeiçoar o motor a vapor básico com camisas de vapor e câmaras de condensação. Boulton incentivou Watt a pôr em prática as suas ideias, em parte por interesse próprio — percebendo que a energia a vapor poderia ser usada em sua fábrica —, mas também pelo fascínio da tecnologia. Watt aperfeiçoou ainda mais o seu motor, criando uma máquina de dois cilindros e um regulador centrífugo. Uma vez superado o limite da força hidráulica, a energia a vapor se espalhou rapidamente. O motor a vapor alimentado a carvão passou a ser a ferramenta crucial da industrialização. Locomotivas, altos-fornos, laminadoras, tecelagens, minas de carvão e ferro exsudavam uma extraordinária sensação de força e dinamismo liberados da natureza e colocados a serviço da humanidade. Os europeus do século XIX não poderiam menos que se impressionar com sua capacidade de promover uma transformação tão grande do mundo. Uma simples pedra arrancada da terra e queimada podia, com a técnica e o conhecimento adequados, prover uma fábrica de energia inesgotável e empurrar trens de passageiros por todo o país. A energia propulsora do dínamo do mundo industrial fora liberada pela inventividade humana.

Não obstante, Watt, mais do que um investigador científico, era um inventor. O mais claro sinal da fusão da ciência com a tecnologia surgiu quando os nobres cientistas, em vez de se concentrarem no mundo em seu estado "natural" e de produzirem modelos matemáticos de processos industriais, começaram a investigar o maquinismo que vinha transformando o mundo. Em 1824, o físico francês Nicolas Sadi Carnot publicou suas pesquisas sobre o motor a vapor, em que esboçava o princípio da conservação da energia. O trabalho de Carnot, alicerce da ciência aplicada da termodinâmica, propiciou o desenho de motores melhores e mais eficientes. Na década de 1830, Michael Faraday começou a fazer experimentos mostrando que a eletricidade, o magnetismo e o movimento estavam direta e estreitamente relacionados. A passagem de um ímã por um campo elétrico induzia uma corrente e a passagem de eletricidade por um fio dentro de um campo magnético também induzia seu movimento, propiciando, nos dois casos, a geração confiável de eletricidade e a possibilidade de usá-la para o acionamento de motores. Experimentos posteriores de Faraday mostraram que a luz também fazia parte do sistema eletromagnético. Em 1856, o metalurgista Henry Bessemer inventou um sistema para converter ferro-gusa em aço de alta qualidade oxidando as impurezas pela passagem do ar no conversor. Aplicações da química teórica produziram tinturas artificiais, novos explosivos e novos métodos para fabricação de produtos essenciais, como o alume. Nesses e em outros campos a ciência começou a contribuir maciçamente para o desenvolvimento tecnológico, com o que, em pouco tempo, a tecnologia industrial perdeu suas raízes oriundas dos ofícios tradicionais. Empresas industriais começaram a contratar cientistas para trabalhar no aperfeiçoamento de técnicas e processos e os governos começaram a se dar conta da importância da educação científica.

Em meados do século XIX, a ciência começou a dar mostras de seu poder de alterar a natureza da mudança tecnológica. As invenções, já não mais exclusivamente resultantes de processos de tentativa e erro, começavam a se apoiar em sólidos princípios físicos. Em 1859, a ciência se colocou no centro da vida intelectual com a publicação de *A Origem das Espécies*, de Charles Darwin. Os geólogos já haviam demonstrado que a ciência era capaz de mudar a visão que a humanidade trazia do mundo, provando que a narrativa bíblica da Terra era impraticável; Darwin, no entanto, tirou a humanidade de sua posição exclusiva, distinta e superior à dos animais. A ideia de que uma espécie pudesse ter se desenvolvido a partir de outra já fora aventada, mas Darwin esboçou o mecanismo pelo qual isso se deu, explicando o desenvolvimento da totalidade da vida terrena, como produto de uma cadeia de mutações. A biologia passou de um projeto de classificação estática ao estudo de processos dinâmicos em que todos os fenômenos biológicos podiam ser explicados pelas leis da evolução. Tudo, inclusive a própria vida, estava sujeito a leis universais passíveis de serem reveladas pela inventividade humana.

NA SEGUNDA metade do século XIX parecia que a combinação de racionalidade e tecnologia científicas seria capaz de resolver qualquer problema de interesse dos humanos: a formação das montanhas e oceanos, a origem das doenças, a composição do espaço, o desenvolvimento da vida e até mesmo os fundamentos da matéria. Trens mais rápidos, navios maiores, motores mais eficientes, melhor saneamento e condições materiais de vida, metais mais puros, comunicações, energia elétrica e processos químicos aperfeiçoados, melhores materiais, seleção vegetal e animal mais sofisticada — tudo parecia ao alcance da mão. E a ciência, se podia ser tão vantajosamente aplicada à pesquisa e aperfeiçoamento do mundo natural, por que não faria o mesmo pela sociedade humana? Com a disseminação do pensamento científico para outras disciplinas, criando outras novas à sua passagem, surgiu a questão: quais eram os limites desse novo modo de pensar? Seriam o comportamento humano, a sexualidade, a história, a sociedade, a política, o comércio, a consciência e a cultura também governados por leis científicas? Nesse caso, quais seriam essas leis? Teria Kant percorrido somente a metade do caminho da verdade ao separar o conhecimento do mundo do comportamento humano? Não seria *absolutamente tudo* passível de investigação racional e principalmente destituído de significado moral?

A crescente dominação física e intelectual da ciência e da tecnologia resultou num aprofundamento da crise do cristianismo europeu. Desde o século XVII, a crença nas forças sobrenaturais e na magia vinha declinando na Europa Ocidental e Setentrional. Quando a industrialização começou a transformar a sociedade, as Igrejas se tornaram fontes de estabilidade e consolo num mundo em rápida transformação. Movimentos protestantes não conformistas, como o metodismo inglês, atraíam quantidades crescentes de trabalhadores industriais e agrícolas. Mas os credos oficiais também prosperavam: na Grã-Bretanha vitoriana, as igrejas eram construídas a um ritmo fenomenal, em especial nas cidades e vilas em rápido crescimento. O movimento tractariano, surgido em Oxford na década de 1830, sob a liderança de John Henry Newman, foi uma tentativa de resgate da espiritualidade dos pais da Igreja Cristã e de realização da unidade da congregação. Contudo, o renascimento da espiritualidade cristã foi uma reação temporária à desumanização da indústria nascente (ainda que não nos Estados Unidos, onde o calvinismo permaneceu enraizado na identidade pessoal). Quando a vida começou a melhorar, os europeus passaram a atentar para a tecnologia, a fim de melhorar suas vidas, e para a ciência, a fim de obter respostas para as suas perguntas fundamentais.

Na primeira metade do século XIX, a geologia mostrou que a idade da Terra podia ser estimada em milhões, não milhares, de anos e que a Criação não fora uma sequência de eventos com meros seis dias de duração, mas um processo contínuo ainda em curso. Os humanos, retardatários no passado da Terra, estiveram ausentes, e ignorantes, da maior parte da sua história. Já não era possível aos sacerdotes propagandear a verdade da Bíblia e, ao mesmo tempo, acreditar na verdade da ciência. As teorias de Darwin aprofundaram a divergência entre a ciência e as Escrituras, a despeito dos esforços de muitos teólogos para encontrar um caminho até Deus que passasse pela ciência.

A despeito da importância dessa crise intelectual, desenvolvimentos sociais mais amplos foram, no entanto, cruciais para minar a crença automática no Deus cristão. Na década de 1860, as pessoas começaram a perceber que a intervenção humana, informada muitas vezes pela ciência e engendrada pela tecnologia, tinha um efeito benéfico direto e imediato sobre suas vidas. Mas elas não se voltaram contra Deus, tampouco excluíram de suas vidas a religião — essa se tornou, simplesmente, irrelevante. Embora conservasse seu significado espiritual e emocional para uma minoria em constante declínio, a religião já não exercia nenhuma autoridade intelectual e prática sobre a maior parte das pessoas da Europa industrializada.

EM QUE iriam acreditar, no entanto, um indivíduo e uma sociedade seculares? Privados de seu papel no grandioso espetáculo cristão da Criação, Encarnação, Apocalipse e Ressurreição para a vida eterna e apartados de sua conexão pessoal com a salvação pela via das boas ações, que significado dariam os ocidentais modernos às suas vidas? Santo Agostinho e Calvino haviam combinado a orientação para a vida cristã com uma visão global da história humana. Dito de outra forma, eles haviam respondido duas perguntas essenciais: Qual é o significado da existência humana e como, portanto, eu devo viver a minha vida? Como poderiam essas perguntas ser respondidas num mundo não cristão?

A resposta mais convincente a tais indagações proveio da crença avassaladora no progresso. Embora a crise do Iluminismo (ver Capítulo 13) tivesse arruinado a ideia de que a existência humana poderia melhorar continuamente, a crença cega no progresso não apenas se tornou essencial para os europeus do século XIX, como fora triunfalmente demonstrada pelo seu próprio avanço tecnológico. Mas o que significava, de fato, o progresso? Seria um processo inexorável? Poderia ser guiado? Teria forças subjacentes (similares à gravidade e ao momento linear de Newton) a ditar o desenvolvimento da humanidade no passado e no futuro? Seria, portanto, a história da humanidade mais um objeto passível de esclarecimento e transformação revolucionária por meio da análise racional e científica?

A ideia do progresso se ligava a uma concepção do tempo que tem raízes nas histórias escritas de Heródoto e Tucídides e em abstrações cosmológicas que remontam a Aristóteles e ainda antes. O tempo mitológico e religioso nunca foi quantificado — a época dos heróis sempre foi inalcançável, da mesma forma como os deuses nunca foram realmente visíveis; os seis dias em que se fez o mundo e os quarenta dias e quarenta noites que Cristo passou no deserto eram evocações poéticas, não descrições literais. Mas Tucídides contava o tempo, assim como Lívio e Suetônio. O tempo histórico era visto por seus herdeiros como uma linha ao longo da qual se faz o movimento inexorável da humanidade. Esse modo de pensar induziu, no entanto, a ideia de que algumas partes da humanidade haviam se movido ao longo da linha muito mais rapidamente do que outras — não só o tempo era um fenômeno linear; o progresso também. E se cada fragmento da história humana, passada e presente, podia ser visto como um ponto na linha, então a humanidade só poderia caminhar para a frente ou para trás. Esse modo de considerar o passado e o presente se tornou, e continua sendo, por meio da educação e da reiteração, a mentalidade fundamental e predominante do povo ocidental, a ponto de ser quase impossível considerarmos o tempo sob qualquer outra forma. A outra concepção do tempo que nos foi legada pelo século XIX (mas que caiu em desgraça) é a cíclica. Inspirados nos movimentos planetários descritos por Newton, os historiadores começaram a procurar ciclos históricos que obedeceriam ao mesmo tipo de leis que movem os planetas.

O primeiro intelectual a considerar a história dessa maneira foi o filósofo alemão Georg Hegel (1770-1831). Ciências como a geologia e a zoologia haviam sugerido que a história da Terra consistia de uma sucessão de mundos habitados por diferentes conjuntos de criaturas, sendo o nosso nada mais que o exemplo mais recente. Hegel sugeriu que a história humana era também constituída de uma sucessão de fases em que a humanidade se apresentava de maneira notavelmente diversa. Essa foi uma ideia revolucionária porque, antes de Hegel, os filósofos e historiadores consideravam que a natureza da humanidade, a percepção que as pessoas tinham de si mesmas e do mundo eram constantes ao longo do tempo; depois de Hegel, todos passaram a acreditar que o contexto histórico era um elemento essencial na análise do pensamento e do comportamento humanos.

Hegel sugeriu que a história se movia em círculos marcados por acontecimentos, ou episódios, culminantes. Esses episódios ocorriam quando as crenças individuais e coletivas, as metas subjetivas e objetivas ou ainda, como dizia Hegel, o desejo e a razão estavam em harmonia. Tal se dera na Grécia antiga, na Igreja Cristã primitiva e na Reforma luterana (para Hegel, a grande realização do povo alemão), propiciando a todos os seres humanos atingirem a liberdade espiritual por meio de suas próprias ações, vale dizer, independentemente da autoridade ou de influências externas. Hegel acreditava nos ciclos da história, mas também no progresso, de tal modo que cada ciclo trazia o mundo cada vez mais próximo da perfeição. No estado de perfeição rumo ao qual se movia o mundo, os humanos já não reconheceriam a divisão entre indivíduo e comunidade, razão e desejo, e desfrutariam de imensa liberdade espiritual.

A ideia de um mundo ideal nos soa estranha, mas havia, na obra de Hegel, várias mensagens relevantes. A primeira é a de que temas abstratos, como a moral, a objetividade e a verdade, só podem ser discutidos em seu contexto histórico. *Tudo* muda com o tempo, inclusive nossas ideias sobre a verdade e a inverdade, o bem e o mal. Os próprios seres humanos mudam com o tempo e, no mundo ideal imaginado por Hegel, os humanos seriam também diferentes. A segunda mensagem é a de que existe um mundo ideal a ser alcançado na etapa final da história. Ele acreditava na liberdade individual, mas nunca conciliou tal liberdade com o que aconteceria no mundo ideal — apenas acreditava que, na etapa final, o indivíduo e a sociedade seriam um só. Nesse mundo já não haveria conflito porque tudo estaria em harmonia. Portanto, embora Hegel abordasse o significado da existência humana mostrando estar a história sujeita a forças particulares, sua orientação para os indivíduos não era clara. Os humanos deviam se esforçar para construir um mundo em que o desejo e a razão estivessem em harmonia; mas como fazê-lo? O indivíduo corria o risco de se tornar um mero instrumento das forças incorpóreas da história.

A análise racional da história foi levada a cabo por Karl Marx (1818-83), que aplicou as ideias de Hegel à mudança política e econômica. Marx também acreditava existir o desenvolvimento inevitável rumo a um estado ideal, cuja chegada seria o produto de mudanças nas circunstâncias econômicas, ou materiais, que por sua vez mudariam o comportamento humano. Ele pensava que a industrialização da Grã-Bretanha e de outras partes da Europa havia transformado o mundo a tal ponto que a sociedade humana seria agora mais bem compreendida pela via do estudo de suas estruturas materiais e econômicas do que por meio de sua história política, nacional e militar. Hegel indicara que a história progride mediante um processo que chamava de dialética. Toda etapa da história se caracterizava por certo modo de pensar, ou *tese*; esta acabaria contestada na forma de uma *antítese*; finalmente, as duas se combinariam para produzir uma terceira manifestação, ou *síntese*, que assumiria a condição de tese até ser contestada, e assim indefinidamente, no transcurso da história. Marx aplicou essa análise às condições econômicas do mundo em transformação, processo que chamou de materialismo dialético.

Marx acreditava que o capitalismo industrial em uma sociedade controlada pela burguesia (como a da Grã-Bretanha, seu país de adoção) era uma etapa necessária da história que, com o tempo, seria superada por outra em que a classe trabalhadora assumiria o poder, provavelmente por meio de uma revolução. A "ditadura do proletariado" é um conceito que, à luz da história posterior, adquiriu uma conotação sinistra; Marx, porém, falava na verdade de uma etapa final da história em que o conflito entre as diferentes classes sociais e econômicas chegaria ao fim. Uma vez a classe trabalhadora no controle dos meios de produção e distribuição, a necessidade de conflito industrial e econômico desapareceria. E, como Marx acreditava que os conflitos políticos eram causados pelos conflitos econômicos e materiais, também a política desapareceria. A necessidade de um poderoso Estado regulador das atividades dos cidadãos desapareceria gradualmente, deixando as pessoas livres para viver suas vidas em harmonia. A "ditadura do proletariado" não deveria, pois, ser um estado totalitário opressivo, mas a libertação do ônus de não se ter nada para vender, exceto a própria força de trabalho.

Marx era um homem do seu tempo. Em meados do século XIX, o fragor do maquinário era ouvido em todos os edifícios disponíveis na Grã-Bretanha e regiões industriais da Europa, fabricando tudo que qualquer pessoa pudesse querer. Roupas, louças, móveis, lareiras, jornais, panelas, motores a vapor, vagões, botões, dedais, bandejas metálicas, garrafas, cutelaria, remédios, cabides, componentes de máquinas para fabricar outras coisas, para não mencionar carvão, ferro e outros metais — tudo isto saía das fábricas, oficinas, minas e olarias num ritmo alucinante. Tão rapidamente quanto as casas se construíam, as pessoas as equipavam com todo tipo de objetos; o mundo inteiro estava sendo inundado de mercadorias que as máquinas eram capazes de produzir à razão de milhares por dia. Demanda ilimitada e produção ilimitada davam a certeza de se poder dar às pessoas tudo de que precisavam e queriam para viver vidas decentes, na medida em que a divisão fosse equitativa.

A INFLUÊNCIA de Hegel, e particularmente de Marx, resultou de sua combinação de lógica e romance. Ambos usaram métodos racionais para analisar o curso da história e ambos concluíram que os humanos estavam a caminho de se tornarem livres num futuro radioso e abundante. E, o mais perigoso, sua crença comum na possibilidade da harmonia social os levou às mesmas conclusões, e à mesma armadilha, a que chegaram os revolucionários franceses (ver Capítulo 13). No admirável mundo novo não haveria necessidade de política porque todos concordariam que só há um único modo correto de organizar e administrar a sociedade; qualquer oposição ao caminho verdadeiro da história seria um obstáculo ao progresso e teria de ser, portanto, eliminada.

Hegel e Marx levaram a ideia do progresso ao seu limite racional, mas muitos outros historiadores e filósofos se arvoraram em aplicar métodos científicos a todos os aspectos da sociedade e buscar provas de progresso. Em 1848, Thomas Macaulay escreveu: "Pois a história de nosso país nos últimos 160 anos é, fundamentalmente, uma história de aperfeiçoamento físico, moral e intelectual." Henry Buckle combinou a noção hegeliana de episódios culminantes com a Grande Cadeia da História. Uma vez convertidas as ideias de Darwin em moeda corrente, era natural que fossem também aplicadas à sociedade e ao comportamento humano. O título de Walter Bagehot, de 1875, *Física e Política: Pensamentos sobre a Aplicação dos Princípios da Seleção e Herança Naturais à Sociedade Política* é uma indicação do interesse generalizado pela união da ciência, política e sociedade. O ciclópico *Programa para um Sistema de Filosofia Sintética*, de Herbert Spencer, iniciado em 1860, foi a mais ambiciosa tentativa de se aplicar a teoria evolucionista a todos os campos do conhecimento humano, incluindo a sociologia, a educação e a ética.

Para esses autores, como para quase todos os pensadores do século XIX, a crença no progresso ia de mãos dadas com a crença na superioridade europeia. Sendo a história uma combinação de fases cíclicas e progresso linear, era óbvio que a Europa Ocidental estava mais avançada no ciclo corrente do que qualquer outra sociedade. A dupla crença no progresso e na superioridade europeia encontrou sua expressão mais popular e influente numa aplicação (e distorção) das teorias evolucionistas de Darwin que veio a ser conhecida como social-darwinismo. Na teoria de Darwin, a mudança, ou mutação, ocorre por acidente e se conserva quando aumenta a chance de sobrevivência do indivíduo modificado até a idade em que possa se reproduzir. Contudo, a maioria dos adeptos da teoria de Darwin não gostava da regra da mutação acidental, razão pela qual davam preferência à teoria precedente de Jean-Baptiste Lamarck, segundo a qual as espécies adquirem certas características devido ao modo como vivem — seu mais célebre exemplo é o da girafa, que por ter de se esticar para atingir as folhas das árvores mais altas aumenta, ao longo das gerações, o tamanho do pescoço. Essa doutrina permitiu aos seus adeptos agregar um propósito definido à evolução, dado que animais e plantas só "avançavam" por meio de seus próprios esforços e atos de vontade. Essa interpretação da evolução se combinou com a doutrina darwinista da "sobrevivência do mais apto" para gerar uma teoria social em que os fortes não apenas estavam destinados a dominar os fracos, mas haviam atingido suas posições de força pela combinação da própria vontade com a de seus antepassados. Os econômica e fisicamente fortes tinham, portanto, ao seu lado tanto a natureza quanto a moral — eles haviam chegado onde estavam por meio de esforços próprios e de suas famílias. Quaisquer tentativas de interferir nessa regra, ajudando-se, por exemplo, os pobres e os fracos, desviariam a sociedade de seu curso natural e constituiriam uma ameaça de degeneração. O social-darwinismo (que está em franca contradição com a teoria de Darwin) se tornou uma justificativa para todo tipo de ação, da economia do *laissez-faire* à escravização e genocídio de raças "mais fracas", da recusa a dar educação aos trabalhadores pobres ao extermínio de nações pequenas por outras maiores e mais poderosas. Houve, decerto, diferentes graus de compromisso com o dogma social-darwinista, mas entre 1860 e 1939 a justeza da sobrevivência do mais apto e da superioridade moral dos mais fortes era uma crença amplamente aceita na sociedade ocidental.

Embora representados, ao final, por extremos opostos do espectro político, o marxismo e o social-darwinismo tinham uma origem comum: a busca de uma teoria universal que explicasse a existência dos homens e guiasse seu comportamento. Essas teorias levaram, inevitavelmente, a maneiras abstratas de se pensar a humanidade, adversas ao envolvimento prático no melhoramento da vida dos indivíduos. A industrialização havia gerado uma imensa quantidade de trabalhadores, "massas" que Marx idealizou, e o social-darwinismo denegriu, mas que, nos dois casos, eram vistas objetivamente como indiferenciadas, sujeitas às forças inexoráveis da história.

Tudo isso poderia não ter tido grande importância. No fim do século XIX, os europeus desfrutavam de padrões de vida crescentes, reformas sociais e direitos políticos ampliados. No entanto, as ideias políticas vinham se tornando forças poderosas. A crença de Hegel no destino histórico, a percepção dos líderes operários de que a sociedade deveria ser organizada segundo princípios racionais, o temor e o ódio devotado às massas por seus superiores sociais e, acima de tudo, o apego cada vez mais forte ao Estado-nação como entidade histórica, orgânica e quase mítica, sujeita às leis da evolução, inclusive a da sobrevivência do mais apto, se combinaram para colocar uma Europa próspera e aparentemente pacífica no caminho da catástrofe militar — um processo que parecia desafiar a lógica da história, mas que, não obstante, aconteceu.

DA DERROTA de Napoleão em Waterloo, em 18 de junho de 1815, à eclosão da Primeira Guerra Mundial, em agosto de 1914, a Europa continental desfrutou de uma paz longa e próspera. Houve conflitos internacionais nas décadas de 1860 e 1870, mas as grandes potências lograram não se deixar arrastar para uma guerra em escala continental. Uma paz continuada entre os países europeus parecia alcançável. Contudo, nas décadas anteriores a 1914 a maioria dos europeus se convencera de que um grande conflito era não apenas inevitável, como positivamente desejável. Os governos europeus passaram as últimas décadas pacíficas do século XIX fazendo alianças e acumulando armamentos na expectativa de um confronto grandioso, verdadeiramente apocalíptico. Por baixo da superfície aparentemente tranquila, o militarismo e o nacionalismo agressivos infectavam todas as áreas da vida. Mas a mudança da coexistência pacífica para a agressão incipiente se iniciara muito mais cedo, logo após as guerras napoleônicas.

O nacionalismo foi, ao lado da industrialização, o impulso fundamental da Europa do século XIX. Passada a Revolução Francesa, pessoas de todas as partes do continente começaram a promover as ideias de comunidade nacional e propósito nacional. Os nacionalistas, para quem a história, a língua, a raça e a cultura comuns compunham a identidade nacional, descobriram que, na maior parte dos casos, esses não se coadunavam com as fronteiras dos Estados europeus. O mapa era repleto de peculiaridades: a nação alemã era dividida em quinze estados; a Itália se encontrava não apenas dividida como parcialmente governada pelo Império Austríaco; a nação eslava era constituída de distintas nacionalidades, algumas com seus próprios Estados-nação, outras (húngaros, tchecos e eslovacos principalmente) governadas pela Áustria; a Polônia estava dividida entre a Prússia, a Rússia e a Áustria; os Bálcãs e a Grécia faziam parte do Império Otomano; a Noruega fora obrigada a se unir com a Suécia, por sua vez submetida ao poder da Dinamarca; a Bélgica se compunha de dois povos, os flamengos e os valões; a Grã-Bretanha era uma união peculiar de quatro nações históricas distintas; os Estados Unidos, em contraste, haviam inventado, deliberadamente, um único país com base em uma miríade de povos — e fizeram uma guerra civil para manter tal unidade.

A geopolítica da Europa do século XIX foi, em retrospecto, um processo de transformação de nações em Estados-nação. As campanhas napoleônicas de 1813-15, em que os exércitos europeus repeliram a maré da ocupação francesa, foram para muitos o começo da libertação nacional. O espírito do nacionalismo e da autodeterminação inspirado pelos franceses vivia no coração dos soldados e cidadãos da Europa, quando não de seus príncipes. Cinquenta e cinco anos depois da derrota final de Napoleão, a Prússia, encorajada pelas vitórias estratégicas sobre a Dinamarca e a Áustria, empurrou a França para a guerra. O pretexto foi o infame telegrama de Ems,* de 1870, mas a verdadeira razão foi a visão estratégica de Bismarck de uma Alemanha unificada. A guerra contra a França — considerada uma velha e agressiva adversária da Alemanha — foi calculada para conduzir a totalidade dos Estados alemães ao aprisco prussiano. O exército francês durante dois séculos a força militar dominante do continente europeu, foi derrotado em apenas dois meses e, numa triunfal confirmação da estratégia de Bismarck, em janeiro de 1871, Guilherme I foi proclamado imperador da Alemanha no palácio de Versalhes. A França foi forçada a assinar um tratado cedendo à Alemanha a Alsácia, Metz, Estrasburgo e um terço da Lorena, inclusive suas minas de carvão.

Bismarck, o mentor estratégico da unificação alemã, mobilizou uma tendência profunda da consciência nacional. Hegel falara de "nações históricas", ao passo que Heine, Goethe, Schiller, Beethoven, Schumann e Wagner ofereceram provas de uma profunda identidade cultural alemã, historicamente construída, que correspondia ao crescente sentimento, entre as pessoas comuns, de uma comunidade nacional unida pela língua, pela religião e pelos costumes. A nação alemã foi forjada numa guerra contra uma velha inimiga, e o nacionalismo alemão se vinculava, indissoluvelmente, ao militarismo — a vitória do exército da Alemanha unificada sobre a França era uma clara demonstração de que, unido, o povo alemão era mais forte do que dividido.

Sentimento similar existira na França desde a revolução e se desenvolvera também na Grã-Bretanha, que mirava os demais do alto de seu

---

* Telegrama do rei da Prússia Guilherme I ao seu primeiro-ministro Otto von Bismarck, que resumia os desacordos entre a Prússia e a França a respeito do trono da Espanha. O documento foi adulterado por Bismarck para dar a impressão de que havia sérias ofensas entre a França e a Prússia, e então publicado.

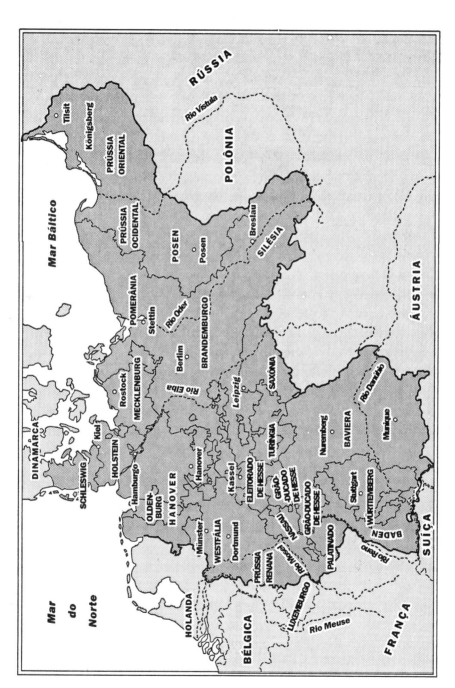

O Império Germânico, em 1871, mostrando Estados preexistentes.

império planetário e seu domínio industrial. Tanto quanto o alemão e o francês, o povo britânico se considerava especial. Outras nações, porém, também almejavam o direito de autodeterminação. O legado de Napoleão deu aos italianos o desejo de viver numa Itália unificada, finalmente realizado em 1871; os nacionalistas poloneses tomaram à Rússia o poder no país em 1863, mas foram derrotados em seguida, para se erguerem novamente em 1905; o Ausgleich de 1867 deu aos húngaros um parlamento próprio e uma monarquia dual com a Áustria; a Grécia declarou a independência do Império Otomano em 1825 e obteve a condição de Estado em 1832; em 1830, os nacionalistas belgas impuseram a independência do país em face do domínio holandês; nacionalidades ressurgiram culturalmente no marco de outros Estados — os tchecos na Boêmia, os eslovacos na Hungria, os irlandeses e galeses na Grã-Bretanha, por exemplo. Mas foram os acontecimentos na Alemanha, França, Itália e Império Austríaco — o velho coração da Europa franca — que iriam ter maior impacto. Se o nacionalismo alemão ganhara impulso com a vitória de 1871 e a formação de um novo Estado, a alma da nação francesa fora lancetada pela destruição de seu exército e a perda de suas províncias orientais. Para o vencedor e o vencido, o conflito engendrou um grau ainda maior de fervor nacionalista.

Além de atiçar o ódio recíproco, o conflito de 1871 intensificou a militarização da Europa. Os exércitos alemães, vitoriosos, haviam mostrado que ataques fulminantes com grande número de soldados — muitos deles treinados em instituições de "serviço nacional" — eram capazes de produzir vitórias rápidas e decisivas, razão pela qual todos os países sentiram necessidade de dispor de contingentes ainda maiores de recrutas treinados e rapidamente disponíveis. Embora formalmente em paz entre 1871 e 1914 (as grandes exceções foram a guerra russo-japonesa de 1905 e a guerra britânica dos bôeres, de 1899-1902), quase todos os Estados europeus adotaram o serviço militar obrigatório. Mas o exemplo alemão e a ascensão do nacionalismo fizeram mais do que simplesmente aumentar o número de pessoas no serviço militar: o recurso à guerra como meio de libertação nacional dava aos exércitos europeus a condição de alma e égide de suas nações, cuja adoração se pode interpretar como uma compensação parcial pelo declínio da fé cristã. Para muito jovens a vida militar se tornou uma atraente opção. Boa comida, transporte mecanizado, alojamento decente e equipamento de alta qualidade ajudaram a fazer dos exércitos ambientes civilizados e, o mais importante, o serviço militar a maneira mais nobre de

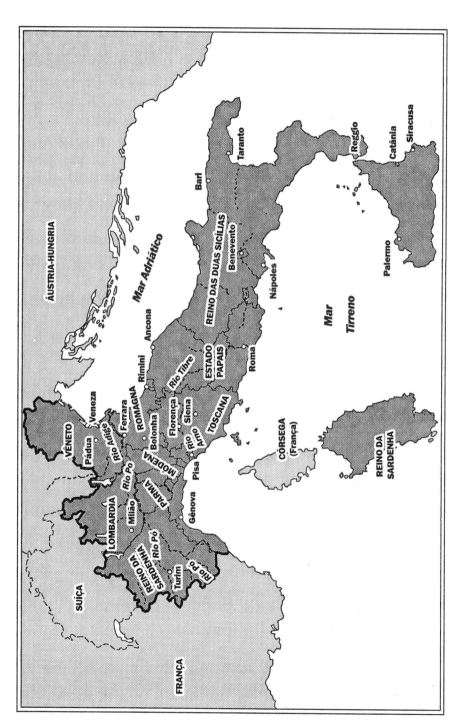

A Itália depois da unificação (fronteiras de 1914), mostrando os Estados preexistentes.

se tornar membro da comunidade nacional. O soldado era bem considerado por seus concidadãos, e o serviço militar, um signo de cidadania.

Movimentos civis com fortes vínculos e matizes militares surgiram por toda a Europa. Organizações como a Liga Pan-Germânica (Alldeutscher Verband) e a British National Service League; centros de treinamento de oficiais universitários; grupos de juventude, como a Jungdeutschlandbund, a Boy's Brigade, a British Girls' Patriotic League e a Boy Scouts eram todos liderados por homens que advogavam o serviço militar como forma de instilar a autodisciplina e forjar o caráter. Robert Baden-Powell, fundador do escotismo, dizia a seus membros que o lema do movimento significava, na verdade, "esteja preparado para morrer por seu país". Havia, entre as classes médias, um forte sentimento de que a vida urbana moderna trouxera a decadência física e moral às classes mais baixas. Para os jovens da classe média, como para os da classe trabalhadora, o serviço militar prometia uma alternativa ao materialismo, à falta de objetivos, à mecanização e à indecisão, e a guerra prometia a libertação da sufocante acomodação da sociedade burguesa e da pobreza da cultura de massa.

Escritores como Rudyard Kipling contrapunham o soldado rijo e sincero ao suburbano frouxo e indolente, ao passo que H. Rider Haggard e dezenas de outros escreviam excitantes narrativas de aventuras. A guerra era romantizada em prosa e verso por meio de expressões pseudomedievais que faziam do cavalo um ginete, do soldado um guerreiro, dos cadáveres poeira e do sangue o doce vinho da juventude. Às narrativas ficcionais se juntavam, por outro lado, a narrativas de episódios de ousadia e heroísmo. A resistência de Rorke's Drift, as viagens de Livingstone pela África e as proezas de Winston Churchill contra os bôeres faziam as vidas de escriturários e balconistas parecerem absolutamente estúpidas. Mesmo artistas não chauvinistas como Oscar Wilde e Aubrey Beardsley ofereciam mais que tudo sensação aos seus públicos, bastante mimados, por sinal.

Os grupos paramilitares, com sua ênfase na vida ao ar livre, no campo e na natureza, evocavam um passado mítico em que os jovens, inconspurcados pela melancolia e pela decadência da vida urbana e industrial, eram puros e fortes de corpo e mente. Esse romantismo nostálgico impressionou toda uma geração de jovens nacionalistas alemães e austríacos — incluindo aqueles que, trinta anos mais tarde, liderariam o terceiro Reich. Cansados da paz, muitos europeus almejavam o drama, o desafio, a glória e a simplicidade da guerra. Helmuth von Moltke, chefe do Estado-Maior alemão de 1871 a 1888, escreveu: "A paz perpétua é um sonho, e sequer um belo sonho. A guerra é um componente da ordem divina do mundo, em que se desenvolvem as mais nobres virtudes do homem: coragem, abnegação, senso do dever e espírito de sacrifício. Soldados dão as suas vidas; sem a guerra, o mundo estagnaria e se perderia no materialismo."

ENQUANTO mantinham uma paz cada vez mais desconfortável, os países da Europa usavam o resto do mundo como escoadouro do fervor nacionalista. Ao longo do século XIX, os exércitos europeus raramente se enfrentaram em solo doméstico, mas porfiaram entre si e com os demais em todas as partes do mundo. A perda de poder da França depois de 1815 deu à Grã-Bretanha curso praticamente livre para a construção de seu império global, mas depois de 1870 outras potências europeias reivindicaram a sua parte na dominação mundial. A industrialização dera à França, Bélgica, Alemanha e Itália a tecnologia militar necessária para superar quaisquer resistências às suas ambições ultramarinas — desde que evitassem conflitos entre si. Eventuais pudores em face da conquista de outras partes do globo eram postos de lado pelos sociais-darwinistas: os europeus haviam sido feitos para dominar; não fazê-lo era deixar de cumprir com o dever. Os custos da colonização eram pequenos ao lado do prestígio que proporcionava.

Em 1875, a colonização da África se encontrava mais ou menos onde estava há dois séculos. As potências europeias haviam estabelecido alguns assentamentos litorâneos, mas o interior era perigoso e pouco lucrativo — a única exportação africana digna de nota era o azeite de dendê. A França e a Alemanha mostravam clara avidez por expandir suas possessões no intuito de disputar o domínio britânico dos mercados mundiais. O rei belga Leopoldo tomou posse de uma vasta parte da região do Congo e fez dela seu feudo pessoal. Em 1884, Bismarck presidiu uma conferência em Berlim para tentar regular a "corrida da África": a conferência declarou que a ocupação de qualquer território por uma potência europeia lhe dava o direito de possessão, decisão que serviu para acelerar a colonização da África e de todas as outras regiões do globo. Em 1914, o continente africano já fora retalhado, junto com o que restava do mundo, entre a Grã-Bretanha, França, Alemanha, Rússia, Estados Unidos, Japão, Espanha e Portugal. Reinos e povos africanos, como os Samori, Bornu, Teke, Luanda, Utetera, Yeke, Kikuyu, Nguni e Shona, foram subsumidos em Estados batizados como África Ocidental Francesa, África Oriental Alemã e Rodésia do Norte. Além da tomada da África pela Grã-Bretanha, França, Alemanha e Portugal, nesse período ocorreram também a colonização do Oeste norte-americano e das Filipinas pelos Estados Unidos, o assentamento de europeus no norte do Quebec e restante do Canadá, a anexação da Sibéria e Ásia Central pela Rússia, a ocupação japonesa da Coreia e a conquista da Indochina pela França. Alguns países se mantiveram independentes, dentre os quais a Abissínia e o Marrocos, a China e várias ex-colônias da América do Sul, mas, de resto, o mundo inteiro foi anexado pelas potências industriais da Europa, os Estados Unidos e o Japão.

A colonização de fins do século XIX significou não apenas a ocupação e exploração econômica dos territórios nativos, como a incorporação do mundo inteiro a um sistema comercial cujas regras e condições eram ditadas pelos industriais e banqueiros da Europa e Estados Unidos. A introdução de sistemas econômicos racionais baseados no livre-mercado e na economia monetária teve um efeito devastador sobre sociedades cujas formas de comércio eram profundamente enraizadas em outros sistemas de relações sociais. Sistemas consuetudinários altamente complexos de preços, intercâmbio, retenção, estocagem e abastecimento foram destruídos pela implantação, em todo o mundo, de leis simplistas de oferta, demanda e lucro. Os povos nativos sofreram terríveis privações. Estima-se que cerca de 60 milhões de pessoas morreram de fome na Índia, China e Brasil entre 1876 e 1902, o auge da atividade colonial. Houve também guerras, com imensas perdas, causadas muitas vezes pela iminência da fome. Os kanaks da Nova Caledônia, por exemplo, se rebelaram em 1877 contra seus senhores franceses depois de constatarem que a terra para a qual haviam sido deslocados era infértil. Em seguida ao massacre do povo, seu líder foi executado e sua cabeça, enviada para Paris — a sofisticada Paris de Renoir, Monet e Degas — como troféu. Outros genocídios parecem não ter tido outra causa que não a selvageria e mesmo o esporte. A partir de 1804, mais ou menos, os britânicos começaram a massacrar, sequestrar e escravizar os nativos da Tasmânia, caçados e usados para a prática do tiro ao alvo. Em 1876, depois de setenta anos de indizíveis crueldades, morreu na ilha o último tasmaniano nativo ainda sobrevivente (muitos outros haviam sido deportados); uma civilização inteira fora destruída.

À medida que o comércio se convertia em conquista, o prestígio do império era apropriado por pequenos grupos — líderes militares, políticos, jornalistas e autopromovidos — como antídoto para o declínio nacional e, logo, como parte integrante da nova ordem mundial. A precária rede de comércio dos primeiros impérios havia, em meados do século XIX, se transformado em um novo mundo onde tudo podia ser controlado desde os gabinetes e salas de reuniões da Europa. A doutrina do livre-comércio (ver Capítulo 14) se fez acompanhar da afirmação do império da lei como justificativa ideológica para a conquista europeia. Mas não só negociantes e políticos almejavam impérios: os missionários reclamavam o mundo para Cristo, os sociais-darwinistas alardeavam ser o destino manifesto dos brancos superiores comandar pardos e negros e, para culminar, os exploradores romanceavam sua ambição pessoal em parábolas de homens a braços com a natureza hostil. O poema de Kipling "O Fardo do Homem Branco", de 1899, diz que os soldados do império tinham uma missão ingrata: servir "Seus recém-conquistados povos de cor / Meio-demônios, meio-crianças", na causa de ganhar dinheiro para terceiros: "Trabalhar para lucro alheio / suar em benefício de outro." Mas Kipling, sempre do lado do soldado comum, compartilhava a absoluta incapacidade, típica de sua época, de compreender os não europeus. Ao mesmo tempo que viajavam sinceramente à África e Ásia para "Encher a boca da Fome / e fazer cessar a doença", os europeus eram obrigados a ver os nativos arruinarem seus melhores esforços: "Ver a indolência e a insensatez gentias / Reduzir a pó as suas esperanças." Os europeus tinham o dever de levar a civilização ao resto do mundo e arcar com o ônus de ver a sua obra arruinada por seus selvagens e indolentes beneficiários.

OS POLÍTICOS europeus eram por vezes tentados a usar o *status* imperial para ganhar popularidade, mas a estratégia era arriscada. Na década de 1870, o primeiro-ministro britânico Benjamin Disraeli se propôs a fazer dos *tories* o partido do império e do império um símbolo da grandeza e prestígio britânicos e modelo de justiça e liberdade. Ele comprou o controle do Canal de Suez e anexou Chipre, mas seu maior desatino imperial foi uma vasta cerimônia realizada em Déli, no Dia de Ano-Novo de 1877, para declarar a rainha Vitória imperatriz da Índia. O imperialismo aristocrático de Disraeli mergulhou, porém, a Grã-Bretanha em guerras no Afeganistão e no Transvaal zulu e, na eleição de 1880, ele acabou derrotado por William Gladstone, que declarou ser o império um teatro ordinário que dava cobertura a uma empresa criminosa e as guerras contra afegãos e zulus ataques assassinos contra pessoas inocentes. O eleitorado britânico não estava, ao que parece, inteiramente convencido dos méritos do imperialismo.

Na França, também, os políticos descobriram que o império lhes rendia pouco crédito quando as coisas iam bem e considerável prejuízo quando iam mal. Napoleão III deu com os burros n'água na invasão do México em 1864 — debacle que deixou seu país vulnerável à invasão alemã de 1870, durante a qual ele próprio foi preso e enviado ao exílio. A Terceira República francesa resultante teve, por sua vez, a sua cota de desastres coloniais: em 1881, o primeiro-ministro Jules Ferry perdeu o cargo ao ordenar a tomada ilegal da Tunísia; de volta em 1885, Ferry foi apeado novamente do poder quando uma força francesa foi derrotada, com grandes perdas, na Indochina. Seu sucessor, Henri Brisson, também caiu devido aos planos para gastar mais dinheiro com o exército francês estacionado naquela região. Na Alemanha, o Reichstag foi dissolvido quando, em 1906, os partidos de oposição se recusaram a votar o orçamento no rastro das atrocidades do exército no sudoeste e Leste da África. Na Rússia, o sonho do czar Nicolau II de um império oriental levou à desastrosa guerra russo-japonesa e à revolução de 1905.

Os impérios eram paradoxos políticos — em geral populares entre o público, mas potencialmente desastrosos para políticos imprudentes e arrogantes. A justificativa para se ter um império se tornou inevitavelmente circular. A necessidade de proteger o comércio e ter uma estratégia global de defesa contra ambições alheias significava pouco, uma vez que o comércio entre os países industrializados era muito maior do que o comércio com as colônias. Na verdade, as colônias eram sumidouros de recursos; gastar mais e mais para proteger suas linhas de abastecimento e afugentar outros países só fazia agravar o problema. É duvidoso que as populações da Grã-Bretanha e da França ganhassem algo com seus impérios. Poucos lucravam abundantemente e alguns milhares desfrutavam, ou toleravam, vidas de exótico exílio voluntário como falsos senhores de gente que odiava a sua presença. Para todos os demais, era melhor não ter império algum.

Não obstante, as aventuras imperialistas sustentavam muita gente nas metrópoles e reforçavam o sentimento de identidade nacional, o entusiasmo pelas forças armadas e a desconfiança de outros europeus. Os jornais exsudavam relatos de combates, deslocamentos de tropas, movimentação de regimentos, designações militares — tudo em lugares que, embora a meio mundo de distância, já eram tão familiares ao público quanto seus próprios quintais. Desde Rorke's Drift, Moualok, Little Big Horn e Cartum se relatavam feitos heroicos em que as tropas europeias haviam ora derrotado milagrosamente, ora sucumbido bravamente, a inimigos muito mais numerosos. A verdade, no entanto, era bem diferente.

Em 1º de setembro de 1898, o general Kitchener, com uma força de 20 mil soldados e cem canhões montados em barcos, enfrentou uma força sudanesa de 50 mil homens dispersos em uma linha de mais de seis quilômetros de extensão. Os sudaneses foram dizimados no ataque; Omdurman foi menos uma batalha do que um massacre — depois de algumas horas havia cerca de 10 mil cadáveres sudaneses amontoados sobre as areias do deserto. Esse tipo de combate transformou as guerras em verdadeiros genocídios. Os exércitos europeus controlavam os territórios matando grandes números de habitantes e deslocando, ou assumindo o controle, daqueles que restavam. Mais bem armados, organizados e disciplinados, eles tinham da guerra uma ideia nada parecida com a de seus relutantes inimigos. Para as populações nativas da África, Índia e Sudeste Asiático, o conflito armado era algo indesejável que, em qualquer caso, deveria resultar no menor derramamento de sangue possível. Eles não tinham motivo algum para empreender guerras maciças e assassinas a grandes distâncias. E o que é que os europeus queriam, afinal, com aqueles métodos inexplicavelmente brutais? O que para esses era óbvio — queriam reclamar o território como seu —, para os locais era totalmente desconcertante. Em alguns lugares os europeus queriam se assentar, em outros apenas comerciar; ora pretendiam que os locais lutassem em seus regimentos, ora pretendiam aniquilá-los. Definitivamente, não estavam interessados nos habitantes locais; só queriam se assegurar de que as suas estruturas sociais fossem destruídas para que não fossem usadas contra si. Os britânicos, em particular, escaldados pela lição da revolta indiana de 1857, deram cabo de quaisquer estruturas que pudessem propiciar a expressão política ou cultural dos nativos em suas colônias africanas.

Mesmo servindo de escoadouro para o sentimento nacionalista, as aventuras imperiais só fizeram aumentar o fervor patriótico. O mundo se tornou uma mescla de campo de batalha e tabuleiro de xadrez em que soldados e aventureiros ambiciosos faziam amizade com nativos "meio selvagens, meio crianças" e se batiam contra astutos adversários alemães, franceses, britânicos ou italianos. A reunião de europeus em estados étnicos converteu a rivalidade entre países em ódio feroz do estrangeiro e negação de seu direito de ser considerado um igual. Os franceses desprezavam rotineiramente os alemães não apenas devido a uma rivalidade histórica, mas porque eles eram, *por natureza*, estúpidos, incultos e agressivos — um sentimento disseminado em quase todos os grupos de países. Não bastasse isso, num continente de unidades políticas organizadas segundo a identidade étnica não havia lugar para aqueles que não tinham Estado. Nos velhos impérios arruinados, judeus, ciganos, não conformistas, dissidentes, viajantes e itinerantes de todos os tipos viviam relativamente sossegados; na nova Europa das nacionalidades étnicas, porém, qual era o lugar dessas pessoas?

As AVENTURAS imperiais e as lutas de libertação nacional aumentaram vastamente o prestígio das forças armadas. Ainda que muitas democracias tenham eleito, no fim do século XIX, governos civis progressistas, os generais e planejadores militares caminhavam na cena política como gigantes, diante de políticos embasbacados com sua capacidade, sua coragem e seu bom nome junto à estima pública. Isso os deixava livres para arquitetar planos e estratégias militares sem o embaraço das restrições políticas — refutando, como assinalou John Keegan, a máxima de Clausewitz: "A guerra é a continuação da política por outros meios." Na verdade, a guerra se tornou a negação da política. Na Alemanha recém-criada se destinavam ao exército 90% do orçamento federal e em 1874 Bismarck assegurou seu financiamento pelo período de sete anos. Além disso, tirou a tomada de decisões militares do âmbito do *Reichstag* eleito e a colocou num gabinete imperial chefiado pelo *kaiser*. Quando, em 1912, os sociais-democratas antimilitaristas se tornaram o maior partido do Reichstag, o Exército e a Marinha se reportavam diretamente ao gabinete militar e ao *kaiser* convertido em oficial do Exército. Na França, a necessidade de se preparar para a guerra de vingança contra a Alemanha dominava o pensamento político-militar; o Exército, foco das esperanças francesas, estava a salvo da ingerência política. Na Alemanha, França, Áustria e Rússia, a política externa não era ditada por considerações diplomáticas, mas pelo planejamento militar. E o serviço obrigatório que preparava milhões de jovens para a mobilização lhes instilava também a obediência à autoridade militar.

Entrementes, o rápido desenvolvimento da tecnologia militar e civil tornava potencialmente catastrófica a militarização da sociedade europeia. No último quarto do século XIX, a tecnologia, a organização das cidades e a produtividade da indústria alteraram a natureza física da sociedade civil europeia. Completou-se a rede ferroviária, que agora ia do Atlântico à Rússia e aos Bálcãs, e o telégrafo passou a conectar todo o continente e inclusive as Américas — a primeira mensagem transatlântica de rádio foi transmitida em 1901. A prosperidade material crescente levou a um aumento líquido da população da ordem de 32% (vale dizer, 100 milhões de habitantes), apesar dos 25 milhões de europeus que emigraram para a América. Todavia, os desenvolvimentos da tecnologia civil — telefone, rádio, fotocompositora, máquina de escrever, motor de combustão interna, todos agora de uso cotidiano — foram mais do que igualados pelos avanços militares. Começou-se a aplicar tecnologia industrial de alta qualidade à fabricação de armas em instalações privadas dirigidas pelos Armstrong, Krupp, Creusot, Nobel e outros. A invenção da glicerina por Alfred Nobel reduziu o tamanho das bombas e balas, dobrou o seu alcance e as tornou muito mais precisas e letais. Em 1900, os exércitos europeus tinham fuzis de carregamento por alavanca com pente (Mauzers e Lee Enfields, por exemplo), capazes de matar uma pessoa a 1.400 metros de distância — a movimentação de tropas a um quilômetro de distância do inimigo foi efetivamente paralisada. Em 1900, todos os exércitos europeus tinham canhões de campanha de aço com calibre de 75 milímetros e alcance de 2.500-5.000 metros. Em 1885, a Gatling de acionamento manual foi substituída pela Maxim, a primeira metralhadora de verdade, que usava a energia do seu próprio recuo para recarregar até 250 tiros. Nenhuma fortaleza era capaz de resistir à nova artilharia; foi então que um militar belga, o general Henri Brialmont, concebeu a "área fortificada" — um labirinto de trincheiras e túneis ligando um conjunto de plataformas de artilharia. Os soldados defensores desses canhões viveriam nas trincheiras junto com os artilheiros. Foi assim que Verdun e outros pontos da vulnerável fronteira nordeste da França foram convertidos em vastos entrincheiramentos fortificados.

Os canhões e a blindagem naval também cresceram prodigiosamente. O maior canhão naval da Grã-Bretanha, que em 1860 era o 68-*pounder* de menos de cinco toneladas, em 1885 tinha 16 polegadas, pesava 111 toneladas e disparava bombas. A blindagem naval na linha-d'água cresceu de 4½ polegadas para um espantoso máximo de 24 polegadas. Itália, Alemanha e Estados Unidos construíram marinhas para rivalizar com as da França e Grã-Bretanha.

Os planejadores militares acreditavam, e convenceram todo o mundo, de que em tempos de paz o país deveria estar pronto para a guerra. Houve corridas armamentistas entre a Alemanha, a Grã-Bretanha e a França na esfera naval e entre a França e a Alemanha em tecnologia de munições. Em 1894, o caso Dreyfus, em que um oficial francês judeu foi erroneamente condenado por fornecer segredos militares à Alemanha, revelou as tensões entre a paranoia autoritária militar e a sociedade civil liberal. Entre 1874 e 1896, as grandes potências europeias aumentaram seus gastos militares em 50%; entre 1880 e 1914, o gasto militar da Alemanha cresceu 400%, o da Grã-Bretanha e Rússia, 200%, e o da França, quase 100%. Os governos democráticos se achavam obrigados a justificar esses aumentos com contínuas referências a ameaças externas — pânico e ondas de medo da guerra eram comuns. A sociedade civil foi galvanizada por uma energia febricitante quando, nas primeiras décadas do século XX, greves e protestos políticos por toda a Europa foram acompanhados de uma onda de violência (ver Dangerfield).

Mutuamente desconfiados e concentrados em suas próprias ambições, os Estados-nação da Europa começaram a manobrar pela formação de blocos. A Alemanha era hostil à França e apreensiva com a ameaça russa; a Grã-Bretanha se preocupava com o crescimento da força naval da Alemanha e suas ambições no Oriente Médio, ao passo que a França buscava aliados para protegê-la da agressão alemã. Em 1882 se formou uma aliança entre a Alemanha, a Áustria e a Itália, e em 1894 entre a França e a Rússia; a Grã-Bretanha firmou uma *entente cordiale* com a França em 1904 e fez o mesmo com a Rússia em 1907. A Europa estava, então, dividida em dois campos armados sem nenhuma ponte que os conectasse.

Apesar da escalada militar e do nacionalismo exacerbado, na virada do século XX a maioria dos europeus não pensava que a guerra fosse inevitável, ainda que alguns acalentassem tal perspectiva. Os dez anos seguintes mudaram decisivamente esse quadro. Os especialistas militares convenceram seus governos civis de que a guerra seria vencida em pouco tempo, provavelmente não mais que uma primavera e um verão. Podendo dispor de uma grande força em homens e equipamentos, a primeira investida da campanha haveria de ser decisiva. E, o mais importante, os regimes da Alemanha e da Áustria estavam convencidos de que haveria guerra e que qualquer atraso favorecia os inimigos. Começaram, então, a buscar um pretexto para dar início a um grande conflito.

Todo o gabinete imperial do *kaiser* compartilhava a grande visão estratégica de um império alemão. Cercados pela marinha britânica a norte e oeste, seus olhos se voltaram para a o Sudeste da Europa e os recém-descobertos campos de petróleo do Oriente Médio. Uma aliança com o Império Otomano significava que somente os Bálcãs, dominados pela Sérvia, forte aliada da Rússia, restava no caminho. O chefe do Estado-Maior austríaco, Von Hötzendorf, acreditava que a Sérvia, apoiada pela Rússia, vinha se tornando demasiado poderosa e devia ser invadida antes que as potências eslavas dominassem o Sudeste da Europa. A Áustria e a Alemanha concordaram que, já que a Rússia viria em socorro à Sérvia, era melhor enfrentá-las cedo do que tarde.

Restava o problema da França, o principal aliado da Rússia. Ciente das intenções francesas de recuperar seus territórios, o regime alemão entendeu que devia atacar a França assim que a Rússia saísse em defesa da Sérvia. Nada o justificava, exceto a necessidade de tirar a França da guerra fosse ou ou não uma contendora. O plano alemão, traçado pelo general Schlieffen, era invadir a Bélgica, neutra, para cercar Paris e o exército francês num movimento de pinça; pelos cálculos de Schlieffen, a guerra com a França estaria terminada em seis semanas. Seu plano não foi, no entanto, jamais submetido a qualquer apreciação ou crítica política. Ele dizia que, como planejador militar, não podia se prender a acordos internacionais. Com o exército imperial alemão no controle da política externa, Theobald von Bethmann-Hollweg, chanceler alemão em 1914, escreveu: "Durante todo o meu mandato não houve um único conselho de guerra em que os políticos interviessem nos prós e contras do debate militar." (Citado em Ritter.) Nas manobras que levaram à eclosão da guerra, o governo civil alemão agiu em comum acordo com o exército, mas a agenda foi estabelecida pelos militares. Os militares franceses, por seu turno, consideravam os meios políticos e diplomáticos inadequados ao troféu a que aspiravam — a recuperação da Alsácia-Lorena. Eles tinham menos influência no governo do que seus pares alemães, mas sua mensagem era tomada seriamente como portadora das aspirações da maioria do povo francês.

No verão de 1914, cada lado (França e Rússia *vs.* Alemanha e Áustria-Hungria) se considerava pronto para a guerra e acreditara que o outro estava prestes a atacar. Em 28 de julho de 1914, a Áustria, incentivada por Berlim (e a pretexto do assassinato do arquiduque Francisco Ferdinando em Sarajevo), declarou guerra à Sérvia e bombardeou Belgrado. A Rússia mobilizou suas tropas. Em resposta, a Alemanha declarou guerra à Rússia em 1º de agosto. No dia seguinte a Alemanha informou à Bélgica neutra que devia aceitar ser ocupada por tropas alemãs para evitar uma invasão francesa. Em 3 de agosto a Alemanha declarou guerra à França. Tudo exatamente como a Áustria e a Alemanha haviam planejado. A grande incógnita era a reação da Grã-Bretanha, que tinha um exército relativamente pequeno, mas uma marinha imensa e poderosa. A Alemanha talvez calculasse que a Grã-Bretanha se manteria fora do conflito, mas o governo britânico, apoiado pela maioria do povo, se sentiu na obrigação de proteger a neutralidade da Bélgica. Em 5 de agosto de 1914, todas as grandes potências europeias estavam oficialmente em guerra.

DECLARADA a guerra, todos os lados se mostravam otimistas. Cartas, diários e memórias registram o sentimento de alegria e libertação com o fim do falso pugilato — a luta à vera ia começar. Os líderes militares alemães achavam que seu país era invencível, ao passo que os russos acreditavam poder atingir Berlim antes que eles alcançassem Paris. A esquerda, em princípio contra a guerra, se consolava com a ideia de que essa seria "a guerra para acabar com todas as guerras". J.L. Garvin escreveu na *Pall Mall Gazette*: "Temos de fazer a nossa parte no aniquilamento do credo da guerra. Depois de uma chuva de sangue, talvez um grande arco-íris se produza no céu à vista das almas dos homens. E depois da guerra do Armagedão, sim, quem sabe nunca mais outra vez." Outros, a minoria talvez, mal podiam acreditar que a Europa marchara, sonâmbula, para uma guerra envolvendo todas as grandes potências do continente.

O júbilo disseminado não sobreviveu, no entanto, à realidade das trincheiras, que destruiu impiedosamente a ilusão da fuga para a masculinidade idílica e o heroísmo pessoal. A guerra era o pesadelo vivo de um poder industrial assassino massacrando anonimamente milhões de vidas humanas. Os artilheiros não viam suas vítimas, os soldados não sabiam quem os matava. A despeito das baixas, a xenofobia anterior não permitiu que houvesse uma paz negociada mesmo quando a guerra pareceu arrefecer.

No fim de 1914, as trincheiras cobriam toda a fronteira entre França e Alemanha, ao passo que uma vasta área da Rússia ocidental se tornara uma zona de combates fortuitos. O avanço e a retirada eram igualmente impossíveis sem imensas perdas de vidas. Não obstante, uma vez terminada essa primeira etapa, a guerra ganhou novas energias com a reorientação, em cada país, de setores inteiros da indústria para a produção militar. Todos os cidadãos foram envolvidos no esforço de guerra — na linha de frente, na produção de equipamento militar ou como alvos de bombardeios indiscriminados e ataques a navios. As potências europeias haviam feito uma pausa, mas somente para tomar fôlego e poder golpear ainda mais duro. A destruição resultante foi muito pior do que qualquer um havia previsto, sem exceção dos mais pessimistas dentre os analistas militares. Nem mesmo eles imaginaram que os países da Europa continuariam a despejar rios de homens, máquinas e dinheiro num impasse catastrófico.

O prosseguimento da guerra se tornou uma questão de sobrevivência nacional. Por isso, em cada país, a população civil e suas instituições foram chamadas a se subordinar às necessidades da guerra e do *establishment* militar. Na Alemanha, os sociais-democratas do Reichstag abandonaram sua promessa de se opor à guerra capitalista e apoiaram o conflito. Em agosto de 1916, a Alemanha se tornou virtualmente uma ditadura militar, governada pelos generais Von Hindenburg e Ludendorff e tendo o *kaiser* como chefe de Estado honorário. Todos os homens entre 17 e 60 anos foram alistados. Na França, o Parlamento entrou em recesso por prazo indeterminado ao iniciar-se o conflito, deixando o comando total do esforço de guerra ao marechal Joffre — que convenceu os deputados e o governo a sair de Paris, para sua própria segurança, e permanecer em Bordeaux até que fosse seguro retornar. Até o ministro da Guerra francês foi impedido de visitar o *front*. Na Grã-Bretanha, o primeiro-ministro Herbert Asquith tentou unir todos os partidos políticos indicando lorde Kitchener, um militar de carreira, para o cargo tradicionalmente civil de ministro da Guerra, assim reforçando a subtração das forças armadas ao controle do governo democrático. Na Rússia, o czar assumiu pessoalmente o comando do exército e, na Áustria-Hungria, a declaração de guerra uniu os elementos multilíngues e, até recentemente, rebeldes do império sob a égide do imperador. O Reichstag austríaco se dissolveu em março de 1916 pelo tempo que durasse o conflito, deixando a condução da guerra ao chefe do Estado-Maior. Em todas as grandes potências, a história política da guerra foi a dos políticos tentando retomar o controle das forças armadas.

A catastrófica perda de vidas em 1914-18 é explicada em parte pela tecnologia militar, em parte pelas táticas equivocadas. A maioria dos generais estava acostumada a guerras coloniais contra inimigos pobremente armados. Nenhum deles havia jamais lutado uma guerra em que a única arma ofensiva era o fuzil de infantaria e a defesa um vasto maquinário de artilharia, metralhadoras e arames farpados. O enorme crescimento da população europeia fez com que em 1914 houvesse milhões de homens em idade de servir, prontos para serem despejados no conflito assassino. A crença em ataques frontais em que a força quantitativa da infantaria bastaria para conquistar o campo levou a uma série de desastres infames. Em 1º de julho de 1916, as forças britânicas estacionadas no Somme iniciaram um grande avanço que custou 20 mil mortos e 40 mil feridos só no primeiro dia; em novembro haviam avançado meros 13 quilômetros ao custo de 400 mil baixas.

Em 1916, o descontentamento começou a pipocar entre os soldados do *front* e, na Alemanha, Grã-Bretanha, França e Rússia, os políticos começaram a expressar sua oposição à guerra. A despeito, porém, das perdas inimagináveis, a disciplina dos exércitos foi mantida até 1917. O ritmo da guerra mudou em abril de 1917, quando, na crença de que a Alemanha era um perigo permanente para a sua navegação, os Estados Unidos entraram no conflito ao lado da Grã-Bretanha e da França. Nesse mesmo mês, soldados franceses se amotinaram em toda a frente ocidental, recusando-se a tomar parte de ataques suicidas. O marechal Pétain restabeleceu a ordem ao custo de ser obrigado a abandonar as táticas ofensivas. Em março de 1917, o czar Nicolau II da Rússia foi forçado a abdicar em meio a um enorme descontentamento com o progresso da guerra e, em novembro, o partido bolchevique deu um golpe que derrubou o governo constitucional. Em dezembro, o novo governo russo assinou um armistício com a Alemanha.

As forças armadas dos Estados Unidos eram comparativamente pequenas no começo de 1917, mas ninguém duvidava que a imensa força industrial e humana à sua disposição seria, com o tempo, decisiva. O comando alemão entendeu que era preciso agir. Em 21 de março de 1918 suas forças deram início a uma maciça ofensiva que as levou até o Marne, a não mais de 80 quilômetros de Paris. Mas esse foi o ponto máximo do seu avanço. Os franceses e britânicos contra-atacaram nas frentes oeste e sudoeste. A Turquia pediu paz em outubro de 1918, assim como a Áustria-Hungria. Na Alemanha, o medo da revolução e uma crise militar impuseram aos políticos ações decisivas. Ludendorf fugiu para a Suécia e Von Hindenburg tentou trazer o exército de volta à Alemanha sem mais baixas inúteis. O *kaiser* foi forçado a abdicar em 9 de novembro e o social-democrata Friedrich Ebert se tornou chanceler. Dois dias depois, em 11 de novembro de 1918, a Alemanha aceitou os termos da rendição, terminando assim a guerra para acabar com todas as guerras.

A GUERRA de 1914-18 foi diferente de todos os conflitos anteriores. Tecnologia armamentista avançada, transporte mecanizado, milhões de homens disponíveis para lutar, vasta superioridade da defensiva sobre a ofensiva, integração da força industrial ao esforço de guerra, fracasso dos estrategistas militares — tudo contribuiu para a morte de cerca de 5 milhões de homens, somente entre as potências ocidentais, em apenas quatro anos. Apesar do aumento da população europeia, a proporção de mortos foi, em termos históricos, extraordinariamente alta. Na maioria das regiões, todas as cidades e vilas sofreram perdas. Uma vasta área da Europa foi devastada na guerra — algo que não ocorrera em um século. O crescimento industrial norte-americano ameaçava, em todo caso, deixar a Europa para trás, mas a Primeira Guerra Mundial levou os Estados Unidos, ainda relutantes, ao cenário mundial e provocou a formação da União Soviética. Foi o começo do fim da dominação europeia, embora não ocidental, sobre os assuntos do mundo.

Nos quatro séculos precedentes, os europeus ocidentais se acostumaram à ideia do progresso. Houve guerras, cismas religiosos, fome e a desumanização da industrialização nascente, mas, em meio a tudo isso, os europeus acreditavam estar tornando o mundo um lugar melhor e que eles próprios eram a maior prova do progresso. A Primeira Guerra Mundial mudou tudo isso, fornecendo provas concludentes e esmagadoras de que o progresso era uma ilusão. A quem ainda acreditasse que a cultura, a tecnologia e a política europeias haviam beneficiado a humanidade, bastava ver os campos de batalha de Flandres e as intermináveis listas de mortos da guerra. Essa não fora uma guerra contra, nem provocada por "selvagens" precisando de lições, cuja derrota era motivo de regozijo de todos os europeus. Essa fora uma guerra entre nações aparentemente civilizadas. O capitalismo industrial e o governo constitucional haviam fracassado na tarefa de impedi-la; na verdade, os produtos da indústria haviam multiplicado imensamente o número de baixas, e a extensão da autodeterminação inspirado o crescimento irrefreável do nacionalismo. Antes da Primeira Guerra Mundial não houve tentativas de desarmamento mútuo nem de criação de organizações internacionais que mediassem e resolvessem os conflitos entre as nações. Glorificação dos sucessos militares no estrangeiro, rivalidades entre países convertidas em ódio visceral, desejo de vingança por humilhações passadas, glamorização da vida militar, vastas despesas militares com exércitos imensos e armas de última geração — tudo isto contribuiu para uma cultura que via a guerra como uma atividade aceitável, merecedora dos esforços dos Estados-nação. A Primeira Guerra Mundial liquidou a crença na superioridade emanada de Deus e no progresso sem esforço, deu fim ao suposto direito das nações europeias de governar o mundo e fez nascer o longo antagonismo entre os sistemas capitalista e comunista.

Em 10 de agosto de 1914, cinco dias depois da declaração da guerra, Henry James manifestou, numa carta a um amigo, a sua repugnância com a perspectiva da guerra, dizendo da ilusão que a precedera: "Tenebrosa e hedionda é a tragédia que se avizinha, e eu me sinto irremediavelmente nauseado por ter vivido para vê-la. Você e eu, os ornamentos da nossa geração, deveríamos ter sido poupados do naufrágio da crença de que havíamos testemunhado, ao longo de tantos anos, a civilização crescer e o pior se tornar impossível."

James e seus contemporâneos não foram, de fato, poupados do naufrágio de suas crenças; viveram para ver que o aparente crescimento da civilização não bastava para evitar morticínios; e foram obrigados a contemplar a possibilidade de que a própria civilização havia propiciado a morte e a mutilação desnecessárias de milhões de europeus como eles.

CAPÍTULO 17

# O FIM DA CIVILIZAÇÃO
*Depressão, Extremismo e Genocídio na Europa, América e Ásia*

A MARCHA voluntária para a catástrofe da guerra de 1914-18 desafia quaisquer regras racionais de causa e efeito históricos. Por mais que esmiucemos a ascensão da devoção nacionalista, as manobras e as alianças, o equilíbrio instável de poder, a arrogância e a paranoia crescentes, ficamos a imaginar como um grupo de países que se acreditavam os mais civilizados da história humana, povoados por cidadãos detentores de direitos políticos e sociais e usufrutuários de padrões de vida os mais elevados até então conhecidos, podem ter enviado voluntária e futilmente milhões de seus jovens para a morte e a mutilação. Todavia, se a Primeira Guerra Mundial foi capaz de abalar as nossas ideias de progresso social, político e, acima de tudo, moral, os eventos dos trinta anos seguintes foram, como escreveu Dietrich Bonhoeffer em uma prisão nazista, "absolutamente desconcertantes para quem quer que tivesse sido educado nos nossos sistemas éticos tradicionais".

As duas guerras mundiais passaram a ser vistas como um único conflito, em que as feridas não cicatrizadas de 1918 inflamaram e acabaram supurando — contra um pano de fundo de absoluta desilusão e ódio em face das autoridades estabelecidas. Um sistema político e uma classe dominante que haviam conduzido a Europa a uma guerra sem sentido ou que, nas mentes dos soldados alemães, haviam traído o seu exército com uma rendição humilhante já não podiam ser portadores das esperanças populares. Algo novo, ou mesmo o retorno a uma sociedade mais antiga e melhor, era necessário. Em qualquer caso, uma ideologia política que prosperara no século XIX tinha a resposta. Cada vez mais pessoas viam o comunismo, liderado pelo exemplo da recém-criada União Soviética, como a maior esperança da Europa; outros, porém, que a consideravam uma ameaça profunda e perigosa à civilização, voltaram-se para uma sedutora combinação de nacionalismo exacerbado e social-darwinismo extremado.

Os espectros gêmeos do comunismo e do fascismo passaram a dominar as preocupações políticas europeias nas décadas de 1920 e 1930. Embora profundamente enraizados nas ideias e emoções do século anterior, não eram dois lados de uma única moeda. O nacionalismo, a xenofobia e a presunção da supremacia branca, princípios fascistas que haviam infectado a Europa de fins do século XIX, eram diretamente desafiados pelo comunismo, que promovia o internacionalismo e a igualdade. Antes, porém, de examinarmos como foi que o fascismo sobrepujou tanto o comunismo como o liberalismo na Europa, vale a pena dar uma olhada nos acontecimentos do outro lado do Atlântico. A história dos Estados Unidos na década de 1920 nos proporciona uma interessante contextualização da experiência europeia.

POR ESTRANHO que pareça, a maior preocupação do capitalismo norte-americano em fins do século XIX era a perspectiva da suficiência. Da mesma forma como Marx havia imaginado um mundo em que todos teriam o bastante para uma vida decente, os capitalistas norte-americanos se preocupavam com o que as pessoas deixassem de comprar mercadorias logo que tivessem alcançado o suficiente para viver confortavelmente. Não havia nenhuma razão óbvia pela qual alguém trocaria seus móveis, casacos e louças simplesmente por estarem velhos. Esse problema foi resolvido, em ampla medida, por influência de Edward Bernays, sobrinho de Sigmund Freud e divulgador de suas ideias nos Estados Unidos. Adepto da ideia freudiana de que as pessoas são feixes de emoções, paixões e desejos, Bernays sustentava que a real motivação de seus atos não era o cálculo racional, mas a satisfação de desejos profundamente enraizados. Ele entendeu que as empresas norte-americanas precisavam mudar o modo como as pessoas pensavam em suas compras, isto é, substituir a ideia de atender necessidades racionais pela vontade de satisfazer desejos. Assim nasceu, na década de 1920, o consumismo. Calvin Coolidge declarou que "os norte-americanos são importantes para o seu país não como cidadãos, mas como consumidores". Em vez de vender produtos, a indústria da propaganda começou a vender felicidade aos seus clientes.

A influência de Bernays se estendeu, porém, muito além da propaganda. Como produtoras e consumidoras, as massas urbanas impulsionavam a expansão industrial dos Estados Unidos; construíam ferrovias, habitavam as novas cidades, compravam a crescente variedade de mercadorias. Todavia, a Primeira Guerra Mundial e a Revolução Russa pareciam mostrar que pessoas agindo em massa podiam ser extremamente perigosas. A capacidade destrutiva do indivíduo e das massas era um aspecto central da mensagem de Freud. A presidência de Theodore Roosevelt (1901-8) revitalizou a democracia norte-americana, mostrando que a política era capaz de promover mudanças verdadeiras; mostrou também às empresas estadunidenses que um presidente resolutamente reformador era capaz de quebrar os monopólios, regular o trabalho infantil e legislar contra a adulteração dos produtos alimentares. Bernays e seus clientes nas corporações estadunidenses compartilhavam a visão freudiana de que a democracia era portadora de graves riscos e deveria ser desencorajada. Outros comentaristas, como Walter Lippman, o mais importante colunista dos Estados Unidos nas décadas de 1930 e 1940, concordavam que a democracia era uma maneira inapropriada de governar um país tão complexo e que as massas precisavam de uma elite para guiá-las.

Theodore Roosevelt foi seguido no cargo por uma série de presidentes conservadores (Woodrow Wilson foi tolhido por um congresso conservador) interessados em restringir os direitos políticos e sociais. O outro lado da mensagem de Bernays começou a funcionar quando o *boom* de consumo de 1920 levou a maioria dos americanos a esquecer as atividades e as mudanças políticas. Em 1928, o presidente Hoover reafirmou o sentimento de Coolidge dizendo que as pessoas eram "máquinas de felicidade em constante movimento". Assim como Freud havia sugerido que ficaríamos dóceis e felizes se nossos desejos egoístas fossem satisfeitos e inquietos se fossem frustrados, Hoover entendeu que pessoas que satisfaziam seus desejos não eram propensas à atividade política.

Os estadunidenses deixaram claro que não parariam de comprar se os produtos lhes fossem vendidos da maneira correta e que o consumismo os faria politicamente conservadores. O velho ethos pioneiro da América do Norte, em que as privações eram aceitas como o preço da liberdade, deu lugar à crença de que bastava ter coisas para estar bem consigo mesmo. A sindicalização diminuiu e a desigualdade cresceu; reduções de impostos federais favoreceram os ricos e, quando as vendas agrícolas caíram pela metade, o governo se recusou a intervir — o livre-mercado teve permissão para seguir seu curso. Na década de 1920, a Suprema Corte derrogou leis que garantiam salários mínimos para mulheres e crianças, e permitiu, na prática, o desenvolvimento dos monopólios. A imigração foi severamente restringida, ao passo que o Congresso, e depois o país, derrubaram os esforços de Woodrow Wilson para tornar os Estados Unidos um membro observador da comunidade mundial. As leis de Jim Crow foram estendidas, segregando pela raça grande parte do país; a Ku Klux Klan, inativa desde a década de 1880, foi ressuscitada em 1915 alcançando a marca de 4 milhões de adeptos, inclusive no Norte industrial; os linchamentos e respectivas fotos em cartões-postais se tornaram corriqueiros. Em 1921, um "distúrbio racial" em Tulsa, Oklahoma (na verdade uma tentativa resoluta de expulsar todos os negros da cidade), resultou no assassinato de 150-200 afro-americanos. O antissemitismo era abertamente proclamado nos jornais, e a primeira onda de Pânico Vermelho* levou 6 mil pessoas à prisão. A venda e o consumo de álcool foram proibidos na década de 1920, propiciando ao crime organizado controlar, em conluio com policiais corruptos, o destino das grandes cidades norte-americanas.

O que era bom para os negócios era bom para os Estados Unidos, mas os Estados Unidos haviam mudado. A autoimagem de imigrantes construindo comunidades por meio da ajuda mútua mudou para a de um país em que as oportunidades de satisfação estavam de repente em toda parte, mas onde floresciam também a xenofobia, o crime organizado e a corrupção. O capitalismo sem peias oferecia novas oportunidades e era também um modo espantosamente eficiente de gerar bens e serviços, mas exigia a rendição de tudo que estivesse em seu caminho. A coesão das comunidades, os arranjos consuetudinários e as lealdades familiares deviam ser sacrificados à necessidade incessante e devoradora de colocar no mercado produtos melhores, mais novos e mais baratos. Tudo isso seguia funcionando porque, na década de 1920, a indústria estadunidense se encontrava numa situação extremamente favorável. Quanto mais produtos vendia, mais trabalhadores empregava e mais consumidores criava; e quanto mais baixos os salários, maiores os lucros das empresas. Mas se os bons tempos duraram para uma minoria, os trabalhadores começaram a perceber que seus vencimentos já não lhes podiam proporcionar os bens que desejavam. Apesar da queda na demanda, a indústria continuou produzindo até que,

---

* No original, *Red Scare*: nome de duas passagens da história dos Estados Unidos, nas décadas de 1920 e 1950, marcadas pelos efeitos da propaganda anticomunista. (N.T.)

quase sem ninguém perceber, havia na economia um gigantesco excesso de capacidade — títulos e ações supervalorizados e armazéns abarrotados de mercadorias sem comprador. Em outubro de 1929, as corretoras de Wall Street começaram a vender suas ações; a bolsa caiu num buraco negro, levando consigo o capitalismo norte-americano de livre-mercado.

ENQUANTO os Estados Unidos se tornavam uma sociedade individualista em que a política praticamente desaparecera, na Europa era dominada pelas contorções de democracias liberais cada vez mais fracas diante do comunismo e do fascismo. Por serem ambos baseados em sistemas políticos universais aparentemente aplicáveis a quaisquer sociedades, o papel do nacionalismo e dos Estados-nação na ascensão do comunismo e do fascismo é em geral subestimado. Foram os bolcheviques que primeiro mostraram que o Estado-nação fortemente centralizado, com o monopólio da força e o controle das comunicações, era vulnerável ao assalto por parte de grupos relativamente pequenos. Nas primeiras horas de 25 de outubro de 1917, em São Petersburgo, forças bolcheviques assumiram o controle das estações ferroviárias, agências de correio e telégrafos, redes de telefonia e eletricidade e do banco do Estado, deixando o governo atascado dentro do Palácio de Inverno — que foi então ocupado. Os bolcheviques precisaram do apoio dos soldados e marinheiros, é claro, mas a tomada do poder deu a maior parte dos instrumentos de coerção do Estado a um pequeno número de pessoas, que lograram, então, usar o descontentamento generalizado com a continuação da guerra (um atrativo capital da política bolchevique era a promessa, devidamente cumprida, de retirar a Rússia do conflito) para ganhar boa parte do exército e da marinha para a sua causa.

A Rússia no começo do século XX, como a França de 120 anos antes, era uma sociedade autocrática isolada em um mundo em transformação. A diferença era que o czar já fora obrigado a abdicar em fevereiro de 1917, passando o governo do país a uma *duma* eleita. O apoio do primeiro-ministro Alexander Kerensky à guerra deu, no entanto, aos bolcheviques a chance de tomar o poder e eliminar toda oposição política. A Rússia, mais tarde União das Repúblicas Socialistas Soviéticas (URSS), veio a ser a encarnação viva da última etapa da história de Marx — a "ditadura do proletariado" se realizara.

A Rússia adotou um sistema político proveniente do Iluminismo ocidental, com seu principal problema ainda não resolvido — no marco intelectual do marxismo não havia lugar para oposição política; qualquer oposição à revolução era, necessariamente, uma força reacionária arregimentada contra o progresso da história. Tal como em Platão 2.300 anos antes, a tarefa dos líderes soviéticos era materializar a sociedade ideal. O poder ascendente da União Soviética deu ao Ocidente um "Leste" a que se contrapor. Contudo, a ideologia política da URSS era uma criação 100% ocidental, nascida da crença de que a razão universalista abstrata é o caminho da verdade e da sabedoria, bem como da descoberta das leis que resolverão os problemas da humanidade. O Ocidente trouxe ao mundo o comunismo e depois passou décadas cuidando de matá-lo.

A União Soviética se firmou como país industrializado moderno exatamente na mesma época em que o Ocidente afundava na depressão econômica e no extremismo de direita. Muitos defensores ocidentais de uma sociedade socialmente justa ficaram fascinados por verem surgir, aparentemente pronta e acabada, uma alternativa ao capitalismo industrial. Enquanto o desemprego e o fascismo se esgueiravam pelas ruas e fábricas vazias do Ocidente, a União Soviética parecia um paraíso de trabalhadores onde os produtos eram distribuídos segundo suas necessidades e os serviços prestados de acordo com suas capacidades.

À parte seu impacto puramente político, o socialismo se tornou um fenômeno quase espiritual (ver Capítulo 14). Numa sociedade esmagadoramente secular em que a guerra mecanizada tornara as pessoas profundamente pessimistas a respeito da humanidade e da política do capitalismo industrial, a crença no socialismo se tornou ainda mais forte do que antes de 1914. O socialismo passou a representar uma alternativa ao desespero e ao pessimismo freudiano a respeito da natureza humana; os socialistas viam os seres humanos como fundamentalmente bons e merecedores de justiça e respeito, não como ímpios que devessem ser reprimidos. Veículo do desejo das pessoas de fazer o bem, o socialismo se tornou, para muitos ocidentais, o repositório da esperança no futuro.

Na década de 1920 e começo da de 1930, muita gente tinha em conta que a sociedade soviética vinha cumprindo boa parte das promessas de Karl Marx. O planejamento estatal proporcionava alimentação, educação, saúde e produtos industriais em quantidades crescentes. Professores recém-treinados relatavam nas salas de aula cheias de camponeses que escreviam, repetida e pacientemente, a sua primeira frase: "Nós não somos escravos. Nós não somos escravos." A geração de cientistas soviéticos liderada por Koltsov, Chetverikov e Vavilov se dedicou à nova causa colocando a URSS na vanguarda do desenvolvimento mundial em seleção vegetal, genética populacional, agronomia e física. Com o surgimento de artistas plásticos, músicos, poetas e romancistas russos de estatura mundial, como Mayakovski, Gorky, Sholokhov, Shostakovich, Pasternak, Bulgakov e outros, refletia-se o sentimento de um novo começo para a humanidade. Não obstante, ainda em 1918 a líder comunista alemã Rosa Luxemburgo percebera o que o futuro poderia reservar: "Em lugar de organismos representativos criados por eleições gerais e populares, Lenin e Trotsky formularam os *soviets* como a única verdadeira representação das massas trabalhadoras (...) Sem eleições gerais, sem liberdade irrestrita de imprensa e reunião, sem uma luta aberta de opiniões, a vida fenece em toda instituição pública (...) a vida pública adormece pouco a pouco enquanto algumas dezenas de líderes partidários de energia inexaurível e experiência ilimitada dirigem e governam."

As esperanças de muitos russos e simpatizantes ocidentais se conservaram no transcurso da guerra civil do começo da década de 1920 e durante a de 1930. Então, como Luxemburgo havia previsto, o poder foi repartido entre uma pequena elite. Embora a URSS estivesse se saindo razoavelmente bem, o Partido Comunista no fim da década de 1920 estava dividido e sem rumo. A questão que reacendeu o seu senso de propósito foi a mais ambiciosa e desastrosa de suas políticas, a coletivização da agricultura. A Rússia era uma cultura camponesa dotada de um senso comunal altamente sofisticado e profundamente enraizado, com aldeias de estrutura social complexa o bastante para cuidar de questões como a alocação de terras e as disputas legais. Durante dez anos esse sistema permaneceu intocado, mas, a partir de 1928, Stalin, a pretexto de pequenas flutuações no abastecimento, disse que os camponeses ricos estavam retendo os grãos e que a pequena agricultura familiar era um modo ineficiente de produção agrícola. De 1930 em diante os camponeses mais ricos, ou *kulaks*, foram deportados de suas aldeias; introduziram-se as fazendas coletivas e fixaram-se, para cada distrito, cotas de abastecimento alimentar. Era o partido, uma vez mais, dirigindo os assuntos do país. Mas as cotas eram inalcançáveis e em dois anos começou a faltar comida no campo. Na primavera de 1933, milhões de camponeses da Ucrânia e Rússia ocidental — o cinturão verde da URSS — estavam morrendo de fome. Uma testemunha escreveu mais tarde: "No campo de batalha os homens morrem rapidamente, lutam, se sustentam na base da camaradagem e do senso de dever. Aqui eu vi pessoas morrendo sozinhas, lentamente, um quadro medonho que nem se podia justificar como de sacrifício por uma causa. Elas haviam sido aprisionadas e deixadas a morrer de fome, em suas próprias casas, por decisões políticas tomadas na capital distante em mesas de conferências e banquetes." (Kravchenko.)

A fome foi tão generalizada que os agentes em busca de grãos escondidos suspeitavam automaticamente de qualquer um que não apresentasse aspecto famélico. Na Ucrânia, de uma população camponesa de 25 milhões cerca de 5 milhões morreram de fome.

A pretexto do assassinato do chefe do partido em Leningrado, Leonid Kirov, em dezembro de 1934, Stalin mandou prender seus colegas da liderança, assumindo o controle total do partido e do país. Impressionado com o expurgo determinado por Hitler no Partido Nazista em junho de 1934, ele se pôs a eliminar toda possível resistência. Dos 1.966 delegados ao congresso do partido em 1934, 1.108 foram fuzilados; membros do partido e pessoas comuns espalhados por todo o país foram presos, sumariamente julgados e fuzilados ou deportados para os campos de trabalho. Foram os anos do arquipélago Gulag, termo cunhado por Alexander Solzhenitsyn para designar o sistema soviético de campos de trabalhos forçados: "Durante várias décadas as detenções políticas em nosso país se caracterizaram, precisamente, pelo fato de se abater sobre pessoas que, por não terem culpa de nada, estavam despreparadas para opor qualquer resistência. Havia um sentimento geral de se estar condenado à destruição, de não haver como escapar da GPU-NKVD (...) todos os dias, as pessoas que saíam para trabalhar davam adeus às suas famílias por não terem certeza de que retornariam à noite."

A falta de resistência ao chamado Grande Terror (em que não menos de 20 milhões foram fuzilados ou morreram em campos de trabalhos forçados) entre as pessoas comuns e os veteranos do partido ia muito além da impotência. A visão marxista da história combinava a inevitabilidade de uma sociedade ideal com a fé absoluta na razão humana. Os membros do partido aprisionados acreditavam ser inimigos do progresso histórico e eram incentivados a se autocriticar e confessar seus "erros". Nas reuniões do partido, os discursos de Stalin eram entusiasticamente aplaudidos pela audiência — e por ele próprio. Por quê? Porque o aplauso não era para o líder, mas para a realização do progresso histórico — processo do qual todos os presentes, incluindo o próprio Stalin, eram servos. Prisioneiros dos campos de trabalho enviavam regularmente a Stalin felicitações de aniversário, não por coação, mas porque acreditavam na luta comum rumo à sociedade ideal historicamente prescrita — a comunidade comunista onde eles eram os iguais de Stalin que se haviam desviado.

# O FIM DA CIVILIZAÇÃO

\* \* \*

No OCIDENTE, se para alguns o comunismo, ou o socialismo estatal, era a maior esperança da humanidade, para outros era uma ameaça perigosa e potencialmente catastrófica ao seu modo de vida. Esse conflito de opiniões alcançou o grau mais extremo e dramático na Alemanha, mas a ascensão do fascismo, em parte como reação ao comunismo, foi acompanhada no resto da Europa por um sentimento geral de desorientação e maus presságios. Isso se refletiu na cultura europeia, onde os criadores de "grande arte" — pintura, escultura, arquitetura, música clássica, literatura —, desiludidos com os horrores da guerra e a aparente complacência de seus antecessores, tentavam encontrar um novo começo; a "cultura de massa" era desprezada tanto por intelectuais de posição social elevada (que a consideravam uma ameaça à civilização) quanto pela esquerda (que a tomava como responsável por uma "falsa consciência" de contentamento entre as massas). Escritores de esquerda como George Orwell e filósofos marxistas como Theodor Adorno e Herbert Marcuse, da escola de Frankfurt, admitiam seu desalento com a facilidade com que as massas se deixavam enganar e seduzir pela cultura popular rasteira — atitude que jamais contaminou os Estados Unidos.

Memórias e autobiografias reiteradamente deixam claro que a classe média e a classe trabalhadora não tinham quase nenhum contato entre si; viviam em mundos diferentes mesmo quando residiam em ruas vizinhas. Fosse desprezo ou idolatria a sua atitude para com as classes trabalhadoras, os intelectuais de classe média não faziam a menor ideia das reais esperanças, desejos e aspirações das pessoas em nome de quem, ou sobre quem, falavam. O fato de os trabalhadores poderem ler, escrever e ir ao cinema podia ser tomado como um salto para além das preocupações pessoais em busca de ver e apreciar o mundo lá fora; prevalecia, no entanto, a visão contrária. O que as massas liam não apenas era desprezível, como punha toda a empresa da civilização ocidental em perigo. Temia-se que a deplorável qualidade dos filmes, livros e revistas consumidos pelas massas poluiria as obras de arte construídas com os mesmos materiais. Ensinar as massas a ler não fora um avanço auspicioso para a civilização; colocar todo o mundo em contato com as ideias e pensamentos das grandes figuras do passado e do presente fora um desastre que haveria de ter terríveis consequências para a arte da palavra escrita.

Orientando-se por uma vaga crença social-darwinista, muitos acreditavam que a educação era uma perda de tempo e dinheiro, posto que os trabalhadores eram demasiado estúpidos para aprender mais do que o bê-á-bá e jamais seriam capazes de pensar por si mesmos nem de apreciar coisas mais refinadas como arte, música e literatura. A crença arraigada de que a inteligência e o refinamento eram legados familiares e não podiam ser induzidos pela educação incentivou teorias como a eugenia, segundo a qual o aperfeiçoamento da prole cabia às melhores pessoas da sociedade, e atiçou temores de que as classes trabalhadoras, que tinham mais filhos, subjugariam a sociedade pela força do número e produziriam uma raça de idiotas.

COMO puderam os artistas europeus responder ao extremismo político e às contínuas divisões da sociedade, e que significado tomaram a civilização e a cultura europeias depois do morticínio nas trincheiras? O sentimento esmagador do período entreguerras, refletido em suas mais notáveis obras culturais, foi o de desorientação. Escritores e artistas sentiam necessidade de romper com a catástrofe do passado imediato; no entanto, embora as ideias freudianas lhes apontassem o eu profundo, o desprezo dos artistas e dos intelectuais por suas próprias raízes culturais os deixou sem uma bússola confiável. Escritores como T.S. Eliot e James Joyce se voltaram para os mitos e lendas medievais em busca de um ponto de partida, que para artistas como Marcel Duchamp e George Grosz foi a desmistificação e desqualificação da arte e da sociedade contemporâneas. Para muitos artistas, porém, a égide dos costumes correntes foi uma libertação. Os artistas visuais foram capazes de abrir os olhos para a beleza extraordinária da arte "primitiva" que o iluminismo tanto favorecera e o século XIX tanto ridicularizara. Se Gauguin já havia usado em suas pinturas as técnicas presentes em esculturas polinésias, Picasso lançou mão de máscaras africanas para representar a sua visão do rosto humano.

Sob muitos aspectos o modernismo sofria, no entanto, de seu próprio intelectualismo. Seus melhores adeptos se baseavam na experiência real de viver em sociedades que nutriam o sentimento de desorientação dos artistas. Estranhos à corrente dominante da Europa industrial, Joyce, Picasso, Miró e Stravinsky trouxeram consigo as insondáveis e espantosas profundezas de suas culturas e os conflitos que apresentavam aos artistas no mundo moderno. Para muitos outros, porém, o abandono do presente significou a busca de um passado desprovido de qualquer realidade, ao

O FIM DA CIVILIZAÇÃO 463

passo que o menosprezo pela cultura de massa os deixou sem fontes emocionais. (Veja o contraste com as confiantes energias criativas do cinema norte-americano do mesmo período.) Percebendo o conflito entre a humanidade que impulsionava a sua arte e a antipatia pelos seres humanos reais que tinham diante de si, eles responderam distanciando-se das massas, produzindo uma arte que as pessoas comuns não conseguiam entender, fora, portanto, de seu alcance. As características negativas da arte modernista são a sua deliberada dificuldade e a sua frieza, ambas provenientes do distanciamento da cultura do povo europeu. Estamos de volta, uma vez mais, à desorientação.

A incerteza de depender da autoridade do passado foi ampliada pelas espantosas descobertas realizadas nos campos da física e da cosmologia. Em 1905 e 1916, Albert Einstein mostrou que o tempo e o espaço, pedras angulares da percepção humana, não eram entidades fixas e estáveis, mas variáveis cujas propriedades intrínsecas de distância e duração variavam segundo a situação relativa do observador. Em 1919, Ernest Rutherford separou os elétrons do átomo de oxigênio, mostrando que o tijolo básico da natureza era, na realidade, feito de partículas ainda menores. Trabalhos subsequentes de Niels Bohr, Werner Heisenberg, Erwin Schrödinger e Paul Dirac, dentre outros, revelaram que no nível subatômico a observação objetiva da natureza era uma ilusão — o que se via dependia do que se estava tentando medir. A luz, por exemplo, podia se apresentar ora como uma onda, ora como partículas — cuja posição e movimento não podiam, de acordo com o Princípio da Incerteza de Heisenberg, ser medidos ao mesmo tempo.

Nada disso afetava a realidade do dia a dia, mas o impacto sobre a atmosfera intelectual da época foi decisivo. Ao mesmo tempo, a filosofia passava por uma grande revolução resultante da fracassada tentativa de Bertrand Russell (*Principia Mathematica*, de 1916, em coautoria com Alfred Whitehead), de mostrar que as verdades da matemática eram diretamente deriváveis das verdades da lógica. Quando Kurt Gödel demonstrou, em 1931, que nenhum sistema formal de matemática era, em última instância, demonstrável por suas próprias regras, a direção que a filosofia analítica tomara desse Descartes já estava seriamente em dúvida. No próprio feudo de Russell, em Cambridge, o filósofo austríaco Ludwig Wittgenstein ensinava que a crença fundamental de que a linguagem representa a realidade e de que as proposições lógicas, por exemplo, são descrições de situações reais, é um engano. Parece intelectualmente rebuscado, mas, tomado em conjunto com o trabalho de Enstein, Bohr e Heisenberg, isso minou seriamente a crença de que podemos entender o mundo apenas o observando e analisando nossas observações com o uso objetivo da linguagem. O mundo era, ao contrário, um lugar subjetivo cujo significado provinha da situação e do contexto.

Num mundo em que o passado recente não servia de guia para o futuro, a política, a cultura e a própria civilização europeias pareciam, a muitas pessoas, necessitadas de renovação, por parte de quem quer que fosse capaz de aproveitar as circunstâncias. Em todo o continente, o entusiasmo pelo comunismo foi igualado e sobrepujado por uma mescla de medo da tomada comunista do poder e desejo visceral de recriar o espírito de um passado mítico. Cansados da mesquinhez da vida urbana e enfurecidos com as traições da guerra, os cidadãos das nações étnicas da Europa sentiam necessidade de viver vidas mais nobres e cumprir o destino de seus países. A nova doutrina do fascismo buscou responder a essa necessidade.

A tomada da Europa pelo fascismo foi espantosamente rápida. Em 1920 a totalidade da Europa, da fronteira da URSS até o Atlântico, era governada por regimes constitucionais nacionais apoiados em instituições democráticas. Um terço do mundo vivia sob regime colonial, mas dos cerca de 65 Estados independentes somente cinco deixaram de realizar eleições durante as guerras. A catástrofe da Primeira Guerra Mundial pode ter deixado as pessoas desconfiadas da ideia de progresso, mas não deteve o movimento no sentido de um maior liberalismo social e político. Não parecia haver qualquer razão para que essa democratização quase universal não durasse. A Europa parecia estar a caminho de um futuro melhor, em que a prosperidade crescente e as instituições políticas representativas garantiriam um mundo pacífico.

Contudo, entre 1918 e 1939 o governo constitucional liberal sofreu um colapso catastrófico. Em dezessete dos 27 países europeus as assembleias representativas foram dissolvidas ou marginalizadas antes de 1939 e outras cinco neutralizadas durante a própria guerra. Somente a Grã-Bretanha, a Finlândia e os Estados neutros da Irlanda, Suécia e Suíça mantiveram instituições democráticas durante todo o período de 1918 a 1945. Em outras partes do mundo, incluindo o Japão em 1930-31 e a Turquia no começo da década de 1920, as democracias foram substituídas por regimes militares. Em alguns Estados os comunistas tomaram o poder, mas a influência alemã acabou garantindo que os regimes surgidos do colapso do liberalismo fossem todos de direita. Inspirados pelo medo do comunismo e pelo

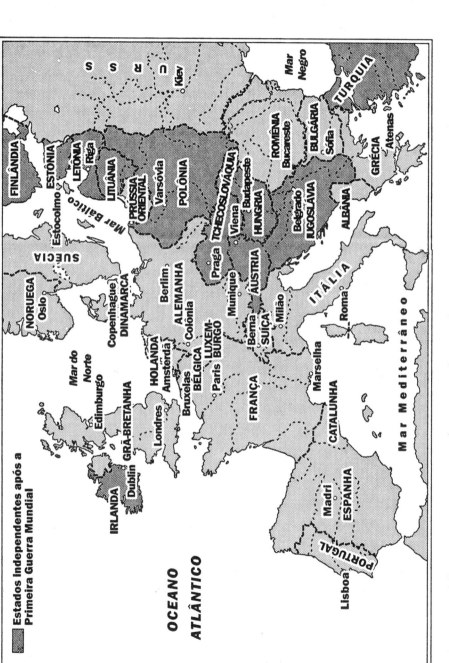

*A Europa entre as guerras mundiais, mostrando os Estados recém-criados. Na década de 1920 todos os Estados da Europa tinham governos democráticos; em 1940 só restavam quatro democracias.*

sucesso do fascismo na Itália e na Alemanha, eram todos regimes militaristas, autoritários, intolerantes para com a dissidência e fortemente nacionalistas. Alguns, como o rei Alexandre da Iugoslávia, eram conservadores à moda antiga tentando deter a maré de reformas sociais; outros, como Oliveira Salazar em Portugal, queriam recriar um áureo passado medieval.

Já vimos algumas atitudes culturais subjacentes a essas mudanças, mas nas décadas de 1920 e 1930 a Europa viveu também vastos movimentos de pessoas e rápidos desenvolvimentos nos arranjos sociais e laborais. Um credo político e um ambiente cultural evocativos de épocas mais simples eram, para muitos, motivo de fascínio. Ao mesmo tempo, a esquerda europeia se dividira entre os partidos socialistas que ingressaram na política democrática existente e as organizações socialistas e comunistas que buscavam a mudança por meios revolucionários. A Internacional Comunista realizou em 1919 o seu primeiro congresso, do qual participaram representantes de 26 países europeus (além de Estados Unidos, Austrália e Japão), todos comprometidos com a "revolução proletária". Em resposta ao crescimento do comunismo e do socialismo, as classes médias mais baixas, os pequeno-burgueses, "gente humilde" encurralada entre a dominação do grande negócio e o poder do trabalho organizado, foram atraídos pelas promessas idealistas do fascismo. (Dos nacional-socialistas vienenses eleitos vereadores em 1932, 56% eram trabalhadores de escritório e funcionários públicos, 14% eram operários e 18% eram autônomos.)

Tão importante quanto o crescimento do fascismo era o sentimento, entre os cidadãos das nações derrotadas na Primeira Guerra, de traição de ideias profundamente arraigadas. Muitos ex-soldados reintegrados como trabalhadores de fábrica, funcionários administrativos e lojistas viam a guerra de 1914-18 como uma experiência edificante em que a camaradagem e a nobreza da luta por uma grande causa eram maiores do que o terror e os tormentos da guerra nas trincheiras. Em face da natureza épica da luta, a vida civil parecia mesquinha e decepcionante — na Itália do começo da década de 1920, mais da metade dos fascistas eram ex-soldados.

A democracia liberal ficou sob a pressão do comunismo e do fascismo, mas também do fracasso do capitalismo do *laissez-faire*. Os Estados democráticos liberais dependiam do consenso de todos os setores de suas populações, o que, por seu turno, dependia de certo grau de prosperidade. Quando a depressão econômica deu cabo de suas economias e seus empregos, as pessoas lhe negaram o seu apoio; a muitos parecia que a democracia capitalista liberal não era, necessariamente, a melhor maneira de governar o país.

Todos esses fatores se apresentaram na sua forma mais extrema na Alemanha, o país mais populoso, rico e potencialmente poderoso da Europa. A rendição de 1918 se dera sem uma derrota militar total, resultando que amplos setores do Exército se sentiam traídos. Esse ressentimento, inflamado pela insatisfação com as limitações e a trivialidade da moderna vida civil, era cultivado em associações de soldados como o Freikorps. As condições impostas pela paz de Versalhes em 1919 só fizeram exacerbá-lo: a França recuperou a região da Alsácia-Lorena, a Polônia ficou com os territórios da Prússia Ocidental, Poznan e Silésia, a Lituânia obteve terras alemãs da Prússia Oriental, agora isolada, a região ao redor do porto de Danzig (Gdansk) e a bacia do Saar ganharam *status* especial e a Renânia foi transformada em zona tampão desmilitarizada. Não bastasse, a Alemanha foi obrigada a pagar imensas reparações financeiras aos aliados vitoriosos.

As fronteiras imperiais alemãs criadas em 1871, assim como as estruturas internas do Império Austro-Húngaro, foram desfeitas e redesenhadas. Ainda antes do armistício de 1918, a Tchecoslováquia, a Hungria e a Iugoslávia, que integravam o antigo Império Austríaco, haviam se declarado independentes. Em novembro de 1918, Kurt Eisner declarou que a Baviera era uma "república socialista". Três meses depois ele foi assassinado e os comunistas que tomaram o poder (como haviam feito também na Hungria) declararam a República Soviética da Baviera. O protofascista *Freikorps* se engajou em batalhas de rua contra os comunistas em Munique e Berlim. Em 1919, depois de uma tentativa de levante em Berlim, os líderes comunistas Karl Liebknecht e Rosa Luxemburgo foram presos e assassinados por um obscuro grupo de oficiais do Exército, provavelmente membros do *Freikorps*. Em maio de 1919 o *Freikorps*, com o apoio de 30 mil paramilitares, derrubou o governo da Baviera soviética e fez executar cerca de mil homens e mulheres.

Os protofascistas enfrentaram os comunistas, mas reservaram o seu verdadeiro ódio para a democracia liberal parlamentar, que parecia dar aos fracos poder sobre os fortes. Com sua estranha mistura de social-darwinismo e mitologia espúria, esses grupos acreditavam que os fortes deviam prevalecer e que a transigência da política cotidiana devia ser substituída por ações fortes e decisivas. Ernst Röhm, o primeiro líder das tropas de assalto do partido nazista, disse: "Eu sou um homem mau e imaturo, a guerra e a agitação me excitam mais do que a boa ordem burguesa."

* * *

FOI ESSE o pano de fundo do colapso da política liberal na Alemanha — agitação civil com grupos direitistas enfrentando os comunistas nas ruas, um Parlamento ineficaz, um exército autônomo e uma população nacionalista humilhada e frustrada com sua situação e a de seu país. Assim começaram a surgir partidos políticos que expressavam essas frustrações e o desejo de uma nova Alemanha. Uma das características maios marcantes desses partidos era o ódio obsessivo aos judeus. A elevação da nação alemã à condição de entidade quase mística envolveu a idealização de uma história racial pura e imaculada. A construção de Estados-nação étnicos na Europa Ocidental do século XIX representou um perigo potencial para os não nacionais; depois de 1918, o mesmo processo afetou a Europa Oriental, onde havia muito mais judeus do que na Ocidental. Não obstante, havia relativamente poucos judeus na Alemanha e Áustria no começo do século XX — em 1933, quando os refugiados da Polônia e Rússia se juntaram à estável população judia alemã, essa não passava de 500 mil indivíduos (isto é, 0,67% da população total).

No começo do século XX, os judeus estavam firmemente estabelecidos na vida social alemã e austríaca, exercendo relevantes posições sociais e políticas. Apesar de uma persistente tendência antissemita subjacente ao sistema dominante, Freud, Einstein, Mahler, Krauss e muitos outros haviam feito carreiras notáveis em Berlim e Viena. Pesquisas recentes sobre a vida de Hitler em Viena antes de 1913, por exemplo, mostram que, longe de antissemita, o futuro *führer* tinha muitos amigos judeus no albergue masculino onde morava (os judeus predominavam entre estudantes e burgueses, muitos dos quais foram a Viena em busca de educação secular) e entre os negociantes de arte que adquiriam suas pinturas. Parece que a guerra de 1914-18 mudou completamente a visão de mundo de Hitler e de muitos de seus compatriotas, incluindo a sua atitude para com os judeus. O nacionalismo exacerbado, a chegada de refugiados judeus vindos do Leste, a quantidade de líderes bolcheviques judeus e a necessidade de um bode expiatório à disposição — tudo conspirou para inflamar o antissemitismo na Alemanha, país com uma pequena população judia.

Em 1921, Adolf Hitler, um ex-soldado desmobilizado, assumiu o controle do Partido Nacional-Socialista em Munique e, em 1924, tentou reunir as forças bávaras para uma marcha sobre Berlim. A detenção, o julgamento e o breve encarceramento resultantes o transformaram numa figura nacional, mas lhe ensinaram que a política constitucional, e não o conflito militar, era a rota para o poder. Entre meados e fins da década de 1920 a economia alemã dava sinais de recuperação, a hiperinflação estava sob controle e a vida dos alemães comuns se tornava mais fácil. Os investimentos norte-americanos fluíam — 3,9 bilhões de dólares vieram de Wall Street para o Estado e as empresas alemãs entre 1923 e 1928 — e o futuro era alvissareiro. Foram anos difíceis para os extremistas — o efetivo do Partido Nazista se reduziu e na eleição nacional de 1928, quando Hitler já o liderava havia sete anos, os nazistas tiveram apenas 2,6% do voto popular. Mesmo com todos os seus talentos oratórios e organizacionais, Hitler não conseguira impressionar a massa do povo alemão.

A quebra de Wall Street em 1929 e a depressão resultante mudaram tudo. Os bancos norte-americanos cancelaram os seus empréstimos, e a Alemanha foi à bancarrota. A crise econômica trouxe instabilidade política, com a formação e o colapso de sucessivas coalizões de partidos centristas e o aumento da frequência das eleições. As soluções simplistas recuperaram o seu apelo — na eleição de 1930 os nazistas receberam 18,3% dos votos, e os comunistas, 13,1%.

No começo da década de 1930 o clima de perigo e violência nas ruas, bares e salas de reunião da Alemanha se intensificou dramaticamente. O Partido Nazista tinha mais de 100 mil membros em uniformes paramilitares — mais do que a quantidade de soldados permitida ao Exército alemão. Em meados de 1932 caiu mais um governo de coalizão e foi convocada uma eleição para 31 de julho. Dessa vez os nazistas obtiveram 37,4% dos votos, o que fez deles o maior partido do Parlamento alemão. Temendo uma catástrofe política, o presidente da República Von Hindenburg se recusou, porém, a fazer de Hitler chanceler. Na eleição seguinte, em novembro de 1932, a votação nazista caiu para 32% com o início da melhora, uma vez mais, da economia alemã — o que poderia ter sido o começo do fim do nazismo como força política importante.

No entanto, depois da eleição de novembro de 1932, um grupo de políticos, militares, industriais e banqueiros conservadores apelou por escrito ao presidente Von Hindenburg pela designação de Hitler como chanceler. Aos seus olhos, o contínuo caos político, com uma sucessão de governos fracos, estava gerando instabilidade econômica e, assim, as condições para um assalto comunista. No mês seguinte o chanceler em exercício Franz von Papen fez um acordo com Hitler em que consentia se tornar vice-chanceler (com instruções secretas de Hindenburg para conter os nazistas) com dois outros nazistas (Göring e Frick), além do próprio Hitler, no gabinete. Em 30 de janeiro de 1933 Hitler se tornou chanceler da Alemanha. O aparelho do Estado moderno dava a qualquer um que assumisse o controle de seu centro, e fosse suficientemente determinado, um poder praticamente incontrolável. Quatro semanas depois de assumir o cargo, Hitler usou o incêndio no Reichstag, o edifício do Parlamento alemão, como pretexto para eliminar toda oposição política, prender simpatizantes comunistas e assumir poderes ditatoriais. Os dias de democracia da Alemanha estavam acabados. Quando Hindenburg morreu, no ano seguinte, Hitler se tornou, além de chanceler, presidente.

A década de 1930 foi um bom período para muitos alemães. A política de Hitler de obrigar os desempregados a trabalhar na construção de autopistas e outras infraestruturas teve um efeito benéfico na economia. O povo alemão era continuamente bombardeado com mensagens antissemitas, mas as medidas contra os judeus eram bem-vindas pela maioria; apesar da pequena população judia, o povo alemão estava totalmente preparado para acreditar que todos os banqueiros, plutocratas e burocratas, bem como a maioria dos professores, advogados e médicos, eram judeus e que a sociedade se beneficiaria com o seu cerceamento. Em 1935 foram introduzidas as Leis de Nuremberg, que impediam os judeus de ocupar certas posições e proibiam o seu casamento com alemães não judeus. A desaprovação internacional foi desmoralizada, no entanto, pelas leis de Jim Crow vigentes no Sul dos Estados Unidos, que também proibiam o casamento interracial, e pelas políticas coloniais de base racial da Grã-Bretanha, França e outros países europeus. Quando se referia explicitamente a tais exemplos, Hitler não estava distorcendo a lógica: o nacionalismo surgiu numa época em que todas as raças brancas se consideravam superiores. O prestígio de Hitler junto ao povo alemão só fez crescer com a ocupação da Renânia em 1936, os Jogos Olímpicos de Berlim no mesmo ano e a triunfante entrada numa Áustria delirante na primavera de 1938. Hitler estava dando ao povo alemão tudo o que ele queria; se a sua caminhada criasse problemas para os judeus, que assim fosse.

Em novembro de 1938, a situação dos judeus da Alemanha, já sujeitos a repressão e difamação, piorou sobremaneira. A desculpa foi o assassinato, em 7 de novembro, de Ernst vom Rath, um diplomata alemão em Paris. Em 9 de novembro, tropas de assalto nazistas destruíram propriedades e sinagogas judias e agrediram, prenderam e mataram judeus em grandes e pequenas cidades de toda a Alemanha. Cerca de quatrocentos judeus foram assassinados naquela que se tornou conhecida como a "noite dos cristais". Muitos alemães ficaram chocados com tanta destruição e violência, mesmo nessa etapa do governo nazista; outros, porém, desejavam que os judeus fossem embora da Alemanha.

As políticas raciais de Hitler não se limitavam ao confinamento e perseguição de judeus. A Alemanha era uma nação étnica, e o seu povo, pela lógica da biologia, superior aos demais. Se os judeus eram o inimigo interno, a grande ameaça externa era a União Soviética. A Rússia era comunista, sua revolução fora dirigida por judeus e seu povo era eslavo, uma raça inferior aos arianos alemães. A Rússia era também o território perfeito para a expansão do povo alemão. A guerra vindoura foi alimentada, acima de tudo, pelo desejo de Hitler de ver uma luta histórica entre a Alemanha e a URSS pelo domínio da Europa. Depois que as forças alemãs entraram na Tchecoslováquia em 1938, só havia a Polônia entre a Alemanha e a fronteira soviética. Em 31 de março de 1939, britânicos e franceses declararam garantir as fronteiras da Polônia. Não querendo lutar em duas frentes, Hitler não podia invadir a Polônia sem saber como reagiriam os soviéticos. Em agosto de 1939, a Alemanha assinou um pacto de não agressão com Stalin (a recompensa soviética foi um pedaço da Polônia Oriental) e em 1º de setembro de 1939 invadiu a Polônia. Em dois dias a Europa estava em guerra.

HITLER estava menos interessado em fazer da Alemanha um poderoso país no centro da Europa do que consumido pelo desejo de conflito contínuo. A guerra, para ele, era o cadinho em que seria retemperada a alma do povo alemão. Embora os líderes militares, alemães inclusive, estivessem muito mais cautelosos a propósito da guerra do que haviam estado em 1914, a Europa presenciava o retorno do soldado civil, o líder político que gostava de vestir uniforme, cujo arquétipo foi Mussolini. Hitler o seguiu. A sua estratégia foi reduzir gradualmente a influência do Alto-Comando das forças armadas para chamar a si o controle de todos os aspectos militares da guerra e se tornar capaz de utilizar os generais como meros especialistas técnicos. Foi o inverso de 1914, quando os militares haviam assumido o controle da política externa, mas com um resultado muito similar: não havia objetivos de política externa a serem decididos em discussão aberta, somente uma série de campanhas militares, que viriam a ser a razão da sua própria existência.

Assim como os desenvolvimentos da artilharia e das armas leves deram à luz o sistema de trincheiras, as novas invenções as tornaram obsoletas. O motor de combustão interna, a pavimentação de estradas, os tanques, caminhões, aviões, submarinos e equipamentos de rádio foram imensamente aperfeiçoados nas décadas subsequentes a 1918, o mesmo valendo para os métodos de fabricação de veículos, equipamentos militares e munições. Os planejadores militares alemães criaram grupos pequenos e bem treinados de homens operando tanques, submarinos, aviões e baterias de artilharia móvel, ligados por comunicações a rádio. A chave do sucesso da *Blitzkrieg* (guerra relâmpago) era a velocidade de ataque, coordenado por meio de comunicação instantânea. Os resultados são conhecidos: a força aérea polonesa foi destruída em um único dia e seu exército derrotado em cinco semanas; em abril de 1940 as forças alemãs invadiram a Dinamarca e a Noruega, permitindo à Suécia manter-se neutra desde que fornecesse minério de ferro para o *Reich*; depois de submeter Roterdã a um bombardeio devastador, a Alemanha tomou os Países Baixos em 18 dias; em maio as forças alemãs saíram dos bosques das Ardenas e alcançaram Abbeville, no Mar do Norte, no dia 19, cortando a saída das forças britânicas e francesas para o norte; em 4 de junho o que restava da Força Expedicionária Britânica foi evacuada de Dunquerque e as forças francesas remanescentes colocadas fora de combate; em 17 de junho o governo francês pediu paz e em 25 aceitou um armistício. Em três meses Hitler havia tomado a Europa continental ocidental; tudo o que tinha a fazer era esperar os britânicos pedirem paz, mantendo os Estados Unidos fora da guerra. Como nenhum tratado de paz foi oferecido, Hitler começou, em setembro de 1940, a bombardear Londres. Mais de 13 mil londrinos foram mortos no ataque, mas não houve rendição. Convencido, pela perda de bombardeiros, de que não podia derrotar a Grã-Bretanha pelo ar, Hitler voltou sua atenção para o Leste.

PARA o exército e o povo alemães, Hitler tomou o aspecto de um fazedor de milagres. A derrota da França foi imensamente popular e tudo o que ele dissera até então se cumprira. No fim de 1940, a maioria dos alemães acreditaria em qualquer coisa que ele dissesse e o seguiria a qualquer parte. O ataque à União Soviética em junho de 1941 tinha a intenção de ser rápido e decisivo. A *Blitzkrieg* funcionou bem na primeira parte da campanha, mas a frente oriental se converteu num tipo de guerra totalmente diferente. A falta de estradas pavimentadas prejudicava o suporte logístico, deixando as tropas avançadas sob permanente risco de paralisação. E o que era particularmente infausto, o exército alemão, que havia tratado as tropas francesas e britânicas com respeito, mostrava pouca consideração pelos soldados e civis soviéticos. Soldados que tentavam se render eram, muitas vezes, fuzilados; de 5 milhões de prisioneiros, cerca de 3 milhões morreram. Não se tratava de um plano levado a cabo por agentes políticos dentro das forças armadas; era o tratamento dado por um exército a outro. Entre 1941 e 1945, cerca de 20 milhões de cidadãos soviéticos morreram nas mãos das forças alemãs.

Fomos criados à sombra desses fatos terríveis, mas nem sempre os registramos. A guerra na Europa se transformara numa empresa assassina em que glória, honra e brutalidade se misturavam numa combinação letal. Os europeus civilizados facilitaram aos demais o caminho da brutalidade na crença de que seus inimigos eram inferiores, perigosos e incivilizados. O extermínio dessas pessoas era um dever seu para com a humanidade. Foi dito aos soldados alemães que os russos eram bárbaros prontos para assassiná-los sem dó nem piedade sempre que tivessem oportunidade. Eles acreditaram e, preemptivamente, se vingaram.

Ao impedir que Hitler obtivesse uma vitória rápida, a URSS lhe selou a derrota. A indústria soviética, transferida para o Leste, começou a produzir tanques, aviões, munição e suprimentos para equipar suas forças, numericamente superiores. Visando aos campos de petróleo do mar Cáspio, em 1942 as forças alemãs penetraram ainda mais fundo na Rússia. Em agosto o VI exército chegou aos arredores da cidade de Stalingrado, nas estepes do sul, apoiado por romenos e italianos. Enquanto Stalingrado resistia o marechal Zhukov dispunha suas forças ao redor do flanco alemão para, em novembro, fechar o nó. Em fevereiro de 1943, depois de três meses de luta rua a rua, casa a casa, o comandante alemão foi obrigado a se render com cerca de 1 milhão de soldados, feitos prisioneiros. A determinação das tropas soviéticas foi decisiva, com a temperatura noturna em Stalingrado alcançando, em fevereiro, 44ºC negativos. A batalha custou 1 milhão de vidas, mas Stalingrado mostrou que os alemães não eram, afinal de contas, invencíveis. O alastramento da notícia pelo mundo foi, para os alemães, o começo do fim. Um ano depois de Stalingrado, as tropas soviéticas já tomavam o rumo oeste. Os norte-americanos e britânicos ficaram desesperados para invadir a França e criar um segundo *front* europeu. No começo de 1944, com a Itália fora do conflito, já se falava em abreviar a guerra em lugar de planejar como vencê-la. As forças aliadas invadiram a França em junho de 1944, e os soldados soviéticos alcançaram Berlim no começo de maio de 1945.

Os nazistas queriam tomar a Europa por questões ideológicas, não estratégicas. Um aspecto de sua ideologia começou a ser percebido durante o ano de 1941, quando o Partido Nazista e o governo alemão desenvolveram uma firme política de assassinar todos os judeus da Europa. Essa política foi sistematizada numa reunião ocorrida em 20 de janeiro de 1942 numa vila às margens do lago Wannsee, perto de Berlim. Uma cópia de suas atas, conhecidas como Protocolo de Wannsee, foi descoberta por agentes norte-americanos em 1947.

Até 1939 os nazistas restringiram as atividades judaicas e incentivaram a emigração dos judeus alemães. À medida, porém, que a Alemanha ia ocupando outras regiões da Europa, mais judeus caíam sob seu domínio e, com praticamente todos os países europeus envolvidos na guerra, já não havia lugar aonde eles pudessem ir. (A certa altura a ilha de Madagascar foi cogitada como um possível destino, descartado quando os britânicos assumiram o controle do Canal de Suez.) O "problema judeu" foi mais claramente demonstrado na Polônia, transformada num vasto laboratório de experimentos das ideias raciais nazistas. O plano era deslocar toda a etnia polonesa para um setor a leste e os alemães da Lituânia, Letônia e Ucrânia para o oeste. Restava o problema do que fazer com os judeus poloneses; os nazistas os agruparam em setores urbanos específicos até que uma decisão fosse tomada. Como ninguém decidisse, os guetos — de Varsóvia, Lodz, Cracóvia e outras cidades — seguiram existindo, cada vez mais apinhados e menos abastecidos de alimentos. O exército alemão avançava, ocupando vastas áreas da Europa Oriental e União Soviética habitadas por numerosas populações judias, sem que houvesse uma resposta para "o problema judeu".

Em *Mein Kampf*, Hitler qualificara o judeu de rato, verme e bacilo e em discursos da década de 1930 fez menção ao seu extermínio por meio de gases. Era de esperar que o assassínio em massa dos judeus europeus tivesse se iniciado por ordem direta de Hitler, mas essa ordem nunca foi encontrada. Apesar da importância do antissemitismo para o Partido Nazista, nenhuma pessoa ou organização tinha a seu cargo a questão judaica. O historiador Raul Hilberg compilou uma lista de 27 diferentes agências de alguma forma envolvidas com essa política; representantes de várias delas estiveram reunidos em Wannsee, em 1942, mas as atas do encontro são pouco claras a respeito de quem eram os responsáveis pela sua implementação.

Os historiadores costumam interpretar tal indefinição como proteção deliberada contra futuras incriminações, mas o trabalho recente de Ian Kershaw apontou outra explicação. Depois da guerra, todos os chefes do Partido Nazista disseram ter seguido ordens provenientes de uma hierarquia aparentemente rígida, embora, no pináculo do sistema, o próprio Hitler desse muito poucas ordens, baixasse pouquíssimas instruções e quase não fizesse trabalho administrativo. A promulgação, implementação e administração de políticas, em todas as áreas, incluindo o tratamento dos judeus, pareciam acontecer sem instruções ou planos políticos formais expedidos de cima para baixo. Estamos, porém, acostumados a pensar na máquina nazista como um sistema totalitário de eficiência aterrorizante: como poderia isso se ajustar às evidências?

Em seus escritos, Hitler deixou clara uma notável obsessão pela aplicação das ideias de Darwin aos problemas da sociedade humana: "Os homens rapinam uns aos outros e se percebe que, no fim das contas, é sempre o mais forte que triunfa. Não será essa a ordem normal das coisas? De outro modo, nada de bom teria jamais existido. Se não seguíssemos as leis da natureza impondo nossa vontade pelo direito do mais forte, chegaria o dia em que os animais selvagens voltariam a nos devorar (...)."

Hitler aplicou, ou, antes, permitiu a aplicação da doutrina da "sobrevivência do mais apto" ao Partido Nazista e, depois, à Alemanha como um todo. Em vez de indicar quem deveria ocupar postos no partido, ele deixava que os subordinados se digladiassem para decidir quem tomaria o controle das diferentes funções — os mais aptos derrotariam, quaisquer que fossem os seus métodos, todos os demais. A hierarquia e o corpo de funcionários eram decididos desta forma: quem conquistasse posições de poder poderia organizar as coisas ao seu modo. Hitler tinha o poder de limitar as ambições de seus subordinados, mas só porque vencera a luta pelo poder máximo.

Documentos pessoais e partidários mostram que, para os oficiais nazistas, seu papel era, como disse um deles, "trabalhar no mesmo sentido do *Führer*". Isso significa que a sua tarefa era estudar o que o *Führer* dissera ou escrevera e agir de acordo com a sua própria interpretação e circunstâncias. Um memorando do quartel-general nazista, de 1935, diz: "A visão de princípio de *Herr* Hitler é que não é tarefa da liderança "designar" os líderes do partido (...) o melhor guerreiro do movimento nacional-socialista é aquele que conquista para si o respeito como líder por meio de suas realizações. Você diz em sua carta que quase todos os membros de sua seção o seguem. Por que, então, você não assume a liderança?"

O resultado era uma balbúrdia de interesses conflitantes e o desejo, de cada um, de agradar aos que tinham o poder de destruí-lo. Hitler não tinha necessidade de dar uma ordem específica, bastava-lhe permitir que seus pensamentos fossem adequadamente interpretados — e seus subordinados executariam as ações necessárias. Embora alguns, nos níveis inferiores da hierarquia, expedissem instruções diretas, muitos se valiam de sua iniciativa para realizar os desejos do *Führer*. Quase ninguém estava "apenas cumprindo ordens"; estavam todos interpretando a situação em benefício próprio.

Aqui tornamos à questão mais desconcertante e capital da história do século XX no Ocidente: como foi que um país civilizado como a Alemanha se deixou levar não apenas à guerra, mas a um genocídio de tal magnitude e nível de crueldade? Os membros do Partido Nazista seguiram a filosofia de Hitler — mas e o restante da população? Como foi que o pequeno núcleo do Partido Nazista conseguiu fazer o povo alemão seguir o seu comando? Submissão pelo terror? Cegamento pela propaganda? Apelo a obscuros instintos preexistentes? Havia, decerto, um clima de medo e impotência na Alemanha nazista, mas o controle de organizações como a Gestapo sobre a população era ilusório. De todos os "crimes políticos" levados a juízo pelas autoridades alemãs entre 1933 e 1945, somente 10% foram descobertos pela Gestapo: 10% lhe foram repassados por agentes da polícia e do partido e os 80% restantes comunicados por civis. Os arquivos da Gestapo remanescentes estão repletos de denúncias de pessoas comuns. Em Würzburg, por exemplo, um comerciante de vinhos judeu foi denunciado por ter relações com uma viúva alemã, mas nada foi feito até que os queixosos exortassem a Gestapo e o partido local à ação. Em agosto de 1933 as SS levaram, finalmente, o judeu à delegacia local, manietado e com uma placa pendurada no pescoço — até hoje disponível nos arquivos da Gestapo — dizendo: "Sou *Herr* Müller, um judeu, e tenho vivido em pecado com uma mulher alemã." *Herr* Müller foi preso mesmo não tendo infringido nenhuma lei. Ele deixou a Alemanha em 1934.

Filósofos e historiadores recentes têm dito que a imensa maldade do Holocausto, embora implementada, ao final, como política consciente, nasceu dos milhares de pequenos atos de egoísmo cometidos pelo povo alemão nas décadas de 1930 e 1940, resultantes, muitas vezes, do desejo de obter alguma vantagem pessoal e imediata sem consideração para com o seu efeito sobre os outros. Denunciar concidadãos dava às pessoas, indubitavelmente, uma sensação de poder e lhes proporcionava um modo de se ligar ao regime; a profusão de denúncias levou, por seu turno, os agentes nazistas a acreditar que o povo alemão apoiaria quaisquer ações suas contra indesejáveis sociais de todo tipo — judeus, ciganos, eslavos e indivíduos mental e fisicamente incapacitados.

Quando se fazia a tradução alemã de seu livro *É Isto um Homem?*, Primo Levi, um judeu italiano sobrevivente do campo de Auschwitz, sentiu o desejo de entender o povo alemão: "Não aquele punhado de acusados de alta patente [julgados em Nuremberg], mas eles, o povo, aqueles que eu vira de perto, aqueles dentre os quais se recrutaram as SS e também aqueles que acreditaram, ou que mesmo não acreditando se mantiveram em silêncio, que não tiveram a frágil coragem de nos olhar nos olhos, de nos atirar um pedaço de pão, de nos sussurrar uma palavra humana." Aí residia a maior perplexidade de Levi. Ele entendia as dificuldades da rebelião aberta, embora não desculpasse a sua ausência, mas sentia a imensidão da falta de pequenos gestos de generosidade e interesse. Eles não teriam custado muito e serviriam de ponte entre doadores e recebedores. Sem essa ponte não havia esperança para os judeus.

Fotografias de sicários de coturno e imagens da aparente bufonaria de Hitler podem nos convencer de que o nazismo foi produto da incultura e da estupidez, uma rebelião de ignorantes e marginalizados contra as pessoas inteligentes e sofisticadas que normalmente dirigem as sociedades. No entanto, trabalhos mais recentes têm mostrado que acadêmicos, funcionários públicos, urbanistas e demógrafos fizeram planos e projeções detalhados para o extermínio dos judeus da Europa. Esse não foi obra de fanáticos loucos e maus, mas de homens e mulheres circunspectos e instruídos no pleno exercício de suas profissões. A maioria não se associou ao Partido Nazista, mas, tal como os queixosos à Gestapo, também eles buscavam *status* social e ascensão profissional. Na verdade, o Holocausto foi levado a cabo por algumas das pessoas mais inteligentes da Alemanha. Os cerca de trezentos oficiais que dirigiam o Departamento de Segurança do Reich (RSHA) e exerciam a maior influência na concepção e implementação das políticas nazistas de genocídio e perseguição fizeram parte da coorte estudantil da década de 1920, tão veemente na rejeição do Tratado de Versalhes quanto da República de Weimar. Muito antes da chegada de Hitler no poder, esses jovens brilhantes haviam voltado as costas à democracia e expulsado os judeus das entidades estudantis. Chegado o momento, eles estavam à mão para colocar em prática as aspirações de Hitler e resolver a "questão judaica".

Rumores da existência dos campos de extermínio circularam por toda a Europa a partir de 1942, mas somente com o avanço das tropas Aliadas todo o seu horror foi plenamente revelado. Jornalistas de guerra relataram cenas virtualmente inacreditáveis. Em 15 de abril de 1945, o campo de concentração de Belsen foi libertado pelo exército britânico. Falando pelo rádio, Patrick Gordon-Walker descreveu o campo para o público norte-americano: 30 mil cadáveres e 35 mil pessoas à beira da morte; um alojamento de crianças abarrotado de pequenos cadáveres. E concluiu: "Para vocês, nos Estados Unidos, este é apenas um campo. Há muitos outros. É contra isso que vocês estão lutando. Não se trata de propaganda. É a verdade pura e simples."

No fim da guerra, Thomas Mann foi à rádio alemã dizer à nação o que fora encontrado em Auschwitz. Muitos preferiram não acreditar, mas acabaram subjugados pelas evidências. O Holocausto é geralmente descrito como um episódio singularmente perverso da história humana. Sua escala e localização, no coração da Europa civilizada, foram certamente únicas, mas a tentativa de genocídio dos judeus da Europa não surgiu do nada. Durante séculos, os europeus cristãos de pele branca haviam se considerado superiores às outras raças, aptos a destruir as demais em nome da sua civilização; nos 150 anos anteriores (e ainda antes), pessoas de diferentes etnias e costumes haviam sido rotineiramente submetidas a torturas, mutilações e assassinatos em massa por nenhuma razão outra que a sua diferença; no começo do século XX se tornou rotina considerar os diferentes (inclusive as massas incultas) não apenas como biologicamente inferiores, mas também como uma ameaça insidiosa à saúde da civilização europeia — com o apoio de teorias pseudocientíficas de aparência racional. A escravidão, a colonização e a segregação legalizadas foram todas baseadas na presunção da superioridade racial e no medo dos oprimidos, que antecederam e sobreviveram à revelação do Holocausto.

Essas crenças dominantes tornam ainda mais notável a façanha dos Estados Unidos da década de 1930 e de seu líder Franklin Roosevelt. Sociedade ameaçada de perder sua generosidade de espírito, os Estados Unidos, tal como a Alemanha, foram duramente atingidos pela depressão. Mas o país soube evitar a deriva potencial para o fascismo e, em vez disso, inspirado pela doutrina de apoio mútuo de Roosevelt, tomou outro caminho, o do esforço comunal e da revitalização democrática. Quando o Japão, país que se espelhava nos Estados nacionalistas militarizados da Europa, atacou

## O FIM DA CIVILIZAÇÃO 479

Pearl Harbor em 1941, os Estados Unidos já se haviam alinhado com as democracias liberais assediadas. Centenas de milhares de estadunidenses deram de bom grado suas vidas não apenas para derrotar o Japão, mas também para restabelecer os governos constitucionais da Europa. Não obstante, nem mesmo Roosevelt foi capaz de superar os hábitos arraigados de muitos de seus compatriotas; a segregação racial permaneceu legal nos Estados Unidos até a década de 1950. E eles não estavam sozinhos — em 1948, os europeus da África do Sul introduziram o regime do *apartheid*, baseado na classificação e separação das raças. Poucos anos depois do fechamento de Auschwitz, placas dizendo "Proibida a entrada de negros" e "Proibida a entrada de irlandeses" eram lugar-comum nas janelas das hospedarias britânicas. Esse gênero de crueldades mesquinhas e irracionais nos leva de volta à questão central da aquiescência do povo alemão. Não existem explicações simples de causa e efeito para esses fatos. Historiadores, psicólogos e filósofos têm se empenhado em encontrar a fórmula grandiosa que nos permita evitar a repetição desses fatos. Mas não há solução mágica, nem lições fáceis que queiramos ou sejamos capazes de aprender. Ainda conservamos o antigo vínculo com o Estado-nação que detém o monopólio da violência e concede imensos poderes a poucos homens; continuamos a desenvolver meios tecnológicos capazes de matar milhares, senão milhões; ainda acreditamos que o nazismo foi um retrocesso a um tipo de comportamento tribal, selvagem, e que o progresso humano ajudará a impedir a sua recorrência; e ainda vemos a nossa civilização como modelo seguido por todo o mundo. Seguindo, no entanto, a pista dos comentários de Dietrich Bonhoeffer na página 453, devemos considerar seriamente a possibilidade de que as crenças dominantes e os "sistemas éticos tradicionais" da civilização europeia — as soluções universais, a convicção de que a história tem um significado moral, a pretensão de superioridade e a promoção do Estado como entidade mística ameaçada por inimigos internos e externos — tenham todos contribuído para que o povo alemão recusasse os pequenos atos de bondade e compaixão que teriam salvo dos nazistas o povo judeu. Muitos alemães estenderam generosamente a sua mão e salvaram pessoas dos campos da morte, mas a esmagadora maioria, como nos lembra Primo Levi, não o fez. É a debandada da compaixão e da bondade humanas em nome de uma causa maior o verdadeiro perigo que a humanidade ocidental, com sua busca frenética por significado, continua a enfrentar.

## CAPÍTULO 18

# O MUNDO DO PÓS-GUERRA
## *Da Coesão Social ao Mercado Global*

AS SEIS DÉCADAS passadas desde o fim da Segunda Guerra não foram, para quem as viveu, tempo bastante para proporcionar uma perspectiva histórica. As lembranças pessoais, a rotina do dia a dia, os pequenos triunfos e desastres da existência normal, entremeada de tragédias, celebrações, brigas e reconciliações familiares, tudo isto obstaculizou a formação de uma visão imparcial dos temas dominantes da história do pós-guerra. Contudo, as coisas sempre foram assim. Todas as grandes estratégias da geopolítica, todos os altos e baixos da mudança cultural e política, todas as reformas e renascenças se confundem com as jornadas pessoais de milhões de vidas humanas. A história escrita nos permite dar estrutura ao passado, mas a época em que vivemos deve nos tornar conscientes de que a vida continua por debaixo do horizonte da história.

Um pouco de visão retrospectiva nos permite, contudo, identificar alguns padrões na história do mundo ocidental após 1945. Salta à vista que essa história compreende duas fases bem distintas, separadas por um longo período de transição. Na primeira, que vai mais ou menos de 1945 a 1965, os países do Ocidente ergueram um consenso ao redor de um Estado forte, capaz de atender as necessidades econômicas e sociais dos cidadãos, uma rede de economias nacionais ligadas por taxas de câmbio fixas, controle da movimentação de bens e capitais e uma aliança militar dedicada à contenção do comunismo. Os países da Europa Ocidental, com seus serviços públicos e indústrias estratégicas sob propriedade estatal e ocasionais simpatias socialistas, pareciam divergir radicalmente de seus parceiros norte-americanos; a verdade, porém, é que também o governo federal norte-americano dava maciço apoio indireto a suas indústrias-chaves, ao passo que a Europa se enquadrava de bom grado no sistema econômico e na aliança militar liderados pelos Estados Unidos. As políticas institucionais dessa primeira fase foram amplamente consensuais (o célebre, ou notório, "consenso do pós-guerra"), e a oposição informal fundamentalmente limitada a grupos socialistas, marxistas e comunistas radicais.

A segunda fase começou por volta de 1980 (ainda que seu acontecimento capital date de 1973 e seus primeiros sinais tenham surgido ainda em meados da década de 1950) e ainda não terminou. Nela, o valor intrínseco da abertura de todos os aspectos da sociedade e todas as regiões do mundo à empresa privada, à concorrência e ao livre-mercado é aceito sem discussão.

O livre fluxo de capitais, que faz com que o dinheiro se dirija a qualquer parte do mundo onde possa ter um uso eficaz, se propõe a promover a eficiência econômica. A aliança militar ocidental contra o comunismo foi substituída pelo conceito de "coalizões de voluntários" formadas para propósitos específicos, em que o tamanho e a capacidade das forças armadas dos Estados Unidos eclipsam todas as demais. A política institucional se resume às diferentes formas pelas quais o livre-comércio e os mercados abertos podem ser criados e administrados, ao passo que a oposição informal, ou seu contrapeso, tende a promover o valor de ativos não tangíveis, como a qualidade de vida, a comunidade, o meio ambiente e a religião. A defesa dos mercados abertos, vale dizer o "modelo de Washington", é liderada pelo mundo anglo-saxão com total apoio da economia mais poderosa do mundo e suas forças armadas. Os demais países ocidentais tiveram crescentes dificuldades para resistir e os que mais prosperaram na primeira fase (notadamente o Japão e a Alemanha) sofreram com sua relutância em se adaptar.

Caótica e dolorosa, a transição entre as duas fases foi, mesmo assim, o período mais politicamente inebriante e culturalmente criativo do passado recente, o que seria de surpreender se já não tivéssemos visto como a vida cultural é galvanizada, na contracorrente muitas vezes, pela mudança social. O mundo ocidental se definiu claramente na primeira fase do pós--guerra e se propôs a assumir o controle do mundo na segunda. No processo, o próprio significado da expressão *civilização ocidental* foi colocado em questão. É desse processo que trata este último capítulo.

EM 1945, o continente europeu se encontrava em ruínas. Suas cidades estavam destroçadas, e suas indústrias, destruídas. Os desalojados e deslocados se contavam aos milhões. O alívio pelo fim da guerra arrastava o contrapeso da devastação física e moral. As luzes lançadas sobre os horrores da Europa ocupada pelo nazismo revelaram, a vencedores e vencidos, um cenário de degradação sem paralelo — no coração da Europa, aparentemente o lugar mais civilizado da Terra, a humanidade atingira o seu ponto mais baixo. Só a urgente necessidade de agir superava a comoção com o que havia se passado. Além da fome, das doenças, do desabrigo e da necessidade de planejar a reconstrução física, política e social da Europa, os Aliados ocidentais se defrontaram também com a ressurgência do comunismo. O exército soviético havia expulsado os nazistas de seu país e libertado a Bulgária, a Romênia, a Polônia, a Hungria, a Tchecoslováquia, a Iugoslávia e a parte oriental da Alemanha e havia indícios de que algumas nações do Ocidente, particularmente a Itália, a França e a Grécia, poderiam optar voluntariamente pelo comunismo para fugir do legado capitalista de nacionalismos, crises econômicas e guerras.

A chave da recuperação da Europa Ocidental foram os Estados Unidos. Depois da guerra de 1914-8, o exército norte-americano fora desmobilizado e, durante a década de 1930, o país conservara as barreiras comerciais impostas aos seus Aliados europeus. Não era impossível, pois, que em 1945 os Estados Unidos retornassem à sua concha. Se, no entanto, o relativo isolamento do país beneficiara a indústria norte-americana no passado, agora os Estados Unidos, a economia dominante do mundo, só teriam a ganhar com um maior envolvimento externo. E havia outra questão: o sacrifício dos soldados norte-americanos (cerca de 300 mil mortos e 750 mil feridos) impunha que os europeus ocidentais fossem protegidos do assalto dos regimes totalitários — o que implicava criar, o mais rápido possível, uma Europa Ocidental próspera. A situação do Japão — obrigado à rendição incondicional pelo lançamento de bombas atômicas sobre Hiroshima e Nagasaki — estava, igualmente, nas mãos dos Estados Unidos, agora detentores de um assombroso poderio militar de alcance mundial. Enquanto Hiroshima se tornava um símbolo do custo humano das armas nucleares, os Estados Unidos exibiam uma imensa visão ao ajudar o inimigo derrotado a construir uma sociedade pacífica.

EM 1947, o presidente Truman e seu secretário de Estado George Marshall propuseram um pacote de ajuda de 13 bilhões de dólares a 16 países da Europa Ocidental. Boa parte do dinheiro do plano Marshall foi, naturalmente, usada para comprar produtos dos Estados Unidos. Então a única economia industrial capaz de atender demandas. Os produtos norte-americanos fluíram para o Leste, tornando cada vez mais fortes os laços econômicos entre a Europa Ocidental e os Estados Unidos. O plano Marshall foi vendido ao Congresso norte-americano, então dominado pelos republicanos, como um baluarte contra o comunismo; quando Stalin recusou a oferta de ajuda (e impediu que qualquer país da Europa Oriental a aceitasse), a Europa foi formalmente dividida em duas. O apoio norte-americano aos regimes anticomunistas da Grécia e da Turquia deu início à chamada Doutrina Truman, que dividiu o mundo e definiu o Ocidente como o "mundo livre" liderado pelos Estados Unidos.

A deterioração das relações diplomáticas se transformou em enfrentamento militar — durante quarenta anos os dois blocos se defrontaram ao longo da Cortina de Ferro com arsenais militares cada vez mais poderosos. Em 1949, a explosão da primeira bomba de hidrogênio soviética deu início a uma corrida armamentista baseada na doutrina da Destruição Mútua Assegurada (Mutually Assured Destruction), muito apropriadamente abreviada MAD. Estava aberta a real possibilidade de autodestruição da humanidade, cuja segurança repousava sobre a crença de que nenhum dos dois líderes daria início a uma guerra nuclear que levaria à ruína o seu próprio país. Foi uma época extraordinária da história da Europa. Os europeus ocidentais podiam viajar livremente a qualquer lugar do mundo, exceto a parte oriental do seu próprio continente. A geração ocidental do pós-guerra cresceu acreditando que países como a Romênia e a Polônia e cidades como Praga e Dresden estariam eternamente fora do seu alcance, trancadas atrás de fronteiras impenetráveis. As visitas ao Leste eram restritas e supervisionadas por agentes do governo, razão pela qual quase ninguém ia lá.

O anticomunismo que ajudara a aprovação do Plano Marshall no Congresso norte-americano começou a se enraizar na vida ocidental e, em particular, na norte-americana: o medo da União Soviética alimentou uma crescente paranoia de subversão comunista dentro dos próprios Estados Unidos. Em 1947, os republicanos deram ao Comitê de Atividades Antiamericanas da Câmara dos Representantes um caráter permanente, ao passo que o presidente Truman, temendo um ataque pela retaguarda, ordenou a "revisão de lealdade" de todos os 3 milhões de funcionários do governo federal. Em 1948, Alger Hiss, um ex-membro do Departamento de Estado, foi preso como espião russo e, cinco anos depois, um casal novaiorquino aparentemente inofensivo, Julius e Ethel Rosenberg, foi executado por passar segredos atômicos aos soviéticos. Os agentes comunistas pareciam estar em toda parte. Em 1950 e 1952, o Congresso aprovou leis proibindo atividades que pudessem "contribuir para o estabelecimento de uma ditadura totalitária" no país e impedindo a entrada, nos Estados Unidos, de quem quer que já tivesse pertencido a algum "grupo totalitário". A suspeita e o medo de se tornar suspeito infectaram os espíritos. Em 1952 e 1956 os americanos elegeram presidente o conservador confiável Dwight D. Eisenhower. Nas palavras memoráveis de Hugh Brogan, "uma nuvem cinzenta de conformismo envergonhado se assentou sobre a vida da classe média americana". Na desesperada tentativa de rechaçar o comunismo totalitário, o país dos homens livres se deixou algemar pela sua própria polícia do pensamento.

Nas décadas da Guerra Fria, tornou-se uma estratégia na política americana inferir que a tolerância para com a diversidade, a disposição de negociar, a liberalização das leis sociais e o esforço para evitar a guerra eram atitudes não americanas. Na política externa, todo inimigo do comunismo, mesmo os mais repulsivos, recebia apoio americano. A Doutrina Truman permitia que os Estados Unidos se envolvessem em qualquer parte do mundo e, pior, confundia o que era bom para a América com o que era bom para o mundo. Não obstante, os Estados Unidos colaboraram na criação das Nações Unidas e se comprometeram a apoiar e trabalhar com instituições multilaterais. O equilíbrio entre a exportação dos valores americanos e o esforço multilateral veio a ser o teste crucial da política externa norte-americana.

Eisenhower conseguiu, em ampla medida, manter os EUA afastados de complicações externas — o que inclui o fim da Guerra da Coreia em 1953 e uma dura crítica à debacle de Suez em 1956. Contudo, a sua política externa foi também movida pelos interesses das corporações norte-americanas. Em 1953, a CIA arquitetou um golpe na Guatemala para conservar o monopólio nacional da United Fruit Company, de propriedade norte-americana, e quando, no mesmo ano, o Dr. Mossadegh depôs o autocrático xá do Irã, a CIA e o MI6 intervieram para recolocá-lo no poder de modo a preservar os interesses petroleiros norte-americanos.

Em 1945, os norte-americanos tinham um compreensível temor de um retorno à depressão econômica dos anos anteriores à guerra. No entanto, o

*A Guerra Fria.*

esforço industrial que selou eficazmente o resultado do conflito assegurou também um crescimento econômico duradouro. Em seus quatro anos de participação na guerra, os Estados Unidos produziram 3 milhões de aviões, 87 mil navios, 370 mil peças de artilharia, 100 mil tanques e veículos blindados e 2,4 milhões de caminhões. O governo federal gastou 350 bilhões de dólares — o dobro do que todos os anteriores gastaram desde a independência. Entre 1939 e 1945, o Produto Nacional Bruto dos Estados Unidos cresceu 100%, o emprego civil 20% e os lucros e salários corporativos aumentaram significativamente. Algumas regiões do país se houveram particularmente bem — as indústrias aeronáutica e elétrica estavam concentradas no Oeste, particularmente na Califórnia, que recebeu 10% do gasto federal do tempo de guerra. Famosa por sua agricultura e seu cinema, essa região se tornou um dínamo industrial.

À parte os gastos militares diretos, a Lei dos Veteranos de Guerra de 1944 destinou 13 bilhões de dólares aos soldados que retornavam do conflito para pagar faculdades, ingressar em programas de treinamento e abrir seus próprios negócios, ao mesmo tempo que o governo reduzia os impostos e a maioria das pessoas embolsava o valor de seus títulos de guerra. A súbita combinação de uma fabulosa quantidade de dinheiro circulando e um setor industrial com imensa capacidade ociosa conduziu os Estados Unidos a um *boom* econômico. A década de 1950 foi uma repetição parcial da década de 1920. A legislação reduziu os direitos dos trabalhadores e uma onda de consumismo engendrou o conservadorismo político. Em 1952, Eisenhower promoveu o imediato retorno do *big business* à política: o secretário de Estado John Foster Dulles era advogado corporativo, seu vice um antigo diretor da Quaker Oats, o secretário da Defesa Charles Wilson fora presidente da General Motors e Edward Bernays reapareceu como conselheiro governamental.

Nas primeiras décadas do pós-guerra as descobertas e invenções feitas nas décadas de 1920, 1930 e durante o próprio conflito começaram a ser convertidas em inovações práticas que mudariam a vida dos ocidentais. Os antibióticos, a televisão, os motores a jato, os foguetes, os computadores, a mecânica quântica, a fissão nuclear, o DNA, a eletrônica, os novos materiais, a metalurgia e os plásticos iriam todos, no curto e médio prazos, integrar a revolução tecnológica da vida ocidental. E os aperfeiçoamentos organizacionais se revelaram tão importantes quanto as mudanças tecnológicas. A produção em massa de automóveis se iniciara nos Estados Unidos na década de 1920, mas nos anos de guerra e seguintes as economias de escala, a eficiência organizacional e redes de distribuição mais eficazes se combinaram às transformações tecnológicas para tornar a indústria e as corporações americanas a casa de máquinas da economia mundial.

As técnicas de propaganda surgidas na década de 1920, que ofereciam aos consumidores felicidade em vez de produtos, passaram ao primeiro plano. A economia em crescimento dava às pessoas a sensação de que a satisfação de seus desejos individuais contribuía para a prosperidade nacional. Os países que melhor aprenderam as lições do sucesso americano foram o Japão e a Alemanha, os vencidos de 1945. Ante a urgente necessidade de começar de novo, essas lições conseguiram criar estruturas próprias em que (ao contrário dos Estados Unidos) os governos nacionais priorizavam os investimentos estrategicamente orientados para a indústria manufatureira.

A guerra deu à indústria norte-americana a oportunidade de construir uma infraestrutura de alcance continental que a colocou fora de alcance da concorrência do devastado continente europeu. Da mesma forma como o gasto de guerra revitalizara a indústria norte-americana no começo da década de 1940, os novos planos rodoviários financiados pelo governo federal deram um vasto impulso às indústrias automobilística, da construção e de engenharia nas décadas de 1950 e 1960. Em 1950, os Estados Unidos detinham 39% do PIB e fabricavam 80% dos automóveis de todo o mundo e em 1956 o Interstate Highway Act* comprometeu o governo federal a gastar 35 bilhões de dólares em 14 anos na construção de uma rede nacional de rodovias. As autoestradas assinalaram o fim do domínio das ferrovias; depois da década de 1950, as mercadorias iam de caminhão e as pessoas, de ônibus e automóvel. O número de automóveis cresceu espetacularmente, tornando-os cada vez mais baratos de comprar, ao passo que a gasolina abundante os fazia absurdamente baratos de usar. A prosperidade crescente multiplicou a construção de moradias, mas como agora todo mundo (exceto os pobres) tinha carro, já não era necessário que elas estivessem perto das fábricas, escritórios, escolas e lojas. As residências e os serviços se espalharam ao longo das autoestradas. A América era, afinal de contas, um vasto país com espaço vazio suficiente para que todos tivessem

---

* Plano rodoviário nacional norte-americano instituído por lei federal. (N.T.)

um lote de tamanho decente. Não havia necessidade de que os escritórios e lojas se agrupassem nesse ou naquele lugar, razão pela qual eles começaram a deixar os velhos centros urbanos e se instalar ao longo das autoestradas, onde estariam ao alcance dos *commuters*\* e dos consumidores. O tamanho geográfico das cidades era limitado somente pela distância que os motoristas se dispusessem a percorrer. Cidades de expansão mais recente, como Los Angeles, Dallas-Fort Worth e Houston, se tornaram mais extensas do que qualquer urbanização já vista na face da Terra, com vastas redes de autoestradas conectando subúrbios intermináveis. A cultura americana já não mais se centrava nas grandes e médias cidades, mais em carros, caminhões, autopistas e movimento sem fim.

O desenvolvimento da tecnologia automotiva gerou um efeito poderoso, que começou quase imperceptivelmente, mas, no período do pós-guerra, levou ao desaparecimento de um aspecto da vida ocidental que remontava a 5 mil anos no passado. Nas décadas de 1920 e 1930, os tratores mecanizados, as colheitadeiras e outras máquinas haviam tornado redundantes as pequenas fazendas dos Estados Unidos; depois de 1945 as máquinas se tornaram ainda maiores, como também as propriedades. Na década de 1950, máquinas imensas foram postas a operar na paisagem agrícola da Europa Ocidental que vinha dos tempos neolíticos. Antigos aspectos da paisagem passaram a ser sistematicamente destruídos à medida que a necessidade de eficiência produtiva se sobrepunha às relações consuetudinárias entre as pessoas e a terra.

Ao mesmo tempo, as comunidades agrícolas, herdeiras e guardiões dos costumes, ao incentivarem e celebrarem o trabalho e a vida comunitários, se tornaram irrelevantes. Como mostrou George Evans em uma série de detalhados estudos, se antes da mecanização aldeias inteiras se reuniam para fazer feno, colher e catar pedras, depois dela um único trator fazia o trabalho de cinquenta homens, mulheres e crianças. A agricultura se tornou uma ocupação solitária e o significado da vida no campo foi irrevogavelmente modificado.

Os países da Europa Ocidental reagiram de distintas maneiras à vitória de 1945, à tarefa de reconstrução e à ameaça do comunismo. Não obstante, as

---

\* Pessoas que percorrem diariamente distâncias relativamente grandes entre suas casas e seus locais de trabalho. (N.T.)

políticas democráticas ganharam universalidade e as monarquias sobreviventes se tornaram meramente cerimoniais (somente Espanha e Portugal, que haviam estado fora da guerra, permaneceram como Estados não democráticos semifascistas). Firmou-se um consenso político no sentido de os governos nacionais assumirem um papel maior no bem-estar da população e na condução e administração da política industrial, com indústrias e serviços essenciais sob propriedade pública. O Estado europeu aumentou também a sua área de atuação, acrescentando o bem-estar da população aos seus deveres de protetor militar e regulador econômico. A barafunda de institutos sociais anteriores à guerra foi consolidada na forma do "Estado do bem-estar". O consistente aumento da prosperidade foi bem recebido por uma geração que só conhecera a depressão e a guerra; a Europa Ocidental, depois de um breve flerte com a política radical, ingressou, como os Estados Unidos, num período de conformidade política, social e cultural. Depois de derrotar uma imensa ameaça ao mundo ocidental e seus valores, a maioria das pessoas se satisfazia em pensar que a civilização consistia em um retorno aos velhos tempos.

A maior ruptura com o passado foi o abandono do nacionalismo estridente que trouxera a catástrofe ao continente europeu. Reconhecendo que o ciclo de retaliações arruinara as relações entre seus países, os líderes políticos franceses e alemães se propuseram a construir vínculos indissolúveis. Em abril de 1951 foi criada a Comunidade Europeia do Carvão e do Aço (CECA), com a participação da França, Itália, Alemanha Ocidental, Holanda, Bélgica e Luxemburgo, logo transformada, por obra dos políticos franceses Robert Schuman e Jean Monnet, em uma comunidade econômica abarcando todas as áreas do comércio, formalizada em 1957 pelo Tratado de Roma. Na ausência voluntária da Grã-Bretanha, a França e a Alemanha formaram uma parceria duradoura e construíram uma visão de integração europeia.

O nacionalismo foi subsumido à formação de outras entidades internacionais, como a ONU, em 1948, e a OTAN, em 1949. Ainda antes do fim da guerra, em 1944, os acordos de Bretton Woods ligaram reciprocamente os destinos econômicos dos países ocidentais sob o guarda-chuva dos Estados Unidos. Harry Dexter-White e John Maynard Keynes conceberam um sistema financeiro internacional baseado no dólar, cujo valor era fixado com base no ouro e em todas as outras moedas importantes. Os acordos, que estabeleceram também o FMI, o Banco Mundial e a Organização Internacional do Comércio (OIC), tinham por finalidade gerar estabilidade, crescimento e maior abertura do comércio mundial. Na realidade, ele abriu o mundo ao capitalismo norte-americano.

À PARTE a cooperação multilateral e a defesa contra o comunismo, o outro grande movimento internacional do imediato pós-guerra foi o recuo do império. Seus possíveis benefícios eram agora superados pelos custos insustentáveis de policiar populações locais cada vez mais assertivas, muitas das quais haviam lutado na guerra ao lado de seus senhores imperiais. Em 1947, a Grã-Bretanha concedeu independência à Índia, bem como ao Paquistão e ao Ceilão como Estados distintos. A Grã-Bretanha logrou se desembaraçar da violência comunal resultante, mas se envolveu em guerras coloniais na Malásia, Chipre, Quênia e Egito, evitando, não obstante, conflitos na maior parte de suas demais colônias africanas e caribenhas. Em retrospecto, seu maior fracasso foi no Oriente Médio, onde, incapaz de resolver as reivindicações dos judeus europeus que queriam uma nova pátria com os mesmos direitos da população autóctone, entregou o mandato da Palestina às Nações Unidas em 1948.

Em 1946, tropas francesas já enfrentavam rebeliões na Argélia, Síria, Madagascar e Indochina, onde, depois de nove anos de guerrilha, o exército francês foi atraído a uma armadilha no remoto posto avançado de Dien Bien Phu. Em 1954, a França foi obrigada a devolver o Vietnã do Norte ao seu povo. Uma guerra de independência de oito anos de duração na Argélia quase derrubou o governo francês, que finalmente concedeu a independência do país em 1962.

O mundo poderia esperar que os europeus, à luz dos campos da morte nazistas, relutassem em usar a violência para fins políticos. No entanto, a tortura e a brutalidade foram rotineiramente utilizadas pelo exército britânico contra os Mau Mau, no Quênia, onde também houve campos de detenção, e pelos soldados franceses contra a FLN na Argélia. Na década de 1970, o que restava das possessões francesas, bem como dos impérios holandês, belga e mais tarde do português, foi libertado. De um conjunto de impérios que, quarenta anos antes, cobria a maior parte do globo só restou um punhado de pequenas possessões.

As potências ocidentais podiam ter renunciado ao controle político direto do restante do mundo, mas seu legado e contínua influência ainda eram sentidos em todos os lugares. Os europeus modernos, que não tinham outro conceito de governança que não o Estado-nação centralizado, à medida que se retiraram de suas colônias criaram em seu lugar um conjunto de novas nações. Algumas se baseavam em agrupamentos étnicos ou religiosos (Índia e Paquistão; Irlanda); outras combinavam diferentes etnias e religiões (Hauçá, ibo e iorubá na Nigéria; curdos e muçulmanos sunitas e xiitas no Iraque); em alguns casos um mesmo grupo étnico foi dividido em diferentes Estados (curdos no Irã, Iraque e Turquia); em outros, as fronteiras entre Estados dependeram das potências coloniais (África Ocidental) e da capacidade de convencimento das lideranças locais (a separação do Kuwait do Iraque). Em todos os casos, porém, as estruturas políticas se basearam no conceito ocidental relativamente recente de Estado-nação, que aboliu o que restava dos complexos costumes consuetudinários de outorga e limitação da autoridade e conferiu imensos poderes a indivíduos e pequenos grupos que se mostravam capazes de controlar seu centro.

Os PRIMEIROS indícios de mudança e de desafio ao consenso do imediato pós-guerra surgiram pela via da expressão cultural. A Europa de 1945 se encontrava cultural e economicamente exaurida pela guerra; muitos de seus artistas haviam fugido para os Estados Unidos, e suas instituições estavam fisicamente arruinadas. A catástrofe do conflito e o assassinato genocida de 6 milhões de judeus deixaram aos artistas da Europa pouco que dizer. Como era possível retratar a guerra? Como era possível retratar qualquer outra coisa que não a guerra? Durante uma década a cultura europeia se perdeu em reminiscências de uma época anterior ao conflito, ao passo que nos Estados Unidos a cultura dominante anestesiada pela conformidade deixara espaço para ideias alternativas e para que *outsiders* desenvolvessem seus talentos dissidentes até serem "descobertos" pela corrente dominante. Entre 1947 e 1960, Tennessee Williams e Arthur Miller criaram uma série de peças de teatro — *Todos Eram Meus Filhos, A Morte do Caixeiro Viajante, Um Bonde Chamado Desejo* e *Doce Pássaro da Juventude* — que expunham o descompasso entre as complexidades da vida pessoal e comunal e os imperativos da conformidade social e do sucesso econômico. Nesse ínterim, Nova York se encheu de artistas refugiados e, quando da inauguração, em 1942, da galeria Arte Deste Século, de Peggy Guggenheim, pintores abstratos americanos, como Jackson Pollock, Mark Rothko e Robert Motherwell, foram celebrados em sua própria terra. William de Kooning, um imigrante europeu vivendo numa cidade que mudou de forma continuamente durante uma guerra que desorientou o mundo, explicou que sua obra, marcada por planos capciosos, ambiguidades visuais e falta de pontos de referência, era uma deliberada analogia do sentimento de desorientação dos Estados Unidos e do mundo de meados do século. A instabilidade do imigrante era, uma vez mais, a pedra de toque da expressão cultural norte-americana.

O espírito do *outsider* que não quer se conformar encontrou expressão na obra de Norman Mailer, Jack Kerouac e William Burroughs, todos francamente contrários aos valores dominantes na sociedade americana. Indícios de rebelião apareceram também em filmes como *O Selvagem* (1953) e *Rebelde sem Causa* (1955). As aspirações dos jovens norte-americanos começavam a mudar: em vez de heroicos, como Gary Cooper, ou sofisticados, como Cary Grant, eles queriam ser taciturnos, ensimesmados, autênticos e mundanos, como Marlon Brando, James Dean e Paul Newman. Nascia o anti-herói.

Contudo, a expressão mais explosiva da rebeldia contra o modo de vida dominante nos Estados Unidos veio da música popular. Em meados da década de 1950, a canção popular norte-americana, baseada no amor sentimental, vinha se tornando cediça e rotineira, com artistas desinteressantes e infraestruturas voltadas para a exploração comercial. Contudo, nas comunidades afro-americanas a música passava por rápidas mudanças. O surto industrial da década de 1940 levou do Sul rural para as cidades novas levas de afro-americanos impregnados da cultura musical do chamado *country blues*, tocado com guitarras acústicas e harmônicas. Em Chicago, Detroit e Cleveland, porém, os afro-americanos, empregados nas fábricas e construções e com alguns dólares no bolso para gastar à noite, não queriam ouvir sobre a dureza da vida; queriam música para beber e dançar. Novas guitarras eletrônicas foram associadas aos metais tradicionais do *jazz* e do *swing* para produzir um novo tipo de som, e as letras se tornaram mais sexualmente explícitas, inteligentes e timidamente sofisticadas. Joe Turner, Muddy Waters, Wynonie Harris, Julia Lee, Fats Domino e Little Richard, dentre muitos outros, deram à sua música uma energia extraordinária, inacreditável mesmo. Era música para adultos que queriam se divertir. *Rhythm and blues*, *jump jive*, *race music*, chame como quiser, era o som mais instantaneamente inebriante, contagiante, delirante e alegre que jamais se havia escutado.

Para os afro-americanos, o *rhythm and blues* era uma expressão de autoconfiança cultural; para os adolescentes brancos, o *rock and roll*, derivativo comercial do *rhythm and blues*, era uma fuga da conformidade e do tédio. Em meados da década de 1950, os jovens da América branca e afluente estavam visivelmente entediados e carentes de diversão excitante — dentro, por certo, de limites seguros. Na voz de Elvis Presley, um sulista branco impregnado de *gospel* e *race music*, a música negra atingiu o coração da América branca.

O *rock and roll* e o estrelato internacional de Presley formariam a vanguarda da disseminação da cultura norte-americana em todo o mundo. Diante do *rock and roll*, tudo o que era europeu parecia melancólico e antiquado; a partir da década de 1950, "moderno" passou a significar norte-americano. Uma vez que a cultura europeia se voltara para dentro e se tornara exageradamente literária, a americana tinha a capacidade de falar por aqueles que não podiam falar e de expressar a vida dos que não tinham voz. Ela varreu o mundo precisamente porque parecia falar a todos; a inquietude do imigrante americano espelhava a desorientação sentida por todo o mundo, e a paisagem norte-americana, onde toda cidade é igual e todos estão apenas de passagem, se tornou o pano de fundo universal de uma sociedade cada vez mais móvel. A América estava em todos os lugares que se queria que estivesse. Não obstante, os instintos comerciais da indústria norte-americana acabaram triunfando sobre a rebeldia do *rock and roll*. Na década de 1960, a besta indomada havia sido neutralizada e a cultura popular norte-americana retornou, ao menos temporariamente, ao dócil assentimento.

Os sinais de mudança na cultura europeia na década de 1950 foram impelidos pela necessidade de confrontar o passado, pelos raios de luz que vinham do outro lado do Atlântico e pela impaciência com a conformidade da sociedade do pós-guerra. Enquanto boa parte da cultura europeia permanecia atada a formas tradicionais — romance, poesia, teatro —, o cinema começou a encontrar voz própria, principalmente por meio de diretores italianos e franceses, como Rossellini, De Sica, Antonioni, Fellini, Carné, Truffaut e Chabrol, além do sueco Ingmar Bergman. O cinema britânico, que vivia de comédias leves e *remakes* da literatura clássica, ganhou acuidade e um novo rumo com o trabalho de Lindsay Anderson e Karel Reisz, cujo filme *Tudo Começou no Sábado* (1959) fez das vidas dos trabalhadores, numa época de mudança iminente, um tema propício à arte cinematográfica.

\* \* \*

NA DÉCADA de 1960 os países ocidentais começaram a se desvencilhar de seu medo de mudança. A nova geração de políticos eleitos — John Kennedy, Harold Wilson, Willy Brandt — refletiu esse renovado otimismo. O contraste entre o insosso, porém firme, Eisenhower e o dinâmico e garrido Kennedy, bem como entre o aristocrata Douglas-Home e o ex-aluno de escola pública Harold Wilson, não poderia ser maior. A recuperação econômica na Europa permitiu que o espírito do consumismo americano desabasse com toda força num continente acostumado à parcimônia e à diligência. Na Grã-Bretanha, em particular, as energias sociais, culturais e comerciais da vida norte-americana penetraram uma sociedade hierárquica, seca e autoritária. Uma corrente elétrica sacudiu a vida britânica, causando uma verdadeira explosão de conflitos, criatividade e energia cultural. As mudanças sociais resultantes foram tão extraordinárias que durante alguns anos, em meados da década de 1960, o país se tornou objeto da curiosidade global. Conflitos de gerações, conflitos entre a tradição e a modernidade e entre a autoridade e a liberdade se combinaram para criar uma sensação de drama individual e coletivo capturada em romances, filmes, teatro, televisão e música popular.

A música dos Beatles, Rolling Stones, The Who, The Kinks e de uma imensa quantidade de outros que beberam na fonte da América negra se tornou, num mundo de comunicações globais, um fenômeno global que ajudou a revigorar a própria cultura popular norte-americana. Toca-discos e rádios transistores produzidos em massa levaram a sua mensagem de irreverência, novidade, expressão pessoal e desprezo pela autoridade a um público mundial cada vez mais ávido. Ainda que grande parte da música *pop* fosse artificial e sem sentido, alguns poucos músicos conseguiram transformar o *single* de três minutos numa forma sublime de expressão cultural — que tanto celebrava a cacofonia da vida urbana de massas quanto ansiava pelo consolo individual do amor romântico; que tanto transmitia a excitação com o novo mundo quanto evocava o profundo sentimento de perda pela morte do antigo.

Esse sentimento de sociedade em transformação foi alentado por uma das mais notáveis obras de arte popular jamais produzidas. Em 9 de dezembro de 1960, a Granada Television lançou *Coronation Street*, uma novela sobre a vida da classe trabalhadora criada e escrita por Tony

Warren. Revolucionário por sua representação do cotidiano das pessoas comuns, o programa lembrava ao público o drama, o humor e a pura vitalidade da vida humana aparentemente mundana em uma época de grandes mudanças sociais.

O conservadorismo social que se seguiu à guerra foi parcialmente dissolvido pelo novo espírito de otimismo e pelas recorrentes revelações de corrupção, incompetência e interesse pessoal nos meios oficiais. Ao ceticismo para com a autoridade correspondia uma tolerância crescente. Os governos ocidentais responderam proibindo a discriminação racial e legalizando práticas homossexuais; embora o preconceito racial não tenha desaparecido da vida dos imigrantes recém-chegados à Europa, as suas mais óbvias manifestações se tornaram ilegais. As oportunidades educacionais foram também ampliadas pela prosperidade econômica, que permitiu aos governos expandirem o ensino superior e eliminarem procedimentos de seleção baseados em crenças de classe anteriores à guerra. A mobilidade social cresceu, não porque os antigos aristocratas tenham mudado de ideia, mas porque as profissões liberais e os empregos administrativos aumentaram vastamente à custa da manufatura.

A DÉCADA DE 1960 é lembrada pelos europeus como uma época de liberação social, mas entre 1963 e 1974 os Estados Unidos, a principal força cultural e política do Ocidente, viveram em constante estado de crise. A combinação das duas questões que dominaram a vida norte-americana na década de 1960 — os direitos civis dos afro-americanos e a Guerra do Vietnã — levou o país à beira da ruptura.

A política de desenvolvimento igual, mas separado, para brancos e negros no Sul sempre fora uma impostura; na década de 1950, foi desmascarada perante o mundo. Na era da comunicação global, fotógrafos e equipes de cinema de Nova York, Los Angeles, Londres, Paris, Frankfurt e Milão foram fotografar os avisos de *Whites Only* e *Coloreds Only* nos bebedouros e salas de espera das estações ferroviárias de Birmingham, Alabama e Jackson, Mississippi. Os Estados Unidos haviam se aberto para o mundo, e suas mazelas já não eram segredo: a segregação racial se tornara um grave motivo de constrangimento para o líder do chamado mundo livre.

Agora, no entanto, conscientes de suas experiências do tempo de guerra e de seu papel na economia industrial, os afro-americanos ganhavam autoconfiança e começavam a acreditar que a América lhes pertencia (afinal, eles haviam lutado e trabalhado por ela) tanto quanto quaisquer outros. E começaram a lançar mão de uma combinação de ações coordenadas e contestações jurídicas na busca da igualdade de direitos. Em 1954, a Associação Nacional para o Progresso das Pessoas de Cor (NAACP) assumiu a defesa de Oliver Brown, cuja filha, Linda, tivera o ingresso recusado em uma escola vizinha, exclusiva para brancos, no estado do Kansas. Quando o caso chegou à Suprema Corte, a segregação nas escolas públicas foi considerada ilegal pela Constituição. Derrubando a decisão sexagenária de Plessey VS Ferguson, o ministro-chefe Earl Warren proibiu a segregação racial em todos os equipamentos públicos da União. Em 1º de dezembro de 1955, em Montgomery, Alabama, Rosa Parks foi detida por se recusar a dar seu lugar no ônibus a um homem branco. Seguiram-se um boicote negro à companhia, liderado por um pastor local, Martin Luther King, e a ordem da Suprema Corte para que a empresa mudasse suas regras. A tática combinada de ações de massa e contestações jurídicas obteve importantes resultados. Ainda assim, em 1963 somente 9% dos distritos escolares sulistas haviam abolido a segregação, e a violência e a intimidação ainda impediam os negros de exercer seus direitos de educação, voto e uso de equipamentos públicos. O presidente Kennedy esperava que o voto afro-americano mudasse a política sulista, mas os brancos usaram todos os meios ao seu alcance, inclusive o assassinato, para impedir que os negros se registrassem para votar. Em 1962, foram necessários 3 mil soldados federais para garantir que James Meredith, o primeiro estudante negro a se matricular na Universidade do Mississippi, entrasse no edifício.

Os direitos civis dos negros continuaram sendo um problema sulista, amplamente ignorado pelo resto do país, até 1963. Frustrada pelo ritmo lento das mudanças, a Conferência Sulista de Liderança Cristã, liderada por Martin Luther King, decidiu convocar manifestações de protesto. Milhares de afro-americanos passaram a marchar diariamente até a prefeitura de Birmingham, Alabama, exigindo igualdade de direitos. Cenas de policiais e cães atacando pessoas indefesas, crianças inclusive, na TV tiraram os Estados Unidos dos trilhos e colocaram os direitos civis dos negros no topo da agenda nacional. Em 11 de junho de 1963, o presidente Kennedy fez um discurso à nação pela TV com as seguintes palavras: "Estamos diante de uma crise moral, como país e como povo." Kennedy enviou ao Congresso uma lei de direitos civis, mas mesmo sob o risco da desintegração do país os políticos nacionais se recusaram a agir.

Em 28 de agosto de 1963, centenário da Declaração de Emancipação dos Escravos, de Lincoln, mais de 200 mil afro-americanos e seus apoiadores brancos marcharam em Washington até o Lincoln Memorial. A maior manifestação de massas da história da capital ouviu Martin Luther King falar de seu sonho de uma nação em que as crianças "não serão julgadas pela cor da sua pele, mas pelo conteúdo do seu caráter". No mês seguinte, quatro crianças negras foram mortas num ataque a uma igreja de Birmingham, Alabama, e dois meses depois o presidente Kennedy foi assassinado em Dallas. A possibilidade de uma conspiração para matar o presidente, o conflito aberto no Sul e a imobilidade política em Washington pareciam ter deixado os Estados Unidos à beira da catástrofe. Um país criado para promover e encarnar o bem parecia estar apodrecido até o âmago.

Lyndon Johnson podia não ser tão carismático quanto Kennedy, mas era um operador político inteligente e tarimbado — além de ardoroso discípulo de Franklin Roosevelt. Johnson enviou imediatamente ao Congresso uma lei de direitos civis mais vigorosa, dando plenos direitos legais aos afro-americanos e também criando entidades encarregadas de implementar e supervisionar o desmantelamento da segregação racial. Ativistas dos direitos civis e residentes negros ainda foram assassinados no Mississippi e no Alabama, mas, com a aprovação de novas medidas em 1965 e a ameaça de ação federal, o Sul começou a mudar. Pela primeira vez em quase um século, candidatos negros conquistaram cadeiras nos legislativos estaduais sulistas.

Acontecimentos posteriores mostraram as limitações da igualdade jurídica numa sociedade impregnada de ódio aos negros. Em 4 de abril de 1968, Martin Luther King foi assassinado em Memphis, Tennessee. Entre meados e fins da década de 1960, houve distúrbios em Watts, Los Angeles, com 34 mortos, e em Nova York, Chicago, Detroit, Atlanta e dezenas de outras cidades. Era a perturbação civil mais séria e generalizada desde a revolução americana. Em nenhum desses lugares havia segregação legal, mas as populações negras tinham as piores moradias, as piores escolas e hospitais e a menor chance de encontrar trabalho. As cidades estavam perdendo a sua razão de existir.

Os distúrbios foram um claro alerta para os problemas característicos da prosperidade econômica. Como resultado do *boom* do pós-guerra, na década de 1960 quase todas as famílias brancas possuíam um carro e começaram a se mudar para os subúrbios, onde podiam encontrar espaço. Casas grandes com garagens e gramados, repletas de eletrodomésticos e meios de entretenimento, se tornaram norma para a típica família norte-americana. Esvaziados da "revoada branca", os centros urbanos, densamente ocupados por habitações pobres e amenidades deterioradas, se encheram de afro-americanos que fugiam da pobreza rural sulista. A população afroa-mericana cresceu espetacularmente nas cidades do norte entre 1950 e 1970, no exato momento em que declinava a demanda por trabalho não qualificado e que os empregos remanescentes se mudavam para os subúrbios. Nessas duas décadas, a proporção de cidadãos negros em Nova York aumentou de 10% para 30%, em Chicago de 14% para 33%, em Detroit de 16% para 40% e em Washington, D.C., de 35% para 70%. As autoridades municipais se mostraram totalmente incapazes de lidar com o desafio social colocado por essa migração maciça; residências pobres foram demolidas para dar lugar a autopistas urbanas, distritos de negócios e grandes "projetos" habitacionais tão hediondos quanto desumanos. Em todos os casos, lojas, escritórios e fábricas que constituíam a base fiscal das cidades se mudaram deliberadamente para fora dos limites urbanos, restando pequenos distritos centrais de negócios cercados por oceanos de privação social. O desespero das cidades norte-americanas chamou a atenção do mundo quando, em 1975, Nova York, o arquétipo da cidade do século XX, se declarou falida e impossibilitada de continuar funcionando.

A transferência de empregos e moradias para fora das cidades norte-americanas foi intensificada pelas corporações. Grandes companhias, como Ford, General Motors e Hoover, já haviam aberto fábricas na Europa para fornecer diretamente aos seus clientes. Mas, a partir da década de 1960, as corporações começaram a construir fábricas no estrangeiro para se beneficiar do baixo custo da mão de obra. Entre 1960 e 1970, a produção dos grandes fabricantes norte-americanos cresceu 70% nos Estados Unidos e 500% no estrangeiro; em 1972 foram exportados 50 bilhões de dólares em mercadorias e produzidos no estrangeiro 180 bilhões. A necessidade de mão de obra não qualificada e semiqualificada diminuiu ainda mais nos Estados Unidos quando a manufatura começou a dar lugar à economia de serviços.

Ao passo que os mais qualificados se beneficiaram da imensa expansão do emprego no setor público — professores do ensino básico e superior, funcionários, profissionais e administrativos —, o declínio da manufatura foi um duro golpe para afro-americanos, trabalhadores brancos e outros grupos de baixo nível de instrução. O governo foi a área de maior expansão do emprego nas décadas de 1950 e 1960. O que foi uma bênção para os profissionais significou, para os não instruídos empregos de baixos salários nos setores de refeições, assistência à saúde e limpeza. Numa notável inversão, os funcionários administrativos passaram a se sindicalizar e lutar por melhores salários e condições de trabalho, ao passo que a classe trabalhadora, fragmentada e não mais "industrial", perdia sua força coletiva. O mesmo aconteceria também na Europa mais ou menos uma década depois.

Nos guetos dos centros urbanos, porto-riquenhos, mexicanos e americanos nativos em fuga desesperada da pobreza de seus países de origem se juntaram aos afro-americanos. Os cidadãos desses guetos muitas vezes demonstravam sua frustração incendiando as lojas e conjuntos residenciais que lucravam com sua miséria; grandes áreas das mais importantes cidades norte-americanas se transformaram em terras de ninguém. Sem perspectivas de emprego, as drogas e o crime violento se tornaram, para boa parte dessas populações, as únicas maneiras de se ganhar algum dinheiro ou escapar da realidade. Em meados da década de 1960, os centros das grandes cidades norte-americanas eram lugares de decadência e pesadelo. O sonho de Kennedy e Johnson — uma sociedade melhor, construída com maciços recursos federais e um dilúvio de medidas sociais ao redor da cidade moderna — se transformara em pó. Foi nessa época que os Estados Unidos abriram um novo rasgo em seu tecido social ao entrar numa guerra catastrófica.

NO VIETNÃ, as duas prioridades da política externa ocidental — a luta contra o comunismo e a concessão do autogoverno às colônias — se confundiram tragicamente. Os impérios europeus estavam sendo desmantelados e em todo o mundo as pessoas lutavam para se libertar de seus senhores coloniais. Os políticos norte-americanos, porém, achando que o Vietnã devia ser visto sob a ótica da tomada de um país livre pelo comunismo, acreditaram que podiam salvá-lo — ao contrário do que Truman fizera com a China em 1949. Os franceses haviam se retirado do Norte do Vietnã em 1954, mas em 1963 já havia 16 mil americanos no Sul, atuando como conselheiros especiais do regime fantoche. A intenção das forças norte-vietnamitas era reclamar o Sul como parte de seu país; a dos norte-americanos, impedi-lo.

O presidente Johnson só deu atenção total ao Vietnã no fim de 1964, quando já havia poucas escolhas à sua disposição. Sob Ho Chi Min, o Norte comunista caminhava para a vitória; restava aos Estados Unidos ficarem e lutarem ou enfrentarem a retirada iminente e a desintegração da sua política anticomunista. Um pequeno país do Sudeste da Ásia se tornou o campo de provas do país mais poderoso do mundo. Ninguém jamais perguntou ao povo vietnamita se ele aceitava o direito de os estadunidenses conduzirem seus assuntos, da mesma forma como o povo dos Estados Unidos nunca foi diretamente consultado a respeito da guerra — muitos votaram em Johnson, em 1964, como o candidato da paz.

Os primeiros 5 mil *marines* norte-americanos chegaram em março de 1965, seguidos pouco depois de outros 95 mil soldados e aviadores; em 1968 já eram mais de meio milhão. Mesmo sem guerra, a mera presença do exército e da força aérea dos Estados Unidos teria destruído a economia e a infraestrutura social do Vietnã. Em 1965, o Vietnã do Sul era uma sociedade dividida: ainda antes de dar lugar às ditaduras fantoches de forças externas, a ocupação francesa, interrompida pela conquista japonesa, havia destruído o tecido social do país e causado a divisão de suas lealdades e uma intensa luta de facções. Nessa caótica situação, a chegada de um exército fabulosamente rico, superpoderoso e tecnologicamente avançado foi socialmente desastrosa. A indústria e agricultura locais foram destruídas pela presença de um gigante econômico que trazia vastas quantidades de suprimentos; devastada pela inflação, a economia local desapareceu na prática. Ocupações de classe média, como o ensino, a medicina e o direito, foram abandonadas. Em Saigon, as pessoas que fugiam dos perigos e da pobreza do campo só conseguiam se manter vendendo produtos e serviços aos norte-americanos, incluindo sexo e drogas. Convertido em zonas de "fogo livre" onde tudo que se movia era aniquilado, o tecido físico do país, incluindo a agricultura e as florestas, foi totalmente destruído. Na verdade, os norte-americanos teriam encontrado mais comunistas nas grandes e médias cidades do Sul do que nas aldeias rurais e no próprio campo.

O governo dos Estados Unidos tentou convencer o mundo de que essa era uma luta entre dois países, o Vietnã do Norte e o Vietnã do Sul, mas a guerra rapidamente se converteu num conflito entre estrangeiros — os norte-americanos — e o povo local. Na guerra os soldados sempre estão, física e psicologicamente, em situação de perigo; um exército ocupante, porém, que trava a guerra no terreno do inimigo, não consegue facilmente distinguir amigos de inimigos, combatentes de civis. A guerra infligiu um preço terrível ao Vietnã porque os norte-americanos, para poderem vencer, tiveram de destruir o país; e infligiu um preço terrível também ao exército dos Estados Unidos porque destruiu para sempre a sua legitimidade como força armada. Isso ficou claro para o mundo quando veio ao público, em 16 de março de 1968, que tropas norte-americanas sob o comando do tenente William Calley haviam massacrado 109 mulheres e crianças na aldeia vietnamita de My Lai, abatendo-as a tiros e as reunindo em choças para matá-las com granadas de mão.

O efeito da Guerra do Vietnã nos Estados Unidos foi dividir ainda mais um país já fraturado e destruir qualquer consenso sobre o seu papel do mundo — pondo em dúvida, por extensão, o próprio significado da civilização ocidental. Muitos americanos trabalhadores sentiam que era sua obrigação patriótica servir ao país, ao passo que os mais bem aquinhoados, em particular a jovem classe média, viam a guerra como um conflito imoral. Nos Estados Unidos e na Europa, estudantes usavam técnicas aprendidas no movimento dos direitos civis — manifestações de massa, desobediência civil, ocupações de edifícios institucionais — para protestar contra a guerra. O movimento por direitos civis para os negros, o movimento contra a guerra e o desprezo pela moral hipócrita tradicional e o triunfalismo materialista se consolidaram numa visão alternativa da sociedade ocidental: um mundo dividido entre os que estavam dentro e os que estavam fora desse círculo mágico. Os de dentro se diferenciavam o mais possível das figuras de autoridade — políticos e homens de negócios —, cujos penteados e roupas bem-compostos eram ridicularizados e rejeitados em favor das roupas coloridas, cabelos compridos e barbas.

As táticas utilizadas pelos ativistas contrários à guerra foram inicialmente vistas com desagrado e desconcerto pela maioria dos estadunidenses, mas isso começou a mudar com a veiculação, pela TV, de imagens que mostravam a desesperada brutalidade do conflito. Pessoas de todas as extrações sociais começaram a dizer que o Vietnã não valia a perda de mais vidas norte-americanas. Em janeiro de 1968, a ofensiva do Tet deixou claro que as forças dos Estados Unidos não haviam logrado conter o inimigo e sequer feito qualquer progresso em três anos. Em março, Lyndon Johnson anunciou que não concorreria à presidência naquele ano, ordenou a suspensão do bombardeio do Vietnã e começou a buscar negociações com Hanói. O mais espantoso é que seriam necessários mais cinco anos para que os Estados Unidos saíssem da guerra.

No mês seguinte, Martin Luther King foi assassinado e a coesão dos interesses liberais negros e brancos começou a se dissolver. À morte de Luther King se seguiu, em junho de 1968, o assassinato de Robert Kennedy. Se o assassinato de John Kennedy causara consternação e horror, a morte de seu irmão mais jovem foi recebida com pura e simples incredulidade. Como poderia uma coisa dessas ter acontecido outra vez? A indignação aumentou quando o Partido Democrata escolheu Hubert Humphrey, tido como profundamente implicado na escalada da guerra, como seu candidato a presidente. As ruas ao redor do Centro de Convenções em Chicago viraram um campo de batalha; o mundo, atônito, assistia pela TV ao que parecia ser a desintegração dos Estados Unidos em uma sociedade assassina, fragmentada e francamente ingovernável.

A visão alternativa de sociedade seguiu em frente, aos trancos e barrancos, até encontrar a sua nêmese em 6 de dezembro de 1969 em Altamont, Califórnia. Os Rolling Stones, a maior banda *pop* do mundo, quis fazer sombra ao festival de Woodstock concluindo sua turnê com um concerto ao ar livre organizado às pressas no hipódromo de Altamont, perto de São Francisco. A segurança do evento ficou a cargo dos Hell's Angels locais. Um dia inteiro de violência de baixa intensidade culminou com a morte de um homem, espancado e esfaqueado pelos Hells Angels, em frente ao palco, durante a apresentação da canção pseudossatânica "Sympathy for the Devil". Em poucos minutos de baderna a visão "alternativa" do amor fraterno foi posta em xeque pela realidade da violência na sociedade estadunidense. De repente ficou claro que viver à margem da lei tinha seus perigos. A sociedade alternativa sobreviveu, mas depois de Altamont deixou de ser uma visão sobre como organizar a sociedade para se converter em meras comunidades de trânsfugas. O mundo ocidental estava em transição — mas para o quê?

RICHARD Nixon, eleito presidente em 1968 e 1972, foi quem acabou tirando os Estados Unidos, já em seu segundo mandato, do Vietnã. Nesse ínterim, porém, ele conseguiu envolver o Camboja (cujo bombardeio ordenou sem comunicar ao Congresso) e o Laos no conflito, o que levou à tomada de ambos por forças comunistas e, no caso do Camboja, ao impiedoso reinado de assassínios em massa de Pol Pot. Ao término da guerra, em 1973, as baixas norte-americanas contavam 58.174 mortos e 304 mil feridos; estima-se que 1 milhão de soldados e 4 milhões de civis vietnamitas perderam a vida no conflito. Além de contribuir para despedaçar o antigo consenso social e político, a Guerra do Vietnã impeliu o mundo ocidental a uma nova fase. No fim da década de 1950, o *boom* econômico do pós-guerra havia perdido o fôlego. Numa deliberada tentativa de estimular a economia, Kennedy em 1960 aumentou o gasto governamental com a Defesa, dinheiro que era canalizado para a indústria armamentista e devorado, em quantidade cada vez maior, pela Guerra do Vietnã. Em 1969, 10% dos estadunidenses tinham empregos ligados às indústrias de defesa; dois terços da receita das companhias de aviação e um terço da do rádio e televisão provinham de gastos do governo; mais de 40% da força de trabalho de Seattle e Los Angeles dependia de contratos governamentais. Dado que tanto Johnson quanto Nixon haviam se recusado a financiar a guerra com aumentos de impostos, passou a haver mais dinheiro em circulação para uma base manufatureira civil menor. O resultado foi uma rápida inflação e um forte déficit comercial gerado pela compra de mercadorias no estrangeiro — algo desconhecido na história dos Estados Unidos.

Ainda mais importante, a inflação comprometeu o valor do dólar, moeda que alicerçava o sistema de governança econômica global adotado em Bretton Woods. Como poderia o dólar permanecer atado ao preço do ouro e de todas as demais divisas se o seu valor caía rapidamente mesmo em relação aos produtos norte-americanos? Algo tinha de mudar. Para proteger a economia americana, o presidente Nixon em 1971 pôs um ponto final no consenso econômico do pós-guerra ocidental com a abolição das taxas de câmbio fixas. O valor do dólar passou a flutuar livremente e as taxas de câmbio a serem determinadas pelo mercado, não pelos governos nacionais. A queda do dólar resultante aliviou a pressão sobre a economia norte-americana (e ajudou a reeleição de Nixon em 1972), mas teve um sério efeito colateral: levou consigo o preço do petróleo, seiva vital da indústria do século XX, fazendo recair o custo da crise sobre os países produtores. Sua resposta, em dezembro de 1973, foi elevar em 300% o preço do barril. O mundo industrializado mergulhou imediatamente na recessão. Uma vez mais estava claro que o Ocidente mudava de curso; só não estava claro em que direção.

O choque do petróleo de 1973-74 foi seguido de outro, em 1979, quando o governo revolucionário do Irã cortou temporariamente o suprimento ao Ocidente. Em 1970, o barril de petróleo custava 2,53 dólares;

em 1980, custava 41. As economias europeia e norte-americana, que já sofriam com o baixo investimento, a má gestão e a desilusão da força de trabalho, se viram diante de uma mudança abrupta e dolorosa. Os setores de mineração, transporte marítimo, siderurgia, automóveis e gráfico foram devastados por uma combinação de obsolescência e queda dos preços dos importados — de melhor qualidade, muitas vezes. Graças ao investimento planejado e ao interesse governamental em exportar, as empresas japonesas podiam produzir navios, automóveis, rádios, televisores e motocicletas a custos muito mais baixos do que as empresas norte-americanas e europeias. A notável exceção era a Alemanha Ocidental, onde a parceria estratégica entre o governo e a indústria gerava manufaturados de qualidade extremamente elevada. Nos demais países, gestores e trabalhadores se culpavam mutuamente pelo estado de suas indústrias — falta de previsão e investimentos, práticas restritivas — e as greves e confrontos se tornaram lugar-comum.

Na Europa da década de 1970, as consequências sociais foram similares, à experiência estadunidense da década de 1960. Grandes e médias cidades industriais se esvaziaram com a mudança da população trabalhadora para os subúrbios, junto com as novas instalações industriais e os shopping centers, deixando os conjuntos habitacionais (muitos deles construções pré-fabricadas de arquitetura brutalista) para os desempregados, os velhos e os pobres. Os problemas sociais internos foram agravados pelo terrorismo politicamente motivado. Grupos representativos de comunidades destituídas de bens e direitos na Palestina, Irlanda do Norte e País Basco acreditaram poder conquistar liberdades políticas por meio de bombas e sequestros. Um terror efêmero foi trazido às ruas da Europa por organizações autóctones representativas de filosofias políticas autojustificáveis — Brigadas Vermelhas na Itália, Baader-Meinhof na Alemanha, Angry Brigade na Grã-Bretanha e vários grupos fascistas menores. O mundo assistiu pela TV aos atletas de Israel feitos reféns — onze dos quais acabaram mortos — por terroristas palestinos nos Jogos Olímpicos de Munique de 1972; em 1978, os Brigadas Vermelhas sequestraram e assassinaram o primeiro-ministro italiano Aldo Moro; e, na pior atrocidade, uma bomba plantada por um grupo direitista na estação ferroviária de Bolonha matou 85 pessoas em agosto de 1980. A Europa, como os Estados Unidos, parecia ameaçada de implosão.

A essas antigas formas de oposição política baseadas em ideologias de esquerda e de direita se juntaram, na década de 1970, novos tipos de pensamento que constituiriam a oposição informal na nova fase da sociedade ocidental. Oportunidades de viagens, ingresso de imigrantes e mudanças na educação deram a muitos membros da nova geração uma atitude mais diversa, tolerante e genuinamente interessada para com outras raças e culturas. A desilusão com sua sociedade os incentivou a olhar em outras direções em busca de autenticidade e orientação. A literatura e a música popular importadas começaram a mostrar que o Terceiro Mundo era uma fonte de energia cultural, não apenas de pobreza e emigração. O feminismo se tornou uma força intelectual e social séria, obrigando historiadores, críticos literários, jornalistas, artistas e legisladores a reavaliar suas atitudes e sua visão de mundo. Além disso, as pessoas começaram também a perceber o preço que a moderna vida industrial vinha cobrando do mundo físico ao seu redor. Aqueles que haviam crescido em lugarejos cercados de campos sem fim e vilas com fácil acesso a rios e florestas descobriram que seus lugares de origem eram agora pequenas cidades, seus campos, loteamentos residenciais, e suas pastagens, vastos trigais. Nas vilas e cidades, belos edifícios e delicados arruamentos, alguns existentes desde o século XII, foram arrasados para dar lugar a shopping centers, edifícios de escritórios feios e ordinários e autopistas urbanas. A ideia de proteger o ambiente e de conservar e adaptar edifícios e arruamentos começou a se consolidar, o que pode ser visto como uma nova tentativa dos ocidentais de se agarrarem a costumes comunais arraigados e inconfessos numa época de mudança e destruição.

A resposta cultural aos distúrbios das décadas de 1960 e 1970 foi liderada pela forma de arte dominante do século XX, o cinema. A década de 1960 foi um período de refluxo do cinema norte-americano. A usina cultural de meados do século fora dirigida por uma geração que já não era capaz de entender o que se passava em seu próprio país. Havia exceções, é claro, mas o cinema norte-americano, ameaçado pela televisão e incapaz de colocar à altura do novo virtuosismo europeu, corria o risco de se tornar irrelevante. O fim da década de 1960 trouxe, porém, alguns sinais. *Bonnie and Clide — Uma Rajada de Balas* e *A Primeira Noite de um Homem*, de 1967, mostraram que Hollywood era capaz de produzir filmes conectados com a mudança da psique nacional. Impregnados da *Nouvelle Vague* francesa, do neorrealismo italiano e do cinema alemão de Fassbinder, Wenders e Herzog, os cineastas norte-americanos começaram a abandonar o velho sistema de estúdio. *Sem Destino* e *Perdidos na Noite* (ambos de 1969) foram rapidamente seguidos por *A Última Sessão de Cinema* (1971), *O Poderoso Chefão* (1972), *Terra de Ninguém* (ambos de 1973) e *Chinatown* (1974). Seus temas variavam, mas eles preenchiam as eternas exigências da arte importante e, tal como as pinturas de Mantegna e os romances de Dickens, usavam a tecnologia e as técnicas de sua época — câmaras manuais, *jump cuts*, cinema-verdade, trilha sonora de música popular — para criar seu impacto. Os filmes estadunidenses do começo da década de 1970 mostravam pessoas comuns habitando um mundo cada vez mais distante, controlado por forças que elas não compreendiam nem eram capazes de influenciar. Em quase todos os casos, sua luta para afirmar a própria relevância se revela inglória, e o esperado final feliz hollywoodiano é substituído pela morte violenta ou pela desilusão.

O INÍCIO da década de 1980 registrou o começo de um novo consenso político surgido das crises das décadas de 1960 e 1970 e marcado por outras formas de oposição. Nos Estados Unidos e na Grã-Bretanha, Ronald Reagan e Margaret Thatcher se desvencilharam do passado recente por meio da estratégia simples, porém eficaz, de reacender o sentimento nacionalista. Depois de uma década de autodepreciação, era tempo de as pessoas se sentirem bem sendo norte-americanas e britânicas. Numa época acostumada a políticos que lhes diziam o que não deviam fazer, ambos pregavam a doutrina da liberdade pessoal. Sua principal mensagem era o recuo do governo em todas as frentes e o fim da sua interferência na vida das pessoas. Todavia, ser um político nacionalista e ao mesmo tempo reduzir o poder do Estado se revelou uma tarefa mais difícil do que parecia.

Ambos os líderes eram adeptos de uma nova teoria econômica dita monetarista que, ao conter a inflação por meio de altas taxas de juros, levou ao fortalecimento do dólar. A consequência foi que os estadunidenses podiam comprar os produtos de todos os outros, mas ninguém podia comprar os seus. Com a queda abrupta das exportações e um surto de importações, a manufatura norte-americana (e britânica) despencou. Reagan, como Thatcher, lançou mão de uma parcela cada vez maior do orçamento para custear a ajuda ao número crescente de desempregados. O déficit orçamentário do país ascendeu a mais de 200 bilhões de dólares, quase quatro vezes o de seu antecessor, e o gasto federal de longo prazo em infraestrutura, crucial para a indústria norte-americana, foi quase abandonado. Parecia um retorno à década de 1920. Como se poderia imaginar, em outubro de 1987 a bolsa de Nova York quebrou e o mundo prendeu a respiração. Não houve Grande Depressão dessa vez, mas somente porque os Estados Unidos já não eram a economia esmagadoramente dominante que fora em 1929. O país sobreviveu à *reaganomics* porque as empresas estrangeiras, japonesas em especial, despejaram dinheiro nos Estados Unidos. O fracasso do monetarismo em controlar os gastos governamentais deu à luz um novo conceito — a privatização. Numa tentativa deliberada de imitar os Estados Unidos, o governo britânico liquidou seus interesses majoritários nas telecomunicações, na aviação e na habitação pública, bem como em serviços públicos de gás, eletricidade e água, e lançou mão dessas receitas para cobrir seus déficits.

Além de transformar os serviços públicos em negócios, os governos quiseram integrar todos os países ao mercado internacional. Segundo a teoria, a desregulação dos fluxos monetários tornaria mais eficiente a economia mundial porque o dinheiro iria aonde pudesse ter maior retorno e, consequentemente, gerar mais prosperidade. A tecnologia fez do fluxo de capitais entre países, bancos de investimento, bolsas de valores e casas de câmbio algo tão simples quanto apertar um botão. Na década de 1980, os principais países industriais consentiram, sob pressão dos Estados Unidos, em permitir que os capitais circulassem livre e ilimitadamente por todo o mundo. Exatamente como em meados do século XIX, os políticos retrataram a liberalização do mercado e do dinheiro como um retorno ao estado natural da economia e das relações sociais. As pessoas só poderiam ser livres e economicamente eficientes e prósperas pela via da eliminação das restrições tarifárias e sindicais, da construção em terras virgens e da flexibilização da jornada de trabalho.

A nova doutrina foi inicialmente implantada no mundo anglo-saxão — Estados Unidos, Grã-Bretanha, Nova Zelândia e Austrália —, mas o poder comercial e militar dos Estados Unidos e a desregulação do mercado de capitais forçaram outros países ocidentais a adotar políticas similares sob pena de prejudicar suas economias. Dado que a finança, não a indústria, impulsionava a nova economia, passou-se a rejeitar o apoio dos governos à manufatura. Nessa nova atmosfera, os líderes empresariais se tornaram ícones e conselheiros governamentais e a corporação a forma de organização a ser imitada. O que antes eram considerados serviços públicos foi privatizado e transformado em empresas de capital aberto com a obrigação legal de maximizar o valor de suas ações. Até mesmo as instituições que permaneceram como propriedade pública foram adaptadas, em graus variados, para se ajustar ao modelo corporativo. Universidades, escolas técnicas, colégios, serviços postais, serviços de saúde e conselhos locais foram todos reestruturados para pensar em si próprios como negócios. Na Grã-Bretanha se abriu a possibilidade de instituições de saúde com vários hospitais públicos a seu cargo declarar falência. Num debate sobre taxas de matrícula, em 2004, Colin Lucas, vice-reitor da Universidade de Oxford, teve a desfaçatez de dizer que "o ensino universitário é uma atividade geradora de prejuízo".

Mudanças de métodos industriais, tecnologia e transportes na década de 1980 fizeram com que a mera produção de mercadorias se tornasse algo simples e barato. O sonho dos primeiros industriais se tornara realidade — podíamos produzir o necessário para satisfazer nossas necessidades básicas com uma fração do tempo e esforço disponíveis. Como o desafio já não era produzir bens básicos, mas conquistar clientes, o poder passou do produtor ao consumidor. O projeto e a qualidade dos produtos e das próprias lojas mudaram espetacularmente; os supermercados passaram a funcionar até mais tarde e aos domingos; os shopping centers e hipermercados periféricos, típicos dos Estados Unidos, se espalharam por todo o mundo ocidental. Para quem tinha carro e dinheiro, a vida se tornou mais conveniente; os que não tinham um dos dois ficaram presos aos conjuntos residenciais do centro urbano ou fora de alcance do comércio e dos serviços.

A imensa quantidade de energia e esforço alocados aos setores de varejo e serviços ajudou a absorver os milhões de indivíduos que já não eram necessários nas fábricas e minas. Mineiros e operadores de máquinas se tornaram motoristas de vans, balconistas e "conselheiros" em centrais telefônicas de atendimento ao cliente. Para os instruídos e afluentes, criados no etos antiautoritário da década de 1960, o consumismo teve efeitos diferentes. Tendo aprendido a confiar em seus direitos, essa geração exigiu um relacionamento igual com médicos, advogados, professores, gerentes de banco e políticos e jogou por terra a filosofia do "o médico é quem sabe".

O foco da década de 1980 nas necessidades e aspirações do indivíduo acelerou uma tendência preexistente. A "geração eu" não era apenas focada na ambição pessoal e no ganho material: era fascinada por si mesma. Esse olhar interior, muitas vezes considerado um produto da década de 1960, teve origem em fins do século XIX, época do nascimento da psicologia.

Desde que a mente do indivíduo passou a ser objeto de interesse de neurologistas, por um lado, e filósofos, por outro, só nos restou acompanhá-los. O interesse pelas dietas e pela moda fez surgir uma nova geração de revistas para se juntar àquelas que já contavam décadas de existência, seguidas, em seu momento, por livros e vídeos sobre a boa forma pessoal, o bem-estar interior e a saúde psicológica. Escrita desde uma imensa variedade de pontos de vista, essa torrente de informações e conselhos tinha por objetivo fazer os indivíduos pensarem em si mesmos. O caminho para uma vida melhor era ser uma pessoa melhor e o modo de obtê-lo era o autoexame seguido de ação afirmativa. O cidadão ocidental renunciava à vida pública em favor da autorrealização e da auto-obsessão privadas.

DESDE 1980 o chamado Modelo de Washington de livre-mercado foi imposto aos Estados Unidos e, por meio de acordos e agências internacionais, ao resto do mundo. Lealdades familiares, costumes locais e redes não econômicas de apoio mútuo, arraigados de diferentes maneiras em diversas sociedades, foram esmagados ou marginalizados em nome da eficiência econômica. O impacto desse processo nos Estados Unidos foi extraordinário, apesar de pouco discutido Entre meados da década de 1970 e meados da de 1990, a renda real dos trabalhadores americanos (ajustada pela inflação) caiu cerca de 20% (de 315 a 258 dólares por semana), ao passo que a remuneração líquida dos diretores de empresas cresceu mais de 60% — um crescimento sem precedente da desigualdade. Quando da eleição do presidente Reagan, em 1980, cerca de um em cada mil americanos estava na prisão; em 1994 essa proporção passou a ser de 3,74 por mil e em 2004, cerca de sete por mil, representando 1,96 milhão de norte-americanos na prisão e outros 5 milhões submetidos a restrições legais. (Em 2004, os índices de encarcerados por mil habitantes em outros países ocidentais eram: 1,4 na Grã-Bretanha; 1,0 na Alemanha; 0,8 na França; 0,5 no Japão.) Os afro-americanos têm sete vezes mais probabilidade de ir presos, o que já aconteceu com um de cada sete indivíduos do sexo masculino. Em Washington, D.C., ano de 1992, 40% dos afro-africanos do sexo masculino entre os 18 e 35 anos de idade estavam na prisão, em liberdade condicional ou foragidos da Justiça. A despeito da elevadíssima taxa de encarceramento, crimes violentos e uso de drogas são mais disseminados nos Estados Unidos do que em qualquer outro país desenvolvido. Em nome da eficiência econômica, os governos estadunidenses favoreceram a desintegração da influência restritiva da família, da comunidade, do costume e da justiça. As redes humanas tradicionais foram substituídas por um sistema carcerário cruel e essencialmente ineficaz.

O equivalente cultural desse sistema foi o renascimento repentino e, em retrospecto, absolutamente espantoso dos conceitos religiosos de bem e mal. Esse processo começou a chamar a atenção do público na década de 1980, quando o presidente dos Estados Unidos Ronald Reagan descreveu a URSS como "o império do mal". Embora a URSS fosse um inimigo de longa data, o epíteto de Reagan foi absolutamente novo em sua época. Depois das incertezas das décadas de 1960 e 1970, ele era a expressão de um desejo profundo de dividir o mundo em absolutos morais. Hoje, e especialmente depois do 11 de setembro de 2001, se tornou lugar-comum descrever os inimigos do Ocidente como terroristas movidos nada mais que pelo desejo perverso de destruir. Esse modo de pensar mudou a visão que se tinha da criminalidade num país como a Grã-Bretanha, onde, nas décadas do pós-guerra, era pacífico que sua redução demandava o enfrentamento da privação social. Hoje, até mesmo pequenos transgressores são considerados inaceitáveis pela sociedade decente, merecedores de punição e reclusão. Os jovens são, pois, considerados absolutamente bons (em especial quando vítimas de crimes) ou assustadoramente maus e perigosos, prontos para atacar em cada esquina. A manifestação acabada dessa visão da criminalidade é o *serial killer*. Quase ignorado há trinta anos, esse símbolo do mal ocupa hoje páginas e páginas dos jornais e é tema de incontáveis filmes e romances. Hollywood, que já trouxe o *serial killer* às telas em filmes imensamente populares, como *O Silêncio dos Inocentes* (1990) e *Os Sete Crimes Capitais* (1995), recebeu com júbilo a nova mensagem do mundo dividido entre o bem e o mal. A começar de *Tubarão* (1975) e *Guerra nas Estrelas* (1977), o cinema norte-americano renunciou à complexidade problemática do começo da década de 1970 em favor da certeza moral combinada com emoções típicas de desenho animado. Mesmo quando impiedosamente ridicularizada, como em *Pulp Fiction — Tempo de Violência* (1994), de Quentin Tarantino, a fórmula se manteve.

NA Grã-Bretanha, a implantação da economia liberal implicou a redução do poder dos sindicatos, a abolição do governo local em Londres e sua emasculação em outras cidades, o fim dos conselhos de salários e acompanhamento de preços no varejo, a drástica redução da provisão de moradias públicas e a redução do poder das autoridades educacionais locais. Além disso, como já vimos, entidades públicas como universidades e hospitais, serviços de abastecimento de água e pagamento de pensões foram transformadas em empresas privadas ou semiprivadas. A única instituição a escapar do aviltamento foi, como em épocas anteriores, a família. (Os monótonos mantras de todos os políticos recentes em defesa das "famílias que trabalham duro" ou da "fé, pátria e família" são reveladores — a família é a única instituição que tem a aprovação irrestrita do Estado moderno, salvo as suas próprias agências, como a polícia e o exército.) Não obstante, também aqui a nova economia fez a sua obra. A exigência de uma força de trabalho móvel e flexível deu cabo das antigas redes de famílias ampliadas — agora espalhadas por todos os países e continentes —, ao passo que a família nuclear idealizada foi obrigada a reavaliar o significado da sua existência.

Essa reavaliação tem sido, para os indivíduos como para as unidades familiares, tão profunda, à sua maneira, como foram os esforços de Santo Agostinho, Calvino, Rousseau, Smith, Mill, Marx e Freud para entender como, num mundo governado por Deus, pela razão, pelo interesse próprio, pela paixão ou pela iniciativa comunitária, uma vida individual devia ser vivida. No imediato pós-guerra o objetivo da vida era a segurança coletiva no âmbito de uma sociedade bem regulada. A repentina afluência das décadas de 1960 e 1970 significou que os jovens conseguiram e foram incentivados a se desvencilhar das restrições da sociedade, incluindo os seus imperativos econômicos. Os estudantes deviam aprender por aprender, e os ganhos econômicos para si próprios e suas economias nacionais eram secundários ou indignos de consideração. O sustento dos desempregados e aposentados por meio de benefícios, pensões e moradia social de boa qualidade era tido como pacífico; as pessoas podiam viver suas vidas como indivíduos sociais, não como peças de um implacável mecanismo industrial.

Na nova economia, tudo isso mudou novamente. Com a drástica redução das pensões, moradias e serviços públicos, o cidadão ocidental foi obrigado a pensar em si mesmo como uma unidade econômica e encarar a própria vida como um exercício de planejamento financeiro. Na Grã-Bretanha e nos Estados Unidos os pais de classe média têm de começar a poupar, desde o nascimento dos filhos, para arcar com a sua educação superior, que mesmo assim lhes deixará com grandes dívidas. Eles precisarão, então, não apenas de empregos bem remunerados para saldar essas dívidas, como de empréstimos para comprar, suas casas e poupanças para ter acesso a pensões decentes. Deixar de cumprir alguma dessas etapas ou permitir que qualquer coisa as ameace causará sérios problemas ao cidadão moderno. Embora soe como simples bom-senso financeiro, isso representa uma mudança espantosa em nossa percepção de nós mesmos e do mundo que nos rodeia.

UM DOS grandes paradoxos da etapa atual é o fato de os Estados-nação terem usado seu poder para criar uma situação em que seu poder acabou, em última análise, reduzido. Contrariando a tendência do mundo anglo-saxão, a França em 1980 elegeu para a presidência François Mitterrand, um socialista da velha escola, que aplicou imediatamente uma série de políticas destinadas a transformá-la num país socialista — aumento do gasto público e dos impostos, nacionalização de indústrias e assim por diante. Mitterrand parecia não entender, porém, o grau em que o mundo havia mudado na década anterior. A desregulação do movimento de capitais propiciou que bancos de investimento descontentes vendessem seus ativos em moeda francesa, instituições e empresas. Uma colossal fuga de capitais obrigou o governo francês a voltar atrás. Os governos da França, Alemanha, Escandinávia e Países Baixos seguiam acreditando no investimento governamental na infraestrutura e na indústria — de uma forma que a Grã-Bretanha e os Estados Unidos haviam tentado abandonar, mas o episódio Mitterrand deixou claro uma verdade que permanecera oculta dentro do novo sistema econômico global: nenhum governo podia agir sem o assentimento dos mercados financeiros, e esses (assim como o FMI, o Banco Mundial, a OCDE, a OIC e outras organizações internacionais) favoreciam decididamente as economias nacionais que privatizavam os serviços públicos e cortavam gastos governamentais.

O declínio do poder do Estado-nação ocasionado pela desregulação dos mercados financeiros aconteceu sem qualquer discussão pública sobre a perda da soberania e da identidade nacionais. O fato de os governos nacionais dependerem de grupos dedicados a comprar e vender divisas e ações, em sua maior parte para ganho imediato, mereceu pouco comentário ou oposição organizada. Apenas aconteceu. A tarefa dos ministros das Finanças era convencer os mercados de que podiam lhes dar tudo o que queriam sem prejuízo da sua própria agenda política severamente limitada. Em contraste, a integração dos países europeus em uma União Econômica e Monetária provocou um longo e furioso debate sobre, precisamente, as questões de identidade nacional e soberania que haviam anteriormente sido deixadas de lado.

Na década de 1990, as economias do Ocidente receberam a companhia, no mercado global, dos países ex-comunistas da Europa Oriental, dos países da Bacia do Pacífico — Japão (já uma grande economia ocidental), Coreia do Sul, Indonésia, Malásia e China —, além dos regimes recém-democratizados da América Latina. Grandes países como a Índia e o Brasil foram seduzidos a ingressar no mercado global desregulado por meio de uma combinação de incentivo e ameaça. Os únicos países excluídos foram as ex-colônias da África subsaariana, assoladas pela pobreza, e as ditaduras dinásticas do mundo árabe. A maior parte do mundo passou a constituir um único mercado global. Dito de outra forma, o mundo inteiro se tornava ocidental.

A abertura do comércio mundial e a extensão dos direitos de patente seguiram a ubiquidade das corporações transnacionais. Além da onipresença de automóveis Ford, General Motors e Toyota, todas as grandes avenidas das cidades moderadamente afluentes do mundo têm uma loja do McDonald's, do Burger King, da Starbucks e da Disney, da mesma forma como todo mundo usa programas e sistemas operacionais da Microsoft. A inexorável colonização de suas ruas principais deu a muitas cidades uma enervante mesmice. Os estilos construtivos, as lojas e as mercadorias se tornaram desalentadoramente uniformes.

As preocupações com o poder corporativo e a crescente padronização da vida vieram ao primeiro plano com a nova tecnologia genética. O genoma humano foi mapeado e a intervenção na estrutura genética dos organismos se tornou um procedimento usual entre cientistas competentes: em 1997 nasceu em Edimburgo a ovelha Dolly, o primeiro animal clonado por meio de tecnologia genética. Apesar do aceno para a possibilidade de eliminação de doenças genéticas de humanos e animais domésticos, a perspectiva de alteração genética de embriões humanos para gerar bebês "de grife" ou eliminar deficiências físicas e mentais coloca em questão o entendimento que temos do significado da nossa humanidade.

A nova economia necessita que a desregulação dos mercados abranja o mundo inteiro tendo em vista que qualquer resistência reduziria a sua eficiência teórica. Esse amplexo ou incorporação (dependendo do ponto de vista) foi imensamente ajudado pela renovação da crença de que a sociedade ocidental é a mais avançada do mundo. Está implícito que todas as outras, sem exceção, hão de se beneficiar com as lições duramente aprendidas pelo Ocidente sobre como governar o país, dirigir a economia, estruturar o Judiciário e construir linhas de produção. Não bastasse virar pelo avesso as lições sobre a catástrofe que o Ocidente fez desabar sobre o mundo em 1914 e 1939, deixou-se de lado a ideia de que outros povos podem não desejar sociedades como a nossa. Em 6 de junho de 2004, 60º aniversário do Dia D, Tony Blair disse que "(...) havia um claro entendimento de que os valores defendidos pela Grã-Bretanha — assim como pelo restante da Europa e Estados Unidos — deveriam ser um farol para o futuro da humanidade". O desejo de levar os valores ocidentais ao restante da humanidade, inclusive os elementos resistentes dentro do próprio Ocidente, pela força, se necessário, ressurgiu.

SE SÃO ESSES o objetivo explícito da sociedade ocidental e a filosofia daqueles que conduzem os seus passos, qual foi, por outro lado, a reação do mundo e qual é a resposta da sociedade humana? Noventa e seis países se reuniram no Uruguai, em 1986, com o objetivo de forjar um acordo de redução de tarifas industriais e subsídios agrícolas, garantia dos direitos de propriedade intelectual e regulamentação dos investimentos e serviços. A chamada Rodada Uruguai, que levou sete anos para se completar, terminou em 1993 com a criação da Organização Internacional do Comércio (OIC). Logo se tornou claro que os acordos da OIC foram pesadamente desiguais. Os países em desenvolvimento assinaram os acordos de proteção dos direitos de patente e abriram seus mercados e serviços aos países do Primeiro Mundo em troca de promessas — jamais cumpridas — de redução sustentada dos subsídios agrícolas e livre acesso aos mercados do mundo industrializado. Um preço elevado, dado que os direitos de propriedade intelectual e serviços financeiros se tornaram ingredientes críticos da economia mundial. Direitos de patente e de imagem da marca significam que um tênis fabricado na Indonésia ao custo de alguns centavos em matéria-prima e mão de obra pode ser vendido em Nova York ou Paris por 100 dólares, sendo toda a diferença feita no Ocidente (e os benefícios, não por acaso, destinados aos seus executivos e acionistas, não aos seus trabalhadores). Na Índia, México e África do Sul os fabricantes locais não têm permissão para produzir genéricos de remédios para malária e Aids, cujas patentes são controladas por companhias farmacêuticas ocidentais.

De modo geral, a segunda fase da história do pós-guerra tem sido muito menos generosa para com os países pobres do que a primeira. No começo da década de 1960 os países ricos gastaram 0,48% de sua renda em ajuda; em 2003, a média foi 0,23%; e embora em 1970 todos os países do Ocidente tenham se comprometido em aumentar a ajuda para 0,7% do PIB, nenhum país do G8, o grupo dos mais ricos do mundo, cumpriu a promessa. Em 1980, a razão entre a produção anual de um cidadão europeu ocidental e um trabalhador da África subsaariana era de 15 para 1; em 1998, passou a ser de 70 para 1. A proximidade com a extrema riqueza e a tecnologia avançada destrói a economia e as estruturas sociais dos países mais pobres, ao passo que a descoberta de algo valioso para o Ocidente — petróleo, diamantes, cobre — é motivo de distúrbios e, em muitos casos, guerras.

A reação ao tratamento injusto dos países em desenvolvimento, o poder onipresente e irrestrito das companhias transnacionais e a aparente incapacidade dos governos de fazerem qualquer coisa para deter a degradação ambiental do planeta atingiram um clímax no encontro da Organização Internacional do Comércio em Seattle, em dezembro de 1999. Milhares de manifestantes de todo o mundo em desenvolvimento e industrializado manifestaram aos delegados a sua crescente insatisfação. Não obstante o estardalhaço dos protestos, a interrupção da reunião se deveu ao abandono dos ministros de Comércio africanos em protesto contra tergiversações na questão dos subsídios agrícolas. O mundo em desenvolvimento começou a achar que nenhum acordo era melhor do que um mau acordo.

Na reunião seguinte da OIC, em Cancún, México, em 2003, o mundo foi dividido em três grupos: Estados Unidos e União Europeia; países de renda média, como Brasil, México, China, África do Sul, Índia e Indonésia; países com pouca ou nenhuma base industrial, dependentes da agricultura e da venda de matérias-primas e *commodities* para obtenção de divisas — fundamentalmente a África subsaariana. A surpresa em Cancún foi a ascensão dos países de renda média como força real e unida. Descontentes com as reiteradas evasivas dos Estados Unidos e União Europeia na questão dos subsídios agrícolas, eles causaram a interrupção do encontro com o expediente simples de se retirarem. Depois de Cancún, o Ocidente já não se pode considerar dono do mercado global.

A retirada de Cancún foi expressão de uma verdade mais ampla: a despeito das aparências, os países recém-industrializados não sentem nenhuma necessidade de seguir os modelos ocidentais de capitalismo. A despeito de sua história recente, China, Rússia, Índia, Brasil e México têm tradições comerciais consolidadas e muito diversas das que existem nos Estados Unidos, Grã-Bretanha, Alemanha e França. Há claros sinais de que esses países vêm buscando caminhos próprios para se tornarem economias industriais e financeiras. O mundo não está, na verdade, se ocidentalizando; o resto do mundo é que parece estar se libertando da subserviência ao Ocidente usando tecnologia ocidental. Não por acaso o cinema, a forma de arte mais importante do último século, tem recebido novas energias da Ásia e da América latina.

Privados de seus alicerces emocionais de lugar e costume, os cidadãos das sociedades mais afetadas pela nova economia se voltam em número cada vez maior para a religião. A sociedade, cada vez mais móvel e desconectada do mundo natural, vem deixando um vazio espiritual que é preenchido pelas crenças evangélicas. O apelo de massa e o poder político do cristianismo evangélico cresceram de maneira notável nos Estados Unidos e até a tradicionalmente inclusiva Igreja Anglicana da Grã-Bretanha enfrenta divisões geradas pela ascensão do fundamentalismo cristão. A livre disseminação da globalização por todo o mundo tem colocado outras culturas sob pressão. Para os povos do Oriente Médio, como para os imigrantes muçulmanos na Europa, o Islã tem assumido uma importância cada vez maior. Na década de 1970, os movimentos políticos palestinos eram inteiramente seculares; hoje são todos islâmicos. Jovens muçulmanos cujos pais pretendiam abraçar o secularismo em seus países ocidentais de adoção se voltam em número crescente para a religião.

OS CIDADÃOS ocidentais têm experimentado outras maneiras de contrabalançar a lógica do livre-mercado. Quando uma importante via urbana de Copenhague foi fechada ao tráfego para um evento cultural em 1973, lojas, cafés e bares, inicialmente relutantes, acabaram surpreendidos com o súbito aumento dos negócios. O bloqueio se tornou permanente. Outras vilas e cidades cujos antigos centros viviam apinhados de automóveis seguiram o exemplo. Transformados em áreas exclusivas para pedestres, os centros das cidades foram transformados em lugares agradáveis onde as antigas virtudes da interação humana, os encontros inesperados e os prazeres ocasionais puderam reviver. A cidade ocidental começou a se ver de um modo diferente.

Para quem quis ver, tornou-se claro que as pessoas valorizam acima de tudo em suas cidades o sentimento de continuidade e de história. As cidades não são apenas lugares de existir, mas representações físicas do tecido social construídas, camada após camada, ao longo de gerações. A afeição das pessoas por suas cidades é uma complexa combinação de memória, orgulho e senso de pertencimento. No século XX, os espaços públicos de milhares de cidades se tornaram degradados e inapelavelmente feios; o mais precioso elemento da constituição física das cidades foi totalmente ignorado. Combinada à revitalização da vida cultural, a recuperação dos espaços públicos foi uma forma notavelmente bem-sucedida de recuperar a prosperidade econômica e social das cidades e melhorar a vida de seus habitantes.

Baltimore, Glasgow, Milwaukee, Barcelona, Marselha, Manchester e uma série de outras cidades que experimentavam espirais de abandono e degradação conseguiram reverter a situação, transformando-se em lugares onde as pessoas queriam viver. O renascimento da cidade ocidental só pôde acontecer quando se deu (ou devolveu) aos cidadãos o poder sobre seu destino. Isso significou um recuo consensual do Estado central, processo que, na Europa, tem recebido a ajuda da União Europeia. Durante décadas, as necessidades das cidades provinciais de boa parte do continente foram relegadas a um plano secundário pelos governos nacionais; na década de 1990, porém, deixaram de pedir ajuda a Londres, Paris e Madri e foram direto a Bruxelas. Num claro eco de seu passado pré-nacional medieval, a Europa vem deixando, pouco a pouco, de ser um continente de Estados-nação para se tornar um continente de cidades-Estado e regiões. Apoiados pela imprensa metropolitana, os governos nacionais reagiram contra isso. Não obstante, para os cidadãos da Catalunha, ou de Newcastle upon Tyne, de Marselha e da Calábria, uma forte autonomia regional e cívica apoiada por uma infraestrutura de alcance europeu pode ser mais vantajosa do que o domínio da capital nacional. Os movimentos em prol da proteção ecológica, dos alimentos locais e da preservação de edifícios, costumes e idiomas são parte do mesmo desejo de promover a diversidade contra a padronização e de se recriarem os atributos especiais de determinados lugares. Essa mudança de atitude resulta também do interesse próprio: os líderes ocidentais promovem a globalização, mas seus cidadãos veem sua prosperidade e seus costumes ameaçados. O ceticismo em relação ao progresso mencionado no prólogo é fruto do temor profundo de um futuro que parece cada vez mais fora de controle. Pela primeira vez em várias gerações, o futuro parece reservar algo pior do que o presente.

Alguns sinais parecem indicar que a cultura ocidental começou, na última década, a refletir as tensões entre a padronização global e os costumes locais. À medida que a cultura mecanicamente produzida e centralmente dirigida começa a se enfraquecer, e que os Estados Unidos perdem a sua proeminência como árbitro cultural, os produtos e atividades culturais localmente vinculados se tornam pouco a pouco mais valorizados. O valor de uma obra de arte provém, precisamente, da impossibilidade de sua reprodução universal por meios mecânicos. Nessa situação surge um novo papel para o artista, que já não tem necessidade de trabalhar isolado, reagindo exclusivamente a impulsos e sugestões da própria mente. Ele agora pode reagir a incumbências e a espaços particulares, trabalhar em colaboração, mergulhar nas tradições de uma localidade. Embora já isso venha ocorrendo em esculturas públicas, instalações e apresentações ao vivo, parece provável que se espalhe para formas de arte como o cinema, em que as novas tecnologias permitem a produção de filmes a custos relativamente baixos.

As mudanças na tecnologia continuam deixando boa parte da arte de museu e de base literária a se debater na esteira da cultura popular. O contínuo aviltamento social e econômico da comunidade negra nos Estados Unidos explica o que já se sabe há muito tempo — a sociedade afro-americana é a fonte da esmagadora maioria das inovações culturais do Ocidente. Depois de décadas de adaptação da música, dança e voz negras para torná-las acessíveis ao público branco, hoje a música negra não reconstruída dos EUA urbanos é a trilha sonora da vida dos jovens ocidentais. E enquanto os ocidentais instruídos comparecem religiosamente às galerias de arte moderna para ver as obras de videoartistas, fusões espantosamente inovadoras de som e imagem estão sendo criadas, uma vez mais, por cineastas norte-americanos negros — vídeos *pop*, como o filme de Hype Williams para "I Can't Stand the Rain", exibidos para um público de milhões.

EXISTEM alguns sinais de que os filósofos, em vez da tradicional análise abstrata em busca de leis universais, têm estado mais interessados em entender os limites da sua disciplina. Ludwig Wittgenstein, que durante a Segunda Guerra Mundial deixou de ensinar para trabalhar como porteiro de hospital, se impacientava com a crença fundamental de seus colegas, a de que a filosofia trouxera conhecimentos a respeito do mundo que já não estavam disponíveis ao restante da humanidade. A tarefa da filosofia, afirmou Wittgenstein, é a dissolução dos problemas filosóficos. O filósofo britânico Bernard Williams disse que os experimentos mentais que estão na raiz de boa parte da filosofia da moral (por exemplo, é certo matar uma pessoa para salvar dez?) são inúteis porque ignoram completamente a experiência vivida e as complexidades da existência real que todos aportamos às escolhas que fazemos. Esses e outros filósofos nos levaram de volta aos primórdios do pensamento ocidental (descritos no Capítulo 3) e colocaram em questão a sua premissa fundamental.

NO COMEÇO deste capítulo eu mencionei que o significado da expressão *civilização ocidental* está em questão. Talvez seja mais exato dizer que ganhou um novo significado. Qual seria, então, esse novo significado e como poderia nos ajudar a responder a pergunta "o que é civilização?", colocada no começo do livro? O que precisamos nos perguntar agora é o que a história do Ocidente esboçada nestas poucas centenas de páginas nos diz a respeito da nossa civilização.

Existem duas respostas para essa pergunta. A primeira é que a história das últimas poucas décadas nos mostra que a liderança ocidental tem se dedicado intensamente a promover uma visão de certeza moral que divide o mundo entre o bem e o mal. Não é de surpreender que o conceito de civilização tenha sido ressuscitado e utilizado para promover essa visão. Devemos (ou fomos ensinados a) ver o mundo de um modo claro, nítido e destituído de ambiguidades, em que a civilização representa o bem e o caos; a anarquia e o terror representam o mal. E o que nos cabe fazer é usar um para derrotar o outro.

A segunda resposta é mais sutil e leva em conta a totalidade da história do Ocidente. É claro que, desde a sua invenção no século XV e sua adoção formal trezentos anos depois, a civilização passou a ser a história que contamos a nós mesmos para assegurar o nosso lugar no mundo. De sua criação pelos gregos e romanos, passando pela Grande Cadeia da História até a aliança contra o nazismo, a ideia de civilização tem servido para unir os ocidentais como um sistema comum de crenças e história. Está claro também, que a história da civilização que hoje nos é contada simplesmente não é crível. Existe um profundo descompasso entre a retórica simplista do bem e do mal, da superioridade dos valores ocidentais e da necessidade histórica de levá-los a todas as partes do planeta e as experiências, esperanças e desejos reais dos ocidentais. Essa história confortante que nos ensina que, independentemente dos altos e baixos, seguimos uma direção certa e inevitável é algo em que já não acreditamos.

Persiste, especialmente entre os ocidentais liberais, a crença de que vivemos uma crise de curto prazo gerada pela compaixão hipócrita de alguns líderes. Existe até mesmo a ideia de que a situação atual foi criada por ideias irracionais de fundo religioso e que uma saudável dose de racionalismo nos reconduzirá à direção correta. Todavia, a história dos últimos 2.500 anos, e dos últimos 150 em especial, mostra que isso é uma ilusão. A crença fundamental do Ocidente na existência de maneiras racionais e amplamente beneficiosas de se organizar o mundo está na raiz de todas as catástrofes não naturais que nos tem assolado; não obstante, muitos ainda creem que temos o dever sagrado de levar nossos sistemas simplistas, universalizantes e "progressistas" de governo, economia, educação, política, justiça e moral a todos os recantos de todas as sociedades do planeta. A incômoda verdade que precisamos enfrentar é: essa crença é tão perigosa para a humanidade quanto a conquista militar. Somente a enfrentando com honestidade poderemos chegar a um verdadeiro entendimento do que significa a civilização.

A caravana da padronização universal avança, trazendo riqueza e poder para alguns e pobreza e desenraizamento para muitos. Enquanto isso, os cidadãos do Ocidente fazem o que podem para conviver com seu sentimento de perda e construir vidas relevantes produzindo arte evocativa da sua verdadeira humanidade. O que é, pois, a civilização ocidental: a busca implacável de um significado universal, a contínua emasculação das vidas e dos espíritos pelo maquinismo e pela padronização ou **a** sua compensação — os bens criados e as vidas vividas?

# AGRADECIMENTOS, REFERÊNCIAS E LEITURAS ADICIONAIS

SE A CONCEPÇÃO deste livro é de minha exclusiva responsabilidade, sua gestação e nascimento não teriam sido possíveis sem o apoio, o incentivo e a crítica construtiva de meus editores, Will Sulkin e Jörg Hensgen, cujo conhecimento e experiência me ajudaram a me orientar em meio às exigências potencialmente esmagadoras do tema — uma verdadeira colaboração.

Há várias razões pelas quais eu não indico uma bibliografia abrangente sobre a civilização ocidental. O tema é tão vasto que tal bibliografia seria não apenas imensa quanto praticamente inútil. Quem tem acesso a um computador pode hoje pesquisar, por exemplo, o catálogo completo da Biblioteca Britânica, que fornece informações bibliográficas detalhadas sobre quase todas as obras publicadas em inglês (e muitas outras), propiciando aos leitores rastrear livros com facilidade. Além disso, muitos textos relevantes para este livro são obras clássicas disponíveis em uma variedade de coleções, como a Penguin Classics e a Oxford World Classics, todas com introduções modernas. Dado que os produtos culturais da civilização ocidental se encontram à nossa volta, pareceria ocioso e seletivo listar obras literárias num livro que inclui referências à pintura, arquitetura, cinema e outras formas de arte. Por isso, embora eu me refira, no texto, a um ou outro romancista, por exemplo, não achei necessário listar suas obras nesta seção.

Por todas essas razões eu apenas apresento, para cada capítulo, uma pequena lista de livros que ou são particularmente relevantes ou foram diretamente citados, mencionando, onde apropriado, a edição moderna de uma obra clássica ou contemporânea. Além disso, listo a seguir alguns livros recentes ou recém-reeditados, facilmente disponíveis em brochuras e que podem ser de interesse do leitor geral. A primeira lista contém livros que tratam de todas as fases da história ocidental e a segunda contém obras de destaque sobre períodos particulares.

**Obras gerais**
Hugh Brogan (1999) *History of the USA*, 2ª edição, Penguin, Londres
John Carey (ed.) (1987) *Faber Book of Reportage*, Faber, Londres
Norman Davies (1996) *Europe: A History*, Pimlico, Londres
Ernst Gombrich (1995) *The Story of Art*, 16ª edição, Phaidon, Londres
John Gray (2002) *Straw Dogs: Thoughts on Humans and Other Animals*, Granta, Londres
Peter Hall (1998) *Cities in Civilization*, Phoenix, Londres
Eric Hobsbawm e Terence Ranger (eds.) (1983) *The Invention of Tradition*, Cambridge University Press, Cambridge
John Keegan (1993) *The History of Warfare*, Pimlico, Londres

**Livros recentes sobre temas específicos pela ordem cronológica aproximada do período abrangido**
Barry Cunliffe (2001) *Facing the Ocean: The Atlantic and Its Peoples*, Oxford University Press, Oxford
Roberto Calasso (1993) *The Marriage of Cadmus and Harmony*, Jonathan Cape, Londres
Peter Brown (2003) *The Rise of Western Christendom*, 2ª edição, Blackwell, Oxford
Robert Bartlett (1993) *The Making of Europe: Conquest, Colonization and Cultural Change, 930-1350*, Allen Lane, Londres
Lauro Martines (2002) *Power and Imagination: City-States in Renaissance Italy*, 2ª edição, Pimlico, Londres
Diarmaid MacCullough (2003) *Reformation: Europe's House Divided, 1490-1700*, Penguin, Londres
Michael Bogdanov (2003) *Shakespeare: The Director's Cut*, Volume I, Capercaille, Edimburgo
John Gray (1998) *False Dawn: The Delusions of Global Capitalism*, Granta, Londres
John Carey (1992) *The Intellectuals and the Masses*, Faber, Londres
Lawrence Rees (1997) *The Nazis: A Warning from History*, BBC, Londres
George Evans (1962, reeditado em 1999) *Ask the Fellows Who Cut the Hay*, Faber, Londres
Nik Cohn (1967) *Awopbopaloobop alopbamboom: Pop from the Beginning*, Paladin; reeditado pela Pimlico, Londres, 2004

Steven Jay Schneider (ed.) (2003) *1001 Movies You Must See Before You Die*, Cassell, Londres

National Commission on Terrorist Attacks upon the United States (2004) *The 9/11 Commission Report*, Norton, Nova York

**Prólogo**

Fernand Braudel (1993) *A History of Civilizations*, Penguin, Nova York e Londres
Peter Brown (1967) *Augustine of Hippo*, Faber, Londres
Henry Buckle (1857-61) *History of Civilisation in England*, Parker & Son, Londres
Jacob Burckhardt (1869) *The Civilization of the Renaissance in Italy*, Phaidon, Londres
Kenneth Clark (1969) *Civilisation*, BBC; John Murray, Londres
Norman Davies (1996) *Europe: A History*, Pimlico, Londres
Jared Diamond (1997) *Guns, Germs and Steel*, Jonathan Cape, Londres
Richard J. Evans (1997) *In Defence of History*, Granta, Londres
Felipe Fernández-Armesto (2000) *Civilizations*, Macmillan, Londres
Orlando Figes (1996) *A People's Tragedy*, Pimlico, Londres
Sigmund Freud (1930) *Civilization and Its Discontents*, Penguin Freud Library, Volume 12, Londres, 1985
P.D. James (1990) *The Omnibus P.D. James*, Faber, Londres
John Keegan (1993) *The History of Warfare*, Pimlico, Londres
Ian McDonald (1995) *Revolution in the Head: The Beatles' Songs and the Sixties*, Pimlico, Londres
Christian Meier (1999) *Athens: A Portrait of the City in Its Golden Age*, Pimlico, Londres
John Stuart Mill (1859) *On Liberty and Other Essays*, Oxford University Press, Oxford, 1991
W.C. Sellar e R.J. Yeatman (1930) *1066 and All That*, Methuen, Londres; reeditado por Sutton, Stroud, 1993
Oswald Spengler (1918, 1922; tradução inglesa de 1926) *The Decline of the West*, 2 volumes, Knopf, Nova York
Robert Tignor et al. (2002) *Worlds Together, Worlds Apart*, Norton, Nova York e Londres
Arnold Joseph Toynbee (1934-54) *A Study of History*, 10 volumes, Oxford University Press, Oxford

**Capítulo 1: No Começo**

Françoise Audouze e Olivier Büchsenschütz (1991) *Towns, Villages and Countryside of Celtic Europe*, Batsford, Londres

Júlio César, *A Conquista da Gália*, Penguin, Harmondsworth, 1951
Kevin Crossley-Holland (1980) *Norse Myths: Gods of the Vikings*, Penguin, Londres
Barry Cunliffe (1997) "In Search of the Celts", em Nora Chadwick (1971; edição de bolso de 1997), *The Celts*, Penguin, Londres
Barry Cunliffe (2001) *Facing the Ocean: The Atlantic and Its Peoples*, Oxford University Press, Oxford
Daniela Dueck (2000) *Strabo of Amasia: A Greek Man of Letters in Augustan Rome*, Routledge, Nova York e Roma
Frank Kermode (1967) *The Sense of an Ending: Studies in the Theory of Fiction*, Oxford University Press, Nova York
Lloyd Laing (1980) *The Origins of Britain*, Routledge, Londres
*The Mabinogion*, tradução de Gwyn Jones e Thomas Jones, Everyman, Londres, 1989; revisado em 1993
Steven Mithen (2003) *After the Ice: A Global Human History, 20000-5000 BC*, Phoenix, Londres
J. Porter (1995) *Anglo-Saxon Riddles*, Anglo-Saxon Books, Hockwold-cum-Wilton
Richard Rudgley (2002) *Barbarians: Secrets of the Dark Ages*, Channel Four, Londres
Tácito, *Germania*, Penguin, Harmondsworth, 1970

## Capítulo 2: Uma Torrente de Palavras

A. Andrewes (1977) "'Kleisthenes' Reform Bill", *Classical Quarterly*, 27, 241-8
Aristóteles, *The Constitution of Athens* e *The Politics*, Cambridge University Press, Cambridge, 1996
John Boardman (ed.) (1982-91) *The Cambridge Ancient History*, 2ª edição, Cambridge University Press, Cambridge
Roberto Calasso (1993) *The Marriage of Cadmus and Harmony*, Jonathan Cape, Londres
James Davidson (1997) *Courtesans and Fishcakes: The Consuming Passions of Classical Athens*, HarperCollins, Londres
Ésquilo, *Prometheus Boud* and other plays, Penguin, Londres, 1961
Simon Garfield (2001) *Mauve*, Norton, Nova York
Ernst Gombrich (1995) *The Story of Art*, 16ª edição, Phaidon, Londres
Robert Graves (1960) *The Greek Myths*, Penguin, Londres
Allan Haley (1995) *Alphabet: The History, Evolution and Design of the Letters We Use Today*, Thames and Hudson, Londres
B.R. Haydon (1847) *Autobiography and Journals*, citado em John Carey (ed.), *Faber Book of Reportage*, Faber, Londres, 1987
Heródoto, *The Histories*, Penguin, Londres, 1996

# REFERÊNCIAS E LEITURAS ADICIONAIS

Homero, *The Iliad*, Penguin, Harmondsworth, 1950
Homero, *The Odissey*, Penguin, Harmondsworth, 1946
Robert K. Logan (1986) *The Alphabet Effect*, Morrow, Nova York
Christian Meier (2000) *Athens: A Portrait of the City in Its Golden Age*, Pimlico, Londres
Sabine Oswalt (1969) *Greek and Roman Mythology*, Collins, Glasgow and Follett, Chicago
Sófocles, *The Three Theban Plays*, introdução de Bernard Knox, Penguin, Londres, 1982
Tucídides, *History of the Peloponnesian War*, Penguin, Harmondsworth, 1972
W.E. Thompson (1971) "'The deme in Kleisthenes' reforms", *Symbolae Osloenses*, 46, 72-9
B. Warmington (1960) *Carthage*, Pelican, Londres

## Capítulo 3: O Nascimento da Abstração

(Todas as obras remanescentes de Platão e Aristóteles estão moderadamente disponíveis em coleções como a Penguin Classics e a Loeb Classical Library. Obras remanescentes de outros filósofos gregos podem ser encontradas em Barnes.)

Jonathan Barnes (1987) *Early Greek Philosophy*, Penguin, Londres
Paul Cartledge (1999) *Democritus*, Routledge, Londres
Benjamin Farrington (1944) *Greek Science*, Penguin, Harmondsworth
Michael Grant (1982) *From Alexander to Cleopatra: The Hellenistic World*, Weidenfeld, Londres
John Gray (2002) *Straw Dogs: Thoughts on Humans and Other Animals*, Granta, Londres
R.M. Hare (1982) *Plato*, Oxford University Press, Oxford
John Keegan (1993) *The History of Warfare*, Pimlico, Londres
Karl Popper (1945) *The Open Society and Its Enemies, Volume 1: The Spell of Plato*, Routledge, Londres
Giorgio di Santillana (1961) *The Origins of Scientific Thought*, New American Library, Nova York
F.W. Walbank (1992) *The Hellenistic World*, 3ª impressão, Fontana, Londres
Xenofonte, *A History of My Times (Hellenica)*, Penguin, Londres

## Capítulo 4: A Civilização Universal

Cícero, *Murder Trials*, Penguin, Harmondsworth, 1975
Cícero, *On the Good Life*, Penguin, Harmondsworth, 1971
T.J. Cornell (1995) *The Beginnings of Rome: Italy and Rome from the Bronze Age to the Punic Wars, c.1000-263 BC*, Routledge, Londres

Edward Gibbon, *The History of the Decline and Fall of the Roman Empire*, Penguin, Londres, 1996
Peter Hall (1998) *Cities in Civilization*, Phoenix, Londres
Ted Hughes (1997) *Tales from Ovid*, Faber, Londres
Lívio, *The Early History of Rome*, Penguin, Londres, 2002
Marco Aurélio, *Meditations*, Penguin, Harmondsworth, 1964
Plutarco, *The Lives of the Noble Greeks and Romans*, Bodley Head, 1864
I.A. Richmond (1963) *Roman Britain*, 2ª edição, Penguin, Harmondsworth
Sêneca, *Letters from a Stoic*, Penguin, Harmondsworth, 1969
Tácito, *The Annals of Imperial Rome*, Penguin, Harmondsworth, 1956
Virgílio, *The Aeneid*, Penguin, Londres, 1990

**Capítulo 5: O Cristianismo segundo Santo Agostinho**

Peter Brown (1967) *Augustine of Hippo: A Biography*, Faber, Londres
Peter Brown (1995) *Authority and the Sacred: Aspects of the Christianisation of the Roman World*, Cambridge University Press, Cambridge
Robert Carroll e Stephen Prickett (1996) "Introduction: to the Bible as a book", em *The Bible, Authorized King James Version with Apocrypha*, Oxford University Press, Oxford
Eusébio, *The Proof of the Gospel (Demonstratio Evangelica)*, Londres, 1920
Keith Hopkins (1999) *A World Full of Gods: Pagans, Jews and Christians in the Roman Empire*, Phoenix, Londres
Brian Moynihan (2002) *The Faith: A History of Christianity*, Pimlico, Londres
Plínio, *Letters of the Younger Pliny*, Penguin, Harmondsworth, 1963
Suetônio, *Lives of the Twelve Caesars*, Wordsworth, Ware, 1997

**Capítulo 6: Religião como Civilização**

Robert Bartlett (1993) *The Making of Europe: Conquest, Colonization and Cultural Change, 930-1350*, Allen Lane, Londres
Bede, *The Ecclesiastical History of the English People*, Oxford University Press, Oxford, 1969
Peter Brown (1982) *Society and the Holy in Late Antiquity*, Faber, Londres
Peter Brown (2003) *The Rise of Western Christendom*, 2ª edição, Blackwell, Oxford
*The Cloud of Unknowing*, Penguin, Harmondsworth, 1961
Barry Cunliffe (2001) *Facing the Ocean: The Atlantic and its Peoples*, Oxford University Press, Oxford
H. Daniel-Rops (1959) *The Church in the Dark Ages*, Dent, Londres
Einhard, citado em Norman Cantor (ed.) (1963) *The Medieval World*, Macmillan, Nova York

Peregrine Horden e Nicholas Purcell (2005) *The Corrupting Sea: A Study of Mediterranean History*, Blackwell, Oxford

Albert Hourani (1991) *A History of the Arab Peoples*, Faber, Londres

Emmanuel le Roy Ladurie (1978) *Montaillou: Cathars and Catholics in a French Village 1294-1324*, Penguin, Londres

William Langland, *Piers Plowman: The Vision of a People's Christ*, Dent, Londres, 1912

Robert Latouche (1967) *The Birth of Western Economy: Economic Aspects of the Dark Ages*, 2ª edição, Methuen, Londres

Rosamund McKitterick (ed.) (2001) *The Early Middle Ages: Europe 400-1000*, Oxford University Press, Oxford

Paul E. Sigmund (ed.) (1988) *St Thomas Aquinas on Politics and Ethics*, Norton, Nova York e Londres

Preben Sorenson (1997) "Religions Old and New", em *Oxford Illustrated History of the Vikings*, ed. Peter Sawyer, Oxford University Press, Oxford

Henry Osborn Taylor (1901) *The Classical Heritage of the Middle Ages*, Harper and Row, Nova York, 1958

## Capítulo 7: Um Outro Modo de Vida

John Hutchinson e D.M. Palliser (1980) *York*, Bartholomew, Edimburgo

Maurice Keen (1968) *A History of Medieval Europe*, Routledge, Londres; Penguin, Londres, 1991

Michael Middleton (1987) *Man Made the Town*, Bodley Head, Londres

Lewis Mumford (1938) *The Culture of Cities*, Secker and Warburg, Londres

Josiah C. Russell (1972) "Population in Europe", in Carlo M. Cipolla (ed.), *The Fontana Economic History of Europe*, Volume I: *The Middle Ages*, Fontana, Glasgow

## Capítulo 8: Arte como Civilização

Kenneth R. Bartlett (ed.) (1992) *The Civilization of the Italian Renaissance: A Sourcebook*, Heath, Lexington e Toronto

John Berger (1972) *Ways of Seeing*, BBC e Penguin, Harmondsworth

Giovanni Boccaccio, *The Decameron*, Penguin, Harmondsworth, 1972

Michael Bogdanov (2003) *Shakespeare: The Director's Cut*, Volume I, Capercaille, Edimburgo

Gene Brucker (1969) *Renaissance Florence*, Wiley, Nova York e Chichester

Gene Brucker (1977) *The Civic World of Early Renaissance Florence*, Princeton University Press, Princeton

Peter Burke (1987) *The Italian Renaissance: Culture and Society in Italy*, 2ª edição, Polity, Cambridge

Kenneth Clark (1969) *Civilisation*, BBC e John Murray, Londres
Ernst Gombrich (1950, 1995) *The Story of Art*, 16ª edição, Phaidon, Londres
Lisa Jardine (1996) *Worldly Goods: A New History of the Renaissance*, Macmillan, Londres
Ross King (2000) *Brunelleschi's Dome*, Pimlico, Londres
Nicolau Maquiavel, *The Prince*, Penguin, Londres, 1999
Lauro Martines (2002) *Power and Imagination: City-States in Renaissance Italy*, 2ª edição, Pimlico, Londres
Giorgio Vasari. *Lives of the Artists*, Penguin, Harmondsworth, 1965

**Capítulo 9: Em Busca da Vida Cristã**

Norman Cantor (ed.) (1963) *The Medieval World*, Macmillan, Nova York
David Englander (ed.) (1990) *Culture and Belief in Europe 1450-1600*, Open University Press; Blackwell, Oxford
Erasmo, *Praise of Folly*, Penguin, Londres, 1994
Vivien Green (1998) *The European Reformation*, Sutton, Stroud
Diarmaid MacCullough (2003) *Reformation: Europe's House Divided, 1490-1700*, Penguin, Londres
François Rabelais, *Gargantua and Pantagruel*, Penguin, Harmondsworth, 1955
R.H. Tawney (1926) *Religion and the Rise of Capitalism*, John Murray, Londres: Penguin edition, 1990

**Capítulo 10: Reis, Exércitos e Nações**

M.S. Anderson (1988) *War and Society in Europe of the Old Regime, 1618-1789*, Leicester University Press, Leicester
Joseph Bergin (ed.) (2001) *The Seventeenth Century: Europe 1598-1715*, Oxford University Press, Oxford
John Brewer (1989) *Sinews of Power: War, Money and the English State 1688-1763*, Unwin Hyman, Londres, e Knopf, Nova York
Euan Cameron (ed.) (1999) *Early Modern Europe*, Oxford University Press, Oxford
Harif Kureishi (2005) "The arduous conversation will continue", *Guardian*, 19 de julho
Colin Martin e Geoffrey Parker (1999) *The Spanish Armada*, edição revisada, Mandolin, Manchester
Geoffrey Parker (1985) *The Dutch Revolt*, edição revisada, Penguin, Londres
Geoffrey Parker (1996) *The Military Revolution: Military Innovation and the Rise of the West, 1500-1800*, 2ª edição, Cambridge University Press, Cambridge
Clifford J. Rogers (ed.) (1995) *The Military Revolution Debate: Readings on the Military Transformation of Early Modern Europe*, Westview Press, Oxford

REFERÊNCIAS E LEITURAS ADICIONAIS 529

Frank Tallett (1992) *War and Society in Early Modern Europe, 1495-1715*, Routledge, Londres
Philip Bobbitt (2002) *The Shield of Achilles: War, Peace and the Course of History*, Knopf, Nova York, e Penguin, Londres
Hans Zinsser (1934) *Rats, Lice and History*, Little, Brown, Boston

**Capítulo 11: Nós e Eles**

Hugh Brogan (1999) *History of the USA*, 2ª edição, Penguin, Londres
Elwood Harvey (1853) em Harriet Beecher Stowe, *A Key to Uncle Tom's Cabin*, citado em John Carey (ed.), *Faber Book of Reportage*, Faber, Londres, 1987
Samuel Gridley Howe (1853), carta a Charles Sumner, citado em John Carey (ed.), *Faber Book of Reportage*, Faber, Londres, 1987
Bartolomé de las Casas (c.1542) *Brief Report on the Destruction of the Indians*, citado em John Carey (ed.), *Faber Book of Reportage*, Faber, Londres, 1987
John Lynch (1991) *Spain 1516-1598: From Nation State to World Empire*, Blackwell, Oxford
Antony Pagden (1993) *European Encounters with the New World*, Yale University Press, New haven e Londres
Geoffrey Parker (1995) *Philip II*, 3ª edição, Open Court, Chicago
Juan Ginés de Sepúlveda, *Democrates alter de justi belli apud Indos*, citado em David Englander (ed.) *Culture and Belief in Europe 1450-1600*, Open University Press; Blackwell, Oxford, 1990
Robert Tignor et al. (2002) *Worlds Together, Worlds Apart*, Norton, Nova York e Londres
James Walvin (1992) *Black Ivory: Slavery in the British Empire*, 2ª edição, Blackwell, Malden
James Walvin (1999) *The Slave Trade*, Sutton, Stroud
James Scott Wheeler (1999) *The Making of a World Power: War and the Military Revolution in Seventeenth-Century England*, Sutton, Stroud

**Capítulo 12: O Indivíduo Racional**

Citações de sir John Davies, Edward Sexby e do coronel Rainsborough podem ser encontradas em Wootton; Edmund Calamy é citado em Hilll.

Francis Bacon, *The Major Works*, Oxford University Press, Oxford, 1996
Euan Cameron (ed.) (1999) *Early Modern Europe*, Oxford University Press, Oxford
Stillman Drake e Israel Drabkin (1969) *Mechanics in Sixteenth-Century Italy*, University of Wisconsin Press, Madison
Stillman Drake (1980) *Galileo*, Oxford University Press, Oxford

René Descartes, *Discourse on Method and Other Writings*, Penguin, Londres, 1968
Galileu Galilei, *Two New Sciences*, Wall and Thompson, Toronto, 1989
Hugo Grotius, *A Grotius Reader*, T.M.C. Asser Instituut, Haia, 1983
Christopher Hill (1972) *The World Turned Upside Down*, Penguin, Londres
Thomas Hobbes, *Leviathan*, Penguin, Londres, 1981
John Locke, *Two Treatises of Government*, Everyman, Londres, 1993
Michel de Montaigne, *The Complete Essays*, Penguin, Londres, 1993
Thomas More, *Utopia*, Penguin, Londres, 1965
Steven Shapin (1996) *The Scientific Revolution*, University of Chicago Press, Chicago e Londres
Keith Thomas (1971) *Religion and the Decline of Magic*, Penguin, Londres
David Wootton (ed.) (1986) *Divine Right and Democracy: An Anthology of Political Writing in Stuart England*, Penguin, Londres

## Capítulo 13: Iluminismo e Revolução

Citações de Voltaire, Rousseau, Montesquieu e do Dr. Johnson podem ser encontradas em Hampson; Patrick Henry e Thomas Jefferson são citados em Brogan.

Hugh Brogan (1999) *History of USA*, 2ª edição, Penguin, Londres
Carl von Clausewitz, *On War*, Penguin, Londres, 1982
Bernard Crick (2002) *Democracy*, Oxford University Press, Oxford
Robert Darnton (1984) *The Great Cat Massacre and Other Episodes in French Cultural History*, Basic Books, Nova York
Benjamin Franklin, *The Autobiography and Other Writings*, Penguin, Nova York, 1986
Johann Wolfgang von Goethe, *The Sorrows of Young Werther*, Penguin, Londres, 1989
Norman Hampson (1968) *The Enlightenment: An Evaluation of Its Assumptions and Values*, Penguin, Londres
Colin Jones (2002) *The Great Nation: France from Louis XV to Napoleon*, Allen Lane, Londres
Sebastien Mercier, citado em Peter Martland (ed.) (2002) *The Future of the Past*, Pimlico, Londres
J.G. Millingen (c.1793), citado em John Thompson (1938), *English Witnesses of the French Revolution*, Oxford, Blackwell
Thomas Paine, *Rights of Man*, Wordsworth, Ware, 1996
Roy Porter (2000) *Enlightenment: Britain and the Creation of the Modern World*, Penguin, Londres
Jean-Jacques Rousseau, *The Social Contract*, Wordsworth, Ware, 1998

Laurence Sterne, *The Life and Opinions of Tristam Shandy, Gentleman*, Penguin, Londres, 2003
Laurence Sterne, *A Sentimental Journey*, Penguin, Londres, 2001
Lawrence Stone (1969) "Literacy and Education in England 1640-1900", *Past and Present*, 42
J.M. Thompson (1952) *Napoleon Bonaparte*, Blackwell, Oxford
Richard Twiss (1792) *A Trip to Paris*, citado em John Carey (ed.), *Faber Book of Reportage*, Faber, Londres, 1987
Giambattista Vico, *New Science*, Penguin, Londres, 1999
Voltaire, *Philosophical Dictionary*, Penguin, Londres, 1972
Voltaire, *Candide and Other Stories*, Oxford University Press, Oxford, 1990
Max Weber, *The Protestant Ethic and the Spirit of Capitalism*, Roxbury, Los Angeles and Blackwell, Oxford, 2002
William Wordsworth e Samuel Taylor Coleridge, *Lyrical Ballads*, Penguin, Londres, 1999

**Capítulo 14: Industrialização e Nacionalismo**

Citações de Earl Grey e lorde Salisbury podem ser encontradas em Cunningham.

Anônimo, citado em E.P. Thompson (1963) *The Making of the English Working Class*, Penguin, Londres
Lorde Henry Brougham (1838) *Spectator*, 7 de outubro
John Carey (1973) *The Violent Effigy: A Study of Dicken's Imagination*, Faber, Londres
J.D. Chambers e G.E. Mingay (1966) *The Agricultural Revolution, 1750-1880*, Batsford, Londres
Hugh Cunningham (2001) *The Challenge of Democracy, Britain 1832-1918*, Pearson, Harlow
John Gray (1998) *False Dawn: The Delusions of Global Capitalism*, Granta, Londres
Peter Mathias (1983) *The First Industrial Nation: The Economic History of Britain, 1700-1914*, 2ª edição, Routledge, Londres
Hippolyte Taine (1872) *Notes on England*, citado em John Carey (ed.) *Faber Book of Reportage*, Faber, Londres, 1987
E.P. Thompson (1963) *The Making of the English Working Class*, Penguin, Londres
David Thomson (1950) *England in the Nineteenth Century*, Penguin, Londres
Ian Watt (1957) *The Rise of the Novel*, Chatto, Londres
Igor Webb (1981) *From Custom to Capital: The English Novel and the Industrial Revolution*, Cornell University Press, Ithaca e Londres

## Capítulo 15: Das Colônias Rurais ao Continente Industrial

Citações de Thomas Jefferson, generais Carleton e Sheridan e John Logan podem ser encontradas em Carroll e Noble; citações dos discursos de Lincoln são tomadas de Van Doren Stern.

Edward L. Ayers (1992) *The Promise of the New South: Life after Reconstruction*, Oxford University Press, Nova York
Hugh Brogan (1999) *History of USA*, 2ª edição, Penguin, Londres
Dee Brown (1970) *Bury My Heart at Wounded Knee: An Indian History of the American West*, Holt, Rinehart and Winston, Nova York
Peter N. Carroll e David W. Noble (1988) *The Free and the Unfree: A New History of the United States*, 2ª edição, Penguin, Nova York
Henry Luce (1941) "The American Century", *Life*, 17 de fevereiro
Louis Menand (2001) *The Metaphysical Club*, Farrar, Strauss and Giroux, Nova York
William G. Roy (1997) *Socializing Capital: The Rise of the Large Industrial Corporation in America*, Princeton University Press, Nova York
Philip van Doren Stern (ed.) (1940) *The Life and Writings of Abraham Lincoln*, Random House, Nova York; Modern Library, 2000
Helen Hornbeck Tanner (1995) *The Settling of North America*, Macmillan, Nova York
Richard S. Tedlow (1991) *The Rise of the American Business Corporation*, Harwood, Nova York
Henry David Thoreau, *Walden* e *Civil Desobedience*, Penguin, Nova York, 1983
Alexis de Tocqueville, *Democracy in America*, Wordsworth, Ware, 1998
Walt Whitman, *Leaves of Grass and Other Writings*, Norton, Nova York e Londres, 2002

## Capítulo 16: Rumo ao Abismo

Citações de Thomas Macaulay e J.L. Garvin são de Thomson; Helmut von Moltke é citado em Bond.

Brian Bond (1983) *War and Society in Europe, 1870-1970*, Leicester University Press, Leicester
Carl von Clausewitz (1832) *On War*, Routledge, Londres, 1968
George Dangerfield (1936) *The Strange Death of Liberal England*, Constable, Londres
Mike Davis (2000) *Late Victorian Holocausts*, Verso, Londres
Paul Fussell (1975) *The Great War and Modern Memory*, Oxford University Press, Oxford
Henry James (1914), carta a Rhoda Broughton, citada em Frank Kermode e Anita Kermode (1995), *The Oxford Book of Letters*, Oxford University Press, Oxford

John Keegan (1993) *The History of Warfare*, Pimlico, Londres
John Stuart Mill, *On Liberty and Other Essays*, Oxford University Press, Oxford, 1998
Karl Polanyi (1944) *The Great Transformation: The Political and Economic Origins of Our Time*, Farrar and Rinehart, Nova York
Douglas Porch (2000) *Wars of Empire*, Cassell, Londres
Gerhrard Ritter (1969-73) *The Sword and the Scepter*, 4 vols., Allen Lane, Londres
David Thomson (1950) *England in the Nineteenth Century*, Penguin, Harmondsworth

## Capítulo 17: O Fim da Civilização

As citações de Calvin Coolidge e Herbert Hoover são de Curtis; Ernst Röhm é citado em Rees; Adolf Hitler em Kershaw.

Götz Aly e Susanne Heim (2002) *Architects and Annihilation: Auschwitz and the Logic of Destruction*, Weidenfeld, Londres
Dietrich Bonhoeffer, *Letters and Papers from Prison*, publicado postumamente por SCM Press, 1953
John Carey (1992) *The Intellectuals and the Masses*, Faber, Londres
E.H. Carr (1979) *The Russian Revolution: From Lenin to Stalin (1917-1929)*, Macmillan, Londres
Robert Conquest (1968, 1990) *The Great Terror: A Reassessment*, Pimlico, Londres
Robert Conquest (1986, 2002) *Harvest of Sorrow: Soviet Collectivisation and the Terror-famine*, Pimlico, Londres
Adam Curtis (2002) "The Century of the Self", série de TV apresentada pela BBC2 a partir de 17 de março de 2002
Orlando Figes (1996) *A People's Tragedy*, Pimlico, Londres
M.I. Finley (1975) *The Use and Abuse of History*, Pimlico, Londres
Sigmund Freud (1930) *Civilization and Its Discontents*, Penguin Freud Library, Volume 12, Londres, 1985
Patrick Gordon-Walker, citado em John Carey (ed.), *The Faber Book of Reportage*, Faber, Londres, 1987
Brigitte Hamann (1999) *Hitler's Vienna: A Dictator's Apprenticeship*, Oxford University Press, Nova York e Oxford
Eric Hobsbawm (1994) *The Age of Extremes: The Short Twentieth Century, 1914--1991*, Michael Joseph, Londres
Ian Kershaw (1998, 2000) *Hitler*, 2 vols., Alleen Lane, Londres
Victor Kravchenko (1946) *I Chose Freedom: The Personal and Political Life of a Soviet Official*, Scribner, Nova York

Primo Levi (1960) *If This Is a Man*, Orion, Londres
Primo Levi (1988) *The Drowned and the Saved*, Sphere, Londres
Rosa Luxemburgo (1961) *The Russian Revolution*, University of Michigan, Ann Arbor, 1961
Susan Neiman (2002) *Evil in Modern Thought: An alternative History of Philosophy*, Princeton University Press, Princeton
Lawrence Rees (1997) *The Nazis: A Warning from History*, BBC, Londres
Gerhard Ritter (1969-73) *The Sword and the Scepter*, 4 vols., Allen Lane, Londres
Mark Roseman (2002) *The Villa, the Lake, the Meeting: Wannsee and the Final Solution*, Allen Lane, Londres
Aleksandr Solzhenitsyn (1973-76) *The Gulag Archipelago: 1918-1956*, Harper and Row, Nova York
Frank J. Sulloway (1979) *Freud, Biologist of Mind*, Basic Books, Nova York
Slavoj Zizek (2005) "The Two Totalitarisms" *London Review of Books*, 27, 6 e 17 de março

## Capítulo 18: O Mundo do Pós-Guerra

David Anderson (2005) *History of the Hanged: Britain's Dirty War in Kenya and the End of Empire*, Weidenfeld, Londres
Tony Blair (2004), citado no *Observer*, 6 de junho
Hugh Brogan (1999) *History of the USA*, 2ª edição, Penguin, Londres
Peter N. Carroll e David W. Noble (1988) *The Free and the Unfree: A New History of the United States*, 2ª edição, Penguin, Nova York
Nik Cohn (1967) *Awopbopaloobop alopbamboom: Pop from the Beginning*, Paladin, Londres: reeditado por Pimlico, Londres, 2004
George Evans (1962) *Ask the Fellows Who Cut the Hay*, Faber, Londres
Ian MacDonald (1995) *Revolution in the Head: The Beatles' Songs and the Sixties*, Pimlico, Londres
Ray Monk (1990) *Ludwig Wittgenstein: The Duty of Genius*, Jonathan Cape, Londres
Wayne Northcutt (ed.) (1992) *Historical Dictionary of French 4th and 5th Republics 1946-1991*, Greenwood Press, Nova York e Londres
Oxfam (2004) *Paying the Price*, Oxfam Campaign Report, Oxford
Douglas Porch (2000) *Wars of Empire*, Cassell, Londres
Barbara Rose (1970) *American Painting: The Twentieth Century*, 2ª edição, Macmillan, Londres
Steven Jay Schneider (ed.) (2003) *1001 Movies You Must See Before You Die*, Cassell, Londres

# ÍNDICE

Aachen, Alemanha: complexo de palácios 165, 167, 183
abássida, califado 171
Abelardo, Pedro 159, 190, 237
Abissínia (ver Etiópia)
Absolutismo 313, 317-8
Ato de União (1706) 266
Actium, batalha de 107
Adamnán: *Vida de São Columba* 156
Adams, John, presidente dos EUA 341, 344
Adorno, Theodor W. 461
Aduátucos 111
Aegospotami, batalha de 76, 84
África (ver também África do Sul) 15, 31, 46, 109, 118-9, 141, 143, 170, 276, 394, 438, 491, 513, 515
  colonização europeia 15-6, 169, 177, 283-4, 439-40, 441-2, 443, 478
  escravos 25-6, 292-3, 294-5, 296-7, 298, 300, 343, 397-8, 399, 401-2, 403, 497
África do Sul 55, 479, 514-5
afro-americanos 296, 300, 402-3, 406, 415, 456, 492, 497-8, 499
  cineastas 518
  crime 499, 509
  Guerra Civil 397, 398, 400, 401-2, 403, 405, 407-8, 413, 433, e o
  movimento dos direitos civis 495-6, 497, 501, e a
  música 415, 493
  segregação 24, 406, 415, 478-9, 495-6, 497
Agamênon 77
Agelau 106
Agincourt, batalha de (1415) 255
Agostinho de Hipona, Santo 17, 127, 141-2, 146, 159, 167, 235-6, 238-9, 242, 244, 285, 303, 314, 317, 323, 427, 511
  crenças e ensinamentos 141-2, 143-4, 146, 336
  *Cidade de Deus* 128, 145
  *Confissões* 145
  *Sobre o Dom da Perseverança* 147
  *Sobre a Predestinação dos Santos* 146-7
Agostinho, S. (arcebispo de Canterbury) 156-7
Agricola, Júlio 113, 122

agricultura (ver também: cercamento de terras; propriedade fundiária) 39, 40-1, 43-4 45, 48, 74, 101, 268, 288, 292, 295-6, 319, 320, 325, 362, 367, 392, 405, 500
  coletivização soviética 459
  grega 61, 63
  medieval 162, 177, 184, 187-8, 201, 261
  merovíngia 160, 182
  norte-americana no pós-guerra 455, 486, 488
  romana 109, 110
  subsídios e países em desenvolvimento 514-5
Aidan 156
Aix-la-Chapelle (ver Aachen)
Alabama, EUA 24, 296, 393, 495-6, 497
alamanos 51, 161
Alarico, rei dos visigodos 143, 151, 179
Alberto, Carlos 384
Alberti, Leon Battista 306
Albigenses 175
Albrecht von Branderburg, cardeal 242-3
Alcibíades 76, 78
Alcuíno de York 165-6, 182
Alemanha (Estados germânicos) (ver também: Carlos Magno; francos; tribos germânicas; Adolf Hitler; Martinho Lutero; Prússia; guerras mundiais) 363, 373, 377, 383, 436, 467, 481
  atividades econômicas 269, 386, 487, 489, 504, 512, 516
  calvinismo 247
  cidades medievais 185, 201, 269
  cinema 505
  colonialismo 439-40, 442
  comunismo 450, 461, 482
  emigrantes aos EUA 289, 298
  exército 444, 446, 450, 468, 473
  fascismo (ver Partido Nazista) 466
  filósofos 326, 335, 422, 425, 428, 461, 511
  França e, 360, 384, 434, 444, 446
  Guerra dos Trinta Anos 261, 267
  Guerras Napoleônicas 360, e
  jornais 245
  judeus 468, 470-1, 474, 476-7, 479

literatura 334, 461-2
música 334
papado 233, e a
pré-história 41, 45, 47, 51, 53
Reforma 241, 243-4, 245, 251, 261, 264, 312, 320 e o romantismo 334-5
servidão 269
terrorismo 11, 504
Tratado de Paz de Versalhes 451, 477 e a unificação e nacionalismo (século XIX) 434, 436, 438-9, 446
Alembert, Jean d' (ver Diderot, Denis)
Alexandre, rei da Iugoslávia 466
Alexandre o Grande 97-8, 99, 100-1, 102-3
Alexandre VI, papa 226, 240
Alexandria 104-5, 107, 114, 130, 139, 155, 170, 307
Alger, Horatio 408
algodão, indústria do 269, 296, 367, 394, 397, 406, 422
Aljustrel, Portugal: minas romanas 121
Almeria, Espanha: vestígios neolíticos 43
alquimia 250, 319, 423
Alsácia-Lorena 397, 447, 467
Altamira, Espanha: pinturas rupestres 33-4
Altamont, Califórnia (1969) 502
Ambrósio, Santo, bispo de Milão 142-3, 159
América do Sul 285, 287, 394, 396, 440
 colônias espanholas 279, 281-2, 283, 285, 293, 360, 394
América: descoberta da (ver: afro-americanos; americanos nativos; América do Sul; Estados Unidos da América) 14, 275-6, 284, 288, 292, 296
americanos nativos/ indígenas americanos 25, 277, 281-2, 283, 285-6, 289, 291-2, 294, 298-9, 300, 330, 397, 408-9, 410, 499 (ver também: astecas; incas)
 colonizadores espanhóis 275-6, 277-8, 279, 280-1, e os
 colonos europeus 281-2, 285-6, 293-4, 298 e os
 colonos norte-americanos 288-9, 291, 296-7, 339, 340-1, 342-3, 345, 348, 394, 399, 405
Amsterdã 193, 247-8, 252, 322, 465
Anatólia 46, 60-1, 74, 86, 138
Anaxágoras 87
Anaximandro 87-8, 95
Anaxímenes 87
Anderson, Lindsay 493
Anglicana, Igreja 247, 516
anglos 51, 53, 161
anglo-saxões 53-4, 156-7, 170, 183, 313, 370, 481, 507, 512
Angry Brigade 504
Antigônidas 102

anti-heróis 492
Antioquia 104, 129, 139, 155, 171
Antissemitismo 456, 468, 474
Antonioni, Michelangelo 493
Antuérpia 192, 202, 246, 260
*Apartheid* 479
Apolônio 106
Aquino, São Tomás de 159, 190, 237-8, 239, 302-3, 310, 336
Aquitânia, França 112, 160, 166-7, 186
árabes 101, 171
 eruditos 237
 exércitos 107, 162-3, 164
Arcádio, imperador 151
Argélia 490
 Guerra da Independência 490
Argentina 280
Ário; arianismo 139, 143
Aristágoras 71
Aristarco 304
Aristófanes 79
Aristóteles 14, 86, 97-8, 99, 105, 275, 306, 308
 Atenas 64-5, 67, 105 e a teologia cristã 128, 136-7, 190, 236-7, 239, 240-1, 250, influência 107, 224, 302-3, 305, 310, 427
Arkansas, EUA 393, 400
Arkwright, Richard 366
armamentos (ver também guerra nuclear) 135, 280, 284, 287, 341, 343, 402
 pré-históricos 119
 século XIX 410, 433
 século XX 22, 27, 445, 452, 472, 482
 séculos XV-XVII 168
armênios 140
Armstrong, Louis 416
Arnold, Matthew 373
arqueologia 20, 44, 55, 57
Arquimedes 106, 304-5
arquitetura (ver também: casas; cidades)
 catedrais 192
 Grécia antiga 59, 81, 84, 107
 normanda 157
 Renascença italiana 196-7, 198, 206, 208, 216-7, 218, 221
 romana 54, 121-2, 216
 século XIX 387, do
 século XX 461, 504
 séculos XVI e XVII 305-6
Arras, França 346
 feira 185
arte 28-9, 177, 387, 461, 520-1
 britânica 388-9, 493, 495
 celta 47, 49, 50, 54
 contemporânea 17-8, 461-2, 463
 cristianismo 153, 229
 espanhola 388

# ÍNDICE

francesa 379, 389, 462
Grécia antiga, da 59, 70, 78, 80, 83-4, 107
holandesa e flamenga 252, 388
norte-americana 389, 414, 491, 505-6, 518
pré-histórica 33-4, 38, 56
da Reforma 231
Renascença italiana 16, 196-7, 198-9, 200, 206-7, 212-3, 215-6, 221-2, 226, 228, 240
romana 119, 126, 153
Artois, conde d' (mais tarde Carlos X) 350
Arthur, rei 190
Arvidson, Linda 413
Asquith, Herbert 449
Assírio, Império 60-1, 99
Associação Nacional para o Progresso das Pessoas de Cor 496
astecas 278-9, 281, 284
Astolfo, rei dos lombardos 163
astronomia 106, 319, 423
Atahualpa, líder inca 280
Atecotti 124
Atenas 15, 20, 59, 62-3, 64-5, 88, 98, 100, 103, 119, 125, 200, 237, 241, 284, 301, 321, 344, 420, 465
  Academia de Platão 94, 96-7
  época de ouro 84
  era helenística 68, 105, 107
  festivais e teatro 72, 78, 80-1, 84, 86
  Guerra do Peloponeso 69, 71-2, 73-4, 76-7, 78
  Liceu 97
  Sócrates 89, 90, 92-3
  Trinta Tiranos, os 89, 94, 111
Audubon, James 396
Augereau, Pierre (marechal) 353
Augsburg 192, 269
  batalha de (955) 184
  paz de (1555) 244
Augusto, imperador (Otaviano) 110, 113-4, 115, 117-8, 125, 137, 147, 163-4, 357-8
Auschwitz, campo de concentração 29, 477-8, 479
Austrália 20, 364, 394, 466, 507
Austrásia 162, 166, 177
Áustria (ver também: Império Austro-Húngaro; Império Habsburgo; Viena) 17, 96, 169, 223, 259, 266, 269, 352, 356, 363
  Exército 272, 444
  filósofos 463, 518-9
  Guerra dos Sete Anos 332
  século XIX 383-4, 386, 433-4, 436, 446
  século XX 447-8, 465, 468, 470
Austro-Húngaro, Império 384, 404, 433, 449, 450, 467

ávaros 161
Averróis 237
Avicena 237
Avignon 211, 233-4

Baader-Meinhof 504
Babilônia 61-2, 100-1, 102, 145
Bach, Johann Sebastian 301, 334
Bacon, Francis 309, 310
Bacon, Roger 190
Baden-Powell, Robert 438
Bagdá 171
Bagehot, Walter: *Physics and Politics* 431
Bálcãs 168, 239, 386, 433, 445, 447
Baldwin, conde de Flandres 172
Baliani, Giovanni Batista 306
Báltico (ver também Lituânia) 46, 54, 177, 187-8, 261, 435, 465
Baltimore, Maryland 405, 408, 517
Balzac, Honoré de 389
Banco Mundial 489, 512
Banco, Nanni di 214
bancos, italianos 211
Banks, Joseph 330, 422
Barbados 293-4
bárbaros 13-4, 15, 17, 51, 74-5, 108-9, 136, 143, 151-2, 153, 155, 162, 166, 175, 283, 373, 391, 473
Barcelona 211, 517
Bardi, família 211, 216
barroca, arte 251
Basco, país 397, 404
Bath, Inglaterra 294
Baviera 168, 261, 273, 435, 467
*beaker*, cultura 45-6
Beardsley, Aubrey 438
Beatles, os 494
Beauharnais, Eugène de 357
Beauregard, Pierre (general) 399
Bede 14, 150, 156-7, 165-6, 182
  *Ecclesiastical History of England* 53
Beethoven, Ludwig van 334, 361, 434
Bélgica 102, 385, 433, 435, 439, 447-8, 465, 489
  cidades (ver também Antuérpia) 183
  colônias 439, 490
Bellini, Giovanni 222, 226
Belsen, campo de concentração de 478
Bembo, Pietro 227
beneditinos, ordem dos 232
Benedito, São 154
  *Regula Monachorum* 159
*Beowulf* 54, 79
Bérgamo, Itália 205, 224
Bergman, Ingmar 493
Berlin, Irving 416
Bernadotte, marechal Jean-Baptiste 353
Bernardo, São 175, 239
Bernays, Edward 454-5, 486

Berthollet, Claude Louis 422
Bessemer, Henry 424
Bethmann-Holweg, Theobald von 447
Bíblia 128, 141, 218, 232, 236, 275, 315, 317
   darwinismo 426
   Novo Testamento 240
   rei Jaime, do 312
   traduções 240, 244-5, 250, 274, 301-2
   Velho Testamento 139, 141-2, 144, 163
Bierce, Ambrose 411
biologia 423, 425, 471
Birmingham, Alabama 495-6, 497
Birmingham, Inglaterra 369, 423
Bismarck, príncipe Otto von 373, 384, 434, 439, 444
Bitzer, Billy 414
Bizâncio (ver Constantinopla)
Black, Joseph 422
Blackburn, Lancashire: *workhouse* 371
Blair, Tony 514
Blake, William 388
Blenheim, batalha de (1704) 268
*Blitzkrieg* 472
blues (música) 415-6, 492-3
Boccaccio, Giovanni 208, 215, 232, 241, 252
   *Decameron* 208
Boêmia 45, 47, 167, 169, 187, 260-1, 269, 312, 385-6, 436
Bôeres, Guerra dos 436, 438
Bohr, Niels 463-4
Bolcheviques 457, 468
Bolonha, Itália 202, 204-5, 208, 210, 224
   atentado a bomba (1980) 504
Bonaparte, Jerônimo, rei da Westfália 357
Bonaparte, José, rei da Espanha 357
Bonhoeffer, Dietrich 453, 479
Bonifácio, São 164
Boone, Daniel 296
Bórgia, César 197, 226, 240
Bórgia, Lucrécia 220, 226, 240
Boston, Massachusetts 289, 339, 341, 402, 406
   Tea Party 339
Boswell, James 271
Botticelli, Sandro 200, 212
   *O Nascimento de Vênus* 196, 221
Boadiceia, rainha dos icênios 49, 123
Bougainville, Louis 330, 422
Boulton, Matthew 367, 423
Bourbon, dinastia 266, 326, 349, 358
Brahe, Tycho 308
Brandt, Willy 494
Brasil 276, 286, 292-3, 294, 299, 440, 513, 515
Braudel, Fernand: *Uma História da Civilização* 20

Breslau 192, 435
Bretton Woods, acordos de (1944) 489, 503
Breughel, Peter 251
Brialmont, general Henri 445
Brigadas Vermelhas 504
Brisson, Henri 442
Bristol 294, 314
Broadhurst, Henry 380
Brogan, Hugh 484
bronze, trabalhos em 45-6, 51, 53, 60, 84, 121, 124, 212, 366
Brougham, lorde Henry 375
Brown, John 399
Brown, Oliver 496
Bruderhof 250
Bruges 188, 202, 211
Brunelleschi, Fillipo 196-7, 198, 212, 215, 222
   capela Pazzi 216
   domo da catedral de Florença 214
   Ospedale degli Innocenti 208, 216
Bruni, Leonardo 218-9, 220
Bruxelas 193, 465, 517
Buckle, Henry Thomas 15, 431
Buffon, Georges: *Histoire Naturelle* 422
Bulgakov, Sergei N. 459
Bulgária 465, 482
burguesia 247, 338, 346-7, 349, 365, 374, 429
burgúndios, Borgonha 51
Burckhardt, Jacob: *The Civilization of the Renaissance in Italy* 16, 197, 200
burocracia, crescimento da 257, 262-3, 338, 375
Burroughs, William 492
Bush, George W., presidente dos EUA 11

caça às bruxas 250
Cain, James M. 415
Calamy, reverendo Edmund 314
Calcedônia, Concílio de (451) 140
Cálculo 220, 319, 320, 358
Califórnia, EUA 28, 393-4, 413, 486, 502
   corrida do ouro 396, 405
Calígula, imperador 131
Callanish, Lewis: círculos de pedra 42, 58
Calley, tenente William 501
Calonne, Charles-Alexandre de 345
calvinismo (ver também Calvino, João) 246-7, 251, 426
Calvino, João 241, 247, 249-50, 273, 301, 336, 427, 511
   *The Institutes of Christian Religion* 246
Camboja 502
campos de concentração
   alemães 477-8, 479
   russos 459-60
Canadá 286, 299, 345, 364, 394, 404, 409, 440, 485

## ÍNDICE

Canal de Suez 385, 404, 441, 474
Canal do Panamá 395, 404
Cancún, México: reunião da OMC (2003) 515
Cannae, batalha de 118
capitalismo 247, 325, 386, 429, 451, 458, 466, 515
  protestantismo, e 249
  norte-americano 407, 417, 454, 456-7, 490
Caravaggio, Michelangelo Merisi da 251
Cabeço da Arruda, Portugal: túmulos mesolíticos 37
Caribe, ilhas do 277, 281-2, 288, 293-4, 295, 490
Carleton, general James Henry 408
Carlos I, da Inglaterra 262
Carlos II, da Espanha 266
Carlos Magno 14, 150-1, 164-5, 166-7, 168, 171, 173, 177, 183-4, 185, 200
Carlos Martel 161-2, 177, 194
Carlos V, da Espanha 223, 226, 242-3, 244, 259, 281
Carlos V, sacro imperador romano-germânico 223, 226, 242-3, 244, 259, 281
Carlos VIII, da França 199, 222, 254
Carlyle, Thomas 15, 373
Cármides 94
Carné, Marcel 493
Carnegie, Andrews 407, 417
Carnot, Nicolas Sadi 424
carnutes 111
Carolinas 285, 295-6
carolíngias, minúsculas 166, 302
Carolíngio, Império (ver Carlos Magno)
Cartago 106, 108-9, 110, 118, 129, 141-2, 143
Cartier, Jacques 286
Cartimandua dos brigantes 49
cartista, movimento 379-80
cartusiana, ordem 232
carvão, indústria do (Grã-Bretanha) 360, 366-7, 373, 385-6, 405, 407, 418, 424, 430, 489
casas 16, 32, 42-3, 48, 54, 121-2, 178, 188, 191-2, 203, 278, 322, 324, 349, 366, 376, 387, 391, 430, 460, 498, 507, 511
casas de banho medievais 192
Castagno, Andrea del 218
Castelli, Benedetto 306
castelos medievais 172, 176, 181, 186, 191, 193, 195, 244, 254, 287, 334
Castiglione, Baldassare 227
Catarina de Siena 234
Cátaros 140, 175, 409
Catedral 176, 192, 213-4, 215, 232, 243, 306

Cather, Willa 396
cavaleiros, medievais 168-9, 171-2, 191, 193, 256-7, 267, 312, 316, 324
cavalheirismo medieval 190, 255
Cavendish, Henry 329
celtas
  assentamentos 47-8, 49, 120, 179
  cultura 47-8, 53, 80, 155, 190
  língua 47, 153
  religião 50-1, 126, 133, 194
  pré-histórica 47-8
cercamentos de terras 365, 368-9, 370-1, 372, 382, 405
Cervantes, Miguel de 12, 228, 253
César, Júlio 50, 52, 107, 111, 113, 358
Chabrol, Claude 493
Chadwick, Edwin 378
Chandler, Raymond 415
Chartres, catedral de (França) 176
Chaucer, Geoffrey 232, 252
Chester, Inglaterra 121, 183
Chetverikov, Sergei 458
Cheyennes 409
Chicago, Illinois, EUA 403, 405-6, 408, 492, 497-8, 502
China 20, 61, 283, 287, 330, 440, 485, 499
  comércio com a 171, 201, 276, 513
Chipre 211, 364, 441, 490
Cristiano de Troyes 190
Churchill, Winston 24, 26, 438
Cibele 128
Cícero 114-5, 116, 142, 215, 218, 224, 303, 355
cidades e vilas
  britânicas 61, 168, 170, 176, 181, 294, 369
  gregas 60-1, 63-4, 66-7, 68-9, 71-2, 76, 80-1, 100, 109, 129
  capitais 263, 322, 379
  medievais 161, 168, 170, 176, 178-9, 181-2, 184-5, 186, 188-9, 190-1, 192-3, 194, 205-6, 234, 263, 274
  romanas 52, 106, 108, 114, 117, 119-20, 121-2, 125-6, 129-30, 135, 139, 153-4, 179
  século XX, do 362, 420, 498, 517
  vikings 165, 184
ciência e tecnologia (ver também: comunicações; tecnologia genética; impressão mecânica; armamentos)
  helenísticas 87, 106-7, 108
  italiana medieval 210
  religião, e 308, 332, 425-6
  século XIX, do 386, 389, 404, 411-2, 413, 415, 421, 424-5, 426, 428, 431, 439, 444
  século XVIII 325, 331-2, 333-4, 337, 360, 422-3
  século XX, do 24, 420, 445-6, 449, 451,

488, 506-7, 508, 513, 515-6, 518
séculos XVI e XVII, do 258, 286, -4, 302, 308-9, 319, 329
Cincinnati, Ohio, EUA 406
cinema
asiático 516
europeu 493, 505
latino-americano 516
norte-americano 405, 411-2, 413-4, 415-6, 461, 505, 510
círculos de pedra neolíticos
Ciro I, da Pérsia 61
Civilização 11-2, 13-4, 15-6, 17-8, 19, 20-1, 22-3, 26-7, 28-9, 58, 60, 69, 103, 107-8, 114, 117, 120, 122, 126-7, 128, 148-9, 150, 161, 165, 173, 176-7, 182, 196-7, 198, 200, 227-8, 229, 253, 256, 268, 276, 282-3, 284-5, 299, 300-1, 302, 304, 321, 323-4, 334, 336, 362-3, 377, 379, 383, 391, 409-10, 418, 420, 440-1, 452, 454, 461-2, 464, 478-9, 481, 489, 501, 519-20
civilização miceniana 46
Clark, Kenneth: *Civilisation* 18-9, 20, 27, 198-9
Clark, William 392, 394
Cláudio, imperador 113
Claudio II, imperador 115
Clausewitz, Carl von: *Sobre a Guerra* 356, 444
Clemente V, papa 233
Cleômenes 67
Cleópatra 107
Cleveland, Ohio, EUA 366, 403, 405-6, 492
Clístenes 67-8, 84, 86, 96
Clóvis, rei dos francos 157-8, 160
clubes de aristocratas 15-6, 252, 328, 422-3
Cnossos, Creta 60
Coalbrookdale, ponte de ferro de 363
Cobden, Richard 372
Colbert, Jean-Baptiste 270, 326
Colchester, Inglaterra 120, 183
Coleridge, Samuel Taylor: *Lyrical Ballads* 335
colinas fortificadas 48, 164
Colombo, Cristóvão 276
Colônia, Alemanha 41, 122, 180, 202, 237, 248, 465
colonização
África, da 439-40
América do Norte, da 286-7, 288-9, 291-2, 299, 330, 403, 405
América do Sul, da 281, 292-3, 299
Caribe, do 293
Colorado, EUA 393, 405
Columba, São 154, 156
Columbano, São 156
comédia grega 79

comércio
árabe 171, 201-2, 212
grego e helenístico 61, 63, 102, 108
italiano 188, 201-2, 208, 210-1, 212, 217
medieval 158, 161-2, 168, 182-3, 184, 186-7, 230, 261, 268, 281
norte-americano (século XVIII) 286-7
romano 109-10, 111, 113-4, 120-1, 123, 125, 149, 151, 179
século XIX, do 372-3, 374-5, 441
século XX, do 420, 425, 440, 442, 481, 489, 508, 513
Comitê de Atividades Antiamericanas do Congresso 483
Companhia Holandesa das Índias Orientais 286, 323
companhias de navegação 287, 294
comunicações (ver também rádio) 155, 380, 392, 425, 457, 472, 494, 507
Comunidade Europeia do Carvão e do Aço 489
comunismo (ver também marxismo)
Alemanha 461
luta dos EUA contra o 457, 466, 480-1, 482-3, 484, 490, 499
União Soviética 408, 458, 464, 488
*Condottiere* 256
conferências de paz 265-6
conquistadores, espanhóis 281-2
Conspiração da Pólvora (1605) 314
Constança
Concílio de (1415) 233
Paz de (1183) 203
Constantino, imperador 118, 138-9, 140, 157-8
Constantinopla (Bizâncio) 107, 138-9, 141, 154, 163, 171-2, 173, 201, 210-1, 215, 239-40
consumismo 25, 227, 454-5, 486, 494, 508
Contrarreforma 227, 249, 259, 285
contrato social 318, 327, 336
Cook, capitão James 331
Coolidge, Calvin, presidente dos EUA 454-5
Coptas 140
Copenhague 248, 465, 516
Copérnico, Nicolau 304
Córdoba 107, 166, 237
Coréia do Sul 513
Corfu 76-7
Corinto 73, 76, 93, 106, 130
Cornualha, Inglaterra 45-6, 53, 124, 160
Cornwallis, general Charles 342
*Coronation Street* 494
corporações 418-9, 420, 455, 484, 487, 498, 513
Cortés, Hernán 276-7, 278-9, 280-1
cosmologia 292, 305, 463
Courçon, cardeal Roberto de 236
Crane, Stephen 411

# ÍNDICE

Crasso 111
Cremona, Itália 201, 224
Crescente Fértil 61, 74
Creso, rei da Lídia 75, 247
Creta 60
criação (ver evolução, teorias da)
*Crime e Castigo* 49, 60, 92, 160, 297-8, 300, 353, 409, 415, 456, 476, 499, 509-10
Crisópolis, batalha de (324) 138
cristianismo (ver também: Agostinho de Hipona, São.; Igreja Católica; Jesus Cristo; Paulo, São)
 ciência, e a 308, 332, 425-6
 heresias e seitas 133-4, 139-40,145, 175, 194, 233, 235-6, 237, 239, 241-2, 243, 246-7, 249-50
 Iluminismo, e o 330-331
 medieval 127-8, 159, 161, 164-5, 168, 171-2, 177, 231-2, 234, 253
 Novo Mundo, e o primitivo 49, 53, 129, 131, 136-7, 138, 155, 156
 racionalismo, e o 239, 250, 273, 308, 310, 320, 426, 516
Cristiano IV, da Dinamarca 61
Cristo (ver Jesus Cristo)
Crítias 94
Cromwell, Oliver 314, 316-7
Cruzadas, as 171-2
Cuauhtemoc, rei asteca 279
Cuba 276-7, 278, 485
cultura de massa 17-8, 416, 438, 461, 463
cunhagem/moedas 122
 medieval 188
curdos 491
Custer, coronel George 409
Cílon 64

Dakota, EUA 393, 405, 409-10
Dalton, John 329
Damasco 62, 104, 129-30, 134, 170-1
Dança Fantasma 410
Dante Alighieri 206-7, 227, 252
*Divina Comédia, A* 207
Datini, família 210
Danton, Georges 353, 361
Darby, Abraham (III) 363
Dario I, da Pérsia 71-2, 75
Dario III, da Pérsia 100-1
Darwin, Charles (ver também social-darwinismo) 425-6, 431-2, 475
Darwin, Erasmus 423
David, Jacques-Louis 387
Davies, Jefferson 399
Davies, Norman: *Europe: A History* 21
Davies, sir John 313
Décio, imperador 135
Defoe, Daniel: *Moll Flanders* 331

democracia
 ateniense 59, 68-9, 70, 89, 92-3, 102-3, 107
 britânica 376-7, 378
 europeia (século XX) 381, 466-7, 470, 479
 romanos, e a 118-9
Demócrito 87, 89, 92-3, 96-7, 99
Descartes, René 310-1, 319, 322. 463
Destruição Mútua Assegurada (MAD) 483
Detroit, Michigan 403, 406, 408, 492, 497-8
deuses (ver religião)
deuses nórdicos 52
*Devotio moderna*, movimento 234
Dexter-White, Harry 489
Diamond, Jared: *Armas, Germes e Aço* 21
Dickens, Charles 373, 389, 413, 506
Dickinson, Emily 396
Diderot, Denis e Alembert, Jean d' *Encyclopédie* 331, 349
*Diggers* 315
Dinamarca 35, 38, 46, 51, 54, 284, 384, 433-4, 435, 465, 472
dinastia Tudor 258
Diocleciano, imperador 126, 135, 137-8, 140, 142
Diodoro Sículo 110
Diógenes de Apolônia 89
Dionísia 80
Dirac, Paul 463
direito/leis
 Código de Justiniano 236
 Código de Napoleônico 357
 consuetudinário 48-9, 57, 313, 317, 377
 grego 66, 84, 88
 natural 316, 327
 romano 114, 124, 165
direito divino dos reis 268
discriminação racial (ver afro-americanos; ver também antissemitismo)
 na Grã-Bretanha
Discurso de Gettysburg (1863) 401
Disraeli, Benjamin 373, 441
ditadura do proletariado 430, 457
doenças
 AIDS 514
 peste 80, 208, 213, 216, 234, 288-9, 320
 varíola 279-80, 289
*Domesday Book* 169
dominicanos 232
Domino, Fats 492
Donatello 198, 212, 214-5, 216, 221-2
 *St. George* 214
donatistas 140, 145-6, 147
Donne, John 303

Dória, família 210
Dórios 60
Dostoiévski, Fiodor 389
Douglas-Home, Alec 494
Drake, sir Francis 287
Dreyfus, caso 446
Druidas 49
Dublin, carta de privilégios 189
Duchamp, Marcel 462
Dulles, John Foster 486
dummoni 122
Escoto Erígena, Johannes 239
Dürer, Albrecht 192
Durham, catedral de (Inglaterra) 176
Durotrige, 122

Ebbo, bispo de Reims 183
Ebert, Friedrich 450
economia/economias (ver também: bancos; capitalismo; cunhagem; impostos; comércio) 216, 219, 276, 293, 295, 311, 360, 402
   Iluminismo, e o 333
   industrialização, e a 357, 362, 366, 372, 382, 385-6, 410, 495
   medieval 186, 188-9
   romana 113, 152, 154
   século XX, do 418-9, 432, 440, 457, 466, 469-70, 480-1, 482-3, 487, 498, 500, 503-4, 507, 512-3, 514-5, 516, 520
Edison, Thomas 412
Edito de Nantes (1598) 258
Eduardo III, da Inglaterra 255
Eduardo VI, da Inglaterra 258
educação (ver também universidades)
   Grécia antiga, na 96-7, 102-3
   medieval 165, 168, 191
   monástica 190
   Renascença, na 206, 213, 218
   romana 115-6, 126
   século XIX 375, 378, 391, 425, 428, 431-2
   século XVIII, no 328-8, 354, 357
   século XX 458, 462, 496, 505, 511, 520
Edwin, rei da Nortúmbria 157-8
Éfeso 73, 87, 114, 129, 171, 307
   Concílio de (431) 140
Egito/egípcios 15-6, 61, 72, 99, 100, 102-3, 107, 130, 139-40, 171, 201, 356, 364, 490
Egmont, Lamoral, conde de 260
Einhard 164-5
Einstein, Albert 12, 463, 468
Eisenhower, Dwight D., presidente dos EUA 484, 486, 494
Eisner, Kurt 467
Eleanor da Aquitânia 186
Elgin, lorde 83
Eliot, George: *Middlemarch* 389

Eliot, T.S. 392
Elizabeth I, da Inglaterra 19, 264
Emerson, Ralph 396
Empédocles 87
Empirismo 327, 333
Ems, telegrama de 434
*Encyclopédie* (Diderot e D'Alembert) 331
Eneias 114
*Eneida, A* (Virgílio) 115
energia atômica 27, 482-3, 486
Engels, Friedrich 377
engenhos de açúcar 292-3, 294-5, 397
Epicuro/epicurismo 105
Épiro 106, 108
equilíbrio de poder 223, 266, 270-1, 285, 332
Erasmo, Desidério 240, 301
   *Adágios* 240
   *O Elogio da Loucura* 240
Eratóstenes 106
Eritrea, cerco de (491 a.C.) 71-2
Ertebølle, Dinamarca: sítio mesolítico 38
Escandinávia (ver também: Dinamarca; Finlândia; Noruega; Suécia) 35, 38-9, 45, 386, 512
   deuses nórdicos 52
   Igreja Luterana 231, 264
Escócia/escoceses 38, 42-3, 53, 124, 154, 231, 244, 247, 248, 267, 314
   emigrantes 289, 298
   filosofia 333, 335
   Guerra dos Trinta Anos, e a
escolástica (ver também: Tomás de Aquino, São) 302
escotismo 438
escravos
   América do Sul, na 277, 281, 293-4
   caribenhos 282, 294-5, 296
   EUA/América do Norte, nos 294-5, 297-8, 300, 343, 397-8, 399, 401-2, 403
   gregos 64, 76
   romanos 109-10, 111, 123
escrita (ver também: minúsculas carolíngias; impressão mecânica)
   alfabética 57, 59, 65, 70
   história, e a 49, 65, 70, 76
   leis, e as 66
escultura 27, 35, 59, 83-4, 107, 196-7, 198, 200, 214, 216-7, 221, 227-8, 387, 461-2, 518
eslavos 168, 177, 194, 477
eslovacos 433, 436
Espanha (ver também Holanda) 166, 187, 225, 227, 237, 240, 248-9, 258-9, 264, 266, 269, 281, 285, 291, 321-2, 328, 357-8, 360, 386, 394, 439, 465, 485, 489
   Armada 260

ÍNDICE 543

colonialismo 277-82, 285, 293
exército 223, 226, 240, 259, 260, 262
Guerra dos Trinta Anos, e a 266
Guerra Peninsular 358
Igreja 264
muçulmanos 170-1, 237
pintura 251, 361, 388
população 326
pré-história 33, 39, 43
romanos, sob os 110, 118, 123, 153
Esparta/espartanos 62, 67, 69, 71-2, 73, 74, 76-7, 88-9, 91, 94, 98, 119
Ésquilo 79, 91
*Orestíada* 79
Estado
absolutismo, e o 313, 317-8
burocracia, e a 257, 262-3, 375
guerra, e a 173, 187, 256-7, 258, 262-3, 265, 267-8, 270-1, 272, 274, 276, 338
Estados Unidos da América/América do Norte (ver também: afro-americanos; americanos nativos) 247, 271, 291, 296-7, 299, 300, 341, 344, 349, 355, 362-3, 373, 385-6, 389, 392-3, 396
algodão, indústria do 269, 296, 367, 394, 397, 406, 422
artistas 413, 491-2, 518
capitalismo 407, 417, 454, 456-7, 490
Carta de Direitos 312, 343-4
caubóis 405
colonização europeia 286-7, 288-9, 291-2, 299, 330, 403, 405
Constituição 18, 342-3, 344-5, 401
consumismo 25, 227, 454-5, 486, 494, 508
corporações 418-9, 420, 455, 484, 487, 498, 513
corrida do ouro 396, 405
criminalidade 415, 456, 499, 509-10
Declaração da Independência 344, 401
democracia 340, 343-4, 401, 455
direitos civis (ver afro-americanos)
economia 402, 410, 418-9, 432, 440, 457, 466, 481-2, 483, 495, 498, 503-4, 507
década de 1920 406, 416, 454, 455-6, 457, 487
década de 1970 506, 509-10
década de 1980 506, 510
pós-guerra, no 481, 493, 497, 503
escravidão 294-5, 297-8, 300, 343, 397-8, 399, 401-2, 403
estradas 394, 472, 487-8
ferrovias 402-3, 404-5, 407, 455, 487
guerra 1812-14 345
guerra civil 397-8, 400-1, 402-3, 405, 407-8, 413, 433
Guerra de Independência/Revolução 332, 341

Guerra do Vietnã 495, 501, 503
Guerra Fria 484-5
Imigração 403-4, 456
indústria cinematográfica 411-2, 413-4, 415-6, 463, 486, 495, 505-6, 510
indústria do tabaco 288, 294-5, 296, 397
industrialização/indústria 402, 407, 411-2, 416-7, 418-9, 420
literatura 389, 396, 491-2
marinha 445
música 416, 491-2
Plano Marshall 482-3
Primeira Guerra Mundial 450
propaganda 404, 420, 454, 487
religião 247, 251, 416
revistas 411, 413, 415-6, 419, 461
Segunda Guerra mundial 472, 478-9, 482
Este, família 210
Estêvão III, papa 163, 165
estoicismo/estóicos 105, 115-6, 117, 125, 131, 136-7
Estônia 169, 465
Estrabão 50, 123
Etiópia (Abissínia) 139-40, 440
Etólia, Liga 103
etruscos 47, 109
Euclides 305
*Elementos* 106
eugenia 462
*eunomia* 65-6, 88
Euribíades 73
Eurípides 79, 103
Eusébio: *Demonstratio Evangelica* 137-8
Evans, Arthur 60
Evans, George: *Ask the Fellows Who Cut the Hay* 488
evolução, teorias da 425, 431-2
exércitos
alemão 202, 223, 226, 434, 436, 442, 444, 447, 450, 453, 467-8, 469, 472-3, 474
austríaco 223, 28, 352, 384
britânico 262, 268, 287, 313-4, 315-6, 317-8, 339, 375, 448, 450, 473, 478, 490
espanhol 223, 226, 240, 259, 260, 262
europeu 162, 164, 168, 172-3, 197, 206, 213, 239-40, 254, 261, 263-4, 265, 267-8, 271, 276, 332, 382-3, 384, 434, 436, 439, 443, 445, 452
francês 175, 199, 222-3, 258, 262, 271-2, 343, 348-9, 352-3, 356-7, 358, 360, 434, 436, 442, 447, 450, 473, 490
Grécia antiga, da 71-2, 73, 77, 94, 99, 100
holandês 261-2

norte-americano 271, 342, 400-1, 409, 482, 500-1
prussiano 271-2, 273, 352
romano 109-10, 119, 123-4, 135, 137-8, 142, 151-2
russo 262, 271-2, 449-50, 457, 472-3, 452
exploração 25, 32, 61, 74, 87, 121, 185, 287, 298, 330, 332, 392, 398, 411, 440, 492, 492
Eyck, Jan van 251

Fabrício, Girolamo 306
Faraday, Michael 424
fascismo (ver também Partido Nazista) 23, 454, 457-8, 461, 464, 466, 478
Feddersen, Wierde, Alemanha 52
feiras, comércio medieval 184-5, 187
Felipe da Macedônia 97-8, 99, 100
Felipe II, da Espanha 227, 259-60, 281-2, 285
Fellini, Federico 493
Feminismo 505
Fenícia/fenícios 46, 61, 75, 100, 103, 139
   Escrita 65
Ferdinando, sacro imperador romano 261
Fernández-Armesto, Felipe: *Civilizations* 20
Fernando V e Isabela, de Espanha 281
ferramentas pré-históricas 32-3, 34, 55
Ferrara, Itália 209-10, 220, 224-5, 437
ferrovias
   britânicas e europeias 380, 384, 395, 404, 455
   norte-americanas 386, 402-3, 404-5, 407, 455, 487
Ferry, Jules 442
feudalismo 169, 178
Fichte, Johann 335
Ficino, Marsilio 220
Fidípides 72
Fielding, Henry: *Tom Jones* 331
Figes, Orlando: *A People's Tragedy* 19
Filadélfia, Pensilvânia, EUA 289, 340, 342, 345, 405, 411
   Congresso Continental 341
filosofia natural/filósofos 87, 308-9, 310, 319, 423
filosofia política/filósofos (ver também Nicolau Maquiavel) 16, 273, 311, 317-8, 319, 323, 327
filosofias/filósofos (ver também: filosofia natural; filosofia política)
   alemã 335, 422, 425, 428, 461, 511
   austríaca 463, 518-9
   britânica 273, 308-9, 310-1, 318-9, 323, 327, 431, 463, 519
   cristã 137, 142, 237, 240, 311
   francesa 310, 331
   grega e helenística (ver também:

Aristóteles, Platão, Sócrates) 83, 85, 94, 97, 105, 107
italiana 197, 215, 311
Novo Mundo, e o
romana 115-6
Finlândia 169, 464-5
física 87, 92, 95, 99, 103, 105, 113, 121, 153, 204, 234, 237, 245, 268, 307-8, 310-1, 396, 423, 426, 431, 438, 445, 459, 463, 482, 500, 513, 517
Flandres 168, 172, 185, 187-8, 451
   indústria têxtil 184, 187
   pintura 218, 251-2
Flaubert, Gustave 389
Florença 224-5, 226, 254, 256, 437
   Academia 224
   arquitetura 193, 204
   bancos 210-1
   comércio 188, 201, 204, 210
   educação 211, 307
   guildas 205, 215
   humanismo 206-7
   indústria têxtil 212, 269
   mecenato 207, 218
   ourives 212
   peste 208, 213, 216
   pintura e escultura 207-8, 212-3, 215-6, 219-20
Flórida, EUA 276, 285, 288-9, 291, 393
FMI (ver Fundo Monetário Internacional)
Foligno, Angela da 234
Fome 113, 154, 255, 266, 277, 279, 291, 298, 333, 362, 383, 440-1, 451, 459-60, 482
Força Expedicionária Britânica 472
forças policiais 24, 191, 358-9, 379, 456, 490, 496
Ford, Henry 417
Ford, John 415
França (ver também: Guerra Franco-Prussiana; francos; Gália; Napoleão, Paris; guerras mundiais) 63, 109, 118, 160, 162, 167, 169, 185-6, 190, 201, 206, 223, 225, 231, 233, 237, 248, 255-6, 258, 266, 270, 291, 322, 324
Alemanha, e a 360, 384, 434, 444, 446
alfabetismo/letramento 190, 311, 328-9
cátaros 140, 175
colonialismo 281, 285-6, 291, 296, 439-40, 442, 485, 490
Declaração dos Direitos do Homem 349
Dreyfus, caso 446
educação 236, 326, 329, 354, 357
escolas religiosas 190
estrutura social 285, 347-8, 351-2, 354-5, 359
exército 175, 199, 222-3, 258, 262, 271-2, 343, 348-9, 352-3, 356-7, 358,

ÍNDICE 545

360, 434, 436, 442, 447, 450, 473, 490
feiras medievais 185, 187
filósofos 310, 318, 322, 327-8, 331, 337
Guerra dos Cem Anos 234, 255-6
Guerra dos Sete Anos 270-1, 273, 291, 332, 334, 338, 348
Guerra dos Trinta Anos 260-1, 262, 266-7, 268-9, 270, 338
Guerras Napoleônicas 344, 356, 358, 382, 433
industrialização
invasão da Itália (1494) 240, 254
jornais 328-9
literatura 190, 240, 253, 303-4, 331, 334
marinha 271, 446
Ministério do Exterior 328
papado em Avignon 233-4
*philosophes* 328
pintura 388-9, 462
população 326
pré-história 31-2, 36, 39, 42, 48, 53-4
religião 231, 237, 244, 246, 261, 264
Revolução e após 345, 353, 359-60, 361, 382, 388, 433
século XX 24, 489, 512-3
Terror 354-5
Francisco I, da França 223, 227, 258
franciscanos, ordem dos 232, 239, 308
Francisco, São 235
Franco-Prussiana, guerra 384
francos (ver também Carlos Magno)
dinastia merovíngia 160-1, 166
nobres 181, 191
religião, e 150
Frankfurt 183, 192, 495
Frankfurt, Escola de (filósofos) 461
Franklin, Benjamin 339, 341-2, 411
Francisco Ferdinando, arquiduque 447
Frederico Barba-Ruiva, sacro imperador romano-germânico 202
Frederico I, da Prússia 270-1
Frederico II o Grande, da Prússia 270, 334
Frederico III, da Saxônia 243
*Freikorps* 467
Freud, Sigmund 16-7, 18-9, 21, 454-5, 458, 462, 468, 511
Frick, Wilhelm 470
Frísios 51, 161-2, 166
Fundo Monetário Internacional (FMI) 489, 512
funerários, costumes
Idade do Bronze 45, 53, 58
mesolítico 41
navio 54
neolítico 35, 43-4

Gage, general Thomas 341
Galeno 305

galerias de arte 379, 382, 491, 518
Galério, imperador 135
Galerius 135
Gales (ver também Grã-Bretanha) 42-3, 45, 49, 53, 110, 113, 121, 124, 169, 183, 326, 328, 376, 386, 436
Gália 181, 183
cristianismo 139, 151, 157-8
francos 54, 157
ocupação romana 108-9, 110-1, 112-3, 122, 151
Galiano, imperador 135
Galileu Galilei 12, 305-6, 307-8, 309, 331, 422
Garibaldi, Giuseppe 360
Garvin, J.L. 448
Gaskell, Elisabeth 389
Gauguin, Paul 462
Genebra 246-7, 248, 341
genética, tecnologia 33, 458, 513
Gênova 188-9, 201-2, 205, 209, 209-10, 224-5, 248, 269, 437
Gedofredo de Monmouth: *History of the Kings of Britain* 190
geologia 92, 422-3, 426, 428
geometria 106, 305
George III, da Inglaterra 339
Geórgia, EUA 291, 364, 393, 401
germânicas, tribos (ver também tribos godas) 52, 54, 111, 143
Gershwin, George 416
Gestapo 476-7
Ghiberti, Lorenzo 212, 214, 216
Ghirlandaio, Domenico 218
*Natividade de São João* 222
gibelinos 212
Gibbon, Edward: *Declínio e queda do Império Romano* 117, 331
Gilbert, sir William 306
Gilgamesh, épico de 80
Giotto di Bondone 198, 207, 213-4, 216, 226, 413
Gladstone, William E. 441
Glasgow 369, 517
Gnósticos 140, 142
Gödel, Kurt 463
Goes, Hugo van der 251
Goethe, Johann Wolfgang von 334, 434
*Os sofrimentos do jovem Werther* 335
Gombrich, Ernst: *The Story of Art* 198-9, 200, 387
Gonzaga, família 210, 221
Gordon-Walker, Patrick 478
Göring, Hermann 470
Gorky, Máximo 459
góticas, catedrais 12, 176, 215-6, 387
góticas, tribos 51, 135
Goya, Francisco 361, 388
Gozzoli, Benozzo 212, 221

*A Procissão dos Magos* 221
Grã-Bretanha (ver também: agricultura; Londres; Guerras Napoleônicas; guerras mundiais)
anglo-saxões 53, 156-7, 183
arte 388-9, 493, 495
castelos 176, 181, 186, 287
celtas 47, 53, 120
cercamento de terras 365, 368-9, 370-1, 372, 382, 405
cidades 61, 168, 170, 176, 181, 294, 369
cinema 493
colonialismo (ver também Estados Unidos) 286-7, 288-9, 291-2, 299, 330, 403, 405
criminalidade 510
democracia 376-7, 378
direito de voto 317, 376, 379
economia e comércio 186, 363, 369, 372-3, 374, 379, 386, 507, 510-1, 514, 516
educação 126, 190, 236, 328-9, 374-5, 378, 391
estrutura social 365, 368-9
exército 262, 268, 287, 313-4, 315-6, 317-8, 339, 375, 448, 450, 473, 478, 490
filósofos 273, 308-9, 310-1, 318-9, 323, 327, 431, 463, 519
guerra civil 262, 287, 312-3, 376
Guerra da Sucessão Austríaca 270, 332
Guerra dos Cem Anos 234, 255-6
Guerra dos Sete Anos 270-1, 291, 332, 334, 338, 348
Guerra dos Trinta Anos 260-1, 262, 266-7, 268-9, 270, 273, 338
industrialização
jornais 274, 320, 328-9, 375, 380, 411, 430, 442, 456
literatura 190-1, 331, 335, 493
mapeamento costeiro 328
marinha 271, 287, 294, 363, 373, 445-6, 448
música pop 27, 494
normandos 169, 175-6
ocupação romana 121, 156
parlamento 312, 314-5, 316, 318, 339-40, 369, 371, 374-5, 376, 380-1
população 193, 314, 326, 369, 374, 378
pré-história 41, 44, 48, 51
Previdência Social 391, 511
religião 262, 338, 516
Revolução Inglesa 312-3
segregação racial 470
sindicatos 380-1, 390, 510
Tasmânia 440
televisão 494
trabalho infantil 368
tráfico de escravos 25, 282, 294-5, 297
Tudor, dinastia 258
vikings, incursões 135, 168, 184
*workhouses* 371, 373, 391
Graciano
Gracos, rebelião dos
Grande Terror (União Soviética)
Grant, general Ulysses S.
Grécia antiga (ver também: Atenas; mundo helenístico) 59
artistas 76, 83-4, 85
cidades-Estado 63-4, 98, 100-2
colônias 47, 63, 104
escrita 59, 60, 65-6, 70, 76, 78-9, 80, 84
filósofos (ver também Platão) 59, 88-9, 91, 96
filósofos naturais 87, 95
guerras 63, 74-5, 76-7, 78, 100
historiadores 59, 61, 63, 70-1, 74, 76-7, 78-9, 83-4, 86, 91, 98
Idade das Trevas 60
língua 59
literatura e teatro 80-1, 82-3
religião 63, 65, 70-1, 72, 75, 130
Renascença, interesse da 207, 214-5, 216, 218-9, 221, 240, 284
servidão por dívida 64-5, 66
Grécia, moderna 105-6, 107-8, 114, 125, 129-30, 137, 144, 151, 169, 190, 298, 386, 433, 436, 465, 482-3
Greene, general Nathanael 342
Gregório de Tours 14, 157-8
Gregório I, o Grande, papa 218
*regula pastoralis* 160
Gregório VI, papa 233
Gregório VII, papa: *Dictatus Papae* 173-4
Grey, Charles, 2º conde de 376, 378
Griffith, D.W. 413-4
*Intolerância* 414
*O Nascimento de uma Nação* 414
Grijalva, Juan de 277
Grosz, George 462
Grotius, Hugo 273, 321, 323
Guatemala 484-5
Guelfos 212
guerra (ver também: armamentos; guerras mundiais)
conceitos de 50, 69, 100-1, 115-6, 134, 172-3, 255, 272-3, 283, 322-3, 326-7, 357, 443-4, 445-6
efeitos econômicos da 209
Estado, e o 173, 187, 256-7, 258, 262-3, 265, 267-8, 270-1, 272, 274, 276, 338
genocídio, como 392, 397, 408, 421, 432, 440, 443, 476-7, 478
Guerra da Coreia 484
Guerra da Sucessão Austríaca 270, 332
Guerra da Sucessão Espanhola 268, 270

## ÍNDICE 547

Guerra do Peloponeso 69, 70, 76, 97
Guerra do Vietná 24-5, 501, 503
Guerra dos Cem Anos (1337-1453) 234, 255-6
Guerra dos Sete Anos 270-1, 291, 332, 334, 338, 348
Guerra dos Trinta Anos 260-1, 262, 266-7, 268-9, 270, 273, 338
Guerra Fria 484-5
guerra nuclear 483
Guerra Peninsular 358
Guerra Russo-Japonesa (1905) 436, 442
Guerra Russo-Turca (1768-74) 273
guerras mundiais 22, 421, 453, 465
 Primeira 421, 433, 451-2, 453, 455, 464-5, 466, 468
 Segunda 406, 420, 480, 518
Guerras Napoleônicas 15, 334, 344, 356, 358, 382, 433
Guerras Púnicas 118
Guggenheim, Peggy: *Art of This Century Gallery* 491
guildas 165, 189, 191, 204-5, 206-7, 209, 218, 231, 263, 274, 357, 366
 florentina 212, 214, 216-7
Guilherme de Champeaux 237
Guilherme I (o Conquistador) 169, 313
Guilherme I, Kaiser 384, 434
Guilherme II, Kaiser 450
Gustavo Adolfo, da Suécia 261
Gutenberg, Johannes 239, 302

Haggard, Henry Rider 438
Haller, Albretch von 329
Hals, Frans 251
 *Banquete dos Oficiais da Companhia Cívica de São Jorge* 252
Hamburgo, Alemanha 247, 404, 435
Hamilton, Alexander 341
Hammet, Dashiel 415
Hardie, James Keir 380-1
Hardy, Thomas 26, 389
Harris, Wynonie 492
Harun al-Rashid, califa 171, 184
Harvey, Elwood 297
Hawthorne, Nathaniel 389, 396
Haydn, Joseph 334
Hayes, Rutherfod, president dos EUA 403
Hearst, William Randolph 411
Hegel, Georg Wilhelm Friedrich 335, 428-9, 430-1, 432, 434
Heidengraben: *opidda* celta 48
Heine, Heindrich 434
Heinz, H.J. 417
Heisenberg, Werner 463-4
Helena de Tróia 75, 77-8
helenístico, mundo 99, 102-3, 104-5, 106-7, 108, 125, 128-9, 132

helvéticos 111
Henrique II, da França 186, 258
Henrique IV, de França e Navarra 258-9
Henrique VIII, da Inglaterra 258
Henrique II, da Inglaterra 255
Henrique IV, sacro imperador romano 174
Henry, Patrick 340
Heráclito 87-8, 95, 307
Herder, Johann Gottfried von 334, 337
Hereford, Inglaterra 183
Hero de Alexandria 305
Heródoto 13, 64, 70, 76-7, 78, 79, 87, 214, 427
*Histórias* 70, 74-5, 86
Hilberg, Raul 474
Hilton, Walter: *A Nuvem do Desconhecimento* 234
Hindenburg, general Paul Von 449-50, 469-70
Hiparco 67, 106
Hípias 67
Hipócrates 305
Hispaniola 276-7, 282
Hiss, Alger 483
história/historiadores 17, 20-1, 22, 27-8, 29, 30-1, 33, 39, 41, 47, 49, 51, 53-4, 55, 57-8, 59, 118, 128, 133, 136-7, 198-9, 200, 227, 229, 231, 265, 392, 396, 400, 418, 519-20, 522
 Grécia antiga (ver também: Heródoto; Tucídides) 59, 61, 63, 70-1, 74, 76-7, 78-9, 83-4, 86, 91, 98
 Iluminismo, e o 331
 medieval 108, 144, 167, 174, 177, 194, 196
 século XIX 382, 425, 427-8, 429-30, 431-2, 433
 século XX 449, 453, 460, 468, 476, 478-9, 480, 483, 497, 503, 514-5, 516
Hitler, Adolf 96, 470
 antissemitismo 468, 471, 474, 477
 Partido Nazista, e o 460, 468-9, 475-6, 477
 Segunda Guerra Mundial, e a 471-2, 473, 475
Ho Chi Minh 500
Hobbes, Thomas 273, 324
 *Leviatã* 318
Holanda (ver também Amsterdã)
 colonialismo 285-6, 287, 490
 comércio 286, 293
 exército 261-2
 guerra com a França 356, 365
 indústria 269
 invasão francesa 270
 jornais 329
 língua 51
 pintores 251-2
 religião 157, 251, 265

república, como 321-2, 323
revolta contra a Espanha 258-9, 260, 262, 321, 338
Segunda Guerra Mundial 472
Holbein, Hans 252
Hollywood, estúdios de 413-4, 505-6, 510
Holocausto 17, 476-7, 478
Homero 71, 103, 116
*Homo sapiens* 31
Honório, imperador 124, 151
Hooke, Robert 319
Hoover, Herbert, presidente dos EUA 455
Horácio 115-6, 126, 303
Hötzendorf, Conrad von 447
Houston, Texas 488
Howe, Samuel Gridley 297
Hudson, Hendrick 286
Hugo, Victor 389
Huguenotes 247, 286
humanismo/humanistas 198, 199, 218-9, 220-1, 222, 224, 230, 241, 476, 303
Humboldt, Alexander von 330
Hume, David: *Tratado da Natureza Humana* 330, 335
Humphrey, Hubert 502
Hungria (ver também Áustria-Hungria) 164, 169, 187, 248, 269, 298, 383, 436, 465, 467, 482
Huntington, Samuel: *O Choque de Civilizações* 21
Hutton, James 422

Ibéria (ver: Espanha; península Ibérica)
Ibn Rushd al-Qurtubi (ver Averróis)
Ibn Sina (ver Avicena)
icênios 123
ícones religiosos 159, 229
Idade das Trevas 60, 149-50, 155, 182, 194
Idade do Bronze 45-6, 51, 53, 84, 366
Idade do Ferro 47-8, 108
Idade do Gelo (Era) 31, 34
Idaho, EUA 393, 405
Igreja Católica Romana (ver também: Agostinho de Hipona, Santo; missionários; mosteiros; papado)
 arte, e a 199, 214, 229, 241
 bispados 156, 169, 175, 183, 242
 Carlos Magno, e 150
 Guerra Civil inglesa, e a
 magia, e a 155, 247, 320
 medieval 127, 159, 178, 201, 230-1, 232, 234-5, 247, 256
 Reforma, e a 230-1, 241, 244-5, 247, 249
 terras da 201, 203, 354
Igreja Ortodoxa do Oriente 141, 145, 172, 248, 303
igrejas 138, 150, 157-8, 163, 176-7, 178, 180-1, 183, 190-1, 192-3, 204-5, 206, 208, 213-4, 215-6, 217-8, 229-30,
231-2, 234, 241-2, 243, 245, 251, 261, 264, 274, 301, 312, 315, 320, 351, 354, 371, 376, 387-8, 406, 413, 426, 497
Ilha Sagrada 154
*Ilíada* (Homero) 78-9, 80
Illinois (EUA) 286, 298, 393, 398
Iluminismo 12, 15, 18, 83, 179, 325-6, 328, 330-1, 332-3, 334-5, 337, 341, 348-9, 355, 427, 457, 462
Imperialismo 441-2
Império Bizantino 172
Império Britânico 15, 364
Império Habsburgo 223, 225, 259-60, 270, 328
Império Hitita 46, 60
Império Mogol 283
Império Otomano 384, 433, 436, 447
Império Romano (ver também Roma)
 celtas, e os 120, 179
 cidades 52, 106, 108, 114, 117, 119-20, 121-2, 125-6, 129-30, 135, 139, 153-4, 179
 comércio 109-10, 111, 113-4, 120-1, 123, 125, 149, 151, 179
 cristianismo, e o 141
 declínio 141, 153-4, 172, 179, 182
 direito 114, 124, 165
 escravos 109-10, 111, 123
 estradas 54, 113, 119-20, 121-2, 126, 150, 155, 163, 181
 exército 109-10, 119, 123-4, 135, 137-8, 142, 151-2
 filosofias 115-6
 Grã-Bretanha 121, 156
 literatura 115, 141
 minas 121, 123
 mundo helenístico, e o 125
 *patroni* 152, 170
 religiões 114-5, 122, 125, 127-8, 131, 136-7, 138
 Renascença, interesse da 207, 214-5, 216, 218-9, 221, 240, 284
 tribos germânicas, e as 111
impérios (ver imperialismo)
impostos 67, 339, 341, 374, 403, 455, 486, 503, 512
 Estado, e o 258, 262-3, 264-5, 268, 273, 313, 338, 345-6, 347, 358, 375, 382
 medievais 162-3, 168, 170, 189, 192, 201, 209, 233, 239, 256-7
 romanos 120-1, 149-50, 152, 179, 181
imprensa (ver também impressão mecânica) 241, 245, 252, 301-2, 311-2, 320, 323, 329, 412, 459, 517
incas 279-80, 281-2, 284, 409
Índia 61-2, 99, 101, 201, 276-7, 280-1, 286-7, 330, 364, 441, 443, 485, 491, 513-4, 515
fome 440

# ÍNDICE

independência 490
Império Mogol 283
revolta (1857) 443
Indiana, EUA 298, 393
Indianápolis, Indiana, EUA 406
individualismo 25, 222, 249-50, 323
Indochina 440, 442, 485, 490
Indonésia 513-4, 515
industrialização 390, 404, 421-2, 426, 432, 451
   Estados Unidos, nos 396, 408, 417
   Grã-Bretanha, na 325, 363, 367-8, 369, 374, 382, 391, 429
   nacionalismo, e 360, 363, 373-4, 382, 384-5, 433
   tecnologia, e 386, 411, 424, 439
Inglaterra (ver Grã-Bretanha)
Inocêncio III, papa 175
Inquisição 249, 285
Internacional Comunista
   Congresso Mundial (1919) 466
Io 75
Iona 154-5
Ipswich, Inglaterra 184-5
Irã 484-5, 491, 503
Iraque 11, 485, 491
Ireton, Henry 315-6, 317-8
Irlanda 155, 312, 386, 464-5, 491, 504
   celtas 49, 50
   cristianismo 154, 157, 164, 175, 248
   emigrantes 298
   fome 298, 383
   invasões 169, 175, 288
   literatura 462-3
   pré-história 31, 38-9, 41-2, 43-4, 45
iroqueses 291
Isaías, profeta 128
Ísis 128
Islã/muçulmanos 171, 201, 491, 516
   eruditos 107, 170, 172, 237
   exércitos 101, 169
Itália (ver também: Florença; Milão; Renascença; Império Romano; Roma; Veneza; *e outras cidades italianas*)
   burocracia 257
   cidades medievais
   cidades romanas 52, 106, 108-9, 114, 117, 119-20, 121-2, 125-6, 129-30, 135, 139, 153-4, 179
   cidades-Estado 199, 202, 211, 223-4, 242, 257, 384
   colonialismo 443
   colônias gregas 47, 63, 104
   *condottieri* 256
   emigrantes 404-5, 408, 412
   fascismo 454, 466
   guildas e *popolo* (ver Florença)
   invasões francesas 149, 240, 254

Napoleão 353, 356-7, 358-9, 360, 363, 372, 383
   literatura 190, 240, 253, 303-4, 331, 334
   marinha 240, 254
   rebelião no século XIX 353-4, 357
   unificação 360, 436
Iugoslávia 465-6, 467, 482

Jackson, Andrew, presidente dos EUA 400
Jackson, Thomas "Stonewall" 400
Jacobinos 352, 354-5, 356
Jamaica 294, 364
James I, da Inglaterra (VI da Escócia) 262
James II, da Inglaterra 262, 318
James, Henry 452
James, P.D. 19
Jamestown, Virginia, EUA 288
Japão 23, 418, 439-40, 464, 466, 479, 509, 513
   pós-guerra 481-2, 485, 487
Jardine, Lisa: *Worldly Gods* 221, 227
Jarrow, mosteiro de 150
Jefferson, Thomas, presidente dos EUA 26, 341, 343-4, 392, 398
Jenner, Edward 329
Jerônimo, S. 159
Jerusalém 62, 128-9, 145, 170, 211
Jesuítas 249
Jesus Cristo 128-9, 130-1, 132-3, 134, 136-7, 139-40, 142, 144-5, 156, 159, 173, 231, 235, 276, 284, 288, 292, 427, 441
   imagens de 160, 207, 229, 351
João XXII, papa 233
Joffre, marechal Joseph 449
Jogos Olímpicos
   Berlim, 1936 470
   Munique, 1972 504
John, rei da Inglaterra 189
Johnson, dr. Samuel 330
Johnson, Lyndon B., presidente dos EUA 497, 499, 500-1, 503
Jônia/jônios 60, 71, 87
jornais
   britânicos e europeus 274, 320, 328-9, 375, 380, 411, 430, 442, 456
   norte-americanos 389, 411-2, 416, 419, 510
*Josephinische Landesaufnahme* 328
Jourdan, marechal Jean-Baptiste 353
Joyce, James 462
Judaísmo 128-9, 130-1, 132-3
judeus (ver também antissemitismo) 128-9, 130, 133, 286, 444, 478, 490-1
   Alemanha, na 421, 468, 470-1, 474-5, 477
   imigrantes nos EUA 405, 412
Juliano de Eclanum 146
Juliano de Norwich 234
Júlio II, papa 223, 226, 228, 240-1-1

Juramento da Sala do Jogo de Pela (1789) 347
Justiniano, imperador 148, 170, 236

kanaks 440
Kansas, EUA 393, 398-9, 496
Kant, Immanuel 335-6, 422, 425
Keegan, John: *A História da Guerra* 22, 444
Kempis, Thomas à 234
Kennedy, John F., president dos EUA 26, 494, 496-7, 499, 503
Kennedy, senador Robert F. 502
Kent State University, Alabama 24
Kert, Inglaterra 156-7, 160
Kentucky, EUA 291, 296, 298, 393
Kepler, Johannes 308
Kerensky, Alexander 457
Kerouac, Jack 492
Kershaw, Ian: *Hitler* 475
Keynes, John Maynard 489
King Oliver 416
King, Martin Luther 24, 496-7, 502
Kinks, The 494
Kipling, Rudyard 438
    "O Fardo do Homem Branco" 441
Kirov, Leonid 460
Kitchener, general Horatio 443, 449
Knowth, Irlanda: túmulos neolíticos 42
Koltsov, N.K. 458
Kooning, Willem de 491
Kraus, Karl 468
Kravchenko, Victor: *I Choose Freedom* 460
Ku Klux Klan 414, 456
Kureishi, Hanif 274
Kuwait 491

La Gasca, Pedro de 481
La Tène, cultura 47, 51
Lafayette, general Marie-Joseph 348-9, 361
Lakenheath, Suffolk: sítio arqueológico anglo-saxão 53
Lamarck, Jean-Baptiste 431
Lambert, John 315
Lancashire 366-7
    tecelagens 296
    *workhouse* 371
Langland, William 232
Languedoc 175
Laos 485, 502
Larkin, Philip 26
las Casas, Bartolomé de 275, 277
Lascaux (França), pinturas rupestres de 32-3, 34
Laud, William, arcebispo de Canterbury 312
Lavoisier, Anton 329, 422
Laxton, Nottinghamshire 170
Leão III, papa 165
Leão X, papa 226, 242-3
Lee, general Robert E. 400-1

Lee, Julia 492
Lefebvre, marechal Pierre 353
Lei do Milho, Grã-Bretanha 372
Lei do Selo/Congresso da Lei do Selo 339
Leibniz, Gottfried Wilhelm 319
Leis de Jim Crow (EUA) 456, 470
Leis da Reforma, Grã-Bretanha 376-7, 379-80
Leis dos Pobres, Grã-Bretanha 378-9
Lenaia 80
Lenin, Vladimir I. 459
Leonardo da Vinci 196-7, 198-9, 212, 218, 226-7, 228, 254
    *Autorretrato* 222
    *Virgem dos Rochedos* 228
Leopoldo I, sacro imperador romano 266 350
Leopoldo, rei da Bélgica 349
Lepenski Vir: abrigos mesolíticos 35
Letônia 465, 474
Leucipo 89
Levellers 315
Levi, Primo: *If This Is a Man* 477, 479
Lewis, Meriweather 392
Líbano 485
Licínio, imperador 138
Lídia/lídios 61, 71, 75, 86
Liebknecht, Karl 467
Liga aqueia 103
Limoges, massacre de 255
Lincoln (Inglaterra) 120
Lincoln, Abraham, presidente dos EUA 398-9, 400-1, 402-3, 406, 497
Lindisfarne
    evangelhos 54
Lineu, Carl 329, 422
línguas (ver também escrita)
    celta 47, 53, 153
    francês 51
    germânicas 51, 53
    grego 59, 63, 79, 88, 103, 129, 215
    italiano 207
    latim 153, 166, 241
Lippi, Filippo 218
Lippman, Walter 455
Lisandro 76, 88-9
Lisboa 248, 465
    terremoto de (1755) 332
literatura 27, 274
    alemã 334, 461-2
    anglo-saxã 54
    britânica 190-1, 331, 335, 493
    celta 50
    espanhola 228, 253
    francesa 190, 240, 253, 303-4, 331, 334
    grega 80-1, 82-3
    holandesa 252
    irlandesa 462-3
    italiana 190, 240, 253, 303-4, 331, 334

ÍNDICE 551

norte-americana 389, 396, 491-2
romana 115, 141
romances 190, 294, 331, 373, 389-90, 414-5, 493-4, 506, 510
romântica 334-5
russa 361, 389
Little Richard 492
Lituânia 248, 358, 465, 467, 474
Liverpool 294, 369, 404
Livingstone, David 438
Livingstone, Robert 341
Lívio, Tito 115, 117, 215, 224
Locke, John 318, 322, 327-8, 333, 336
Lodi, Itália 205
Logan, senador John 409
Lombardo, Pedro 190
lombardos/Lombardia 163, 166-7, 201, 437
London, Jack 411
Londres 83, 176, 188, 193, 202, 211, 228, 240, 248, 263, 294, 320, 322, 328, 339, 341, 345, 364, 377, 379, 381, 386, 420, 465, 495, 510, 517
 Associação de Trabalhadores 379
 Bancos 211
 debates de Putney 312, 315, 317-8, 377
 Grande Incêndio 320
 Motins de Gordon 272
 Royal Society 308, 319
 Segunda Guerra Mundial 472
 sociedades científicas 422
Los Angeles (ver também Hollywood) 413, 488, 495, 497, 503
Lotti, Benincasa 212
Louisiana, EUA 286, 296, 392, 393
Louvain 193, 240
Lucano 50
Lucas, Colin 508
Lucca, Itália 202, 205, 209, 212, 224-5
Lucrécio 215
Ludendorff, general Erich von 449
Luís, imperador da Baviera 233
Luís o Pio 167-8, 183
Luís XII, da França 199, 258
Luís XIV, da França 261-2, 266, 270, 322, 326
Luís XVI, da França 345-7, 348, 350-1, 352
Luís XVIII, rei da França 358
Luís Felipe I, rei da França 383
luteranismo/luteranos (ver também Martinho Lutero) 245, 247, 250, 259-60, 261
Lutero, Martinho 226, 241-2, 243-4, 245-6, 247, 249-50, 273, 301-2
Luxemburgo 435, 465, 489
Luxemburgo, Rosa 459, 467
Lyon 120, 122, 183, 211, 246, 248, 353

*Mabinogion* 80
Macaulay, Thomas, lorde 15, 431

Macedônia 47, 62, 73, 97, 99, 100, 102, 106, 108-9, 112, 405
Madagascar 474, 490
Madison, James, presidente dos EUA 343-4
Madri 248, 263, 345, 465, 517
Maes Howe 58
 túmulo 42
Maeve (soberano irlandês) 49
Magalhães, Fernão de 276
magia 155, 247, 319-20, 321, 426
magiares 168, 184, 186
Mahler, Gustav 468
maia, civilização 277
Mayakovski, Vladimir V. 459
Mailer, Norman 492
Mainz, Alemanha 183, 202, 234, 239, 242, 246, 302
Malásia 364, 490, 513
Malplaquet, batalha de (1709) 268
Manchester 369, 377, 380, 517
 Peterloo 379
*Manifesto Comunista* (Marx e Engels) 377
Maniqueísmo 142-3, 144
Mann, Thomas 478
Mantegna, Andrea 215, 218, 506
 *A Sagrada Família* 221-2, 228
Mântua, Itália 201, 209-10, 224-5
manuscritos com iluminuras 176
Maquiavel, Nicolau 197, 224-5, 227, 257, 311
 *O Príncipe* 223, 257
Marat, Jean 361, 388
Maratona, batalha de (490 a.C.) 16, 71-2, 214
Márcion 139
Marco Antônio 107
Marcuse, Herbert 461
Maria Antonieta 350
Maria, Virgem 132, 140, 145
marinha 259, 444, 457
 armamentos 445-6
 britânica 271, 287, 294, 363, 373, 445-6, 448
 Grécia antiga, da 64, 73
Mário, Caio 111
Marrocos 440, 485
Marselha 50, 109, 154, 211, 353, 465, 517
Marshall, George 482
 Plano 482-3
Marx, Karl 335, 377-8, 382, 429-30, 431, 454, 457-8, 511
marxismo (ver também Karl Marx) 432, 457, 460-1, 481
Maria I, da Inglaterra 258
Maryland, EUA (ver também Baltimore) 289, 393, 401
Masaccio (Tommaso di Ser Giovanni) 215, 221
 *A Santíssima Trindade* 216

Massachusetts, EUA 288-9, 339, 340, 343, 393, 398
massas, as 17-18, 117, 217, 363, 379, 432, 454-5, 459, 461, 463, 478, 494, 497
matemática 106, 211, 216, 220, 305-6, 308-9, 310, 319-20, 422, 463
materialismo dialético 429
Mau Mau 490
Maxêncio 138
Maximiliano, imperador 242-3
Mazarin, cardeal Jules 270, 326
medos 61
Média 62, 86
Médici, Cosimo de 212, 217, 220
Médici, família 197, 210, 212, 217, 221, 223, 226
Médici, Giovanni de 217, 226
Médici, Lourenço de 221
Medicina 92, 132, 273, 305-6, 500
Mehmet II, sultão 215
Meier, Christian: *Athens...* 19
Melville, Herman 389, 396
Menand, Louis: *The Metaphysical Club* 398
menir 42
menonitas 250
mercados medievais 178, 182, 184-5, 187-8, 189-90, 191-2, 193, 201, 204, 207, 213, 263
mercenários 256-7, 261, 277
Mércia, Inglaterra 160
Mercier, Sébastien 328
Meredith, James 496
merovíngia, dinastia 150, 161
Merzbach, vale, Alemanha: assentamento neolítico 41
Mesoamérica (ver também México) 278, 298-9
mesolítico, período 34-5, 37-8, 39, 47-8, 56, 84
metaloplastia (pré-histórica) 176
metodismo 426
Meuse, rio 186, 435
México 277, 394, 514
  astecas 278-9, 280-1, 284
  colonização espanhola 281-2, 285, 288, 299
  invasão francesa 286, 388
  prata 282
MI6 484
Michelangelo Buonarroti 16, 196-7, 198-9, 222, 226-7, 228, 241, 254, 388
  *David* 16, 200
  *Escravo Moribundo* 222
Michigan, EUA (ver também Detroit) 298, 393
microscópios 308, 329
Milão 142, 167, 201, 202, 204, 209-10, 213, 218, 220, 222, 224-5, 226, 228, 248, 256, 269, 437, 465, 495

Milcíades 72
Mileto 63, 87
Mill, John Stuart 16, 511
  *Sobre a Liberdade* 378
Miller, Arthur 491
Milwaukee, Wisconsin, EUA 406, 517
mineração (ver também: ouro; prata) 263, 363, 504
minóica, civilização 46, 60
Mirabeau, Honoré 361
Miró, Joan 462
missionários cristãos 151, 156-7, 285, 441
Mississippi, EUA 286, 290-1, 296, 392-3, 394, 399, 401, 408, 495, 496-7
Missouri, EUA 290, 298, 393
misticismo 231, 234, 319-20, 321, 331
Mitterrand, François 512
Mitra 128
Módena, Itália 205, 210
Modernismo 462
Moltke, general Helmuth von 438
monasticismo/monges/mosteiros 127, 140, 146, 150, 154, 157-8, 159, 162, 176, 182, 184, 193, 218, 231-2, 235, 242
  Carlos Magno, sob 164-5, 167
  educação, e a 190
Monnet, Jean 489
Montaigne, Michel de 253, 303-4, 309-10
Montana, EUA 393, 405
Monte Cassino, Itália 154, 159
Montefeltro, Federigo da 220
Montesquieu, Charles de Secondat, barão de 326, 349
Montezuma, rei asteca 278-9
monumentos megalíticos 41-2, 43-4, 57
moral 15, 26, 70, 74, 80, 83, 90-1, 99, 116, 129, 131, 133, 136, 145-6, 218, 220, 237-8, 257, 267, 274, 283, 295, 323, 331, 335-6, 337, 341, 354, 359, 374-5, 378, 422-3, 426, 429, 431-2, 438, 453, 479, 482, 496, 501, 510, 519-20
Morávia 169, 269
More, sir Thomas 309
  *Utopia* 311
Morgan, John Pierpont 409, 417
Moro, Aldo 409
Morton, Jelly Roll 416
Mossadegh 484
Motherwell, Robert 491
motores a vapor 390, 423-4, 425, 430
Movimento Oxford 426
Movimento Tractariano 426
Mozart, Wolfgang Amadeus 334
muçulmanos (ver Islã)
Muddy Waters 492
Muirchú, São: *Vida de São Patrício* 156
Mumford, Lewis:
  *A Cultura das Cidades* 178
Murat, Joachim 357

ÍNDICE 553

Muro de Adriano 121, 124, 161
museus 15, 57, 105, 379, 382, 387, 406, 518
música
 afro-americana 415-6, 493
 romântica 334
 século XX, do 493
Mussolini, Benito 23, 471
My Lai, massacre de (1968) 24, 501

nacionalismo 227, 325, 434, 451, 482, 489
 alemão (ver Alemanha)
 fascismo 433, 446, 454, 457
 igrejas, e 230
 imperialismo, e 441-2
 industrialização, e 360, 363, 373-4, 382, 384-5, 404, 433
 políticos, e os
 pós-guerra,
 Reforma, e a 243
Napoleão Bonaparte 19, 22, 353, 356, 363, 372, 388
 Código de 357
 derrota em Waterloo 358, 433-4
 legado 325-6, 357-8, 359-60, 361, 383, 436
Napoleão III, da França 384, 442
Nápoles 211, 222, 237, 254, 256, 259, 266, 356-7, 383, 404, 437
naturalistas, século XVIII 330
navios (ver também barcos) 68, 72-3, 89, 262, 271, 276, 281, 287-8, 293-4, 312, 339, 366, 396, 402, 425, 449, 486, 504
 anglo-saxões enterrados 54
 companhias de navegação 286-7, 294, 323, 407
 navios a vapor 384, 387, 404
Neandertal, povo 31, 55
Necker, Jacques 346, 348
neolítico, período
 agricultura 39, 40-1
 astronomia 43
 cerâmica 35
 machados de pedra 34, 38, 42-3, 44
 metalurgia 43, 45-6, 47
 monumentos megalíticos 41-2, 43-4, 57
neoplatonismo 105, 137
Nero, imperador 129-30, 131
nestorianos 140
Nêustria 161-2, 166-7, 177
Nevada, EUA 393, 405
Newgrange, Irlanda: túmulo neolítico 42, 58
Newman, John Henry 426
Newton, sir Isaac 26, 319, 324, 329-30, 331, 333, 422, 427-8
Ney, marechal Michael 353
Niceia, Concílio de (325) 139, 143
Nícias 76
Nicolau II, czar 442, 450

Nigéria 364, 491
Nínive 61
Nixon, Richard, presidente dos EUA 502-3
Nobel, Alfred 445
Noite dos Cristais (1938) 470-1
Nominalistas 239
normandos 169, 172, 175, 313
 castelos 176
 Conquista, A 169
North Ferriby: barcos mesolíticos de 38
Northumbria 160
Noruega 433, 465, 472, 485
Nova Caledônia 440
Nova Inglaterra, EUA 289, 340, 397
Nova Orleans, Louisiana 286, 297, 345
 jazz 416
Nova York 298, 342, 393, 402, 428, 497, 514
 afro-americanos 403, 406, 498
 arquitetura 419
 bancarrota 498
 imigrantes 408, 410, 492
 indústria do cinema 412-3, 495
 Wall Street, quebra de 1929 457, 469
 Wall Street, quebra de 1987 507
Nova Zelândia 364, 394, 507
novelas policiais 19
Novo México, EUA 288, 393
Nuremberg 192, 244, 269, 435
 julgamentos de 23, 477
 Leis de 470
Nuvem Vermelha, chefe 409
Nydam, Dinamarca
 navio enterrado em 54

O'Sullivan, John L. 395-6
Ockham, Guilherme de 159, 190, 239
Odo (chanceler da Universidade de Paris) 236
Odoacro 147
Ohio, EUA (ver também Cleveland) 290-1, 298, 393, 405-6
Omdurman, massacre de (1898) 443
omíada, califado 171
*Oppida* 48, 120
 celtas 48, 52
 gaulesas 111
Orcagna, Andrea 212
Organização das Nações Unidas 484, 490
Organização Mundial do Comércio (OMC) 490, 514-5
Orígenes de Alexandria 136
Orkney 42
 Cerâmica 42
 menires 42
Orléans, França 182-3
Orton, Joe: *What the Butler Saw* 24
Orwell, George 261
Óstia, Itália

mosaicos em 153
ostrogodos 51, 143, 158
OTAN 489
Otaviano (ver Augusto, imperador)
Oto I, sacro imperador romano 168
Oudinot, marechal Charles 353
ouro 43, 45, 152, 159, 319, 489, 503
　norte-americano 394, 396, 403, 405, 409
　sul-americano 187-8, 189, 212-3, 220, 276-7, 279-80, 281-2
Ovídio 115-6, 303

Pacto (Act of Settlement, 1701) 312
Pádua, Itália 201, 207, 212, 215, 224, 304, 309, 437
Paine, Thomas 337, 345
*Common Sense* 341
paleolítico, período 34, 48, 55-6
Palestina 61, 112, 139, 171-2, 201, 490, 504
Panamá 279-80, 281, 285, 395, 404, 485
Panécio 117
papado 163, 223, 225-6, 239-40, 243
　Carlos Magno, e 164
　Cruzadas, e o 171
　Grande Cisma, e o 233-4
　poder político 174, 200
papel, uso do 190
Papen, Franz von 469
Paquistão 485, 490-1
Paracelso 306
Paris 48, 167, 176, 188, 193, 237, 240, 248, 258, 263, 322, 326, 341, 345, 352, 354-5, 356, 358, 383, 420, 440, 447-8, 449-50, 465, 470, 495, 514, 217
　bancos 211
　escola de cadetes 272
　rebelião 347, 353-4, 357
　revoltas do pão (1789) 346-7, 348-9, 351
　Société Géologique 422
　Tratado de (1763) 265, 291
　Universidade de 190, 236
Parks, Rosa 496
Parma, Itália 202, 204-5, 224, 437
Parmênides 87-8, 307, 309
Partenon, Atenas 81, 83, 222
Partido Nazista (Nacional-Socialista) 460, 467, 469, 474-5, 476-7
Partido Trabalhista Escocês 380
Partido Trabalhista Independente, Grã-Bretanha 381
Partido Trabalhista, Grã-Bretanha 380
Pasternak, Boris 459
Paulo, São 14, 129-30, 131-2, 133-4, 136, 139-40
Pausânias, rei de Esparta 89
Pávia, Itália 167, 201, 224

Pedro, São 14, 130, 139, 232, 241-2, 243
Pelágio/pelagianos 145-6, 147, 246
Penn, William 288
Pensilvânia, EUA (ver também Filadélfia) 289, 393, 401, 406
Pepino, rei dos francos 162-3, 164
Pepys, Samuel 320
Pérgamo 105, 114
Péricles 68-9, 70, 96
　discurso fúnebre 69
persas/Império Persa 61, 80, 87, 107, 128, 133, 135
　comércio, e o 46, 63, 71
　derrotados por Alexandre 99, 100-1, 103
　guerras 72-3, 74-5, 76, 78
　rebelião muçulmana 171
Peru
　colonização espanhola 259-60, 280-1, 282, 285
　incas 279, 280-1, 282, 284
Perúgia, Itália 210, 224
Perugino, Pietro 218
Peruzzi, família 211, 216
Pesaro, família 221-2, 224
Peste Negra, a 234
Pétain, marechal Henri Philippe 450
Peterloo (Manchester, 1819) 379
Petrarca (Francesco Petrarca) 207
petróleo, indústria do 447, 473, 503, 515
*philosophes* 328
*phylae* ateniense 66-7, 68
Piacenza, Itália 201, 205
Picasso, Pablo 462
pictos 124
*Pilgrim Fathers* 288
Píndaro 81
pintura a óleo 217, 227, 388
Pirro, rei do Épiro 106
Pisa, Itália 189, 201-2, 204, 223-4, 305-6, 307, 437
　Concílio de 233
Pisístrato 67
Pistoia, Itália 205, 224
Pitágoras 87-8, 304
Piteu 51
Pitt, William 339
Pitti, família 217
Pittsburgh, Pensilvânia 406, 408
Pizarro, Francisco 279-80, 281-2
Pizarro, Gonzalo 281-2
Platão 14, 92-3, 94, 126, 304, 310
　*A República* 95-6, 97
　Aristóteles, e 86, 97-98, 99, 105, 107, 302-3
　Renascença, interesse da 224, 241
　teologia cristã, e 128, 137, 143-4, 236, 238-9, 240
　Teoria das Formas 95, 307

# ÍNDICE

universalismo 96
plebeus, romanos 49, 118
Plessey vs. Ferguson 496
Plínio o Moço 134, 179
Plínio o Velho 116, 275
Plotino 137, 143, 302
Plutarco 113, 355
Plymouth Brethren
pobreza do Terceiro Mundo 505
poesia épica 80-1, 83, 107
Pol Pot 502
Polaiuolo, Antonio 221
Políbio: *História Universal* 103
Polinésios 330
Pollock, Jackson 491
Polônia/poloneses 41, 51, 161, 177, 248, 262, 383, 433, 435-6, 465, 467
  emigrantes para os EUA 404
  jornais 329
  judeus 468, 474
  Segunda Guerra Mundial e após 471, 482-3
  servidão 269
Pompeu 111
Ponte Mílvia, batalha de (312) 138
Popper, Karl
  *A Sociedade Aberta e seus Inimigos* 96
população
  Espanha 269, 326
  EUA 290-1, 296, 389, 394, 397, 404-5, 406, 410, 412, 445
  Europa 184, 187-8, 201, 206, 234, 272, 283, 387, 389, 394, 450-1
  França 193, 326
  Grã-Bretanha 193, 314, 326, 369, 374, 378
Portsmouth: academia naval 272
Portugal 39, 248, 285-6, 293, 358, 360, 386, 465-6, 485, 489
  colonialismo 292-3, 439-40, 490
  exploradores 216, 292
  minas romanas 121
  sítio funerário pré-histórico 37-8
  tráfico de escravos 292-3
Prasutago, rei dos icênios 123
Prata 63, 121, 187-8, 212, 220, 260, 405
  sul-americana 123, 259-60, 269, 279-80, 281-2, 293
pré-história (ver períodos mesolítico, neolítico e paleolítico)
presbiterianos 247
Prescott, Samuel 341
Presley, Elvis 493
Priestley, Joseph 329, 422-3
Príncipe Negro, Eduardo, o 255
Proclo 302
progresso 15, 17-8, 23, 26, 28, 55-6, 58, 91, 199, 200, 219-20, 274, 299, 384, 391, 421, 427-8, 431, 451-2, 453, 458, 460, 464, 479, 517

protestantes/protestantismo (ver também: Igreja Anglicana; calvinismo; luteranismo; Reforma) 227, 230, 244, 246-7, 249-50, 258-9, 260-1, 264, 270, 303, 312, 320, 426,
  América do Norte, na 288-9
  capitalismo, e 249
Protocolo de Wannsee 474
Prússia 270-1, 272, 291, 328, 332, 334, 356, 360, 363, 384, 386, 433-4, 435, 465, 467
  exército 271, 273, 348, 352, 356-7
  Guerra Franco-Prussiana 384
Ptolomeu 102, 302
Ptolomeus
Pulitzer, Joseph 411
Puritanos 246-7, 288
Putney, debates de 312, 315, 317-8, 342, 343, 377

quakers 289, 315, 365
Quênia 364, 490
Queroneia, batalha de 98
química 254, 319, 329, 422-3, 424
Quintiliano 215

Rabelais, François 228, 252
  *Gargântua e Pantagruel* 241, 301
racionalismo 116, 317, 323, 396, 520
  cartesiano 310
  ciência do século XVII, e 318-9
  grego 83-4, 97
  Iluminismo, e 333-4, 336-7
  protestantismo, e 250, 273
  romantismo, e
  teologia cristã, e 239
rádio 19, 24-5, 411, 415-6, 445, 472, 478, 494, 503-4
Rafael 196, 198-9, 226, 241, 388
  *Escola de Atenas* 200, 241
Rainsborough, coronel Thomas 316-7, 318
Raleigh, sir Walter 303
Rath, Ernst vom 470
Ravena, Itália 152, 163, 224
Reagan, Ronald, presidente dos EUA 506, 509-10
Reforma (ver também: João Calvino; Martinho Lutero) 230, 232, 240, 246-7, 248-9, 250, 253, 320, 428
  artistas, e 251
Reims, França 158, 183, 188
Reisz, Karel: *Tudo Começou no Sábado* 493
religião/deuses (ver também: Igreja Católica; cristianismo; Islã; judaísmo; protestantismo) 52, 130, 133
  celta 50
  germânica 52
  Grécia antiga, da 63, 65, 70-1, 72, 75, 130

helenística 79, 80-1, 82, 87-8, 94, 131
  racionalismo, e 239, 250, 273
  romana 114-5, 122, 125, 127-8, 131, 136-7, 138
relógios 196-7, 200, 222, 311, 423
Rembrant van Rijn 252, 388
*A Vigília* 191, 252
Remígio, bispo de Reims 158
Renascença (ver também humanismo) 12, 14-5, 16, 168, 196-7, 207-8, 214, 218, 221, 223, 226-7, 228-9, 230, 240, 388
  arquitetura 192, 196-7, 198, 206, 208, 216-7, 218, 221
  arte 196, 198-9, 200, 215, 221-2, 227, 388
República Romana 214, 321
retratistas flamengos 251-2
Revere, Paul 341
Revistas 24, 389-90, 411, 413, 415-6, 419, 461, 509
Revolta Holandesa 260, 262, 338
Revolução Francesa (ver: França)
Revolução Industrial 25, 363, 365, 376, 397
Ricardo, David: *Sobre os Princípios da Economia Política* 372
Richelieu, cardeal 261, 264
Risga, ilha de: sítio arqueológico mesolítico 38
Robbia, Luca della 212
Robespierre, Maximilien 354-5
*rock and roll* 493
Rockefeller, família 407
Rockefeller, John 417
Rodada Uruguai 514
Rodes 105
Rogers, Jimmy 416
Röhm, Ernst 467
Rolling Stones, The 494
Roma 12-3, 15-6, 52, 54, 103, 106, 108-9, 110-1, 113-4, 116-7, 118-9, 122-3, 124-5, 126-7, 129-30, 131-2, 133-4, 135, 137-8, 141-2, 143, 148-9, 150, 153, 155, 157, 163-4, 167, 172, 174-5, 190, 192, 201-2, 207, 215-6, 225-6, 237, 239-40, 241, 243-4, 248, 256, 283-4, 355, 357, 384, 420, 437, 465
  academia de Plotino 137
  fundação 115
  patriciado 118, 126, 152
  plebe 49, 52, 118
  população 154
  São Pedro, de 139, 232, 241-2, 243
  saque de 410 143, 152
  saque de 1527 226
  Tratado de (1957) 489
romances 12, 29, 190, 294, 331, 373, 389-90, 414-5, 430, 493-4, 506, 510
romantismo 334-5, 336, 438
  racionalidade, e 334

Romênia/romenos 405, 465, 473, 482-3
Rômulo 114
Rômulo Augusto, imperador 147
Roosevelt, Theodore, presidente dos EUA 455
Roosevelt, Franklin Delano, presidente dos EUA 478-9, 497
Rosenberg, Ethel e Julius 484
Rosselini, Roberto 493
Rothko, Mark 491
Rouen 184
  cerco (1418-19) 255
Rousseau, Jean-Jacques 326, 333-4, 335-6, 348-9, 354, 511
  *Nouvelle Héloïse* 334
  *O Contrato Social* 336-7
Royal Society, Londres 308, 319
Rubens, Peter Paul 252
Rucellai, família 217
Ruhr 385-6
rupestres, pinturas pré-históricas 32-3
Russell, Bertrand: *Principia Mathematica* 463
Rússia/União Soviética 298, 328, 338, 356-7, 358, 384, 439-40, 442, 444-5, 459, 483, 515
  campos de trabalho forçado 460
  coletivização 459
  comunismo 453, 483-4
  exército 262, 271-2, 332, 450, 457
  Guerra dos Sete Anos 270-1, 273, 332
  Guerra Fria 484-5
  Guerras Napoleônicas 356
  Jornais 329
  judeus 468, 474
  literatura
  Polônia, e a 262, 433, 435-6, 471, 482-3
  Primeira Guerra Mundial 446-7, 448-9, 450-1, 457
  Revolução (1917) 457
  Segunda Guerra Mundial 471-2, 473-4, 482
  Socialismo 457-8
  terror stalinista 17, 460
Rutherford, Ernest 463
*rhythm and blues* 492-3

São Petersburgo 193, 272, 345, 457
Sacro Império Romano-Germânico 167, 185, 223, 240, 242, 248, 259, 360
Saint-Denis, Paris 172, 182
Saint-German, conde de 272
Salamina, batalha de (480 a.C.) 19, 73
Salazar, Oliveira 466
Salisbury, Robert Gascoyne-Cecil, 3º marquês de 376, 378
Salutati, Coluccio 218
Samos, ilha de 87, 105

# ÍNDICE

Saratoga, batalha de (1777) 342
sarracenos 172
Savonarola, Girolamo 223
saxões 51, 53-4, 124, 156-7, 161-2, 164, 173, 177
Saxônia 53, 161-2, 164, 166-7, 184, 242-3, 269, 273, 312, 435
Scarborough, Inglaterra 184
Scheele, Karl 329
Schiller, Friedrich, von 334, 434
Schlieffen, general Alfred von: plano de 447
Schopenhauer, Arthur 335
Schrödinger, Erwin 463
Schröder, Gerhard 11
Schubert, Franz 334
Schuman, Robert 489
Schumann, Robert 434
Schumpeter, J.A. 386
Schweitzer, Albert 26
Scott, Dred 398
Scotti 124
Scrovegni, Enrico 207
seguros, atividade de 320
seitas não-conformistas 426, 444
na América 288
selêucidas 102
Sellars, W.C. e Yeatman, R.J.: *1066 and All That* 19
Sêneca 14, 116, 131, 218, 224, 250, 303
Sepúlveda, Juan Ginés de 183, 284
Serveto, Michael 306
Sérvia 447
servidão, europeia 269
Sevilha 237, 277, 280-1, 282
Sexby, Edward 316-7, 318
Sforza, família 197, 210, 222, 228
Shaftesbury, Anthony Ashley Cooper, 7º conde de 378
Shakers 250
Shakespeare, William 12, 228, 253, 301, 303
  *Hamlet* 12, 304
  *Rei Lear* 228
Shapur, imperador da Pérsia 135
Sheridan, general Philip 409
Sherman, general William 400-1
Sherman, Roger 341
Sholokhov, Mikhail A. 459
Shostakovich, Dmitri 459
Sica, Vittorio de 493
Sicília 63, 76, 78, 87, 105-6, 118, 143, 169, 172, 266, 437
Sidney, sir Philip 303
Siena 202, 205, 209-10, 212, 224-5, 437
Sieyès, abade 356
Silésia 169, 386, 435, 467
Silbury Hill, Inglaterra 42, 58
sindicatos britânicos 380
Sioux 290, 408-9, 410
Síria/sírios 61, 100, 102, 105, 139-40, 171-2, 201, 485
colônia francesa, como 490
sistema fabril, Inglaterra 366-7, 376
Skara Brae: casas de pedra 42
Skellig Michael 19
Smith, Bessie 416
Smith, Adam 511
  *A Riqueza das Nações* 330, 333
Smith, William 422
social-darwinismo 431, 454, 467
socialismo 381-2, 458, 461, 466
Sociedade Lunar 423
sociedades científicas 423
  Sociedade Geológica, Londres 422
  Sociedade Lineísta, Londres 422
  Sociedade Química, Londres 422
  Societè Géologique, Paris 422
Sócrates 61, 89, 105, 131
  crenças e teorias 89, 90-1, 92-3
  cristianismo, e o 131, 136, 144
  morte 69, 92
  Platão, e 93-4, 97, 105
Soderini, Pietro 223
sofistas gregos 90-1, 94
Sófocles 12, 14, 79, 361
  *Édipo Rei* 81-2, 83-4
Sólon 65, 86, 91, 96
  Leis 66-7, 87
Solzhenitsyn, Alexander: *O Arquipélago Gulag* 460
Soult, marechal Nicolas 353
Spencer, Herbert: *Programa de um Sistema de Filosofia Sintética* 431
Spengler, Oswald: *O Declínio do Ocidente* 17
Spínola, família 210
St. Albans, Inglaterra 120, 183
St. Louis 406
Stalin, Joseph 19, 459-60, 471, 483
Stalingrado, batalha de (1942-3) 473
Star Carr, Yorkshire: vestígios 35-6, 44
Sterne, Laurence: *Tristam Shandy* 331
Steuben, general Friedrich von 271
Stevin, Simon 306
Stonehenge, Inglaterra 42, 58
Stravinsky, Igor 462
Strozzi, família 217
Strutt, Jedediah 366
Suarez, Francisco 273, 311
Sudão 364
Suécia 248, 270, 353, 433, 450, 464-5, 472
Suetônio 427
Suíça 111, 196-7, 231, 246-7, 358, 464-5
  emigrantes para os EUA 289
  regimentos 267
Sulla 111
Susa 71, 73, 100
Sutton Hoo, barco enterrado de 54

tabaco 288, 294-5, 296, 397
Tácito 51-2, 122

Taine, Hippolyte: *Notes on England* 374
Tales de Mileto 87-8
Talleyrand, Charles 350
Tarantino, Quentin: *Pulp Fiction* 510
Tasmânia 55, 364, 440
Tauler, Johann 234
Tawney, R.W. 249
Tchecoslováquia, tchecos 433, 436, 465, 467, 471, 482
 Primavera de Praga (1968) 24
teatro 24, 107, 119, 179, 207, 229, 274, 387, 413-4, 441, 491, 493-4
teatro grego 12, 79, 80-1, 83-4, 86, 96, 107
Tebas/tebanos (Grécia) 62, 81, 88, 98, 100
tecnologia (ver ciência e tecnologia)
Tedesco, Guglielmo 214
Telescópios 308
televisão 19, 24, 27, 411, 486, 494, 503, 505
Temístocles 73
Tennessee, EUA 296, 298, 393, 400-1, 497
Tenochtitlán 278
Teodósio, imperador 142-3, 151
Teresa, Madre 26
Termodinâmica 424
Termópilas, batalha das (480 a.C.) 73
terra 31, 37, 39, 40, 42, 44, 48, 50-1, 52-3, 54, 71, 73, 76, 80, 101, 109, 110, 124, 133, 140, 151-2, 158, 161-2, 164, 168, 170, 174-5, 177, 186-7, 191, 195, 268-9, 277-8, 309, 322, 338, 346-7, 354, 362, 368, 392, 394, 396-7, 440, 459, 467, 507
 cercamento da 369-70, 371, 382, 385
 propriedade da 58, 65, 66, 84, 110, 119, 135, 142, 151, 158, 160, 162-3, 169-70, 178, 188-9, 201, 203, 232, 240, 255-6, 259, 269-70, 282, 288-9, 291-2, 294-5, 298, 313, 316, 318, 365-6, 368-9, 381, 403, 405, 407-8, 409, 488
terrorismo 504
Tespis 79
Tetzel, Johann 242
Texas, EUA 289, 393-4, 405, 416
têxteis, comércio de 187, 202
têxtil, indústria 263, 365
 britânica 186, 366
 flamenga 187, 269
 florentina 210, 212, 216, 269
Thackeray, William 389
Thatcher, Margaret 506
Thoreau, Henry David 396
Ticiano 222, 226, 388
 *Madona com Santos e Membros da Família Pesaro* 221-2
Tignor, Robert et al.: *Worlds Together, Worlds Apart* 21
Tilden, Samuel 403
tlaxcalans 278-9

Tocqueville, Alexis de: *A Democracia na América* 396
Toledo, Francisco de 282
Tolpuddle, mártires de 379
Tolstói, Leon 12, 389
 *Anna Karenina* 79
 *Guerra e Paz* 361
Tongres, Bélgica 183
Toscana 212, 357
 comércio de tecidos 187
totalitarismo 96
totonacs 277
Touro Sentado, chefe 409-10
Townshend, Charles 339
Toynbee, Arnold: *Um Estudo da História* 17
trabalho infantil (Grã-Bretanha) 368
tragédia grega 70, 79, 81-2, 83-4, 90, 107
Trajano, imperador 134
Trasíbulo 89
Trento, Concílios de 227, 249
trinovantes 113
Trinta Tiranos, os (oligarquia ateniense) 89, 92, 94, 111
Troia/Guerra de Troia 60, 75, 78, 114-5
Trotsky, Leon 459
Truffaut, François 493
Truman, Harry, S., presidente dos EUA 482, 499
 Doutrina 483-4
Trundholm: carruagem do sol 46
Tucídides 69, 70, 76-7, 78-9, 86, 427
 *História da Guerra do Peloponeso* 70, 76-7
Tumultos de Gordon (1780) 272
Tupac Amaru, imperador inca 282
Turgenev, Ivan 389
Turner, J.M.W. 388
Turner, Joe 492
Turquia (ver também Império Otomano) 450, 464-5, 483, 485, 491
Twain, Mark 389, 396, 411
Tybrind Vig, Dinamarca: vestígios 35

Uccello, Paolo 212, 218
Ucrânia 459-60, 474
Ulm, Alemanha 192, 246, 357
União Econômica e Monetária 512
União Européia 515, 517
União Soviética (ver Rússia)
universalismo/universalidade 99, 126, 113, 155, 237, 309, 489
 ciência, e a 307, 309, 329, 330-1
 estóicos romanos, e os 126
 história, e a 17, 421, 425, 518
 Platão, de 96
Universidade de Oxford 508
Universidades 24, 26, 94, 208, 211-2, 236-7, 242-3, 305, 308, 496, 508, 511
urbanização (ver também cidades e vilas) 59, 120, 123, 186, 362, 384, 390, 488
urnfield, cultura 46

## ÍNDICE

Valeriano, imperador 135
vândalos 51, 143, 171
Vanderbilt, Cornelius 417
Vane, sir Henry 314
Varna, Bulgária: ourivesaria neolítica 43
Vavilov, Nikolai 458
Velázquez, Diego 252
Vêneto/vênetos 111, 437
Veneza 15, 193, 199, 210. 223-4, 225-6, 248, 256, 269, 345, 383, 437
   banqueiros 209, 263, 280
   comércio medieval 188-9, 201, 212, 228
   palácio Ducal 208
Veneziano, Agostino 218
Verdun, França 167, 445
Verona, Itália 201-2, 204-5, 224
Verrocchio, Andrea del 212, 214
Versalhes 265, 328, 337, 348-9
   palácio de 346-7, 384, 434
   Tratado de (1919) 467, 477
Vesalius, Andrea 306
Vespúcio, Américo 292
Vico, Giambattista 337
Vítor Emanuel I, rei da Sardenha 360
Victor, marechal Perrin Claude 353
vida de Cristo, representações da 229
Viena 192, 239, 248, 261, 263, 345, 465
   Judeus 468
Vietnã 24-5, 485, 490, 495, 499, 500-1, 502-3
vikings 54, 165, 168, 177, 184, 194
Vimercati, Francesco 302
Virgílio 14, 116, 126, 142, 207
   *A Eneida* 115
Virgínia, EUA 288-9, 295-6, 297, 340, 342, 393, 396, 399, 401
Visconti, família 210
Visconti, Giangaleazzo 213
visigodos 51, 143, 151, 161
vitascópio 412
Vitória, rainha 441
vitorianismo 377-8, 391
Vitrúvio 305
Voltaire 326, 328-9, 349, 355
   *Cândido, ou O Otimismo* 331
   *O Ingênuo* 330

Wagner, Richard 434
Wall Street, quebra (1929) 419, 457, 469
Waller, Fats 416
Warren, Earl, ministro-chefe 496
Warren, Tony 495
Washington, D.C. 393, 400, 403, 406, 481, 497-8, 509
Washington, George, presidente dos EUA 271, 342, 344-5
Waterloo, batalha de (1815) 358, 379, 433
Watt, James 367, 423-4
Wayna, Capac 280
Wearmouth, mosteiro 150
Weber, Max 249
Webster, Daniel 403
Wedgwood, Josiah 423
Welles, Orson: *O Terceiro Homem* 196, 227
Wellington, Arthur Wellesley, duque de 376, 379
Wessex, Londres 160
   túmulos neolíticos 41-2, 45
West Helerston (Yorkshire): sítio arqueológico anglo-saxão 53, 156
West Stow (Suffolk) 53, 156
Weyden, Rogier van der: *A Descida da Cruz* 235, 251
Whitehead, Alfred 463
Whitman, Walt 396
Whitney, Eli 296
Who, The 494
Wiener-Neustadt, Áustria: escola de cadetes 272
Wilde, Oscar 438
William I 169, 173
Williams, Bernard 519
Williams, Hype: "I Can't Stand the Rain" 518
Williams, Tennessee 491
Willibrord (monge) 164
Wilson, Charles 486
Wilson, Harold 29, 494
Wilson, Woodrow, president dos EUA 455-6
Wittgenstein, Ludwig 463, 518-9
Wordsworth, William 29
   *Lyrical Ballads* 335
*Workhouses* ver Grã-Bretanha
World Trade Center, atentado (2001) 11
Worms, dieta de 243-4
Wounded Knee, massacre de (1890) 410
Wyatt, Thomas 303

Xenofonte: *Helênica* 98
Xerxes, rei da Pérsia 72-3

York, Inglaterra 54, 121, 157, 165, 176, 180-1, 182-3, 184, 192, 248
Yorkshire, Inglaterra 35, 53, 124, 156, 187
Yorktown, batalha de (1781) 342
Yucatán 276-7

Zamora, Espanha: escola de cadetes 272
Zeno 87
Zhukov, marechal Georgii K. 473
Zola, Emile 389
zulus 441

Impresso no Brasil pelo
Sistema Cameron da Divisão Gráfica da
DISTRIBUIDORA RECORD DE SERVIÇOS DE IMPRENSA S.A.
Rua Argentina, 171 – Rio de Janeiro, RJ – 20921-380 – Tel.: (21) 2585-2000